letras mexicanas

OCTAVIO PAZ

OBRAS COMPLETAS

EDICIÓN DEL AUTOR

OBRAS COMPLETAS DE OCTAVIO PAZ

(8 volúmenes)

I

La casa de la presencia

POESÍA E HISTORIA

II

Excursiones / Incursiones

DOMINIO EXTRANJERO

Fundación y disidencia

DOMINIO HISPÁNICO

III

Generaciones y semblanzas

DOMINIO MEXICANO

Sor Juana Inés de la Cruz
o Las trampas de la fe

IV

Los privilegios de la vista

ARTE MODERNO UNIVERSAL

ARTE DE MÉXICO

V

El peregrino en su patria

HISTORIA Y POLÍTICA DE MÉXICO

VI

Ideas y costumbres

LA LETRA Y EL CETRO

USOS Y SÍMBOLOS

VII

Obra poética

VIII

Miscelánea

PRIMEROS ESCRITOS Y ENTREVISTAS

Nota del editor

Esta nueva edición de las *Obras completas* de Octavio Paz retoma las publicadas primero por Círculo de Lectores en Barcelona, entre 1991 y 2003, y después por el Fondo de Cultura Económica en México, entre 1994 y 2004. Puesto que al preparar esa versión en quince tomos el autor seguía escribiendo, algunos de sus textos no pudieron ser recogidos en el volumen temático que les habría correspondido. En los meses finales de su vida, Paz revisó y reestructuró sus obras completas para que todos los escritos que decidió incluir aparecieran en el contexto adecuado. Entre 1999 y 2005, Galaxia Gutenberg/Círculo de Lectores publicó por vez primera una edición en ocho tomos; la que el lector tiene en sus manos sigue el mismo orden pero con un diseño y un cuidado editorial propios.

Octavio Paz estaba seguro de que «los grandes libros —quiero decir: los libros necesarios— son aquellos que logran responder a las preguntas que, oscuramente y sin formularlas del todo, se hace el resto de los hombres». El Fondo de Cultura Económica reafirma estas palabras al publicar una obra que da testimonio de una larga y diversa experiencia vital y de sus variados intereses en las letras hispánicas y la historia de los pueblos de México y América Latina, así como en las artes y las culturas de Norteamérica, Europa y Asia. Esta edición, obra del propio Paz, reagrupa en ocho volúmenes la poesía, la prosa, el arte verbal y el pensamiento del Nobel mexicano; con ella conmemoramos el centenario del nacimiento de una figura capital de la literatura del siglo xx.

FONDO DE CULTURA ECONÓMICA
Ciudad de México, 2014

OCTAVIO PAZ

OBRAS COMPLETAS
VII

Obra poética

FONDO DE CULTURA ECONÓMICA

Primera edición (FCE/Círculo de Lectores), 1997 y 2004
Segunda edición (FCE), 2014

Paz, Octavio
    Obras completas, VII. Obra poética / Octavio Paz. — 2ª ed. — México :
FCE, 2014.
    1365 p. : fots., ilus. ; 21 × 14 cm — (Colec. Letras Mexicanas)
    Obra ilustrada con fotografías del archivo del autor y obra plástica de
Marie José Paz
    ISBN: 978-607-16-1885-6 (Obra completa)
    ISBN: 978-607-16-2246-4 (Volumen VII)

    1. Poesía siglo XX 2. Literatura mexicana — Siglo XX I. Ser. II. t.

LC PQ7297   Dewey M863 P348o V. 7

© 1997, 2014, Fondo de Cultura Económica
Carretera Picacho-Ajusco, 227; 14738 México, D. F.
Empresa certificada ISO 9001:2008

Comentarios: editorial@fondodeculturaeconomica.com
www.fondodeculturaeconomica.com
Tel. (55) 5227-4672

Diseño de portada: Paola Álvarez Baldit
Dibujos de portada y cartera: José Moreno Villa

ISBN 978-607-16-1885-6 (Obra completa)
ISBN 978-607-16-2246-4 (Volumen VII)

Impreso en México • *Printed in Mexico*

Advertencia del editor

Obra poética constituía los volúmenes 11 y 12 en la primera edición de las *Obras completas*, publicados, respectivamente, en 1997 y 2004. En eta nueva edición presentamos los preliminares de Paz de cada volumen como textos consecutivos (pp. 13-18), bajo el título «Preliminar», en dos secciones. A la segunda, que corresponde al preliminar de *Obra poética II* de la primera edición, debemos añadir algunas consideraciones. En la primera edición del tomo II de *Obra poética* se recogieron por primera vez, en primer lugar, el texto «Árbol que habla», que se publicó como prólogo a la edición francesa de *Árbol adentro*, y se incluyó por primera vez en español. En segundo lugar, debemos señalar que una de las grandes novedades de ese volumen fueron los poemas que siguen a *Figuras y figuraciones*, pues fue la primera vez que se recogieron en libro, con el título *Poemas 1989-1996*. Los siete poemas incluidos se publicaron en la revista *Vuelta*. Esta serie se abre con *Estrofas para un jardín imaginario*, originalmente pensada para que estuviera en un jardín situado en Mixcoac que se quería construir en honor de Octavio Paz. Pero cuando Paz vio el lugar, su decepción lo llevó a enviar una extensa carta a Alejandra Moreno, el 9 de mayo de 1989, en la que le explicaba por qué ya no se reconocía en el lugar donde pasó su infancia, y por ello renunciaba a la construcción del jardín. Junto a la carta, Paz le envió *Estrofas para un jardín imaginario*, que cierra, a manera de desencanto, con *Epitafio sobre ninguna piedra*.

En el caso del poema colectivo *Renga* se han conservado los prólogos de Jaques Roubaud, Octavio Paz y Charles Tomlinson con el fin de conservar la unidad de la edición original; lo mismo se ha hecho con *Hijos del aire* y los textos preliminares de *Versiones y diversiones*.

La edición que se reproduce de *Versiones y diversiones* es la útima, publicada por Galaxia Gutenberg/Círculo de Lectores, en 2000. A esa edición, considerablemente aumentada por Paz, se añadieron unas cuantas traducciones que, por motivos diversos, no se pudieron incluir en su momento, pero que sí aparecieron en la primera edición de las *Obras completas;* se trata de los textos de Pere Gimferrer, Arthur Walley, Dorothy Parker y Vasko Popa. Agradecemos a Marie José Paz la ayuda en la búsqueda de este material.

Al final del volumen se incluyen las notas que se publicaron en *Obra poética (1935-1988),* en la editorial Seix Barral, y las numerosas notas que Paz redactó, con las correspondientes del editor sobre la procedencia de los textos, para la última edición de *Versiones y diversiones.* Aunque por decisión de Paz la última edición de este libro se publicó, por primera vez, con los textos originales, para este volumen, siguiendo su principio de que la traducción no es otra cosa que una recreación y, por tanto, parte integral de su obra poética, aquí se publica sólo la versión de Octavio Paz, es decir, no se incluyen los textos originales.

A Marie José

Preliminar

I

He reunido en dos volúmenes los poemas que he escrito de 1935 a 1996. Forman lo que podría llamarse mi obra poética, mía tanto como del tiempo y sus accidentes: son mis respuestas y mis reacciones ante las circunstancias de mi existencia y sus estímulos exteriores e interiores. Confieso que el título general, *Obra poética*, no acaba de gustarme: abarca todo y no dice nada. Hubiera preferido algo más concreto y expresivo, pero ¿cómo escoger entre los diversos títulos de mis libros? Cada uno de ellos designa un camino, una tendencia, un periodo. Muy joven, en 1931 y 1932, publiqué algunos poemas en diarios y revistas juveniles; en 1933 una *plaquette*; seguí escribiendo y en los años siguientes aparecieron varios folletos y cuadernos, sería mucho llamarlos libros, que en 1942 recogí en *A la orilla del mundo*. Pero mi verdadero primer libro fue un delgado volumen publicado en 1949: *Libertad bajo palabra*. Lo siguieron otros y en 1960 apareció, con el mismo título, un volumen que reunía los poemas que había escrito entre 1935 y 1957. Se ha editado muchas veces. La reimpresión de 1968 fue una edición corregida y aligerada: modifiqué muchos poemas y suprimí más de cuarenta. Algunos aprobaron el rigor, otros lo lamentaron. Después, con la misma dudosa justicia, indulté a once de los condenados. Repito ahora lo que dije entonces: ese libro no fue una selección de mis poemas. Si lo hubiese sido, habría desechado otros muchos.

Con *Libertad bajo palabra* se cerró un ciclo de mis tentativas poéticas y se abrió otro. Más bien dicho: otros. ¿Bifurcaciones de caminos poéticos o simplemente estaciones de un itinerario único? No lo sé. ¿Hay ciclos realmente? ¿No estamos condenados a escribir siempre el mismo poema? Una obra, si lo es de veras, no es sino la terca reiteración de dos o tres obsesiones. Cada cambio es un intento por decir aquello que no pudimos decir antes; un puente secreto une los torpes y ardientes balbuceos

13

de la adolescencia a los titubeos de la vejez. Me siento muy lejos de mis primeros poemas pero los que he escrito después, sin excluir a los más recientes, son respuestas a los de mi juventud. Cambiamos para ser fieles a nosotros mismos. Si no hubiese cambios no habría continuidad. Tal vez el yo es ilusorio: no soy el que fui hace un instante —y saberlo me ata a ese desconocido que fui. La conciencia de ser es un diálogo entre fantasmas, entre un ayer y un hoy evanescentes. Por esto, escribir es inventarse, y al inventarse, descubrirse. Escribir es recobrarse.

Al releerme, converso con muchos desconocidos y en todos ellos me reconozco. Son imágenes, huellas y reflejos de aquel que fui o quise ser: borrosas fotografías comidas por el sol y la impericia del artista. Estamos hechos de memoria y de olvido. ¿La memoria resucita al pasado? Más bien, lo recrea. Uno de nuestros recursos contra el olvido es la poesía, memoria de la historia pública o secreta de los hombres, esa sucesión de horas huecas y de instantáneas epifanías. La poesía puede verse como un diario que cuenta o revive ciertos momentos. Sólo que es un diario impersonal: esos momentos han sido transfigurados por la memoria creadora. Ya no son nuestros sino del lector. Resurrecciones momentáneas pues dependen de la simpatía y de la imaginación de los otros.

No sé si alguno o algunos de mis poemas resistirán la erosión de los años. El terco oleaje del silencio nos amenaza a todos y a todos nos sepulta. Entonces ¿por qué me atrevo a publicar estos dos libros? ¿No hubiera sido más cuerdo ofrecer una selección con los mejores poemas? Pero ¿cómo escogerlos? Los autores no son buenos jueces de sus obras. Hay que dejarle a los otros, a los lectores, el juicio definitivo. Provisionalmente definitivo: los gustos cambian con el tiempo. Si es así, ¿por qué me he empeñado en revisar y corregir mis poemas? Creo que los poemas son objetos verbales inacabados e inacabables; cada poema es el borrador de otro que nunca escribiremos. Sin embargo, la conciencia de la fragilidad de las obras humanas, particularmente de las mías, no ha extinguido mi insensata sed de perfección. La selección de mis escritos la hará el tiempo. Sí, es un ciego guiado por otro ciego: el azar. No importa: a lo largo de los años, a sabiendas de la inutilidad de mis esfuerzos, he corregido una y otra vez mis poemas. Homenajes a la muerte del muerto que seré.

Los escrúpulos que me han llevado a corregir o rehacer muchos de mis poemas me han impedido también recoger los de mi adolescencia y los de mi juventud, con excepción de los que forman la primera sección de este tomo y de cuatro que aparecen en *Puerta condenada*. Hubiera querido sepultar para siempre a los poemas excluidos. Desistí. Habría sido inútil tratar de ocultarlos, como han hecho algunos. Fueron publicados en libros y revistas de modo que, tarde o temprano, reaparecerían. Me pareció que, puesto que no tenía más remedio que publicar esos poemas, lo mejor sería agruparlos bajo un título, *Primera instancia*, como una parte del tomo dedicado a mis escritos de juventud. No son realmente *obras* sino esbozos, intentos. Sin ellos este volumen ya es demasiado frondoso. Muchas hojas: hojarasca.

En cuanto a la ordenación de estos dos volúmenes: al principio, atendí a las afinidades de temas, color y ritmo más que a la cronología; más tarde, procuré ajustarme con mayor fidelidad a las fechas iniciales de composición. Así, el criterio predominante ha sido el cronológico. Triunfo final de la memoria, es decir, de la vida, sobre la estética. Hay tres secciones en prosa: *¿Águila o sol?* (compuesta por tres partes: *Trabajos del poeta*, *Arenas movedizas* y *¿Águila o sol?*), *La hija de Rappaccini* y *El mono gramático*. Desde Baudelaire las fronteras entre la prosa y el verso son más y más tenues. La primera y la tercera parte de *¿Águila o sol?* están compuestas por poemas en prosa; la segunda, *Arenas movedizas*, se acerca y a veces se confunde con ese género anfibio que es el cuento. *La hija de Rappaccini* es un poema dramático y viene, precisamente, de un cuento. *El mono gramático* es un casi-relato interrumpido una y otra vez por distintos incidentes, reflexiones y divagaciones. Espero que esas interrupciones y el relato mismo colinden a veces con la poesía. También he incluido, después de mucho dudarlo, *Topoemas*. Me pareció que valía la pena recoger ese experimento.

Los versos comienzan con minúscula, salvo al principiar el poema o después de un punto. Una excepción: todas las líneas de *Semillas para un himno* comienzan con mayúscula. Asimismo, en muchos poemas la puntuación desaparece. ¿Cómo justificar estos usos? La verdad es que son injustificables. ¿Lo es la poesía? Su justificación se llama *poema*, un objeto que es el producto de una práctica, no la consecuencia de un sistema. La puntuación no es un asunto de principios sino de resultados. He rozado el tema de la puntuación porque es un aspecto de los cambios de mi poesía. Un aspecto, también, de mi perplejidad ante esos cambios. En un libro que recoge poemas escritos durante más de sesenta años, ¿cómo buscar otra unidad que no sea la del tránsito? ¿Nada permanece? Toca al lector, no a mí, descubrir si hay algo que no cambia en mis cambios.

Post-scriptum (1996)

Entre 1979 y 1990 aparecieron algunas reimpresiones y ediciones de mi *Obra poética* (originalmente su título era *Poemas, 1935-1975*). En 1990 se añadió un nuevo volumen: *Árbol adentro* (1976-1988). Esta nueva y definitiva edición recoge, además, todos los poemas escritos desde 1989 hasta este año de 1996. No sin dudas, decidí al fin incluir *Versiones y diversiones* y *Poemas colectivos*. El primero recoge una labor de cerca de medio siglo de traductor de poesía. Labor hecha en horas de ocio y de entusiasmo, placeres y ejercicios arduos que nos regalan y exigen, simultáneamente, los acertijos y los rompecabezas. El segundo está compuesto por poemas escritos en colaboración con otros poetas.

En los dos volúmenes que forman mi *Obra poética* figura todo lo que he hecho en el dominio de la poesía, salvo los textos de *Primera instancia* (volumen 13), que comprende los poemas escritos en mi adolescencia y en mi juventud, a los que no considero propiamente obras sino tentativas.

Octavio Paz

México, agosto de 1996

II

Este segundo y último volumen de mi obra poética reúne los poemas que he escrito desde 1969 hasta ahora. Después de mucho dudarlo, decidí incluir los poemas colectivos que he escrito con algunos amigos: *Renga, Hijos del aire, Poema de la amistad* y *Festín lunar*. En las dos primeras colecciones aparecen, frente a frente, los textos originales y mi traducción; en la última se reproduce únicamente mi traducción: mis amigos escribieron sus versos en hindi y en caracteres *devangari*, que muy pocos entre nosotros conocen. Ellos mismos, después, los tradujeron al inglés. En cuanto a las traducciones: se publica únicamente el texto en español porque, como lo digo en el prólogo a la primera edición de *Versiones y diversiones*, mi propósito fue hacer, a partir de poemas en otras lenguas, poemas en la mía.

Mis versiones del sánscrito, del chino y del japonés, apenas si necesito repetirlo, fueron hechas con la ayuda de amigos que conocen y escriben esas lenguas; también con la de un número considerable de traducciones de esos poemas al inglés, al francés y al italiano. Muchas son, más que traducciones, recreaciones e incluso imitaciones, en el sentido tradicional de la palabra. Al compararlas con las de otras lenguas, comprobé que había logrado cierta fidelidad. Por supuesto, esas versiones no tienen valor filológico sino, si alguno tienen, literario y quizá poético. No necesito justificar la inclusión en este libro de mis traducciones de poesía. Las diferencias entre creación y traducción no son menos vagas que entre la prosa y el verso. La traducción es una recreación, un juego en el que la invención se alía a la fidelidad: el traductor no tiene más remedio que inventar el poema que imita.

En el «Preliminar» al volumen anterior apunté que mis poemas han sido respuestas a los accidentes de mi vida, tejida como todas las vidas de momentos afortunados y desdichados. Respuestas nunca inmediatas sino filtradas por el tiempo. Así, los dos tomos que reúnen mis tentativas poéticas pueden verse como un diario. Sólo que es un diario impersonal: los momentos vividos por el individuo real se han convertido en poemas escritos por una persona sin precisas señas de identidad. Cada poeta inventa a un poeta que es el autor de sus poemas. Mejor dicho: sus poemas inventan al poeta que los escribe. Siempre me ha parecido brumosa la distinción entre el poeta épico y el lírico. Se dice que el poeta épico —y su descendiente: el novelista— cuenta sucesos ajenos e inventa personajes mientras que el poeta lírico habla en nombre propio. No es así: el poeta lírico se inventa a sí mismo por obra de sus poemas. En no pocos casos ese «sí mismo» está compuesto por una pluralidad de voces y de personas. Como todos los hombres, el poeta es un ser plural; desde nuestro nacimiento hasta nuestra muerte, vivimos en diálogo —o en disputa— con los desconocidos que nos habitan.

La verdadera biografía de un poeta no está en los sucesos de su vida sino en sus poemas. Los sucesos son la materia prima, el material bruto; lo que leemos es un poema, una recreación (a veces una negación) de esta o de aquella experiencia. El poeta no es nunca idéntico a la persona que escribe: al escribir, se escribe, se inventa. Sabemos que Catulo y Lesbia (su verdadero nombre era Clodia) existieron realmente: son personajes históricos. También lo fueron Propercio y Cintia (Hostia). Sabemos asimismo que ni el poeta Catulo ni su amante, ni el poeta Propercio ni su querida son exactamente los individuos que vivieron en Roma en tales y tales años. Las heroínas de esos libros y los autores mismos, sin ser ficticios, pertenecen a otra realidad. Lo mismo puede decirse de todos los otros poetas, cualesquiera que hayan sido su época, sus temas y sus vidas.

La poesía, el arte de escribir poemas, no es natural; a través de un proceso sutil, el autor, al escribir y muchas veces sin darse cuenta, se inventa y se convierte en otro: un poeta. Pero la realidad de sus poemas y la suya propia no es artificial o deshumana; se ha transformado en una forma a un tiempo hermética y transparente que, al abrirse, nos muestra una realidad más real y más humana. Los poemas no son confesiones sino revelaciones.

Entre humilde y resignado, con esperanza y con escepticismo, dejo este libro, como el anterior, en manos de mis lectores. Próximos o lejanos, de hoy o de mañana, son la personificación del tiempo. Un juez simultáneamente sabio y caprichoso. Sus juicios, con frecuencia, nos sorprenden; sin embargo, a la larga no se equivoca.

OCTAVIO PAZ
México, 1996

Libertad bajo palabra

(1935-1957)

Libertad bajo palabra

Allá, donde terminan las fronteras, los caminos se borran. Donde empieza el silencio. Avanzo lentamente y pueblo la noche de estrellas, de palabras, de la respiración de un agua remota que me espera donde comienza el alba.

Invento la víspera, la noche, el día siguiente que se levanta en su lecho de piedra y recorre con ojos límpidos un mundo penosamente soñado. Sostengo al árbol, a la nube, a la roca, al mar, presentimiento de dicha, invenciones que desfallecen y vacilan frente a la luz que disgrega.

Y luego la sierra árida, el caserío de adobe, la minuciosa realidad de un charco y un pirú estólido, de unos niños idiotas que me apedrean, de un pueblo rencoroso que me señala. Invento el terror, la esperanza, el mediodía —padre de los delirios solares, de las falacias espejeantes, de las mujeres que castran a sus amantes de una hora.

Invento la quemadura y el aullido, la masturbación en las letrinas, las visiones en el muladar, la prisión, el piojo y el chancro, la pelea por la sopa, la delación, los animales viscosos, los contactos innobles, los interrogatorios nocturnos, el examen de conciencia, el juez, la víctima, el testigo. Tú eres esos tres. ¿A quién apelar ahora y con qué argucias destruir al que te acusa? Inútiles los memoriales, los ayes y los alegatos. Inútil tocar a puertas condenadas. No hay puertas, hay espejos. Inútil cerrar los ojos o volver entre los hombres: esta lucidez ya no me abandona. Romperé los espejos, haré trizas mi imagen —que cada mañana rehace piadosamente mi cómplice, mi delator. La soledad de la conciencia y la conciencia de la soledad, el día a pan y agua, la noche sin agua. Sequía, campo arrasado por un sol sin párpados, ojo atroz, oh conciencia, presente puro donde pasado y porvenir arden sin fulgor ni esperanza. Todo desemboca en esta eternidad que no desemboca.

Allá, donde los caminos se borran, donde acaba el silencio, invento la desesperación, la mente que me concibe, la mano que me dibuja, el ojo que me descubre. Invento al amigo que me inventa, mi semejante, y a la mujer, mi contrario: torre que corono de banderas, muralla que escalan mis espumas, ciudad devastada que renace lentamente bajo la dominación de mis ojos.

Contra el silencio y el bullicio invento la Palabra, libertad que se inventa y me inventa cada día.

I
Bajo tu clara sombra
(1935-1944)

PRIMER DÍA
(1935)

Tu nombre

Nace de mí, de mi sombra,
amanece por mi piel,
alba de luz somnolienta.

Paloma brava tu nombre,
tímida sobre mi hombro.

Monólogo

Bajo las rotas columnas,
entre la nada y el sueño,
cruzan mis horas insomnes
las sílabas de tu nombre.

Tu largo pelo rojizo,
relámpago del verano,
vibra con dulce violencia
en la espalda de la noche.

Corriente obscura del sueño
que mana entre las rüinas
y te construye de nada:

húmeda costa nocturna
donde se tiende y golpea
un mar sonámbulo, ciego.

Alameda

El sol entre los follajes
y el viento por todas partes
llama vegetal te esculpen,
si verde bajo los oros
entre verdores dorada.
Construïda de reflejos:
luz labrada por las sombras,
sombra deshecha en la luz.

Sonetos

I

Inmóvil en la luz, pero danzante,
tu movimiento a la quietud que cría
en la cima del vértigo se alía
deteniendo, no al vuelo, sí al instante.

Luz que no se derrama, ya diamante,
fija en la rotación del mediodía,
sol que no se consume ni se enfría
de cenizas y llama equidistante.

Tu salto es un segundo congelado
que ni apresura el tiempo ni lo mata:
preso en su movimiento ensimismado

tu cuerpo de sí mismo se desata
y cae y se dispersa tu blancura
y vuelves a ser agua y tierra obscura.

II

El mar, el mar y tú, plural espejo,
el mar de torso perezoso y lento
nadando por el mar, del mar sediento:
el mar que muere y nace en un reflejo.

El mar y tú, su mar, el mar espejo:
roca que escala el mar con paso lento,
pilar de sal que abate el mar sediento,
sed y vaivén y apenas un reflejo.

De la suma de instantes en que creces,
del círculo de imágenes del año,
retengo un mes de espumas y de peces,

y bajo cielos líquidos de estaño
tu cuerpo que en la luz abre bahías
al obscuro oleaje de los días.

III

Del verdecido júbilo del cielo
luces recobras que la luna pierde
porque la luz de sí misma recuerde
relámpagos y otoños en tu pelo.

El viento bebe viento en su revuelo,
mueve las hojas y su lluvia verde
moja tus hombros, tus espaldas muerde
y te desnuda y quema y vuelve yelo.

Dos barcos de velamen desplegado
tus dos pechos. Tu espalda es un torrente.
Tu vientre es un jardín petrificado.

Es otoño en tu nuca: sol y bruma.
Bajo del verde cielo adolescente,
tu cuerpo da su enamorada suma.

IV

Bajo del cielo fiel Junio corría
arrastrando en sus aguas dulces fechas,
ardientes horas en la luz deshechas,
frutos y labios que mi sed asía.

Sobre mi juventud Junio corría:
golpeaban mi ser sus aguas flechas,
despeñadas y obscuras en las brechas
que su avidez en ráfagas abría.

Ay, presuroso Junio nunca mío,
invisible entre puros resplandores,
mortales horas en terribles goces,

¡cómo alzabas mi ser, crecido río,
en júbilos sin voz, mudos clamores,
viva espada de luz entre dos voces!

V

Cielo que gira y nube no asentada
sino en la danza de la luz huidiza,
cuerpos que brotan como la sonrisa
de la luz en la playa no pisada.

¡Qué fértil sed bajo tu luz gozada!,
¡qué tierna voluntad de nube y brisa
en torbellino puro nos realiza
y mueve en danza nuestra sangre atada!

Vértigo inmóvil, avidez primera,
aire de amor que nos exalta y libra:
danzan los cuerpos su quietud ociosa,

danzan su propia muerte venidera,
arco de un solo son en el que vibra
nuestra anudada desnudez dichosa.

Mar de día

Por un cabello solo
parte sus blancas venas,
su dulce pecho bronco,
y muestra labios verdes,
frenéticos, nupciales,
la espuma deslumbrada.
Por un cabello solo.

Por esa luz en vuelo
que parte en dos al día,
el viento suspendido:
el mar, dos mares fijos,
gemelos enemigos;
el universo roto
mostrando sus entrañas,
las sonámbulas formas
que nadan hondas, ciegas,
por las espesas olas
del agua y de la tierra:
las algas submarinas
de lentas cabelleras,

el pulpo vegetal,
raíces, tactos ciegos,
carbones inocentes,
candores enterrados
en la primer ceguera.

Por esa sola hebra,
entre mis dedos llama,
vibrante, esbelta espada
que nace de mis yemas
y ya se pierde, sola,
relámpago en desvelo,
entre la luz y yo.

Por un cabello solo
el mundo tiene cuerpo.

RAÍZ DEL HOMBRE
(1935-1936)

I

Más acá de la música y la danza,
aquí, en la inmovilidad,
sitio de la música tensa,
bajo el gran árbol de mi sangre,
tú reposas. Yo estoy desnudo
y en mis venas golpea la fuerza,
hija de la inmovilidad.

Éste es el cielo más inmóvil,
y ésta la más pura desnudez.
Tú, muerta, bajo el gran árbol de mi sangre.

II

Ardan todas las voces
y quémense los labios;
y en la más alta flor
quede la noche detenida.

Nadie sabe tu nombre ya;
en tu secreta fuerza influyen
la madurez dorada de la estrella
y la noche suspensa,
inmóvil océano.

Amante, todo calla
bajo la voz ardiente de tu nombre.
Amante, todo calla. Tú, sin nombre,
en la noche desnuda de palabras.

III

Ésta es tu sangre,
desconocida y honda,
que penetra tu cuerpo
y baña orillas ciegas
de ti misma ignoradas.

Inocente, remota,
en su denso insistir, en su carrera,
detiene a la carrera de mi sangre.
Una pequeña herida
y conoce a la luz,
al aire que la ignora, a mis miradas.

Ésta es tu sangre, y éste
el prófugo rumor que la delata.

Y se agolpan los tiempos
y vuelven al origen de los días,
como tu pelo eléctrico si vibra
la escondida raíz en que se ahonda,
porque la vida gira en ese instante,
y el tiempo es una muerte de los tiempos
y se olvidan los nombres y las formas.

Ésta es tu sangre, digo,
y el alma se suspende en el vacío
ante la viva nada de tu sangre.

BAJO TU CLARA SOMBRA
(1935-1938)

I

Bajo tu clara sombra
vivo como la llama al aire,
en tenso aprendizaje de lucero.

II

Tengo que hablaros de ella.
Suscita fuentes en el día,
puebla de mármoles la noche.
La huella de su pie
es el centro visible de la tierra,
la frontera del mundo,
sitio sutil, encadenado y libre;
discípula de pájaros y nubes
hace girar al cielo;
su voz, alba terrestre,
nos anuncia el rescate de las aguas,
el regreso del fuego,
la vuelta de la espiga,
las primeras palabras de los árboles,
la blanca monarquía de las alas.

No vio nacer al mundo,
mas se enciende su sangre cada noche
con la sangre nocturna de las cosas

y en su latir reanuda
el son de las mareas
que alzan las orillas del planeta,
un pasado de agua y de silencio
y las primeras formas de la materia fértil.

Tengo que hablaros de ella,
de su fresca costumbre
de ser simple tormenta, rama tierna.

III

Mira el poder del mundo,
mira el poder del polvo, mira el agua.

Mira los fresnos en callado círculo,
toca su reino de silencio y savia,
toca su piel de sol y lluvia y tiempo,
mira sus verdes ramas cara al cielo,
oye cantar sus hojas como agua.

Mira después la nube,
anclada en el espacio sin mareas,
alta espuma visible
de celestes corrientes invisibles.

Mira el poder del mundo,
mira su forma tensa,
su hermosura inconsciente, luminosa.

Toca mi piel, de barro, de diamante,
oye mi voz en fuentes subterráneas,
mira mi boca en esa lluvia obscura,
mi sexo en esa brusca sacudida
con que desnuda el aire los jardines.

Toca tu desnudez en la del agua,
desnúdate de ti, llueve en ti misma,
mira tus piernas como dos arroyos,
mira tu cuerpo como un largo río,
son dos islas gemelas tus dos pechos,
en la noche tu sexo es una estrella,
alba, luz rosa entre dos mundos ciegos,
mar profundo que duerme entre dos mares.

Mira el poder del mundo:
reconócete ya, al reconocerme.

IV

Un cuerpo, un cuerpo solo, sólo un cuerpo,
un cuerpo como día derramado
y noche devorada;
la luz de unos cabellos
que no apaciguan nunca
la sombra de mi tacto;
una garganta, un vientre que amanece
como el mar que se enciende
cuando toca la frente de la aurora;
unos tobillos, puentes del verano;
unos muslos nocturnos que se hunden
en la música verde de la tarde;
un pecho que se alza
y arrasa las espumas;
un cuello, sólo un cuello,
unas manos tan sólo,
unas palabras lentas que descienden
como arena caída en otra arena...

Esto que se me escapa,
agua y delicia obscura,
mar naciendo o muriendo;
estos labios y dientes,

estos ojos hambrientos,
me desnudan de mí
y su furiosa gracia me levanta
hasta los quietos cielos
donde vibra el instante:
la cima de los besos,
la plenitud del mundo y de sus formas.

v

Deja que una vez más te nombre, tierra.
Mi tacto se prolonga
en el tuyo sediento,
largo, vibrante río
que no termina nunca,
navegado por hojas digitales,
lentas bajo tu espeso sueño verde.

Tibia mujer de somnolientos ríos,
mi pabellón de pájaros y peces,
mi paloma de tierra,
de leche endurecida,
mi pan, mi sal, mi muerte,
mi almohada de sangre:
en un amor más vasto te sepulto.

NOCHE DE RESURRECCIONES
(1939)

I

Lates entre la sombra,
blanca y desnuda: río.

Canta tu corazón, alza tus pechos,
y arrastra entre sus aguas
horas, memorias, días,
despojos de ti misma.
Entre riberas impalpables huyes,
mojando las arenas del silencio.

Agua blanca y desnuda
bajo mi cuerpo obscuro, roca,
cantil que muerde y besa un agua honda,
hecha de espuma y sed.

Dormida, en el silencio desembocas.
Sólo tu cabellera,
semejante a las yerbas
que arrastra la corriente,
oscila entre la sombra,
eléctrica, mojada por lo obscuro.

Entre riberas impalpables quedas,
blanca y desnuda, piedra.

II

Vivimos sepultados en tus aguas desnudas,
noche, gran marejada, vapor o lengua lenta,
codicioso jadeo de inmensa bestia pura.

La tierra es infinita, curva como cadera,
henchida como pecho, como vientre preñado,
mas como tierra es tierra, reconcentrada, densa.

Sobre esta tierra viva y arada por los años,
tendido como río, como piedra dormida,
yo sueño y en mí sueña mi polvo acumulado.

Y con mi sueño crece la silenciosa espiga,
es soledad de estrella su soledad de fruto,
dentro de mí se enciende y alza su maravilla.

Dueles, atroz dulzura, ciego cuerpo nocturno
a mi sangre arrancado; dueles, dolida rama,
caída entre las formas, en la entraña del mundo.

Dueles, recién parida, luz tan en flor mojada;
¿qué semillas, qué sueños, qué inocencias te laten,
dentro de ti me sueñan, viva noche del alma?

El sueño de la muerte te sueña por mi carne,
mas en tu carne sueña mi carne su retorno,
que el sueño es una entraña para el alma que nace.

Sobre cenizas duermo, sobre la piel del globo;
en mi costado lates y tu latir me anega:
las aguas desatadas del bautismo remoto
mi sueño mojan, nombran y corren por mis venas.

III

Blanda invasión de alas es la noche,
viento parado en una apenas rama:
la tierra calla, el agua en sueños habla.
De un costado del hombre nace el día.

ASUETO
(1939-1944)

Palabra

Palabra, voz exacta
y sin embargo equívoca;
obscura y luminosa;
herida y fuente: espejo;
espejo y resplandor;
resplandor y puñal,
vivo puñal amado,
ya no puñal, sí mano suave: fruto.

Llama que me provoca;
cruel pupila quieta
en la cima del vértigo;
invisible luz fría
cavando en mis abismos,
llenándome de nada, de palabras,
cristales fugitivos
que a su prisa someten mi destino.

Palabra ya sin mí, pero de mí,
como el hueso postrero,
anónimo y esbelto, de mi cuerpo;
sabrosa sal, diamante congelado
de mi lágrima obscura.

Palabra, una palabra, abandonada,
riente y pura, libre,

como la nube, el agua,
como el aire y la luz,
como el ojo vagando por la tierra,
como yo, si me olvido.

Palabra, una palabra,
la última y primera,
la que callamos siempre,
la que siempre decimos,
sacramento y ceniza.

Día

¿De qué cielo caído,
oh insólito,
inmóvil solitario en la ola del tiempo?
Eres la duración,
el tiempo que madura
en un instante enorme, diáfano:
flecha en el aire,
blanco embelesado
y espacio sin memoria ya de flecha.
Día hecho de tiempo y de vacío:
me deshabitas, borras
mi nombre y lo que soy,
llenándome de ti: luz, nada.

Y floto, ya sin mí, pura existencia.

Jardín

A Juan Gil-Albert

Nubes a la deriva, continentes
sonámbulos, países sin substancia

ni peso, geografías dibujadas
por el sol y borradas por el viento.

Cuatro muros de adobe. Buganvilias:
en sus llamas pacíficas mis ojos
se bañan. Pasa el viento entre alabanzas
de follajes y yerbas de rodillas.

El heliotropo con morados pasos
cruza envuelto en su aroma. Hay un profeta:
el fresno —y un meditabundo: el pino.
El jardín es pequeño, el cielo inmenso.

Verdor sobreviviente en mis escombros:
en mis ojos te miras y te tocas,
te conoces en mí y en mí te piensas,
en mí duras y en mí te desvaneces.

Delicia

A José Luis Martínez

Como surge del mar, entre las olas,
una que se sostiene,
estatua repentina,
sobre las verdes, líquidas espaldas
de las otras, las sobrepasa,
vértigo solitario, y a sí misma,
a su caída y a su espuma,
se sobrevive, esbelta,
y hace quietud su movimiento,
reposo su oleaje,
brotas entre los áridos minutos,
imprevista criatura.

Entre conversaciones y silencios,
lenguas de trapo y de ceniza,

entre las reverencias, dilaciones,
las infinitas jerarquías,
los escaños del tedio,
los bancos del tormento,
naces, delicia, alta quietud.

¿Cómo tocarte, impalpable escultura?
Inmóvil en el movimiento,
en la fijeza, suelta.
Si música, no suenas;
si palabra, no dices:
¿qué te sostiene, líquida?

Entrevisto secreto:
el mundo desasido se contempla,
ya fuera de sí mismo, en su vacío.

Mediodía

Un quieto resplandor me inunda y ciega,
un deslumbrado círculo vacío,
porque a la misma luz su luz la niega.

Cierro los ojos y a mi sombra fío
esta inasible gloria, este minuto,
y a su voraz eternidad me alío.

Dentro de mí palpita, flor y fruto,
la aprisionada luz, ruina quemante,
vivo carbón, pues lo encendido enluto.

Ya entraña temblorosa su diamante,
en mí se funde el día calcinado,
brasa interior, coral agonizante.

En mi párpado late, traspasado,
el resplandor del mundo y sus espinas
me ciegan, paraíso clausurado.

Sombras del mundo, cálidas ruïnas,
sueñan bajo mi piel y su latido
anega, sordo, mis desiertas minas.

Lento y tenaz, el día sumergido
es una sombra trémula y caliente,
un negro mar que avanza sin sonido,

ojo que gira ciego y que presiente
formas que ya no ve y a las que llega
por mi tacto, disuelto en mi corriente.

Cuerpo adentro la sangre nos anega
y ya no hay cuerpo más, sino un deshielo,
una onda, vibración que se disgrega.

Medianoche del cuerpo, toda cielo,
bosque de pulsaciones y espesura,
nocturno mediodía del subsuelo,

¿este caer en una entraña obscura
es de la misma luz del mediodía
que erige lo que toca en escultura?

—El cuerpo es infinito y melodía.

Arcos

A Silvina Ocampo

¿Quién canta en las orillas del papel?
Inclinado, de pechos sobre el río
de imágenes, me veo, lento y solo,

de mí mismo alejarme: letras frágiles,
constelación de signos, incisiones
en la carne del tiempo —mi escritura,
raya en el agua.

      Voy entre verdores
enlazados, voy entre transparencias,
me alejo de mí mismo, me detengo
sin detenerme en una orilla y sigo,
bajo los arcos de mis pensamientos,
agua que se desliza y no transcurre,
río feliz que enlaza y desenlaza
un momento de sol entre dos álamos,
en la pulida piedra se demora
y se desprende de sí mismo, sigue,
se fuga, se persigue, no se alcanza
y al fin se desvanece en esta línea.

1947

Lago

Tout pour l'œil, rien pour les oreilles.
C. B.

Entre montañas áridas
las aguas prisioneras
reposan, centellean
como un cielo caído.

Nada sino los montes
y la luz entre brumas;
agua y cielo reposan,
pecho a pecho, infinitos.

Como el dedo que roza
unos senos, un vientre,

estremece las aguas,
delgado, un soplo frío.

Vibra el silencio, vaho
de presentida música,
invisible al oído,
sólo para los ojos.

Sólo para los ojos
esta luz y estas aguas,
esta perla dormida
que apenas resplandece.

Todo para los ojos.
Y en los ojos un ritmo,
un color fugitivo,
la sombra de una forma,
un repentino viento
y un naufragio infinito.

Niña

A Laura Elena

Nombras el árbol, niña.
Y el árbol crece, sin moverse,
alto deslumbramiento,
hasta volvernos verde la mirada.

Nombras el cielo, niña.
Y las nubes pelean con el viento
y el espacio se vuelve
un transparente campo de batalla.

Nombras el agua, niña.
Y el agua brota, no sé dónde,

brilla en las hojas, habla entre las piedras
y en húmedos vapores nos convierte.

No dices nada, niña.
Y en su cresta nos alza
la marea del sol y nos devuelve,
en el centro del día, a ser nosotros.

Junio

*Bajo del cielo fiel Junio corría
arrastrando en sus aguas dulces fechas...*

Llegas de nuevo, río transparente,
todo cielo y verdor, nubes pasmadas,
lluvias o cabelleras desatadas,
plenitud, ola inmóvil y flüente.

Tu luz moja una fecha adolescente:
rozan las manos formas vislumbradas,
los labios besan sombras ya besadas,
los ojos ven, el corazón presiente.

¡Hora de eternidad, toda presencia,
el tiempo en ti se colma y desemboca
y todo cobra ser, hasta la ausencia!

El corazón presiente y se incorpora,
mentida plenitud que nadie toca:
hoy es ayer y es siempre y es deshora.

Noche de verano

Pulsas, palpas el cuerpo de la noche,
verano que te bañas en los ríos,

45

soplo en el que se ahogan las estrellas,
aliento de una boca,
de unos labios de tierra.

Tierra de labios, boca
donde un infierno agónico jadea,
labios en donde el cielo llueve
y el agua canta y nacen paraísos.

Se incendia el árbol de la noche
y sus astillas son estrellas,
son pupilas, son pájaros.
Fluyen ríos sonámbulos,
lenguas de sal incandescente
contra una playa obscura.

Todo respira, vive, fluye:
la luz en su temblor,
el ojo en el espacio,
el corazón en su latido,
la noche en su infinito.

Un nacimiento obscuro, sin orillas,
nace en la noche de verano.
Y en tu pupila nace todo el cielo.

Medianoche

Es el secreto mediodía,
sólo vibrante obscuridad de entraña,
plenitud silenciosa de lo vivo.

Del alma, ruina y sombra,
vértigo de cenizas y vacío,
brota un esbelto fuego,
una delgada música,

una columna de silencio puro,
un asombrado río
que se levanta de su lecho
y fluye, entre los aires, hacia el cielo.

Canta, desde su sombra
—y más, desde su nada— el alma.
Desnudo de su nombre canta el ser,
en el hechizo de existir suspenso,
de su propio cantar enamorado.

Y no es la boca amarga,
ni el alma, ensimismada en su espejismo,
ni el corazón, obscura catarata,
lo que sostiene al canto
cantando en el silencio deslumbrado.

A sí mismo se encanta
y sobre sí descansa
y en sí mismo se vierte y se derrama
y sobre sí se eleva
hacia otro canto que no oímos,
música de la música,
silencio y plenitud,
roca y marea,
dormida inmensidad
en donde sueñan formas y sonidos.

Es el secreto mediodía.
El alma canta, cara al cielo,
y sueña en otro canto,
sólo vibrante luz,
plenitud silenciosa de lo vivo.

Primavera a la vista

Pulida claridad de piedra diáfana,
lisa frente de estatua sin memoria:
cielo de invierno, espacio reflejado
en otro más profundo y más vacío.

El mar respira apenas, brilla apenas.
Se ha parado la luz entre los árboles,
ejército dormido. Los despierta
el viento con banderas de follajes.

Nace del mar, asalta la colina,
oleaje sin cuerpo que revienta
contra los eucaliptos amarillos
y se derrama en ecos por el llano.

El día abre los ojos y penetra
en una primavera anticipada.
Todo lo que mis manos tocan, vuela.
Está lleno de pájaros el mundo.

CONDICIÓN DE NUBE
(1944)

Destino de poeta

¿Palabras? Sí, de aire,
y en el aire perdidas.
Déjame que me pierda entre palabras,
déjame ser el aire en unos labios,
un soplo vagabundo sin contornos
que el aire desvanece.

También la luz en sí misma se pierde.

El pájaro

En el silencio transparente
el día reposaba:
la transparencia del espacio
era la transparencia del silencio.
La inmóvil luz del cielo sosegaba
el crecimiento de las yerbas.
Los bichos de la tierra, entre las piedras,
bajo la luz idéntica, eran piedras.
El tiempo en el minuto se saciaba.
En la quietud absorta
se consumaba el mediodía.

Y un pájaro cantó, delgada flecha.
Pecho de plata herido vibró el cielo,

se movieron las hojas,
las yerbas despertaron...
Y sentí que la muerte era una flecha
que no se sabe quién dispara
y en un abrir los ojos nos morimos.

Silencio

Así como del fondo de la música
brota una nota
que mientras vibra crece y se adelgaza
hasta que en otra música enmudece,
brota del fondo del silencio
otro silencio, aguda torre, espada,
y sube y crece y nos suspende
y mientras sube caen
recuerdos, esperanzas,
las pequeñas mentiras y las grandes,
y queremos gritar y en la garganta
se desvanece el grito:
desembocamos al silencio
en donde los silencios enmudecen.

Nuevo rostro

La noche borra noches en tu rostro,
derrama aceites en tus secos párpados,
quema en tu frente el pensamiento
y atrás del pensamiento la memoria.

Entre las sombras que te anegan
otro rostro amanece.
Y siento que a mi lado
no eres tú la que duerme,
sino la niña aquella que fuïste

y que esperaba sólo que durmieras
para volver y conocerme.

Los novios

Tendidos en la yerba
una muchacha y un muchacho.
Comen naranjas, cambian besos
como las olas cambian sus espumas.

Tendidos en la playa
una muchacha y un muchacho.
Comen limones, cambian besos
como las nubes cambian sus espumas.

Tendidos bajo tierra
una muchacha y un muchacho.
No dicen nada, no se besan,
cambian silencio por silencio.

Dos cuerpos

Dos cuerpos frente a frente
son a veces dos olas
y la noche es océano.

Dos cuerpos frente a frente
son a veces dos piedras
y la noche desierto.

Dos cuerpos frente a frente
son a veces raíces
en la noche enlazadas.

Dos cuerpos frente a frente
son a veces navajas
y la noche relámpago.

Dos cuerpos frente a frente
son dos astros que caen
en un cielo vacío.

Vida entrevista

Relámpagos o peces
en la noche del mar
y pájaros, relámpagos
en la noche del bosque.

Los huesos son relámpagos
en la noche del cuerpo.
Oh mundo, todo es noche
y la vida es relámpago.

El cuchillo

El cuchillo es un pájaro de yelo.
Cae, puro, y el aire se congela,
como en silencio el grito se congela,
al filo de un cabello se adelgaza
la sangre suspendida y el instante
en dos mitades lívidas se abre...
Mundo deshabitado, cielo frío
donde un cometa gris silba y se pierde.

El sediento

Por buscarme, poesía,
en ti me busqué:
deshecha estrella de agua
se anegó mi ser.
Por buscarte, poesía,
en mí naufragué.

Después sólo te buscaba
por huir de mí:
¡espesura de reflejos
en que me perdí!
Mas luego de tanta vuelta
otra vez me vi:

el mismo rostro anegado
en la misma desnudez;
las mismas aguas de espejo
en las que no he de beber;
y en el borde de esas aguas
el mismo muerto de sed.

La roca

Soñando vivía
y era mi vivir
caminar caminos
y siempre partir.

Desperté del sueño
y era mi vivir
un estar atado
y un querer huir.

A la roca atado
me volví a dormir.
La vida es la cuerda,
la roca el morir.

Duermevela

Amanece. El reloj canta.
El mundo calla, vacío.
Sonámbula te levantas
y miras no sé qué sombras
detrás de tu sombra: nada.
Arrastrada por la noche
eres una rama blanca.

Apuntes del insomnio

1

Roe el reloj
mi corazón,
buitre no, sino ratón.

2

En la cima del instante
me dije: «Ya soy eterno
en la plenitud del tiempo».
Y el instante se caía
en otro, abismo sin tiempo.

3

Me encontré frente a un muro
y en el muro un letrero:
«Aquí empieza tu futuro».

4
NOSTALGIA PATRIA

En el azul idéntico
brillan y nos ignoran
idénticos luceros.
... Mas cada gallo canta su propio muladar.

Frente al mar

I

Llueve en el mar:
al mar lo que es del mar
y que se seque la heredad.

2

¿La ola no tiene forma?
En un instante se esculpe
y en otro se desmorona
en la que emerge, redonda.
Su movimiento es su forma.

3

Las olas se retiran
—ancas, espaldas, nucas—

pero vuelven las olas
—pechos, bocas, espumas—.

4

Muere de sed el mar.
Se retuerce, sin nadie,
en su lecho de rocas.
Muere de sed de aire.

Retórica

1

Cantan los pájaros, cantan
sin saber lo que cantan:
todo su entendimiento es su garganta.

2

La forma que se ajusta al movimiento
no es prisión sino piel del pensamiento.

3

La claridad del cristal transparente
no es claridad para mí suficiente:
el agua clara es el agua corriente.

Misterio

Relumbra el aire, relumbra,
el mediodía relumbra,
pero no veo al sol.

Y de presencia en presencia
todo se me transparenta,
pero no veo al sol.

Perdido en las transparencias
voy de reflejo a fulgor,
pero no veo al sol.

Y él en la luz se desnuda
y a cada esplendor pregunta,
pero no ve al sol.

La rama

Canta en la punta del pino
un pájaro detenido,
trémulo, sobre su trino.

Se yergue, flecha, en la rama,
se desvanece entre alas
y en música se derrama.

El pájaro es una astilla
que canta y se quema viva
en una nota amarilla.

Alzo los ojos: no hay nada.
Silencio sobre la rama,
sobre la rama quebrada.

Viento

Cantan las hojas,
bailan las peras en el peral;
gira la rosa,
rosa del viento, no del rosal.

Nubes y nubes
flotan dormidas, algas del aire;
todo el espacio
gira con ellas, fuerza de nadie.

Todo es espacio;
vibra la vara de la amapola
y una desnuda
vuela en el viento lomo de ola.

Nada soy yo,
cuerpo que flota, luz, oleaje;
todo es del viento
y el viento es aire siempre de viaje.

Espiral

Como el clavel sobre su vara,
como el clavel, es el cohete:
es un clavel que se dispara.

Como el cohete el torbellino:
sube hasta el cielo y se desgrana,
canto de pájaro en un pino.

Como el clavel y como el viento
el caracol es un cohete:
petrificado movimiento.

Y la espiral en cada cosa
su vibración difunde en giros:
el movimiento no reposa.

Nubes

Islas del cielo, soplo en un soplo suspendido,
¡con pie ligero, semejante al aire,
pisar sus playas sin dejar más huella
que la sombra del viento sobre el agua!

¡Y como el aire entre las hojas
perderse en el follaje de la bruma
y como el aire ser labios sin cuerpo,
cuerpo sin peso, fuerza sin orillas!

Epitafio para un poeta

Quiso cantar, cantar
para olvidar
su vida verdadera de mentiras
y recordar
su mentirosa vida de verdades.

II
Calamidades y milagros
(1937-1947)

Nada me desengaña
el mundo me ha hechizado.
QUEVEDO

PUERTA CONDENADA
(1938-1946)

Nocturno

Sombra, trémula sombra de las voces.
Arrastra el río negro mármoles ahogados.
¿Cómo decir del aire asesinado,
de los vocablos huérfanos,
cómo decir del sueño?

Sombra, trémula sombra de las voces.
Negra escala de lirios llameantes.
¿Cómo decir los nombres, las estrellas,
los albos pájaros de los pianos nocturnos
y el obelisco del silencio?

Sombra, trémula sombra de las voces.
Estatuas derribadas de la luna.
¿Cómo decir, camelia,
la menos flor entre las flores,
cómo decir tus blancas geometrías?

¿Cómo decir, oh Sueño, tu silencio en voces?

1932

Otoño

El viento despierta,
barre los pensamientos de mi frente
y me suspende
en la luz que sonríe para nadie:
¡cuánta belleza suelta!
Otoño: entre tus manos frías
el mundo llamea.

1933

Insomnio

Quedo distante de los sueños.
Abandona mi frente su marea,
avanzo entre las piedras calcinadas
y vuelvo a dar al cuarto que me encierra:
aguardan los zapatos, los lazos de familia,
los dientes de sonreír
y la impuesta esperanza:
mañana cantarán las sirenas.
                    (Y en mi sangre
otro canto se eleva: *Yo no digo*
mi canción sino a quien conmigo va...)

Sórdido fabricante de fantasmas,
de pequeños dioses obscuros,
polvo, mentira en la mañana.
Desterrado de la cólera y de la alegría,
sentado en una silla, en una roca,
frente al ciego oleaje: tedio, nada.
Atado a mi vivir
y desasido de la vida.

1933

Espejo

Hay una noche,
un tiempo hueco, sin testigos,
una noche de uñas y silencio,
páramo sin orillas,
isla de yelo entre los días;
una noche sin nadie
sino su soledad multiplicada.

Se regresa de unos labios
nocturnos, fluviales,
lentas orillas de coral y savia,
de un deseo, erguido
como la flor bajo la lluvia, insomne
collar de fuego al cuello de la noche,
o se regresa de uno mismo a uno mismo,
y entre espejos impávidos un rostro
me repite a mi rostro, un rostro
que enmascara a mi rostro.

Frente a los juegos fatuos del espejo
mi ser es pira y es ceniza,
respira y es ceniza,
y ardo y me quemo y resplandezco y miento
un yo que empuña, muerto,
una daga de humo que le finge
la evidencia de sangre de la herida,
y un yo, mi yo penúltimo,
que sólo pide olvido, sombra, nada,
final mentira que lo enciende y quema.

De una máscara a otra
hay siempre un yo penúltimo que pide.
Y me hundo en mí mismo y no me toco.

1934

Pregunta

Déjame, sí, déjame, dios o ángel, demonio.
Déjame a solas, turba angélica,
solo conmigo, con mi multitud.
Estoy con uno como yo,
que no me reconoce y me muestra mis armas;
con uno que me abraza y me hiere
—y se dice mi hijo—;
con uno que huye con mi cuerpo;
con uno que me odia porque yo soy él mismo.

Mira, tú que huyes,
aborrecible hermano mío,
tú que enciendes las hogueras terrestres,
tú, el de las islas y el de las llamaradas,
mírate y dime:
ese que corre,
ese que alza lenguas y antorchas
para llamar al cielo y lo incendia;
ese que es una estrella lenta que desciende;
aquel que es como un arma resonante,
¿es el tuyo, tu ser, hecho de horas
y voraces minutos?

¿Quién sabe lo que es un cuerpo,
un alma,
y el sitio en que se juntan
y cómo el cuerpo se ilumina
y el alma se obscurece,
hasta fundirse, carne y alma,
en una sola y viva sombra?
¿Y somos esa imagen que soñamos,
sueños al tiempo hurtados,
sueños del tiempo por burlar al tiempo?

En soledad pregunto,
a soledad pregunto.

Y rasgo mi boca amante de palabras
y me arranco los ojos
henchidos de mentiras y apariencias,
y arrojo lo que el tiempo
deposita en mi alma,
miserias deslumbrantes,
ola que se retira...

Bajo del cielo puro,
metal de tranquilos, absortos resplandores,
pregunto, ya desnudo:
me voy borrando todo,
me voy haciendo un vago signo sobre el agua,
espejo en un espejo.

Ni el cielo ni la tierra

Atrás el cielo,
atrás la luz y su navaja,
atrás los muros de salitre,
atrás las calles que dan siempre a otras calles.
Atrás mi piel de vidrios erizados,
atrás mis uñas y mis dientes
caídos en el pozo del espejo.
Atrás la puerta que se cierra,
el cuerpo que se abre.
Atrás, amor encarnizado,
pureza que destruye,
garras de seda, labios de ceniza.

Atrás, tierra o cielo.

Sentados a las mesas
donde beben la sangre de los pobres:
la mesa del dinero,
la mesa de la gloria y la de la justicia,

la mesa del poder y la mesa de Dios
—la Sagrada Familia en su Pesebre,
la Fuente de la Vida,
el espejo quebrado en que Narciso
a sí mismo se bebe y no se sacia
y el hígado, alimento de profetas y buitres...

Atrás, tierra o cielo.

Las sábanas conyugales
cubren cuerpos entrelazados,
piedras entre cenizas
cuando la luz los toca.
Cada uno en su cárcel de palabras
y todos atareados construyendo
la Torre de Babel en comandita.
Y el cielo que bosteza
y el infierno mordiéndose la cola
y la resurrección
y el día de la vida perdurable,
el día sin crepúsculo,
el paraíso visceral del feto.

Creía en todo esto.
Hoy duermo a la orilla del llanto.
También el llanto sirve de almohada.

Las palabras

Dales la vuelta,
cógelas del rabo (chillen, putas),
azótalas,
dales azúcar en la boca a las rejegas,
ínflalas, globos, pínchalas,
sórbeles sangre y tuétanos,
sécalas,

cápalas,
písalas, gallo galante,
tuérceles el gaznate, cocinero,
desplúmalas,
destrípalas, toro,
buey, arrástralas,
hazlas, poeta,
haz que se traguen todas sus palabras.

Mar por la tarde

A Juan José Arreola

Altos muros del agua, torres altas,
aguas de pronto negras contra nada,
impenetrables, verdes, grises aguas,
aguas de pronto blancas, deslumbradas.

Aguas como el principio de las aguas,
como el principio mismo antes del agua,
las aguas inundadas por el agua,
aniquilando lo que finge el agua.

El resonante tigre de las aguas,
las uñas resonantes de cien tigres,
las cien manos del agua, los cien tigres
con una sola mano contra nada.

Desnudo mar, sediento mar de mares,
hondo de estrellas si de espumas alto,
prófugo blanco de prisión marina
que en estelares límites revienta,

¿qué memorias, deseos prisioneros,
encienden en tu piel sus verdes llamas?
En ti te precipitas, te levantas
contra ti y de ti mismo nunca escapas.

Tiempo que se congela o se despeña,
tiempo que es mar y mar que es lunar témpano,
madre furiosa, inmensa res hendida
y tiempo que se come las entrañas.

La caída

A la memoria de Jorge Cuesta

I

Abre simas en todo lo creado,
abre el tiempo la entraña de lo vivo,
y en la hondura del pulso fugitivo
se precipita el hombre desangrado.

¡Vértigo del minuto consumado!
En el abismo de mi ser nativo,
en mi nada primera, me desvivo:
yo mismo frente a mí, ya devorado.

Pierde el alma su sal, su levadura,
en concéntricos ecos sumergida,
en sus cenizas anegada, obscura.

Mana el tiempo su ejército impasible,
nada sostiene ya, ni mi caída,
transcurre solo, quieto, inextinguible.

II

Prófugo de mi ser, que me despuebla
la antigua certidumbre de mí mismo,
busco mi sal, mi nombre, mi bautismo,
las aguas que lavaron mi tiniebla.

Me dejan tacto y ojos sólo niebla,
niebla de mí, mentira y espejismo:
¿qué soy, sino la sima en que me abismo,
y qué, sino el no ser, lo que me puebla?

El espejo que soy me deshabita:
un caer en mí mismo inacabable
al horror de no ser me precipita.

Y nada queda sino el goce impío
de la razón cayendo en la inefable
y helada intimidad de su vacío.

Crepúsculos de la ciudad

A Rafael Vega Albela,
que aquí padeció

I

Devora el sol final restos ya inciertos;
el cielo roto, hendido, es una fosa;
la luz se atarda en la pared ruinosa;
polvo y salitre soplan sus desiertos.

Se yerguen más los fresnos, más despiertos,
y anochecen la plaza silenciosa,
tan a ciegas palpada y tan esposa
como herida de bordes siempre abiertos.

Calles en que la nada desemboca,
calles sin fin andadas, desvarío
sin fin del pensamiento desvelado.

Todo lo que me nombra o que me evoca
yace, ciudad, en ti, signo vacío
en tu pecho de piedra sepultado.

II

Mudo, tal un peñasco silencioso
desprendido del cielo, cae, espeso,
el cielo desprendido de su peso,
hundiéndose en sí mismo, piedra y pozo.

Arde el anochecer en su destrozo;
cruzo entre la ceniza y el bostezo
calles en donde, anónimo y obseso,
fluye el deseo, río sinüoso;

lepra de livideces en la piedra
llaga indecisa vuelve cada muro;
frente a ataúdes donde en rasos medra

la doméstica muerte cotidiana,
surgen, petrificadas en lo obscuro,
putas: pilares de la noche vana.

III

A la orilla, de mí ya desprendido,
toco la destrucción que en mí se atreve,
palpo ceniza y nada, lo que llueve
el cielo en su caer obscurecido.

Anegado en mi sombra-espejo mido
la deserción del soplo que me mueve:
huyen, fantasma ejército de nieve,
tacto y color, perfume y sed, rüido.

El cielo se desangra en el cobalto
de un duro mar de espumas minerales;
yazgo a mis pies, me miro en el acero

de la piedra gastada y del asfalto:
pisan opacos muertos maquinales,
no mi sombra, mi cuerpo verdadero.

IV
(CIELO)

Frío metal, cuchillo indiferente,
páramo solitario y sin lucero,
llanura sin fronteras, toda acero,
cielo sin llanto, pozo, ciega fuente.

Infranqueable, inmóvil, persistente,
muro total, sin puertas ni asidero,
entre la sed que da tu reverbero
y el otro cielo prometido, ausente.

Sabe la lengua a vidrio entumecido,
a silencio erizado por el viento,
a corazón insomne, remordido.

Nada te mueve, cielo, ni te habita.
Quema el alma raíz y nacimiento
y en sí misma se ahonda y precipita.

V

Las horas, su intangible pesadumbre,
su peso que no pesa, su vacío,
abigarrado horror, la sed que expío
frente al espejo y su glacial vislumbre,

mi ser, que multiplica en muchedumbre
y luego niega en un reflejo impío,
todo, se arrastra, inexorable río,
hacia la nada, sola certidumbre.

Hacia mí mismo voy; hacia las mudas,
solitarias fronteras sin salida:
duras aguas, opacas y desnudas,

horadan lentamente mi conciencia
y van abriendo en mí secreta herida,
que mana sólo, estéril, impaciencia.

Pequeño monumento

A Alí Chumacero

Fluye el tiempo inmortal y en su latido
sólo palpita estéril insistencia,
sorda avidez de nada, indiferencia,
pulso de arena, azogue sin sentido.

Resuelto al fin en fechas lo vivido
veo, ya edad, el sueño y la inocencia,
puñado de aridez en mi conciencia,
sílabas que disperso sin rüido.

Vuelvo el rostro: no soy sino la estela
de mí mismo, la ausencia que deserto,
el eco del silencio de mi grito.

Mirada que al mirarse se congela,
haz de reflejos, simulacro incierto:
al penetrar en mí me deshabito.

Mientras escribo

Cuando sobre el papel la pluma escribe,
a cualquier hora solitaria,

¿quién la guía?
¿A quién escribe el que escribe por mí,
orilla hecha de labios y de sueño,
quieta colina, golfo,
hombro para olvidar al mundo para siempre?

Alguien escribe en mí, mueve mi mano,
escoge una palabra, se detiene,
duda entre el mar azul y el monte verde.
Con un ardor helado
contempla lo que escribo.
Todo lo quema, fuego justiciero.
Pero este juez también es víctima
y al condenarme, se condena:
no escribe a nadie, a nadie llama,
a sí mismo se escribe, en sí se olvida,
y se rescata, y vuelve a ser yo mismo.

Atrás de la memoria...

Atrás de la memoria, en ese limbo
donde el pasado: culpas y deseos,
sueña su renacer en escultura,
tu pelo suelto cae, tu sonrisa,
puerta de la blancura, aún sonríe,
la fiebre de tu mano todavía
hace crecer dentro de mí mareas
y aún oigo tu voz —aunque no hay nadie.

Bahías de hermosura, eternidades
substraídas, fluir vivo de imágenes,
delicias desatadas, pleamar,
(tu paladar: un cielo rojo, golfo
donde duermen tus dientes, caracola
donde oye la ola su caída),
el infinito hambriento de unos ojos,
un pulso, un tacto, un cuerpo que se fuga...

El tiempo que nos hizo nos deshace;
mi corazón a obscuras es un puño
que golpea —no un muro ni una puerta:
a sí mismo, monótono...

Conscriptos USA

I

CONVERSACIÓN EN UN BAR

—Sábado por la tarde, sin permiso.
La soledad se puebla y todo quema.
(El viento del Oeste son dos vientos:
en la noche es un búfalo fantasma,
al alba es un ejército de pájaros.)
—Pardeaba. Les dije entonces:
Saben que iremos, nos esperan...
(Las muchachas del Sur corren desnudas
en la noche. Sus huellas en la arena
son estrellas caídas,
joyas abandonadas por el mar.)
—Éramos tres: un negro, un mexicano
y yo. Nos arrastramos por el campo,
pero al llegar al muro una linterna...
(En la ciudad de piedra
la nieve es una cólera de plumas.)
—Nos encerraron en la cárcel.
Yo le menté la madre al cabo.
Al rato las mangueras de agua fría.
Nos quitamos la ropa, tiritando.
Muy tarde ya, nos dieron sábanas.
(En otoño los árboles del río
dejan caer sus hojas amarillas
en la espalda del agua.
Y el sol, en la corriente,
es una lenta mano que acaricia
una garganta trémula.)

—Después de un mes la vi. Primero al cine,
luego a bailar. Tomamos unos tragos.
En una esquina nos besamos...
(El sol, las rocas rojas del desierto
y un cascabel erótico: serpientes.
Esos amores fríos en un lecho de lavas...)

II

RAZONES PARA MORIR

1

Unos me hablaban de la patria.
Mas yo pensaba en una tierra pobre,
pueblo de polvo y luz,
y una calle y un muro
y un hombre silencioso junto al muro.
Y aquellas piedras bajo el sol del páramo
y la luz que en el río se desnuda...
olvidos que alimentan la memoria,
que ni nos pertenecen ni llamamos,
sueños del sueño, súbitas presencias
con las que el tiempo dice que no somos,
que es él quien se recuerda y él quien sueña.
No hay patria, hay tierra, imágenes de tierra,
polvo y luz en el tiempo...

2

¿Durar? ¿Dura la flor? Su llama fresca
en la mano del viento se deshoja:
la flor quiere bailar, sólo bailar.
¿Duran el árbol y sus hojas
—vestidura que al viento es de rumores
y al sol es de reflejos?
¿Este cielo, infinito que reposa,

es el mismo de ayer, nubes de piedra?
No durar: ser eterno,
labios en unos labios,
luz en la cima de la ola, viva,
soplo que encarna al fin
y es una plenitud que se derrama.
Ser eterno un instante,
vibración amarilla del olvido.

3

La rima que se acuesta con todas las palabras,
la Libertad, a muerte me llamaba,
alcahueta, sirena
de garganta leprosa.
Virgen de humo de mi adolescencia
mi libertad me sonreía
como un abismo contemplado
desde el abismo de nosotros mismos.
La libertad es alas,
es el viento entre hojas, detenido
por una simple flor; y el sueño
en el que somos nuestro sueño;
es morder la naranja prohibida,
abrir la vieja puerta condenada
y desatar al prisionero:
esa piedra ya es pan,
esos papeles blancos son gaviotas,
son pájaros las hojas
y pájaros tus dedos: todo vuela.

Adiós a la casa

Es en la madrugada.
Quiero decir adiós a este pequeño mundo,
único mundo verdadero.

Adiós a este penoso abrir los ojos
del día que se levanta:
el sueño huye, embozado,
del lugar de su crimen
y el alma es una plaza abandonada.

Adiós a la silla,
donde colgué mi traje cada noche,
ahorcado cotidiano,
y al sillón, roca en mi insomnio,
peña que no abrió el rayo
ni el agua agrietó.

Adiós al espejo verídico,
donde dejé mi máscara
por descender al fondo del sinfín
—y nunca descendí:
¿no tienes fondo, sólo superficie?

Adiós al poco cielo de la ventana
y a la niebla que sube a ciegas la colina,
rebaño que se desvanece.

Al vestido de copos, el ciruelo,
decirle adiós, y a ese pájaro
que es un poco de brisa en una rama.

Decirle adiós al río:
tus aguas siempre fueron,
para mí, las mismas aguas.

Niña, mujer, fantasma de la orilla,
decirte siempre adiós
como el río se lo dice a la ribera
en una interminable despedida.

Quisiera decir adiós a estas presencias,
memorias de mañana,

pero tengo miedo que despierten
y me digan adiós.

La sombra

Ya por cambiar de piel o por tenerla
nos acogemos a lo obscuro,
que nos viste de sombra
la carne desollada.

En los ojos abiertos
cae la sombra y luego son los ojos
los que en la sombra caen
y es unos ojos líquidos la sombra.

¡En esos ojos anegarse,
no ser sino esos ojos
que no ven, que acarician
como las olas si son alas,
como las alas si son labios!

Pero los ojos de la sombra
en nuestros ojos se endurecen
y arañemos el muro o resbalemos
por la roca, la sombra nos rechaza:
en esa piedra no hay olvido.

Nos vamos hacia dentro, túnel negro.
«Muros de cal. Zumba la luz abeja
entre el verdor caliente y ya caído
de las yerbas. Higuera maternal:
la cicatriz del tronco, entre las hojas,
era una boca hambrienta, femenina,
viva en la primavera. Al mediodía
era dulce trepar entre las ramas
y en el verde vacío suspendido
en un higo comer el sol, ya negro.»

Nada fue ayer, nada mañana,
todo es presente, todo está presente,
y cae no sabemos en qué pozos,
ni si detrás de ese sinfín
aguarda Dios, o el Diablo,
o simplemente Nadie.

Huïmos a la luz que no nos miente
y en un papel cualquiera
escribimos palabras sin respuesta.
Y enrojecen a veces
las líneas azules, y nos duelen.

Seven PM

En filas ordenadas regresamos
y cada noche, cada noche,
mientras hacemos el camino,
el breve infierno de la espera
y el espectro que vierte en el oído:
«¿No tienes sangre ya? ¿Por qué te mientes?
Mira los pájaros...
El mundo tiene playas todavía
y un barco allá te espera, siempre».

Y las piernas caminan
y una roja marea
inunda playas de ceniza.

«Es hermosa la sangre
cuando salta de ciertos cuellos blancos.
Báñate en esa sangre:
el crimen hace dioses.»

Y el hombre aprieta el paso
y ve la hora: aún es tiempo
de alcanzar el tranvía.

«Allá, del otro lado,
yacen las islas prometidas. Danzan
los árboles de música vestidos,
se mecen las naranjas en las ramas
y las granadas abren sus entrañas
y se desgranan en la yerba,
rojas estrellas en un cielo verde,
para la aurora de amarilla cresta...»

Y los labios sonríen y saludan
a otros condenados solitarios:
¿Leyó usted los periódicos?

«¿No dijo que era el Pan y que era el Vino?
¿No dijo que era el Agua?
Cuerpos dorados como el pan dorado
y el vino de labios morados
y el agua, desnudez...»

Y el hombre aprieta el paso
y al tiempo justo de llegar a tiempo
doblan la esquina, puntuales, Dios y el tranvía.

La calle

Es una calle larga y silenciosa.
Ando en tinieblas y tropiezo y caigo
y me levanto y piso con pies ciegos
las piedras mudas y las hojas secas
y alguien detrás de mí también las pisa:
si me detengo, se detiene;
si corro, corre. Vuelvo el rostro: nadie.
Todo está obscuro y sin salida,
y doy vueltas y vueltas en esquinas
que dan siempre a la calle
donde nadie me espera ni me sigue,

donde yo sigo a un hombre que tropieza
y se levanta y dice al verme: nadie.

Cuarto de hotel

I

A la luz cenicienta del recuerdo
que quiere redimir lo ya vivido
arde el ayer fantasma. ¿Yo soy ese
que baila al pie del árbol y delira
con nubes que son cuerpos que son olas,
con cuerpos que son nubes que son playas?
¿Soy el que toca el agua y canta el agua,
la nube y vuela, el árbol y echa hojas,
un cuerpo y se despierta y le contesta?
Arde el tiempo fantasma:
arde el ayer, el hoy se quema y el mañana.
Todo lo que soñé dura un minuto
y es un minuto todo lo vivido.
Pero no importan siglos o minutos:
también el tiempo de la estrella es tiempo,
gota de sangre o fuego: parpadeo.

II

Roza mi frente con sus manos frías
el río del pasado y sus memorias
huyen bajo mis párpados de piedra.
No se detiene nunca su carrera
y yo, desde mí mismo, lo despido.
¿Huye de mí el pasado?
¿Huyo con él y aquel que lo despide
es una sombra que me finge, hueca?

Quizá no es él quien huye: yo me alejo
y él no me sigue, ajeno, consumado.
Aquel que fui se queda en la ribera.
No me recuerda nunca ni me busca,
no me contempla ni despide:
contempla, busca a otro fugitivo.
Pero tampoco el otro lo recuerda.

III

No hay antes ni después. ¿Lo que viví
lo estoy viviendo todavía?
¡Lo que viví! ¿Fui acaso? Todo fluye:
lo que viví lo estoy muriendo todavía.
No tiene fin el tiempo: finge labios,
minutos, muerte, cielos, finge infiernos,
puertas que dan a nada y nadie cruza.
No hay fin, ni paraíso, ni domingo.
No nos espera Dios al fin de la semana.
Duerme, no lo despiertan nuestros gritos.
Sólo el silencio lo despierta.
Cuando se calle todo y ya no canten
la sangre, los relojes, las estrellas,
Dios abrirá los ojos
y al reino de su nada volveremos.

Elegía interrumpida

Hoy recuerdo a los muertos de mi casa.
Al primer muerto nunca lo olvidamos,
aunque muera de rayo, tan aprisa
que no alcance la cama ni los óleos.
Oigo el bastón que duda en un peldaño,
el cuerpo que se afianza en un suspiro,
la puerta que se abre, el muerto que entra.

De una puerta a morir hay poco espacio
y apenas queda tiempo de sentarse,
alzar la cara, ver la hora
y enterarse: las ocho y cuarto.

Hoy recuerdo a los muertos de mi casa.
La que murió noche tras noche
y era una larga despedida,
un tren que nunca parte, su agonía.
Codicia de la boca
al hilo de un suspiro suspendida,
ojos que no se cierran y hacen señas
y vagan de la lámpara a mis ojos,
fija mirada que se abraza a otra,
ajena, que se asfixia en el abrazo
y al fin se escapa y ve desde la orilla
cómo se hunde y pierde cuerpo el alma
y no encuentra unos ojos a que asirse...
¿Y me invitó a morir esa mirada?
Quizá morimos sólo porque nadie
quiere morirse con nosotros, nadie
quiere mirarnos a los ojos.

Hoy recuerdo a los muertos de mi casa.
Al que se fue por unas horas
y nadie sabe en qué silencio entró.
De sobremesa, cada noche,
la pausa sin color que da al vacío
o la frase sin fin que cuelga a medias
del hilo de la araña del silencio
abren un corredor para el que vuelve:
suenan sus pasos, sube, se detiene...
Y alguien entre nosotros se levanta
y cierra bien la puerta.
Pero él, allá del otro lado, insiste.
Acecha en cada hueco, en los repliegues,
vaga entre los bostezos, las afueras.
Aunque cerremos puertas, él insiste.

Hoy recuerdo a los muertos de mi casa.
Rostros perdidos en mi frente, rostros
sin ojos, ojos fijos, vacïados,
¿busco en ellos acaso mi secreto,
el dios de sangre que mi sangre mueve,
el dios de yelo, el dios que me devora?
Su silencio es espejo de mi vida,
en mi vida su muerte se prolonga:
soy el error final de sus errores.

Hoy recuerdo a los muertos de mi casa.
El pensamiento disipado, el acto
disipado, los nombres esparcidos
(lagunas, zonas nulas, hoyos
que escarba terca la memoria),
la dispersión de los encuentros,
el yo, su guiño abstracto, compartido
siempre por otro (el mismo) yo, las iras,
el deseo y sus máscaras, la víbora
enterrada, las lentas erosiones,
la espera, el miedo, el acto
y su reverso: en mí se obstinan,
piden comer el pan, la fruta, el cuerpo,
beber el agua que les fue negada.

Pero no hay agua ya, todo está seco,
no sabe el pan, la fruta amarga,
amor domesticado, masticado,
en jaulas de barrotes invisibles
mono onanista y perra amaestrada,
lo que devoras te devora,
tu víctima también es tu verdugo.
Montón de días muertos, arrugados
periódicos, y noches descorchadas
y en el amanecer de párpados hinchados
el gesto con que deshacemos
el nudo corredizo, la corbata,
y ya apagan las luces en la calle

—*saluda al sol, araña, no seas rencorosa*—
y más muertos que vivos entramos en la cama.

Es un desierto circular el mundo,
el cielo está cerrado y el infierno vacío.

La vida sencilla

Llamar al pan el pan y que aparezca
sobre el mantel el pan de cada día;
darle al sudor lo suyo y darle al sueño
y al breve paraíso y al infierno
y al cuerpo y al minuto lo que piden;
reír como el mar ríe, el viento ríe,
sin que la risa suene a vidrios rotos;
beber y en la embriaguez asir la vida;
bailar el baile sin perder el paso;
tocar la mano de un desconocido
en un día de piedra y agonía
y que esa mano tenga la firmeza
que no tuvo la mano del amigo;
probar la soledad sin que el vinagre
haga torcer mi boca, ni repita
mis muecas el espejo, ni el silencio
se erice con los dientes que rechinan:
estas cuatro paredes —papel, yeso,
alfombra rala y foco amarillento—
no son aún el prometido infierno;
que no me duela más aquel deseo,
helado por el miedo, llaga fría,
quemadura de labios no besados:
el agua clara nunca se detiene
y hay frutas que se caen de maduras;
saber partir el pan y repartirlo,
el pan de una verdad común a todos,
verdad de pan que a todos nos sustenta,

por cuya levadura soy un hombre,
un semejante entre mis semejantes;
pelear por la vida de los vivos,
dar la vida a los vivos, a la vida,
y enterrar a los muertos y olvidarlos
como la tierra los olvida: en frutos...
Y que a la hora de mi muerte logre
morir como los hombres y me alcance
el perdón y la vida perdurable
del polvo, de los frutos y del polvo.

ENVÍO

Tal sobre el muro rotas uñas graban
un nombre, una esperanza, una blasfemia,
sobre el papel, sobre la arena, escribo
estas palabras mal encadenadas.
Entre sus secas sílabas acaso
un día te detengas: pisa el polvo,
esparce la ceniza, sé ligera
como la luz ligera y sin memoria
que brilla en cada hoja, en cada piedra,
dora la tumba y dora la colina
y nada la detiene ni apresura.

CALAMIDADES Y MILAGROS
(1937-1947)

Entre la piedra y la flor

A Teodoro Cesarman

I

Amanecemos piedras.

Nada sino la luz. No hay nada
sino la luz contra la luz.

La tierra:
palma de una mano de piedra.

El agua callada
en su tumba calcárea.
El agua encarcelada,
húmeda lengua humilde
que no dice nada.

Alza la tierra un vaho.
Vuelan pájaros pardos, barro alado.
El horizonte:
unas cuantas nubes arrasadas.

Planicie enorme, sin arrugas.
El henequén, índice verde,
divide los espacios terrestres.
Cielo ya sin orillas.

II

¿Qué tierra es ésta?
¿Qué violencias germinan
bajo su pétrea cáscara,
qué obstinación de fuego ya frío,
años y años como saliva que se acumula
y se endurece y se aguza en púas?

Una región que existe
antes que el sol y el agua
alzaran sus banderas enemigas,
una región de piedra
creada antes del doble nacimiento
de la vida y la muerte.

En la llanura la planta se implanta
en vastas plantaciones militares.
Ejército inmóvil
frente al sol giratorio y las nubes nómadas.

El henequén, verde y ensimismado,
brota en pencas anchas y triangulares:
es un surtidor de alfanjes vegetales.
El henequén es una planta armada.

Por sus fibras sube una sed de arena.
Viene de los reinos de abajo,
empuja hacia arriba y en pleno salto
su chorro se detiene,
convertido en un hostil penacho,
verdor que acaba en puntas.
Forma visible de la sed invisible.

El agave es verdaderamente *admirable:*
su violencia es quietud, simetría su quietud.

Su sed fabrica el licor que lo sacia:
es un alambique que se destila a sí mismo.

Al cabo de veinticinco años
alza una flor, roja y única.
Una vara sexual la levanta,
llama petrificada.
Entonces muere.

III

Entre la piedra y la flor, el hombre:
el nacimiento que nos lleva a la muerte,
la muerte que nos lleva al nacimiento.

El hombre,
sobre la piedra lluvia persistente
y río entre llamas
y flor que vence al huracán
y pájaro semejante al breve relámpago:
el hombre entre sus frutos y sus obras.

El henequén,
verde lección de geometría
sobre la tierra blanca y ocre.
Agricultura, comercio, industria, lenguaje.
Es una planta vivaz y es una fibra,
es una acción en la Bolsa y es un signo.
Es tiempo humano,
tiempo que se acumula,
tiempo que se dilapida.

La sed y la planta,
la planta y el hombre,
el hombre, sus trabajos y sus días.

Desde hace siglos de siglos
tú das vueltas y vueltas
con un trote obstinado de animal humano:
tus días son largos como años

y de año en año tus días marcan el paso;
no el reloj del banquero ni el del líder:
el sol es tu patrón,
de sol a sol es tu jornada
y tu jornal es el sudor,
rocío de cada día
que en tu calvario cotidiano
se vuelve una corona transparente
—aunque tu cara no esté impresa
en ningún lienzo de Verónica
ni sea la de la foto
del mandamás en turno
que multiplican los carteles:
tu cara es el sol gastado del centavo,
universal rostro borroso;
tú hablas una lengua que no hablan
los que hablan de ti desde sus púlpitos
y juran por tu nombre en vano,
los tutores de tu futuro,
los albaceas de tus huesos:
tu habla es árbol de raíces de agua,
subterráneo sistema fluvial del espíritu,
y tus palabras van —descalzas, de puntillas—
de un silencio a otro silencio;
tú eres frugal y resignado y vives,
como si fueras pájaro,
de un puño de pinole en un jarro de atole;
tú caminas y tus pasos
son la llovizna en el polvo;
tú eres aseado como un venado;
tú andas vestido de algodón
y tu calzón y tu camisa remendados
son más blancos que las nubes blancas;
tú te emborrachas con licores lunares
y subes hasta el grito como el cohete
y como él, quemado, te desplomas;
tú recorres hincado las estaciones
y vas del atrio hasta el altar

y del altar al atrio
con las rodillas ensangrentadas
y el cirio que llevas en la mano
gotea gotas de cera que te queman;
tú eres cortés y ceremonioso y comedido
y un poco hipócrita como todos los devotos
y eres capaz de triturar con una piedra
el cráneo del cismático y el del adúltero;
tú tiendes a tu mujer en la hamaca
y la cubres con una manta de latidos;
tú, a las doce, por un instante,
suspendes el quehacer y la plática,
para oír, repetida maravilla,
dar la hora al pájaro, reloj de alas;
tú eres justo y tierno y solícito
con tus pollos, tus cerdos y tus hijos;
como la mazorca de maíz
tu dios está hecho de muchos santos
y hay muchos siglos en tus años;
un guajolote era tu único orgullo
y lo sacrificaste un día de copal y ensalmos;
tú llueves la lluvia de flores amarillas,
gotas de sol, sobre el hoyo de tus muertos

—mas no es el ritmo obscuro,
el renacer de cada día
y el remorir de cada noche,
lo que te mueve por la tierra:

IV

El dinero y su rueda,
el dinero y sus números huecos,
el dinero y su rebaño de espectros.

El dinero es una fastuosa geografía:
montañas de oro y cobre,

ríos de plata y níquel,
árboles de jade
y la hojarasca del papel moneda.

Sus jardines son asépticos,
su primavera perpetua está congelada,
sus flores son piedras preciosas sin olor,
sus pájaros vuelan en ascensor,
sus estaciones giran al compás del reloj.

El planeta se vuelve dinero,
el dinero se vuelve número,
el número se come al tiempo,
el tiempo se come al hombre,
el dinero se come al tiempo.

La muerte es un sueño que no sueña el dinero.
El dinero no dice *tú eres:*
el dinero dice *cuánto.*

Más malo que no tener dinero
es tener mucho dinero.

Saber contar no es saber cantar.

Alegría y pena
ni se compran ni se venden.

La pirámide niega al dinero,
el ídolo niega al dinero,
el brujo niega al dinero,
la Virgen, el Niño y el Santito
niegan al dinero.

El analfabetismo es una sabiduría
ignorada por el dinero.

El dinero abre las puertas de la casa del rey,
cierra las puertas del perdón.

El dinero es el gran prestidigitador.
Evapora todo lo que toca:
tu sangre y tu sudor,
tu lágrima y tu idea.
El dinero te vuelve ninguno.

Entre todos construimos
el palacio del dinero:
el gran cero.

No el trabajo: el dinero es el castigo.
El trabajo nos da de comer y dormir:
el dinero es la araña y el hombre la mosca.
El trabajo hace las cosas:
el dinero chupa la sangre de las cosas.
El trabajo es el techo, la mesa, la cama:
el dinero no tiene cuerpo ni cara ni alma.

El dinero seca la sangre del mundo,
sorbe el seso del hombre.

Escalera de horas y meses y años:
allá arriba encontramos a nadie.

Monumento que tu muerte levanta a la muerte.

Mérida, 1937 / México, 1976

Elegía a un compañero muerto
en el frente de Aragón

I

Has muerto, camarada,
en el ardiente amanecer del mundo.
Y brotan de tu muerte
tu mirada, tu traje azul,
tu rostro sorprendido por la pólvora,
tus manos, ya sin tacto.

Has muerto. Irremediablemente.
Parada está tu voz, tu sangre en tierra.
¿Qué tierra crecerá que no te alce?
¿Qué sangre correrá que no te nombre?
¿Qué palabra diremos que no diga
tu nombre, tu silencio,
el callado dolor de no tenerte?

Y alzándote,
llorándote,
nombrándote,
dando voz a tu cuerpo desgarrado,
labios y libertad a tu silencio,
crecen dentro de mí,
me lloran y me nombran,
furiosamente me alzan,
otros cuerpos y nombres,
otros ojos de tierra sorprendida,
otros ojos de árbol que pregunta.

II

Yo recuerdo tu voz. La luz del valle
nos tocaba las sienes,

93

hiriéndonos espadas resplandores,
trocando en luces sombras,
paso en danza, quietud en escultura
y la violencia tímida del aire
en cabelleras, nubes, torsos, nada.
Olas de luz clarísimas, vacías,
que nuestra sed quemaban, como vidrio,
hundiéndonos, sin voces, fuego puro,
en lentos torbellinos resonantes.

Yo recuerdo tu voz, tu duro gesto,
el ademán severo de tus manos.
Tu voz, voz adversaria,
tu palabra enemiga,
tu pura voz de odio,
tu frente generosa como un sol
y tu amistad abierta como plaza
de cipreses severos y agua joven.

Tu corazón, tu voz, tu puño vivo,
detenidos y rotos por la muerte.

III

Has muerto, camarada,
en el ardiente amanecer del mundo.
Has muerto cuando apenas
tu mundo, nuestro mundo, amanecía.
Llevabas en los ojos, en el pecho,
tras el gesto implacable de la boca,
un claro sonreír, un alba pura.

Te imagino cercado por las balas,
por la rabia y el odio pantanoso,
como relámpago caído y agua
prisionera de rocas y negrura.

Te imagino tirado en lodazales,
sin máscara, sonriente,
tocando, ya sin tacto,
las manos camaradas que soñabas.

Has muerto entre los tuyos, por los tuyos.

México, 1937

Los viejos*

A Arturo Serrano Plaja

Sobre las aguas,
sobre el desierto de las horas
pobladas sólo por el sol sin nombre y la noche sin rostro,
van los maderos tristes,
van los hierros, la sal y los carbones,
la flor del fuego, los aceites.
Con los maderos sollozantes,
con los despojos turbios y las verdes espumas,
van los hombres.

Los hombres con su tos, sus venenos lentísimos
y su sangre en destierro
de ese lugar de pinos, agua y rocas
desde su nacimiento señalado
como sepulcro suyo por la muerte.

Van los hombres partidos por la guerra,
empujados de sus tierras a otras,
hombres que sólo llevan ya a la muerte su diminuta muerte,
vagos semblantes sementeras,
deslavadas colinas y descuajados árboles.
La guerra los avienta,
campesinos de voces de naranja,

* Evacuados en un barco de carga, durante la Guerra Civil española.

pechos de piedra, arroyos, torrenteras,
viejos hermosos como el silencio de altas torres,
torres aún en pie,
indefensa ternura hundida en las bodegas.

Al terrón cejijunto lo ablandaron sus manos,
sus anchos pies danzantes
alzaron los sonidos nupciales del viñedo,
la tierra estremecida bajo sus pies cantaba
como tambor o vientre delirante,
tal la pradera bajo los toros ciegos y violentos
de huracanado luto rodeados.

A la borda acodados,
por los pasillos, la cubierta,
sacos de huesos o racimos negros.
No dicen nada, callan,
oyen a sus mujeres (brujas
de afiladas miradas alfileres,
llenas de secretos ya secos como añosos armarios,
historias que se sacan del pecho entre suspiros)
contar con voz rugosa
las minucias terribles de la guerra.

Los hombres son la espuma de la tierra,
la flor del llanto, el fruto de la sangre,
el pan de la palabra, el vino de los cantos,
la sal de la alegría, la almendra del silencio.
Estos viejos
son un ramo de soles apagados.

Bebe del agua de la muerte,
bebe del agua sin memoria, deja tu nombre,
olvídate de ti, bebe del agua,
el agua de los muertos ya sin nombre,
el agua de los pobres.
En esas aguas sin facciones
también está tu rostro.

Allí te reconoces y recobras,
allí pierdes tu nombre,
allí ganas tu nombre
y el poder de nombrarlos con su nombre más cierto.

La poesía

A Margarita Michelena

Llegas, silenciosa, secreta,
y despiertas los furores, los goces,
y esta angustia
que enciende lo que toca
y engendra en cada cosa
una avidez sombría.

El mundo cede y se desploma
como metal al fuego.
Entre mis ruinas me levanto,
solo, desnudo, despojado,
sobre la roca inmensa del silencio,
como un solitario combatiente
contra invisibles huestes.

Verdad abrasadora,
¿a qué me empujas?
No quiero tu verdad,
tu insensata pregunta.
¿A qué esta lucha estéril?
No es el hombre criatura capaz de contenerte,
avidez que sólo en la sed se sacia,
llama que todos los labios consume,
espíritu que no vive en ninguna forma
mas hace arder todas las formas.

Subes desde lo más hondo de mí,
desde el centro innombrable de mi ser,
ejército, marea.
Creces, tu sed me ahoga,
expulsando, tiránica,
aquello que no cede
a tu espada frenética.
Ya sólo tú me habitas,
    tú, sin nombre, furiosa substancia,
avidez subterránea, delirante.

Golpean mi pecho tus fantasmas,
despiertas a mi tacto,
hielas mi frente,
abres mis ojos.

Percibo el mundo y te toco,
substancia intocable,
unidad de mi alma y de mi cuerpo,
y contemplo el combate que combato
y mis bodas de tierra.

Nublan mis ojos imágenes opuestas,
y a las mismas imágenes
otras, más profundas, las niegan,
ardiente balbuceo,
aguas que anega un agua más oculta y densa.
En su húmeda tiniebla vida y muerte,
quietud y movimiento, son lo mismo.

Insiste, vencedora,
porque tan sólo existo porque existes,
y mi boca y mi lengua se formaron
para decir tan sólo tu existencia
y tus secretas sílabas, palabra
impalpable y despótica,
substancia de mi alma.

Eres tan sólo un sueño,
pero en ti sueña el mundo
y su mudez habla con tus palabras.

Rozo al tocar tu pecho
la eléctrica frontera de la vida,
la tiniebla de sangre
donde pacta la boca cruel y enamorada,
ávida aún de destruir lo que ama
y revivir lo que destruye,
con el mundo, impasible
y siempre idéntico a sí mismo,
porque no se detiene en ninguna forma
ni se demora sobre lo que engendra.

Llévame, solitaria,
llévame entre los sueños,
llévame, madre mía,
despiértame del todo,
hazme soñar tu sueño,
unta mis ojos con tu aceite,
para que al conocerte me conozca.

A un retrato

Al pintor Juan Soriano

No suena el viento,
dormido allá en sus cuevas
y en lo alto se ha detenido el cielo
con sus estrellas y sus sombras.
Entre nubes de yeso arde la luna.
El vampiro de boca sonrosada,
arpista del infierno, abre las alas.
Hora paralizada, suspendida
entre un abismo y otro.

Y las cosas despiertan, vueltas sobre sí mismas,
y se incorporan en silencio,
con el horror y la delicia
que su ser verdadero les infunde.
Y despiertan los ángeles de almendra,
los ángeles de fuego de artificio,
y el nahual y el coyote y el aullido,
las ánimas en pena que se bañan
en las heladas playas del infierno,
y la niña que danza y la que duerme
en una caja de cartón con flores.

Por amarillos escoltada
una joven avanza, se detiene.
El terciopelo y el durazno
se alían en su vestido.
Los pálidos reflejos de su pelo
son el otoño sobre un río.
Sol desolado en un pasillo desierto,
alucinante alucinada,
¿a quién espera, de quién huye,
indecisa, entre el terror y el deseo?
¿Vio brotar al inmundo de su espejo?
¿Se enroscó entre sus muslos la serpiente?

Vaga por los espacios amarillos
como una lenta pluma. Esplendor y desdicha.
Al borde de un latido se detiene.
No respira; no brillan
en su pecho de espuma
las cuentas del collar, fulgor quebrado.
Algo mira o la mira.
Atrás, la puerta calla.
El muro resplandece con fatigadas luces.

El ausente

I

Dios insaciable que mi insomnio alimenta,
Dios sediento que refrescas tu eterna sed en mis lágrimas,
Dios vacío que golpeas mi pecho con un puño de piedra, con un puño
    de humo,
Dios que me deshabitas,
Dios desierto, peña que mi súplica baña,
Dios que al silencio del hombre que pregunta contestas con un silencio
    más grande,
Dios hueco, Dios de nada, mi Dios:
sangre, tu sangre, la sangre, me guía.

La sangre de la tierra,
la de los animales y la del vegetal somnoliento,
la sangre petrificada de los minerales
y la del fuego que dormita en la tierra,
tu sangre,
la del vino frenético que canta en primavera,
Dios esbelto y solar,
Dios de resurrección,
estrella hiriente,
insomne flauta que alza su dulce llama entre sombras caídas,
oh Dios que en las fiestas convocas a las mujeres delirantes
y haces girar sus vientres planetarios y sus nalgas salvajes,
los pechos inmóviles y eléctricos,
atravesando el universo enloquecido y desnudo
y la sedienta extensión de la noche desplomada.

Sangre,
sangre que todavía te mancha con resplandores bárbaros,
la sangre derramada en la noche del sacrificio,
la de los inocentes y la de los impíos,
la de tus enemigos y la de tus justos,
la sangre tuya, la de tu sacrificio.

II

Por ti asciendo, desciendo,
a través de mi estirpe,
hasta el pozo del polvo
donde mi semen se deshace en otros,
más antiguos, sin nombre,
ciegos ríos por llanos de ceniza.

Te he buscado, te busco,
en la árida vigilia, escarabajo
de la terca razón que sube y baja;
en los sueños henchidos de presagios equívocos
y en los torrentes negros que el delirio desata:
el pensamiento es una espada
que ilumina y destruye
y luego del relámpago no hay nada
sino un correr por el sinfín
y encontrarse uno mismo frente al muro.

Te he buscado, te busco,
en la cólera pura de los desesperados,
allí donde los hombres se juntan para morir sin ti,
entre una maldición y una flor degollada.
No, no estabas en ese rostro roto en mil rostros iguales.

Te he buscado, te busco,
entre los restos de la noche en ruinas,
en los despojos de la luz que deserta,
en el niño mendigo que sueña en el asfalto con arenas y olas,
junto a perros nocturnos,
rostros de niebla y cuchillada
y desiertas pisadas de tacones sonámbulos.

En mí te busco: ¿eres
mi rostro en el momento de borrarse,
mi nombre que, al decirlo, se dispersa,
eres mi desvanecimiento?

III

Viva palabra obscura,
palabra del principio,
principio sin palabra,
piedra y tierra, sequía,
verdor súbito,
fuego que no se acaba,
agua que brilla en una cueva:
no existes, pero vives,
en nuestra angustia habitas,
en el fondo vacío del instante
—oh aburrimiento—,
en el trabajo y el sudor, su fruto,
en el sueño que engendra y el muro que prohíbe.

Dios vacío, Dios sordo, Dios mío,
lágrima nuestra, blasfemia,
palabra y silencio del hombre,
signo del llanto, cifra de sangre,
forma terrible de la nada,
araña del miedo,
reverso del tiempo,
gracia del mundo, secreto indecible,
muestra tu faz que aniquila,
que al polvo voy, al fuego impuro.

El desconocido

A Xavier Villaurrutia

La noche nace en espejos de luto.
Sombríos ramos húmedos
ciñen su pecho y su cintura,
su cuerpo azul, infinito y tangible.

No la puebla el silencio: rumores silenciosos,
peces fantasmas, se deslizan, fosforecen, huyen.

La noche es verde, vasta y silenciosa.
La noche es morada y azul.
Es de fuego y es de agua.
La noche es de mármol negro y de humo.
En sus hombros nace un río que se curva,
una silenciosa cascada de plumas negras.

Noche, dulce fiera,
boca de sueño, ojos de llama fija,
océano,
extensión infinita y limitada como un cuerpo acariciado a obscuras,
indefensa y voraz como el amor,
detenida al borde del alba como un venado a la orilla del susurro o
    del miedo,
río de terciopelo y ceguera,
respiración dormida de un corazón inmenso, que perdona:
el desdichado, el hueco,
el que lleva por máscara su rostro,
cruza tus soledades, a solas con su alma,
ensimismado en su árida pelea.
Su pensamiento recorre siempre las mismas salas deshabitadas,
sin encontrar jamás la forma que agote su impaciencia,
el muro del perdón o de la muerte.
Pero su corazón aún abre las alas
como un águila roja en el desierto.

Suenan las flautas de la noche.
Canta dormido el mar;
ojo que tiembla absorto,
el cielo es un espejo donde el mundo se contempla,
lecho de transparencia para su desnudez.

Él marcha solo, infatigable,
encarcelado en su infinito,
como un fantasma que buscara un cuerpo.

Soliloquio de medianoche

Dormía, en mi pequeño cuarto de roedor civilizado,
cuando alguien sopló en mi oído estas palabras:
«Duermes, vencido por fantasmas que tú mismo engendras,
y mientras tú deliras, otros besan o matan,
conocen otros labios, penetran otros cuerpos,
la piedra vive y se incorpora,
y todo, el polvo mismo, encarna en una forma que respira».

Abrí los ojos y quise asir al impalpable visitante,
cogerlo por el cuello y arrancarle su secreto de humo,
mas sólo vi una sombra perderse en el silencio, aire en el aire.
Quedé solo de nuevo, en la desierta noche del insomne.
En mi frente golpeaba una fiebre fría,
hundido mar hirviente bajo mares de yelo.
Subieron por mis venas los años caídos,
fechas de sangre que alguna vez brillaron como labios,
labios en cuyos pliegues, golfos de sombra luminosa,
creí que al fin la tierra me daba su secreto,
pechos de viento para los desesperados,
elocuentes vejigas ya sin nada:
Dios, Cielo, Amistad, Revolución o Patria.

Y entre todos se alzó, para hundirse de nuevo,
mi infancia, inocencia salvaje domesticada con palabras,
preceptos con anteojos,
agua clara, espejo para el árbol y la nube,
que tantas virtuosas almas enturbiaron.

Dueño de la palabra, del agua y de la sal,
bajo mi fuerza todo nacía otra vez, como al Principio;
si mis yemas rozaban su sopor infinito
las cosas cambiaban su figura por otra,
acaso más secreta y suya, de pronto revelada,
y para dar respuesta a mis atónitas preguntas
el fuego se hacía humo,
el árbol temblor de hojas, el agua transparencia,

y las yerbas y el musgo entre las piedras y las piedras
se hacían lenguas.
Sobre su verde tallo una flor roja me hablaba,
una palabra me abría cada noche las puertas de la noche
y el mismo sol de oro macizo palidecía ante mi espada de madera.

Cielo poblado siempre de barcos y naufragios,
yo navegué en tus témpanos de bruma
y naufragué en tus arrecifes indecisos;
entre tu silenciosa vegetación de espuma me perdía
para tocar tus pájaros de cristal y reflejos
y soñar en tus playas de silencio y vacío.

¿Recuerdas aquel árbol, chorro de verdor,
erguido como dicha sin término,
al mediodía dorado,
obscuro ya de pájaros en la tarde de sopor y de tedio?
¿Recuerdas aquella buganvilia que encendía sus llamas suntuosas
        y católicas sobre la barda gris,
la recuerdas aquella tarde del pasmo,
cuando la viste como si nunca la hubieras visto antes,
morada escala para llegar al cielo?
¿Recuerdas la fuente, el verdín de la piedra,
el charco de los pájaros,
las violetas de apretados corpiños, siempre tras las cortinas de sus hojas,
el alcatraz de nieve y su grito amarillo, trompeta de las flores,
la higuera de anchas hojas digitales, diosa hindú,
y la sed que enciende su miel?
Reino en el polvo, reino
cambiado por unas baratijas de prudencia.

Amé la gloria de boca lívida y ojos de diamante,
amé el amor, amé sus labios y su calavera,
soñé en un mundo en donde la palabra engendraría
y el mismo sueño habría sido abolido
porque querer y obrar serían como la flor y el fruto.

Mas la gloria es apenas una cifra, equivocada con frecuencia,
el amor desemboca en el odio y el hastío,
¿y quién sueña ya en la comunión de los vivos cuando todos comulgan
    en la muerte?

A solas otra vez, toqué mi corazón,
allí donde los viejos nos dijeron que nacían el valor y la esperanza,
mas él, desierto y ávido, sólo latía,
sílaba indescifrable,
despojo de no sé qué palabra sepultada.

«A esta hora —me dije— algunos aman y conocen la muerte en otros
    labios,
otros sueñan delirios que son muerte,
y otros, más sencillamente, mueren también allá en los frentes,
por defender una palabra,
llave de sangre para cerrar o abrir las puertas del Mañana.»
Sangre para bautizar la nueva era que el engreído profeta vaticina,
sangre para el lavamanos del negociante,
sangre para el vaso de los oradores y los caudillos,
oh corazón, noria de sangre, para regar ¿qué yermos?,
para mojar ¿qué labios secos, infinitos?
¿Son los labios de un dios,
de Dios que tiene sed, sed de nosotros,
nada que sólo tiene sed?

Intenté salir y comulgar en la intemperie con el alba
pero había muerto el sol y el mundo, los árboles, los animales y
    los hombres,
todos y todo, éramos fantasmas de esa noche interminable
a la que nunca ha de mojar la callada marea de otro día.

Virgen

I

Ella cierra los ojos y en su adentro
está desnuda y niña al pie del árbol.
Reposan a su sombra el tigre, el toro.
Tres corderos de bruma le da al tigre,
tres palomas al toro, sangre y plumas.
Ni plegarias de humo quiere el tigre
ni palomas el toro: a ti te quieren.
Y vuelan las palomas, vuela el toro,
y ella también, desnuda vía láctea,
vuela en un cielo visceral, obscuro.
Un maligno puñal ojos de gato
y amarillentas alas de petate
la sigue entre los aires. Y ella lucha
y vence a la serpiente, vence al águila,
y sobre el cuerno de la luna asciende.

II

Por los espacios gira la doncella.
Nubes errantes, torbellinos, aire.
El cielo es una boca que bosteza,
boca de tiburón en donde ríen,
afilados relámpagos, los astros.
Vestida de azucena ella se acerca
y le arranca los dientes al dormido.
Al aire sin edades los arroja:
islas que parpadean cayeron las estrellas,
cayó al mantel la sal desparramada,
lluvia de plumas fue la garza herida,
se quebró la guitarra y el espejo
también, como la luna, cayó en trizas.
Y la estatua cayó. Viriles miembros
se retorcieron en el polvo, vivos.

III

Rocas y mar. El sol envejecido
quema las piedras que la mar amarga.
Cielo de piedra, mar de piedra. Nadie.
Arrodillada cava las arenas,
cava la piedra con las uñas rotas.
¿A qué desenterrar del polvo estatuas?
La boca de los muertos está muerta.
Sobre la alfombra junta las figuras
de su rompecabezas infinito.
Y siempre falta una, sólo una,
y nadie sabe dónde está, secreta.
En la sala platican las visitas.
El viento gime en el jardín en sombras.
Está enterrada al pie del árbol. ¿Quién?
La llave, la palabra, la sortija...
Pero es muy tarde ya, todos se han ido,
su madre sola al pie de la escalera
es una llama que se desvanece
y crece la marea de lo obscuro
y borra los peldaños uno a uno
y se aleja el jardín y ella se aleja
en la noche embarcada...

IV

Al pie del árbol otra vez. No hay nada:
latas, botellas rotas, un cuchillo,
los restos de un domingo ya oxidado.
Muge el toro sansón, herido y solo
por los sinfines de la noche en ruinas
y por los prados amarillos rondan
el león calvo, el tigre despintado.
Ella se aleja del jardín desierto
y por calles lluviosas llega a casa.
Llama, mas nadie le contesta; avanza

y no hay nadie detrás de cada puerta
y va de nadie a puerta hasta que llega
a la última puerta, la tapiada,
la que el padre cerraba cada noche.
Busca la llave pero se ha perdido,
la golpea, la araña, la golpea,
durante siglos la golpea
y la puerta es más alta a cada siglo
y más cerrada y puerta a cada golpe.
Ella ya no la alcanza y sólo aguarda
sentada en su sillita que alguien abra:
Señor, abre las puertas de tu nube,
abre tus cicatrices mal cerradas,
llueve sobre mis senos arrugados,
llueve sobre los huesos y las piedras,
que tu semilla rompa la corteza,
la costra de mi sangre endurecida.
Devuélveme a la noche del Principio,
de tu costado desprendida sea
planeta opaco que tu luz enciende.

En la calzada

El sol reposa sobre las copas de los castaños.
Sopla apenas el viento,
mueven las hojas los dedos, canturrean,
y alguien, aire que no se ve, baila un baile antiguo.
Camino bajo luces enlazadas y ramas que se abrazan,
calzada submarina de luz verde,
verdor que acaba en oro,
luz que acaba en sabor, luz que se toca.

Esta calzada desemboca al paraíso de los verdes,
al reino que prometen los invernaderos:
eterna la hoja verde,
el agua siempre niña,

la tierra madre siempre virgen,
la luz esbelta entre los troncos sempiternos,
el viento siempre, siempre libre, siempre labios, siempre viento.

Entre la luz filtrada en hojas,
peces sonámbulos y ensimismados,
pasan hombres, mujeres, niños, bicicletas.
Todos caminan, nadie se detiene.
Cada uno a sus asuntos,
al cine, a misa, a la oficina, a la muerte,
a perderse en otros brazos,
a recobrarse en otros ojos,
a recordar que son seres vivientes o a olvidarlo.
Nadie quiere llegar al fin,
allá donde la flor es fruto, el fruto labios.

Quisiera detenerlos,
detener a una joven,
cogerla por la oreja y plantarla entre un castaño y otro;
regarla con una lluvia de verano;
verla ahondar en raíces como manos que enlazan en la noche otras
      manos;
crecer y echar hojas y alzar entre sus ramas una copa que canta:
brazos que sostienen un niño, un tesoro, una jarra de agua, la canasta
      del pan que da vida;
florecer en esas flores blancas que tienen pintadas florecitas rojas en
      las alas,
flores como la nieve,
flores blancas que caen de los castaños como sonrisas o como
      serpentinas;
rozar su piel de musgo, su piel de savia y luz, más suave que el torso
      de sal de la estatua en la playa;
hablar con ella un lenguaje de árbol distante,
callar con ella un silencio de árbol de enfrente;
envolverla con brazos impalpables como el aire que pasa,
rodearla, no como el mar rodea a una isla sino como la sepulta;
reposar en su copa como la nube ancla un instante en el cielo,
ennegrece de pronto y cae en gotas anchas.

El prisionero
(D. A. F. de Sade)

*à fin que... les traces de ma tombe disparaissent de dessus
la surface de la terre comme je me flatte que ma mémoire
s'effacera de l'esprit des hommes...*

Testamento de SADE

No te has desvanecido.
Las letras de tu nombre son todavía una cicatriz que no se cierra,
un tatuaje de infamia sobre ciertas frentes.
Cometa de pesada cola fosfórea: razones-obsesiones,
atraviesas el siglo diecinueve con una granada de verdad en la mano
y estallas al llegar a nuestra época.

Máscara que sonríe bajo un antifaz rosa,
hecho de párpados de ajusticiado,
verdad partida en mil pedazos de fuego,
¿qué quieren decir todos esos fragmentos gigantescos,
esa manada de icebergs que zarpan de tu pluma y en alta mar enfilan
        hacia costas sin nombre,
esos delicados instrumentos de cirugía para extirpar el chancro de Dios,
esos aullidos que interrumpen tus majestuosos razonamientos
        de elefante,
esas repeticiones atroces de relojería descompuesta,
toda esa oxidada herramienta de tortura?

El erudito y el poeta,
el sabio, el literato, el enamorado,
el maníaco y el que sueña en la abolición de nuestra siniestra realidad,
disputan como perros sobre los restos de tu obra.
Tú, que estabas contra todos,
eres ahora un nombre, un jefe, una bandera.

Inclinado sobre la vida como Saturno sobre sus hijos,
recorres con fija mirada amorosa
los surcos calcinados que dejan el semen, la sangre y la lava.

Los cuerpos, frente a frente como astros feroces,
están hechos de la misma substancia de los soles.
Lo que llamamos amor o muerte, libertad o destino,
¿no se llama catástrofe, no se llama hecatombe?
¿Dónde están las fronteras entre espasmo y terremoto,
entre erupción y cohabitación?

Prisionero en tu castillo de cristal de roca
cruzas galerías, cámaras, mazmorras,
vastos patios donde la vid se enrosca a columnas solares,
graciosos cementerios donde danzan los chopos inmóviles.
Muros, objetos, cuerpos te repiten.
¡Todo es espejo!
Tu imagen te persigue.

El hombre está habitado por silencio y vacío.
¿Cómo saciar su hambre,
cómo poblar su vacío?
¿Cómo escapar a mi imagen?
En el otro me niego, me afirmo, me repito,
sólo su sangre da fe de mi existencia.
Justina sólo vive por Julieta,
las víctimas engendran los verdugos.
El cuerpo que hoy sacrificamos
¿no es el Dios que mañana sacrifica?
La imaginación es la espuela del deseo,
su reino es inagotable e infinito como el fastidio,
su reverso y gemelo.

Muerte o placer, inundación o vómito,
otoño parecido al caer de los días,
volcán o sexo,
soplo, verano que incendia las cosechas,
astros o colmillos,
petrificada cabellera del espanto,
espuma roja del deseo, matanza en alta mar,
rocas azules del delirio,
formas, imágenes, burbujas, hambre de ser,

eternidades momentáneas,
desmesuras: tu medida de hombre.
Atrévete:
sé el arco y la flecha, la cuerda y el ay.
El sueño es explosivo. Estalla. Vuelve a ser sol.

En tu castillo de diamante tu imagen se destroza y se rehace, infatigable.

III
Semillas para un himno
(1943-1955)

EL GIRASOL
(1943-1948)

Salvas

Torre de muros de ámbar,
solitario laurel en una plaza de piedra,
golfo imprevisto,
sonrisa en un obscuro pasillo,
andar de río que fluye entre palacios...

Puente bajo cuyos arcos corre siempre la vida.

Tus ojos

Tus ojos son la patria del relámpago y de la lágrima,
silencio que habla,
tempestades sin viento, mar sin olas,
pájaros presos, doradas fieras adormecidas,
topacios impíos como la verdad,
otoño en un claro del bosque en donde la luz canta en el hombro de
    un árbol y son pájaros todas las hojas,
playa que la mañana encuentra constelada de ojos,
cesta de frutos de fuego,
mentira que alimenta,

espejos de este mundo, puertas del más allá,
pulsación tranquila del mar a mediodía,
absoluto que parpadea,
páramo.

Cuerpo a la vista

Y las sombras se abrieron otra vez y mostraron un cuerpo:
tu pelo, otoño espeso, caída de agua solar,
tu boca y la blanca disciplina de sus dientes caníbales, prisioneros
        en llamas,
tu piel de pan apenas dorado y tus ojos de azúcar quemada,
sitios en donde el tiempo no transcurre,
valles que sólo mis labios conocen,
desfiladero de la luna que asciende a tu garganta entre tus senos,
cascada petrificada de la nuca,
alta meseta de tu vientre,
playa sin fin de tu costado.

Tus ojos son los ojos fijos del tigre
y un minuto después son los ojos húmedos del perro.

Siempre hay abejas en tu pelo.

Tu espalda fluye tranquila bajo mis ojos
como la espalda del río a la luz del incendio.

Aguas dormidas golpean día y noche tu cintura de arcilla
y en tus costas, inmensas como los arenales de la luna,
el viento sopla por mi boca y su largo quejido cubre con sus dos alas grises
la noche de los cuerpos,
como la sombra del águila la soledad del páramo.

Las uñas de los dedos de tus pies están hechas del cristal del verano.

Entre tus piernas hay un pozo de agua dormida,
bahía donde el mar de noche se aquieta, negro caballo de espuma,

cueva al pie de la montaña que esconde un tesoro,
boca del horno donde se hacen las hostias,
sonrientes labios entreabiertos y atroces,
nupcias de la luz y la sombra, de lo visible y lo invisible
(allí espera la carne su resurrección y el día de la vida perdurable).

Patria de sangre,
única tierra que conozco y me conoce,
única patria en la que creo,
única puerta al infinito.

Agua nocturna

La noche de ojos de caballo que tiemblan en la noche,
la noche de ojos de agua en el campo dormido,
está en tus ojos de caballo que tiembla,
está en tus ojos de agua secreta.

Ojos de agua de sombra,
ojos de agua de pozo,
ojos de agua de sueño.

El silencio y la soledad,
como dos pequeños animales a quienes guía la luna,
beben en esos ojos,
beben en esas aguas.

Si abres los ojos,
se abre la noche de puertas de musgo,
se abre el reino secreto del agua
que mana del centro de la noche.

Y si los cierras,
un río, una corriente dulce y silenciosa,
te inunda por dentro, avanza, te hace obscura:
la noche moja riberas en tu alma.

Relámpago en reposo

Tendida,
piedra hecha de mediodía,
ojos entrecerrados donde el blanco azulea,
entornada sonrisa.
Te incorporas a medias y sacudes tu melena de león.
Luego te tiendes,
delgada estría de lava en la roca,
rayo dormido.
Mientras duermes te acaricio y te pulo,
hacha esbelta,
flecha con que incendio la noche.

El mar combate allá lejos con espadas y plumas.

Escrito con tinta verde

La tinta verde crea jardines, selvas, prados,
follajes donde cantan las letras,
palabras que son árboles,
frases que son verdes constelaciones.

Deja que mis palabras desciendan y te cubran
como una lluvia de hojas a un campo de nieve,
como la yedra a la estatua,
como la tinta a esta página.

Brazos, cintura, cuello, senos,
la frente pura como el mar,
la nuca de bosque en otoño,
los dientes que muerden una brizna de yerba.

Tu cuerpo se constela de signos verdes
como el cuerpo del árbol de renuevos.
No te importe tanta pequeña cicatriz luminosa:
mira al cielo y su verde tatuaje de estrellas.

Visitas

A través de la noche urbana de piedra y sequía
entra el campo a mi cuarto.
Alarga brazos verdes con pulseras de pájaros,
con pulseras de hojas.
Lleva un río de la mano.
El cielo del campo también entra,
con su cesta de joyas acabadas de cortar.
Y el mar se sienta junto a mí,
extendiendo su cola blanquísima en el suelo.
Del silencio brota un árbol.
Del árbol cuelgan palabras hermosas
que brillan, maduran, caen.
En mi frente, cueva que habita un relámpago...
Pero todo se ha poblado de alas.

A la orilla

Todo lo que brilla en la noche,
collares, ojos, astros,
serpentinas de fuegos de colores,
brilla en tus brazos de río que se curva,
en tu cuello de día que despierta.

La hoguera que encienden en la selva,
el faro de cuello de jirafa,
el ojo, girasol del insomnio,
se han cansado de esperar y escudriñar.

Apágate,
para brillar no hay como los ojos que nos ven:
contémplate en mí que te contemplo.
Duerme,
terciopelo de bosque,
musgo donde reclino la cabeza.

La noche con olas azules va borrando estas palabras,
escritas con mano ligera en la palma del sueño.

Olvido

Cierra los ojos y a obscuras piérdete
bajo el follaje rojo de tus párpados.

Húndete en esas espirales
del sonido que zumba y cae
y suena allá, remoto,
hacia el sitio del tímpano,
como una catarata ensordecida.

Hunde tu ser a obscuras,
anégate en tu piel,
y más, en tus entrañas;
que te deslumbre y ciegue
el hueso, lívida centella,
y entre simas y golfos de tiniebla
abra su azul penacho el fuego fatuo.

En esa sombra líquida del sueño
moja tu desnudez;
abandona tu forma, espuma
que no se sabe quién dejó en la orilla;
piérdete en ti, infinita,
en tu infinito ser,
mar que se pierde en otro mar:
olvídate y olvídame.

Más allá del amor

Todo nos amenaza:
el tiempo, que en vivientes fragmentos divide
al que fui
            del que seré,
como el machete a la culebra;
la conciencia, la transparencia traspasada,
la mirada ciega de mirarse mirar;
las palabras, guantes grises, polvo mental sobre la yerba, el agua, la piel;
nuestros nombres, que entre tú y yo se levantan,
murallas de vacío que ninguna trompeta derrumba.

Ni el sueño y su pueblo de imágenes rotas,
ni el delirio y su espuma profética,
ni el amor con sus dientes y uñas nos bastan.
Más allá de nosotros,
en las fronteras del ser y el estar,
una vida más vida nos reclama.

Afuera la noche respira, se extiende,
llena de grandes hojas calientes,
de espejos que combaten:
frutos, garras, ojos, follajes,
espaldas que relucen,
cuerpos que se abren paso entre otros cuerpos.

Tiéndete aquí a la orilla de tanta espuma,
de tanta vida que se ignora y entrega:
tú también perteneces a la noche.
Extiéndete, blancura que respira,
late, oh estrella repartida,
copa,
pan que inclinas la balanza del lado de la aurora,
pausa de sangre entre este tiempo y otro sin medida.

SEMILLAS PARA UN HIMNO
(1950-1954)

***

El día abre la mano
Tres nubes
Y estas pocas palabras

***

Al alba busca su nombre lo naciente
Sobre los troncos soñolientos centellea la luz
Galopan las montañas a la orilla del mar
El sol entra en las aguas con espuelas
La piedra embiste y rompe claridades
El mar se obstina y crece al pie del horizonte
Tierra confusa inminencia de escultura
El mundo alza la frente aún desnuda
Piedra pulida y lisa para grabar un canto
La luz despliega su abanico de nombres
Hay un comienzo de himno como un árbol
Hay el viento y nombres hermosos en el viento

Fábula

A Álvaro Mutis

Edades de fuego y de aire
Mocedades de agua
Del verde al amarillo.
                    Del amarillo al rojo
Del sueño a la vigilia
                    Del deseo al acto
Sólo había un paso que tú dabas sin esfuerzo
Los insectos eran joyas animadas
El calor reposaba al borde del estanque
La lluvia era un sauce de pelo suelto
En la palma de tu mano crecía un árbol
Aquel árbol cantaba reía y profetizaba
Sus vaticinios cubrían de alas el espacio
Había milagros sencillos llamados pájaros
Todo era de todos
                    Todos eran todo
Sólo había una palabra inmensa y sin revés
Palabra como un sol
Un día se rompió en fragmentos diminutos
Son las palabras del lenguaje que hablamos
Fragmentos que nunca se unirán
Espejos rotos donde el mundo se mira destrozado

***

Una mujer de movimientos de río
De transparentes ademanes de agua
Una muchacha de agua
Donde leer lo que pasa y no regresa
Un poco de agua donde los ojos beban
Donde los labios de un solo sorbo beban
El árbol la nube el relámpago
Yo mismo y la muchacha

Cerro de la Estrella

A Marco Antonio y
Ana Luisa Montes de Oca

Aquí los antiguos recibían al fuego
Aquí el fuego creaba al mundo
Al mediodía las piedras se abren como frutos
El agua abre los párpados
La luz resbala por la piel del día
Gota inmensa donde el tiempo se refleja y se sacia

***

A la española el día entra pisando fuerte
Un rumor de hojas y pájaros avanza
Un presentimiento de mar o mujeres
El día zumba en mi frente como una idea fija
En la frente del mundo zumba tenaz el día
La luz corre por todas partes
Canta por las terrazas
Hace bailar las casas
Bajo las manos frescas de la yedra ligera
El muro se despierta y levanta sus torres
Y las piedras dejan caer sus vestiduras
Y el agua se desnuda y salta de su lecho
Más desnuda que el agua
Y la luz se desnuda y se mira en el agua
Más desnuda que un astro
Y el pan se abre y el vino se derrama
Y el día se derrama sobre el agua tendida
Ver oír tocar oler gustar pensar
Labios o tierra o viento entre veleros
Sabor del día que se desliza como música
Rumor de luz que lleva de la mano a una muchacha
Y la deja desnuda en el centro del día
Nadie sabe su nombre ni a qué vino

Como un poco de agua se tiende a mi costado
El sol se para un instante por mirarla
La luz se pierde entre sus piernas
La rodean mis miradas como agua
Y ella se baña en ellas más desnuda que el agua
Como la luz no tiene nombre propio
Como la luz cambia de forma con el día

Manantial

Habla deja caer una palabra
Buenos días he dormido todo el invierno y ahora despierto
Habla.
        Una piragua enfila hacia la luz
Una palabra ligera avanza a toda vela
El día tiene forma de río
En sus riberas brillan las plumas de tus cantos
Dulzura del agua en la hierba dormida
Agua clara vocales para beber
Vocales para adornar una frente unos tobillos
Habla.
        Toca la cima de una pausa dichosa
Y luego abre las alas y habla sin parar
Pasa un rostro olvidado
Pasas tú misma con tu andar de viento en un campo de maíz
La infancia con sus flechas y su ídolo y su higuera
Rompe amarras y pasa con la torre y el jardín
Pasan futuro y pasado
Horas ya vividas y horas por matar
Pasan relámpagos que llevan en el pico pedazos de tiempo todavía vivos
Bandadas de cometas que se pierden en mi frente
¡Y escriben tu nombre en la espalda desnuda del espejo!
Habla.
        Moja los labios en la piedra que mana inagotable
Hunde tus brazos blancos en el agua grávida de profecías inminentes

***

Un día se pierde
En el cielo hecho de prisa
La luz no deja huellas en la nieve
Un día se pierde
Abrir y cerrar de puertas
La semilla del sol se abre sin ruido
Un día comienza
La niebla asciende la colina
Un hombre baja por el río
Los dos se encuentran en tus ojos
Y tú te pierdes en el día
Cantando en el follaje de la luz
Tañen campanas allá lejos
Cada llamada es una ola
Cada ola sepulta para siempre
Un gesto una palabra la luz contra la nube
Tú ríes y te peinas distraída
Un día comienza a tus pies
Pelo mano blancura no son nombres
Para este pelo esta mano esta blancura
Lo visible y palpable que está afuera
Lo que está adentro y sin nombre
A tientas se buscan en nosotros
Siguen la marcha del lenguaje
Cruzan el puente que les tiende esta imagen
Como la luz entre los dedos se deslizan
Como tú misma entre mis manos
Como tu mano entre mis manos se entrelazan
Un día comienza en mis palabras
Luz que madura hasta ser cuerpo
Hasta ser sombra de tu cuerpo luz de tu sombra
Malla de calor piel de tu luz
Un día comienza en tu boca
El día que se pierde en nuestros ojos
El día que se abre en nuestra noche

***

Espacioso cielo de verano
Lunas veloces de frente obstinada
Astros desnudos como el oro y la plata
Animales de luz corriendo en pleno cielo
Nubes de toda condición
Alto espacio.
　　　　　Noche derramada
Como el vino en la piedra sagrada
Como un mar ya vencido que inclina sus banderas
Como un sabor desmoronado

Hay jardines en donde el viento mismo se demora
Por oírse correr entre las hojas
Hablan con voz tan clara las acequias
Que se ve al través de sus palabras
Alza el jazmín su torre inmaculada
De pronto llega la palabra almendra
Mis pensamientos se deslizan como agua
Inmóvil yo los veo alejarse entre los chopos
Frente a la noche idéntica otro que no conozco
También los piensa y los mira perderse

***

Como la enredadera de mil manos
Como el incendio y su voraz plumaje
Como la primavera al asalto del año
Los dedos de la música
Las garras de la música
La yedra de fuego de la música
Cubre los cuerpos cubre las almas
Cuerpos tatuados por sonidos ardientes
Como el cuerpo del dios constelado de signos
Como el cuerpo del cielo tatuado por astros coléricos
Cuerpos quemados almas quemadas

Llegó la música y nos arrancó los ojos
(No vimos sino el relámpago
No oímos sino el chocar de espadas de la luz)
Llegó la música y nos arrancó la lengua
La gran boca de la música devoró los cuerpos
Se quemó el mundo
Ardió su nombre y los nombres que eran su atavío
No queda nada sino un alto sonido
Torre de vidrio donde anidan pájaros de vidrio
Pájaros invisibles
Hechos de la misma substancia de la luz

Piedra nativa

A Roger Munier

La luz devasta las alturas
Manadas de imperios en derrota
El ojo retrocede cercado de reflejos

Países vastos como el insomnio
Pedregales de hueso

Otoño sin confines
Alza la sed sus invisibles surtidores
Un último pirú predica en el desierto

Cierra los ojos y oye cantar la luz:
El mediodía anida en tu tímpano

Cierra los ojos y ábrelos:
No hay nadie ni siquiera tú mismo
Lo que no es piedra es luz

***

Como las piedras del Principio
Como el principio de la Piedra
Como al Principio piedra contra piedra
Los fastos de la noche:
El poema todavía sin rostro
El bosque todavía sin árboles
Los cantos todavía sin nombre

Mas ya la luz irrumpe con pasos de leopardo
Y la palabra se levanta ondula cae
Y es una larga herida y un silencio sin mácula

***

La alegría madura como un fruto
El fruto madura hasta ser sol
El sol madura hasta hombre
El hombre madura hasta ser astro
Nunca la luz se repartió en tantas luces
Los árboles las calles las montañas
Se despliegan en olas transparentes
Una muchacha ríe a la entrada del día
Es una pluma ardiendo el canto del canario
La música muestra sus brazos desnudos
Su espalda desnuda su pensamiento desnudo
En el calor se afila el instante dichoso
Agua tierra y sol son un solo cuerpo
La hora y su campana se disuelven
Las piedras los paisajes se evaporan
Todos se han ido sin volver el rostro
Los amigos las bellas a la orilla del vértigo
Zarpan las casas la iglesia los tranvías
El mundo emprende el vuelo
También mi cuerpo se me escapa
Y entre las claridades se me pierde

El sol lo cubre todo lo ve todo
Y en su mirada fija nos bañamos
Y en su pupila largamente nos quemamos
Y en los abismos de su luz caemos
Música despeñada
Y ardemos y no dejamos huella

Primavera y muchacha

En su tallo de calor se balancea
La estación indecisa
                    Abajo
Un gran deseo de viaje remueve
Las entrañas heladas del lago
Cacerías de reflejos allá arriba
La ribera ofrece guantes de musgo a tu blancura
La luz bebe luz en tu boca
Tu cuerpo se abre como una mirada
Como una flor al sol de una mirada
Te abres
            Belleza sin apoyo
Basta un parpadeo
Todo se precipita en un ojo sin fondo
                        Basta un parpadeo
Todo reaparece en el mismo ojo
                        Brilla el mundo
Tú resplandeces al filo del agua y de la luz
Eres la hermosa máscara del día

***

Aunque la nieve caiga en racimos maduros
Nadie sacude ramas allá arriba
El árbol de la luz no da frutos de nieve
Aunque la nieve se disperse en polen

No hay semillas de nieve
No hay naranjas de nieve no hay claveles
No hay cometas ni soles de nieve
Aunque vuele en bandadas no hay pájaros de nieve

En la palma del sol brilla un instante y cae
Apenas tiene cuerpo apenas peso apenas nombre
Y ya lo cubre todo con su cuerpo de nieve
Con su peso de luz con su nombre sin sombra

Piedra de toque

Aparece
      Ayúdame a existir
Ayúdate a existir
Oh inexistente por la que existo
Oh presentida que me presiente
Soñada que me sueña
Aparecida desvanecida
Ven vuela adviene despierta
Rompe diques avanza
Maleza de blancuras
Marea de armas blancas
Mar sin brida galopando en la noche
Estrella en pie
Esplendor que te clavas en el pecho
(Canta herida ciérrate boca)
Aparece
      Hoja en blanco tatuada de otoño
Bello astro de pausados movimientos de tigre
Perezoso relámpago
Águila fija parpadeante
Cae pluma flecha engalanada cae
Da al fin la hora del encuentro
                   Reloj de Sangre
Piedra de toque de esta vida

Hermosura que vuelve

En un rincón del salón crepuscular
O al volver una esquina en la hora indecisa y blasfema,
O una mañana parecida a un navío atado al horizonte,
O en Morelia, bajo los arcos rosados del antiguo acueducto,
Ni desdeñosa ni entregada, centelleas.

El telón de este mundo se abre en dos.
Cesa la vieja oposición entre verdad y fábula,
Apariencia y realidad celebran al fin sus bodas,
Sobre las cenizas de las mentirosas evidencias
Se levanta una columna de seda y electricidad,
Un pausado chorro de belleza.
Tú sonríes, arma blanca a medias desenvainada.

Niegas al sueño en pleno sueño,
Desmientes al tacto y a los ojos en pleno día.
Tú existes de otro modo que nosotros,
No eres la vida pero tampoco la muerte.
Tú nada más estás,
Nada más fulges, engastada en la noche.

Elogio

A Carmen Peláez

Como el día que madura de hora en hora hasta no ser sino un instante
    inmenso,
Gran vasija de tiempo que zumba como una colmena, gran mazorca
    compacta de horas vivas,
Gran vasija de luz hasta los bordes henchida de su propia y poderosa
    substancia,
Fruto violento y resonante que se mece entre la tierra y el cielo,
    suspendido como el trueno,

Entre la tierra y el cielo abriéndose como una flor gigantesca de pétalos
    invisibles,
Como el surtidor que al abrirse se derrumba en un blanco clamor
    de pájaros heridos,
Como la ola que avanza y se hincha y se despliega en una ancha sonrisa,
Como el perfume que asciende en una columna y se esparce en círculos,
Como una campana que tañe en el fondo de un lago,
Como el día y el fruto y la ola, como el tiempo que madura un año para
    dar un instante de belleza y colmarse a sí mismo con esa dicha
    instantánea,
La vi una tarde y una mañana y un mediodía y otra tarde y otra y otra
(Porque lo inesperado se repite y los milagros son cotidianos y están
    a nuestro alcance
Como el sol y la espiga y la ola y el fruto: basta abrir bien los ojos) y desde
    entonces creo en los árboles
Y a veces, bajo su sombra, he comido sin miedo los frutos de una
    amistad parecida a las manzanas
Y he conversado con ella y con su marido y su cuñado como hablan
    entre sí el agua y las hojas y las raíces.

Estrella interior

La noche se abre
Granada desgranada
Hay estrellas arriba y abajo
Unas son peces dormidos en el río
Otras cantan en un extremo del cielo
Altas fogatas en los repliegues del monte
Resplandores partidos
Hay estrellas falaces que engañan a los viajeros
La Estrella Polar ardió pura y fría en las noches de mi infancia
La Estrella del Nacimiento nos llama a la vida
Es una invitación a renacer porque cada minuto podemos nacer a
    la nueva vida
Pero todos preferimos la muerte
Hay las estrellas del Hemisferio Austral que no conozco

La Cruz del Sur que aquella muchacha argentina llevaba en su alhajero
Nunca olvidaré la estrella verde en la noche de Yucatán
Pero entre todas hay una
Luz recogida Estrella como una almendra
Grano de sal
No brilla en los cuellos de moda
Ni en el pecho del General
Va y viene sin ruido por mis recuerdos
Su ausencia es una forma sutil de estar presente
Su presencia no pesa
Su luz no hiere
Va y viene sin ruido por mis pensamientos
En el recodo de una conversación brilla como una mirada que no insiste
Arde en la cima de un silencio imprevisto
Aparece en un paseo solitario como un sabor olvidado
Modera con una sonrisa la marea de la vida
Silenciosa como la arena se extiende
Como la yedra fantasma sobre una torre abandonada
Pasan los días pasan los años y su presencia invisible me acompaña
Pausa de luz entre un año y otro año
Parpadeo
Batir de dos alas en un cuarto olvidado
Su luz como un aceite brilla esta noche en que estoy solo
Ha de brillar también la última noche

***

Aislada en su esplendor
La mujer brilla como una alhaja
Como un arma dormida y temible
Reposa la mujer en la noche
Como agua fresca con los ojos cerrados
A la sombra del árbol
Como una cascada detenida en mitad de su salto
Como el río de rápida cintura helado de pronto
Al pie de la gran roca sin facciones
Al pie de la montaña

Como el agua del estanque en verano reposa
En su fondo se enlazan álamos y eucaliptos
Astros o peces brillan entre sus piernas
La sombra de los pájaros apenas obscurece su sexo
Sus pechos son dos aldeas dormidas
Como una piedra blanca reposa la mujer
Como el agua lunar en un cráter extinto
Nada se oye en la noche de musgo y arena
Sólo el lento brotar de estas palabras
A la orilla del agua a la orilla de un cuerpo
Pausado manantial
Oh transparente monumento
Donde el instante brilla y se repite
Y se abisma en sí mismo y nunca se consume

***

Llorabas y reías
Palabras locas peces vivaces frutos rápidos
Abría la noche sus valles submarinos
En lo más alto de la hora brillaba el lecho con luz fija
En la más alta cresta de la noche brillabas
Atada a tu blancura
Como la ola antes que se derrame
Como la dicha al extender las alas
Reías y llorabas
Encallamos en arenas sin nadie
Muros inmensos como un No
Puertas condenadas mundo sin rostro
Todo cerrado impenetrable
Todo daba la espalda
Salían de sus cuevas los objetos horribles
La mesa volvía a ser irremediable para siempre mesa
Sillas las sillas
Máscara el mundo máscara sin nadie atrás
Árido lecho a la deriva
La noche se alejaba sin volverse siquiera

Llorabas y reías
La cama era un mar pacífico
Reverdecía el cuarto
Nacían árboles nacía el agua
Había ramos y sonrisas entre las sábanas
Había anillos a la medida de la dicha
Pájaros imprevistos entre tus pechos
Plumas relampagueantes en tus ojos
Como el oro dormido era tu cuerpo
Como el oro y su réplica ardiente cuando la luz lo toca
Como el cable eléctrico que al rozarlo fulmina
Reías y llorabas
Dejamos nuestros nombres a la orilla
Dejamos nuestra forma
Con los ojos cerrados cuerpo adentro
Bajo los arcos dobles de tus labios
No había luz no había sombra
Cada vez más hacia adentro
Como dos mares que se besan
Como dos noches penetrándose a tientas
Cada vez más hacia el fondo
En el negro velero embarcados

Refranes

Una espiga es todo el trigo
Una pluma es un pájaro vivo y cantando
Un hombre de carne es un hombre de sueño
La verdad no se parte
El trueno proclama los hechos del relámpago
Una mujer soñada encarna siempre en una forma amada
El árbol dormido pronuncia verdes oráculos
El agua habla sin cesar y nunca se repite
En la balanza de unos párpados el sueño no pesa
En la balanza de una lengua que delira
Una lengua de mujer que dice sí a la vida
El ave del paraíso abre las alas

***

Como la marejada verde de marzo en el campo
Entre los años de sequía te abres paso
Nuestras miradas se cruzan se entrelazan
Tejen un transparente vestido de fuego
Una yedra dorada que te cubre
Alta y desnuda sonríes como la catedral el día del incendio
Con el mismo gesto de la lluvia en el trópico lo has arrasado todo
Los días harapientos caen a nuestros pies
No hay nada sino dos seres desnudos y abrazados
Un surtidor en el centro de la pieza
Manantiales que duermen con los ojos abiertos
Jardines de agua flores de agua piedras preciosas de agua
Verdes monarquías

La noche de jade gira lentamente sobre sí misma

Semillas para un himno

Infrecuentes (pero también inmerecidas)
Instantáneas (pero es verdad que el tiempo no se mide
Hay instantes que estallan y son astros
Otros son un río detenido y unos árboles fijos
Otros son ese mismo río arrasando los mismos árboles)
Infrecuentes
      Instantáneas noticias favorables
Dos o tres nubes de cristal de roca
Horas altas como la marea
Estrépito de plumas blancas en el cielo nocturno
Islas en llamas en mitad del Pacífico
Mundos de imágenes suspendidos de un hilo de araña
Y entre todos la muchacha que avanza partiendo en dos las altas aguas
Como el sol la muchacha que se abre paso como la llama que avanza
Como el viento partiendo en dos la cortina de nubes
Bello velero femenino

Bello relámpago partiendo en dos al tiempo
Tus hombros tienen la marca de los dientes del amor
La noche polar arde
Infrecuentes
                    Instantáneas noticias del mundo
(Cuando el mundo entreabre sus puertas y el ángel cabecea a la entrada
      del jardín)
Nunca merecidas
                        (Todo se nos da por añadidura
En una tierra condenada a repetirse sin tregua
Todos somos indignos
Hasta los muertos enrojecen
Hasta los ciegos deletrean la escritura del látigo
Racimos de mendigos cuelgan de las ciudades
Casas de ira torres de frente obtusa)
Infrecuentes
                    Instantáneas
No llegan siempre en forma de palabras
Brota una espiga de unos labios
Una forma veloz abre las alas
                                Imprevistas
Instantáneas
Como en la infancia cuando decíamos «ahí viene un barco cargado de...»
Y brotaba instantánea imprevista la palabra convocada
        Pez
            Álamo
                Colibrí
Y así ahora de mi frente zarpa un barco cargado de iniciales
Ávidas de encarnar en imágenes
                                Instantáneas
Imprevistas cifras del mundo
La luz se abre en las diáfanas terrazas del mediodía
Se interna en el bosque como una sonámbula
Penetra en el cuerpo dormido del agua

Por un instante están los nombres habitados

PIEDRAS SUELTAS
(1955)

Lección de cosas

1
ANIMACIÓN

Sobre el estante,
entre un músico Tang y un jarro de Oaxaca,
incandescente y vivaz,
con chispeantes ojos de papel de plata,
nos mira ir y venir
la pequeña calavera de azúcar.

2
MÁSCARA DE TLÁLOC
GRABADA EN CUARZO TRANSPARENTE

Aguas petrificadas.
El viejo Tláloc duerme, dentro,
soñando temporales.

3
LO MISMO

Tocado por la luz
el cuarzo ya es cascada.
Sobre sus aguas flota, niño, el dios.

4

DIOS QUE SURGE DE UNA ORQUÍDEA
DE BARRO

Entre los pétalos de arcilla
nace, sonriente,
la flor humana.

5

DIOSA AZTECA

Los cuatro puntos cardinales
regresan a tu ombligo.
En tu vientre golpea el día, armado.

6

CALENDARIO

Contra el agua, días de fuego.
Contra el fuego, días de agua.

7

XOCHIPILLI

En el árbol del día
cuelgan frutos de jade,
fuego y sangre en la noche.

8

CRUZ CON SOL Y LUNA PINTADOS

Entre los brazos de esta cruz
anidaron dos pájaros:
Adán, sol, y Eva, luna.

9

NIÑO Y TROMPO

Cada vez que lo lanza
cae, justo,
en el centro del mundo.

10

OBJETOS

Viven a nuestro lado,
los ignoramos, nos ignoran.
Alguna vez conversan con nosotros.

En Uxmal

1

LA PIEDRA DE LOS DÍAS

El sol es tiempo;
el tiempo, sol de piedra;
la piedra, sangre.

2

MITAD DEL DÍA

La luz no parpadea,
el tiempo se vacía de minutos,
se ha detenido un pájaro en el aire.

3
MÁS TARDE

Se despeña la luz,
despiertan las columnas
y, sin moverse, bailan.

4
PLENO SOL

La hora es transparente:
vemos, si es invisible el pájaro,
el color de su canto.

5
RELIEVES

La lluvia, pie danzante y largo pelo,
el tobillo mordido por el rayo,
desciende acompañada de tambores:
abre los ojos el maíz, y crece.

6
SERPIENTE LABRADA SOBRE UN MURO

El muro al sol respira, vibra, ondula,
trozo de cielo vivo y tatuado:
el hombre bebe sol, es agua, es tierra.
Y sobre tanta vida la serpiente
que lleva una cabeza entre las fauces:
los dioses beben sangre, comen hombres.

Piedras sueltas

1
FLOR

El grito, el pico, el diente, los aullidos,
la nada carnicera y su barullo,
ante esta simple flor se desvanecen.

2
DAMA

Todas las noches baja al pozo
y a la mañana reaparece
con un nuevo reptil entre los brazos.

3
BIOGRAFÍA

No lo que pudo ser:
es lo que fue.
Y lo que fue está muerto.

4
CAMPANAS EN LA NOCHE

Olas de sombra
mojan mi pensamiento
—y no lo apagan.

5
ANTE LA PUERTA

Voces, palabras, risas.
Dudé, suspenso:
la luna arriba, sola.

6
VISIÓN

Me vi al cerrar los ojos:
espacio, espacio
donde estoy y no estoy.

7
DISONANCIA

Los insectos atareados,
los caballos color de sol,
los burros color de nube,
las nubes, rocas enormes que no pesan,
los montes como cielos desplomados,
la manada de árboles bebiendo en el arroyo,
todos están ahí, dichosos en su estar,
frente a nosotros que no estamos,
comidos por la rabia, por el odio,
por el amor comidos, por la muerte.

8
ANALFABETO

Alcé la cara al cielo,
inmensa piedra de gastadas letras:
nada me revelaron las estrellas.

IV
¿Águila o sol?
(1949-1950)

¿Águila o sol?

Comienzo y recomienzo. Y no avanzo. Cuando llego a las letras fatales, la pluma retrocede: una prohibición implacable me cierra el paso. Ayer, investido de plenos poderes, escribía con fluidez sobre cualquier hoja disponible: un trozo de cielo, un muro (impávido ante el sol y mis ojos), un prado, otro cuerpo. Todo me servía: la escritura del viento, la de los pájaros, el agua, la piedra. ¡Adolescencia, tierra arada por una idea fija, cuerpo tatuado de imágenes, cicatrices resplandecientes! El otoño pastoreaba grandes ríos, acumulaba esplendores en los picos, esculpía plenitudes en el valle de México, frases inmortales grabadas por la luz en puros bloques de asombro.

Hoy lucho a solas con una palabra. La que me pertenece, a la que pertenezco: ¿cara o cruz, águila o sol?

TRABAJOS DEL POETA
(1949)

I

A las tres y veinte como a las nueve y cuarenta y cuatro, desgreñados al alba y pálidos a medianoche, pero siempre puntualmente inesperados, sin trompetas, calzados de silencio, en general de negro, dientes feroces, voces roncas, todos ojos de bocaza, se presentan Tedevoro y Tevomito, Tli, Mundoinmundo, Carnaza, Carroña y Escarnio. Ninguno y los otros, que son mil y nadie, un minuto y jamás. Finjo no verlos y sigo mi trabajo, la conversación un instante suspendida, las sumas y las restas, la vida cotidiana. Secreta y activamente me ocupo de ellos. La nube preñada de palabras viene, dócil y sombría, a suspenderse sobre mi cabeza, balanceándose, mugiendo como un animal herido. Hundo la mano en ese saco caliginoso y extraigo lo que encuentro: un cuerno astillado, un rayo enmohecido, un hueso mondo. Con esos trastos me defiendo, apaleo a los visitantes, corto orejas, combato a brazo partido largas horas de silencio al raso. Crujir de dientes, huesos rotos, un miembro de menos, uno de más, en suma un juego —si logro tener los ojos bien abiertos y la cabeza fría. Pero no hay que mostrar demasiada habilidad: una superioridad manifiesta los desanima. Y tampoco excesiva confianza; podrían aprovecharse, y entonces ¿quién responde de las consecuencias?

II

He dicho que en general se presentan de negro. Debo añadir que de negro espeso, parecido al humo del carbón. Esta circunstancia les permite cópulas, aglutinaciones, separaciones, ramificaciones. Algunos, hechos de una materia parecida a la mica, se quiebran fácilmente. Basta un manotazo. Heridos, dejan escapar una substancia pardusca, que no dura mucho tiempo regada en el suelo, porque los demás se apresuran a lamerla con avidez. Seguramente lo hacen para reparar energías.

Los hay de una sola cabeza y quince patas. Otros son nada más rostro y cuello. Terminan en un triángulo afilado. Cuando vuelan, silban como silba en el aire el cuchillo. Los jorobados son orquestas ambulantes e infinitas: en cada giba esconden otro, que toca el tambor y que a su vez esconde otro, también músico, que por su parte esconde otro, que por la suya... Las bellas arrastran con majestad largas colas de babas. Hay los jirones flotantes, los flecos que cuelgan de una gran bola pastosa, que salta pesadamente en la alfombra; los puntiagudos, los orejudos, los cuchicheantes, los desdentados que se pegan al cuerpo como sanguijuelas, los que repiten durante horas una misma palabra, una misma palabra. Son innumerables e innombrables.

También debo decir que ciertos días arden, brillan, ondulan, se despliegan o repliegan (como una capa de torear), se afilan:

los azules, que florecen en la punta del tallo de la corriente eléctrica;

los rojos, que vibran o se expanden o chisporrotean;

los amarillos de clarín, los erguidos, porque los suntuosos se tienden y los sensuales se extienden;

las plumas frescas de los verdes, los siempre agudos y siempre fríos, los esbeltos, puntos sobre las íes de blancos y grises.

¿Son los enviados de Alguien que no se atreve a presentarse o vienen simplemente por su voluntad, porque les nace?

III

Todos habían salido de casa. A eso de las once advertí que me había fumado el último cigarrillo. Como no deseaba exponerme al viento y al frío, busqué por todos los rincones una cajetilla, sin encontrarla. No tuve más remedio que ponerme el abrigo y descender la escalera (vivo en un quinto piso). La calle, una hermosa calle de altos edificios de piedra gris y dos hileras de castaños desnudos, estaba desierta. Caminé unos trescientos metros contra el viento helado y la niebla amarillenta, sólo para encontrar cerrado el estanco. Dirigí mis pasos hacia un café próximo, en donde estaba seguro de hallar un poco de calor, de música y sobre todo los cigarrillos, objeto de mi salida. Recorrí dos calles más, tiritando, cuando de pronto sentí —no, no sentí: pasó, rauda, la Palabra. Lo inesperado del encuentro me paralizó por un segundo, que fue suficiente para darle tiempo de volver a la noche. Repuesto, alcancé a cogerla por las puntas del pelo flotante. Tiré desesperadamente de esas hebras que se alargaban hacia el infinito, hilos de telégrafo que se alejan irremediablemente con un paisaje entrevisto, nota que sube, se adelgaza, se estira, se estira... Me quedé solo en mitad de la calle, con una pluma roja entre las manos amoratadas.

IV

Echado en la cama, pido el sueño bruto, el sueño de la momia. Cierro los ojos y procuro no oír el tam-tam que suena en no sé qué rincón de la pieza. «El silencio está lleno de ruidos —me digo— y lo que oyes, no lo oyes de verdad. Oyes al silencio.» Y el tam-tam continúa, cada vez más fuerte: es un ruido de cascos de caballo galopando en un campo de piedra; es una hacha que no acaba de derribar un árbol gigante; una prensa de imprenta imprimiendo un solo verso inmenso, hecho nada más de una sílaba, que rima con el golpe de mi corazón; es mi corazón que golpea la roca y la cubre con una andrajosa túnica de espuma; es el mar, la resaca del mar encadenado, que cae y se levanta, que se levanta y cae, que cae y se levanta; son las grandes paletadas del silencio cayendo en el silencio.

v

Jadeo, viscoso aleteo. Buceo, voceo, clamoreo por el descampado. Vaya malachanza. Esta vez te vacío la panza, te tuerzo, te retuerzo, te volteo y voltibocabajeo, te rompo el pico, te refriego el hocico, te arranco el pito, te hundo el esternón. Broncabroncabrón. Doña campamocha se come en escamocho el miembro mocho de don campamocho. Tli, saltarín cojo, baila sobre mi ojo. Ninguno a la vista. Todos de mil modos, todos vestidos de inmundos apodos, todos y uno: Ninguno. Te desfondo a fondo, te desfundo de tu fundamento. Traquetea tráquea aquea. El carrascaloso se rasca la costra de caspa. Doña campamocha se atasca, tarasca. El sinuoso, el silbante babeante, al pozo con el gozo. Al pozo de ceniza. El erizo se irisa, se eriza, se riza de risa. Sopa de sapos, cepo de pedos, todos a una, bola de sílabas de estropajo, bola de gargajo, bola de vísceras de sílabas sibilas, badajo, sordo badajo. Jadeo, penduleo desguanguilado, jadeo.

VI

Ahora, después de los años, me pregunto si fue verdad o un engendro de mi adolescencia exaltada: los ojos que no se cierran nunca, ni en el momento de la caricia; ese cuerpo demasiado vivo (antes sólo la muerte me había parecido tan rotunda, tan totalmente ella misma, quizá porque en lo que llamamos vida hay siempre trozos y partículas de no-vida); ese amor tiránico, aunque no pide nada, y que no está hecho a la medida de nuestra flaqueza. Su amor a la vida obliga a desertar la vida; su amor al lenguaje lleva al desprecio de las palabras; su amor al juego conduce a pisotear las reglas, a inventar otras, a jugarse la vida en una palabra. Se pierde el gusto por los amigos, por las mujeres razonables, por la literatura, la moral, las buenas compañías, los bellos versos, la psicología, las novelas. Abstraído en una meditación —que consiste en ser una meditación sobre la inutilidad de las meditaciones, una contemplación en la que el que contempla es contemplado por lo que contempla y ambos por la Contemplación, hasta que los tres son uno— se rompen los lazos con el mundo, la razón y el lenguaje. Sobre todo con el lenguaje —ese cordón umbilical que nos ata al abominable vientre rumiante. Te atreves a decir No, para un día poder decir mejor Sí. Vacías tu ser de todo lo que los *otros* lo rellenaron: grandes y pequeñas naderías, todas las naderías de que está hecho el mundo de los *otros*. Y luego te vacías de ti mismo, porque tú —lo que llamamos yo o persona— también es imagen, también es *otro*, también es nadería. Vaciado, limpiado de la nada purulenta del yo, vaciado de tu imagen, ya no eres sino espera y aguardar. Vienen eras de silencio, eras de sequía y de piedra. A veces, una tarde cualquiera, un día sin nombre, cae una Palabra, que se posa levemente sobre esa tierra sin pasado. El pájaro es feroz y acaso te sacará los ojos. Acaso, más tarde, vendrán otros.

VII

Escribo sobre la mesa crepuscular, apoyando fuerte la pluma sobre su pecho casi vivo, que gime y recuerda al bosque natal. La tinta negra abre sus grandes alas. La lámpara estalla y cubre mis palabras una capa de cristales rotos. Un fragmento afilado de luz me corta la mano derecha. Continúo escribiendo con ese muñón que mana sombra. La noche entra en el cuarto, el muro de enfrente adelanta su jeta de piedra, grandes témpanos de aire se interponen entre la pluma y el papel. Ah, un simple monosílabo bastaría para hacer saltar al mundo. Pero esta noche no hay sitio para una sola palabra más.

VIII

Me tiendo en la cama pero no puedo dormir. Mis ojos giran en el centro de un cuarto negro, en donde todo duerme con ese dormir final y desamparado con que duermen los objetos cuyos dueños se han muerto o se han ido de pronto y para siempre, sueño obtuso de objeto entregado a su propia pesadez inanimada, sin calor de mano que lo acaricie o lo pula. Mis ojos palpan inútilmente el ropero, la silla, la mesa, objetos que me deben la vida pero que se niegan a reconocerme y compartir conmigo estas horas. Me quedo quieto en medio de la gran explanada egipcia. Pirámides y conos de sombra me fingen una inmortalidad de momia. Nunca podré levantarme. Nunca será otro día. Estoy muerto. Estoy vivo. No estoy aquí. Nunca me he movido de este lecho. Jamás podré levantarme.

Soy una plaza donde embisto capas ilusorias que me tienden toreros enlutados. Don Tancredo se yergue en el centro, relámpago de yeso. Lo ataco y cuando estoy a punto de derribarlo siempre hay alguien que llega al quite. Embisto de nuevo, bajo la rechifla de mis labios inmensos, que ocupan todos los tendidos. Ah, nunca acabo de matar al toro, nunca acabo de ser arrastrado por esas mulas tristes que dan vueltas y vueltas al ruedo, bajo el ala fría de ese silbido que decapita la tarde como una navaja inexorable. Me incorporo: apenas es la una. Me estiro, mis pies salen de mi cuarto, mi cabeza horada las paredes. Me extiendo por lo inmenso como las raíces de un árbol sagrado, como la música, como el mar. La noche se llena de patas, dientes, garras, ventosas. ¿Cómo defender este cuerpo demasiado grande? ¿Qué harán, a kilómetros de distancia, los dedos de mis pies, los de mis manos, mis orejas? Me encojo lentamente. Cruje la cama, cruje mi esqueleto, rechinan los goznes del mundo. Muros, excavaciones, marchas forzadas sobre la inmensidad de un espejo, velas nocturnas, altos y jadeos a la orilla de un pozo cegado. Zumba el enjambre de engendros. Copulan coplas cojas. ¡Tambores en mi vientre y un rumor apagado de caballos que se hunden en la arena de mi pecho! Me repliego. Entro en mí por mi oreja izquierda. Mis pasos retumban en el abandono de mi cráneo, alumbrado sólo por una constelación granate. Recorro a tientas el enorme salón desmantelado. Puertas tapiadas, ventanas ciegas. Penosamente, a rastras, salgo por mi oreja derecha a la luz engañosa de las cuatro y media de la mañana. Oigo los pasos quedos de la madrugada que se insinúa por las rendijas, muchacha flaca y perversa que arroja una carta llena de insidias y calumnias. Las cuatro y treinta, las cuatro y treinta, las cuatro y treinta. El día se me echa encima con su sentencia: habrá que levantarse y afrontar el trabajo diario, los saludos matinales, las sonrisas torcidas, los amores en lechos de agujas, las penas y las diversiones que dejan cicatrices imborrables. Y todo sin haber reposado un instante, pues ahora que estoy muerto de sueño y cierro los ojos pesadamente, el reloj me llama: son las ocho, ya es hora.

IX

Lo más fácil es quebrar una palabra en dos. A veces los fragmentos siguen viviendo, con vida frenética, feroz, monosilábica. Es delicioso echar ese puñado de recién nacidos al circo: saltan, danzan, botan y rebotan, gritan incansablemente, levantando sus coloridos estandartes. Pero cuando salen los leones hay un gran silencio, interrumpido sólo por las incansables, majestuosas mandíbulas...

Los injertos ofrecen ciertas dificultades. Resultan casi siempre monstruos débiles: dos cabezas rivales que se mordisquean y extraen toda la sangre a un medio-cuerpo; águilas con picos de paloma que se destrozan cada vez que atacan; palomas con picos de águila, que desgarran cada vez que besan; mariposas paralíticas. El incesto es ley común. Nada les gusta tanto como las uniones en el seno de una misma familia. Pero es una superstición sin fundamento atribuir a esta circunstancia la pobreza de los resultados.

Llevado por el entusiasmo de los experimentos abro en canal a una, saco los ojos a otra, corto piernas, agrego brazos, picos, cuernos. Colecciono manadas, que someto a un régimen de colegio, de cuartel, de cuadra, de convento. Adulo instintos, corto y recorto tendencias y alas. Hago picudo lo redondo, espinoso lo blando, reblandezco huesos, osifico vísceras. Pongo diques a las inclinaciones naturales. Y así creo seres graciosos y de poca vida.

A la palabra *torre* le abro un agujero rojo en la frente. A la palabra *odio* la alimento con basuras durante años, hasta que estalla en una hermosa explosión purulenta, que infecta por un siglo el lenguaje. Mato de hambre al amor, para que devore lo que encuentre. A la hermosura le sale una joroba en la *u*. Y la palabra *talón*, al fin en libertad, aplasta cabezas con una alegría regular, mecánica. Lleno de arena la boca de las exclamaciones. Suelto a las remilgadas en la cueva donde gruñen los pedos. En suma, en mi sótano se corta, se despedaza, se degüella, se pega, se cose y recose. Hay tantas combinaciones como gustos.

Pero esos juegos acaban por cansar. Y entonces no queda sino el Gran Recurso: de una manotada aplastas seis o siete —o diez o mil millones— y con esa masa blanda haces una bola que dejas a la intemperie hasta que se endurezca y brille como una partícula de astro. Una vez que esté bien fría, arrójala con fuerza contra esos ojos fijos que te contemplan desde que naciste. Si tienes tino, fuerza y suerte, quizá destroces algo, quizá le rompas la cara al mundo, quizá tu proyectil estalle contra el muro y le arranque unas breves chispas que iluminen un instante el silencio.

X

No bastan los sapos y culebras que pronuncian las bocas de albañal. Vómito de palabras, purgación del idioma infecto, comido y recomido por unos dientes cariados, basca donde nadan trozos de todos los alimentos que nos dieron en la escuela y de todos los que, solos o en compañía, hemos masticado desde hace siglos. Devuelvo todas las palabras, todas las creencias, toda esa comida fría con que desde el principio nos atragantan.

Hubo un tiempo en que me preguntaba: ¿dónde está el mal?, ¿dónde empezó la infección, en la palabra o en la cosa? Hoy sueño un lenguaje de cuchillos y picos, de ácidos y llamas. Un lenguaje de látigos. Para execrar, exasperar, excomulgar, expulsar, exheredar, expeler, exturbar, excorpiar, expurgar, excoriar, expilar, exprimir, expectorar, exulcerar, excrementar (los sacramentos), extorsionar, extenuar (el silencio), expiar.

Un lenguaje que corte el resuello. Rasante, tajante, cortante. Un ejército de sables. Un lenguaje de aceros exactos, de relámpagos afilados, de esdrújulos y agudos, incansables, relucientes, metódicas navajas. Un lenguaje guillotina. Una dentadura trituradora que haga una masa del yotúélnosotrosvosotrosellos. Un viento de cuchillos que desgarre y desarraigue y descuaje y deshonre las familias, los templos, las bibliotecas, las cárceles, los burdeles, los colegios, los manicomios, las fábricas, las academias, los juzgados, los bancos, las amistades, las tabernas, la esperanza, la revolución, la caridad, la justicia, las creencias, los errores, las verdades, la fe.

XI

Ronda, se insinúa, se acerca, se aleja, vuelve de puntillas y, si alargo la mano, desaparece, una Palabra. Sólo distingo su cresta orgullosa: Cri. ¿Cristo, cristal, crimen, Crimea, crítica, Cristina, criterio? Y zarpa de mi frente una piragua, con un hombre armado de una lanza. La leve y frágil embarcación corta veloz las olas negras, las oleadas de sangre negra de mis sienes. Y se aleja hacia dentro. El cazador-pescador escruta la masa sombría y anubarrada del horizonte, henchido de amenazas; hunde los ojos sagaces en la rencorosa espuma, aguza el oído, olfatea. A veces cruza la obscuridad un destello vivaz, un aletazo verde y escamado. Es el Cri, que sale un momento al aire, respira y se sumerge de nuevo en las profundidades. El cazador sopla el cuerno que lleva atado al pecho, pero su enlutado mugido se pierde en el desierto de agua. No hay nadie en el inmenso lago salado. Y está muy lejos ya la playa rocallosa, muy lejos las débiles luces de las casuchas de sus compañeros. De cuando en cuando el Cri reaparece, deja ver su aleta nefasta y se hunde. El remero fascinado lo sigue, hacia dentro, cada vez más hacia dentro.

XII

Luego de haber cortado todos los brazos que se tendían hacia mí; luego de haber tapiado todas las ventanas y puertas; luego de haber inundado con agua envenenada los fosos; luego de haber edificado mi casa en la roca de un No inaccesible a los halagos y al miedo; luego de haberme cortado la lengua y luego de haberla devorado; luego de haber arrojado puñados de silencio y monosílabos de desprecio a mis amores; luego de haber olvidado mi nombre y el nombre de mi lugar natal y el nombre de mi estirpe; luego de haberme juzgado y haberme sentenciado a perpetua espera y a soledad perpetua, oí contra las piedras de mi calabozo de silogismos la embestida húmeda, tierna, insistente, de la primavera.

XIII

Hace años, con piedrecitas, basuras y yerbas, edifiqué Tilantlán. Recuerdo la muralla, las puertas amarillas con el signo digital, las calles estrechas y malolientes que habitaba una plebe ruidosa, el verde Palacio del Gobierno y la roja Casa de los Sacrificios, abierta como una mano, con sus cinco grandes templos y sus calzadas innumerables. Tilantlán, ciudad gris al pie de la piedra blanca, ciudad agarrada al suelo con uñas y dientes, ciudad de polvo y plegarias. Sus moradores —astutos, ceremoniosos y coléricos— adoraban a las Manos, que los habían hecho, pero temían a los Pies, que podrían destruirlos. Su teología, y los renovados sacrificios con que intentaron comprar el amor de las Primeras y asegurarse la benevolencia de los Últimos, no evitaron que una alegre mañana mi pie derecho los aplastara, con su historia, su aristocracia feroz, sus motines, su lenguaje sagrado, sus canciones populares y su teatro ritual. Y sus sacerdotes jamás sospecharon que Pies y Manos no eran sino las extremidades de un mismo dios.

XIV

Difícilmente, avanzando milímetros por año, me hago un camino entre la roca. Desde hace milenios mis dientes se gastan y mis uñas se rompen para llegar allá, al otro lado, a la luz y el aire libre. Y ahora que mis manos sangran y mis dientes tiemblan, inseguros, en una cavidad rajada por la sed y el polvo, me detengo y contemplo mi obra: he pasado la segunda parte de mi vida rompiendo las piedras, perforando las murallas, taladrando las puertas y apartando los obstáculos que interpuse entre la luz y yo durante la primera parte de mi vida.

XV

¡Pueblo mío, pueblo que mis magros pensamientos alimentan con migajas, con exhaustas imágenes penosamente extraídas de la piedra! Hace siglos que no llueve. Hasta la yerba rala de mi pecho ha sido secada por el sol. El cielo, limpio de estrellas y de nubes, está cada día más alto. Mi sangre se extenúa entre venas endurecidas. Nadie te aplaca ya, Cólera, centella que te rompes los dientes contra el Muro; nada a vosotras, Virgen, Estrella Airada, hermosuras con alas, hermosuras con garras. Todas las palabras han muerto de sed. Nadie podrá alimentarse con estos restos pulidos, ni siquiera mis perros, mis vicios. Esperanza, águila famélica, déjame sobre esta roca parecida al silencio. Y tú, viento que soplas del Pasado, sopla con fuerza, dispersa estas pocas sílabas y hazlas aire y transparencia. ¡Ser al fin una Palabra, un poco de aire en una boca pura, un poco de agua en unos labios ávidos! Pero ya el olvido pronuncia mi nombre: míralo brillar entre sus labios como el hueso que brilla un instante en el hocico de la noche de negro pelaje. Los cantos que no dije, los cantos del arenal, los dice el viento de una sola vez, en una sola frase interminable, sin principio, sin fin y sin sentido.

XVI

Como un dolor que avanza y se abre paso entre vísceras que ceden y huesos que resisten, como una lima que lima los nervios que nos atan a la vida, sí, pero también como una alegría súbita, como abrir una puerta que da al mar, como asomarse al abismo y como llegar a la cumbre, como el río de diamante que horada la roca y como la cascada azul que cae en un derrumbe de estatuas y templos blanquísimos, como el pájaro que sube y el relámpago que desciende, batir de alas, pico que desgarra y entreabre al fin el fruto, tú, mi Grito, surtidor de plumas de fuego, herida resonante y vasta como el desprendimiento de un planeta del cuerpo de una estrella, caída en un cielo de ecos, en un cielo de espejos que te repiten y destrozan y te vuelven innumerable, infinito y anónimo.

ARENAS MOVEDIZAS
(1949)

El ramo azul

Desperté, cubierto de sudor. Del piso de ladrillos rojos, recién regado, subía un vapor caliente. Una mariposa de alas grisáceas revoloteaba encandilada alrededor del foco amarillento. Salté de la hamaca y descalzo atravesé el cuarto, cuidando no pisar algún alacrán salido de su escondrijo a tomar el fresco. Me acerqué al ventanillo y aspiré el aire del campo. Se oía la respiración de la noche, enorme, femenina. Regresé al centro de la habitación, vacié el agua de la jarra en la palangana de peltre y humedecí la toalla. Me froté el torso y las piernas con el trapo empapado, me sequé un poco y, tras de cerciorarme que ningún bicho estaba escondido entre los pliegues de mi ropa, me vestí y calcé. Bajé saltando la escalera pintada de verde. En la puerta del mesón tropecé con el dueño, sujeto tuerto y reticente. Sentado en una sillita de tule, fumaba con el ojo entrecerrado. Con voz ronca me preguntó:

—¿Ónde va, señor?

—A dar una vuelta. Hace mucho calor.

—Hum, todo está ya cerrado. Y no hay alumbrado aquí. Más le valiera quedarse.

Alcé los hombros, musité «ahora vuelvo» y me metí en lo obscuro. Al principio no veía nada. Caminé a tientas por la calle empedrada. Encendí un cigarrillo. De pronto salió la luna de una nube negra, iluminando un muro blanco, desmoronado a trechos. Me detuve, ciego ante tanta blancura. Sopló un poco de viento. Respiré el aire de los tamarindos. Vibraba la noche, llena de hojas e insectos. Los grillos vivaqueaban entre las hierbas altas. Alcé la cara: arriba también habían establecido campamento las estrellas. Pensé que el universo era un vasto sistema de señales, una conversación entre seres inmensos. Mis actos, el serrucho del grillo, el parpadeo de la estrella, no eran sino pausas y sílabas, frases dispersas de aquel diálogo. ¿Cuál sería esa palabra de la cual yo era una sílaba?¿ Quién dice esa palabra y a quién se la dice? Tiré el cigarrillo sobre la banqueta. Al caer, describió una curva luminosa, arrojando breves chispas, como un cometa minúsculo.

Caminé largo rato, despacio. Me sentía libre, seguro entre los labios que en ese momento me pronunciaban con tanta felicidad. La noche era un jardín de ojos. Al cruzar una calle, sentí que alguien se desprendía de una puerta. Me volví, pero no acerté a distinguir nada. Apreté el paso. Unos instantes después percibí el apagado rumor de unos huaraches sobre las piedras calientes. No quise volverme, aunque sentía que la sombra se acercaba cada vez más. Intenté correr. No pude. Me detuve en seco, bruscamente. Antes de que pudiese defenderme, sentí la punta de un cuchillo en mi espalda y una voz dulce:

—No se mueva, señor, o se lo entierro.

Sin volver la cara, pregunté:

—¿Qué quieres?

—Sus ojos, señor —contestó la voz suave, casi apenada.

—¿Mis ojos? ¿Para qué te servirán mis ojos? Mira, aquí tengo un poco de dinero. No es mucho, pero es algo. Te daré todo lo que tengo, si me dejas. No vayas a matarme.

—No tenga miedo, señor. No lo mataré. Nada más voy a sacarle los ojos.

Volví a preguntar:

—Pero, ¿para qué quieres mis ojos?

—Es un capricho de mi novia. Quiere un ramito de ojos azules. Y por aquí hay pocos que los tengan.

—Mis ojos no te sirven. No son azules, sino amarillos.

—Ay, señor, no quiera engañarme. Bien sé que los tiene azules.

—No se le sacan a un cristiano los ojos así. Te daré otra cosa.

—No se haga el remilgoso —me dijo con dureza—. Dé la vuelta.

Me volví. Era pequeño y frágil. El sombrero de palma le cubría medio rostro. Sostenía con el brazo derecho un machete de campo, que brillaba con la luz de la luna.

—Alúmbrese la cara.

Encendí y me acerqué la llama al rostro. El resplandor me hizo entrecerrar los ojos. Él apartó mis párpados con mano firme. No podía ver bien. Se alzó sobre las puntas de los pies y me contempló intensamente.

La llama me quemaba los dedos. La arrojé. Permaneció un instante silencioso.

—¿Ya te convenciste? No los tengo azules.

—Ah, qué mañoso es usted —respondió—. A ver, encienda otra vez. Froté otro fósforo y lo acerqué a mis ojos. Tirándome de la manga, me ordenó:

—Arrodíllese.

Me hinqué. Con una mano me cogió por los cabellos, echándome la cabeza hacia atrás. Se inclinó sobre mí, curioso y tenso, mientras el machete descendía lentamente hasta rozar mis párpados. Cerré los ojos.

—Ábralos bien —ordenó.

Abrí los ojos. La llamita me quemaba las pestañas. Me soltó de improviso.

—Pues no son azules, señor. Dispense.

Y desapareció. Me acodé junto al muro, con la cabeza entre las manos. Luego me incorporé. A tropezones, cayendo y levantándome, corrí durante una hora por el pueblo desierto. Cuando llegué a la plaza, vi al dueño del mesón, sentado aún frente a la puerta. Entré sin decir palabra. Al día siguiente huí de aquel pueblo.

Antes de dormir

Te llevo como un objeto perteneciente a otra edad, encontrado un día al azar y que palpamos con manos ignorantes: ¿fragmento de qué culto, dueño de qué poderes ya desaparecidos, portador de qué cóleras o de qué maldiciones que el tiempo ha vuelto irrisorias, cifra en pie de qué números caídos? Su presencia nos invade hasta ocupar insensiblemente el centro de nuestras preocupaciones, sin que valga la reprobación de nuestro juicio, que declara su belleza —ligeramente horrenda— peligrosa para nuestro pequeño sistema de vida, hecho de erizadas negaciones, muralla circular que defiende dos o tres certidumbres. Así tú. Te has instalado en mi pecho y como una campana neumática desalojas pensamientos, recuerdos y deseos. Invisible y callado, a veces te asomas por mis ojos para ver el mundo de afuera; entonces me siento mirado por los objetos que contemplas y me sobrecoge una infinita vergüenza y un gran desamparo. Pero ahora, ¿me escuchas?, ahora voy a arrojarte, voy a deshacerme de ti para siempre. No pretendas huir. No podrías. No te muevas, te lo ruego:

podría costarte caro. Quédate quieto: quiero oír tu pulso vacío, contemplar tu rostro sin facciones. ¿Dónde estás? No te escondas. No tengas miedo. ¿Por qué te quedas callado? No, no te haré nada, era sólo una broma. ¿Comprendes? A veces me excito, tengo la sangre viva, profiero palabras por las que luego debo pedir perdón. Es mi carácter. Y la vida. Tú no la conoces. ¿Qué sabes tú de la vida, siempre encerrado, oculto? Así es fácil ser sensato. Adentro, nadie incomoda. La calle es otra cosa: te dan empellones, te sonríen, te roban. Son insaciables. Y ahora que tu silencio me prueba que me has perdonado, deja que te haga una pregunta. Estoy seguro de que vas a contestarla clara y sencillamente, como se responde a un camarada después de una larga ausencia. Es cierto que la palabra *ausencia* no es la más apropiada, pero debo confesarte que tu intolerable presencia se parece a lo que llaman el «vacío de la ausencia». ¡El vacío de tu presencia, tu presencia vacía! Nunca te veo, ni te siento, ni te oigo. ¿Por qué te presentas sin ruido? Durante horas te quedas quieto, agazapado en no sé qué repliegue. No creo ser muy exigente. No te pido mucho: una seña, una pequeña indicación, un movimiento de ojos, una de esas atenciones que no cuestan nada al que las otorga y que llenan de gozo al que las recibe. No reclamo, ruego. Acepto mi situación y sé hasta dónde puedo llegar. Reconozco que eres el más fuerte y el más hábil: penetras por la hendidura de la tristeza o por la brecha de la alegría, te sirves del sueño y de la vigilia, del espejo y del muro, del beso y de la lágrima. Sé que te pertenezco, que estarás a mi lado el día de la muerte y que entonces tomarás posesión de mí. ¿Por qué esperar tanto tiempo? Te prevengo desde ahora: no esperes la muerte en la batalla, ni la del criminal, ni la del mártir. Habrá una pequeña agonía, acompañada de los acostumbrados terrores, delirios modestos, tardías iluminaciones sin consecuencia. ¿Me oyes? No te veo. Escondes siempre la cara. Te haré una confidencia —ya ves, no te guardo rencor y estoy seguro que un día vas a romper ese absurdo silencio—: al cabo de tantos años de vivir... aunque siento que no he vivido nunca, que he sido vivido por el tiempo, ese tiempo desdeñoso e implacable que jamás se ha detenido, que jamás me ha hecho una seña, que siempre me ha ignorado. Probablemente soy demasiado tímido y no he tenido el valor de asirlo por el cuello y decirle: «Yo también existo», como el pequeño funcionario que en un pasillo detiene al Director General y le dice: «Buenos días, yo también...», pero, ante la admiración del otro, el pequeño funcionario enmudece, pues de pronto comprende la inutilidad de su gesto: no tiene nada que decirle a su Jefe. Así yo: no tengo nada que decirle al tiempo. Y él tampoco tiene nada que decirme.

Y ahora, después de este largo rodeo, creo que estamos más cerca de lo que iba a decirte: al cabo de tantos años de vivir —espera, no seas impaciente, no quieras escapar: tendrás que oírme hasta el fin—, al cabo de tantos años, me he dicho: ¿a quién, si no a él, puedo contarle mis cosas? En efecto —no me avergüenza decirlo y tú no deberías enrojecer— sólo te tengo a ti. A ti. No creas que quiero provocar tu compasión; acabo de emitir una verdad, corroboro un hecho y nada más. Y tú, ¿a quién tienes? ¿Eres de alguien como yo soy de ti? O si lo prefieres, ¿tienes a alguien como yo te tengo a ti? Ah, palideces, te quedas callado. Comprendo tu estupor: a mí también me ha desvelado la posibilidad de que tú seas de otro, que a su vez sería de otro, hasta no acabar nunca. No te preocupes: yo no hablo sino contigo. A no ser que tú, en este momento, digas lo mismo que te digo a un silencioso tercero, que a su vez... No, si tú eres otro: ¿quién sería yo? Te repito, ¿tú, a quién tienes? A nadie, excepto a mí. Tú también estás solo, tú también tuviste una infancia solitaria y ardiente —todas las fuentes te hablaban, todos los pájaros te obedecían— y ahora... No me interrumpas. Empezaré por el principio: cuando te conocí —sí, comprendo muy bien tu extrañeza y adivino lo que vas a decirme: en realidad no te conozco, nunca te he visto, no sé quién eres. Es cierto. En otros tiempos creía que eras esa ambición que nuestros padres y amigos nos destilan en el oído, con un nombre y una moral —nombre y moral que a fuerza de roces se hincha y crece, hasta que alguien viene con un menudo alfiler y revienta la pequeña bolsa de pus—; más tarde pensé que eras ese pensamiento que salió un día de mi frente al asalto del mundo; luego te confundí con mi amor por Juana, María, Dolores; o con mi fe en Julián, Agustín, Rodrigo. Creí después que eras algo muy lejano y anterior a mí, acaso mi vida prenatal. Eras la vida, simplemente. O, mejor, el hueco tibio que deja la vida cuando se retira. Eras el recuerdo de la vida. Esta idea me llevó a otra: mi madre no era matriz sino tumba y agonía los nueve meses de encierro. Logré desechar esos pensamientos. Un poco de reflexión me ha hecho ver que no eres un recuerdo, ni siquiera un olvido: no te siento como el que fui sino como el que voy a ser, como el que está siendo. Y cuando quiero apurarte, te me escapas. Entonces te siento como ausencia. En fin, no te conozco, no te he visto nunca, pero jamás me he sentido solo, sin ti. Por eso debes aceptar aquella frase —¿la recuerdas: «cuando te conocí»?— como una expresión figurada, como un recurso de lenguaje. Lo cierto es que siempre me acompañas, siempre hay alguien conmigo. Y para decirlo todo de una sola vez: ¿quién eres? Es inútil esconderse más tiempo. Ha durado ya bastante este juego. ¿No te das cuenta de que puedo morir ahora mismo? Si muero, tu vida dejará de tener sentido. Yo soy tu vida y el sentido de tu vida. O es a la inversa: ¿tú eres el sentido de mi vida? Habla, di algo. ¿Aún me odias porque amenacé con arrojarte por la ventana? Lo hice para picarte la cresta. Y te quedaste callado. Eres un cobarde. ¿Recuerdas cuando te insulté?¿ Y cuando vomité sobre ti?¿ Y cuando tenías que ver con esos ojos que nunca se cierran cómo dormía con aquella vieja infame y que hablaba de suicidio? Da la cara. ¿Dónde estás? En el fondo, nada de esto me importa. Estoy cansado, eso es todo. Tengo sueño. ¿No te fatigan estas interminables discusiones, como si fuésemos un matrimonio que a las cinco de la mañana, con los párpados hinchados, sobre la cama revuelta sigue dando vueltas a la querella empezada hace veinte años? Vamos a dormir. Dame las buenas noches, sé un poco cortés. Estás condenado a vivir conmigo y deberías esforzarte por hacer la vida más llevadera. No alces los hombros. Calla si quieres, pero no te alejes. No quiero estar solo: desde que sufro menos soy más desdichado. Quizá la dicha es como la espuma de la dolorosa marea de la vida, que cubre con una plenitud roja nuestras almas. Ahora la marea se retira y nada queda de aquello que tanto nos hizo sufrir. Nada sino tú. Estamos solos, estás solo. No me mires: cierra los ojos, para que yo también pueda cerrarlos. Todavía no puedo acostumbrarme a tu mirada sin ojos.

Mi vida con la ola

Cuando dejé aquel mar, una ola se adelantó entre todas. Era esbelta y ligera. A pesar de los gritos de las otras, que la detenían por el vestido flotante, se colgó de mi brazo y se fue conmigo saltando. No quise decirle nada, porque me daba pena avergonzarla ante sus compañeras. Además, las miradas coléricas de las mayores me paralizaron. Cuando llegamos al pueblo, le expliqué que no podía ser, que la vida en la ciudad no era lo que ella pensaba en su ingenuidad de ola que nunca ha salido del mar. Me miró seria: No, su decisión estaba tomada. No podía volver. Intenté dulzura, dureza, ironía. Ella lloró, gritó, acarició, amenazó. Tuve que pedirle perdón.

Al día siguiente empezaron mis penas. ¿Cómo subir al tren sin que nos vieran el conductor, los pasajeros, la policía? Es cierto que los reglamentos no dicen nada respecto al transporte de olas en los ferrocarriles, pero esa misma reserva era un indicio de la severidad con que se juzgaría nuestro acto. Tras de mucho cavilar me presenté en la estación una hora antes de la salida, ocupé mi asiento y, cuando nadie me veía, vacié el depósito de agua para los pasajeros; luego, cuidadosamente, vertí en él a mi amiga.

El primer incidente surgió cuando los niños de un matrimonio vecino declararon su ruidosa sed. Les salí al paso y les prometí refrescos y limonadas. Estaban a punto de aceptar cuando se acercó otra sedienta. Quise invitarla también, pero la mirada de su acompañante me detuvo. La señora tomó un vasito de papel, se acercó al depósito y abrió la llave. Apenas estaba a medio llenar el vaso cuando me interpuse de un salto entre ella y mi amiga. La señora me miró con asombro. Mientras pedía disculpas, uno de los niños volvió a abrir el depósito. Lo cerré con violencia. La señora se llevó el vaso a los labios:

—Ay, el agua está salada.

El niño le hizo eco. Varios pasajeros se levantaron. El marido llamó al Conductor:

—Este individuo echó sal al agua.

El Conductor llamó al Inspector:

—¿Conque usted echó substancias en el agua?

El Inspector llamó al policía en turno:

—¿Conque usted echó veneno al agua?

El policía en turno llamó al Capitán:

—¿Conque usted es el envenenador?

El Capitán llamó a tres agentes. Los agentes me llevaron a un vagón solitario, entre las miradas y los cuchicheos de los pasajeros. En la primera estación me bajaron y a empujones me arrastraron a la cárcel. Durante días no se me habló, excepto durante los largos interrogatorios. Cuando contaba mi caso nadie me creía, ni siquiera el carcelero, que movía la cabeza, diciendo: «El asunto es grave, verdaderamente grave. ¿No había querido envenenar a unos niños?». Una tarde me llevaron ante el Procurador.

—Su asunto es difícil —repitió—. Voy a consignarlo al Juez Penal.

Así pasó un año. Al fin me juzgaron. Como no hubo víctimas, mi condena fue ligera. Al poco tiempo, llegó el día de la libertad.

El Jefe de la Prisión me llamó:

—Bueno, ya está libre. Tuvo suerte. Gracias a que no hubo desgracias. Pero que no se vuelva a repetir, porque la próxima le costará caro...

Y me miró con la misma mirada seria con que todos me veían.

Esa misma tarde tomé el tren y luego de unas horas de viaje incómodo llegué a México. Tomé un taxi y me dirigí a casa. Al llegar a la puerta de mi departamento oí risas y cantos. Sentí un dolor en el pecho, como el golpe de la ola de la sorpresa cuando la sorpresa nos golpea en pleno pecho: mi amiga estaba allí, cantando y riendo como siempre.

—¿Cómo regresaste?

—Muy fácil: en el tren. Alguien, después de cerciorarse de que sólo era agua salada, me arrojó en la locomotora. Fue un viaje agitado: de pronto era un penacho blanco de vapor, de pronto caía en lluvia fina sobre la máquina. Adelgacé mucho. Perdí muchas gotas.

Su presencia cambió mi vida. La casa de pasillos obscuros y muebles empolvados se llenó de aire, de sol, de rumores y reflejos verdes y azules, pueblo numeroso y feliz de reverberaciones y ecos. ¡Cuántas olas es una ola y cómo puede hacer playa o roca o rompeolas un muro, un pecho, una frente que corona de espumas! Hasta los rincones abandonados, los abyectos rincones del polvo y los detritus fueron tocados por sus manos ligeras. Todo se puso a sonreír y por todas partes brillaban dientes blancos. El sol entraba con gusto en las viejas habitaciones y se quedaba en casa por horas, cuando ya hacía tiempo que había abandonado las otras casas, el barrio, la ciudad, el país. Y varias noches, ya tarde, las escandalizadas estrellas lo vieron salir de mi casa, a escondidas.

El amor era un juego, una creación perpetua. Todo era playa, arena, lecho de sábanas siempre frescas. Si la abrazaba, ella se erguía, increíblemente esbelta, como el tallo líquido de un chopo; y de pronto esa delgadez florecía en un chorro de plumas blancas, en un penacho de risas que caían sobre mi cabeza y mi espalda y me cubrían de blancuras. O se extendía frente a mí, infinita como el horizonte, hasta que yo también me hacía horizonte y silencio. Plena y sinuosa, me envolvía como una música o unos labios inmensos. Su presencia era un ir y venir de caricias, de rumores, de besos. Entraba en sus aguas, me ahogaba a medias y en un cerrar de ojos me encontraba arriba, en lo alto del vértigo, misteriosamente suspendido, para caer después como una piedra, y sentirme suavemente depositado en lo seco, como una pluma. Nada es comparable a dormir mecido en esas aguas, si no es despertar golpeado por mil alegres látigos ligeros, por mil arremetidas que se retiran, riendo.

Pero jamás llegué al centro de su ser. Nunca toqué el nudo del ay y de la muerte. Quizá en las olas no existe ese sitio secreto que hace vulnerable y mortal a la mujer, ese pequeño botón eléctrico donde todo se enlaza, se crispa y se yergue, para luego desfallecer. Su sensibilidad, como la de las mujeres, se propagaba en ondas, sólo que no eran ondas concéntricas, sino excéntricas, que se extendían cada vez más lejos, hasta tocar otros astros. Amarla era prolongarse en contactos remotos, vibrar con estrellas lejanas que no sospechamos. Pero su centro... no, no tenía centro, sino un vacío parecido al de los torbellinos, que me chupaba y me asfixiaba.

Tendidos el uno al lado del otro, cambiábamos confidencias, cuchicheos, risas. Hecha un ovillo, caía sobre mi pecho y allí se desplegaba como una vegetación de rumores. Cantaba a mi oído, caracola. Se hacía humilde y transparente, echada a mis pies como un animalito, agua mansa. Era tan límpida que podía leer todos sus pensamientos. Ciertas noches su piel se cubría de fosforescencias y abrazarla era abrazar un pedazo de noche tatuada de fuego. Pero se hacía también negra y amarga. A horas inesperadas mugía, suspiraba, se retorcía. Sus gemidos despertaban a los vecinos. Al oírla el viento del mar se ponía a rascar la puerta de la casa o deliraba en voz alta por las azoteas. Los días nublados la irritaban; rompía muebles, decía malas palabras, me cubría de insultos y de una espuma gris y verdosa. Escupía, lloraba, juraba, profetizaba. Sujeta a la luna, a las estrellas, al influjo de la luz de otros mundos, cambiaba de humor y de semblante de una manera que a mí me parecía fantástica, pero que era fatal como la marea.

Empezó a quejarse de soledad. Llené la casa de caracolas y conchas, de pequeños barcos veleros, que en sus días de furia hacía naufragar (junto con los otros, cargados de imágenes, que todas las noches salían de mi frente y se hundían en sus feroces o graciosos torbellinos). ¡Cuántos pequeños tesoros se perdieron en ese tiempo! Pero no le bastaban mis barcos ni el canto silencioso de las caracolas. Tuve que instalar en la casa una colonia de peces. Confieso que no sin celos los veía nadar en mi amiga, acariciar sus pechos, dormir entre sus piernas, adornar su cabellera con leves relámpagos de colores.

Entre todos aquellos peces había unos particularmente repulsivos y feroces, unos pequeños tigres de acuario, de grandes ojos fijos y bocas hendidas y carniceras. No sé por qué aberración mi amiga se complacía en jugar con ellos, mostrándoles sin rubor una preferencia cuyo significado prefiero ignorar. Pasaba largas horas encerrada con aquellas horribles criaturas. Un día no pude más; eché abajo la puerta y me arrojé sobre ellos. Ágiles y fantasmales, se me escapaban entre las manos mientras ella reía y me golpeaba hasta derribarme. Sentí que me ahogaba. Y cuando estaba a punto de morir, morado ya, me depositó suavemente en la orilla y empezó a besarme, diciendo no sé qué cosas. Me sentí muy débil, molido y humillado. Y al mismo tiempo la voluptuosidad me hizo cerrar los ojos. Porque su voz era dulce y me hablaba de la muerte deliciosa de los ahogados. Cuando volví en mí, empecé a temerla y odiarla.

Tenía descuidados mis asuntos. Empecé a frecuentar a los amigos y reanudé viejas y queridas relaciones. Encontré a una amiga de juventud. Haciéndole jurar que me guardaría el secreto, le conté mi vida con la ola. Nada conmueve tanto a las mujeres como la posibilidad de salvar a un hombre. Mi redentora empleó todas sus artes, pero ¿qué podía una mujer, dueña de un número limitado de almas y cuerpos, frente a mi amiga, siempre cambiante —y siempre idéntica a sí misma en sus metamorfosis incesantes?

Vino el invierno. El cielo se volvió gris. La niebla cayó sobre la ciudad. Llovía una llovizna helada. Mi amiga gritaba todas las noches. Durante el día se aislaba, quieta y siniestra, mascullando una sola sílaba, como una vieja que rezonga en un rincón. Se puso fría; dormir con ella era tiritar toda la noche y sentir cómo se helaban paulatinamente la sangre, los huesos, los pensamientos. Se volvió honda, impenetrable, revuelta. Yo salía con frecuencia y mis ausencias eran cada vez más prolongadas. Ella, en su rincón, aullaba largamente. Con dientes acerados y lengua corrosiva roía los muros, desmoronaba las paredes. Pasaba las noches en vela, haciéndome reproches. Tenía pesadillas, deliraba con el sol, con playas ardientes. Soñaba con el polo y en convertirse en un gran trozo de hielo, navegando bajo cielos negros en noches largas como meses. Me injuriaba. Maldecía y reía; llenaba la casa de carcajadas y fantasmas. Llamaba a los monstruos de las profundidades, ciegos, rápidos y obtusos. Cargada de electricidad, carbonizaba lo que tocaba; de ácidos, corrompía lo que rozaba. Sus dulces brazos se volvieron cuerdas ásperas que me estrangulaban. Y su cuerpo, verdoso y elástico, era un látigo implacable, que golpeaba, golpeaba, golpeaba. Huí. Los horribles peces reían con risa feroz.

Allá en las montañas, entre los altos pinos y los despeñaderos, respiré el aire frío y fino como un pensamiento de libertad. Al cabo de un mes regresé. Estaba decidido. Había hecho tanto frío que encontré sobre el mármol de la chimenea, junto al fuego extinto, una estatua de hielo. No me conmovió su aborrecida belleza. La eché en un gran saco de lona y salí a la calle, con la dormida a cuestas. En un restaurante de las afueras la vendí a un cantinero amigo, que inmediatamente empezó a picarla en pequeños trozos, que depositó cuidadosamente en las cubetas donde se enfrían las botellas.

Carta a dos desconocidas

Todavía no sé cuál es tu nombre. Te siento tan mía que llamarte de algún modo sería como separarme de ti, reconocer que eres distinta a la substancia de que están hechas las sílabas que forman mi nombre. En cambio, conozco demasiado bien el de ella y hasta qué punto ese nombre se interpone entre nosotros, como una muralla impalpable y elástica que no se puede nunca atravesar.

Todo esto debe parecerte confuso. Prefiero explicarte cómo te conocí, cómo advertí tu presencia y por qué pienso que tú y ella son y no son lo mismo.

No me acuerdo de la primera vez. ¿Naciste conmigo o ese primer encuentro es tan lejano que tuvo tiempo de madurar en mi interior y fundirse a mi ser? Disuelta en mí mismo, nada me permitía distinguirte del resto de mí, recordarte, reconocerte. Pero el muro de silencio que ciertos días cierra el paso al pensamiento, la oleada innombrable —la oleada de vacío— que sube desde mi estómago hasta mi frente y allí se instala como una avidez que no se aplaca y una sentencia que no se tuerce, el invisible precipicio que en ocasiones se abre frente a mí, la gran boca maternal de la ausencia —la vagina que bosteza y me engulle y me deglute y me expulsa: ¡al tiempo, otra vez al tiempo!—, el mareo y el vómito que me tiran hacia abajo cada vez que desde lo alto de la torre de mis ojos me contemplo... todo, en fin, lo que me enseña que no soy sino una ausencia que se despeña, me revelaba —¿cómo decirlo?— tu presencia. Me habitabas como esas arenillas impalpables que se deslizan en un mecanismo delicado y que, si no impiden su marcha, la trastornan hasta corroer todo el engranaje.

La segunda vez: un día te desprendiste de mi carne, al encuentro de una mujer alta y rubia, vestida de blanco, que te esperaba sonriente en un pequeño muelle. Recuerdo la madera negra y luciente y el agua gris retozando a sus pies. Había una profusión de mástiles, velas, barcas y pájaros marinos que chillaban. Siguiendo tus pasos me acerqué a la desconocida, que me cogió de la mano sin decir palabra. Juntos recorrimos la costa solitaria hasta que llegamos al lugar de las rocas. El mar dormitaba. Allí canté y dancé; allí pronuncié blasfemias en un idioma que he olvidado. Mi amiga reía primero; después empezó a llorar. Al fin huyó. La naturaleza no fue insensible a mi desafío; mientras el mar me amenazaba con el puño, el sol descendió en línea recta contra mí. Cuando el astro hubo posado sus garras sobre mi cabeza erizada, comencé a incendiarme. Después se restableció el orden. El sol regresó a su puesto y el mundo se quedó inmensamente solo. Mi amiga buscaba mis cenizas entre las rocas, allí donde los pájaros salvajes dejan sus huevecillos.

Desde ese día empecé a perseguirla. (Ahora comprendo que en realidad te buscaba a ti.) Años más tarde, en otro país, marchando de prisa contra un crepúsculo que consumía los altos muros rojos de un templo, volví a verla. La detuve, pero ella no me recordaba. Por una estratagema que no hace al caso logré convertirme en su sombra. Desde entonces no la abandono. Durante años y meses, durante atroces minutos, he luchado por despertar en ella el recuerdo de nuestro primer encuentro. En vano le he explicado cómo te desprendiste de mí para habitarla, nuestro paseo junto al mar y mi fatal imprudencia. Soy para ella ese olvido que tú fuiste para mí.

He gastado mi vida en olvidarte y recordarte, en huirte y perseguirte. No estoy menos solo que, cuando niño, te descubrí en el charco de aquel jardín recién llovido, menos solo que cuando, adolescente, te contemplé entre dos nubes rotas, una tarde en ruinas. Pero no caigo ya en mi propio sinfín, sino en otro cuerpo, en unos ojos que se dilatan y contraen y me devoran y me ignoran, una abertura negra que palpita, coral vivo y ávido como una herida fresca. Cuerpo en el que pierdo cuerpo, cuerpo sin fin. Si alguna vez acabo de caer, allá, del otro lado del caer, quizá me asome a la vida. A la verdadera vida, a la que no es noche ni día, ni tiempo ni destiempo, ni quietud ni movimiento, a la vida hirviente de vida, a la vivacidad pura. Pero acaso todo esto no sea sino una vieja manera de llamar a la muerte. La muerte que nació conmigo y que me ha dejado para habitar otro cuerpo.

Maravillas de la voluntad

A las tres en punto don Pedro llegaba a nuestra mesa, saludaba a cada uno de los concurrentes, pronunciaba para sí unas frases indescifrables y silenciosamente tomaba asiento. Pedía una taza de café, encendía un cigarrillo, escuchaba la plática, bebía a sorbos su tacita, pagaba a la mesera, tomaba su sombrero, recogía su portafolio, nos daba las buenas tardes y se marchaba. Y así todos los días.

¿Qué decía don Pedro al sentarse y al levantarse, con cara seria y ojos duros? Decía:

—Ojalá te mueras.

Don Pedro repetía muchas veces al día esta frase. Al levantarse, al terminar su tocado matinal, al entrar o salir de casa —a las ocho, a la una, a las dos y media, a las siete y cuarto—, en el café, en la oficina, antes y después de cada comida, al acostarse cada noche. La repetía entre dientes o en voz alta; a solas o en compañía. A veces sólo con los ojos. Siempre con toda el alma.

Nadie sabía contra quién dirigía aquellas palabras. Todos ignoraban el origen de aquel odio. Cuando se quería ahondar en el asunto, don Pedro movía la cabeza con desdén y callaba, modesto. Quizá era un odio sin causa, un odio puro. Pero aquel sentimiento lo alimentaba, daba seriedad a su vida, majestad a sus años. Vestido de negro, parecía llevar luto de antemano por su condenado.

Una tarde don Pedro llegó más grave que de costumbre. Se sentó con lentitud y en el centro mismo del silencio que se hizo ante su presencia, dejó caer con simplicidad estas palabras:

—Ya lo maté.

¿A quién y cómo? Algunos sonrieron, queriendo tomar la cosa a broma. La mirada de don Pedro los detuvo. Todos nos sentimos incómodos. Era cierto, allí se sentía el hueco de la muerte. Lentamente se dispersó el grupo. Don Pedro se quedó solo, más serio que nunca, un poco lacio, como un astro quemado ya, pero tranquilo, sin remordimientos.

No volvió al día siguiente. Nunca volvió. ¿Murió? Acaso le faltó ese odio vivificador. Tal vez vive aún y ahora odia a otro. Reviso mis acciones. Y te aconsejo que hagas lo mismo con las tuyas, no vaya a ser que hayas incurrido en la cólera paciente, obstinada, de esos pequeños ojos miopes. ¿Has pensado alguna vez cuántos —acaso muy cercanos a ti— te miran con los mismos ojos de don Pedro?

Visión del escribiente

Y llenar todas estas hojas en blanco que me faltan con la misma, monótona pregunta: ¿a qué hora se acaban las horas? Y las antesalas, los memoriales, las intrigas, las gestiones ante el Portero, el Oficial en Turno, el
Secretario, el Adjunto, el Substituto. Vislumbrar de lejos al Influyente y
enviar cada año mi tarjeta para recordar —¿a quién?— que en algún rincón, decidido, firme, insistente, aunque no muy seguro de mi existencia,
yo también aguardo la llegada de mi hora, yo también existo. No, abandono mi puesto.

Sí, ya sé, podría sentarme en una idea, en una costumbre, en una
obstinación. O tenderme sobre las ascuas de un dolor o una esperanza
cualquiera y allí aguardar, sin hacer mucho ruido. Cierto, no me va mal:
como, bebo, duermo, fornico, guardo las fiestas de guardar y en el verano
voy a la playa. Las gentes me quieren y yo las quiero. Llevo con ligereza
mi condición: las enfermedades, el insomnio, las pesadillas, los ratos de
expansión, la idea de la muerte, el gusanito que escarba el corazón o el
hígado (el gusanito que deposita sus huevecillos en el cerebro y perfora
en la noche el sueño más espeso), el mañana a expensas del hoy —el hoy
que nunca llega a tiempo, que pierde siempre sus apuestas. No: renuncio
a la tarjeta de racionamiento, a la cédula de identidad, al certificado de
supervivencia, a la ficha de filiación, al pasaporte, al número clave, a la
contraseña, a la credencial, al salvoconducto, a la insignia, al tatuaje y al
herraje.

Frente a mí se extiende el mundo, el vasto mundo de los grandes,
pequeños y medianos. Universo de reyes y presidentes y carceleros, de
mandarines y parias y libertadores y libertos, de jueces y testigos y condenados: estrellas de primera, segunda, tercera y n magnitudes, planetas,
cometas, cuerpos errantes y excéntricos o rutinarios y domesticados por
las leyes de la gravedad, las sutiles leyes de la caída, todos llevando el
compás, todos girando, despacio o velozmente, alrededor de una ausencia. En donde dijeron que estaba el sol central, el ser solar, el haz caliente
hecho de todas las miradas humanas, no hay sino un hoyo y menos que
un hoyo: el ojo de pez muerto, la oquedad vertiginosa del ojo que cae en
sí mismo y se mira sin mirarse. Y no hay nada con que rellenar el hueco
centro del torbellino. Se rompieron los resortes, los fundamentos se des-
plomaron, los lazos visibles o invisibles que unían una estrella a otra, un
cuerpo a otro, un hombre a otro, no son sino un enredijo de alambres y

pinchos, una maraña de garras y dientes que nos retuercen y mastican y escupen y nos vuelven a masticar. Nadie se ahorca con la cuerda de una ley física. Las ecuaciones caen incansablemente en sí mismas.

Y en cuanto al quehacer de ahora y al qué hacer con el ahora: no pertenezco a los señores. No me lavo las manos, pero no soy juez, ni testigo de cargo, ni ejecutor. Ni torturo, ni interrogo, ni sufro el interrogatorio. No pido a voces mi condena, ni quiero salvarme, ni salvar a nadie. Y por todo lo que no hago, y por todo lo que nos hacen, ni pido perdón ni perdono. Su piedad es tan abyecta como su justicia. ¿Soy inocente? Soy culpable. ¿Soy culpable? Soy inocente. (Soy inocente cuando soy culpable, culpable cuando soy inocente. Soy culpable cuando... pero eso es otra canción. ¿Otra canción? Todo es la misma canción.) Culpable inocente, inocente culpable, la verdad es que abandono mi puesto.

Recuerdo mis amores, mis pláticas, mis amistades. Lo recuerdo todo, lo veo todo, veo a todos. Con melancolía, pero sin nostalgia. Y sobre todo, sin esperanza. Ya sé que es inmortal y que, si somos algo, somos esperanza de algo. A mí ya me gastó la espera. Abandono el no obstante, el aún, el a pesar de todo, las moratorias, las disculpas y los exculpantes. Conozco el mecanismo de las trampas de la moral y el poder adormecedor de ciertas palabras. He perdido la fe en todas estas construcciones de piedra, ideas, cifras. Cedo mi puesto. Yo ya no defiendo esta torre cuarteada. Y, en silencio, espero el acontecimiento.

Soplará un vientecillo apenas helado. Los periódicos hablarán de una onda fría. Las gentes se alzarán de hombros y continuarán la vida de siempre. Los primeros muertos apenas hincharán un poco más la cifra cotidiana y nadie en los servicios de estadística advertirá ese cero de más. Pero al cabo del tiempo todos empezarán a mirarse y preguntarse: ¿qué pasa? Porque durante meses van a temblar puertas y ventanas, van a crujir muebles y árboles. Durante años habrá tembladera de huesos y entrechocar de dientes, escalofrío y carne de gallina. Durante años aullarán las chimeneas, los profetas y los jefes. La niebla que cabecea en los estanques podridos vendrá a pasearse en la ciudad. Y al mediodía, bajo el sol equívoco, el vientecillo arrastrará el olor de la sangre seca de un matadero abandonado ya hasta por las moscas.

Inútil salir o quedarse en casa. Inútil levantar murallas contra el impalpable. Una boca apagará todos los fuegos, una duda arrancará de cuajo todas las decisiones. Eso va a estar en todas partes, sin estar en ninguna. Empañará todos los espejos. Atravesando paredes y convicciones, vestiduras y almas bien templadas, se instalará en la médula de cada uno. Entre cuerpo y cuerpo, silbante; entre alma y alma, agazapado. Y todas las heridas se abrirán, porque con manos expertas y delicadas, aunque un poco frías, irritará llagas y pústulas, reventará granos e hinchazones, escarbará en las viejas heridas mal cicatrizadas. ¡Oh fuente de la sangre, inagotable siempre! La vida será un cuchillo, una hoja gris y ágil y tajante y exacta y arbitraria que cae y rasga y separa. ¡Hendir, desgarrar, descuartizar, verbos que vienen ya a grandes pasos contra nosotros!

No es la espada lo que brilla en la confusión de lo que viene. No es el sable, sino el miedo y el látigo. Hablo de lo que ya está entre nosotros. En todas partes hay temblor y cuchicheo, susurro y medias palabras. En todas partes sopla el vientecillo, la leve brisa que provoca la inmensa Fusta cada vez que se desenrolla en el aire. Y muchos ya llevan en la carne la insignia morada. El vientecillo se levanta de las praderas del pasado y se acerca trotando a nuestro tiempo.

Un aprendizaje difícil

Vivía entre impulsos y arrepentimientos, entre avanzar y retroceder. ¡Qué combates! Deseos y terrores tiraban hacia adelante y hacia atrás, hacia la izquierda y hacia la derecha, hacia arriba y hacia abajo. Tiraban con tanta fuerza que me inmovilizaron. Durante años tasqué el freno, como río impetuoso atado a la peña del manantial. Echaba espuma, pataleaba, me encabritaba, hinchaban mi cuello venas y arterias. En vano, las riendas no aflojaban. Extenuado, me arrojaba al suelo; látigos y acicates me hacían saltar: ¡arre, adelante!

Lo más extraño era que estaba atado a mí mismo, y por mí mismo. No me podía desprender de mí, pero tampoco podía estar en mí. Si la espuela me azuzaba, el freno me retenía. Mi vientre era un pedazo de carne roja, picada y molida por la impaciencia; mi hocico, un rictus petrificado. Y en esa inmovilidad hirviente de movimientos y retrocesos, yo era la cuerda y la roca, el látigo y la rienda.

Recluido en mí, incapaz de hacer un gesto sin recibir un golpe, incapaz de no hacerlo sin recibir otro, me extendía a lo largo de mi ser, entre el miedo y la fiebre. Así viví años. Mis pelos crecieron tanto que pronto quedé sepultado en su maleza intrincada. Allí acamparon pueblos enteros de pequeños bichos, belicosos, voraces e innumerables. Cuando no se exterminaban entre ellos, me comían. Yo era su campo de batalla y su botín. Se establecían en mis orejas, sitiaban mis axilas, se replegaban en mis ingles, asolaban mis párpados, ennegrecían mi frente. Me cubrían con un manto pardusco, viviente y siempre en ebullición. Las uñas de mis pies también crecieron y nadie sabe hasta dónde habrían llegado de no presentarse las ratas. De vez en cuando me llevaba a la boca —aunque apenas podía abrirla, tantos eran los insectos que la sitiaban— un trozo de carne sin condimentar, arrancado al azar de cualquier ser viviente que se aventuraba por ahí.

Semejante régimen hubiera acabado con una naturaleza atlética —que no poseo, desgraciadamente. Pero al cabo de algún tiempo me descubrieron los vecinos, guiados acaso por mi hedor. Sin atreverse a tocarme, llamaron a mis parientes y amigos. Hubo consejo de familia. No me desataron. Decidieron, en cambio, confiarme a un pedagogo. Él me enseñaría el arte de ser dueño de mí, el arte de ser libre de mí.

Fui sometido a un aprendizaje intenso. Durante horas y horas el profesor me impartía sus lecciones, con voz grave, sonora. A intervalos regulares el látigo trazaba zetas invisibles en el aire, largas eses esbeltas en mi piel. Con la lengua de fuera, los ojos extraviados y los músculos temblorosos, trotaba sin cesar dando vueltas y vueltas, saltando aros de fuego, trepando y bajando cubos de madera. Mi profesor empuñaba con elegancia la fusta. Era incansable y nunca estaba satisfecho. A otros podrá parecer excesiva la severidad de su método; yo agradecía aquel desvelo encarnizado y me esforzaba en probarlo. Mi reconocimiento se manifestaba en formas al mismo tiempo reservadas y sutiles, púdicas y devotas. Ensangrentado, pero con lágrimas de gratitud en los ojos, trotaba día y noche al compás del látigo. A veces la fatiga, más fuerte que el dolor, me derribaba. Entonces, haciendo chasquear la fusta en el aire polvoriento, él se acercaba y me decía con aire cariñoso: «Adelante», y me picaba las costillas con su pequeña daga. La herida y sus palabras de ánimo me hacían saltar. Con redoblado entusiasmo continuaba mi lección. Me sentía orgulloso de mi maestro y —¿por qué no decirlo?— también de mi dedicación.

La sorpresa y aun la contradicción formaban parte del sistema de enseñanza. Un día, sin previo aviso, me sacaron. De golpe me encontré en sociedad. Al principio, deslumbrado por las luces y la concurrencia, sentí un miedo irracional. Afortunadamente mi maestro estaba allí cerca, para infundirme confianza e inspirarme alientos. Al oír su voz, apenas más vibrante que de costumbre, y escuchar el conocido y alegre sonido de la fusta, recobré la calma y se aquietaron mis temores. Dueño de mí, empecé a repetir lo que tan penosamente me habían enseñado. Tímidamente al principio, pero a cada instante con mayor aplomo, salté, dancé, me incliné, sonreí, volví a saltar. Todos me felicitaron. Saludé, conmovido. Envalentonado, me atreví a decir tres o cuatro frases de circunstancia, que había preparado cuidadosamente y que pronuncié con aire distraído como si se tratara de una improvisación. Obtuve el éxito más lisonjero y algunas señoras me miraron con simpatía. Se redoblaron los cumplimientos. Volví a dar las gracias. Embriagado, corrí hacia adelante con los brazos abiertos y saltando. Tanta era mi emoción que quise abrazar a mis semejantes. Los más cercanos retrocedieron. Comprendí que debía detenerme, pues obscuramente me daba cuenta de que había cometido una grave descortesía. Era demasiado tarde. Y cuando estaba cerca de una encantadora niñita, mi avergonzado maestro me llamó al orden, blandiendo una barra de hierro con la punta encendida al rojo blanco. La quemadura me hizo aullar. Me volví con ira. Mi maestro sacó su revólver y disparó al aire. (Debo reconocer que su frialdad y dominio de sí mismo eran admirables: la sonrisa no le abandonaba jamás.) En medio del tumulto se hizo la luz en mí. Comprendí mi error. Conteniendo mi dolor, confuso y sobresaltado, masculé excusas. Hice una reverencia y desaparecí. Mis piernas flaqueaban y mi cabeza ardía. Un murmullo me acompañó hasta la puerta.

No vale la pena recordar lo que siguió, ni cómo una carrera que parecía brillante se apagó de pronto. Mi destino es obscuro, mi vida difícil, pero mis acciones poseen cierto equilibrio moral. Durante años he recordado los incidentes de la noche funesta: mi deslumbramiento, las sonrisas de mi maestro, mis primeros éxitos, mi estúpida borrachera de vanidad y el oprobio último. No se apartan de mí los tiempos febriles y esperanzados de aprendizaje, las noches en vela, el polvillo asfixiante, las carreras y saltos, el sonido del látigo, la voz de mi maestro. Esos recuerdos son lo único que tengo y lo único que alimenta mi tedio. Es cierto que no he triunfado en la vida y que no salgo de mi escondite sino enmascarado e impelido por la dura necesidad. Mas cuando me quedo a solas conmigo y la envidia y el despecho me presentan sus caras horribles, el recuerdo de esas horas me apacigua y me calma. Los beneficios de la educación se prolongan durante toda la vida y, a veces, aún más allá de su término terrestre.

Prisa

A pesar de mi torpor, de mis ojos hinchados, de mi panza, de mi aire de recién salido de la cueva, no me detengo nunca. Tengo prisa. Siempre he tenido prisa. Día y noche zumba en mi cráneo la abeja. Salto de la mañana a la noche, del sueño al despertar, del tumulto a la soledad, del alba al crepúsculo. Inútil que cada una de las cuatro estaciones me presente su mesa opulenta; inútil el rasgueo de madrugada del canario, el lecho hermoso como un río en verano, esa adolescente y su lágrima, cortada al declinar el otoño. En balde el mediodía y su tallo de cristal, las hojas verdes que lo filtran, las piedras que niega, las sombras que esculpe. Todas estas plenitudes me apuran de un trago. Voy y vuelo, me revuelvo y me revuelco, salgo y entro, me asomo, oigo música, me rasco, medito, me digo, maldigo, cambio de traje, digo adiós al que fui, me demoro en el que seré. Nada me detiene. Tengo prisa, me voy. ¿Adónde? No sé, nada sé —excepto que no estoy en mi sitio.

Desde que abrí los ojos me di cuenta que mi sitio no estaba aquí, donde estoy, sino en donde no estoy ni he estado nunca. En alguna parte hay un lugar vacío y ese vacío se llenará de mí y yo me asentaré en ese hueco que insensiblemente rebosará de mí, pleno de mí hasta volverse fuente o surtidor. Y mi vacío, el vacío de mí que soy ahora, se llenará de sí, pleno de ser hasta los bordes.

Tengo prisa por estar. Corro tras de mí, tras de mi sitio, tras de mi hueco. ¿Quién me ha reservado este sitio? ¿Cómo se llama mi fatalidad? ¿Quién es y qué es lo que me mueve y quién y qué es lo que aguarda mi advenimiento para cumplirse y para cumplirme? No sé, tengo prisa. Aunque no me mueva de mi silla, ni me levante de la cama. Aunque dé vueltas y vueltas en mi jaula. Clavado por un nombre, un gesto, un tic, me muevo y remuevo. Esta casa, estos amigos, estos países, estas manos, esta boca, estas letras que forman esta imagen que se ha desprendido sin previo aviso de no sé dónde y me ha dado en el pecho, no son mi sitio. Ni esto ni aquello es mi sitio.

Todo lo que me sostiene y sostengo sosteniéndome es alambrada, muro. Y todo lo salta mi prisa. Este cuerpo me ofrece su cuerpo, este mar se saca del vientre siete olas, siete desnudeces, siete sonrisas, siete cabrillas blancas. Doy las gracias y me largo. Sí, el paseo ha sido muy divertido, la conversación instructiva, aún es temprano, la función no acaba y de ninguna manera tengo la pretensión de conocer el desenlace. Lo siento:

tengo prisa. Tengo ganas de estar libre de mi prisa, tengo prisa por acostarme y levantarme sin decirme: adiós, tengo prisa.

Encuentro

Al llegar a mi casa, y precisamente en el momento de abrir la puerta, me vi salir. Intrigado, decidí seguirme. El desconocido —escribo con reflexión esta palabra— descendió las escaleras del edificio, cruzó la puerta y salió a la calle. Quise alcanzarlo, pero él apresuraba su marcha exactamente con el mismo ritmo con que yo aceleraba la mía, de modo que la distancia que nos separaba permanecía inalterable. Al rato de andar se detuvo ante un pequeño bar y atravesó su puerta roja. Unos segundos después yo estaba en la barra del mostrador, a su lado. Pedí una bebida cualquiera mientras examinaba de reojo las hileras de botellas en el aparador, el espejo, la alfombra raída, las mesitas amarillas, una pareja que conversaba en voz baja. De pronto me volví y lo miré larga, fijamente. Él enrojeció, turbado. Mientras lo veía, pensaba (con la certeza de que él oía mis pensamientos): «No, no tiene derecho. Ha llegado un poco tarde. Yo estaba antes que usted. Y no hay la excusa del parecido, pues no se trata de semejanza, sino de substitución. Pero prefiero que usted mismo se explique...»

Él sonreía débilmente. Parecía no comprender. Se puso a conversar con su vecino. Dominé mi cólera y, tocando levemente su hombro, lo interpelé:

—No pretenda ningunearme. No se haga el tonto.

—Le ruego que me perdone, señor, pero no creo conocerlo.

Quise aprovechar su desconcierto y arrancarle de una vez la máscara:

—Sea hombre, amigo. Sea responsable de sus actos. Le voy a enseñar a no meterse donde nadie lo llama...

Con un gesto brusco me interrumpió:

—Usted se equivoca. No sé qué quiere decirme.

Terció un parroquiano:

—Ha de ser un error. Y además, ésas no son maneras de tratar a la gente. Conozco al señor y es incapaz...

Él sonreía, satisfecho. Se atrevió a darme una palmada:

—Es curioso, pero me parece haberlo visto antes. Y sin embargo no podría decir dónde.

Empezó a preguntarme por mi infancia, por mi estado natal y otros detalles de mi vida. No, nada de lo que le contaba parecía recordarle quién era yo. Tuve que sonreír. Todos lo encontraban simpático. Tomamos algunas copas. Él me miraba con benevolencia.

—Usted es forastero, señor, no lo niegue. Pero yo voy a tomarlo bajo mi protección. ¡Ya le enseñaré lo que es México, Distrito Federal!

Su calma me exasperaba. Casi con lágrimas en los ojos, sacudiéndolo por la solapa, le grité:

—¿De veras no me conoces? ¿No sabes quién soy?

Me empujó con violencia:

—No me venga con cuentos estúpidos. Deje de fregarnos y buscar camorra.

Todos me miraban con disgusto. Me levanté y les dije:

—Voy a explicarles la situación. Este señor los engaña, este señor es un impostor...

—Y usted es un imbécil y un desequilibrado —gritó.

Me lancé contra él. Desgraciadamente, resbalé. Mientras procuraba apoyarme en el mostrador, él me destrozó la cara a puñetazos. Me pegaba con saña reconcentrada, sin hablar. Intervino el barman:

—Ya déjalo, está borracho.

Nos separaron. Me cogieron en vilo y me arrojaron al arroyo:

—Si se le ocurre volver, llamaremos a la policía.

Tenía el traje roto, la boca hinchada, la lengua seca. Escupí con trabajo. El cuerpo me dolía. Durante un rato me quedé inmóvil, acechando. Busqué una piedra, algún arma. No encontré nada. Adentro reían y cantaban. Salió la pareja; la mujer me vio con descaro y se echó a reír. Me sentí solo, expulsado del mundo de los hombres. A la rabia sucedió la vergüenza. No, lo mejor era volver a casa y esperar otra ocasión. Eché a andar lentamente. En el camino, tuve esta duda que todavía me desvela: ¿y si no fuera él, sino yo...?

Cabeza de ángel

Apenas entramos me sentí asfixiada por el calor y estaba como entre los muertos y creo que si me quedara sola en una sala de ésas me daría miedo pues me figuraría que todos los cuadros se me quedaban mirando y me daría una vergüenza muy grande y es como si fueras a un camposanto en donde todos los muertos estuvieran vivos o como si estuvieras muerta sin dejar de estar viva y lástima que no sepa contarte los cuadros ni tanta cosa de hace muchísimos siglos que es una maravilla que están como acabados de hacer ¿por qué las cosas se conservan más que las personas? imagínate ya ni sombra de los que los pintaron y los cuadros están como si nada hubiera pasado y había algunos muy lindos de martirios y degüellos de santas y niños pero estaban tan bien pintados que no me daban tristeza sino admiración los colores tan brillantes como si fueran de verdad el rojo de las flores el cielo tan azul y las nubes y los arroyos y los árboles y los colores de los trajes de todos colores y había un cuadro que me impresionó tanto que sin darme cuenta como cuando te ves en un espejo o como cuando te asomas a una fuente y te ves entre las hojas y las ramas que se reflejan en el agua entré al paisaje con aquellos señores vestidos de rojo verde amarillo y azul y que llevaban espadas y hachas y lanzas y banderas y me puse a hablar con un ermitaño barbudo que rezaba junto a su cueva y era muy divertido jugar con los animalitos que venían a hacerle compañía venados pájaros y cuervos y leones y tigres mansos y de pronto cuando iba por el prado los moros me cogían y me llevaban a una plaza en donde había edificios muy altos y puntiagudos como pinos y empezaban a martirizarme y yo empezaba a echar sangre como surtidor pero no me dolía mucho y no tenía miedo porque Dios arriba me estaba viendo y los ángeles recogían en vasos mi sangre y mientras los moros me martirizaban yo me divertía viendo a unas señoras muy elegantes que contemplaban mi martirio desde sus balcones y se reían y platicaban entre sí de sus cosas sin que les importara mucho lo que a mí me pasaba y todo el mundo tenía un aire indiferente y allá lejos había un paisaje con un labrador que araba muy tranquilo su campo con dos bueyes y un perro que saltaba junto a él y en el cielo había una multitud de pájaros volando y unos cazadores vestidos de verde y de rojo y un pájaro caía traspasado por una flecha y se veían caer las plumas blancas y las gotas rojas y nadie lo compadecía y yo me ponía a llorar por el pajarito y entonces los moros me cortaban la cabeza con un alfanje muy blanco y salía de mi cuello un chorro de sangre que regaba el suelo como una cascada roja y del suelo nacían multitud de florecitas rojas y era un milagro y luego todos se iban y yo me quedaba sola en aquel campo echando sangre durante días y días y regando las flores y era otro milagro que no acabara la sangre de brotar hasta que llegaba un ángel y me ponía la cabeza otra vez pero imagínate que con la prisa me la ponía al revés y yo no podía andar sino con trabajo y para atrás lo que me cansaba mucho y como andaba para atrás pues empecé a retroceder y me fui saliendo de aquel paisaje y volví a México y me metí en el corral de mi casa en donde había mucho sol y polvo y todo el patio cubierto por unas grandes sábanas recién lavadas y puestas a secar y las criadas llegaban y levantaban las sábanas y eran como grandes trozos de nubes y el prado aparecía todo verde y cubierto de florecitas rojas que mi mamá decía que eran del color de la sangre de una Santa y yo me echaba a reír y le contaba que la Santa era yo y cómo me habían martirizado los moros y ella se enojaba y decía ay Dios mío ya mi hija perdió la cabeza y a mí me daba mucha tristeza oír aquellas palabras y me iba al rincón obscuro del castigo y me mordía los labios con rabia porque nadie me creía y cuando estaba pegada a la pared deseando que mi mamá y las criadas se murieran la pared se abrió y yo estaba al pie de un pirú que estaba junto a un río seco y había unas piedras grandes que brillaban al sol y una lagartija me veía con su cabecita alargada y corría de pronto a esconderse y en la tierra veía otra vez mi cuerpo sin cabeza y mi tronco ya estaba cicatrizado y sólo le escurría un hilo de sangre que formaba un charquito en el polvo y a mí me daba lástima y espantaba las moscas del charquito y echaba unos puñados de tierra para ocultarla y que los perros no pudieran lamerla y entonces me puse a buscar mi cabeza y no aparecía y no podía ni siquiera llorar y como no había nadie en aquel paraje me eché a andar por un llano inmenso y amarillo buscando mi cabeza hasta que llegué a un jacal de adobe y me encontré a un indito que allí vivía y le pedí un poco de agua por caridad y el viejito me dijo el agua no se niega a un cristiano y me dio agua en una jarra colorada que estaba muy fresca pero no podía beberla porque no tenía cabeza y el indito me dijo no se apure niña yo aquí tengo unas de repuesto y empezó a sacar de unos huacales que tenía junto a la puerta su colección de cabezas pero ninguna me venía unas eran muy grandes otras muy chicas y había de viejos hombres y de mujeres pero ninguna me gustaba y después de probar muchas me enojé y empecé a darles de patadas a todas las cabezas y el indito me dijo no se amuine niña vamos al pueblo a cortar una cabeza que le acomode y yo me puse muy contenta y el indito sacó de su casa un hacha de monte de cortar leña y empezamos a caminar y luego de muchas vueltas llegamos al pueblo y en la plaza había una niña que estaban martirizando unos señores vestidos de negro como si fueran a un entierro y uno de ellos leía un discurso como en el Cinco de Mayo y había muchas banderas mexicanas y en el kiosco tocaban una marcha y era como una feria había montones de cacahuates y de jícamas y cañas de azúcar y cocos y sandías y toda la gente compraba y vendía menos un grupo que oía al señor del discurso mientras los soldados martirizaban a la niña y arriba por un agujero Dios lo veía todo y la niña estaba muy tranquila y entonces el indito se abrió paso y cuando todos estaban descuidados le cortó la cabeza a la niña y me la puso y me quedó muy bien y yo di un salto de alegría porque el indito era un ángel y todos me miraban y yo me fui saltando entre los aplausos de la gente y cuando me quedé sola en el jardín de mi casa me puse un poco triste pues me acordaba de la niña que le cortaron la cabeza. Ojalá que ella se la pueda cortar a otra niña para que pueda tener cabeza como yo.

¿ÁGUILA O SOL?
(1949-1950)

Jardín con niño

A tientas, me adentro. Pasillos, puertas que dan a un cuarto de hotel, a una interjección, a un páramo urbano. Y entre el bostezo y el abandono, tú, intacto, verdor sitiado por tanta muerte, jardín revisto esta noche. Sueños insensatos y lúcidos, geometría y delirio entre altas bardas de adobe. La glorieta de los pinos, ocho testigos de mi infancia, siempre de pie, sin cambiar nunca de postura, de traje, de silencio. El montón de pedruscos de aquel pabellón que no dejó terminar la guerra civil, lugar amado por la melancolía y las lagartijas. Los yerbales, con sus secretos, su molicie de verde caliente, sus bichos agazapados y terribles. La higuera y sus consejas. Los adversarios: el floripondio y sus lámparas blancas frente al granado, candelabro de joyas rojas ardiendo en pleno día. El membrillo y sus varas flexibles, con las que arrancaba ayes al aire matinal. La lujosa mancha de vino de la buganvilia sobre el muro inmaculado, blanquísimo. El sitio sagrado, el lugar infame, el rincón del monólogo: la orfandad de una tarde, los himnos de una mañana, los silencios, aquel día de gloria entrevista, compartida.

Arriba, en la espesura de las ramas, entre los claros del cielo y las encrucijadas de los verdes, la tarde se bate con espadas transparentes. Piso la tierra recién llovida, los olores ásperos, las yerbas vivas. El silencio se yergue y me interroga. Pero yo avanzo y me planto en el centro de mi memoria. Aspiro largamente el aire cargado de porvenir. Vienen oleadas de futuro, rumor de conquistas, descubrimientos y esos vacíos súbitos con que prepara lo desconocido sus irrupciones. Silbo entre dientes y mi silbido, en la limpidez admirable de la hora, es un látigo alegre que despierta alas y echa a volar profecías. Y yo las veo partir hacia allá, al otro lado, a donde un hombre encorvado escribe trabajosamente, en camisa, entre pausas furiosas, estos cuantos adioses al borde del precipicio.

Paseo nocturno

La noche extrae de su cuerpo una hora y otra. Todas diversas y solemnes. Uvas, higos, dulces gotas de negrura pausada. Fuentes: cuerpos. Entre las piedras del jardín en ruinas el viento toca el piano. El faro alarga el cuello, gira, se apaga, exclama. Cristales que empaña un pensamiento, suavidades, invitaciones: oh noche, hoja inmensa y luciente, desprendida del árbol invisible que crece en el centro del mundo.

Y al dar la vuelta, las Apariciones: la muchacha que se vuelve un montón de hojas secas si la tocas; el desconocido que se arranca la máscara y se queda sin rostro, viéndote fijamente; la bailarina que da vueltas sobre la punta de un grito; el ¿quién vive?, el ¿quién eres?, el ¿dónde estoy?; la joven que avanza como un rumor de pájaros; el torreón derruido de ese pensamiento inconcluso, abierto contra el cielo como un poema partido en dos... No, ninguna es la que esperas, la dormida, la que te espera en los repliegues de su sueño.

Y al dar la vuelta, terminan los Verdores y empiezan las piedras. No hay nada, no tienes nada que darle al desierto: ni una gota de agua ni una gota de sangre. Con los ojos vendados avanzas por corredores, plazas, callejas donde conspiran tres estrellas astrosas. El río habla en voz baja. A tu izquierda y derecha, atrás y adelante, cuchicheos y risas innobles. El monólogo te acecha a cada paso, con sus exclamaciones, sus signos de interrogación, sus nobles sentimientos, sus puntos sobre las íes en mitad de un beso, su molino de lamentos y su repertorio de espejos rotos. Prosigue: nada tienes que decirte a ti mismo.

Eralabán

Engendros ataviados me sonríen desde lo alto de sus principios. La señora de las plumas turquesa me alancea el costado; otros caballeros me aturden con armas melladas. No basta esa falta de sintaxis que brilla como un pico de ámbar entre las ramas de una conversación demasiado frondosa, ni la frase que salta y a la que inútilmente detengo por la cola mientras le doy unos mendrugos de tontería. En vano busco en mis bolsillos las sonrisas, las objeciones, los asentimientos. Entre tantas simplezas extraigo de pronto una palabra que inventaste hace mucho, todavía viva. El instante centellea, piña de luz, penacho verde.

¡Eralabán, sílabas arrojadas al aire una tarde, constelación de islas en mitad de un verano de vidrio! Allá el lenguaje consiste en la producción de objetos hermosos y transparentes y la conversación es un intercambio de regalos, el encuentro feliz entre dos desconocidos hechos el uno para el otro, un insólito brotar de imágenes que cristalizan en actos. Idioma de vocales de agua entre hojas y peñas, marea cargada de tesoros. Entre las yerbas obscuras, al alcance de todos los paseantes, hay anillos fosforescentes, blancuras henchidas de sí mismas como un puñado de sal virgen, palabras tensas hechas de la misma materia vibrante con que hacen una pausa entre dos acordes. Allá el náufrago olvida amigos, patria y lengua natal. Pero si alguien lo descubre paseándose melancólico a la orilla, inmediatamente lo llevan al puerto y lo devuelven a su tierra, con la lengua cortada. Los isleños temen que la lepra de la memoria disgregue todos esos palacios de hielo que la fiebre construye.

Eralabán, sílabas que brillan en la cima de la ola nocturna, golpe de viento que abre una ventana cerrada hace un siglo, dedos que pulsan a la orilla de lo inesperado el arpa del Nunca.

Atado de pies y manos regreso a mis interlocutores, caníbales que me devoran sin mucha ceremonia.

Salida

Al cabo de tanta vigilia, de tanto roer silogismos, de habitar tantas ruinas y razones en ruinas, salgo al aire. Busco un contacto. Y desde ese trampolín me arrojo, cabeza baja, ojos abiertos, a ¿dónde? Al pozo, el espejo, la mierda. (¡Oh belleza, duro resplandor que rechaza!) No; caer, caer en otros ojos. Agua de ojos, río amarillo, río verde, ay, caída sin fin en unos ojos translúcidos, en un río de ojos abiertos, entre dos hileras de pestañas como dos bosques de lanzas frente a frente, en espera del clarín de ataque... Río abajo he de perderme, he de volver a lo obscuro. Cierra, amor mío, cierra esos ojos tan repletos de insignificancias terribles: funcionarios que decretan suspender la circulación de la sangre, cirujanos dentistas que extraen los dientes de la noche, maestras, monjas, curas, presidentes, gendarmes... Como la selva se cierra sobre sí misma y borra los senderos que conducen a su centro magnético, cierra los ojos, cierra el paso a tantas memorias que se agolpan a la entrada de tu alma y tiranizan tu frente.

Ven, amor mío, ven a cortar relámpagos en el jardín nocturno. Toma este ramo de centellas azules, ven a arrancar conmigo unas cuantas horas incandescentes a este bloque de tiempo petrificado, única herencia que nos dejaron nuestros padres. En el cuello de ave de la noche eres un collar de sol. Por un cielo de intraojos desplegamos nuestras alas, águila bicéfala, cometa de cauda de diamante y gemido. Arde, candelabro de ocho brazos, árbol vivo que canta, raíces enlazadas, ramas entretejidas, copa donde pían pájaros de coral y de brasa. Todo es tanto su ser que ya es otra cosa.

Y peso palabras preciosas, palabras de amor, en la balanza de este ahora. Una sola frase de más a estas alturas bastaría para hundirnos de aquel lado del tiempo.

Llano

El hormiguero hace erupción. La herida abierta borbotea, espumea, se expande, se contrae. El sol a estas horas no deja nunca de bombear sangre, con las sienes hinchadas, la cara roja. Un niño —ignorante de que en un recodo de la pubertad lo esperan unas fiebres y un problema de conciencia— coloca con cuidado una piedrecita en la boca despellejada del hormiguero. El sol hunde sus picas en las jorobas del llano, humilla promontorios de basura. Resplandor desenvainado, los reflejos de una lata vacía —erguida sobre una pirámide de piltrafas— acuchillan todos los puntos del espacio. Los niños buscadores de tesoros y los perros sin dueño escarban en el amarillo esplendor del pudridero. A trescientos metros la iglesia de San Lorenzo llama a misa de doce. Adentro, en el altar de la derecha, hay un santo pintado de azul y rosa. De su ojo izquierdo brota un enjambre de insectos de alas grises, que vuelan en línea recta hacia la cúpula y caen, hechos polvo, silencioso derrumbe de armaduras tocadas por la mano del sol. Silban las sirenas de las torres de las fábricas. Falos decapitados. Un pájaro vestido de negro vuela en círculos y se posa en el único árbol vivo del llano. Después... No hay después. Avanzo, perforo grandes rocas de años, grandes masas de luz compacta, desciendo galerías de minas de arena, atravieso corredores que se cierran como labios de granito. Y vuelvo al llano, al llano donde siempre es mediodía, donde un sol idéntico cae fijamente sobre un paisaje detenido. Y no acaban de caer las doce campanadas, ni de zumbar las moscas, ni de estallar en astillas este minuto que no pasa, que sólo arde y no pasa.

Execración

Esta noche he invocado a todas las potencias. Nadie acudió. Caminé calles, recorrí plazas, interrogué puertas, estrujé espejos. Desertó mi sombra, me abandonaron los recuerdos.

(La memoria no es lo que recordamos, sino lo que nos recuerda. La memoria es un presente que nunca acaba de pasar. Acecha, nos coge de improviso entre sus manos de humo que no sueltan, se desliza en nuestra sangre: el que fuimos se instala en nosotros y nos echa afuera. Hace mil años, una tarde, al salir de la escuela, escupí sobre mi alma; y ahora mi alma es el lugar infame, la plazuela, los fresnos, el muro ocre, la tarde interminable en que escupo sobre mi alma. Nos vive un presente inextinguible e irreparable. Ese niño apedreado, ese sexo femenino como una grieta que fascina, ese adolescente que acaudilla un ejército de pájaros al asalto del sol, esa grúa esbelta de fina cabeza de dinosaurio inclinándose para devorar un transeúnte, a ciertas horas me expulsan de mí, viven en mí, me viven. No esta noche.)

¿A qué grabar con un cuchillo mohoso signos y nombres sobre la corteza de la noche? Las primeras olas de la mañana borran todas esas estelas. ¿A quién invocar a estas horas y contra quién pronunciar exorcismos? No hay nadie arriba, ni abajo; no hay nadie detrás de la puerta, ni en el cuarto vecino, ni fuera de la casa. No hay nadie, nunca ha habido nadie, nunca habrá nadie. No hay yo. Y el otro, el que piensa, no me piensa esta noche. Piensa otro, se piensa. Me rodea un mar de arena y de miedo, me cubre una vegetación de arañas, me paseo en mí mismo como un reptil entre piedras rotas, masa de escombros y ladrillos sin historia. El agua del tiempo escurre lentamente en esta oquedad agrietada, cueva donde se pudren todas las palabras ateridas.

Mayúscula

A Artur Lundkvist

Flamea el desgañicresterío del alba. ¡Primer huevo, primer picoteo, degollina y alborozo! Vuelan plumas, despliegan alas, hinchan velas, hunden remos en la madrugada. Ah, luz sin brida, encabritada luz primera. Derrumbes de cristales irrumpen del monte, témpanos rompetímpanos se quiebran en mi frente.

No sabe a nada, no huele a nada la alborada, la niña todavía sin nombre, todavía sin rostro. Llega, avanza, titubea, se va por las afueras. Deja una cola de rumores que abren los ojos. Se pierde en ella misma. Y el día aplasta con su gran pie colérico una estrella pequeña.

Mariposa de Obsidiana*

Mataron a mis hermanos, a mis hijos, a mis tíos. A la orilla del lago de Texcoco me eché a llorar. Del Peñón subían remolinos de salitre. Me cogieron suavemente y me depositaron en el atrio de la Catedral. Me hice tan pequeña y tan gris que muchos me confundieron con un mantoncito de polvo. Sí, yo misma, la madre del pedernal y de la estrella, yo, encinta del rayo, soy ahora la pluma azul que abandona el pájaro en la zarza. Bailaba, los pechos en alto y girando, girando, girando hasta quedarme quieta; entonces empezaba a echar hojas, flores, frutos. En mi vientre latía el águila. Yo era la montaña que engendra cuando sueña, la casa del fuego, la olla primordial donde el hombre se cuece y se hace hombre. En la noche de las palabras degolladas mis hermanas y yo, cogidas de la mano, saltamos y cantamos alrededor de la I, única torre en pie del alfabeto arrasado. Aún recuerdo mis canciones:

> Canta en la verde espesura
> la luz de garganta dorada,
> la luz, la luz decapitada.

Nos dijeron: una vereda derecha nunca conduce al invierno. Y ahora las manos me tiemblan, las palabras me cuelgan de la boca. Dame una sillita y un poco de sol.

En otros tiempos cada hora nacía del vaho de mi aliento, bailaba un instante sobre la punta de mi puñal y desaparecía por la puerta resplande-

---

* Mariposa de Obsidiana: *Itzpapálotl*, diosa a veces confundida con *Teteoinan*, nuestra madre, y *Tonantzin*. Todas estas divinidades femeninas se han fundido en el culto que desde el siglo XVI se profesa a la Virgen de Guadalupe.

ciente de mi espejito. Yo era el mediodía tatuado y la medianoche desnuda, el pequeño insecto de jade que canta entre las yerbas del amanecer y el cenzontle de barro que convoca a los muertos. Me bañaba en la cascada solar, me bañaba en mí misma, anegada en mi propio resplandor. Yo era el pedernal que rasga la cerrazón nocturna y abre las puertas del chubasco. En el cielo del Sur planté jardines de fuego, jardines de sangre. Sus ramas de coral todavía rozan la frente de los enamorados. Allá el amor es el encuentro en mitad del espacio de dos aerolitos y no esa obstinación de piedras frotándose para arrancarse un beso que chisporrotea.

Cada noche es un párpado que no acaban de atravesar las espinas. Y el día no acaba nunca, no acaba nunca de contarse a sí mismo, roto en monedas de cobre. Estoy cansada de tantas cuentas de piedra desparramadas en el polvo. Estoy cansada de este solitario trunco. Dichoso el alacrán madre, que devora a sus hijos. Dichosa la araña. Dichosa la serpiente, que muda de camisa. Dichosa el agua que se bebe a sí misma. ¿Cuándo acabarán de devorarme estas imágenes? ¿Cuándo acabaré de caer en esos ojos desiertos?

Estoy sola y caída, grano de maíz desprendido de la mazorca del tiempo. Siémbrame entre los fusilados. Naceré del ojo del capitán. Lluéveme, asoléame. Mi cuerpo arado por el tuyo ha de volverse un campo donde se siembra uno y se cosecha ciento. Espérame al otro lado del año: me encontrarás como un relámpago tendido a la orilla del otoño. Toca mis pechos de yerba. Besa mi vientre, piedra de sacrificios. En mi ombligo el remolino se aquieta: yo soy el centro fijo que mueve la danza. Arde, cae en mí: soy la fosa de cal viva que cura los huesos de su pesadumbre. Muere en mis labios. Nace en mis ojos. De mi cuerpo brotan imágenes: bebe en esas aguas y recuerda lo que olvidaste al nacer. Yo soy la herida que no cicatriza, la pequeña piedra solar: si me rozas, el mundo se incendia.

Toma mi collar de lágrimas. Te espero en ese lado del tiempo en donde la luz inaugura un reinado dichoso: el pacto de los gemelos enemigos, el agua que escapa entre los dedos y el hielo, petrificado como un rey en su orgullo. Allí abrirás mi cuerpo en dos, para leer las letras de tu destino.

La higuera

En Mixcoac, pueblo de labios quemados, sólo la higuera señalaba los cambios del año. La higuera, seis meses vestida de un sonoro vestido verde y los otros seis carbonizada ruina del sol de verano.

Encerrado en cuatro muros (al norte, el cristal del no saber, paisaje por inventar; al sur, la memoria cuarteada; al este, el espejo; al oeste, la cal y el canto del silencio) escribía mensajes sin respuesta, destruidos apenas firmados. Adolescencia feroz: el hombre que quiere ser, y que ya no cabe en ese cuerpo demasiado estrecho, estrangula al niño que somos. (Todavía, al cabo de los años, el que voy a ser, y que no será nunca, entra a saco en el que fui, arrasa mi estar, lo deshabita, malbarata riquezas, comercia con la Muerte.) Pero en ese tiempo la higuera llegaba hasta mi encierro y tocaba insistente los vidrios de la ventana, llamándome. Yo salía y penetraba en su centro: sopor visitado de pájaros, vibraciones de élitros, entrañas de fruto goteando plenitud.

En los días de calma la higuera era una petrificada carabela de jade, balanceándose imperceptiblemente, atada al muro negro, salpicado de verde por la marea de la primavera. Pero si soplaba el viento de marzo, se abría paso entre la luz y las nubes, hinchadas las verdes velas. Yo me trepaba a su punta y mi cabeza sobresalía entre las grandes hojas, picoteada de pájaros, coronada de vaticinios.

¡Leer mi destino en las líneas de la palma de una hoja de higuera! Te prometo luchas y un gran combate solitario contra un ser sin cuerpo. Te prometo una tarde de toros y una cornada y una ovación. Te prometo el coro de los amigos, la caída del tirano y el derrumbe del horizonte. Te prometo el destierro y el desierto, la sed y el rayo que parte en dos la roca: te prometo el chorro de agua. Te prometo la llaga y los labios, un cuerpo y una visión. Te prometo una flotilla navegando por un río turquesa, banderas y un pueblo libre a la orilla. Te prometo unos ojos inmensos, bajo cuya luz has de tenderte, árbol fatigado. Te prometo el hacha y el arado, la espiga y el canto, te prometo grandes nubes, canteras para el ojo, y un mundo por hacer.

Hoy la higuera golpea en mi puerta y me convida. ¿Debo coger el hacha o salir a bailar con esa loca?

Nota arriesgada

Templada nota que avanzas por un país de nieve y alas, entre despeñaderos y picos donde afilan su navaja los astros, acompañada sólo por un murmullo grave de cola aterciopelada, ¿adónde te diriges? Pájaro negro, tu pico hace saltar las rocas. Tu imperio enlutado vuelve ilusorios los precarios límites entre el hierro y el girasol, la piedra y el ave, el fuego y el liquen. Arrancas a la altura réplicas ardientes. La luz de cuello de vidrio se parte en dos y tu negra armadura se constela de frialdades intactas. Ya estás entre las transparencias y tu penacho blanco ondea en mil sitios a la vez, cisne ahogado en su propia blancura. Te posas en la cima y clavas tu centella. Después, inclinándote, besas los labios congelados del cráter. Es hora de estallar en una explosión que no dejará más huella que una larga cicatriz en el cielo. Cruzas los corredores de la música y desapareces entre un cortejo de cobres.

Gran Mundo

Habitas un bosque de vidrio. El mar de labios delgados, el mar de las cinco de la mañana, centellea a las puertas de tu dormir. Cuando lo rozan tus ojos, su lomo metálico brilla como un cementerio de corazas. El mar amontona a tus pies espadas, azagayas, picas, ballestas, dagas. Hay moluscos resplandecientes, hay plantaciones de joyas vivas en tus alrededores. Hay una pecera de ojos en tu alcoba. Duermes en una cama hecha de un solo fulgor. Hay miradas entrelazadas en tus dominios. Hay una sola mirada fija en tus umbrales. En cada uno de los caminos que conducen hacia ti hay una pregunta sin revés, un hacha, una indicación ambigua en su inocencia, una copa que contiene fuego, otra pregunta que es un solo tajo, muchas viscosidades lujosas, una espesura de alusiones entretejidas y fatales. En tu alcoba de telarañas dictas edictos de sal. Te sirves de las claridades, manejas bien las armas frías. En otoño vuelves a los salones.

Castillo en el aire

A Blanca y Fernando de Szyszlo

Ciertas tardes me salen al paso presencias insólitas. Basta rozarlas para cambiar de piel, de ojos, de instintos. Entonces me aventuro por senderos poco frecuentados. A mi derecha, grandes masas de materias impenetrables; a mi izquierda, la sucesión de fauces. Subo la montaña como se trepa esa idea fija que desde la infancia nos amedrenta y fascina y a la que, un día u otro, no tenemos más remedio que encararnos. El castillo que corona el peñasco está hecho de un solo relámpago. Esbelto y simple como un hacha, erecto y llameante, se adelanta contra el valle con la evidente intención de hendirlo. ¡Castillo de una sola pieza, proposición de lava irrefutable! ¿Se canta adentro? ¿Se ama o se degüella? El viento amontona estruendos en mi frente y el trueno establece su trono en mis tímpanos. Antes de volver a mi casa, corto la florecita que crece entre las grietas, la florecita negra quemada por el rayo.

Viejo poema

Escoltado por memorias tercas, subo a grandes pasos la escalinata de la música. Arriba, en las crestas de cristal, la luz deja caer sus vestiduras. A la entrada, dos surtidores se yerguen, me saludan, inclinan sus penachos parlanchines, se apagan en un murmullo que asiente. Pompas hipócritas. Adentro, en habitaciones con retratos, alguien que conozco juega un solitario empezado en 1870, alguien que me ha olvidado escribe una carta a un amigo que todavía no nace. Puertas, sonrisas, pasos quedos, cuchicheos, corredores por donde la sangre marcha al redoble de tambores enlutados. Al fondo, en el último cuarto, la lucecita de la lámpara de aceite. La lucecita diserta, moraliza, debate consigo misma. Me dice que no vendrá nadie, que apague la espera, que ya es hora de echar una cruz sobre todo y echarse a dormir. En vano hojeo mi vida. Mi rostro se desprende de mi rostro y cae en mí, como un silencioso fruto podrido. Ni un son, ni un ay. Y de pronto, indecisa en la luz, la antigua torre, erguida entre ayer y mañana, esbeltez entre dos abismos. Conozco, reconozco la escalera, los gastados escalones, el mareo y el vértigo. Aquí lloré, aquí canté. Éstas son las piedras con que te hice, torre de palabras ardientes y confusas, montón de letras desmoronadas.

No. Quédate, si quieres, a rumiar al que fuiste. Yo parto al encuentro del que soy, del que ya empieza a ser, mi descendiente y antepasado, mi padre y mi hijo, mi semejante desemejante. El hombre empieza donde muere. Voy a mi nacimiento.

Un poeta

A Loleh y Claude Roy

—Música y pan, leche y vino, amor y sueño: gratis. Gran abrazo mortal de los adversarios que se aman: cada herida es una fuente. Los amigos afilan bien sus armas, listos para el diálogo final, el diálogo a muerte para toda la vida. Cruzan la noche los amantes enlazados, conjunción de astros y cuerpos. El hombre es el alimento del hombre. El saber no es distinto del soñar, el soñar del hacer. La poesía ha puesto fuego a todos los poemas. Se acabaron las palabras, se acabaron las imágenes. Abolida la distancia entre el nombre y la cosa, nombrar es crear, e imaginar, nacer.

—*Por lo pronto, coge el azadón, teoriza, sé puntual. Paga tu precio y cobra tu salario. En los ratos libres pasta hasta reventar: hay inmensos predios de periódicos. O desplómate cada noche sobre la mesa del café, con la lengua hinchada de política. Calla o gesticula: todo es igual. En algún sitio ya prepararon tu condena. No hay salida que no dé a la deshonra o al patíbulo: tienes los sueños demasiado claros,* te hace falta una filosofía fuerte.

Aparición

Vuelan aves radiantes de estas letras. Amanece la desconocida en pleno día, sol rival del sol, e irrumpe entre los blancos y negros del poema. Pía en la espesura de mi asombro. Se posa en mi pecho con la misma suavidad inexorable de la luz que reclina la frente sobre una piedra abandonada. Extiende sus alas y canta. Su boca es un palomar del que brotan palabras sin sentido, fuente deslumbrada por su propio manar, blancuras atónitas de ser. Luego desaparece.

Inocencia entrevista, que cantas en el pretil del puente a la hora en que yo soy un río que deserta en lo obscuro: ¿qué frutos picas allá arriba?, ¿en qué ramas de qué árbol cantas los cantos de la altura?

Dama huasteca

Ronda por las orillas, desnuda, saludable, recién salida del baño, recién nacida de la noche. En su pecho arden joyas arrancadas al verano. Cubre su sexo la yerba lacia, la yerba azul, casi negra, que crece en los bordes del volcán. En su vientre un águila despliega sus alas, dos banderas enemigas se enlazan, reposa el agua. Viene de lejos, del país húmedo. Pocos la han visto. Diré su secreto: de día, es una piedra al lado del camino; de noche, un río que fluye al costado del hombre.

Ser natural

A Rufino Tamayo

I

Despliegan sus mantos, extienden sus cascadas, desvelan sus profundidades, transparencia torneada a fuego, los azules. Plumas coléricas o gajos de alegría, deslumbramientos, decisiones imprevistas, siempre certeras y tajantes, los verdes acumulan humores, mastican bien su grito antes de gritarlo, frío y centelleante, en su propia espesura. Innumerables, graduales, implacables, los grises se abren paso a cuchilladas netas, a clarines impávidos. Colindan con lo rosa, con lo llama. Sobre sus hombros descansa la geometría del incendio. Indemnes al fuego, indemnes a la selva, son espinas dorsales, son columnas, son mercurio.

En un extremo arde la media luna. No es joya ya, sino fruta que madura al sol interior de sí misma. La media luna es irradiación, matriz de madre de todos, de mujer de cada uno, caracol rosa que canta abandonado en una playa, águila nocturna. Y abajo, junto a la guitarra que canta sola, el puñal de cristal de roca, la pluma de colibrí y el reloj que se roe incansablemente las entrañas, junto a los objetos que acaban de nacer y los que están en la mesa desde el Principio, brillan la tajada de sandía, el mamey incandescente, la rebanada de fuego. La media fruta es una media luna que madura al sol de una mirada de mujer.

Equidistantes de la luna frutal y de las frutas solares, suspendidos entre mundos enemigos que pactan en ese poco de materia elegida, entrevemos nuestra porción de totalidad. Muestra los dientes el Tragaldabas, abre los ojos el Poeta, los cierra la Mujer. Todo es.

II

Arrasan las alturas jinetes enlutados. Los cascos de la caballería salvaje dejan un reguero de estrellas. El pedernal eleva su chorro de negrura afilada. El planeta vuela hacia otro sistema. Alza su cresta encarnada el último minuto vivo. El aullido del incendio rebota de muro a muro, de infinito a infinito. El loco abre los barrotes del espacio y salta hacia dentro de sí. Desaparece al instante, tragado por sí mismo. Las fieras roen restos de sol, huesos astrales y lo que aún queda del Mercado de Oaxaca. Dos gavilanes picotean un lucero en pleno cielo. La vida fluye en línea recta, escoltada por dos riberas de ojos. A esta hora guerrera y de sálvese el que pueda, los amantes se asoman al balcón del vértigo. Ascienden suavemente, espiga de dicha que se balancea sobre un campo calcinado. Su amor es un imán del que cuelga el mundo. Su beso regula las mareas y alza las esclusas de la música. A los pies de su calor la realidad despierta, rompe su cáscara, extiende las alas y vuela.

III

Entre tanta materia dormida, entre tantas formas que buscan sus alas; su peso, su otra forma, surge la bailarina, la señora de las hormigas rojas, la domadora de la música, la ermitaña que vive en una cueva de vidrio, la hermosa que duerme a la orilla de una lágrima. Se levanta y danza la danza de la inmovilidad. Su ombligo concentra todos los rayos. Está hecha de las miradas de todos los hombres. Es la balanza que equilibra deseo y saciedad, la vasija que nos da de dormir y de despertar. Es la idea fija, la perpetua arruga en la frente del hombre, la estrella sempiterna. Ni muerta ni viva, es la gran flor que crece del pecho de los muertos y del sueño de los vivos. La gran flor que cada mañana abre lentamente los ojos y contempla sin reproche al jardinero que la corta. Su sangre asciende pausada por el tallo tronchado y se eleva en el aire, antorcha que arde silenciosa sobre las ruinas de México. Árbol fuente, árbol surtidor, arco de fuego, puente de sangre entre los vivos y los muertos: todo es inacabable nacimiento.

Valle de México

El día despliega su cuerpo transparente. Atado a la piedra solar, la luz me golpea con sus grandes martillos invisibles. Sólo soy una pausa entre una vibración y otra: el punto vivo, el afilado, quieto punto fijo de intersección de dos miradas que se ignoran y se encuentran en mí. ¿Pactan? Soy el espacio puro, el campo de batalla. Veo a través de mi cuerpo mi otro cuerpo. La piedra centellea. El sol me arranca los ojos. En mis órbitas vacías dos astros alisan sus plumas rojas. Esplendor, espiral de alas y un pico feroz. Y ahora, mis ojos cantan. Asómate a su canto, arrójate a la hoguera.

Lecho de helechos

En el fin del mundo, frente a un paisaje de ojos inmensos, adormecidos pero aún destellantes, me miras con tu mirada última —la mirada que pierde cielo. La playa se cubre de miradas, escamas resplandecientes. Se retira la ola de oro líquido. Tendida sobre la lava que huye, eres un gran témpano lunar que enfila hacia el ay, un pedazo de estrella que cintila en la boca del cráter. En tu lecho vertiginoso te enciendes y apagas. Tu caída me arrastra, herida que parpadea, círculo que cierra sus pestañas, negrura que se abre, despeñadero en cuyo fondo nace un astro de hielo. Desde tu caer me contemplas con tu primer mirada —la mirada que pierde suelo. Y tu mirar se prende al mío. Te sostienen en vilo mis ojos, como la luna a la marea encendida. A tus pies la espuma degollada canta el canto de la noche que empieza.

El sitiado

A mi izquierda el verano despliega sus verdes libertades, sus claros y cimas de ventura: follajes, transparencias, pies desnudos en el agua, sopor bajo los plátanos y un enjambre de imágenes revoloteando alrededor de mis ojos entrecerrados. Canta el mar de hojas. Zumba el sol. Alguien me espera en la espesura caliente; alguien ríe entre los verdes y los amarillos. Inclinado sobre mí mismo, me defiendo: aún no acabo conmigo. Pero insisten a mi izquierda: ¡ser yerba para un cuerpo, ser un cuerpo, ser orilla que se desmorona, embestida dulce de un río que avanza entre meandros! Sí, extenderse, ser cada vez más. De mi ojo nace un pájaro, se enreda la vid en mi tobillo, hay una colmena en mi oreja derecha; maduro, caigo con un ruido de fruto, me picotea la luz, me levanto con el fresco, aparto con el pecho las hojas obstinadas. Cruzan ejércitos de alas el espacio. No, no cedo. Aún no acabo conmigo.

A mi derecha no hay nada. El silencio y la soledad extienden sus llanuras. ¡Oh mundo por poblar, hoja en blanco! Peregrinaciones, sacrificios, combates cuerpo a cuerpo con mi alma, diálogos con la nieve y la sal: ¡cuántas blancuras que esperan erguirse, cuántos nombres dormidos, prestos a ser alas del poema! Horas relucientes, espejos pulidos por la espera, trampolines del vértigo, atalayas del éxtasis, puentes colgantes sobre el vacío que se abre entre dos exclamaciones, estatuas momentáneas que celebran durante una fracción de segundo el descenso del Rayo. La yerba despierta, se echa a andar y cubre de viviente verdor las tierras áridas; el musgo sube hasta las rocas; se abren las nubes. Todo canta, todo da frutos, todo se dispone a ser. Pero yo me defiendo. Aún no acabo conmigo.

Entre extenderse y erguirse, entre los labios que dicen la Palabra y la Palabra, hay una pausa, un centelleo que divide y desgarra: yo. Aún no acabo conmigo.

Himno futuro

A Mario Vargas Llosa

Desde la baja maleza que me ahoga, lo veo brillar, alto y serio. Arde, inmóvil, sobre la cima de sí mismo: chopo de luz, columna de música, chorro de silencio.

Al verlo allá arriba, mi orgullo incendia haces de palabras, fragmentos de realidades, realidades en fragmentos. ¡Hojarasca, llamarada resuelta en humo! Y sobre mi fracaso se precipitan, gatos insidiosos, los razonamientos de medianoche, las sonrisillas en fila india, la jauría de las risotadas. Los refranes me hacen guiños, me excomulga la cordura, los preceptos me tiran de la manga. Yo me arrisco el sombrero, levanto el cuello de mi gabán y me echo a andar. Pero no avanzo. Y mientras marco el paso, él arde allá, sobre la roca, inoído.

Sé que no basta quemar lo que ya está quemado en nosotros. Sé que no basta dar: hay que darse. Y hay que recibir. No basta ser la cumbre monda, el hueso pulido, la piedra rodada. No basta la lengua para el canto. Hay que ser la oreja, el caracol humano en donde Juan graba sus desvelos, María sus vaticinios, sus gemidos Isabel, su risa Joaquín. Lo que en nosotros sólo quiere ser, no es, no será nunca. Allá, donde mi voz termina y la tuya empieza, ni solo ni acompañado, nace el canto.

Mas cuando el tiempo se desgaja del tiempo y sólo es boca y grandes muelas negras, gaznate sin fondo, caída animal en un estómago animal siempre vacío, no queda sino entretener su hambre con canciones bárbaras. Cara al cielo, al borde del caer, tarareo el canto del tiempo. Al día siguiente no queda nada de esos gorgoritos. Y me digo: no es hora de cantos, sino de balbuceos. Déjame contar mis palabras, una a una: arrancadas a insomnio y ceguera, a ira y desgano, son todo lo que tengo, todo lo que tenemos.

No es tiempo. No ha llegado el Tiempo. Siempre es deshora y demasiado tarde, pensamiento sin cuerpo, cuerpo bruto. Y marco el paso, marco el paso. Pero tú, himno libre del hombre libre, tú, dura pirámide de lágrimas, llama tallada en lo alto del desvelo, brilla en la cima de la ira y canta, cántame, cántanos: pino de música, columna de luz, chopo de fuego, chorro de agua. ¡Agua, agua al fin, palabra del hombre para el hombre!

Hacia el poema
(Puntos de partida)

I

Palabras, ganancias de un cuarto de hora arrancado al árbol calcinado del lenguaje, entre los buenos días y las buenas noches, puertas de entrada y salida y entrada de un corredor que va de ningunaparte a ningunlado.

Damos vueltas y vueltas en el vientre animal, en el vientre mineral, en el vientre temporal. Encontrar la salida: el poema.

Obstinación de ese rostro donde se quiebran mis miradas. Frente armada, invicta ante un paisaje en ruinas, tras el asalto al secreto. Melancolía de volcán.

La benévola jeta de piedra de cartón del Jefe, del Conductor, fetiche del siglo; los yo, tú, él, tejedores de telarañas, pronombres armados de uñas; las divinidades sin rostro, abstractas. Él y nosotros, Nosotros y Él: nadie y ninguno. Dios padre se venga en todos estos ídolos.

El instante se congela, blancura compacta que ciega y no responde y se desvanece, témpano empujado por corrientes circulares. Ha de volver.

Arrancar las máscaras de la fantasía, clavar una pica en el centro sensible: provocar la erupción.

Cortar el cordón umbilical, matar bien a la Madre: crimen que el poeta moderno cometió por todos, en nombre de todos. Toca al nuevo poeta descubrir a la Mujer.

Hablar por hablar, arrancar sones a la desesperada, escribir al dictado lo que dice el vuelo de la mosca, ennegrecer. El tiempo se abre en dos: hora del salto mortal.

II

Palabras, frases, sílabas, astros que giran alrededor de un centro fijo. Dos cuerpos, muchos seres que se encuentran en una palabra. El papel se cubre de letras indelebles, que nadie dijo, que nadie dictó, que han caído allí y arden y queman y se apagan. Así pues, existe la poesía, el amor existe. Y si yo no existo, existes tú.

Por todas partes los solitarios forzados empiezan a crear las palabras del nuevo diálogo.

El chorro de agua. La bocanada de salud. Una muchacha reclinada sobre su pasado. El vino, el fuego, la guitarra, la sobremesa. Un muro de terciopelo rojo en una plaza de pueblo. Las aclamaciones, la caballería reluciente entrando a la ciudad, el pueblo en vilo: ¡himnos! La irrupción de lo blanco, de lo verde, de lo llameante. Lo demasiado fácil, lo que se escribe solo: la poesía.

El poema prepara un orden amoroso. Preveo un hombre-sol y una mujer-luna, el uno libre de su poder, la otra libre de su esclavitud, y amores implacables rayando el espacio negro. Todo ha de ceder a esas águilas incandescentes.

Por las almenas de tu frente el canto alborea. La justicia poética incendia campos de oprobio: no hay sitio para la nostalgia, el yo, el nombre propio.

Todo poema se cumple a expensas del poeta.

Mediodía futuro, árbol inmenso de follaje invisible. En las plazas cantan los hombres y las mujeres el canto solar, surtidor de transparencias. Me cubre la marejada amarilla: nada mío ha de hablar por mi boca.

Cuando la Historia duerme, habla en sueños: en la frente del pueblo dormido el poema es una constelación de sangre. Cuando la Historia despierta, la imagen se hace acto, acontece el poema: la poesía entra en acción.

Merece lo que sueñas.

V
La estación violenta
(1948-1957)

O *soleil c'est le temps de la Raison ardente.*
APOLLINAIRE

Himno entre ruinas

donde espumoso el mar siciliano...
GÓNGORA

Coronado de sí el día extiende sus plumas.
¡Alto grito amarillo,
caliente surtidor en el centro de un cielo
imparcial y benéfico!
Las apariencias son hermosas en esta su verdad momentánea.
El mar trepa la costa,
se afianza entre las peñas, araña deslumbrante;
la herida cárdena del monte resplandece;
un puñado de cabras es un rebaño de piedras;
el sol pone su huevo de oro y se derrama sobre el mar.
Todo es dios.
¡Estatua rota,
columnas comidas por la luz,
ruinas vivas en un mundo de muertos en vida!

Cae la noche sobre Teotihuacan.
En lo alto de la pirámide los muchachos fuman marihuana,
suenan guitarras roncas.
¿Qué yerba, qué agua de vida ha de darnos la vida,
dónde desenterrar la palabra,

la proporción que rige al himno y al discurso,
al baile, a la ciudad y a la balanza?
El canto mexicano estalla en un carajo,
estrella de colores que se apaga,
piedra que nos cierra las puertas del contacto.
Sabe la tierra a tierra envejecida.

Los ojos ven, las manos tocan.
Bastan aquí unas cuantas cosas:
tuna, espinoso planeta coral,
higos encapuchados,
uvas con gusto a resurrección,
almejas, virginidades ariscas,
sal, queso, vino, pan solar.
Desde lo alto de su morenía una isleña me mira,
esbelta catedral vestida de luz.
Torres de sal, contra los pinos verdes de la orilla
surgen las velas blancas de las barcas.
La luz crea templos en el mar.

Nueva York, Londres, Moscú.
La sombra cubre al llano con su yedra fantasma,
con su vacilante vegetación de escalofrío,
su vello ralo, su tropel de ratas.
A trechos tirita un sol anémico.
Acodado en montes que ayer fueron ciudades, Polifemo bosteza.
Abajo, entre los hoyos, se arrastra un rebaño de hombres.
(Bípedos domésticos, su carne
—a pesar de recientes interdicciones religiosas—
es muy gustada por las clases ricas.
Hasta hace poco el vulgo los consideraba animales impuros.)

Ver, tocar formas hermosas, diarias.
Zumba la luz, dardos y alas.
Huele a sangre la mancha de vino en el mantel.
Como el coral sus ramas en el agua
extiendo mis sentidos en la hora viva:
el instante se cumple en una concordancia amarilla,

¡oh mediodía, espiga henchida de minutos,
copa de eternidad!

Mis pensamientos se bifurcan, serpean, se enredan,
recomienzan,
y al fin se inmovilizan, ríos que no desembocan,
delta de sangre bajo un sol sin crepúsculo.
¿Y todo ha de parar en este chapoteo de aguas muertas?

¡Día, redondo día,
luminosa naranja de veinticuatro gajos,
todos atravesados por una misma y amarilla dulzura!
La inteligencia al fin encarna,
se reconcilian las dos mitades enemigas
y la conciencia-espejo se licúa,
vuelve a ser fuente, manantial de fábulas:
Hombre, árbol de imágenes,
palabras que son flores que son frutos que son actos.

Nápoles, 1948

Máscaras del alba

A José Bianco

Sobre el tablero de la plaza
se demoran las últimas estrellas.
Torres de luz y alfiles afilados
cercan las monarquías espectrales.
¡Vano ajedrez, ayer combate de ángeles!

Fulgor de agua estancada donde flotan
pequeñas alegrías ya verdosas,
la manzana podrida de un deseo,
un rostro recomido por la luna,
el minuto arrugado de una espera,
todo lo que la vida no consume,
los restos del festín de la impaciencia.

Abre los ojos el agonizante.
Esa brizna de luz que tras cortinas
espía al que la expía entre estertores
es la mirada que no mira y mira,
el ojo en que espejean las imágenes
antes de despeñarse, el precipicio
cristalino, la tumba de diamante:
es el espejo que devora espejos.

Olivia, la ojizarca que pulsaba,
las blancas manos entre cuerdas verdes,
el arpa de cristal de la cascada,
nada contra corriente hasta la orilla
del despertar: la cama, el haz de ropas,
las manchas hidrográficas del muro,
ese cuerpo sin nombre que a su lado
mastica profecías y rezongos
y la abominación del cielo raso.
Bosteza lo real sus naderías,
se repite en horrores desventrados.

El prisionero de sus pensamientos
teje y desteje su tejido a ciegas,
escarba sus heridas, deletrea
las letras de su nombre, las dispersa,
y ellas insisten en el mismo estrago:
se engastan en su nombre desgastado.
Va de sí mismo hacia sí mismo, vuelve,
en el centro de sí se para y grita
¿quién va? y el surtidor de su pregunta
abre su flor absorta, centellea,
silba en el tallo, dobla la cabeza,
y al fin, vertiginoso, se desploma
roto como la espada contra el muro.

La joven domadora de relámpagos
y la que se desliza sobre el filo
resplandeciente de la guillotina;

el señor que desciende de la luna
con un fragante ramo de epitafios;
la frígida que lima en el insomnio
el pedernal gastado de su sexo;
el hombre puro en cuya sien anida
el águila real, la cejijunta
voracidad de un pensamiento fijo;
el árbol de ocho brazos anudados
que el rayo del amor derriba, incendia
y carboniza en lechos transitorios;
el enterrado en vida con su pena;
la joven muerta que se prostituye
y regresa a su tumba al primer gallo;
la víctima que busca a su asesino;
el que perdió su cuerpo, el que su sombra,
el que huye de sí y el que se busca
y se persigue y no se encuentra, todos,
vivos muertos al borde del instante
se detienen suspensos. Duda el tiempo,
el día titubea.

   Soñolienta
en su lecho de fango, abre los ojos
Venecia y se recuerda: ¡pabellones
y un alto vuelo que se petrifica!
Oh esplendor anegado...
Los caballos de bronce de San Marcos
cruzan arquitecturas que vacilan,
descienden verdinegros hasta el agua
y se arrojan al mar, hacia Bizancio.
Oscilan masas de estupor y piedra,
mientras los pocos vivos de esta hora...
Pero la luz avanza a grandes pasos,
aplastando bostezos y agonías.
¡Júbilos, resplandores que desgarran!
El alba lanza su primer cuchillo.

        Venecia, 1948

Fuente

El mediodía alza en vilo al mundo.
Y las piedras donde el viento borra lo que a ciegas escribe el tiempo,
las torres que al caer la tarde inclinan la frente,
la nave que hace siglos encalló en la roca, la iglesia de oro que tiembla
    al peso de una cruz de palo,
las plazas donde si un ejército acampa se siente desamparado y sin
    defensa,
el Fuerte que hinca la rodilla ante la luz que irrumpe por la loma,
los parques y el corro cuchicheante de los olmos y los álamos,
las columnas y los arcos a la medida exacta de la gloria,
la muralla que abierta al sol dormita, echada sobre sí misma, sobre
    su propia hosquedad desplomada,
el rincón visitado sólo por los misántropos que rondan las afueras: el pino
    y el sauce,
los mercados bajo el fuego graneado de los gritos,
el muro a media calle, que nadie sabe quién edificó ni con qué fin,
    el desollado, el muro en piedra viva,
todo lo atado al suelo por amor de materia enamorada, rompe amarras
y asciende radiante entre las manos intangibles de esta hora.

El viejo mundo de las piedras se levanta y vuela.
Es un pueblo de ballenas y delfines que retozan en pleno cielo,
    arrojándose grandes chorros de gloria;
y los cuerpos de piedra, arrastrados por el lento huracán de calor,
escurren luz y entre las nubes relucen, gozosos.
La ciudad lanza sus cadenas al río y vacía de sí misma,
de su carga de sangre, de su carga de tiempo, reposa
hecha un ascua, hecha un sol en el centro del torbellino.
El presente la mece.

Todo es presencia, todos los siglos son este Presente.
¡Ojo feliz que ya no mira porque todo es presencia y su propia visión
    fuera de sí lo mira!
¡Hunde la mano, coge el fulgor, el pez solar, la llama entre lo azul,
el canto que se mece en el fuego del día!

Y la gran ola vuelve y me derriba, echa a volar la mesa y los papeles y en
    lo alto de su cresta me suspende,
música detenida en su más, luz que no pestañea, ni cede, ni avanza.
Todo es presente, espejo sin revés: no hay sombra, no hay lado opaco,
    todo es ojo,
todo es presencia, estoy presente en todas partes y para ver mejor, para
    mejor arder, me apago
y caigo en mí y salgo de mí y subo hasta el cohete y bajo hasta el hachazo
porque la gran esfera, la gran bola de tiempo incandescente,
el fruto que acumula todos los jugos de la historia, la presencia,
    el presente, estalla
como un espejo roto al mediodía, como un mediodía roto contra el mar
    y la sal.

Toco la piedra y no contesta, cojo la llama y no me quema, ¿qué esconde
    esta presencia?
No hay nada atrás, las raíces están quemadas, podridos los cimientos,
basta un manotazo para echar abajo esta grandeza.
¿Y quién asume la grandeza si nadie asume el desamparo?
Penetro en mi oquedad: yo no respondo, no me doy la cara,
perdí el rostro después de haber perdido cuerpo y alma.
Y mi vida desfila ante mis ojos sin que uno solo de mis actos lo
    reconozca mío:
¿y el delirio de hacer saltar la muerte con el apenas golpe de alas de
    una imagen
y la larga noche pasada en esculpir el instantáneo cuerpo del relámpago
y la noche de amor puente colgante entre esta vida y la otra?

No duele la antigua herida, no arde la vieja quemadura, es una cicatriz
    casi borrada
el sitio de la separación, el lugar del desarraigo, la boca por donde hablan
    en sueños la muerte y la vida
es una cicatriz invisible.
Yo no daría la vida por mi vida: es otra mi verdadera historia.

La ciudad sigue en pie.
Tiembla en la luz, hermosa.
Se posa el sol en su diestra pacífica.

Son más altos, más blancos, los chorros de las fuentes.
Todo se pone en pie para caer mejor.
Y el caído bajo el hacha de su propio delirio se levanta.
Malherido, de su frente hendida brota un último pájaro.

Es el doble de sí mismo,
el joven que cada cien años vuelve a decir unas palabras, siempre
    las mismas,
la columna transparente que un instante se obscurece y otro centellea,
según avanza la veloz escritura del destino.
En el centro de la plaza la rota cabeza del poeta es una fuente.
La fuente canta para todos.

Aviñón, 1949

Repaso nocturno

Toda la noche batalló con la noche,
ni vivo ni muerto,
a tientas penetrando en su substancia,
llenándose hasta el borde de sí mismo.

Primero fue el extenderse en lo obscuro,
hacerse inmenso en lo inmenso,
reposar en el centro insondable del reposo.
Fluía el tiempo, fluía su ser,
fluían en una sola corriente indivisible.
A zarpazos somnolientos el agua caía y se levantaba,
se despeñaban alma y cuerpo, pensamiento y huesos:
¿pedía redención el tiempo,
pedía el agua erguirse, pedía verse,
vuelta transparente monumento de su caída?
Río arriba, donde lo no formado empieza,
el agua se desplomaba con los ojos cerrados.
Volvía el tiempo a su origen, manándose.

Allá, del otro lado, un fulgor hizo señas.
Abrió los ojos, se encontró en la orilla:
ni vivo ni muerto,
al lado de su cuerpo abandonado.
Empezó el asedio de los signos,
la escritura de sangre de la estrella en el cielo,
las ondas concéntricas que levanta una frase
al caer y caer en la conciencia.
Ardió su frente cubierta de inscripciones,
santo y señas súbitos abrieron laberintos y espesuras,
cambiaron reflejos tácitos los cuatro puntos cardinales.
Su pensamiento mismo, entre los obeliscos derribado,
fue piedra negra tatuada por el rayo.
Pero el sueño no vino.

¡Ciega batalla de alusiones,
obscuro cuerpo a cuerpo con el tiempo sin cuerpo!
Cayó de rostro en rostro,
                              de año en año,
hasta el primer vagido:
                              humus de vida,
tierra que se destierra,
                              cuerpo que se desnace,
vivo para la muerte,
                              muerto para la vida.

(A esta hora hay mediadores en todas partes,
 hay puentes invisibles entre el dormir y el velar.
Los dormidos muerden el racimo de su propia fatiga,
el racimo solar de la resurrección cotidiana;
los desvelados tallan el diamante que ha de vencer a la noche;
aun los que están solos llevan en sí su pareja encarnizada,
en cada espejo yace un doble,
un adversario que nos refleja y nos abisma;
el fuego precioso oculto bajo la capa de seda negra,
el vampiro ladrón dobla la esquina y desaparece, ligero,
robado por su propia ligereza;
con el peso de su acto a cuestas

se precipita en su dormir sin sueño el asesino,
ya para siempre a solas, sin el otro;
abandonados a la corriente todopoderosa,
flor doble que brota de un tallo único,
los enamorados cierran los ojos en lo alto del beso:
la noche se abre para ellos y les devuelve lo perdido,
el vino negro en la copa hecha de una sola gota de sol,
la visión doble, la mariposa fija por un instante en el centro del cielo,
en el ala derecha un grano de luz y en la izquierda uno de sombra.
Reposa la ciudad en los hombros del obrero dormido,
la semilla del canto se abre en la frente del poeta.)

El escorpión ermitaño en la sombra se aguza.
¡Noche en entredicho,
instante que balbucea y no acaba de decir lo que quiere!
¿Saldrá mañana el sol,
se anega el astro en su luz,
se ahoga en su cólera fija?
¿Cómo decir buenos días a la vida?
No preguntes más,
no hay nada que decir, nada tampoco que callar.
El pensamiento brilla, se apaga, vuelve,
idéntico a sí mismo se devora y engendra, se repite,
ni vivo ni muerto,
en torno siempre al ojo frío que lo piensa.

Volvió a su cuerpo, se metió en sí mismo.
Y el sol tocó la frente del insomne,
brusca victoria de un espejo que no refleja ya ninguna imagen.

París, 1950

Mutra

Como una madre demasiado amorosa, una madre terrible que ahoga,
como una leona taciturna y solar,
como una sola ola del tamaño del mar,

ha llegado sin hacer ruido y en cada uno de nosotros se asienta como
un rey
y los días de vidrio se derriten y en cada pecho erige un trono de espinas
y de brasas
y su imperio es un hipo solemne, una aplastada respiración de dioses
y animales de ojos dilatados
y bocas llenas de insectos calientes pronunciando una misma sílaba día
y noche, día y noche.
¡Verano, boca inmensa, vocal hecha de vaho y jadeo!

Este día herido de muerte que se arrastra a lo largo del tiempo sin acabar
de morir,
y el día que lo sigue y ya escarba impaciente la indecisa tierra del alba,
y los otros que esperan su hora en los vastos establos del año,
este día y sus cuatro cachorros, la mañana de cola de cristal y
el mediodía con su ojo único,
el mediodía absorto en su luz, sentado en su esplendor,
la tarde rica en pájaros y la noche con sus luceros armados de punta
en blanco,
este día y las presencias que alza o derriba el sol con un simple aletazo:
la muchacha que aparece en la plaza y es un chorro de frescura pausada,
el mendigo que se levanta como una flaca plegaria, montón de basura
y cánticos gangosos,
las buganvilias rojas negras a fuerza de encarnadas, moradas de tanto
azul acumulado,
las mujeres albañiles que llevan una piedra en la cabeza como si llevasen
un sol apagado,
la bella en su cueva de estalactitas y el son de sus ajorcas de escorpiones,
el hombre cubierto de ceniza que adora al falo, al estiércol y al agua,
los músicos que arrancan chispas a la madrugada y hacen bajar al suelo
la tempestad airosa de la danza,
el collar de centellas, las guirnaldas de electricidad balanceándose en
mitad de la noche,
los niños desvelados que se espulgan a la luz de la luna,
los padres y las madres con sus rebaños familiares y sus bestias
adormecidas y sus dioses petrificados hace mil años,
las mariposas, los buitres, las serpientes, los monos, las vacas, los insectos
parecidos al delirio,

todo este largo día con su terrible cargamento de seres y de cosas, encalla
    lentamente en el tiempo parado.

Todos vamos cayendo con el día, todos entramos en el túnel,
atravesamos corredores interminables cuyas paredes de aire sólido
    se cierran,
nos internamos en nosotros y a cada paso el animal humano jadea y
    se desploma,
retrocedemos, vamos hacia atrás, el animal pierde futuro a cada paso,
y lo erguido y duro y óseo en nosotros al fin cede y cae pesadamente
    en la boca madre.

Dentro de mí me apiño, en mí mismo me hacino y al apiñarme me
    derramo,
soy lo extendido dilatándose, lo repleto vertiéndose y llenándose,
no hay vértigo ni espejo ni náusea ante el espejo, no hay caída,
sólo un estar, un derramado estar, llenos hasta los bordes, todos a
    la deriva:
no como el arco que se encorva y sobre sí se dobla para que el dardo salte
    y dé en el centro justo,
ni como el pecho que lo aguarda y a quien la espera dibuja ya la herida,
no concentrados ni en arrobo, sino a tumbos, de peldaño en peldaño,
    agua vertida, volvemos al principio.
Y la cabeza cae sobre el pecho y el cuerpo cae sobre el cuerpo sin
    encontrar su fin, su cuerpo último.

No, asir la antigua imagen: ¡anclar el ser y en la roca plantarlo, zócalo del
    relámpago!
Hay piedras que no ceden, piedras hechas de tiempo, tiempo de piedra,
    siglos que son columnas,
asambleas que cantan himnos de piedra,
surtidores de jade, jardines de obsidiana, torres de mármol, alta belleza
    armada contra el tiempo.
Un día rozó mi mano toda esa gloria erguida.
Pero también las piedras pierden pie, también las piedras son imágenes,
y caen y se disgregan y confunden y fluyen con el río que no cesa.
También las piedras son el río.

¿Dónde está el hombre, el que da vida a las piedras de los muertos, el que
      hace hablar piedras y muertos?
Las fundaciones de la piedra y de la música,
la fábrica de espejos del discurso y el castillo de fuego del poema
enlazan sus raíces en su pecho, descansan en su frente: él los sostiene
      a pulso.
Tras la coraza de cristal de roca busqué al hombre, palpé a tientas
      la brecha imperceptible:
nacemos y es un rasguño apenas la desgarradura y nunca cicatriza y arde
      y es una estrella de luz propia,
nunca se apaga la diminuta llaga, nunca se borra la señal de sangre,
      por esa puerta nos vamos a lo obscuro.
También el hombre fluye, también el hombre cae y es una imagen que
      se desvanece.

Pantanos del sopor, algas acumuladas, cataratas de abejas sobre los ojos
      mal cerrados,
festín de arena, horas mascadas, imágenes mascadas,
vida mascada siglos hasta no ser sino una confusión estática que entre
      las aguas somnolientas sobrenada,
agua de ojos, agua de bocas, agua nupcial y ensimismada, agua
      incestuosa, agua de dioses, cópula de dioses,
agua de astros y reptiles, selvas de agua de cuerpos incendiados,
beatitud de lo repleto sobre sí mismo derramándose, no somos,
      no quiero ser Dios, no quiero ser a tientas, no quiero regresar,
      soy hombre
y el hombre es el hombre, el que saltó al vacío y nada lo sustenta desde
      entonces sino su propio vuelo,
el desprendido de su madre, el desterrado, el sin raíces, ni cielo ni tierra,
      sino puente, arco
tendido sobre la nada, en sí mismo anudado, hecho haz, y no obstante
      partido en dos desde el nacer, peleando
contra su sombra, corriendo siempre tras de sí, disparado, exhalado,
      sin jamás alcanzarse,
el condenado desde niño, destilador del tiempo, rey de sí mismo, hijo de
      sus obras.

Se despeñan las últimas imágenes y el río negro anega la conciencia.

La noche dobla la cintura, cede el alma, caen racimos de horas
confundidas, cae el hombre

como un astro, caen racimos de astros, como un fruto demasiado
maduro cae el mundo y sus soles.

Pero en mi frente velan armas la adolescencia y sus imágenes, solo
tesoro no dilapidado:

naves ardiendo en mares todavía sin nombre y cada ola golpeando
la memoria con un tumulto de recuerdos

(el agua dulce en las cisternas de las islas, el agua dulce de las mujeres
y sus voces sonando en la noche como muchos arroyos que se
juntan,

la diosa de ojos verdes y palabras humanas que plantó en nuestro pecho
sus razones como una hermosa procesión de lanzas,

la reflexión sosegada ante la esfera, henchida de sí misma como una
espiga, mas inmortal, perfecta, suficiente,

la contemplación de los números que se enlazan como notas o amantes,

el universo como una lira y un arco y la geometría vencedora de dioses,
¡única morada digna del hombre!)

y la ciudad de altas murallas que en la llanura centellea como una joya
que agoniza

y los torreones demolidos y el defensor por tierra y en las cámaras
humeantes el tesoro real de las mujeres

y el epitafio del héroe apostado en la garganta del desfiladero como
una espada

y el poema que asciende y cubre con sus dos alas el abrazo de la noche
y el día

y el árbol del discurso en la plaza plantado virilmente

y la justicia al aire libre de un pueblo que pesa cada acto en la balanza
de un alma sensible al peso de la luz,

¡actos, altas piras quemadas por la historia!

Bajo sus restos negros dormita la verdad que levantó las obras: el hombre
sólo es hombre entre los hombres.

Y hundo la mano y cojo el grano incandescente y lo planto en mi ser:
ha de crecer un día.

Delhi, 1952

¿No hay salida?

En duermevela oigo correr entre bultos adormilados y ceñudos
    un incesante río.
Es la catarata negra y blanca, las voces, las risas, los gemidos del mundo
    confuso, despeñándose.
Y mi pensamiento que galopa y galopa y no avanza, también cae y
    se levanta
y vuelve a despeñarse en las aguas estancadas del lenguaje.
Hace un segundo habría sido fácil coger una palabra y repetirla una vez
    y otra vez,
cualquiera de esas frases que decimos a solas en un cuarto sin espejos
para probarnos que no es cierto,
                    que aún estamos vivos,
pero ahora con manos que no pesan la noche aquieta la furiosa marea
y una a una desertan las imágenes, una a una las palabras se cubren
    el rostro.

Pasó ya el tiempo de esperar la llegada del tiempo, el tiempo de ayer, hoy
    y mañana,
ayer es hoy, mañana es hoy, hoy todo es hoy, salió de pronto de sí mismo
    y me mira,
no viene del pasado, no va a ninguna parte, hoy está aquí,
no es la muerte —nadie se muere de la muerte, todos morimos de
    la vida—,
no es la vida —fruto instantáneo, vertiginosa y lúcida embriaguez,
    el vacío sabor de la muerte da más vida a la vida—,
hoy no es muerte ni vida,
no tiene cuerpo, ni nombre, ni rostro, hoy está aquí,
echado a mis pies, mirándome.

Yo estoy de pie, quieto en el centro del círculo que hago al ir cayendo
    desde mis pensamientos,
estoy de pie y no tengo adónde volver los ojos, no queda ni una brizna
    del pasado,
toda la infancia se la tragó este instante y todo el porvenir son estos
    muebles clavados en su sitio,
el ropero con su cara de palo, las sillas alineadas en la espera de nadie,

el rechoncho sillón con los brazos abiertos, obsceno como morir en su
    lecho,
el ventilador, insecto engreído, la ventana mentirosa, el presente sin
    resquicios,
todo se ha cerrado sobre sí mismo, he vuelto a donde empecé, todo es hoy
    y para siempre.

Allá, del otro lado, se extienden las playas inmensas como una mirada
    de amor,
allá la noche vestida de agua despliega sus jeroglíficos al alcance de
    la mano,
el río entra cantando por el llano dormido y moja las raíces de la palabra
    libertad,
allá los cuerpos enlazados se pierden en un bosque de árboles transparentes,
bajo el follaje del sol caminamos, somos dos reflejos que cruzan sus aceros,
la plata nos tiende puentes para cruzar la noche, las piedras nos abren
    paso,
allá tú eres el tatuaje en el pecho del jade caído de la luna, allá
    el diamante insomne cede
y en su centro vacío somos el ojo que nunca parpadea y la fijeza del
    instante ensimismado en su esplendor.

Todo está lejos, no hay regreso, los muertos no están muertos, los vivos
    no están vivos,
hay un muro, un ojo que es un pozo, todo tira hacia abajo,
pesa el cuerpo, pesan los pensamientos, todos los años son este minuto
    desplomándose interminablemente,
aquel cuarto de hotel de San Francisco me salió al paso en Bangkok, hoy
    es ayer, mañana es ayer,
la realidad es una escalera que no sube ni baja, no nos movemos, hoy es
    hoy, siempre es hoy,
siempre el ruido de los trenes que despedazan cada noche a la noche,
el recurrir a las palabras melladas,
la perforación del muro, las idas y venidas, la realidad cerrando puertas,
poniendo comas, la puntuación del tiempo, todo está lejos, los muros
    son enormes,
está a millas de distancia el vaso de agua, tardaré mil años en recorrer
    mi cuarto,

qué sonido remoto tiene la palabra *vida*, no estoy aquí, no hay aquí, este
    cuarto está en otra parte,
aquí es ninguna parte, poco a poco me he ido cerrando y no encuentro
    salida que no dé a este instante,
este instante soy yo, salí de pronto de mí mismo, no tengo nombre
    ni rostro,
yo está aquí, echado a mis pies, mirándome mirándose mirarme mirado.

Fuera, en los jardines que arrasó el verano, una cigarra se ensaña contra
    la noche.
¿Estoy o estuve aquí?

Tokio, 1952

El río

La ciudad desvelada circula por mi sangre como una abeja.
Y el avión que traza un gemido en forma de S larga, los tranvías que
    se derrumban en esquinas remotas,
ese árbol cargado de injurias que alguien sacude a medianoche en la plaza,
los ruidos que ascienden y estallan y los que se deslizan y cuchichean en
    la oreja un secreto que repta
abren lo obscuro, precipicios de aes y oes, túneles de vocales taciturnas,
galerías que recorro con los ojos vendados, el alfabeto somnoliento cae
    en el hoyo como un río de tinta,
y la ciudad va y viene y su cuerpo de piedra se hace añicos al llegar a mi sien,
toda la noche, uno a uno, estatua a estatua, fuente a fuente, piedra a
    piedra, toda la noche
sus pedazos se buscan en mi frente, toda la noche la ciudad habla
    dormida por mi boca
y es un discurso incomprensible y jadeante, un tartamudeo de aguas
    y piedra batallando, su historia.

Detenerse un instante, detener a mi sangre que va y viene, va y viene
    y no dice nada,
sentado sobre mí mismo como el yoguín a la sombra de la higuera, como
    Buda a la orilla del río, detener al instante,

un solo instante, sentado a la orilla del tiempo, borrar mi imagen del río
    que habla dormido y no dice nada y me lleva consigo,
sentado a la orilla detener al río, abrir el instante, penetrar por sus salas
    atónitas hasta su centro de agua,
beber en la fuente inagotable, ser la cascada de sílabas azules que cae
    de los labios de piedra,
sentado a la orilla de la noche como Buda a la orilla de sí mismo ser
    el parpadeo del instante,
el incendio y la destrucción y el nacimiento del instante y la respiración
    de la noche fluyendo enorme a la orilla del tiempo,
decir lo que dice el río, larga palabra semejante a labios, larga palabra
    que no acaba nunca,
decir lo que dice el tiempo en duras frases de piedra, en vastos ademanes
    de mar cubriendo mundos.

A mitad del poema me sobrecoge siempre un gran desamparo, todo me
    abandona,
no hay nadie a mi lado, ni siquiera esos ojos que desde atrás contemplan
    lo que escribo,
no hay atrás ni adelante, la pluma se rebela, no hay comienzo ni fin,
    tampoco hay muro que saltar,
es una explanada desierta el poema, lo dicho no está dicho, lo no dicho
    es indecible,
torres, terrazas devastadas, babilonias, un mar de sal negra, un reino
    ciego,
        No,
detenerme, callar, cerrar los ojos hasta que brote de mis párpados una
    espiga, un surtidor de soles,
y el alfabeto ondule largamente bajo el viento del sueño y la marea crezca
    en una ola y la ola rompa el dique,
esperar hasta que el papel se cubra de astros y sea el poema un bosque
    de palabras enlazadas,
        No,
no tengo nada que decir, nadie tiene nada que decir, nada ni nadie
    excepto la sangre,
nada sino este ir y venir de la sangre, este escribir sobre lo escrito y
    repetir la misma palabra en mitad del poema,

sílabas de tiempo, letras rotas, gotas de tinta, sangre que va y viene y
    no dice nada y me lleva consigo.

Y digo mi rostro inclinado sobre el papel y alguien a mi lado escribe
    mientras la sangre va y viene,
y la ciudad va y viene por su sangre, quiere decir algo, el tiempo quiere
    decir algo, la noche quiere decir,
toda la noche el hombre quiere decir una sola palabra, decir al fin su
    discurso hecho de piedras desmoronadas,
y aguzo el oído, quiero oír lo que dice el hombre, repetir lo que dice
    la ciudad a la deriva,
toda la noche las piedras rotas se buscan a tientas en mi frente, toda
    la noche pelea el agua contra la piedra,
las palabras contra la noche, la noche contra la noche, nada ilumina
    el opaco combate,
el choque de las armas no arranca un relámpago a la piedra, una chispa
    a la noche, nadie da tregua,
es un combate a muerte entre inmortales,
                         No,
dar marcha atrás, parar el río de sangre, el río de tinta,
remontar la corriente y que la noche, vuelta sobre sí misma, muestre
    sus entrañas,
que el agua muestre su corazón, racimo de espejos ahogados,
que el tiempo se cierre y sea su herida una cicatriz invisible, apenas
    una delgada línea sobre la piel del mundo,
que las palabras depongan armas y sea el poema una sola palabra
    entretejida,
y sea el alma el llano después del incendio, el pecho lunar de un mar
    petrificado que no refleja nada
sino la extensión extendida, el espacio acostado sobre sí mismo, las alas
    inmensas desplegadas,
y sea todo como la llama que se esculpe y se hiela en la roca de entrañas
    transparentes,
duro fulgor resuelto ya en cristal y claridad pacífica.

Y el río remonta su curso, repliega sus velas, recoge sus imágenes y
    se interna en sí mismo.

Ginebra, 1953

El cántaro roto

La mirada interior se despliega y un mundo de vértigo y llama nace bajo
   la frente del que sueña:
soles azules, verdes remolinos, picos de luz que abren astros como
   granadas,
tornasol solitario, ojo de oro girando en el centro de una explanada
   calcinada,
bosques de cristal de sonido, bosques de ecos y respuestas y ondas,
   diálogo de transparencias,
¡viento, galope de agua entre los muros interminables de una garganta
   de azabache,
caballo, cometa, cohete que se clava justo en el corazón de la noche,
   plumas, surtidores,
plumas, súbito florecer de las antorchas, velas, alas, invasión de lo blanco,
pájaros de las islas cantando bajo la frente del que sueña!

Abrí los ojos, los alcé hasta el cielo y vi cómo la noche se cubría de
   estrellas.
¡Islas vivas, brazaletes de islas llameantes, piedras ardiendo, respirando,
   racimos de piedras vivas,
cuánta fuente, qué claridades, qué cabelleras sobre una espalda obscura,
cuánto río allá arriba, y ese sonar remoto de agua junto al fuego, de luz
   contra la sombra!
Harpas, jardines de harpas.

Pero a mi lado no había nadie.
Sólo el llano: cactus, huizaches, piedras enormes que estallan bajo el sol.
No cantaba el grillo,
había un vago olor a cal y semillas quemadas,
las calles del poblado eran arroyos secos
y el aire se habría roto en mil pedazos si alguien hubiese gritado:
   ¿quién vive?
Cerros pelados, volcán frío, piedra y jadeo bajo tanto esplendor, sequía,
   sabor de polvo,
rumor de pies descalzos sobre el polvo, ¡y el pirú en medio del llano
   como un surtidor petrificado!

Dime, sequía, dime, tierra quemada, tierra de huesos remolidos, dime,
    luna agónica,
¿no hay agua,
hay sólo sangre, sólo hay polvo, sólo pisadas de pies desnudos sobre
    la espina,
sólo andrajos y comida de insectos y sopor bajo el mediodía impío como
    un cacique de oro?
¿No hay relinchos de caballos a la orilla del río, entre las grandes piedras
    redondas y relucientes,
en el remanso, bajo la luz verde de las hojas y los gritos de los hombres
    y las mujeres bañándose al alba?
El dios-maíz, el dios-flor, el dios-agua, el dios-sangre, la Virgen,
¿todos se han muerto, se han ido, cántaros rotos al borde de la fuente
    cegada?
¿Sólo está vivo el sapo,
sólo reluce y brilla en la noche de México el sapo verduzco,
sólo el cacique gordo de Cempoala es inmortal?

Tendido al pie del divino árbol de jade regado con sangre, mientras dos
    esclavos jóvenes lo abanican,
en los días de las grandes procesiones al frente del pueblo, apoyado en
    la cruz: arma y bastón,
en traje de batalla, el esculpido rostro de sílex aspirando como un
    incienso precioso el humo de los fusilamientos,
los fines de semana en su casa blindada junto al mar, al lado de su
    querida cubierta de joyas de gas neón,
¿sólo el sapo es inmortal?

He aquí a la rabia verde y fría y a su cola de navajas y vidrio cortado,
he aquí al perro y a su aullido sarnoso,
al maguey taciturno, al nopal y al candelabro erizados, he aquí a la flor
    que sangra y hace sangrar,
la flor de inexorable y tajante geometría como un delicado instrumento
    de tortura,
he aquí a la noche de dientes largos y mirada filosa, la noche que desuella
    con un pedernal invisible,
oye a los dientes chocar uno contra otro,
oye a los huesos machacando a los huesos,

al tambor de piel humana golpeado por el fémur,
al tambor del pecho golpeado por el talón rabioso,
al tam-tam de los tímpanos golpeados por el sol delirante,
he aquí al polvo que se levanta como un rey amarillo y todo lo descuaja
    y danza solitario y se derrumba
como un árbol al que de pronto se le han secado las raíces, como
    una torre que cae de un solo tajo,
he aquí al hombre que cae y se levanta y come polvo y se arrastra,
al insecto humano que perfora la piedra y perfora los siglos y carcome
    la luz,
he aquí a la piedra rota, al hombre roto, a la luz rota.

¿Abrir los ojos o cerrarlos, todo es igual?
Castillos interiores que incendia el pensamiento porque otro más puro
    se levante, sólo fulgor y llama,
semilla de la imagen que crece hasta ser árbol y hace estallar el cráneo,
palabra que busca unos labios que la digan,
sobre la antigua fuente humana cayeron grandes piedras,
hay siglos de piedras, años de losas, minutos espesores sobre la fuente
    humana.

Dime, sequía, piedra pulida por el tiempo sin dientes, por el hambre sin
    dientes,
polvo molido por dientes que son siglos, por siglos que son hambres,
dime, cántaro roto caído en el polvo, dime,
¿la luz nace frotando hueso contra hueso, hombre contra hombre,
    hambre contra hambre,
hasta que surja al fin la chispa, el grito, la palabra,
hasta que brote al fin el agua y crezca el árbol de anchas hojas de
    turquesa?

Hay que dormir con los ojos abiertos, hay que soñar con las manos,
soñemos sueños activos de río buscando su cauce, sueños de sol
    soñando sus mundos,
hay que soñar en voz alta, hay que cantar hasta que el canto eche raíces,
    tronco, ramas, pájaros, astros,
cantar hasta que el sueño engendre y brote del costado del dormido la
    espiga roja de la resurrección,

el agua de la mujer, el manantial para beber y mirarse y reconocerse
      y recobrarse,
el manantial para saberse hombre, el agua que habla a solas en la noche
      y nos llama con nuestro nombre,
el manantial de las palabras para decir yo, tú, él, nosotros, bajo el gran
      árbol viviente estatua de la lluvia,
para decir los pronombres hermosos y reconocernos y ser fieles
      a nuestros nombres
hay que soñar hacia atrás, hacia la fuente, hay que remar siglos arriba,
más allá de la infancia, más allá del comienzo, más allá de las aguas
      del bautismo,
echar abajo las paredes entre el hombre y el hombre, juntar de nuevo
      lo que fue separado,
vida y muerte no son mundos contrarios, somos un solo tallo con dos
      flores gemelas,
hay que desenterrar la palabra perdida, soñar hacia dentro y también
      hacia afuera,
descifrar el tatuaje de la noche y mirar cara a cara al mediodía y
      arrancarle su máscara,
bañarse en luz solar y comer los frutos nocturnos, deletrear la escritura
      del astro y la del río,
recordar lo que dicen la sangre y la marea, la tierra y el cuerpo, volver
      al punto de partida,
ni adentro ni afuera, ni arriba ni abajo, al cruce de caminos, adonde
      empiezan los caminos,
porque la luz canta con un rumor de agua, con un rumor de follaje canta
      el agua
y el alba está cargada de frutos, el día y la noche reconciliados fluyen
      como un río manso,
el día y la noche se acarician largamente como un hombre y una mujer
      enamorados,
como un solo río interminable bajo arcos de siglos fluyen las estaciones
      y los hombres,
hacia allá, al centro vivo del origen, más allá de fin y comienzo.

México, 1955

Piedra de Sol

La treizième revient... c'est encor la première;
et c'est toujours la seule —ou c'est le seul moment;
car es-tu reine, ô toi, la première ou dernière?
es-tu roi, toi le seul ou le dernier amant?

GÉRARD DE NERVAL, *Arthémis*

un sauce de cristal, un chopo de agua,
un alto surtidor que el viento arquea,
un árbol bien plantado mas danzante,
un caminar de río que se curva,
avanza, retrocede, da un rodeo
y llega siempre:
                    un caminar tranquilo
de estrella o primavera sin premura,
agua que con los párpados cerrados
mana toda la noche profecías,
unánime presencia en oleaje,
ola tras ola hasta cubrirlo todo,
verde soberanía sin ocaso
como el deslumbramiento de las alas
cuando se abren en mitad del cielo,

un caminar entre las espesuras
de los días futuros y el aciago
fulgor de la desdicha como un ave
petrificando el bosque con su canto
y las felicidades inminentes
entre las ramas que se desvanecen,
horas de luz que pican ya los pájaros,
presagios que se escapan de la mano,

una presencia como un canto súbito,
como el viento cantando en el incendio,
una mirada que sostiene en vilo
al mundo con sus mares y sus montes,
cuerpo de luz filtrada por un ágata,

piernas de luz, vientre de luz, bahías,
roca solar, cuerpo color de nube,
color de día rápido que salta,
la hora centellea y tiene cuerpo,
el mundo ya es visible por tu cuerpo,
es transparente por tu transparencia,

voy entre galerías de sonidos,
fluyo entre las presencias resonantes,
voy por las transparencias como un ciego,
un reflejo me borra, nazco en otro,
oh bosque de pilares encantados,
bajo los arcos de la luz penetro
los corredores de un otoño diáfano,

voy por tu cuerpo como por el mundo,
tu vientre es una plaza soleada,
tus pechos dos iglesias donde oficia
la sangre sus misterios paralelos,
mis miradas te cubren como yedra,
eres una ciudad que el mar asedia,
una muralla que la luz divide
en dos mitades de color durazno,
un paraje de sal, rocas y pájaros
bajo la ley del mediodía absorto,

vestida del color de mis deseos
como mi pensamiento vas desnuda,
voy por tus ojos como por el agua,
los tigres beben sueño en esos ojos,
el colibrí se quema en esas llamas,
voy por tu frente como por la luna,
como la nube por tu pensamiento,
voy por tu vientre como por tus sueños,

tu falda de maíz ondula y canta,
tu falda de cristal, tu falda de agua,
tus labios, tus cabellos, tus miradas,
toda la noche llueves, todo el día

abres mi pecho con tus dedos de agua,
cierras mis ojos con tu boca de agua,
sobre mis huesos llueves, en mi pecho
hunde raíces de agua un árbol líquido,

voy por tu talle como por un río,
voy por tu cuerpo como por un bosque,
como por un sendero en la montaña
que en un abismo brusco se termina,
voy por tus pensamientos afilados
y a la salida de tu blanca frente
mi sombra despeñada se destroza,
recojo mis fragmentos uno a uno
y prosigo sin cuerpo, busco a tientas,

corredores sin fin de la memoria,
puertas abiertas a un salón vacío
donde se pudren todos los veranos,
las joyas de la sed arden al fondo,
rostro desvanecido al recordarlo,
mano que se deshace si la toco,
cabelleras de arañas en tumulto
sobre sonrisas de hace muchos años,

a la salida de mi frente busco,
busco sin encontrar, busco un instante,
un rostro de relámpago y tormenta
corriendo entre los árboles nocturnos,
rostro de lluvia en un jardín a obscuras,
agua tenaz que fluye a mi costado,

busco sin encontrar, escribo a solas,
no hay nadie, cae el día, cae el año,
caigo con el instante, caigo a fondo,
invisible camino sobre espejos
que repiten mi imagen destrozada,
piso días, instantes caminados,
piso los pensamientos de mi sombra,
piso mi sombra en busca de un instante,

busco una fecha viva como un pájaro,
busco el sol de las cinco de la tarde
templado por los muros de tezontle:
la hora maduraba sus racimos
y al abrirse salían las muchachas
de su entraña rosada y se esparcían
por los patios de piedra del colegio,
alta como el otoño caminaba
envuelta por la luz bajo la arcada
y el espacio al ceñirla la vestía
de una piel más dorada y transparente,

tigre color de luz, pardo venado
por los alrededores de la noche,
entrevista muchacha reclinada
en los balcones verdes de la lluvia,
adolescente rostro innumerable,
he olvidado tu nombre, Melusina,
Laura, Isabel, Perséfona, María,
tienes todos los rostros y ninguno,
eres todas las horas y ninguna,
te pareces al árbol y a la nube,
eres todos los pájaros y un astro,
te pareces al filo de la espada
y a la copa de sangre del verdugo,
yedra que avanza, envuelve y desarraiga
al alma y la divide de sí misma,

escritura de fuego sobre el jade,
grieta en la roca, reina de serpientes,
columna de vapor, fuente en la peña,
circo lunar, peñasco de las águilas,
grano de anís, espina diminuta
y mortal que da penas inmortales,
pastora de los valles submarinos
y guardiana del valle de los muertos,
liana que cuelga del cantil del vértigo,
enredadera, planta venenosa,
flor de resurrección, uva de vida,

señora de la flauta y del relámpago,
terraza del jazmín, sal en la herida,
ramo de rosas para el fusilado,
nieve en agosto, luna del patíbulo,
escritura del mar sobre el basalto,
escritura del viento en el desierto,
testamento del sol, granada, espiga,

rostro de llamas, rostro devorado,
adolescente rostro perseguido
años fantasmas, días circulares
que dan al mismo patio, al mismo muro,
arde el instante y son un solo rostro
los sucesivos rostros de la llama,
todos los nombres son un solo nombre,
todos los rostros son un solo rostro,
todos los siglos son un solo instante
y por todos los siglos de los siglos
cierra el paso al futuro un par de ojos,

no hay nada frente a mí, sólo un instante
rescatado esta noche, contra un sueño
de ayuntadas imágenes soñado,
duramente esculpido contra el sueño,
arrancado a la nada de esta noche,
a pulso levantado letra a letra,
mientras afuera el tiempo se desboca
y golpea las puertas de mi alma
el mundo con su horario carnicero,

sólo un instante mientras las ciudades,
los nombres, los sabores, lo vivido,
se desmoronan en mi frente ciega,
mientras la pesadumbre de la noche
mi pensamiento humilla y mi esqueleto,
y mi sangre camina más despacio
y mis dientes se aflojan y mis ojos
se nublan y los días y los años
sus horrores vacíos acumulan,

mientras el tiempo cierra su abanico
y no hay nada detrás de sus imágenes
el instante se abisma y sobrenada
rodeado de muerte, amenazado
por la noche y su lúgubre bostezo,
amenazado por la algarabía
de la muerte vivaz y enmascarada
el instante se abisma y se penetra,
como un puño se cierra, como un fruto
que madura hacia dentro de sí mismo
y a sí mismo se bebe y se derrama
el instante translúcido se cierra
y madura hacia dentro, echa raíces,
crece dentro de mí, me ocupa todo,
me expulsa su follaje delirante,
mis pensamientos sólo son sus pájaros,
su mercurio circula por mis venas,
árbol mental, frutos sabor de tiempo,

oh vida por vivir y ya vivida,
tiempo que vuelve en una marejada
y se retira sin volver el rostro,
lo que pasó no fue pero está siendo
y silenciosamente desemboca
en otro instante que se desvanece:

frente a la tarde de salitre y piedra
armada de navajas invisibles
una roja escritura indescifrable
escribes en mi piel y esas heridas
como un traje de llamas me recubren,
ardo sin consumirme, busco el agua
y en tus ojos no hay agua, son de piedra,
y tus pechos, tu vientre, tus caderas
son de piedra, tu boca sabe a polvo,
tu boca sabe a tiempo emponzoñado,
tu cuerpo sabe a pozo sin salida,
pasadizo de espejos que repiten
los ojos del sediento, pasadizo

que vuelve siempre al punto de partida,
y tú me llevas ciego de la mano
por esas galerías obstinadas
hacia el centro del círculo y te yergues
como un fulgor que se congela en hacha,
como luz que desuella, fascinante
como el cadalso para el condenado,
flexible como el látigo y esbelta
como un arma gemela de la luna,
y tus palabras afiladas cavan
mi pecho y me despueblan y vacían,
uno a uno me arrancas los recuerdos,
he olvidado mi nombre, mis amigos
gruñen entre los cerdos o se pudren
comidos por el sol en un barranco,

no hay nada en mí sino una larga herida,
una oquedad que ya nadie recorre,
presente sin ventanas, pensamiento
que vuelve, se repite, se refleja
y se pierde en su misma transparencia,
conciencia traspasada por un ojo
que se mira mirarse hasta anegarse
de claridad:
        yo vi tu atroz escama,
Melusina, brillar verdosa al alba,
dormías enroscada entre las sábanas
y al despertar gritaste como un pájaro
y caíste sin fin, quebrada y blanca,
nada quedó de ti sino tu grito,
y al cabo de los siglos me descubro
con tos y mala vista, barajando
viejas fotos:
        no hay nadie, no eres nadie,
un montón de ceniza y una escoba,
un cuchillo mellado y un plumero,
un pellejo colgado de unos huesos,
un racimo ya seco, un hoyo negro

y en el fondo del hoyo los dos ojos
de una niña ahogada hace mil años,

miradas enterradas en un pozo,
miradas que nos ven desde el principio,
mirada niña de la madre vieja
que ve en el hijo grande un padre joven,
mirada madre de la niña sola
que ve en el padre grande un hijo niño,
miradas que nos miran desde el fondo
de la vida y son trampas de la muerte
—¿o es al revés: caer en esos ojos
es volver a la vida verdadera?,

¡caer, volver, soñarme y que me sueñen
otros ojos futuros, otra vida,
otras nubes, morirme de otra muerte!
—esta noche me basta, y este instante
que no acaba de abrirse y revelarme
dónde estuve, quién fui, cómo te llamas,
cómo me llamo yo:
                            ¿hacía planes
para el verano —y todos los veranos—
en Christopher Street, hace diez años,
con Filis que tenía dos hoyuelos
donde bebían luz los gorriones?,
¿por la Reforma Carmen me decía
«no pesa el aire, aquí siempre es octubre»,
o se lo dijo a otro que he perdido
o yo lo invento y nadie me lo ha dicho?,
¿caminé por la noche de Oaxaca,
inmensa y verdinegra como un árbol,
hablando solo como el viento loco
y al llegar a mi cuarto —siempre un cuarto—
no me reconocieron los espejos?,
¿desde el hotel Vernet vimos al alba
bailar con los castaños —«ya es muy tarde»
decías al peinarte y yo veía
manchas en la pared, sin decir nada?,

¿subimos juntos a la torre, vimos
caer la tarde desde el arrecife?,
¿comimos uvas en Bidart?, ¿compramos
gardenias en Perote?,
                    nombres, sitios,
calles y calles, rostros, plazas, calles,
estaciones, un parque, cuartos solos,
manchas en la pared, alguien se peina,
alguien canta a mi lado, alguien se viste,
cuartos, lugares, calles, nombres, cuartos,

Madrid, 1937,
en la Plaza del Ángel las mujeres
cosían y cantaban con sus hijos,
después sonó la alarma y hubo gritos,
casas arrodilladas en el polvo,
torres hendidas, frentes escupidas
y el huracán de los motores, fijo:
los dos se desnudaron y se amaron
por defender nuestra porción eterna,
nuestra ración de tiempo y paraíso,
tocar nuestra raíz y recobrarnos,
recobrar nuestra herencia arrebatada
por ladrones de vida hace mil siglos,
los dos se desnudaron y besaron
porque las desnudeces enlazadas
saltan el tiempo y son invulnerables,
nada las toca, vuelven al principio,
no hay tú ni yo, mañana, ayer ni nombres,
verdad de dos en sólo un cuerpo y alma,
oh ser total...
                    cuartos a la deriva
entre ciudades que se van a pique,
cuartos y calles, nombres como heridas,
el cuarto con ventanas a otros cuartos
con el mismo papel descolorido
donde un hombre en camisa lee el periódico
o plancha una mujer; el cuarto claro
que visitan las ramas del durazno;

el otro cuarto: afuera siempre llueve
y hay un patio y tres niños oxidados;
cuartos que son navíos que se mecen
en un golfo de luz; o submarinos:
el silencio se esparce en olas verdes,
todo lo que tocamos fosforece;
mausoleos del lujo, ya roídos
los retratos, raídos los tapetes;
trampas, celdas, cavernas encantadas,
pajareras y cuartos numerados,
todos se transfiguran, todos vuelan,
cada moldura es nube, cada puerta
da al mar, al campo, al aire, cada mesa
es un festín; cerrados como conchas
el tiempo inútilmente los asedia,
no hay tiempo ya, ni muro: ¡espacio, espacio,
abre la mano, coge esta riqueza,
corta los frutos, come de la vida,
tiéndete al pie del árbol, bebe el agua!,

todo se transfigura y es sagrado,
es el centro del mundo cada cuarto,
es la primera noche, el primer día,
el mundo nace cuando dos se besan,
gota de luz de entrañas transparentes
el cuarto como un fruto se entreabre
o estalla como un astro taciturno
y las leyes comidas de ratones,
las rejas de los bancos y las cárceles,
las rejas de papel, las alambradas,
los timbres y las púas y los pinchos,
el sermón monocorde de las armas,
el escorpión meloso y con bonete,
el tigre con chistera, presidente
del Club Vegetariano y la Cruz Roja,
el burro pedagogo, el cocodrilo
metido a redentor, padre de pueblos,
el Jefe, el tiburón, el arquitecto
del porvenir, el cerdo uniformado,

el hijo predilecto de la Iglesia
que se lava la negra dentadura
con el agua bendita y toma clases
de inglés y democracia, las paredes
invisibles, las máscaras podridas
que dividen al hombre de los hombres,
al hombre de sí mismo,
                              se derrumban
por un instante inmenso y vislumbramos
nuestra unidad perdida, el desamparo
que es ser hombres, la gloria que es ser hombres
y compartir el pan, el sol, la muerte,
el olvidado asombro de estar vivos;

amar es combatir, si dos se besan
el mundo cambia, encarnan los deseos,
el pensamiento encarna, brotan alas
en las espaldas del esclavo, el mundo
es real y tangible, el vino es vino,
el pan vuelve a saber, el agua es agua,
amar es combatir, es abrir puertas,
dejar de ser fantasma con un número
a perpetua cadena condenado
por un amo sin rostro;
                              el mundo cambia
si dos se miran y se reconocen,
amar es desnudarse de los nombres:
«déjame ser tu puta», son palabras
de Eloísa, mas él cedió a las leyes,
la tomó por esposa y como premio
lo castraron después;
                              mejor el crimen,
los amantes suicidas, el incesto
de los hermanos como dos espejos
enamorados de su semejanza,
mejor comer el pan envenenado,
el adulterio en lechos de ceniza,
los amores feroces, el delirio,
su yedra ponzoñosa, el sodomita

que lleva por clavel en la solapa
un gargajo, mejor ser lapidado
en las plazas que dar vuelta a la noria
que exprime la substancia de la vida,
cambia la eternidad en horas huecas,
los minutos en cárceles, el tiempo
en monedas de cobre y mierda abstracta;

mejor la castidad, flor invisible
que se mece en los tallos del silencio,
el difícil diamante de los santos
que filtra los deseos, sacia al tiempo,
nupcias de la quietud y el movimiento,
canta la soledad en su corola,
pétalo de cristal es cada hora,
el mundo se despoja de sus máscaras
y en su centro, vibrante transparencia,
lo que llamamos Dios, el ser sin nombre,
se contempla en la nada, el ser sin rostro
emerge de sí mismo, sol de soles,
plenitud de presencias y de nombres;

sigo mi desvarío, cuartos, calles,
camino a tientas por los corredores
del tiempo y subo y bajo sus peldaños
y sus paredes palpo y no me muevo,
vuelvo adonde empecé, busco tu rostro,
camino por las calles de mí mismo
bajo un sol sin edad, y tú a mi lado
caminas como un árbol, como un río
caminas y me hablas como un río,
creces como una espiga entre mis manos,
lates como una ardilla entre mis manos,
vuelas como mil pájaros, tu risa
me ha cubierto de espumas, tu cabeza
es un astro pequeño entre mis manos,
el mundo reverdece si sonríes
comiendo una naranja,
                              el mundo cambia

si dos, vertiginosos y enlazados,
caen sobre la yerba: el cielo baja,
los árboles ascienden, el espacio
sólo es luz y silencio, sólo espacio
abierto para el águila del ojo,
pasa la blanca tribu de las nubes,
rompe amarras el cuerpo, zarpa el alma,
perdemos nuestros nombres y flotamos
a la deriva entre el azul y el verde,
tiempo total donde no pasa nada
sino su propio transcurrir dichoso,

no pasa nada, callas, parpadeas
(silencio: cruzó un ángel este instante
grande como la vida de cien soles),
¿no pasa nada, sólo un parpadeo?
—y el festín, el destierro, el primer crimen,
la quijada del asno, el ruido opaco
y la mirada incrédula del muerto
al caer en el llano ceniciento,
Agamenón y su mugido inmenso
y el repetido grito de Casandra
más fuerte que los gritos de las olas,
Sócrates en cadenas (el sol nace,
morir es despertar: «Critón, un gallo
a Esculapio, ya sano de la vida»),
el chacal que diserta entre las ruinas
de Nínive, la sombra que vio Bruto
antes de la batalla, Moctezuma
en el lecho de espinas de su insomnio,
el viaje en la carreta hacia la muerte
—el viaje interminable mas contado
por Robespierre minuto tras minuto,
la mandíbula rota entre las manos—,
Churruca en su barrica como un trono
escarlata, los pasos ya contados
de Lincoln al salir hacia el teatro,
el estertor de Trotski y sus quejidos
de jabalí, Madero y su mirada

que nadie contestó: ¿por qué me matan?,
los carajos, los ayes, los silencios
del criminal, el santo, el pobre diablo,
cementerios de frases y de anécdotas
que los perros retóricos escarban,
el animal que muere y que lo sabe,
saber común, inútil, ruido obscuro
de la piedra que cae, el son monótono
de huesos machacados en la riña
y la boca de espuma del profeta
y su grito y el grito del verdugo
y el grito de la víctima...
                              son llamas
los ojos y son llamas lo que miran,
llama la oreja y el sonido llama,
brasa los labios y tizón la lengua,
el tacto y lo que toca, el pensamiento
y lo pensado, llama el que lo piensa,
todo se quema, el universo es llama,
arde la misma nada que no es nada
sino un pensar en llamas, al fin humo:
no hay verdugo ni víctima...
                           ¿y el grito
en la tarde del viernes?, y el silencio
que se cubre de signos, el silencio
que dice sin decir, ¿no dice nada?,
¿no son nada los gritos de los hombres?,
¿no pasa nada cuando pasa el tiempo?

—no pasa nada, sólo un parpadeo
del sol, un movimiento apenas, nada,
no hay redención, no vuelve atrás el tiempo,
los muertos están fijos en su muerte
y no pueden morirse de otra muerte,
intocables, clavados en su gesto,
desde su soledad, desde su muerte
sin remedio nos miran sin mirarnos,
su muerte ya es la estatua de su vida,
un siempre estar ya nada para siempre,

cada minuto es nada para siempre,
un rey fantasma rige tus latidos
y tu gesto final, tu dura máscara
labra sobre tu rostro cambiante:
el monumento somos de una vida
ajena y no vivida, apenas nuestra,

—¿la vida, cuándo fue de veras nuestra?,
¿cuándo somos de veras lo que somos?,
bien mirado no somos, nunca somos
a solas sino vértigo y vacío,
muecas en el espejo, horror y vómito,
nunca la vida es nuestra, es de los otros,
la vida no es de nadie, todos somos
la vida —pan de sol para los otros,
los otros todos que nosotros somos—,
soy otro cuando soy, los actos míos
son más míos si son también de todos,
para que pueda ser he de ser otro,
salir de mí, buscarme entre los otros,
los otros que no son si yo no existo,
los otros que me dan plena existencia,
no soy, no hay yo, siempre somos nosotros,
la vida es otra, siempre allá, más lejos,
fuera de ti, de mí, siempre horizonte,
vida que nos desvive y enajena,
que nos inventa un rostro y lo desgasta,
hambre de ser, oh muerte, pan de todos,

Eloísa, Perséfona, María,
muestra tu rostro al fin para que vea
mi cara verdadera, la del otro,
mi cara de nosotros siempre todos,
cara de árbol y de panadero,
de chofer y de nube y de marino,
cara de sol y arroyo y Pedro y Pablo,
cara de solitario colectivo,
despiértame, ya nazco:
                              vida y muerte

pactan en ti, señora de la noche,
torre de claridad, reina del alba,
virgen lunar, madre del agua madre,
cuerpo del mundo, casa de la muerte,
caigo sin fin desde mi nacimiento,
caigo en mí mismo sin tocar mi fondo,
recógeme en tus ojos, junta el polvo
disperso y reconcilia mis cenizas,
ata mis huesos divididos, sopla
sobre mi ser, entiérrame en tu tierra,
tu silencio dé paz al pensamiento
contra sí mismo airado;
                              abre la mano,
señora de semillas que son días,
el día es inmortal, asciende, crece,
acaba de nacer y nunca acaba,
cada día es nacer, un nacimiento
es cada amanecer y yo amanezco,
amanecemos todos, amanece
el sol cara de sol, Juan amanece
con su cara de Juan cara de todos,
puerta del ser, despiértame, amanece,
déjame ver el rostro de este día,
déjame ver el rostro de esta noche,
todo se comunica y transfigura,
arco de sangre, puente de latidos,
llévame al otro lado de esta noche,
adonde yo soy tú somos nosotros,
al reino de pronombres enlazados,

puerta del ser: abre tu ser, despierta,
aprende a ser también, labra tu cara,
trabaja tus facciones, ten un rostro
para mirar mi rostro y que te mire,
para mirar la vida hasta la muerte,
rostro de mar, de pan, de roca y fuente,
manantial que disuelve nuestros rostros
en el rostro sin nombre, el ser sin rostro,
indecible presencia de presencias...

quiero seguir, ir más allá, y no puedo:
se despeñó el instante en otro y otro,
dormí sueños de piedra que no sueña
y al cabo de los años como piedras
oí cantar mi sangre encarcelada,
con un rumor de luz el mar cantaba,
una a una cedían las murallas,
todas las puertas se desmoronaban
y el sol entraba a saco por mi frente,
despegaba mis párpados cerrados,
desprendía mi ser de su envoltura,
me arrancaba de mí, me separaba
de mi bruto dormir siglos de piedra
y su magia de espejos revivía
un sauce de cristal, un chopo de agua,
un alto surtidor que el viento arquea,
un árbol bien plantado mas danzante,
un caminar de río que se curva,
avanza, retrocede, da un rodeo
y llega siempre:

México, 1957

La hija de Rappaccini

(1956)

A Leonora Carrington

Personajes, por orden de aparición en la escena:

EL MENSAJERO
ISABEL, criada vieja
JUAN, estudiante napolitano
RAPPACCINI, médico famoso
BEATRIZ, su hija
BAGLIONI, médico de la Facultad

Pieza en un acto, basada en un cuento de Nathaniel Hawthorne.

Prólogo

El jardín del doctor Rappaccini y, en un extremo, una parte de una vieja construcción en donde se encuentra la habitación de Juan. La escena estará dispuesta de tal modo que los espectadores vean el interior de la habitación: alta y estrecha, un gran espejo cubierto de polvo, atmósfera desolada; un balcón —provisto de un deteriorado cortinaje— se abre sobre el jardín. En el centro se levanta un árbol fantástico. Al alzarse el telón, la escena permanecerá a obscuras, excepto en el espacio que ocupe el Mensajero, personaje hermafrodita vestido como las figuras del tarot, pero sin copiar a ninguna en particular.

EL MENSAJERO. Mi nombre no importa. Ni mi origen. En realidad no tengo nombre, ni sexo, ni edad, ni tierra. Hombre o mujer; niño o viejo; ayer o mañana; norte o sur; los dos géneros, los tres tiempos, las cuatro edades y los cuatro puntos cardinales convergen en mí y en mí se disuelven. Mi alma es transparente: si os asomáis a ella, os hundiréis en una claridad fría y vertiginosa; y en su fondo no encontraréis nada que sea mío. Nada, excepto la imagen de vuestro deseo, que hasta entonces ignorabais. Soy el lugar del encuentro, en mí desembocan todos los caminos. ¡Espacio, puro espacio, nulo y vacío! Estoy aquí, pero también estoy allá; todo es aquí, todo es allá. Estoy en cualquier punto eléctrico del espacio y en cualquier fragmento imantado del tiempo: ayer es hoy; mañana, hoy; todo lo que fue, todo lo que será, está siendo ahora mismo, aquí en la tierra o allá, en la estrella. El encuentro: dos miradas que se cruzan hasta no ser sino un punto incandescente, dos voluntades que se enlazan y forman un nudo de llamas.

Uniones y separaciones: almas que se juntan y son una constelación que canta por una fracción de segundo en el centro del tiempo, mundos que se dispersan como los granos de la granada que se desgrana en la hierba. *(Saca una carta del tarot.)* Y he aquí al centro de la danza, a la estrella fija: la Reina nocturna, la dama infernal, la señora que rige el crecimiento de las plantas, el ritmo de la marea y los movimientos del cielo; la cazadora lunar, la pastora de los muertos en los valles subterráneos; la madre de las cosechas y los manantiales, que duerme la mitad del año y luego despierta ataviada de pulseras de agua, alternativamente dorada y obscura, en la mano derecha la espiga solar de la resurrección. *(Saca dos cartas.)* Y he aquí a sus enemigos: el Rey de este mundo, sentado en su trono de estiércol y dinero, el libro de las leyes y el código de la moral sobre las rodillas temblorosas, el látigo al alcance de la mano —el Rey justiciero y virtuoso, que da al César lo que es del César y niega al Espíritu lo que es del Espíritu; y frente a él, el Ermitaño: adorador del triángulo y la esfera, docto en la escritura caldea e ignorante del lenguaje de la sangre, perdido en su laberinto de silogismos, prisionero de sí mismo. *(Saca otra carta.)* Y he aquí al Juglar, al adolescente; dormía, la cabeza reclinada sobre su propia infancia, pero ha oído el canto nocturno de la Dama y ha despertado; guiado por ese canto, marcha sobre el abismo con los ojos cerrados, balanceándose sobre la cuerda floja; marcha con seguridad y sus pasos lo conducen hacia mí que no existo, en busca de su sueño; si desfallece, se despeñará. Y aquí está la última carta: los Amantes. Son dos figuras, una color de día, otra color de noche. Son dos caminos. El amor es elección: ¿la muerte o la vida? *(El Mensajero se retira.)*

Escena primera

El jardín sigue a obscuras. La habitación está iluminada por una luz dudosa; la cortina del balcón, corrida.

ISABEL. *(Entra y muestra la habitación.)* Al fin hemos llegado, mi joven señor. *(Ante el silencio desanimado del joven.)* Hace años que nadie vive aquí y por eso le impresiona este aire de abandono. Pero usted le dará vida. Los muros son grandes...

JUAN. Acaso demasiado. Altos y espesos...

ISABEL. Así no entra el ruido de la calle. Nada mejor para un joven estudiante.

JUAN. Espesos y húmedos. Será difícil acostumbrarme a la humedad y el silencio, aunque haya quien diga que el pensamiento se nutre de soledad.

ISABEL. Le aseguro que pronto se sentirá como en su casa.

JUAN. En Nápoles mi cuarto era grande y mi lecho era alto y espacioso como un navío. Cada noche, al cerrar los ojos, navegaba por mares sin nombre, entre tierras indecisas, continentes de sombra y bruma. A veces, me aterraba la idea de no volver y me veía perdido para siempre, solo en medio de un océano negro; pero mi lecho se deslizaba con seguridad silenciosa sobre el lomo de la noche, y cada mañana me depositaba en la misma orilla feliz. Dormía con la ventana abierta; en la madrugada, el sol y la brisa del mar entraban en mi cuarto.

ISABEL. En Padua no hay mar, pero tenemos jardines. Los más hermosos de Italia.

JUAN. *(Para sí.)* El mar y el sol sobre el mar. Este cuarto es demasiado obscuro.

ISABEL. Porque están echadas las cortinas. Cuando las corra, la luz lo cegará. *(Corre las cortinas; ante los espectadores aparece el jardín, iluminado.)*

JUAN. *(Deslumbrado.)* ¡Así es distinto! ¡Qué luz dorada! *(Acercándose al balcón.)* Y hay un jardín: ¿pertenece a la casa?

ISABEL. Antiguamente formaba parte del palacio. Hoy es del doctor Rappaccini, el famoso médico.

JUAN. *(Se asoma al balcón.)* Eso no es un jardín. Al menos, no es un jardín napolitano. Es una pesadilla.

ISABEL. Eso dicen muchos en Padua, señor. Pero no se alarme; el doctor Rappaccini no cultiva flores vulgares; todo lo que usted ve son plantas y hierbas medicinales.

JUAN. Y sin embargo, el aire es delicioso. Frío y tibio a un tiempo, sutil y ligero; no pesa y casi no tiene perfume. Hay que confesar que ese Rappaccini, si ignora el arte de agradar a los ojos, conoce bien el secreto de los aromas. ¿Y qué clase de hombre es?

ISABEL. Ya lo dije: un sabio, un gran sabio. Dicen que no hay otro médico corno él. Y dicen otras cosas...

JUAN. ¿Qué cosas?

ISABEL. El señor juzgará por sí mismo. Hoy o mañana lo verá, desde este balcón; todos los días sale a cuidar sus plantas; a veces lo acompaña su hija.

JUAN. No, decididamente no me agrada. (*Corre la cortina.*) Y la hija de Rappaccini, ¿se parece a su padre?

ISABEL. Beatriz es una de las criaturas más bellas que han visto estos viejos ojos. Muchos la pretenden, pero de lejos, porque su padre no los deja acercarse. Y ella es tímida: apenas ve a un extraño, echa a correr. ¿No se le ofrece nada más, señor? Me daría mucho gusto servirlo en lo que pueda. Es tan joven y guapo. Y se siente tan solo...

JUAN. No, gracias, señora Isabel. La soledad no hace daño. (*Sale Isabel.*)

Escena II

JUAN. Procuraré acostumbrarme a esta cueva. Con tal de que no me convierta en murciélago... (*Se acerca al espejo, sopla sobre su polvosa superficie; hace gestos imitando el vuelo del murciélago; se ríe; se queda serio. En ese momento entra Isabel, que lo sorprende.*)

ISABEL. Perdone el señor la interrupción. Me dio tanta pena dejarlo solo, que se me ocurrió traer este ramo de rosas. Quizá lo alegren. Las corté yo misma, hoy en la mañana.

JUAN. (*Recibe las flores.*) Gracias, señora Isabel, muchas gracias. (*Isabel se retira.*)

JUAN. ¡Qué gesto tan delicado! Son hermosas, pero no tengo a quién dárselas. (*Las arroja; luego sonríe, las recoge, se acerca al espejo, se mira complacido, hace una reverencia, ofrece las flores a una muchacha imaginaria y da una pirueta. Inmóvil, duda: después, da un salto, corre las cortinas y se asoma al balcón. Al ver a Rappaccini, se oculta a medias y acecha.*)

Escena III

RAPPACCINI. (*Examina las plantas. Se inclina sobre una flor.*) Basta mirarte para que enrojezcas como una muchachita tímida. ¡Qué sensibilidad! ¡Y qué coquetería! Te ruborizas, pero estás bien armada: si alguien te rozase, pronto vería su piel cubierta por una rica vegetación de manchas azules. (*Da un salto y ve otras plantas enlazadas.*) ¡Las amorosas, abrazadas como una pareja de adúlteros! (*Las aparta y arranca una.*) Vas a estar muy sola de ahora en adelante y tu furioso deseo producirá, en el que te huela, un delirio sin tregua, semejante al de la sed: ¡delirio de los espejos! (*Da un salto y ve otra planta.*) ¿Eres vida o muerte? (*Se encoge de hombros.*) ¿Quién lo sabe? ¿Y no es lo mismo? Cuando nacemos, nuestro cuerpo empieza a morir; cuando morimos, empieza a vivir... con una vida distinta. ¿Quién se atreve a decir que un cadáver es un cuerpo muerto? Habría que preguntarles su opinión a los gusanos: dirán que nunca han gozado de mejor salud. Venenos y antídotos: una y la misma cosa. Belladona, agua tofana, cicuta, beleño negro, heléboro. ¡Qué infinita riqueza de formas y qué variedad de efectos! El lactario venenoso, el bálano impúdico, la niebla, el ceñiglo, la hipócrita coralina, el pedo de lobo y el boleto de Satanás... Y a su lado, separados por una pulgada apenas en la escala de las formas, el licopodio y la pulmonaria, el musco oriental y el verdín doméstico, terror de las cocineras. Y no obstante, el principio es el mismo: basta un pequeño cambio, una leve alteración, y el veneno se transforma en elíxir de vida. Muerte y vida: ¡nombres, nombres! (*Da otro salto y se coloca frente al árbol.*) ¡Beatriz, hija!

BEATRIZ. (*Aparece por la puerta y se adelanta.*) Aquí estoy, padre.

RAPPACCINI. Mira cómo se ha puesto nuestro árbol. Cada vez más alto y garrido. Y se ha cubierto de frutos.

BEATRIZ. (*Frente al árbol.*) ¡Qué hermoso, qué guapo! Cómo has crecido, hermano. (*Lo abraza y apoya la mejilla sobre el tronco.*) No hablas, pero respondes a tu manera: tu savia corre más aprisa. (*A su padre.*) Lo oigo latir, como si estuviera vivo.

RAPPACCINI. Está vivo.

BEATRIZ. Quise decir: vivo como tú y como yo. Vivo como un muchacho. (*Se acerca a una hoja y la aspira.*) ¡Deja que respire tu perfume y que te robe un poco de vida!

RAPPACCINI. Hace un instante me decía: lo que para unos es vida, para otros es muerte. Sólo vemos la mitad de la esfera. Pero la esfera está hecha de muerte y vida. Si acertase con la medida y la proporción justas, infundiría porciones de vida en la muerte; entonces, se unirían las dos mitades: seríamos como dioses. Si mi experimento...

BEATRIZ. ¡No, no me hables de eso! Estoy contenta con mi suerte y soy feliz en este jardín, con estas plantas: ¡mi única familia! Y sin embargo a veces me gustaría tener una rosa y olerla; adornarme el pelo con jazmines; o deshojar una margarita, sin que sus pétalos se incendiasen entre mis manos.

RAPPACCINI. Rosas, margaritas, violetas, claveles, ¡plantas que una helada marchita, flores que un vientecillo deshoja! Las nuestras son inmortales.

BEATRIZ. ¡Frágiles, y por eso adorables! Jardines donde zumban las moscas azules y las abejas amarillas; hierbas donde cantan los grillos y las cigarras... En nuestro jardín no hay pájaros, ni insectos, ni lagartijas que se asolean en las bardas, ni camaleones, ni palomos...

RAPPACCINI. Basta, basta. No se puede tener todo. Y nuestras plantas son mejores. Sus formas imprevistas tienen la hermosura de las visiones de la fiebre; su crecimiento es tan seguro y fatal como el avance pausado de una enfermedad misteriosa. Flores y frutos resplandecientes como joyas. Pero las esmeraldas, los diamantes y los rubíes son materia inerte, piedras muertas. Nuestras joyas están vivas. El fuego corre por sus venas y cambia de color como la luz en las grutas submarinas. ¡Jardín de fuego, jardín donde la vida y la muerte se abrazan para cambiarse sus secretos!

BEATRIZ. Sí, todo eso es verdad ... pero me gustaría tener un gato y acariciarle el lomo, hasta que se convirtiese en una esfera de dulzura y electricidad. Me gustaría tener un camaleón y ponerlo sobre mi falda, para verlo cambiar de color. Un gato, un camaleón, un lorito verde y amarillo que saltase sobre mi hombro gritando: ¡Beatriz, Beatriz, en tu cama se pelean el alcanfor y el anís! Un pajarito, para esconderlo entre mis dos pechos. Me gustaría ... *(Lloriquea.)*

RAPPACCINI. Hija, no llores. Soy demasiado sensible y no puedo ver sufrir a los demás. Me bebería tus lágrimas...

BEATRIZ. *(Con encono.)* No podrías, sabes que no podrías. Te quemarían, como agua regia. *(Al árbol.)* Sólo tú, hermano mío, sólo tú puedes recibir mis lágrimas. *(Lo abraza.)* ¡Toma mi llanto, bebe bien mi vida y dame un poco de la tuya! *(Corta un fruto y lo come.)* Perdona que te coma; es como si me comiese un pedazo de mí misma. *(Se ríe.)*

RAPPACCINI. *(Para sí.)* ¡Vaya, ya pasó todo! *(Se encoge de hombros y vase.)*

BEATRIZ. *(Al árbol.)* Estoy avergonzada, hermano. ¿Cómo puedo quejarme? Ninguna muchacha de la ciudad puede pasearse por un jardín como éste, ni aspirar estos perfumes ni comer los frutos que como. Cuando entro aquí, siento como si entrase en mí misma. El aire me envuelve como un vasto cuerpo impalpable, el vapor de las plantas es tibio como el vaho de una boca pura, la humedad me acaricia. Allá en la casa me ahogo, me martillean las sienes, sufro vértigos. Si pudieras caminar dormirías conmigo: tu aliento disolvería todas las pesadillas. Si pudieras caminar, nos pasearíamos por el jardín; si hablases, nos contaríamos cosas y nos reiríamos. *(Lo acaricia.)* Serías alto y guapo. Tendrías los dientes blancos. En tu pecho el vello sería un manojo de hierbas. Alto y serio. Y no habría peligro de que te gustase otra: no podrías. Y yo tampoco. No, no podría; no podré nunca. *(Para sí.)* Estoy condenada a pasearme en este jardín, sin nadie, hablando sola. *(Al árbol.)* Háblame, dime algo; siquiera: buenas tardes.

JUAN. *(Asomando al balcón.)* ¡Buenas tardes!

BEATRIZ. *(Huye, ahogando un grito; después regresa y hace una reverencia.)* ¡Buenas tardes!

JUAN. *(Arrojándole el ramo.)* ¡Son rosas acabadas de cortar! Si las huele, le dirán mi nombre.

BEATRIZ. Gracias, señor. Me llamo Beatriz.

JUAN. Y yo me llamo Juan, vengo de Nápoles y esas rosas...

Beatriz recoge las rosas, las esconde rápidamente en el pecho, echa a correr y desaparece, dejando a Juan con la palabra en la boca. Obscurece gradualmente.

Escena IV

EL MENSAJERO. *(La escena en sombras; el cuarto de Juan débilmente iluminado.)* Duerme, y mientras duerme batalla contra sí mismo. ¿Habrá notado que el ramo de rosas, como si hubiese sido tocado por el rayo, ennegreció apenas Beatriz lo tomó entre sus brazos? A la luz indecisa del crepúsculo, y con la cabeza mareada por los efluvios del jardín, no es fácil distinguir una rosa seca de una acabada de cortar. ¡Duerme, duerme! Sueña con el mar que el sol cubre de vetas rojas y moradas, sueña con la colina verde, corre por la playa... No, cada vez te alejas más de los paisajes familiares. Marchas por una ciudad labrada en cristal de roca. Tienes sed y la sed engendra delirios geométricos. Perdido en los corredores transparentes, recorres plazas circulares, explanadas donde obeliscos melancólicos custodian fuentes de mercurio, calles que desembocan en la misma calle. Las paredes de cristal se cierran y te aprisionan; tu imagen se repite mil veces en mil espejos que se repiten mil veces en otros mil espejos. Condenado a no salir de ti mismo, condenado a buscarte en las galerías transparentes, siempre a la vista, siempre inalcanzable: ese que está ahí, frente a ti, que te mira con ojos de súplica pidiéndote una señal, un signo de fraternidad y reconocimiento, no eres tú, sino tu imagen. Condenado a dormir con los ojos abiertos. ¡Ciérralos, retrocede, vuelve a lo obscuro, más allá de tu infancia, hacia atrás, hacia el origen! ¡Olas de tiempos contra tu alma! Rema contra ellas, rema hacia atrás, remonta la corriente, cierra los ojos, desciende hasta la semilla. Alguien ha cerrado tus párpados. La prisión transparente se derrumba, los muros de cristal yacen a tus pies, convertidos en un remanso de agua pacífica. Bebe sin miedo, duerme, navega, déjate conducir por el río de ojos cerrados. La mañana nace de tu costado. (*Durante esta escena, Juan mima las palabras del Mensajero.*)

Escena V

ISABEL. Señor, el doctor Baglioni lo busca.

JUAN. ¿Cómo, el doctor Baglioni, el amigo de mi padre?

ISABEL. El gran médico, señor, la honra de la Facultad.

JUAN. ¡Que pase, que pase! O mejor que espere; me arreglaré un poco y lo recibiré en el salón.

BAGLIONI. (*Entrando.*) No es necesario, joven amigo. Tu padre fue mi camarada de cuarto y estudios, en esta misma ciudad. Su hijo es como mi hijo.

Isabel hace una reverencia y vase sin hablar.

JUAN. Su visita me confunde, ilustre maestro. Perdone usted la pobreza de este cuarto de estudiante. Las circunstancias...

BAGLIONI. Lo comprendo todo y lo perdono todo. En fin, ya está nuestro amigo en Padua: la viva imagen de tu padre.

JUAN. Me conmueve su gentileza, señor doctor. Le diré la razón de mi
    viaje: vine con el propósito de estudiar jurisprudencia; llegué ayer y
    no encontré más posada, arreglada a mis medios, que este cuarto tan
    pobre que usted honra con su presencia...

BAGLIONI. La vista parece hermosa: hay un jardín al lado.

JUAN. Y éste es verdaderamente singular. Jamás había visto nada parecido.
    Es del célebre Rappaccini.

BAGLIONI. ¿Rappaccini?

JUAN. Me han dicho que es un sabio, dueño de maravillosos secretos na-
    turales.

BAGLIONI. Te veo muy enterado de nuestras notabilidades, sean o no legí-
    timas. En efecto, Rappaccini es un verdadero hombre de ciencia. Na-
    die, en la Facultad, lo iguala... con una sola excepción.

JUAN. Usted lo conoce, claro está. Viviendo los dos en la misma ciudad y
    unidos por su común amor a la ciencia, deben de ser muy amigos.

BAGLIONI. Poco a poco, joven impetuoso. Rappaccini ama la ciencia,
    sí; sólo que la violencia misma de ese amor —o alguna monstruosa
    insensibilidad moral: no lo sé— ha ensombrecido su alma. Para él los
    hombres son instrumentos, ocasiones para experiencias dudosas y,
    debo decirlo, casi siempre desdichadas.

JUAN. Debe de ser un hombre peligroso.

BAGLIONI. Lo es.

JUAN. Y sin embargo, ¡amar de tal modo a la ciencia!

BAGLIONI. Hijo mío, la ciencia se hizo para el hombre y no el hombre para
    la ciencia.

JUAN. Lo que no impide que Rappaccini sea autor de curas sorpren-
    dentes.

BAGLIONI. A veces ha tenido suerte. En cambio, sé de otros casos... Pero
    ¿qué interés tienes en tu inquietante vecino? ¿Te sientes enfermo,
    por desgracia?

JUAN. Nunca me he sentido mejor. Anoche, por ejemplo, dejé el balcón
    abierto y dormí como un lirón.

BAGLIONI. El aire de Padua es muy puro... En cuanto a Rappaccini...

JUAN. Es natural que, recién llegado a la ciudad, su figura haya despertado
    mi curiosidad. Es mi vecino. Y se habla tanto de su extraordinario
    amor por la ciencia.

BAGLIONI. Ojalá que se hablase más de los resultados de ese insensato
    amor.

JUAN. (*Con cierta violencia.*) Hay un objeto sobre la tierra más precioso para Rappaccini que toda su ciencia, y por el que sacrificaría todo su saber.

BAGLIONI. ¿Cuál?

JUAN. Su hija.

BAGLIONI. ¡Al fin mi joven amigo me ha descubierto su secreto! ¡Vaya, la hermosa Beatriz es la razón escondida de todo este interrogatorio!

JUAN. Apenas la he entrevisto, ayer por la tarde.

BAGLIONI. No, no te disculpes. No conozco a esa muchacha. He oído decir que algunos jóvenes de Padua andan locos por ella... aunque no se le acercan. También se dice que no sólo es un prodigio de belleza sino un pozo de ciencia, de modo que podría, a pesar de sus años, ocupar una cátedra en la Facultad. (*Ríe.*) Acaso la mía... Pero dejemos estos estúpidos rumores... (*Se dirige hacia el balcón.*) ¡Lúgubre jardín!

JUAN. Nos puede parecer reprobable, pero no podemos negar que este jardín revela un amor, ¿cómo diré?, un amor salvaje por la verdad, una pasión por lo infinito. Por eso da vértigo...

BAGLIONI. ¡Calla! Rappaccini en persona ha aparecido en su jardín.

Rappaccini sale y examina las plantas. Al sentirse observado, levanta la cabeza y clava los ojos en el balcón. Baglioni le hace un frío saludo, que no contesta. Por un instante, ignorando a Baglioni, contempla con fijeza a Juan. Luego se retira.

BAGLIONI. Nos ha visto y ni siquiera se ha dignado contestar mi saludo. Cierto, no me veía a mí, sino a ti. ¿Te conoce?

JUAN. ¿Cómo podría conocerme, si acabo de llegar?

BAGLIONI. No sé, pero juraría que tiene interés en ti. Un interés... científico. ¿Y qué papel desempeña Beatriz en esta conspiración?

JUAN. Señor profesor, ¿no va usted demasiado lejos? Ni el padre ni la hija sospechan mi existencia.

BAGLIONI. Con Rappaccini nunca se sabe. Meditaré sobre lo que acabo de ver. No quisiera que al hijo de un viejo amigo le ocurriese una desgracia.

JUAN. Señor, ¿qué quiere usted decir?

BAGLIONI. Nada, por el momento. Apenas una sospecha... y casi una certidumbre. Pero debe de ser ya muy tarde y me esperan en la Facultad. ¿Tendré el placer de verte uno de estos días por mi casa?

JUAN. Me sentiré muy honrado, doctor Baglioni.

BAGLIONI. Entonces, hasta la vista. (*Sale. Juan se dirige al balcón; antes de que llegue, aparece de nuevo Baglioni.*)

BAGLIONI. Las mallas que te envuelven son invisibles, pero pueden ahogarte. ¡Si me ayudas, las romperé! (*Desaparece.*)

Escena VI

Juan se queda pensativo; con un gesto desecha las malas ideas; se asoma al balcón; se retira; se pasea; vuelve al balcón; decidido, da un salto y cae en el jardín. Examina con curiosidad y desconfianza las plantas. Todos sus movimientos son de un intruso, y, al mismo tiempo, de un hombre que esquiva peligros invisibles. Se inclina sobre una flor. En ese momento, a su espalda, aparece Beatriz.

BEATRIZ. ¡Buenos días! Veo que también a nuestro vecino le interesan las flores y las plantas.

JUAN. No sé cómo hacerme perdonar mi atrevimiento. No soy un malhechor; la verdad es que me sentí fascinado por esta vegetación insólita; no pude resistir la tentación, casi sin pensarlo di un salto... ¡y aquí estoy!

BEATRIZ. No se disculpe: comprendo su curiosidad y estoy segura de que mi padre tampoco la reprobaría. Para él, la curiosidad es la madre de la ciencia.

JUAN. No quisiera engañarla. No me interesa la botánica, ni me quitan el sueño los enigmas de la naturaleza. Vine a Padua para estudiar jurisprudencia; el azar nos hizo vecinos y ayer la vi —¿se acuerda?— paseando entre todas estas plantas. Entonces descubrí mi verdadera vocación.

BEATRIZ. Confieso que no lo entiendo bien. ¿La sola vista del jardín le descubrió su vocación? Mi padre se sentirá muy orgulloso...

JUAN. No, no es el jardín. Al verla, entre tanta planta desconocida, la reconocí, familiar como una flor y, no obstante, remota. La vida brotando entre las rocas de un desierto, con la misma sencillez con que la primavera nos sorprende cada año. Todo mi ser empezó a cubrirse de hojas verdes. Mi cabeza, en lugar de ser esta triste máquina que pro-

duce confusos pensamientos, se convirtió en un lago. Desde entonces no pienso: reflejo. Abra los ojos o los cierre, no veo otra cosa que
su imagen.

BEATRIZ. Ignoro las costumbres del mundo; he vivido sola desde niña y no
sé qué responder. Tampoco sé mentir. Y aunque lo supiera, no menti-
ría nunca. Sus palabras me han confundido, pero no me han sorprendido. Las esperaba, sabía que tendría que decírmelas... hoy o mañana.

JUAN. ¡Beatriz!

BEATRIZ. ¡Qué extraño es mi nombre en tus labios! Nadie lo había pro-
nunciado así.

JUAN. Es un pájaro; digo: Beatriz, y abre las alas y echa a volar, no sé adónde. Fuera de aquí...

BEATRIZ. Cuando te vi, me pareció que se abrían muchas puertas. Yo estaba encerrada, tapiada. De pronto, un golpe de viento abrió puertas y
ventanas. Me dieron ganas de saltar y bailar. Esa noche sentí que volaba. Pero volví a caer aquí, al jardín. Sentí que los perfumes de todas
estas plantas se habían entretejido para formar una malla de hilos
impalpables, que dulcemente, con gran suavidad, me apresaba. Estoy
ligada al suelo. Soy una de estas plantas. Si me arrancasen, moriría.
¡Vete, déjame aquí!

JUAN. (*Apartando con las manos la imaginaria malla de perfumes.*) Abriré
un corredor entre esta espesura de efluvios; cortaré las ramas enlazadas del bosque invisible; con las uñas y los dientes cavaré un túnel en
la muralla; me convertiré en una espada y de un solo tajo partiré en
dos la cortina. Yo desataré el nudo. Yo te mostraré el mundo. Iremos
al sur: para saludarte, el mar se levantará de su lecho y agitará su penacho de sal; a tu paso, los pinos de la avenida de mi casa se incli-
narán...

BEATRIZ. No, no conozco el mundo. El aire libre me ahogaría. (*Señala al
jardín.*) Su olor me da vida; si resplandezco, es por su luz. Estoy hecha de su substancia. ¡Quédate aquí!

JUAN. Rodearte como el río ciñe a una isla, respirarte, beber la luz que
bebe tu boca. Me miras y tus ojos tejen para mí una fresca armadura
de reflejos. Recorrer interminablemente tu cuerpo, dormir en tus
pechos, amanecer en tu garganta, ascender el canal de tu espalda,
perderme en tu nuca, descender hasta tu vientre... Perderme en ti,
para encontrarme a mí mismo, en la otra orilla, esperándome. Nacer
en ti, morir en ti.

BEATRIZ. Girar incansablemente a tu alrededor, planeta yo y tú sol.

JUAN. Frente a frente como dos árboles.

BEATRIZ. Crecer, echar hojas, flores, madurar.

JUAN. Enlazar nuestras raíces.

BEATRIZ. Entrelazar nuestras ramas.

JUAN. Un solo árbol.

BEATRIZ. El sol se posa en nuestra copa y canta.

JUAN. Su canto es un abanico que se despliega lentamente.

BEATRIZ. Estamos hechos de sol.

JUAN. Caminamos y el mundo se abre a nuestro paso.

BEATRIZ. *(Despertando.)* No, eso no. El mundo empieza en ti y acaba en ti. Y este jardín es todo nuestro horizonte.

JUAN. El mundo es infinito; empieza en las uñas de los dedos de tus pies y acaba en la punta de tus cabellos. Tú no tienes fin.

BEATRIZ. Al verte, yo también recordé. Recordé algo extraviado hace mucho tiempo, pero cuya huella era imborrable, como una herida secreta; algo que de pronto surgiría frente a mí para decirme: mírame, recuérdame, ese que olvidaste al nacer, ése, soy yo.

JUAN. *(Viéndola con fijeza.)* Me gustaría abrir la muralla de tu frente y perderme por tus pensamientos, para llegar a ti, a tu centro: ¿quién eres?

BEATRIZ. Puedes leer en mi frente todo lo que piensas. Mi frente es un espejo que te refleja y no se cansa nunca de repetirte. Estoy habitada por tu deseo. Antes de conocerte no conocía a nadie, ni siquiera a mí misma. No sabía que había sol, luna, agua, labios. Era una de estas plantas. Hablaba a veces con este árbol. A eso se reducían mis amistades. Ayer me arrojaste unas rosas... ¿Qué puedo darte en cambio?

JUAN. Un ramo de las flores de este árbol. Tenerlo esta noche junto a mi almohada será como tenerte a ti. *(Se acerca al árbol y alarga la mano para cortar una flor.)*

BEATRIZ. ¡No, no lo toques! ¡Sería mortal! *(Mientras dice estas palabras, roza la mano de Juan. Éste, como tocado por una fuerza eléctrica, la retira con presteza. Beatriz esconde la cabeza entre las manos, aterrada. Juan pretende acercarse. Ella lo detiene con un gesto y corre hacia su casa. Juan intenta seguirla, pero Rappaccini aparece en la puerta.)*

JUAN. *(Confundido.)* Perdón... mi presencia... la turbación no me deja explicarme...

RAPPACCINI. *(Sonriente.)* Entre vecinos no hay nada que perdonar.

JUAN. Sin darme cuenta, atraído por estas plantas, penetré en su jardín. Fue más fuerte que mi voluntad. Y luego, me demoré demasiado... Quizá deba irme.

RAPPACCINI. Como usted guste. Pero le advierto que le será difícil regresar por donde vino. Será mejor que le muestre la salida.

JUAN. Gracias, gracias.

RAPPACCINI. *(Abriéndole paso.)* Por aquí. *(Salen ambos; obscurece gradualmente.)*

Escena VII

El escenario aparece iluminado con una luz indecisa. Al fondo, Juan y Beatriz.

EL MENSAJERO. Ajenos al mundo, se pasean entre las flores ambiguas y aspiran su vaho equívoco, que se extiende como el manto del delirio y luego se desvanece, sin dejar huella, como las imágenes del sueño se disuelven en el agua del alba. Y del mismo modo, en el espacio de unas horas, aparecieron y desaparecieron de la mano derecha de Juan —la misma que Beatriz había rozado un día antes— cinco pequeñas manchas rojas, parecidas a cinco flores minúsculas. Pero ellos no preguntan, no dudan y ni siquiera sueñan: se contemplan, se respiran. ¿Respiran la muerte o la vida? Ni Juan ni Beatriz piensan en la muerte o en la vida, en Dios o el diablo. No les importa salvar su alma ni conquistar riqueza o poder, ser felices o hacer felices a los demás. Les basta con estar frente a frente y mirarse. Él da vueltas alrededor de ella, que gira sobre sí misma; los círculos que él describe son cada vez más estrechos; entonces ella se queda quieta y empieza a cerrarse, pétalo a pétalo, como una flor nocturna, hasta que se vuelve impenetrable. Vacilante, él oscila entre el deseo y el horror; al fin se inclina sobre ella; y ella, bajo esa mirada desamparada, se abre de nuevo y se despliega y gira en torno de su enamorado, que se queda quieto, fascinado. Pero nunca se tocan, condenados a girar interminablemente, movidos por dos poderes enemigos, que los acercan y separan. Ni un beso ni una caricia. Sólo los ojos devoran a los ojos. *(Mientras habla el Mensajero, la pareja imita, con gestos y movimientos, la acción que indican las palabras.)*

Escena VIII

El jardín vacío. Juan y Baglioni en el cuarto.

BAGLIONI. Espero no ser inoportuno. Uno de mis pacientes vive cerca y, antes de visitarlo, se me ocurrió detenerme por unos minutos.

JUAN. Doctor, usted siempre será bienvenido.

BAGLIONI. No, no me hago ilusiones. Casi siempre los jóvenes se aburren con los viejos y nuestra charla, lejos de sosegarlos, los irrita. No hay remedio: así es el mundo. *(Pausa.)* Te he esperado en vano.

JUAN. Doctor, le aseguro que mi ausencia, en estos últimos días, no se debe a ningún olvido, sino al estudio. Me paso el día estudiando...

BAGLIONI. ¿El Derecho, la Historia o... la Botánica?

JUAN. Lenguas, doctor, lenguas extranjeras.

BAGLIONI. ¿El griego, el latín, el hebreo o el lenguaje de los pájaros?... Pero ¡qué perfume delicioso y extraño!

JUAN. ¿Perfume?

BAGLIONI. Sí, un perfume muy tenue pero muy poderoso. Avanza y retrocede, aparece y desaparece, penetra hasta el fondo de los pulmones y se disuelve en la sangre como aire puro...

JUAN. La imaginación, a veces, nos hace ver y hasta oler...

BAGLIONI. *(Interrumpiéndolo.)* No, hijo mío. Este perfume no es una fantasía de mi espíritu, sino una realidad de mis narices. Hablo seriamente: el aroma que tan sospechosamente inunda tu cuarto, ¡viene de allí, sube de ese jardín! Y sale de tu boca: tú lo exhalas cada vez que abres los labios. Rappaccini y su hija, la astuta Beatriz, administran la muerte a sus pacientes, ¡envuelta en un manto de perfumes!

JUAN. Diga lo que quiera de Rappaccini, pero no mencione a Beatriz.

BAGLIONI. Rappaccini es un envenenador y su fatal manía lo ha llevado a una acción execrable: ¡ha convertido a su propia hija en un frasco de ponzoña!

JUAN. ¡Miente usted! Beatriz es inocente.

BAGLIONI. Inocente o culpable, esa muchacha transpira, exuda muerte.

JUAN. Beatriz es pura.

BAGLIONI. Cómplice o víctima, es igual. Lo cierto es que Rappaccini te ha escogido como objeto de un nuevo y atroz experimento. El anzuelo es su hija.

JUAN. ¡Fantasías, fantasías! Es demasiado horrible para ser cierto.

BAGLIONI. ¿Y si lo fuese?

JUAN. ¡Estaría perdido! No habría salida para mí...

BAGLIONI. Hay una. Burlaremos a Rappaccini. Escucha. *(Saca un frasco del bolsillo.)* Este frasco contiene un antídoto más poderoso que la famosa piedra bezoar, que el estalión o la triaca romana. Es el fruto de muchas noches de desvelo y muchos años de estudio. Si Beatriz es inocente, dáselo a beber: recobrará al poco tiempo su naturaleza original. Y ahora ¡adiós! En tus manos queda tu destino.

Juan quiere hablar. Baglioni le impone silencio con el dedo, le entrega el frasco y se va.

Escena IX

JUAN. Es una fábula, una invención de la envidia... Pero, ¿el ramo de rosas, las manchas en mi mano? *(Se mira la mano.)* No, no tengo nada. Gozo de una salud espléndida. Soy fuerte; amo la vida, la vida me ama. ¿Y si fuese cierto?... ¿Cómo saberlo? ... *(Se pasea, indeciso. De pronto grita.)* ¡Isabel, señora Isabel! Suba pronto, la necesito.

VOZ DE ISABEL. ¡Ahora voy, ahora voy! *(Mientras Isabel aparece, Juan se mira en el espejo y se palpa.)*

ISABEL. ¿Qué desea el señor?

JUAN. Nada, una pequeñez: ¿me obsequiará una rosa? Una rosa como aquellas que me dio la tarde de mi llegada.

ISABEL. ¿Una rosa?

JUAN. Sí, una rosa roja, una rosa con gotas de rocío...

ISABEL. ¡Válgame Dios! El señor está enamorado.

JUAN. ¡Una rosa acabada de cortar!

ISABEL. Al instante, señor. *(Sale.)*

JUAN. Aunque Baglioni esté en lo cierto y Beatriz haya sido nutrida con veneno, yo estoy sano y fuerte. El aire de Nápoles me defiende... Y si todo resultase mentira, le cortaría la lengua, ilustre doctor Baglioni...

ISABEL. *(Con la rosa.)* No encontré rosa más bonita que ésta. Mírela: ¡parece que está viva!

JUAN. *(Interrumpiéndola.)* Gracias, señora Isabel. *(Le da unas monedas.)* Y ahora déjeme, quiero estar solo.

ISABEL. ¡Virgen Santísima, cuánto capricho! Los jóvenes están locos. *(Sale.)*

JUAN. *(Con la rosa en la mano.)* Una rosa roja, un pequeño corazón trémulo entre mis manos. Una rosa con sed. *(Sopla sobre ella.)* ¡Refréscate, aspira vida! *(La rosa ennegrece. Horrorizado, la arroja al suelo.)* ¡Es verdad, es verdad! ¡Mi aliento mata, llevo la muerte en la sangre! ¡Estoy maldito, cortado de la vida! Un muro de veneno me separa del mundo... y me une a un monstruo.

BEATRIZ. *(Desde el jardín.)* ¡Juan, Juan! El sol ya está alto y las plantas nos reclaman.

JUAN. *(Duda; después, resuelto.)* Espera, saltaré por el balcón para llegar más pronto. *(Salta.)*

BEATRIZ. Desde que amaneció, me puse a contar las horas que nos faltaban para encontrarnos. Porque sin ti el jardín ya no me parece mío... En sueños te hablo y tú no me contestas: hablas tu lenguaje de árbol y, en lugar de decir palabras, das frutos.

JUAN. *(Con inquietud.)* ¿Qué clase de frutos?

BEATRIZ. Grandes frutos dorados, frutos de sueño. ¿No te dije que lo soñé? *(Viendo una planta.)* Mira, cambió de color. ¡Y cómo huele! Su aroma adormece el jardín.

JUAN. *(Con saña.)* Debe ser un narcótico muy poderoso.

BEATRIZ. *(Con simplicidad.)* No lo sé. Ignoro muchas de las propiedades de las plantas. Y mi padre tampoco conoce todos sus secretos, aunque él diga otra cosa. Claro, son nuevas.

JUAN. ¿Nuevas? ¿Qué quieres decir?

BEATRIZ. ¡Qué pregunta! ¿No lo sabes? Son plantas que antes no existían, especies inventadas por mi padre. Corrige a la naturaleza, le añade riquezas, como si le diese vida a la vida.

JUAN. Yo más bien diría que enriquece a la muerte. Este jardín es un arsenal. Cada hoja, cada flor, cada raíz, es un arma mortal, un instrumento de tortura. Nos paseamos muy tranquilos por la casa del verdugo y nos enternecemos ante sus creaciones...

BEATRIZ. ¡No sigas! ¡Es horrible lo que dices!

JUAN. ¿Hay algo más horrible que este jardín? ¿Algo más horrible que nosotros? Óyeme, desdichada, ¿te das cuenta de quién eres y de cómo vives? La peste, el tifo, la lepra, las enfermedades misteriosas que cubren el cuerpo con una pedrería de llagas escarlata, las lianas de la fiebre, las arañas del delirio, los ojos que estallan corrompidos al medio día, la baba verde... todo está aquí concentrado. Este jardín es una pústula en el pecho de la ciudad...

BEATRIZ. ¡Óyeme! No puedes condenarme sin oírme...

JUAN. ¡Atrás, no me toques! Manzana podrida, manzana envenenada. Muerta ¡y engalanada con los atributos de la vida!

BEATRIZ. Yo estaba sola...

JUAN. *(Interrumpiéndola.)* ¡Como una isla maldita! Entonces me escogiste a mí. Ya tienes un cómplice; puedes regocijarte: nuestros alientos enlazados van a secar las cosechas y envenenar las fuentes. *(Pausa.)* ¡Habla, di algo!

BEATRIZ. *(Con calma.)* Esperaba todo esto. Sabía todo lo que me dirías. Pero estaba loca y confiaba en un milagro. Desde niña vivía sola, contenta con mi suerte. A veces, el rumor del mundo golpeaba los muros de esta casa y esos llamados me turbaban... mi sangre latía con otro latido. Luego, a la vista de mi jardín, embriagada por su fatal aroma, olvidaba que había gatos, caballos, rosas, claveles, hombres. ¿Qué podían importarme las manzanas, las granadas o las peras, si tenía los frutos de este árbol, semejante al árbol del Paraíso? Mi padre me decía: en él la muerte se ha hecho vida.

JUAN. Lo que tú llamas vida engendra la enfermedad, la locura y la muerte. Tu aliento mata.

BEATRIZ. Mi aliento mata, pero no mi pensamiento. Pertenecía a mi padre, a su sueño infinito. Como estas plantas, era una réplica y un reto a la naturaleza: los venenos más poderosos circulaban por mis venas sin hacerme daño. Era una de las creaciones de mi padre: la más osada, la más temeraria, la más...

JUAN. Funesta.

BEATRIZ. Funesta.

JUAN. La más culpable...

BEATRIZ. No tuve culpa. Nada vivo me rodeaba, no hice mal a nadie, excepto a mí misma. No tuve gato, ni perro, ni canario. Nadie me enseñó a cantar, nadie jugó conmigo, nadie tembló conmigo en un cuarto obscuro. Mi vida era crecer, respirar y madurar. ¡Ay, madurar!

JUAN. *(Con ternura y odio.)* Madurar como una fruta infinitamente deseable, infinitamente intocable.

BEATRIZ. Vivía la vida de la semilla, sola, recogida en mí misma, plantada en el centro de mi ser. Aislada.

JUAN. Isla que no ha de tocar ningún pie humano, isla fuera de las grandes rutas, perdida en la inmensidad del tiempo, condenada a no salir de ti misma.

BEATRIZ. Adormecida, sin recuerdos ni deseos, bien arraigada al suelo, bien plantada en mí misma. Después, el mundo se abrió en dos. Me arrancaste como a una hierba, cortaste mis raíces, me arrojaste al aire. Suspendida a tus ojos, me balanceaba en el vacío. Desde entonces no tengo sitio. Me echaría a tus pies, pero no lo haré: envenenaría tu sombra.

JUAN. ¡Condenados a vernos sin jamás poder tocarnos!

BEATRIZ. Me basta con mirarte. Me basta con tu mirada. No soy dueña de mí, no tengo existencia propia, ni cuerpo ni alma. Tu pensamiento me penetró, no hubo cueva ni escondrijo al que no llegaras. No hay espacio en mí para mí. Pero yo no quiero estar en mí, sino en ti. ¡Déjame ser uno de tus pensamientos, el más insignificante! Y después, olvídame.

RAPPACCINI. (*Invisible, perdido en el jardín: sólo se oye su voz.*) Hija, ya no estás condenada a la soledad. Corta una de las flores de nuestro árbol y dásela a tu enamorado. Puede tocarla sin temor. Y puede tocarte a ti. Gracias a mi ciencia —y a la secreta simpatía de la sangre— sus opuestas naturalezas se han reconciliado. Los dos pueden ya ser uno. Enlazados atravesarán el mundo, temibles para todos, invencibles, semejantes a dioses.

JUAN. Rodeados de odio, rodeados de muerte. Como dos víboras, escondidos en las grietas de la tierra.

VOZ DE RAPPACCINI. ¡Estúpido! Rodeados del asombro y del temor reverente, vencedores de la vida, impenetrables, augustos donadores de la muerte.

JUAN. ¡Loco, no nos vencerá tu orgullo, no nos encerrarás en tu trampa! Hay una salida. Tengo la llave que nos dará la libertad. Beatriz, toma este antídoto y bébelo sin temor: recobrarás tu verdadera naturaleza. (*Le da el frasco.*)

VOZ DE RAPPACCINI. No lo bebas, hija, no lo bebas. El antídoto sería veneno para ti. Morirías.

JUAN. Bébelo, es una nueva treta del viejo. Bébelo sin miedo y reniega de este monstruo. Serás libre.

VOZ DE RAPPACCINI. ¡Ingenuo! ¡Ignorante! Los elementos de su sangre han asimilado de tal modo mis venenos, que cualquier antídoto sería la muerte instantánea. ¡Hija, no lo bebas!

BEATRIZ. Padre, si me condenaste a la soledad, ¿por qué no me arrancaste los ojos? Así no lo hubiera visto. ¿Por qué no me hiciste sorda y muda? ¿Por qué no me plantaste en la tierra como a este árbol? Así no hubiera corrido tras de su sombra. (*A Juan.*) Ay, ciega, sorda, muda, atada al suelo con hierros, habría corrido hacia ti. Mi pensamiento se abraza a tu imagen como una enredadera; con garras y espinas me afianzo al muro y me desgarro y caigo a tus pies.

JUAN. Abrí los ojos y me vi plantado en este jardín como un árbol maldito, cortado del fluir de la vida...

BEATRIZ. Para llegar allá, a la verdadera vida, caminábamos bajo los arcos de la muerte, con los ojos cerrados. Pero tú los abriste, flaqueaste...

JUAN. ¡Tuve vértigo! Retrocedí... ¡Abre los ojos, mírame, mira a la vida!

BEATRIZ. No, regreso a mí misma. Al fin me recorro y me poseo. A obscuras me palpo, a obscuras penetro en mi ser y bajo hasta mi raíz y toco el lugar de mi nacimiento. En mí empiezo y en mí termino. Me ciñe un río de cuchillos, soy intocable.

VOZ DE RAPPACCINI. Óyeme llorar y suplicarte: ¡no lo bebas! Daré marcha atrás, obligaré a la naturaleza a que tuerza su curso. Te quise hacer más fuerte que la vida: ahora humillaré a la muerte.

BEATRIZ. *(Bebe.)* Ya di el salto final, ya estoy en la otra orilla. Jardín de mi infancia, paraíso envenenado, árbol, hermano mío, hijo mío, mi único amante, mi único esposo, ¡cúbreme, abrázame, quémame, disuelve mis huesos, disuelve mi memoria! Ya caigo, ¡caigo hacia dentro y no toco el fondo de mi alma!

RAPPACCINI. *(Apareciendo.)* Hija, ¿por qué me has abandonado?

Epílogo

EL MENSAJERO. Una tras otra se suceden las figuras —el Juglar, el Ermitaño, la Dama—, una tras otra aparecen y desaparecen, se juntan y separan. Guiadas por los astros o por la voluntad sin palabras de la sangre, marchan hacia allá, siempre más allá, al encuentro de sí mismas; se cruzan y enlazan por un instante y luego se dispersan y se pierden en el tiempo. Como el concertado movimiento de los soles y los planetas, infatigablemente repiten la danza, condenadas a buscarse, condenadas a encontrarse y a perderse y a buscarse sin tregua por los infinitos corredores. ¡Paz a los que buscan, paz a los que están solos y giran en el vacío! Porque ayer y mañana no existen: todo es hoy, todo está aquí, presente. Lo que pasó, está pasando todavía.

TELÓN

Días hábiles

(1958-1961)

Entrada en materia

Bramar de motores
                    río en crecida
silbidos latigazos
                    chirriar de frenos
algarabías
          El neón se desgrana
la luz eléctrica y sus navajazos
Noche multicolor
                  ataviada de signos
letras parpadeantes
obsceno guiño de los números
Noche de innumerables tetas
y una sola boca carnicera
gatos en celo y pánico de monos
Noche en los huesos
                    noche calavera
los reflectores palpan tus plazas más secretas
el sagrario del cuerpo
                    el arca del espíritu
los labios de la herida
la boscosa hendidura de la profecía

Ciudad
          montón de piedras
en el saco del invierno
Crece la noche
               crece su marea
torres ceñudas con el miedo al cuello

casas templos rotondas
                              tiempo petrificado
graves moles de sueño y de orgullo
el invierno las marca con sus armas crueles
piedras recomidas hasta el hueso
por el siglo y sus ácidos
                              el mal sin nombre
el mal que tiene todos los nombres
                                        clavado
enquistado
              hasta el meollo del hierro
y las ciegas junturas de la piedra

Ciudad
          entre tus muslos
un reloj da la hora
                        demasiado tarde
demasiado pronto
                        En tu cráneo
pelean las edades de humo
                                  en tu cama
fornican los siglos en pena
Ciudad de frente indescifrable
memoria que se desmorona
tu discurso demente
                          tejido de razones
corre por mis arterias
y repica en mis tímpanos tu sílaba
tu frase inacabada

Como un enfermo desangrado se levanta
la luna
sobre las altas azoteas
La luna
como un borracho cae de bruces
Los perros callejeros
mondan el hueso de la luna
Pasa un convoy de camiones

sobre los cuerpos de la luna
Un gato cruza el puente de la luna
Los carniceros se lavan las manos
en el agua de la luna
La ciudad se extravía por sus callejas
se echa a dormir en los lotes baldíos
la ciudad se ha perdido en sus afueras

Un reloj da la hora
                    ya es hora
no es hora
             ahora es ahora
ya es hora de acabar con las horas
ahora no es hora
                   es hora y no ahora
la hora se come al ahora

Ya es hora
               las ventanas se cierran
los muros se cierran las bocas se cierran
regresan a su sitio las palabras
ahora estamos más solos
La conciencia y sus pulpos escribanos
se sientan a mi mesa
el tribunal condena lo que escribo
el tribunal condena lo que callo
Pasos del tiempo que aparece y dice
¿qué dice?
¿qué dices? dice mi pensamiento
no sabes lo que dices
trampas de la razón
crímenes del lenguaje
borra lo que escribes
escribe lo que borras
el haz y el envés del español artrítico

Hoy podría decir todas las palabras
un rascacielos de erizadas palabras

una ciudad inmensa y sin sentido
un monumento grandioso incoherente
Babel babel minúscula
otros te hicieron
los maestros
los venerables inmortales
sentados en sus tronos de cascajo
otros te hicieron lengua de los hombres
galimatías
palabras que se desmoronan

Vuelve a los nombres
                              ejes
anchas espaldas de este mundo
lomos que cargan sin esfuerzo al tiempo
Nombres
              vidrio mirada congelada
pared máscara de nadie
libros de frente despejada
hinchada de razones enemigas
mesa servil a cuatro patas
puerta puerta condenada
Nombres
              verdades desfondadas

No pesa el tiempo
                              es pesadumbre
No están las cosas en su sitio
no tienen sitio
                       No se mueven
y se mueven
                       echan alas
echan raíces
                       garras dientes
tienen ojos y uñas uñas uñas
Son reales son fantasmas son corpóreas
están aquí
              son intocables

Los nombres no son nombres
no dicen lo que dicen
Yo he de decir lo que no dicen
Yo he de decir lo que dicen
piedra sangre esperma
ira ciudad relojes
pánico risa pánico
Yo he de decir lo que no dicen
promiscuidad del nombre
el mal sin nombre
el nombre de los males
Yo he de decir lo que dicen
el sagrario del cuerpo
                    el arca del espíritu

Madrugada

Rápidas manos frías
retiran una a una
las vendas de la sombra
Abro los ojos
                todavía
estoy vivo
            en el centro
de una herida todavía fresca

Repeticiones

El corazón y su redoble iracundo
el obscuro caballo de la sangre
caballo ciego caballo desbocado
el carrusel nocturno la noria del terror
el grito contra el muro y la centella rota

Camino andado
       camino desandado
El cuerpo a cuerpo con un pensamiento afilado
la pena que interrogo cada día y no responde
la pena que no se aparta y cada noche me despierta
la pena sin tamaño y sin nombre
el alfiler y el párpado traspasado
el párpado del día mal vivido
la hora manchada la ternura escupida
la risa loca y la puta mentira
la soledad y el mundo
Camino andado
       camino desandado
El coso de la sangre y la pica y la rechifla
el sol sobre la herida
sobre las aguas muertas el astro hirsuto
la rabia y su acidez recomida
el pensamiento que se oxida
y la escritura gangrenada
el alba desvivida y el día amordazado
la noche cavilada y su hueso roído
el horror siempre nuevo y siempre repetido
Camino andado
       camino desandado
El vaso de agua la pastilla la lengua de estaño
el hormiguero en pleno sueño
cascada negra de la sangre
cascada pétrea de la noche
el peso bruto de la nada
zumbido de motores en la ciudad inmensa
lejos cerca lejos en el suburbio de mi oreja
aparición del ojo y el muro que gesticula
aparición del metro cojo
el puente roto y el ahogado
Camino andado
       camino desandado
El pensamiento circular y el círculo de familia
¿qué hice qué hiciste qué hemos hecho?

el laberinto de la culpa sin culpa
el espejo que acusa y el silencio que se gangrena
el día estéril la noche estéril el dolor estéril
la soledad promiscua el mundo despoblado
la sala de espera en donde ya no hay nadie
Camino andado y desandado
la vida se ha ido sin volver el rostro

Aquí

Mis pasos en esta calle
resuenan
              en otra calle
donde
              oigo mis pasos
pasar en esta calle
donde

Sólo es real la niebla

Augurios

Hay pasó un águila
Sobre mi cabeza...
RUBÉN DARÍO

Al natural, en cápsulas, abiertas
o cerradas, ya desalmadas,
Elvira y doña Sol;
                        en cada cuna
Eros y leche: digestión pacífica
sin pesadillas griegas;
                        bálsamos
bíblicos o dialécticos, sedantes
contra las erosiones, decadencias

históricas, siniestros coloniales,
temblores, indios, negros, *cracks*, sequías,
crisis, poetas solitarios, auto-
críticas, purgas, cismas, *putschs*, eclipses;
deportes y cultura para todos
los hijos de vecino: camporrasos
todos los camposantos;
                                        pulgas
vestidas a la moda en las metrópolis,
en las playas mariscos erotómanos
bajo el signo de Cáncer;
                                        vacaciones
al cuerno de la luna;
                                gas, amnesia,
descarnaciones, evaporaciones,
golpes de gracia y otras matemáticas
del cero puritano;
                                calistenia
moral, lobotomías,
cura de sueño, orgasmos por teléfono,
arco iris portátiles...

El vacío pregona
una filantropía que despena.

Reversible

A Alberto Gironella

En el espacio
                        estoy
dentro de mí
                        el espacio
fuera de mí
                        el espacio
en ningún lado

estoy
fuera de mí
en el espacio
dentro
está el espacio
fuera de sí
en ningún lado
estoy
en el espacio
etcétera

Disparo

A Lasse Söderberg

Salta la palabra
adelante del pensamiento
adelante del sonido
la palabra salta como un caballo
adelante del viento
como un novillo de azufre
adelante de la noche
se pierde por las calles de mi cráneo
en todas partes las huellas de la fiera
en la cara del árbol el tatuaje escarlata
en la frente del torreón el tatuaje de hielo
en el sexo de la iglesia el tatuaje eléctrico
sus uñas en tu cuello
sus patas en tu vientre
la señal violeta
el tornasol que gira hasta el blanco
hasta el grito hasta el basta
el girasol que gira como un ay desollado
la firma del sin nombre a lo largo de tu piel
en todas partes el grito que ciega
la oleada negra que cubre el pensamiento

la campana furiosa que tañe en mi frente
la campana de sangre en mi pecho
la imagen que ríe en lo alto de la torre
la palabra que revienta las palabras
la imagen que incendia todos los puentes
la desaparecida en mitad del abrazo
la vagabunda que asesina a los niños
la idiota la mentirosa la incestuosa
la corza perseguida
la mendiga profética
la muchacha que en mitad de la vida
me despierta y me dice *acuérdate*

Peatón

Iba entre el gentío
por el bulevar Sebastó,
pensando en sus cosas.
El rojo lo detuvo.
Miró hacia arriba:
                              sobre
las grises azoteas, plateado
entre los pardos pájaros,
un pescado volaba.
Cambió el semáforo hacia el verde.
Se preguntó al cruzar la calle
en qué estaba pensando.

Pausa

A la memoria de Pierre Reverdy

Llegan
unos cuantos pájaros
y una idea negra.
Rumor de árboles,
rumor de trenes y motores,
¿va o viene este instante?

El silencio del sol
traspasa risas y gemidos,
hunde su pica
hasta el grito de piedra de las piedras.

Sol-corazón, piedra que late,
piedra de sangre que se vuelve fruto:
las heridas se abren y no duelen,
mi vida fluye parecida a la vida.

José Juan Tablada
(1871-1945)

Agua y tierra en ti combatían
Tierno saúz casi ámbar casi luz

Tierra te quedabas y agua te ibas
Estalla en astillas tu grito de vidrio

En mitad del salto inmóvil oías
Notas del Ángelus y música china de gatos

Hombre-cohete y también golondrina
Araña en vela que hila con luna su tela

Tierra te callabas agua te reías
Gajo de follaje con sol en la mollera

Gallo veleta sirena de alarma y parapoesía
En guitarra al fin convertido

Largo fulgor
           de Nueva York a Bogotá
¿alguien te vio?
           Ideograma de tu suerte:
Hormigas sobre un grillo inerte.

Luis Cernuda
(1902-1963)

Ni *cisne andaluz*
           ni *pájaro de lujo*
Pájaro por las alas
           hombre por la tristeza
Una mitad de luz Otra de sombra
No separadas: confundidas
una sola substancia
vibración que se despliega en transparencia
Piedra de luna
           más agua que piedra
Río taciturno
           más palabra que río
Árbol por solitario
           hombre por la palabra
Verdad y error
           una sola verdad
una sola palabra mortal

Ciudades
           humo petrificado
patrias ajenas siempre

sombras de hombres
                    En un cuarto perdido
inmaculada la camisa única
correcto y desesperado
escribe el poeta las palabras prohibidas
signos entrelazados en una página
vasta de pronto como lecho de mar
abrazo de los cuatro elementos
constelación del deseo y de la muerte
fija en el cielo cambiante del lenguaje
como el dibujo obscenamente puro
ardiendo en la pared decrépita

Días como nubes perdidas
islas sepultas en un pecho
placer
          ola jaguar y calavera
Dos ojos fijos en dos ojos
                              ídolos
siempre los mismos ojos
                          Soledad
única madre de los hombres
¿sólo es real el deseo?
Uñas que desgarran una sombra
labios que beben muerte en un cuerpo
ese cadáver descubierto al alba
en nuestro lecho ¿es real?

Deseada
        la realidad se desea
se inventa un cuerpo de centella
se desdobla y se mira
                          sus mil ojos
la pulen como mil manos fanáticas
Quiere salir de sí
                    arder
en un cuarto en el fondo de un cráter

y ser bajo dos ojos fijos
ceniza piedra congelada

Con letra clara el poeta escribe
sus verdades obscuras
                    Sus palabras
no son un monumento público
ni la Guía del camino recto
Nacieron del silencio
se abren sobre tallos de silencio
las contemplamos en silencio
Verdad y error
                    una sola verdad
Realidad y deseo
                    una sola substancia
resuelta en manantial de transparencias

La palabra escrita

Ya escrita la primera
palabra (nunca la pensada
sino la otra —esta
que no la dice, que la contradice,
que sin decirla está diciéndola)
Ya escrita la primera
palabra (uno, dos, tres—
arriba el sol, tu cara
en el centro del pozo,
fija como un sol atónito)
Ya escrita la primera
palabra (cuatro, cinco—
no acaba de caer la piedrecilla,
mira tu cara mientras cae, cuenta
la cuenta vertical de la caída)
Ya escrita la primera
palabra (hay otra, abajo,

no la que está cayendo,
la que sostiene al rostro, al sol, al tiempo
sobre el abismo: la palabra
antes de la caída y de la cuenta)
Ya escrita la primera
palabra (dos, tres, cuatro—
verás tu rostro roto,
verás un sol que se dispersa,
verás la piedra entre las aguas rotas,
verás el mismo rostro, el mismo sol,
fijo sobre las mismas aguas)
Ya escrita la primera
palabra (sigue,
no hay más palabras que las de la cuenta)

La palabra dicha

La palabra se levanta
de la página escrita.
La palabra,
labrada estalactita,
grabada columna,
una a una letra a letra.
El eco se congela
en la página pétrea.

Ánima,
blanca como la página,
se levanta la palabra.
Anda
sobre un hilo tendido
del silencio al grito,
sobre el filo
del decir estricto.
El oído: nido
o laberinto del sonido.

Lo que dice no dice
lo que dice: ¿cómo se dice
lo que no dice?
                    Di
tal vez es bestial la vestal.

Un grito
en un cráter extinto:
en otra galaxia
¿cómo se dice ataraxia?
Lo que se dice se dice
al derecho y al revés.
Lamenta la mente
de menta demente:
cementerio es sementero,
simiente no miente.

Laberinto del oído,
lo que dices se desdice
del silencio al grito
desoído.

Inocencia y no ciencia:
para hablar aprende a callar.

Oráculo

Los labios fríos de la noche
dicen una palabra
columna de pena
piedra y no palabra
sombra y no piedra
pensamiento de humo
agua real para mis labios de humo
palabra de verdad
razón de mis errores

Si es muerte sólo por ella vivo
si es soledad hablo por ella
Es la memoria y no recuerdo nada
No sé lo que dice y a ella me fío
como saberse vivo
como olvidar que lo sabemos
Tiempo que entreabre los párpados
y se deja mirar y nos mira

Amistad

Es la hora esperada
sobre la mesa cae
interminablemente
la cabellera de la lámpara
La noche vuelve inmensa la ventana
No hay nadie
la presencia sin nombre me rodea

Certeza

Si es real la luz blanca
de esta lámpara, real
la mano que escribe, ¿son reales
los ojos que miran lo escrito?

De una palabra a la otra
lo que digo se desvanece.
Yo sé que estoy vivo
entre dos paréntesis.

Paisaje

Peña y precipicio,
más tiempo que piedra,
materia sin tiempo.

Por sus cicatrices
sin moverse cae
perpetua agua virgen.

Reposa lo inmenso
piedra sobre piedra,
piedras sobre aire.

Se despliega el mundo
tal cual es, inmóvil
sol en el abismo.

Balanza del vértigo:
las rocas no pesan
más que nuestras sombras.

Identidad

En el patio un pájaro pía,
como el centavo en su alcancía.

Un poco de aire su plumaje
se desvanece en un viraje.

Tal vez no hay pájaro ni soy
ese del patio en donde estoy.

La mirada

Entre la tarde que se obstina
y la noche que se acumula
hay la mirada de una niña.

Deja el cuaderno y la escritura,
todo su ser dos ojos fijos.
En la pared la luz se anula.

¿Mira su fin o su principio?
Ella dirá que no ve nada.
Es transparente el infinito.

Nunca sabrá que lo miraba.

El mismo tiempo

No es el viento
no son los pasos sonámbulos del río
entre las casas petrificadas y los árboles
a lo largo de la noche rojiza
no es la sombra subiendo las escaleras
Todo está quieto
                    reposa el mundo natural
Es la ciudad en torno de su sombra
buscando siempre buscándose
perdida en su propia inmensidad
sin alcanzarse nunca
                    ni poder salir de sí misma
Cierro los ojos y veo pasar los autos
se encienden y apagan y encienden
se apagan
            no sé adónde van
Todos vamos a morir
                    ¿sabemos algo más?

En una banca un viejo habla solo
¿Con quién hablamos al hablar a solas?
Olvidó su pasado
                    no tocará el futuro
No sabe quién es
está vivo en mitad de la noche
                         habla para oírse
Junto a la verja se abraza una pareja
ella ríe y pregunta algo
su pregunta sube y se abre en lo alto
A esta hora el cielo no tiene una sola arruga
caen tres hojas de un árbol
alguien silba en la esquina
en la casa de enfrente se enciende una ventana
¡Qué extraño es saberse vivo!
Caminar entre la gente
con el secreto a voces de estar vivo

Madrugadas sin nadie en el Zócalo
sólo nuestro delirio
                    y los tranvías
Tacuba Tacubaya Xochimilco San Ángel Coyoacán
en la plaza más grande que la noche
encendidos
              listos para llevarnos
en la vastedad de la hora
                         al fin del mundo
Rayas negras
las pértigas enhiestas de los troles
                              contra el cielo de piedra
y su moña de chispas su lengüeta de fuego
brasa que perfora la noche
                         pájaro
volando silbando volando
entre la sombra enmarañada de los fresnos
desde San Pedro hasta Mixcoac en doble fila
Bóveda verdinegra
                    masa de húmedo silencio

sobre nuestras cabezas en llamas
mientras hablábamos a gritos
en los tranvías rezagados
atravesando los suburbios
con un fragor de torres desgajadas

Si estoy vivo camino todavía
por esas mismas calles empedradas
charcos lodos de junio a septiembre
zaguanes tapias altas huertas dormidas
en vela sólo
             blanco morado blanco
el olor de las flores
                impalpables racimos
En la tiniebla
          un farol casi vivo
contra la pared yerta
            Un perro ladra
preguntas a la noche
            No es nadie
el viento ha entrado en la arboleda
Nubes nubes gestación y ruina y más nubes
templos caídos nuevas dinastías
escollos y desastres en el cielo
              Mar de arriba
nubes del altiplano ¿dónde está el otro mar?

Maestras de los ojos
             nubes
arquitectos de silencio
Y de pronto sin más porque sí
llegaba la palabra
           alabastro
esbelta transparencia no llamada
Dijiste
     haré música con ella
castillos de sílabas
          No hiciste nada

287

Alabastro
          sin flor ni aroma
tallo sin sangre ni savia
blancura cortada
               garganta sólo garganta
canto sin pies ni cabeza

Hoy estoy vivo y sin nostalgia
la noche fluye
          la ciudad fluye
yo escribo sobre la página que fluye
transcurro con las palabras que transcurren
Conmigo no empezó el mundo
no ha de acabar conmigo
               Soy
un latido en el río de latidos
Hace veinte años me dijo Vasconcelos
«Dedíquese a la filosofía
Vida no da
          defiende de la muerte»
Y Ortega y Gasset
               en un bar sobre el Ródano
«Aprenda el alemán
y póngase a pensar
               olvide lo demás»

Yo no escribo para matar al tiempo
ni para revivirlo
escribo para que me viva y reviva
Hoy en la tarde desde un puente
vi al sol entrar en las aguas del río
Todo estaba en llamas
ardían las estatuas las casas los pórticos
En los jardines racimos femeninos
lingotes de luz líquida
frescura de vasijas solares
Un follaje de chispas la alameda
el agua horizontal inmóvil

bajo los cielos y los mundos incendiados
Cada gota de agua
                un ojo fijo
el peso de la enorme hermosura
sobre cada pupila abierta
Realidad suspendida
                      en el tallo del tiempo
la belleza no pesa
                  Reflejo sosegado
tiempo y belleza son lo mismo
                      luz y agua

Mirada que sostiene a la hermosura
tiempo que se embelesa en la mirada
mundo sin peso
                si el hombre pesa
¿no basta la hermosura?
                    No sé nada
Sé lo que sobra
                no lo que basta
La ignorancia es ardua como la belleza
un día sabré menos y abriré los ojos
Tal vez no pasa el tiempo
pasan imágenes de tiempo
si no vuelven las horas vuelven las presencias
En esta vida hay otra vida
la higuera aquella volverá esta noche
esta noche regresan otras noches

Mientras escribo oigo pasar el río
no éste
              aquel que es éste
Vaivén de momentos y visiones
el mirlo está sobre la piedra gris
en un claro de marzo
                    negro
centro de claridades
No lo maravilloso presentido

                          lo presente sentido
        la presencia sin más
                      nada más pleno colmado

        No es la memoria
                      nada pensado ni querido
        No son las mismas horas
                          otras
        son otras siempre y son la misma
        entran y nos expulsan de nosotros
        con nuestros ojos ven lo que no ven los ojos
        Dentro del tiempo hay otro tiempo
        quieto
                sin horas ni peso ni sombra
        sin pasado o futuro
                          sólo vivo
        como el viejo del banco
        unimismado idéntico perpetuo
        Nunca lo vemos
                      Es la transparencia

Homenaje y profanaciones

(1960)

Amor constante más allá de la muerte

*Cerrar podrá mis ojos la postrera
sombra que me llevare el blanco día,
y podrá desatar esta alma mía
hora a su afán ansioso lisonjera;*

*mas no de esotra parte en la ribera
dejará la memoria, en donde ardía;
nadar sabe mi llama la agua fría,
y perder el respeto a ley severa.*

*Alma a quien todo un Dios prisión ha sido,
venas que humor a tanto fuego han dado,
médulas que han gloriosamente ardido:*

*su cuerpo dejará, no su cuidado;
serán ceniza, mas tendrá sentido;
polvo serán, mas polvo enamorado.*

Francisco de Quevedo

Aspiración

1

Sombras del día blanco
contra mis ojos. Yo no veo
nada sino lo blanco:
la hora en blanco, el alma
desatada del ansia y de la hora.

Blancura de aguas muertas,
hora blanca, ceguera de los ojos abiertos.
Frota tu pedernal, arde, memoria,
contra la hora y su resaca.
Memoria, llama nadadora.

2

Desatado del cuerpo, desatado
del ansia, vuelvo al ansia, vuelvo
a la memoria de tu cuerpo. Vuelvo.
Y arde tu cuerpo en mi memoria,
arde en tu cuerpo mi memoria.

Cuerpo de un Dios que fue cuerpo abrasado,
Dios que fue cuerpo y fue cuerpo endiosado
y es hoy tan sólo la memoria
de un cuerpo desatado de otro cuerpo:
tu cuerpo es la memoria de mis huesos.

3

Sombra del sol Solombra segadora
ciega mis manantiales trasojados
el nudo desanuda siega el ansia
apaga el ánima desanimada

Mas la memoria desmembrada nada
desde los nacederos de su nada
los manantiales de su nacimiento
nada contra corriente y mandamiento

nada contra la nada
                    Ardor del agua
lengua de fuego fosforece el agua
Pentecostés palabra sin palabras

Sentido sin sentido no pensado
pensar que transfigura la memoria
El resto es un manojo de centellas

Espiración

1

Cielos de fin de mundo. Son las cinco.
Sombras blancas: ¿son voces o son pájaros?
Contra mi sien, latidos de motores.
Tiempo de luz: memoria, torre hendida,
pausa vacía entre dos claridades.

Todas sus piedras vueltas pensamiento
la ciudad se desprende de sí misma.
Descarnación. El mundo no es visible.
Se lo comió la luz. ¿En tu memoria
serán mis huesos tiempo incandescente?

2

Vana conversación del esqueleto
con el fuego insensato y con el agua
que no tiene memoria y con el viento
que todo lo confunde y con la tierra
que se calla y se come sus palabras.

Mi suma es lo que resta, tu escritura:
la huella de los dientes de la vida,
el sello de los ayes y los años,
el trazo negro de la quemadura
del amor en lo blanco de los huesos.

3

Sol de sombra Solombra cegadora
mis ojos han de ver lo nunca visto
lo que miraron sin mirarlo nunca
el revés de lo visto y de la vista

Los laúdes del láudano de loas
dilapidadas lápidas y laudos
la piedad de la piedra despiadada
las velas del velorio y del jolgorio

El entierro es barroco todavía
en México
            Morir es todavía
morir a cualquier hora en cualquier parte

Cerrar los ojos en el día blanco
el día nunca visto cualquier día
que tus ojos verán y no los míos

Lauda

1

Ojos medulas sombras blanco día
ansias afán lisonjas horas cuerpos
memoria todo Dios ardieron todos
polvo de los sentidos sin sentido
ceniza lo sentido y el sentido.

Este cuarto, esta cama, el sol del broche,
su caída de fruto, los dos ojos,
la llamada al vacío, la fijeza,
los dos ojos feroces, los dos ojos
atónitos, los dos ojos vacíos,
la no vista presencia presentida,
la visión sin visiones entrevista,
los dos ojos cubriéndose de hormigas,
¿pasan aquí, suceden hoy? Son hoy,
pasan allá, su aquí es allá, sin fecha.

Itálica famosa madriguera de ratas
y lugares comunes, muladar de motores,
víboras en Uxmal anacoretas,
emporio de centollas o imperio de los pólipos
sobre los lomos del acorazado,
dédalos, catedrales, bicicletas,
dioses descalabrados, invenciones
de ayer o del decrépito mañana,
basureros: no tiene edad la vida,
volvió a ser árbol la columna Dafne.

2

Entre la vida inmortal de la vida
y la muerte inmortal de la historia
hoy es cualquier día

en un cuarto cualquiera
Festín de dos cuerpos a solas
fiesta de ignorancia saber de presencia
Hoy (conjunción señalada
y abrazo precario)
esculpimos un Dios instantáneo
tallamos el vértigo

Fuera de mi cuerpo
en tu cuerpo fuera de tu cuerpo
en otro cuerpo
cuerpo a cuerpo creado
por tu cuerpo y mi cuerpo
Nos buscamos perdidos
dentro de ese cuerpo instantáneo
nos perdemos buscando
todo un Dios todo cuerpo y sentido
Otro cuerpo perdido

Olfato gusto vista oído tacto
el sentido anegado en lo sentido
los cuerpos abolidos en el cuerpo
memorias desmemorias de haber sido
antes después ahora nunca siempre

Salamandra

(1958-1961)

Noche en claro

A los poetas André Breton
y Benjamín Péret

A las diez de la noche en el Café de Inglaterra
salvo nosotros tres
            no había nadie
Se oía afuera el paso húmedo del otoño
pasos de ciego gigante
pasos de bosque llegando a la ciudad
Con mil brazos con mil pies de niebla
cara de humo hombre sin cara
el otoño marchaba hacia el centro de París
con seguros pasos de ciego
Las gentes caminaban por la gran avenida
algunos con gesto furtivo se arrancaban el rostro
Una prostituta bella como una papisa
cruzó la calle y desapareció en un muro verduzco
la pared volvió a cerrarse
Todo es puerta
basta la leve presión de un pensamiento
Algo se prepara
           dijo uno entre nosotros

Se abrió el minuto en dos
leí signos en la frente de ese instante
Los vivos están vivos
andan vuelan maduran estallan
los muertos están vivos

oh huesos todavía con fiebre
el viento los agita los dispersa
racimos que caen entre las piernas de la noche
La ciudad se abre como un corazón
como un higo la flor que es fruto
más deseo que encarnación
encarnación del deseo
Algo se prepara
                    dijo el poeta

Este mismo otoño vacilante
este mismo año enfermo
fruto fantasma que resbala entre las manos del siglo
año de miedo tiempo de susurro y mutilación
Nadie tenía cara aquella tarde
en el *underground* de Londres
En lugar de ojos
                    abominación de espejos cegados
En lugar de labios
                    raya de borrosas costuras
Nadie tenía sangre nadie tenía nombre
no teníamos cuerpo ni espíritu
no teníamos cara
El tiempo daba vueltas y vueltas y no pasaba
no pasaba nada sino el tiempo que pasa y regresa y no pasa
Apareció entonces la pareja adolescente
él era rubio «venablo de Cupido»
gorra gris gorrión callejero y valiente
ella era pequeña pecosa pelirroja
manzana sobre una mesa de pobres
pálida rama en un patio de invierno
Niños feroces gatos salvajes
dos plantas ariscas enlazadas
dos plantas con espinas y flores súbitas
Sobre el abrigo de ella color fresa
resplandeció la mano del muchacho
las cuatro letras de la palabra *Amor*
en cada dedo ardiendo como astros

Tatuaje escolar tinta china y pasión
anillos palpitantes
oh mano collar al cuello ávido de la vida
pájaro de presa y caballo sediento
mano llena de ojos en la noche del cuerpo
pequeño sol y río de frescura
mano que das el sueño y das la resurrección
Todo es puerta
        todo es puente
ahora marchamos en la otra orilla
mira abajo correr el río de los siglos
el río de los signos
Mira correr el río de los astros
se abrazan y separan vuelven a juntarse
hablan entre ellos un lenguaje de incendios
sus luchas sus amores
son la creación y la destrucción de los mundos
La noche se abre
        mano inmensa
constelación de signos
escritura silencio que canta
siglos generaciones eras
sílabas que alguien dice
palabras que alguien oye
pórticos de pilares transparentes
ecos llamadas señas laberintos
Parpadea el instante y dice algo
escucha abre los ojos ciérralos
la marea se levanta
        Algo se prepara

Nos dispersamos en la noche
mis amigos se alejan
llevo sus palabras como un tesoro ardiendo
Pelean el río y el viento del otoño
pelea el otoño contra las casas negras
Año de hueso
pila de años muertos y escupidos
estaciones violadas
siglo tallado en un aullido
pirámide de sangre
horas royendo el día el año el siglo el hueso
Hemos perdido todas las batallas
todos los días ganamos una
                    Poesía

La ciudad se despliega
su rostro es el rostro de mi amor
sus piernas son piernas de mujer
Torres plazas columnas puentes calles
río cinturón de paisajes ahogados
Ciudad o Mujer Presencia
abanico que muestras y ocultas la vida
bella como el motín de los pobres
tu frente delira pero en tus ojos bebo cordura
tus axilas son noche pero tus pechos día
tus palabras son de piedra pero tu lengua es lluvia
tu espalda es el mediodía en el mar
tu risa el sol entrando en los suburbios
tu pelo al desatarse la tempestad en las terrazas del alba
tu vientre la respiración del mar la pulsación del día
tú te llamas torrente y te llamas pradera
tú te llamas pleamar
tienes todos los nombres del agua
Pero tu sexo es innombrable
la otra cara del ser
la otra cara del tiempo
el revés de la vida
Aquí cesa todo discurso

aquí la belleza no es legible
aquí la presencia se vuelve terrible
replegada en sí misma la Presencia es vacío
lo visible es invisible
Aquí se hace visible lo invisible
aquí la estrella es negra
la luz es sombra luz la sombra
Aquí el tiempo se para
los cuatro puntos cardinales se tocan
es el lugar solitario el lugar de la cita

Ciudad Mujer Presencia
aquí se acaba el tiempo
aquí comienza

Andando por la luz

Adelantas la pierna
izquierda el día
se detiene sonríe
y se echa a andar ligero
bajo el sol detenido

Adelantas la pierna
derecha el sol
camina más ligero
a lo largo del día
varado entre los árboles

Caminas altos senos
andan los árboles
te sigue el sol el día
sale a tu encuentro el cielo
inventa nubes súbitas

Paisaje pasional

El pico del ave solar abre el corazón del espacio
fruto de piedra
                    fruto de tiempo
granada de años negros carmesíes morados

Espacio   espacio   hendido

Cicatrices de sal en la frente del fuego
desfiladeros bajo un astro iracundo
diálogos de la nieve y la luna a la intemperie

Huellas rojas pisadas de astros
vestidura del incendio
enredadera del vino sobre la peña

Países como un león dormido
países como un festín de llamas
materias extasiadas ríos parados
extensiones   reinos del ala desplegada

Entre quietud y movimiento
gran pulsación del ser
Un rumor de viento y lluvia se alza en los confines
como la selva y la fiebre el huracán avanza
con los ojos cerrados
con los ojos hinchados de visiones
El huracán se ha plantado en el centro de tu alma
lo que aplasta su pie derecho reverdece bajo el izquierdo

Apremio

Corre y se demora en mi frente
lenta y se despeña en mi sangre
la hora pasa sin pasar
y en mí se esculpe y desvanece

Yo soy el pan para su hambre
yo el corazón que deshabita
la hora pasa sin pasar
y esto que escribo lo deshace

Amor que pasa y pena fija
en mí combate en mí reposa
la hora pasa sin pasar
cuerpo de azogue y de ceniza

Cava mi pecho y no me toca
piedra perpetua que no pesa
la hora pasa sin pasar
y es una herida que se encona

El día es breve la hora inmensa
hora sin mí yo con su pena
la hora pasa sin pasar
y en mí se fuga y se encadena

Un día de tantos

Diluvio de soles
no vemos nada pero vemos todo
Cuerpos sin peso suelo sin espesor
¿subimos o bajamos?

Tu cuerpo es un diamante
¿dónde estás?
Te has perdido en tu cuerpo

Esta hora es un relámpago quieto y sin garras
al fin todos somos hermanos
hoy podríamos decirnos buenas tardes
hasta los mexicanos somos felices
y también los extraños

Los automóviles tienen nostalgia de hierba
Andan las torres
            el tiempo se ha parado
Un par de ojos no me deja
son una playa ágata en el sur calcinado
son el mar entre las rocas color de ira
son la furia de junio y su manto de abejas

Sol león del cielo
tú que la miras
        mírame

Ídolo que a nadie miras
             míranos
El cielo gira y cambia y es idéntico
¿dónde estás?
Yo estoy solo frente al sol y la gente
tú eras cuerpo fuiste luz no eres nada
Un día te encontraré en otro sol

Baja la tarde
        crecen las montañas
Hoy nadie lee los periódicos
en las oficinas con las piernas entreabiertas
las muchachas toman café y platican
Abro mi escritorio
             está lleno de alas verdes
está lleno de élitros amarillos
Las máquinas de escribir marchan solas
escriben sin descanso la misma ardiente sílaba
La noche acecha tras los rascacielos
es la hora de los abrazos caníbales
Noche de largas uñas
¡cuánta rabia en unos ojos recordados!
Antes de irse
el sol incendia las presencias

Cosante

Con la lengua cortada
y los ojos abiertos
el ruiseñor en la muralla

Ojos de pena acumulada
y plumaje de sangre
el ruiseñor en la muralla

Plumas de sangre y breve llamarada
agua recién nacida en la garganta
el ruiseñor en la muralla

Agua que corre enamorada
agua con alas
el ruiseñor en la muralla

Entre las piedras negras la voz blanca
del agua enamorada
el ruiseñor en la muralla

Con la lengua cortada canta
sangre sobre la piedra
el ruiseñor en la muralla

Lámpara

Contra la noche sin cuerpo
se desgarra y se abraza
la pena sola

Negro pensar y encendida semilla
pena de fuego amargo y agua dulce
la pena en guerra

Claridad de latidos secretos
planta de talle transparente
vela la pena

Calla en el día canta en la noche
habla conmigo y habla sola
alegre pena

Ojos de sed pechos de sal
entra en mi cama y entra en mí sueño
amarga pena

Bebe mi sangre la pena pájaro
puebla la espera mata la noche
la pena viva

Sortija de la ausencia
girasol de la espera y amor en vela
torre de pena

Contra la noche la sed y la ausencia
gran puñado de vida
fuente de pena

Garabato

Con un trozo de carbón
con mi gis roto y mi lápiz rojo
dibujar tu nombre
el nombre de tu boca
el signo de tus piernas
en la pared de nadie
En la puerta prohibida
grabar el nombre de tu cuerpo

hasta que la hoja de mi navaja
sangre
      y la piedra grite
y el muro respire como un pecho

Movimiento

Si tú eres la yegua de ámbar
      yo soy el camino de sangre
Si tú eres la primer nevada
      yo soy el que enciende el brasero del alba
Si tú eres la torre de la noche
      yo soy el clavo ardiendo en tu frente
Si tú eres la marea matutina
      yo soy el grito del primer pájaro
Si tú eres la cesta de naranjas
      yo soy el cuchillo de sol
Si tú eres el altar de piedra
      yo soy la mano sacrílega
Si tú eres la tierra acostada
      yo soy la caña verde
Si tú eres el salto del viento
      yo soy el fuego enterrado
Si tú eres la boca del agua
      yo soy la boca del musgo
Si tú eres el bosque de las nubes
      yo soy el hacha que las parte
Si tú eres la ciudad profanada
      yo soy la lluvia de consagración
Si tú eres la montaña amarilla
      yo soy los brazos rojos del liquen
Si tú eres el sol que se levanta
      yo soy el camino de sangre

Palpar

Mis manos
abren las cortinas de tu ser
te visten con otra desnudez
descubren los cuerpos de tu cuerpo
Mis manos
inventan otro cuerpo a tu cuerpo

Duración

> *Trueno y viento: duración*
> *I Ching*

I

Negro el cielo
        Amarilla la tierra
El gallo desgarra la noche
El agua se levanta y pregunta la hora
El viento se levanta y pregunta por ti
Pasa un caballo blanco

II

Como el bosque en su lecho de hojas
tú duermes en tu lecho de lluvia
tú cantas en tu lecho de viento
tú besas en tu lecho de chispas

III

Olor vehemencia numerosa
cuerpo de muchas manos

Sobre un tallo invisible
una sola blancura

IV

Habla escucha respóndeme
lo que dice el trueno
lo comprende el bosque

V

Entro por tus ojos
sales por mi boca
Duermes en mi sangre
despierto en tu frente

VI

Te hablaré un lenguaje de piedra
(respondes con un monosílabo verde)
Te hablaré un lenguaje de nieve
(respondes con un abanico de abejas)
Te hablaré un lenguaje de agua
(respondes con una canoa de relámpagos)
Te hablaré un lenguaje de sangre
(respondes con una torre de pájaros)

Rotación

Alta columna de latidos
sobre el eje inmóvil del tiempo
el sol te viste y te desnuda
El día se desprende de tu cuerpo

y se pierde en tu noche
La noche se desprende de tu día
y se pierde en tu cuerpo
Nunca eres la misma
acabas siempre de llegar
estás aquí desde el principio

Temporal

En la montaña negra
el torrente delira en voz alta
A esta misma hora
tú avanzas entre precipicios
por tu cuerpo dormido
El viento lucha a obscuras con tu sueño
maraña verde y blanca
encina niña encina milenaria
el viento te descuaja y te arrastra y te arrasa
abre tu pensamiento y lo dispersa
Torbellino tus ojos
torbellino tu ombligo
torbellino y vacío
El viento te exprime como un racimo
temporal en tu frente
temporal en tu nuca y en tu vientre
Como una rama seca
el viento te avienta
El torrente entra en tu sueño
manos verdes y pies negros
rueda por la garganta
de piedra de la noche
anudada a tu cuerpo
de montaña dormida
El torrente delira
entre tus muslos
soliloquio de piedras y de agua

Por los acantilados
de tu frente
pasa como un río de pájaros
El bosque dobla la cabeza
como un toro herido
el bosque se arrodilla
bajo el ala del viento
cada vez más alto
el torrente delira
cada vez más hondo
por tu cuerpo dormido
cada vez más noche

El puente

Entre ahora y ahora,
entre yo soy y tú eres,
la palabra *puente*.

Entras en ti misma
al entrar en ella:
como un anillo
el mundo se cierra.

De una orilla a la otra
siempre se tiende un cuerpo,
un arco iris.

Yo dormiré bajo sus arcos.

Vaivén

1

Vuelve a la noche,
racimo de horas sombrías;
córtalo, come el fruto de tiniebla,
saborea la ignorancia.

2

Con orgullo de árbol
plantado en pleno torbellino
te desvistes
         con el gesto del agua
saltando de la peña
abandonas tus cuerpos
con los pasos sonámbulos del viento
te arrojas en el lecho
con los ojos cerrados
buscas tu más antigua desnudez

3

Caigo en ti con la ciega caída de la ola
tu cuerpo me sostiene como la ola que renace
el viento sopla afuera y reúne las aguas
todos los bosques son un solo árbol

Navega la ciudad en plena noche
tierra y cielo y marea que no cesa
los elementos enlazados tejen
la vestidura de un día desconocido

4

Desierto inmenso y fuente secreta
balanza de silencio y árbol de gemidos
cuerpo que se despliega como la vela
cuerpo que se repliega como la brasa
corazón que desgajo de la noche
escorpión que se clava en mi pecho
sello de sangre sobre mis años de hombre

5

(Hago lo que dices)

Con un Sí
la lámpara que te guía a la entrada del sueño
Con un No
la balanza que pesa la falacia y la verdad del deseo
Con un Ay
el hueso florecido para atravesar la muerte

6

(Hoy, siempre hoy)

Hablas (se oyen muchas lluvias)
no sé lo que dices (una mano amarilla nos sostiene)
Callas (nacen muchos pájaros)
no sé adónde estamos (un alveolo escarlata nos encierra)
Ríes (las piernas del río se cubren de hojas)
no sé adónde vamos (mañana es hoy en mitad de la noche)

        Hoy que se abre y se cierra
        nunca se mueve y no se detiene
        corazón que nunca se apaga

Hoy (un pájaro se posa
en una torre de granizo)
Siempre es mediodía

Complementarios

En mi cuerpo tú buscas al monte,
a su sol enterrado en el bosque.
En tu cuerpo yo busco la barca
en mitad de la noche perdida.

Agua y viento

Agua extendida centelleas
bajo un relámpago lascivo
mi pensamiento azul y negro

Caminas por el bosque de mi sangre
árboles con olor a semen
árboles blancos árboles negros

Habitas un rubí
instante incandescente
gota de fuego
engastada en la noche

Cuerpo sin límites
en una alcoba diminuta

El mar te levanta hasta el grito más blanco
la yedra del gemido clava sus uñas en mi nuca
el mar te desgarra y te arranca los ojos
torre de arena que se desmorona

tus quejas estallan y se desvanecen
gallos negros
cantan tu muerte y tu resurrección

Sobre el bosque carbonizado
pasa el sol con un hacha

Interior

Pensamientos en guerra
quieren romper mi frente

Por caminos de pájaros
avanza la escritura

La mano piensa en voz alta
una palabra llama a otra

En la hoja en que escribo
van y vienen los seres que veo

El libro y el cuaderno
repliegan las alas y reposan

Ya encendieron las lámparas
la hora se abre y cierra como un lecho

Con medias rojas y cara pálida
entran tú y la noche

A través

Doblo la página del día,
escribo lo que me dicta
el movimiento de tus pestañas.

*

Entro en ti,
veracidad de la tiniebla.
Quiero las evidencias de lo obscuro,
beber el vino negro:
toma mis ojos y reviéntalos.

*

Una gota de noche
sobre la punta de tus senos:
enigmas del clavel.

*

Al cerrar los ojos
los abro dentro de tus ojos.

*

En su lecho granate
siempre está despierta
y húmeda tu lengua.

*

Hay fuentes
en el jardín de tus arterias.

*

Con una máscara de sangre
atravieso tu pensamiento en blanco:
desmemoria me guía
hacia el reverso de la vida.

Pares y nones

Una palabra de poco peso
para saludar al día
una palabra de vuelo a vela
¡Ah!

*

Grandes ojeras
en tu cara todavía es de noche

*

Invisible collar de miradas
a tu garganta encadenadas

*

Mientras los periódicos
se deshojan
tú te cubres de pájaros

*

Estamos como el agua en el agua
como el agua que guarda el secreto

*

Una mirada te enlaza
otra te desenlaza
La transparencia te desvanece

*

Tus dos pechos entre mis manos
agua otra vez despeñada

*

De un balcón
              (El abanico)
a otro balcón
              (se abre)
salta el sol
              (y se cierra)

Ustica*

Los sucesivos soles del verano,
la sucesión del sol y sus veranos,
todos los soles,
el solo, el sol de soles,
hechos ya hueso terco y leonado,
cerrazón de materia enfriada.

Puño de piedra,
piña de lava,
osario,
no tierra,
isla tampoco,
peña despeñada,

* Islote en el mar de Sicilia. Fue cementerio sarraceno.

duro durazno,
gota de sol petrificada.

Por las noches se oye
el respirar de las cisternas,
el jadeo del agua dulce
turbada por el mar.
La hora es alta y rayada de verde.
El cuerpo obscuro del vino
en las jarras dormido
es un sol más negro y fresco.

Aquí la rosa de las profundidades
es un candelabro de venas rosadas
encendido en el fondo del mar.
En tierra, el sol lo apaga,
pálido encaje calcáreo
como el deseo labrado por la muerte.

Rocas color de azufre,
altas piedras adustas.
Tú estás a mi costado.
Tus pensamientos son negros y dorados.
Si alargase la mano
cortaría un racimo de verdades intactas.
Abajo, entre peñas centellantes,
va y viene el mar lleno de brazos.
Vértigos. La luz se precipita.
Yo te miré a la cara,
yo me asomé al abismo:
mortalidad es transparencia.

Osario, paraíso:
nuestras raíces anudadas
en el sexo, en la boca deshecha
de la Madre enterrada.
Jardín de árboles incestuosos
sobre la tierra de los muertos.

Discor

Susurros y pisadas rápidas,
tuerto pasillo, largo suspiro.
Espiral indecisa:
paso a paso, gastados carmesíes,
caracola de ajadas entrañas,
paso a paso,
la escalera que no desemboca:
No desemboca y siempre desemboca:
ay súbito espejo,
otra tú misma que no me conoce,
y tú reconoces,
fijo presente, me sale al encuentro.

     Abolición del tiempo.
     Espejo llagado y llaga perpetua,
     cuarto lleno de ojos,
     multiplicación de cuerpos,
     cuarto lleno de rostros y labios y nombres.
     Fornicación espectral de los espejos,
     complicidad de ratas, identidad promiscua,
     cuarto hormiguero y cuarto podrido,
     nuez vana y amarga granada
     y otra vez cuarto.
     Instante largo como un aullido,
     como el presente y su escalera.

No desemboca y siempre desemboca:
ribera y agua, centella y abismo,
tu cuerpo de yerba, tu cuerpo de plata,
trono de la noche y espuela del día,
deseo de mil brazos y una sola boca,
gavilán y torrente y alto grito que cae.
En tu alma reseca llueve sangre,
Rostro desnudo, rostro deshecho y rostro de eclipse:
sólo dos ojos cada vez más hondos.
Abolición del cuerpo:

otra tú misma, que tú no conoces,
nace del espejo abolido.
Hora sin tiempo, desnudez desnuda:
humedad del deseo y paz del deseo.
Agua, inocencia que late a mi lado.
No: los espejos engendran,
fijo presente que sale al encuentro,
susurro de ratas y pisadas rápidas,
multiplicación de nombres,
ayuntamientos espectrales,
multiplicacion viscosa,
multiplicación de ojos.
Dispersión y pánico y vértigo fijo:
la escalera que no desemboca.

Otra tú misma que no me conoce,
otra tú misma que te reconoce,
espejo perpetuo y llaga ya fría,
cuerpo inocente, viscosa inocencia,
ortiga y sequía y pan de ceniza,
ardor que no quema, herida sin sangre,
otra tú misma, te sale al encuentro.
Paso a paso, gastados carmesíes,
bajamos la espiral indecisa,
risas apagadas, pisadas gimientes.
Salimos a la noche y nos perdemos,
espejos abolidos en un fijo presente.

Alba última

Tus cabellos se pierden en el bosque,
tus pies tocan los míos.
Dormida eres más grande que la noche
pero tu sueño cabe en este cuarto.
¡Cuánto somos qué poco somos!

Afuera pasa un taxi
con su carga de espectros.
El río que se va
                        siempre
está de regreso.

¿Mañana será otro día?

Ida y vuelta

Cenagoso noviembre:
piedras manchadas, huesos renegridos,
indecisos palacios.

Yo atravesé los arcos y los puentes,
yo estaba vivo, en busca de la vida.

En el salón lunar
se desangra la luz. Los hombres-peces
cambian fríos reflejos.

Yo estaba vivo y vi muchos fantasmas,
todos de carne y hueso y todos ávidos.

Torre topacio y sangre,
las trenzas negras y los pechos ámbar,
la dama subterránea.

Tigre, novilla, pulpo, yedra en llamas:
quemó mis huesos y chupó mi sangre.

Lecho, planeta extinto,
trampa de espejos fueron noche y cuerpo,
montón de sal, la dama.

Come mis restos, sol del altiplano:
yo estaba vivo y fui a buscar la muerte.

Salamandra

Salamandra
                (negra
armadura viste el fuego)
calorífero de combustión lenta
entre las fauces de la chimenea
—o mármol o ladrillo—
                        tortuga estática
o agazapado guerrero japonés
y una u otro
                —el martirio es reposo—
impasible en la tortura

                Salamandra
nombre antiguo del fuego
    y antídoto antiguo contra el fuego
    y desollada planta sobre brasas
    amianto amante amianto

    Salamandra
                en la ciudad abstracta
    entre las geometrías vertiginosas
    —vidrio cemento piedra hierro—
    formidables quimeras
    levantadas por el cálculo
    multiplicadas por el lucro
    al flanco del muro anónimo
    amapola súbita

                Salamandra
    garra amarilla
                roja escritura
    en la pared de sal
                    garra de sol
    sobre el montón de huesos

Salamandra
      estrella caída
en el sinfín del ópalo sangriento
sepultada
bajo los párpados del sílex
niña perdida
en el túnel del ónix
en los círculos del basalto
enterrada semilla
         grano de energía
dormida en la medula del granito

Salamandra
      niña dinamitera
en el pecho azul y negro del hierro
estallas como un sol
te abres como una herida
hablas como una fuente

Salamandra
      espiga
hija del fuego
espíritu del fuego
condensación de la sangre
sublimación de la sangre
evaporación de la sangre

Salamandra de aire
la roca es llama
      la llama es humo
vapor rojo
    recta plegaria
alta palabra de alabanza
exclamación
      corona de incendio
en la testa del himno
reina escarlata
(y muchacha de medias moradas
corriendo despeinada por el bosque)

Salamandra
        animal taciturno
negro paño de lágrimas de azufre
(Un húmedo verano
entre las baldosas desunidas
de un patio petrificado por la luna
oí vibrar tu cola cilíndrica)

Salamandra caucásica
en la espalda cenicienta de la peña
aparece y desaparece
breve y negra lengüeta
moteada de azafrán

        Salamandra
bicho negro y brillante
escalofrío del musgo
devorador de insectos
heraldo diminuto del chubasco
y familiar de la centella
(Fecundación interna
reproducción ovípara
las crías viven en el agua
ya adultas nadan con torpeza)

Salamandra
Puente colgante entre las eras
puente de sangre fría
eje del movimiento
(Los cambios de la alpina
la especie más esbelta
se cumplen en el claustro de la madre
Entre los huevecillos se logran dos apenas
y hasta el alumbramiento
medran los embriones en un caldo nutricio
la masa fraternal de huevos abortados)

La salamandra española
montañesa negra y roja

No late el sol clavado en la mitad del cielo
no respira
no comienza la vida sin la sangre
sin la brasa del sacrificio
no se mueve la rueda de los días
Xólotl se niega a consumirse
se escondió en el maíz pero lo hallaron
se escondió en el maguey pero lo hallaron
cayó en el agua y fue el pez axólotl
el dos-seres
                y «luego lo mataron»
Comenzó el movimiento anduvo el mundo
la procesión de fechas y de nombres
Xólotl el perro guía del infierno
el que desenterró los huesos de los padres
el que coció los huesos en la olla
el que encendió la lumbre de los años
el hacedor de hombres
Xólotl el penitente
el ojo reventado que llora por nosotros
Xólotl la larva de la mariposa
el doble de la Estrella
el caracol marino
la otra cara del Señor de la Aurora
Xólotl el ajolote

            Salamandra
dardo solar
                lámpara de la luna
columna del mediodía
nombre de mujer
balanza de la noche
(El infinito peso de la luz
un adarme de sombra en tus pestañas)

Salamandra
      llama negra
heliotropo
      sol tú misma
y luna siempre en torno de ti misma
granada que se abre cada noche
astro fijo en la frente del cielo
y latido del mar y luz ya quieta
mente sobre el vaivén del mar abierta

Salamandria
saurio de unos ocho centímetros
vive en las grietas y es color de polvo

Salamandra de tierra y de agua
piedra verde en la boca de los muertos
piedra de encarnación
piedra de lumbre
sudor de la tierra
sal llameante y quemante
sal de la destrucción
y máscara de cal que consume los rostros

Salamandra de aire y de fuego
avispero de soles
roja palabra del principio

La salamandra es un lagarto
su lengua termina en un dardo
su cola termina en un dardo

Es inasible Es indecible
reposa sobre brasas
reina sobre tizones
Si en la llama se esculpe
su monumento incendia
El fuego es su pasión es su *paciencia*

Salamadre   Aguamadre

Solo a dos voces

(1961)

A Jorge Gaitán Durán

Solo a dos voces

En ninguna otra lengua occidental son tantas
las palabras fantasmas...

J. COROMINES, *Diccionario crítico-*
etimológico de la lengua castellana

Si decir No
al mundo al presente
hoy (solsticio de invierno)
no es decir
       Sí
decir es solsticio de invierno
hoy en el mundo
         no
es decir
       Sí
decir mundo presente
no es decir
       ¿qué es
Mundo Solsticio Invierno?
¿Qué es decir?

       Desde hace horas
oigo caer, en el patio negro,
una gota de agua.
Ella cae y yo escribo.

Solsticio de invierno:
sol parado,
       mundo errante.

Sol desterrado,
        fijeza al rojo blanco.
La tierra blanca negra,
dormida,
  sobre sí misma echada,
es una piedra caída.
Ánima en pena
          el mundo,
peña de pena
      el alma,
pena entrañas de piedra.

Cae la gota invisible
sobre el cemento húmedo.
Cae también en mi cuarto.
A la mitad del pensamiento
me quedo, como el sol,
parado
en la mitad de mí,
separado.

      Mundo mondo,
sonaja de semillas semánticas:
vírgenes móndigas
            (múndicas,
las que llevan el *mundum*
el día de la procesión),
muchachas cereales
ofrendan a Ceres panes y ceras;
muchachas trigueñas,
entre el pecho y los ojos
alzan la monda,
Pascua de Resurrección:
Señora del Prado,
         sobre tu cabeza,
como una corona cándida,
la canasta del pan.
Incandescencias del candeal,

muchachas, cestas de panes,
pan de centeno y pan de cebada,
pan de abejas, pan de flor,
altar vivo los pechos,
sobre mesa de tierra vasos de sol:
como y bebo, hombre soy.

Sonaja de simientes, poema:
enterrar la palabra,
el grano de fuego,
en el cuerpo de Ceres
tres veces arado;
enterrarla en el patio,
horadar el cemento
con la gota tenaz,
con la gota de tinta.
Para la diosa negra,
piedra dormida en la nieve,
dibujar un caballo de agua,
dibujar en la página
un caballo de yerba.

Hoy es solsticio de invierno:
canta el gallo,
                    el sol despierta.
Voces y risas, baile y panderos,
sobre el suelo entumido
rumor de faldas de muchachas
como el viento corriendo entre espadañas,
como el agua que brota de la peña.
Muchachas,
            cántaros penantes,
el agua se derrama,
el vino se derrama,
el fuego se derrama,
penetra las entrañas,
la piedra se despierta:
lleva un sol en el vientre.

Como el pan en el horno,
el hijo de la piedra incandescente
es el hijo de nadie.

   A solas con el diccionario
agito el ramo seco,
palabras, muchachas, semillas,
sonido de guijarros
sobre la tierra negra y blanca,
inanimada.
En el aire frío del patio
se dispersan las vírgenes.
Humedad y cemento.

El mundo
no es tortas y pan pintado.
El diccionario
es un mundo no dicho:
de solsticio de invierno
a Pascua de Resurrección,
en dirección inversa
a las agujas del cuadrante,
hay: «sofisma, símil, selacio, salmo,
rupestre, rosca, ripio, réprobo,
rana, Quito, quejido,
pulque, ponzoña, picotín, peluca...»
Desandar el camino,
volver a la primera letra
en dirección inversa
al sol,
      hacia la piedra:
simiente,
        gota de energía,
joya verde
entre los pechos negros de la diosa.

   Escribo contra la corriente,
contra la aguja hipnotizada

y los sofismas del cuadrante:
como la sombra, la aguja
sigue al sol,
             un sol sin cuerpo,
sombra de sol,
                siempre futuro;
como un perro, la aguja
tras los pasos del sol,
                        sol ido,
desvanecido, sol de sombra.

No el movimiento del círculo,
maestro de espejismos:
                        la quietud
en el centro del movimiento.
No predecir: decir.
Mundo suspendido en la sombra,
mundo mondo, pulido como hueso,
decir es mondadura,
poda del árbol de los muertos.
Decir es penitencia de palabras,
la zona negra y blanca,
el húmedo cemento, el patio,
el no saber qué digo
entre la ausencia y la presencia
de este mundo, echado
sobre su propio abandono,
caído como gota de tinta.

   La letra no reposa en la página:
memoria la levanta,
monumento de viento.
¿Y quién recuerda a la memoria,
quién la levanta, dónde se implanta?
Fuente de claridad, alumbramiento,
la memoria es raíz en la tiniebla.

Come tiniebla,
                come olvido:
no lo que dices, lo que olvidas,
es lo que dices:
                hoy es solsticio de invierno
en el mundo
                hoy estás separado
en el mundo
                hoy es el mundo
ánima en pena en el mundo.

Ladera este

(1962-1968)

El balcón

Quieta
en mitad de la noche
no a la deriva de los siglos
no tendida
       clavada
como idea fija
en el centro de la incandescencia
Delhi
      Dos sílabas altas
rodeadas de arena e insomnio
En voz baja las digo

                Nada se mueve
pero la hora crece
           se dilata
Es el verano
marejada que se derrama
Oigo la vibración del cielo bajo
sobre los llanos en letargo
Masas enormes cónclaves obscenos
nubes llenas de insectos
aplastan
       indecisos bultos enanos
(Mañana tendrán nombre
erguidos serán casas
mañana serán árboles)

Nada se mueve
La hora es más grande
                              yo más solo
clavado
          en el centro del torbellino
Si extiendo la mano
un cuerpo fofo el aire
un ser promiscuo sin cara
Acodado al balcón
                    veo

(*No te apoyes,*
si estás solo, contra la balaustrada,
dice el poeta chino)

No es la altura ni la noche y su luna
no son los infinitos a la vista
es la memoria y sus vértigos
Esto que veo
                esto que gira
son las acechanzas las trampas
detrás no hay nada
son las fechas y sus remolinos
(Trono de hueso
                        trono del mediodía
aquella isla
                En su cantil leonado
por un instante vi la vida verdadera
Tenía la cara de la muerte
eran el mismo rostro
                            disuelto
en el mismo mar centelleante)

Lo que viviste hoy te desvive
no estás allá
              aquí
estoy aquí
          en mi comienzo

No me reniego
         me sustento
Acodado al balcón
        veo
nubarrones y un pedazo de luna
lo que está aquí visible
casas gente
       lo real presente
vencido por la hora
          lo que está aquí
invisible
      mi horizonte
Si es un comienzo este comienzo
no principia conmigo
          con él comienzo
en él me perpetúo

        Acodado al balcón
veo
    esta lejanía tan próxima
No sé cómo nombrarla
aunque la toco con el pensamiento
La noche que se va a pique
la ciudad como un monte caído
blancas luces azules amarillas
faros súbitos paredes de infamia
y los racimos terribles
las piñas de hombres y bestias por el suelo
y la maraña de sus sueños enlazados

Vieja Delhi fétida Delhi
callejas y plazuelas y mezquitas
como un cuerpo acuchillado
como un jardín enterrado
Desde hace siglos llueve polvo
tu manto son las tolvaneras
tu almohada un ladrillo roto

En una hoja de higuera
comes las sobras de tus dioses
tus templos son burdeles de incurables
estás cubierta de hormigas
corral desamparado
                              mausoleo desmoronado
estás desnuda
                    como un cadáver profanado
te arrancaron joyas y mortaja
Estabas cubierta de poemas
todo tu cuerpo era escritura
acuérdate
              recobra la palabra
eres hermosa
                    sabes hablar cantar bailar

Delhi
      dos torres
plantadas en el llano
                          dos sílabas altas
Yo las digo en voz baja
acodado al balcón
                    clavado
no en el suelo
                en su vértigo
en el centro de la incandescencia
Estuve allá
              no sé adónde
Estoy aquí
              no sé es dónde
No la tierra
              el tiempo
en sus manos vacías me sostiene

Noche y luna
                movimientos de nubes
temblor de árboles
                      estupor del espacio

infinito y violencia en el aire
polvo iracundo que despierta
encienden luces en el puerto aéreo
rumor de cantos por el Fuerte Rojo
Lejanías
       pasos de un peregrino son errante
sobre este frágil puente de palabras
La hora me levanta
hambre de encarnación padece el tiempo
Más allá de mí mismo
en algún lado aguardo mi llegada

Tumba de Amir Khusrú

        A Margarita y Antonio González de León

Árboles cargados de pájaros
sostienen a pulso la tarde.
Arcos y patios. Entre rojos
muros, verde ponzoña, un tanque.
Un corredor lleva al santuario:
mendigos, flores, lepra, mármoles.

Tumbas, dos nombres, sus anécdotas:
Nizam ud-din, teólogo andante,
Amir Khusrú, lengua de loro.
El santo y el poeta. Grave,
brota un lucero de una cúpula.
Destella el fango del estanque.

Amir Khusrú, loro o cenzontle:
cada minuto es dos mitades,
turbia la pena, la voz diáfana.
Sílabas, incendios errantes,
vagabundas arquitecturas:
todo poema es tiempo y arde.

La higuera religiosa

El viento,
        los ladrones de frutos
(monos, pájaros, murciélagos)
entre las ramas de un gran árbol
esparcen las semillas.
            Verde y sonora,
la inmensa copa desbordante
donde beben los soles
es una entraña aérea.
           Las semillas:
se abren,
       la planta se afinca
en el vacío,
         hila su vértigo
y en él se erige y se mece y propaga.
Años y años cae
           en línea recta.
Su caída
       es el salto del agua
congelada en el salto: tiempo petrificado.

Anda a tientas,
         lanza largas raíces,
varas sinuosas,
        entrelazados
chorros negros,
       clava
pilares,
      cava húmedas galerías
donde el eco se enciende y apaga,
cobriza vibración
           resuelta en la quietud
de un sol carbonizado cada día.
Brazos, cuerdas, anillos,
           maraña
de mástiles y cables, encallado velero.

Trepan,
          se enroscan las raíces
errantes.
               Es una maleza de manos.
No buscan tierra: buscan un cuerpo,
tejen un abrazo.
               El árbol
es un emparedado vivo.
                         Su tronco
tarda cien años en pudrirse.
                         Su copa:
el cráneo mondo, las astas rotas del venado.

Bajo un manto de hojas coriáceas,
ondulación que canta
                    del rosa al ocre al verde,
en sí misma anudada
                    dos mil años,
la higuera se arrastra, se levanta, se estrangula.

El mausoleo de Humayún

Al debate de las avispas
la dialéctica de los monos
gorjeos de las estadísticas
opone
          (alta llama rosa
hecha de piedra y aire y pájaros
tiempo en reposo sobre el agua)

la arquitectura del silencio

Al pintor Swaminathan

Con un trapo y un cuchillo
                              contra la idea fija
contra el toro del miedo
contra la tela contra el vacío
                              el surtidor
la llama azul del cobalto
                              el ámbar quemado
verdes recién salidos del mar
                              añiles reflexivos
Con un trapo y un cuchillo
                              sin pinceles
con los insomnios con la rabia con el sol
contra el rostro en blanco del mundo
el surtidor
              la ondulación serpentina
la vibración acuática del espacio
el triángulo el arcano
la flecha clavada en el altar negro
los alfabetos coléricos
la gota de tinta de sangre de miel
Con un trapo y un cuchillo
                              el surtidor
salta el rojo mexicano
                    y se vuelve negro
salta el rojo de la India
                    y se vuelve negro
los labios ennegrecen
                    negro de Kali
carbón para tus cejas y tus párpados
mujer deseada cada noche
                    negro de Kali
el amarillo y sus fieras abrasadas
el ocre y sus tambores subterráneos
el cuerpo verde de la selva negra
el cuerpo azul de Kali
                    el sexo de la Guadalupe

Con un trapo y un cuchillo
                    contra el triángulo
el ojo revienta
            surtidor de signos
la ondulación serpentina avanza
marea de apariciones inminentes

El cuadro es un cuerpo
vestido sólo por su enigma desnudo

En los jardines de los Lodi

A Claude Esteban

En el azul unánime
los domos de los mausoleos
—negros, reconcentrados, pensativos—
emitieron de pronto
                    pájaros

El día en Udaipur

Blanco el palacio,
blanco en el lago negro.
Lingam y *yoni.*
                Como la diosa al dios
                tú me rodeas, noche.

Fresca terraza.
Eres inmensa, inmensa
a la medida.
                Estrellas inhumanas.
                Pero la hora es nuestra.

Caigo y me elevo,
ardo y me anego. ¿Sólo
tienes un cuerpo?
Pájaros sobre el agua,
alba sobre los párpados.

Ensimismados,
altos como la muerte,
brotan los mármoles.
Encallan los palacios,
blancura a la deriva.

Mujeres, niños
por los caminos: frutas
desparramadas.
¿Harapos o relámpagos?
Procesión en el llano.

Sonora y fresca
por brazos y tobillos
canta la plata.
Con un traje alquilado
el niño va a su boda.

La ropa limpia
tendida entre las piedras.
Mírala y calla.
En el islote chillan
monos de culo rojo.

Cuelga del muro,
obscuro sol en celo,
un avispero.
También mi frente es sol
de pensamientos negros.

Moscas y sangre.
En el patio de Kali
trisca un cabrito.

Del mismo plato comen
dioses, hombres y bestias.

Sobre el dios pálido
la diosa negra baila,
decapitada.

Calor, hora rajada,
y esos mangos podridos...

Tu frente, el lago:
lisos, sin pensamientos.
Salta una trucha.

Luces sobre las aguas:
ánimas navegantes.

Ondulaciones:
ocre el llano —y la grieta...
Tu ropa al lado.

Sobre tu cuerpo en sombra
estoy como una lámpara.

Viva balanza:
los cuerpos enlazados
sobre el vacío.

El cielo nos aplasta,
el agua nos sostiene.

Abro los ojos:
nacieron muchos árboles
hoy por la noche.

Esto que he visto y digo,
el sol, blanco, lo borra.

White Huntress

No lejos del *dak bungalow*,
entre bambúes y yerbales,
tropecé con Artemisa.
Iba armada de punta en blanco:
un *cooli* cargaba el *Holland and Holland*,
otro el *vanity case* y la maleta
con los antibióticos y los preservativos.

Golden Lotuses (1)

1

No brasa
       ni chorro de jerez:
la descarga del gimnoto
o, más bien, el chasquido
de la seda
       al rasgarse.

2

En su tocador,
alveolo cristalino,
duermen todos los objetos
menos las tijeras.

3

A mitad de la noche
vierte,
       en el oído de sus amantes,
tres gotas de luz fría.

4

Se desliza, amarilla y eléctrica,
por la piscina del *hall*.
                    Después, quieta,
brilla,
        estúpida como piedra preciosa.

El otro

Se inventó una cara.
                    Detrás de ella   .
vivió, murió y resucitó
muchas veces.
            Su cara
hoy tiene las arrugas de esa cara.
Sus arrugas no tienen cara.

Golden Lotuses (2)

Delgada y sinuosa
como la cuerda mágica.
Rubia y rauda:
            dardo y milano.
Pero también inexorable rompehielos.
Senos de niña, ojos de esmalte.
Bailó en todas las terrazas y sótanos,
contempló un atardecer en San José, Costa Rica,
durmió en las rodillas de los Himalayas,
fatigó los bares y las sabanas de África.
A los veinte dejó a su marido
por una alemana;
a los veintiuno dejó a la alemana
por un afgano;

a los cuarenta y cinco
vive en Proserpina Court, int. 2, Bombay.
Cada mes, en los días rituales,
llueven sapos y culebras en la casa,
los criados maldicen a la demonia
y su amante parsi apaga el fuego.
Tempestad en seco.
                        El buitre blanco
picotea su sombra.

Caza real

Apuro del taxidermista:
Su Alteza le remite,
para su galería de trofeos,
las pieles, no muy bien curtidas,
de su padre y su hermano el primogénito.

Golden Lotuses (3)

Jardines despeinados,
casa grande como una hacienda.
Hay muchos cuartos vacíos,
muchos retratos de celebridades
desconocidas.
                        Moradas y negras,
en paredes y sedas marchitas
las huellas digitales
de los monzones giratorios.
Lujo y polvo. Calor, calor.
La casa está habitada por una mujer rubia.
La mujer está habitada por el viento.

Epitafio de una vieja

La enterraron en la tumba familiar
y en las profundidades
tembló el polvo del que fue su marido.

Perpetua encarnada

Tiemblan los intrincados jardines
juntan los árboles las frentes
cuchichean
       El día
arde aún en mis ojos
Hora a hora lo vi deslizarse
ancho y feliz como un río
sombra y luz enlazadas sus orillas
y un amarillo remolino
una sola intensidad monótona
el sol fijo en su centro
               Gravitaciones
oscilaciones de materia impalpable
blancas demoliciones
congregaciones de la espuma nómada
grandes montañas de allá arriba
colgadas de la luz
gloria inmóvil que un parpadeo
vuelve añicos
         Y aquí abajo
papayas mangos tamarindos laureles
araucarias excelsas chirimoyos
el baniano
        más bosque que árbol
verde algarabía de millones de hojas
frutos negruzcos bolsas palpitantes
murciélagos dormidos colgando de las ramas

Todo era irreal en su demasía

Sobre la pared encalada
teatro escrito por el viento y la luz
las sombras de la enredadera
más verde que la palabra *marzo*
máscara de la tarde
abstraída en la caligrafía de sus pájaros
Entre las rejas trémulas de los reflejos
iba y venía
              una lagartija transparente
Graciosa terrible diminuta
cambiaba de lugar y no de tiempo
subía y bajaba por un presente
sin antes ni después
                Desde mi ahora
como aquel que se asoma a precipicios
yo la miraba
        Mareo
             pululación y vacío
la tarde la bestezuela mi conciencia
una vibración idéntica indiferente
Y vi en la cal una explosión morada
cuántos soles en un abrir y cerrar de ojos
Tanta blancura me hizo daño

Me refugié en los eucaliptos
pedí a su sombra
              llueva o truene
ser siempre igual
           silencio de raíces
y la conversación airosa de las hojas
Pedí templanza pedí perseverancia
Estoy atado al tiempo
             prendido prendado
estoy enamorado de este mundo
ando a tientas en mí mismo extraviado
pido entereza pido desprendimiento

abrir los ojos
                    evidencias ilesas
entre las claridades que se anulan
No la abolición de las imágenes
la encarnación de los pronombres
el mundo que entre todos inventamos
pueblo de signos
                    y en su centro
la solitaria
                Perpetua encarnada
una mitad mujer
                    peña manantial la otra

Palabra de todos con que hablamos a solas
pido que siempre me acompañes
razón del hombre
el animal de manos radiantes
el animal con ojos en las yemas

La noche se congrega y se ensancha
nudo de tiempos y racimo de espacios
veo oigo respiro
Pido ser obediente a este día y esta noche

Por los caminos de Mysore

Rocas azules, llanos colorados,
cárdenos pedregales, nopaleras,
magueyes, bosques acuchillados —y la gente:
¿su piel es más obscura o más blancas sus mantas?
Patrias del gavilán, cielos tendidos
sobre el campo de par en par abierto.
La tierra es buena para soñar o cabalgarla.
A pesar de las hambres son bien dadas las hembras:
pecho y cadera llenos, descalzas y alhajadas,
del magenta al turquesa el vestido vehemente.

Ellos y ellas andan tatuados.
Raza de ojos inmensos, pedernal la mirada.
Hablan en jerigonza, tienen ritos extraños,
pero Tipú Sultán, el Tigre de Mysore,
bien vale Nayarit y su Tigre de Alica.

Utacamud

1

En las montañas Nilgiri
busqué a los Toda.
Sus templos son establos cónicos.
Flacos, barbudos y herméticos,
al ordeñar sus búfalos sagrados
salmodian himnos incoherentes.
Desde Sumeria guardan un secreto
sin saber que lo guardan
y entre los labios resecos de los viejos
el nombre de Ishtar, diosa cruel,
brilla como la luna sobre un pozo vacío.

2

En la veranda del Cecil Hotel
Miss Penélope (pelo canario,
medias de lana, báculo) repite
desde hace treinta años: *Oh India,
country of missed oportunities...*
Arriba,
entre los fuegos de artificio
de la jacaranda,

                    graznan los cuervos,
alegremente.

3

Altas yerbas y árboles bajos.
Territorio indeciso. En los claros
las termitas aladas construyen
diminutos castillos ciclópeos.
Homenajes de arena
a Micenas y Machu Picchu.

4

Más hojoso y brillante
el *nim* es como el fresno:
es un árbol cantante.

5

Visión en el desfiladero:
el árbol de camelias rosa
doblado sobre el precipicio.
Fulgor entre verdores taciturnos
plantado en un abismo.
Una presencia impenetrable,
indiferente al vértigo —y al lenguaje.

6

Crece en la noche el cielo,
eucalipto encendido.
Estrellas generosas:
no me aplastan, me llaman.

Cerca del cabo Comorín

A Gerardo Deniz

En un Land-Rover averiado
en mitad del campo llovido.
Árboles con el agua al cuello
bajo un cielo recién nacido
y blancos pájaros flemáticos,
airones y garzotas, impolutos
entre tantos verdes dramáticos.
En la ciénaga sumergidos
estultos búfalos lustrosos comen,
casi enteramente dormidos,
lirios acuáticos.
                    Una pandilla
de monos mendicantes. Increíble
mente trepada, una cabra amarilla
sobre una piedra puntiaguda. Un cuervo
sobre la cabra. Y la invisible,
aunque constante, pánica presencia:
no araña o cobra, lo Innominable,
la universal indiferencia
donde la forma vil y la adorable
prosperan y se anulan: vacíos hervideros.
Doble latido en la fijeza del espacio:
el sol junto a la luna. Anochece.
El martín pescador es un topacio
instantáneo. El carbón prevalece.
Se disuelve el paisaje ahogado.
¿Soy alma en pena o cuerpo errante?
Se disuelve también el Land-Rover parado.

Efectos del bautismo

El joven Hassan,
por casarse con una cristiana,
se bautizó.
   El cura,
como a un vikingo,
lo llamó Erik.
    Ahora
tiene dos nombres
y una sola mujer.

Cochin

1

Para vernos pasar
se alza de puntillas,
diminuta y blanquísima
entre los cocoteros,
la iglesia portuguesa.

2

Velas color canela.
El viento se levanta:
respiración de senos.

3

Con mantilla de espuma,
jazmines en el pelo
y aretes de oro,
van a misa de siete,

no en México ni en Cádiz:
en Travancore.

4

Ante el patriarca nestoriano
latió más fuerte
mi corazón herético.

5

En el cementerio cristiano
pastan
            vacas dogmáticas,
tal vez shivaítas.

6

Los mismos ojos ven, la misma tarde:
la buganvilia de múltiples brazos,
la elefancía y su pierna violácea,
entre el mar rosa y el palmar cetrino.

Apoteosis de Dupleix

A Severo Sarduy

(50 yd. of the pier of Pondiechery is the statue of
the unhappy rival of Clive, on a pedestal formed
of old fragments of temples.
                        Murray's Handbook of India)

Cara al mar se despliega,
abanico de piedra, el semicírculo.

Desgajadas de un templo, las columnas
son nueve: los nueve planetas.
En el centro, de pie sobre la basa,
proa el mentón, la testa pararrayos,
ungido de alquitrán y mantequilla,
no Ganesh ni Hanuman: entre la cáfila
de dioses todavía dios anónimo,
horas también anónimas gobierna,
diestra en alto, calzón corto, peluca,
el general Dupleix, fijo en su zócalo,
entre el Hôtel d'Europe y el mar sin barcos.

Madurai

En el bar del British Club
—sin ingleses, *soft drinks*—
Nuestra ciudad es santa y cuenta
me decía, apurando su naranjada,
con el templo más grande de la India
(Minakshi, diosa canela)
y el garaje T. S. V. (tus ojos son dos peces.)
el más grande también en el subcontinente:
Sri K. J. Chidambaram,
yo soy familiar de ambas instituciones.
Director de The Great Lingam Inc.,
Compañía de Autobuses de Turismo.

Felicidad en Herat

A Carlos Pellicer

Vine aquí
como escribo estas líneas,
sin idea fija:

una mezquita azul y verde,
seis minaretes truncos,
dos o tres tumbas,
memorias de un poeta santo,
los nombres de Timur y su linaje.

Encontré al viento de los cien días.
Todas las noches las cubrió de arena,
acosó mi frente, me quemó los párpados.
La madrugada:
                    dispersión de pájaros
y ese rumor de agua entre piedras
que son los pasos campesinos.
(Pero el agua sabía a polvo.)
Murmullos en el llano,
apariciones
                    desapariciones,
ocres torbellinos
insubstanciales como mis pensamientos.
Vueltas y vueltas
en un cuarto de hotel o en las colinas:
la tierra un cementerio de camellos
y en mis cavilaciones siempre
los mismos rostros que se desmoronan.
¿El viento, el señor de las ruinas,
es mi único maestro?
Erosiones:
el menos crece más y más.

En la tumba del santo,
hondo en el árbol seco,
clavé un clavo,
                    no,
como los otros, contra el mal de ojo:
contra mí mismo.
                    (Algo dije:
palabras que se lleva el viento.)

Una tarde pactaron las alturas.
Sin cambiar de lugar
                              caminaron los chopos.
Sol en los azulejos,
                              súbitas primaveras.
En el Jardín de las Señoras
subí a la cúpula turquesa.
Minaretes tatuados de signos:
la escritura cúfica, más allá de la letra,
se volvió transparente.
No tuve la visión sin imágenes,
no vi girar las formas hasta desvanecerse
en claridad inmóvil,
el ser ya sin substancia del sufí.
No bebí plenitud en el vacío
ni vi las treinta y dos señales
del bodisatva cuerpo de diamante.
Vi un cielo azul y todos los azules,
del blanco al verde
todo el abanico de los álamos
y sobre el pino, más aire que pájaro,
el mirlo blanquinegro.
Vi al mundo reposar en sí mismo.
Vi las apariencias.
Y llamé a esa media hora:
Perfección de lo Finito.

Paso de Tanghi-Garu

A E. Cioran

Tierra tasajeada:
la marcó el invierno con sus armas,
vestidura de espinas fue la primavera.

Montes de mica. Cabras negras.
Bajo las pezuñas sonámbulas
la pizarra relumbra, ceñuda.

Sol fijo, clavado
en la enorme cicatriz de piedra.
La muerte nos piensa.

Sharj Tepé

A Pierre Dhainaut

Como una leona echada
y del mismo color airado
la pelambre,
                    la colina famélica.
En sus lomos terrosos,
                              diseminados
en un orden indescifrable,
groseros montones de piedras:
el cementerio de los hunos blancos.
A veces,
              un aleteo azul y rápido:
un pájaro,
              único lujo en tanta muerte.

Prueba

Si el hombre es polvo
esos que andan por el llano
son hombres

Pueblo

Las piedras son tiempo
                El viento
siglos de viento
                Los árboles son tiempo
las gentes son piedras
                El viento
vuelve sobre sí mismo y se entierra
en el día de piedra

No hay agua pero brillan los ojos

Vrindaban

Rodeado de noche
follaje inmenso de rumores
grandes cortinas impalpables
hálitos
        escribo me detengo
escribo

        (Todo está y no está
todo calladamente se desmorona
sobre la página)

                Hace unos instantes
corría en un coche
entre las casas apagadas
                Corría
entre mis pensamientos encendidos
Arriba las estrellas
                jardines serenísimos
Yo era un árbol y hablaba
estaba cubierto de hojas y ojos
Yo era el murmullo que avanza
el enjambre de imágenes

(Ahora trazo unos cuantos signos
crispados
        negro sobre blanco
diminuto jardín de letras
a la luz de una lámpara plantado)

Corría el coche
por los barrios dormidos yo corría
tras de mis pensamientos
                míos y de los otros
Reminiscencias supervivencias figuraciones
nombres
      Los restos de las chispas
      y las risas de la velada
      la danza de las horas
      la marcha de las constelaciones
y otros lugares comunes
¿Yo creo en los hombres
          o en los astros?
Yo creo
    (aquí intervienen los puntos
suspensivos)
      Yo veo

Pórtico de columnas carcomidas
estatuas esculpidas por la peste
la doble fila de mendigos
          y el hedor
rey en su trono
      rodeado
como si fuesen concubinas
por un vaivén de aromas
puros casi corpóreos ondulantes
del sándalo al jazmín y sus fantasmas
Putrefacción
      fiebre de formas
          fiebre del tiempo
en sus combinaciones extasiado

Cola de pavo real el universo entero
miríadas de ojos
                        en otros ojos reflejados
modulaciones reverberaciones de un ojo único
un solitario sol
                        oculto
tras su manto de transparencias
su marea de maravillas
Todo llameaba
                        piedras mujeres agua
Todo se esculpía
                        del color a la forma
de la forma al incendio
                        Todo se desvanecía
Música de metales y maderas
en la celda del dios
                        matriz del templo
Música
como el agua y el viento en sus abrazos
y sobre los sonidos enlazados
la voz humana
luna en celo por el mediodía
estela del alma que se desencarna

(Escribo sin conocer el desenlace
de lo que escribo
                        Busco entre líneas
Mi imagen es la lámpara
                        encendida
en mitad de la noche)

                        Saltimbanqui
mono de lo Absoluto
                        garabato
en cuclillas
                        cubierto de cenizas pálidas
un *sadhu* me miraba y se reía

Desde su orilla me miraba
                              lejos lejos
como los animales y los santos me miraba
Desnudo desgreñado embadurnado
un rayo fijo los ojos minerales
Yo quise hablarle
me respondió con borborigmos
                                        Ido ido
¿Adónde
            a qué región del ser
a qué existencia a la intemperie de qué mundos
en qué tiempo?

                    (Escribo
cada letra es un germen
                            La memoria
insiste en su marea
y repite su mismo mediodía)

Ido ido
            Santo pícaro santo
arrobos del hambre o de la droga
Tal vez vio a Krishna
                              árbol azul y centelleante
nocturno surtidor brotando en la sequía
Tal vez en una piedra hendida
palpó la forma femenina
                                y su desgarradura
el vértigo sin forma
                        Por esto o aquello
vive en el muelle donde queman a los muertos

Las calles solas
las casas y sus sombras
Todo era igual y todo era distinto
El coche corría
                    yo estaba quieto
entre mis pensamientos desbocados

(Ido ido
Santo payaso santo mendigo rey maldito
es lo mismo
        siempre lo mismo
                en lo mismo
Es ser siempre en sí mismo
                encerrado
en lo mismo
        En sí mismo cerrado
ídolo podrido)

        Ido ido
desde su orilla me miraba
            me mira
desde su interminable mediodía
Yo estoy en la hora inestable
El coche corre entre las casas
Yo escribo a la luz de una lámpara
Los absolutos las eternidades
y sus aledaños
        no son mi tema
Tengo hambre de vida y también de morir
Sé lo que creo y lo escribo
Advenimiento del instante
        el acto
el movimiento en que se esculpe
y se deshace el ser entero.
Conciencia y manos para asir el tiempo
soy una historia
        una memoria que se inventa
Nunca estoy solo
hablo siempre contigo
        hablas siempre conmigo
A obscuras voy y planto signos

Intermitencias del oeste (1)
(Canción rusa)

Construimos el canal:
nos reeducan por el trabajo.

El viento se quiebra en nuestros hombros,
nosotros nos quebramos en las rocas.

Éramos cien mil, ahora somos mil,
no sé si mañana saldrá el sol para mí.

Himachal Pradesh (1)

A Juan Liscano

Vi
al pie de los contrafuertes
la dispersión de los horizontes
(En un cráneo de caballo
una colmena de abejas atareadas)

Vi
el vértigo petrificado
el jardín suspendido de la asfixia
(Una mariposa atigrada
inmóvil sobre la punta de un aroma)

Vi
las montañas de los sabios
donde el viento destroza a las águilas
(Una niña y una vieja en los huesos
cargar fardos más grandes que estos montes)

Intermitencias del oeste (2)
(Canción mexicana)

Mi abuelo, al tomar el café,
me hablaba de Juárez y de Porfirio,
los zuavos y los plateados.
Y el mantel olía a pólvora.

Mi padre, al tomar la copa,
me hablaba de Zapata y de Villa,
Soto y Gama y los Flores Magón.
Y el mantel olía a pólvora.

Yo me quedo callado:
¿de quién podría hablar?

Himachal Pradesh (2)

La nuestra
        (rapado, ventrudo y)
es la civilización maáas
                (untuoso)
antigua del
        (en el atajo caprino
su manto azafrán era una llama)
                ¡Mundo!
(en movimiento)
        Esta tierra es
(y el rumor de sus sandalias
sobre las púas secas de los pinos)
              Santa:
la tierra de
        (era como si pisara) *los Vedas.*
(cenizas.)
        El hombre
            (Con el índice)

empezó a pensar
                    (categórico)
                              hace cinco mil años
(el *pandit* me mostraba)
                    Aquí...
                              (los Himalayas,
las montañas más jóvenes del planeta.)

Intermitencias del oeste (3)
(México: Olimpiada de 1968)

A Dore y Adja Yunkers

La limpidez
          (quizá valga la pena
escribirlo sobre la limpieza
de esta hoja)
                    no es límpida:
es una rabia
          (amarilla y negra
acumulación de bilis en español)
extendida sobre la página.
¿Por qué?
          La vergüenza es ira
vuelta contra uno mismo:
                              si
una nación entera se avergüenza
es león que se agazapa
para saltar.
          (Los empleados
municipales lavan la sangre
en la Plaza de los Sacrificios.)
Mira ahora,
          manchada
antes de haber dicho algo
que valga la pena,
                    la limpidez.

Himachal Pradesh (3)

5 pequeñas abominaciones
vistas, oídas, cometidas:

El festín de los buitres.
Comieron tanto que no pueden volar.
No muy lejos, sobre una peña,
un águila tullida
espera su resto de carroña.

En la veranda del *dak bungalow*
el *barrister* de Nagpur pesca al extranjero
y en un inglés enmelado le ofrece un trago,
un cesto de ciruelas de su huerta, un mapa,
un almuerzo de *curry*,
noticias verídicas del país,
el balcón de su casa con una vista
única... Su mujer lo observa, oblicua,
mascullando injurias en hindustani.

Ya por tomar el fresco o sorprender
ese momento de armisticio
en que la media luna es verdadera
mente blanca y el sol es todavía el sol,
se asoma al aire la pareja de viejitos.
Se animan, resucitan
una pasión feroz de insectos.
Sonaja de semillas secas:
la hora de las recriminaciones.

En el patio del club seis eucaliptos
se ahogan en una casi luz casi miel,
tres ingleses supervivientes del *British Raj*
comentan con un *sikh* el *match* de *cricket* en Sidney,
unas matronas indias juegan *bridge*,
un paria lava el piso en cuclillas
y se eclipsa, un astro negro
se abre en mi frente como una granada

(EN PARÍS PRENDEN FUEGO A LA BOLSA,
TEMPLO DEL CAPITALISMO),
los pinos ensombrecen la colina.

Polvo y gritos de pájaros
sobre la tarde quemada.
Yo escribo estas líneas infames.

Intermitencias del oeste (4)
(París: Les aveugles lucides)

Dans l'une des banlieues de l'absolu,
les mots ayant perdu leur ombre,
ils faisaient commerce de reflets
jusqu'à perte de vue.
                    Ils se sont noyés
dans une interjection.

Tumba del poeta

El libro
        el vaso
el verde obscuramente tallo
                        el disco
lecho de la bella durmiente la música
las cosas anegadas en sus nombres
decirlas con los ojos
                    en un allá no sé dónde
clavarlas
        lámpara lápiz retrato
esto que veo
            clavarlo
como un templo vivo
                plantarlo

como un árbol
                    un dios
coronarlo
            con un nombre
                            inmortal
irrisoria corona de espinas
                            ¡Lenguaje!

El tallo y su flor inminente
                            sol-sexo-sol
la flor sin sombra
                    la palabra
se abre
        en un allá sin dónde
extensión inmaculada
transparencia que sostiene a las cosas
caídas
        por la mirada
levantadas
            en un reflejo
                        suspendidas

Haz de mundos
                    instantes
racimos encendidos
selvas andantes de astros
sílabas errantes
                    marea
todos los tiempos del tiempo
                        SER
una fracción de segundo
                        lámpara lápiz retrato
en un aquí no sé dónde

                    Un nombre
comienza
            asirlo plantarlo decirlo
como un bosque pensante
                        encarnarlo

Un linaje comienza
                    en un nombre
un adán
          como un templo vivo
nombre sin sombra
                    clavado
como un dios
              en este aquí sin dónde
¡Lenguaje!

          Acabo en su comienzo
en esto que digo
              acabo
SER
     sombra de un nombre instantáneo

NUNCA SABRÉ MI DESENLACE

Madrugada al raso

Los labios y las manos del viento
el corazón del agua
                    un eucalipto
el campamento de las nubes
la vida que nace cada día
la muerte que nace cada vida

Froto mis párpados:
el cielo anda en la tierra

Un anochecer

¿Qué la sostiene, entreabierta
claridad anochecida,
luz por los jardines suelta?

Todas las ramas, vencidas
por un agobio de pájaros,
hacia lo obscuro se inclinan.

Sobre las bardas —intactos:
todavía resplandores—
instantes ensimismados.

Para recibir la noche
se cambian las arboledas
en callados surtidores.

Cae un pájaro, la yerba
ensombrece, los confines
se borran, la cal es negra,
el mundo es menos creíble.

La exclamación

Quieto
        no en la rama
en el aire
          No en el aire
en el instante
          el colibrí

Prójimo lejano

Anoche un fresno
a punto de decirme
algo —callóse.

Lectura de John Cage

Leído
        desleído:
Music without measurements,
sounds passing through circumstances.
Dentro de mí los oigo
                        pasar afuera,
fuera de mí los veo
                        pasar conmigo.
Yo soy la circunstancia.
Música:
        oigo adentro lo que veo afuera,
        veo dentro lo que oigo fuera.
(No puedo oírme oír: Duchamp.)
                                        Soy
una arquitectura de sonidos
instantáneos
        sobre
un espacio que se desintegra.
                        (Everything
we come across is to the point.)
                                La música
inventa al silencio,
                la arquitectura
inventa al espacio.
                Fábricas de aire.
El silencio
        es el espacio de la música:
un espacio
        inextenso:
                no hay silencio
salvo en la mente.
                El silencio es una idea,
                la idea fija de la música.
La música no es una idea:
                        es movimiento,
sonidos caminando sobre el silencio.

(Not one sound fears the silence
                              that extinguishes it.)
Silencio es música,
                    música no es silencio.
Nirvana es *samsara,*
                      samsara no es *nirvana.*
El saber no es saber:
                    recobrar la ignorancia,
saber del saber.
                No es lo mismo
oír los pasos de esta tarde
entre los árboles y las casas
                              que
ver la misma tarde ahora
entre los mismos árboles y casas
                                después de leer
Silence:
          nirvana es *samsara,*
                      silencio es música.
(Let life obscure
              the difference between art and life.)
Música no es silencio:
                      no es decir
lo que dice el silencio,
                        es decir
lo que no dice.
              Silencio no tiene sentido,
              sentido no tiene silencio.
Sin ser oída
            la música se desliza entre ambos.
(Every something is an echo of nothing.)
En el silencio de mi cuarto
                          el rumor de mi cuerpo:
inaudito.
          Un día oiré sus pensamientos.
                                      La tarde
se ha detenido:
                no obstante —camina.

Mi cuerpo oye al cuerpo de mi mujer

(a cable of sound)

y le responde:

esto se llama música.

La música es real,

el silencio es una idea.

John Cage es japonés

y no es una idea:

es sol sobre nieve.

Sol y nieve no son lo mismo:

el sol es nieve y la nieve es nieve

o

el sol no es nieve ni la nieve es nieve

o

  John Cage no es americano

(U.S.A. is determined to keep the Free World free,
U.S.A. determined)

o

John Cage es americano

(that the U.S.A. may become
just another part of the world.

No more, no less.)

La nieve no es sol,

la música no es silencio,

el sol es nieve,

el silencio es música.

(The situation must be Yes-and-No,

not either-or)

Entre el silencio y la música,

el arte y la vida,

la nieve y el sol

hay un hombre.

Ese hombre es John Cage

(committed

to the nothing in between).

Dice una palabra:

no nieve no sol,

una palabra

que no es
        silencio:
A year from Monday you will hear it.

La tarde se ha vuelto invisible.

Soltura

A Cintio Vitier

Bajo la lluvia de los tambores
el tallo negro de la flauta
crecía y se desvanecía y reverdecía
Las cosas se desataban de sus nombres
al borde de mi cuerpo
              yo fluía
entre los elementos desceñidos

Concierto en el jardín
(Vina y Mridangam)

A Carmen Figueroa de Meyer

Llovió.
La hora es un ojo inmenso.
En ella andamos como reflejos.
El río de la música
entra en mi sangre.
Si digo: cuerpo, contesta: viento.
Si digo: tierra, contesta: ¿dónde?

Se abre, flor doble, el mundo:
tristeza de haber venido,
alegría de estar aquí.

Ando perdido en mi propio centro.

Lo idéntico
(Anton Webern, 1883-1945)

Espacios
        espacio
sin centro ni arriba ni abajo
se devora y se engendra y no cesa
Espacio remolino
              y caída hacia arriba
Espacios
        claridades cortadas a pico
suspendidas
          al flanco de la noche
jardines negros de cristal de roca
en una vara de humo florecidos
jardines blancos que estallan en el aire
Espacios
        un solo espacio que se abre
corola
      y se disuelve
             espacio en el espacio

Todo es ninguna parte
lugar de las nupcias impalpables

Dónde sin quién

No hay
ni un alma entre los árboles
Y yo
no sé adónde me he ido

Carta a León Felipe
(En respuesta a su poema-saludo y a su carta
sobre nuestro desencuentro en México
el verano pasado [1967])

León
    el quinto signo del cielo giratorio
                            el león
cara de sol
        el sol cara de hombre
                    Sol
el quinto son
        al centro de la música
El quinto sol
         centro del movimiento
                  León
Felipe querido
        Buenos días
Hoy llegó el sol con tu poema
                 hoy
llegó el león
        y se plantó en medio
entre los domos de los mausoleos Lodi
(bajo el cielo intachable
negros planetas cercenados)
y el Yamuna de fango iridiscente

En Prithviraj Road 13
           leo tu poema
bajo esta luz natural
        Sostiene al mundo
como una mano
        En su palma
los colores los cuerpos las formas
             saltan
reposan saltan
        Las cosas

como los saltimbanquis
                  andan por el aire
Dos loros en pleno vuelo
                      desafían al movimiento
y al lenguaje
          ¡Míralos
                ya se fueron!
Irradiación de unas cuantas palabras
Es un aleteo
              el mundo se aclara
sólo para volverse invisible

Aprender a ver oír decir
                  lo instantáneo
es nuestro oficio
              ¿Fijar vértigos?
Las palabras
          como los pericos en celo
se volatilizan
            Su movimiento
es un regreso a la inmovilidad

No nos queda dijo Bataille
sino escribir comentarios
                      insensatos
sobre la ausencia de sentido del escribir
Comentarios que se borran
                  La escritura poética
es borrar lo escrito
            Escribir
sobre lo escrito
            lo no escrito
Representar la *comedia* sin desenlace
Je ne puis parler d'une absence de sens
sinon lui donnant un sens qu'elle n'a pas

La escritura poética es
              aprender a leer

el hueco de la escritura
                    en la escritura
No huellas de lo que fuimos
                    caminos
hacia lo que somos
                    El poeta
lo dices en tu carta
                    es el preguntón
el que dibuja la pregunta
                    sobre el hoyo
y al dibujarla
            la borra
La poesía
        es la ruptura instantánea
instantáneamente cicatrizada
                        abierta de nuevo
por la mirada de los otros
                    La ruptura
es la continuidad
La muerte del comandante Guevara
también es ruptura
                no un fin
Su memoria
            no es una cicatriz
es una continuidad que se desgarra
para continuarse
                La poesía
es la hendidura
            el espacio
entre una palabra y otra
configuración del inacabamiento

León Felipe
            leo tu poema
bajo árboles fraternales
Tienen nombres que tú no conoces
ellos conocen el tuyo
                Cae

sobre este verdor hipnotizado
una luz impalpable

                cae

sobre las letras de tu poema
sobre el gato sonámbulo
sobre el insecto de vidrio
sobre el pájaro carbonizado en su canto
sobre la piel de mi mujer dormida-despierta
Todo esto que me rodea

                        seres y cosas nombres
es inaccesible en su proximidad

                         Palpable lejanía
como la mujer

            En su cuerpo
el mundo se manifiesta y se oculta
forma que ven mis ojos

                  y mi tacto disipa
Demasía de la presencia

                      más que un cuerpo
la mujer es una pregunta

                  y es una respuesta
La veo la toco

            también hablo con ella
callo con ella somos un lenguaje
Algunos quieren cambiar el mundo

                    otros leerlo
nosotros queremos hablar con él

                Al callarnos
mi mujer y yo

            aprendemos a oírlo
Un día tal vez nos dirá algo

La luz cae sobre las presencias

                  cae
sobre estas palabras

            La luz
ignora la escritura

           nos ignora

Adiós León Felipe
                    Buenos días
(en esta página)
                    No nos vimos en México
el desencuentro fue un encuentro
irradiación de unas cuantas palabras
ligereza de sílabas girando
en la inmovilidad de este día de invierno

Escritura

Yo dibujo estas letras
como el día dibuja sus imágenes
y sopla sobre ellas y no vuelve

Concorde

A Carlos Fuentes

Arriba el agua
abajo el bosque
el viento por los caminos

Quietud del pozo
El cubo es negro El agua firme

El agua baja hasta los árboles
El cielo sube hasta los labios

Śunyata

Al confín
        yesca
del espacio calcinado
la ascensión amarilla
del árbol
       Torbellino ágata
presencia que se consume
en una gloria sin substancia
Hora a hora se deshoja
el día
      ya no es
sino un tallo de vibraciones
que se disipan
             Y entre tantas
beatitudes indiferentes
brota
     intacto idéntico
el día
     El mismo que fluye
entre mis manos
         el mismo
brasa sobre mis párpados
El día   El árbol

Juventud

El salto de la ola
         más blanca
cada hora
      más verde
cada día
     más joven
la muerte

Hacia el comienzo

(1964-1968)

Viento entero

El presente es perpetuo
Los montes son de hueso y son de nieve
están aquí desde el principio
El viento acaba de nacer
                              sin edad
como la luz y como el polvo
                                   Molino de sonidos
el bazar tornasolea
                         timbres motores radios
el trote pétreo de los asnos opacos
cantos y quejas enredados
entre las barbas de los comerciantes
alto fulgor a martillazos esculpido
En los claros de silencio
                              estallan
los gritos de los niños
                         Príncipes en harapos
a la orilla del río atormentado
rezan orinan meditan

                         El presente es perpetuo
Se abren las compuertas del año
                              el día salta
        ágata
        El pájaro caído
entre la calle Montalambert y la de Bac
es una muchacha
                    detenida
sobre un precipicio de miradas

Si el agua es fuego
                    llama
En el centro de la hora redonda
                              encandilada
          potranca alazana
Un haz de chispas
                    una muchacha real
entre las casas y las gentes espectrales
Presencia chorro de evidencias
yo vi a través de mis actos irreales
la tomé de la mano
                    juntos atravesamos
los cuatro espacios los tres tiempos
pueblos errantes de reflejos
y volvimos al día del comienzo

El presente es perpetuo
                    21 de junio
hoy comienza el verano
                              Dos o tres pájaros
inventan un jardín
                    Tú lees y comes un durazno
sobre la colcha roja
                    desnuda
como el vino en el cántaro de vidrio
                    Un gran vuelo de cuervos
En Santo Domingo mueren nuestros hermanos
Si hubiera parque no estarían ustedes aquí
                    Nosotros nos roemos los codos
En los jardines de su alcázar de estío
Tipú Sultán plantó el árbol de los jacobinos
luego distribuyó pedazos de vidrio
entre los oficiales ingleses prisioneros
y ordenó que se cortasen el prepucio
y se lo comiesen
                    El siglo
se ha encendido en nuestras tierras

¿Con su lumbre
   las manos abrasadas
los constructores de catedrales y pirámides
levantarán sus casas transparentes?

     El presente es perpetuo
El sol se ha dormido entre tus pechos
La colcha roja es negra y palpita
Ni astro ni alhaja
    fruta
tú te llamas dátil
    Datia
castillo de sal si puedes
      mancha escarlata
sobre la piedra empedernida
Galerías terrazas escaleras
desmanteladas salas nupciales
del escorpión
    Ecos repeticiones
relojería erótica
    deshora
     Tú recorres
los patios taciturnos bajo la tarde impía
manto de agujas en tus hombros indemnes
Si el fuego es agua
     eres una gota diáfana
la muchacha real
     transparencia del mundo

El presente es perpetuo
     Los montes
   soles destazados
petrificada tempestad ocre
      El viento rasga
  ver duele
El cielo es otro abismo más alto
Garganta de Salang
la nube negra sobre la roca negra

401

El puño de la sangre golpea
                        puertas de piedra
Sólo el agua es humana
en estas soledades despeñadas
Sólo tus ojos de agua humana
                        Abajo
en el espacio hendido
el deseo te cubre con sus dos alas negras
Tus ojos se abren y se cierran
                        animales fosforescentes
Abajo
        el desfiladero caliente
la ola que se dilata y se rompe
                        tus piernas abiertas
el salto blanco
la espuma de nuestros cuerpos abandonados

                El presente es perpetuo
El morabito regaba la tumba del santo
sus barbas eran más blancas que las nubes
Frente al moral
                al flanco del torrente
repetiste mi nombre
                        dispersión de sílabas
Un adolescente de ojos verdes
te regaló una granada
                        Al otro lado del Amu-Darya
humeaban las casitas rusas
El son de la flauta uzbek
era otro río invisible y más puro
En la barcaza el batelero estrangulaba pollos
El país es una mano abierta
                        sus líneas
        signos de un alfabeto roto
Osamentas de reses en el llano
Bactriana
        estatua pulverizada
yo recogí del polvo unos cuantos nombres
Por esas sílabas caídas

granos de una granada cenicienta
juro ser tierra y viento
                remolino
sobre tus huesos

          El presente es perpetuo
La noche entra con todos sus árboles
noche de insectos eléctricos y fieras de seda
noche de yerbas que andan sobre los muertos
conjunción de aguas que vienen de lejos
murmullos
           los universos se desgranan
un mundo cae
           se enciende una semilla
cada palabra palpita
             Oigo tu latir en la sombra
enigma en forma de reloj de arena
                 mujer dormida
Espacio espacios animados
Anima mundi
        materia maternal
perpetua desterrada de sí misma
y caída perpetua en su entraña vacía
              Anima mundi
madre de las razas errantes
          de los soles y los hombres
Emigran los espacios
        el presente es perpetuo

En el pico del mundo se acarician
Shiva y Parvati
        Cada caricia dura un siglo
para el dios y para el hombre
          un mismo tiempo
un mismo despeñarse
        Lahor
          río rojo barcas negras

entre dos tamarindos una niña descalza
y su mirar sin tiempo
                    Un latido idéntico
muerte y nacimiento
Entre el cielo y la tierra suspendidos
unos cuantos álamos
vibrar de luz más que vaivén de hojas
                                        ¿suben o bajan?

El presente es perpetuo
                    Llueve sobre mi infancia
llueve sobre el jardín de la fiebre
flores de sílex árboles de humo
En una hoja de higuera tú navegas
por mi frente
                    La lluvia no te moja
eres la llama de agua
                    la gota diáfana de fuego
derramada sobre mis párpados
Yo veo a través de mis actos irreales
el mismo día que comienza
                        Gira el espacio
arranca sus raíces el mundo
No pesan más que el alba nuestros cuerpos
                                        tendidos

Madrigal

Más transparente
que esa gota de agua
entre los dedos de la enredadera
mi pensamiento tiende un puente
de ti misma a ti misma
                        Mírate
más real que el cuerpo que habitas
fija en el centro de mi frente

Naciste para vivir en una isla

Lección

El trueno anda por el llano
el cielo esconde todos sus pájaros
Sol desollado
                bajo su luz final
las piedras son más piedra

Rumor de follajes inciertos
como ciegos que buscan su camino
Dentro de unos instantes
noche y agua serán un solo cuerpo

Con los ojos cerrados

Con los ojos cerrados
te iluminas por dentro
eres la piedra ciega

Noche a noche te labro
con los ojos cerrados
eres la piedra franca

Nos volvemos inmensos
sólo por conocernos
con los ojos cerrados

Pasaje

Más que aire
                más que agua
más que labios
                ligera ligera

Tu cuerpo es la huella de tu cuerpo

Contigo

Ráfagas turquesa
loros fugaces en parejas
                              Vehemencias
el mundo llamea
                    Un árbol
hirviente de cuervos
arde sin quemarse
                         Quieta
entre los altos tornasoles
                                   eres
una pausa de la luz
                         El día
es una gran palabra clara
palpitación de vocales
                              Tus pechos
maduran bajo mis ojos
                              Mi pensamiento
es más ligero que el aire
                                   Soy real
veo mi vida y mi muerte
El mundo es verdadero
Veo
      habito una transparencia

Sol sobre una manta

Acribillada por la luz
                              una mitad del muro
salina vertical
                    La cortina su derramada sombra
azul marejada
                    sobre la cal del otro lienzo
Afuera el sol combate con el mar

El piso de ladrillo
                    respirado respirante
El azul se tiende
                    sobre la cama se extiende
Una almohada rosada sostiene
                              una muchacha
El vestido lacre todavía caliente
                              los ojos
entrecerrados no por la espera
                              por la visitación
Está descalza
              La plata tosca enlaza
refresca
         un brazo desnudo
Sobre sus pechos valientes baila el puñal del sol
Hacia su vientre
                 eminencia inminencia
sube una línea de hormigas negras
Abre los ojos
              de la miel quemada
la miel negra
              al centelleo de la amapola
la luz negra
             Un jarro sobre la mesa
Un girasol sobre el jarro
                         La muchacha
sobre la manta azul
                    un sol más fresco

Maithuna

Mis ojos te descubren
desnuda
          y te cubren
con una lluvia cálida
de miradas

*

Una jaula de sonidos
                            abierta
en plena mañana
                     más blanca
que tus nalgas
                     en plena noche
tu risa
         o más bien tu follaje
tu camisa de luna
                  al saltar de la cama

Luz cernida
            la espiral cantante
devana la blancura
               Aspa
X
  plantada en un abra

*

Mi día
      en tu noche
revienta
       Tu grito
salta en pedazos
             La noche
esparce
      tu cuerpo
Resaca
      tus cuerpos
se anudan
Otra vez tu cuerpo

*

Hora vertical
      la sequía

mueve sus ruedas espejeantes
Jardín de navajas
                    festín de falacias
Por esas reverberaciones
                              entras
ilesa
      en el río de mis manos

                    *

Más rápida que la fiebre
nadas en lo obscuro
                        tu sombra es más clara
entre las caricias
                    tu cuerpo es más negro
Saltas
      a la orilla de lo improbable
toboganes de cómo cuando porque sí
Tu risa incendia tu ropa
                        tu risa
moja mi frente mis ojos mis razones
Tu cuerpo incendia tu sombra
Te meces en el trapecio del miedo
los terrores de tu infancia
                              me miran
desde tus ojos de precipicio
                              abiertos
en el acto de amor
                    sobre el precipicio
Tu cuerpo es más claro
                        tu sombra es más negra
Tú ríes sobre tus cenizas

                    *

Lengua borgoña de sol flagelado
lengua que lame tu país de dunas insomnes

cabellera
            lengua de látigos
                        lenguajes
sobre tu espalda desatados
                        entrelazados
sobre tus senos
            escritura que te escribe
con letras aguijones
                  te niega
con signos tizones
                  vestidura que te desviste
escritura que te viste de adivinanzas
escritura en la que me entierro
                              Cabellera
gran noche súbita sobre tu cuerpo
jarra de vino caliente
                        derramado
sobre las tablas de la ley
nudo de aullidos y nube de silencios
racimo de culebras
                  racimo de uvas
pisoteadas
            por las heladas plantas de la luna
lluvia de manos de hojas de dedos de viento
sobre tu cuerpo
            sobre mi cuerpo sobre tu cuerpo
Cabellera
            follaje del árbol de huesos
el árbol de raíces aéreas que beben noche en el sol
El árbol carnal   El árbol mortal

                        *

Anoche
        en tu cama
éramos tres:
tú   yo   la luna

                        *

Abro
    los labios de tu noche
húmedas oquedades
                ecos
desnacimientos:
            blancor
súbito de agua
          desencadenada

          *

Dormir dormir en ti
o mejor despertar
          abrir los ojos
en tu centro
       negro blanco negro
blanco
    Ser sol insomne
que tu memoria quema
              (y
la memoria de mí en tu memoria)

          *

Y nueva nubemente sube
savia
    (salvia te llamo
llama)
      El tallo
estalla
    (Llueve
nieve ardiente)
        Mi lengua está
allá
  (En la nieve se quema
tu rosa)
      Está
ya

(sello tu sexo)
el alba

salva

Las armas del verano

Oye la palpitación del espacio
son los pasos de la estación en celo
sobre las brasas del año

Rumor de alas y de crótalos
tambores lejanos del chubasco
crepitación y jadeo de la tierra
bajo su vestidura de insectos y raíces

La sed despierta y construye
sus grandes jaulas de vidrio
donde tu desnudez es agua encadenada
agua que canta y se desencadena

Armada con las armas del verano
entras en mi cuarto entras en mi frente
y desatas el río del lenguaje
mírate en estas rápidas palabras

El día se quema poco a poco
sobre el paisaje abolido
tu sombra es un país de pájaros
que el sol disipa con un gesto

La llave de agua

Adelante de Rishikesh
el Ganges es todavía verde.
El horizonte de vidrio
se rompe entre los picos.
Caminamos sobre cristales.
Arriba y abajo
grandes golfos de calma.
En los espacios azules
rocas blancas, nubes negras.
Dijiste:
          Le pays est plein de sources.
Esa noche mojé mis manos en tus pechos.

Cima y gravedad

Hay un árbol inmóvil
hay otro que avanza
                              un río de árboles
golpea mi pecho
                    Es la dicha
el oleaje verde

Tú estás vestida de rojo
                              eres
el sello del año abrasado
el tizón carnal
                    el astro frutal
En ti como sol

          La hora reposa
sobre un abismo de claridades
Puñados de sombra los pájaros
sus picos construyen la noche
sus alas sostienen al día

413

Plantada en la cresta de la luz
entre la fijeza y el vértigo
tú eres
la balanza diáfana

Eje

Por el arcaduz de sangre
mi cuerpo en tu cuerpo
                        manantial de noche
mi lengua de sol en tu bosque
                             artesa tu cuerpo
trigo rojo yo
               Por el arcaduz de hueso
yo noche yo agua
                   yo bosque que avanza
yo lengua
             yo cuerpo
                   yo hueso de sol
Por el arcaduz de noche
                     manantial de cuerpos
tú noche del trigo
               tú bosque en el sol
tú agua que espera
                 tú artesa de huesos
Por el arcaduz de sol
                   mi noche en tu noche
mi sol en tu sol
               mi trigo en tu artesa
tu bosque en mi lengua
                    Por el arcaduz del cuerpo
el agua en la noche
                 tu cuerpo en mi cuerpo
Manantial de huesos
               Manantial de soles

Custodia

El nombre
Sus   sombras
El hombre   La hembra
El mazo   El gong
La i   La o
La torre   El aljibe
El índice   La hora
El hueso   La rosa
El rocío   La huesa
El venero   La llama
El tizón   La noche
El río   La ciudad
La quilla   El ancla
El hembro   La hombra
El hombre
Su cuerpo de nombres
Tu nombre en mi nombre En tu nombre mi nombre
Uno frente al otro uno contra el otro uno en torno al otro
El uno en el otro
Sin nombres

Domingo en la isla de Elefanta

IMPRECACIÓN

Al pie de las sublimes esculturas,
desfiguradas por los musulmanes y los portugueses,
la multitud ha dejado un *picnic* de basura
para los cuervos y los perros.
Yo la condeno a renacer cien veces
en un muladar,
        como a los otros,
por eones, en carne viva han de tallados
en el infierno de los mutiladores de estatuas.

INVOCACIÓN

Shiva y Parvati:
                    los adoramos
no como a dioses,
                    como a imágenes
de la divinidad de los hombres.
Ustedes son lo que el hombre hace y no es,
lo que el hombre ha de ser
cuando pague la condena del quehacer.
Shiva:
          tus cuatro brazos son cuatro ríos,
cuatro surtidores.
                    Todo tu ser es una fuente
y en ella se baña la linda Parvati,
en ella se mece como una barca graciosa.
El mar palpita bajo el sol:
son los gruesos labios de Shiva que sonríe;
el mar es una larga llamarada:
son los pasos de Parvati sobre las aguas.
Shiva y Parvati:
                    la mujer que es mi mujer
y yo,
          nada les pedimos, nada
que sea del otro mundo:
                              sólo
la luz sobre el mar,
la luz descalza sobre el mar y la tierra dormidos.

Cuento de dos jardines

Una casa, un jardín,
                    no son lugares:
giran, van y vienen.
                    Sus apariciones
abren en el espacio

otro espacio,
otro tiempo en el tiempo.
                              Sus eclipses
no son abdicaciones:
                              nos quemaría
la vivacidad de uno de esos instantes
si durase otro instante.
                              Estamos condenados
a matar al tiempo:
                              así morimos,
poco a poco.
                              Un jardín no es un lugar.
Por un sendero de arena rojiza
entramos en una gota de agua,
bebemos en su centro verdes claridades,
por la espiral de las horas
                              ascendemos
hasta la punta del día
                              descendemos
hasta la consumación de su brasa.
Fluye el jardín en la noche,
                              río de rumores.

Aquel de Mixcoac, abandonado,
cubierto de cicatrices,
                              era un cuerpo
a punto de desplomarse.
                              Yo era niño
y el jardín se parecía a mi abuelo.
Trepaba por sus rodillas vegetales
sin saber que lo habían condenado.
El jardín lo sabía:
                              esperaba su destrucción
como el sentenciado el hacha.
La higuera era la diosa,
                              la Madre.
Zumbar de insectos coléricos,
los sordos tambores de la sangre,

el sol y su martillo,
el verde abrazo de innumerables brazos.
La incisión del tronco:
                    el mundo se entreabrió.
Yo creí que había visto a la muerte:
                                        vi
la otra cara del ser,
                    la vacía,
el fijo resplandor sin atributos.

Se agolpan, en la frente del Ajusco,
las blancas confederaciones.
                            Ennegrecen,
son ya una masa cárdena,
una protuberancia enorme que se desgarra:
el galope del aguacero cubre todo el llano.
Llueve sobre lavas:
                    danza el agua
sobre la piedra ensangrentada.
                            Luz, luz:
substancia del tiempo y sus inventos.
Meses como espejos,
uno en el otro reflejado y anulado.
Días en que no pasa nada,
contemplación de un hormiguero,
sus trabajos subterráneos,
sus ritos feroces.
                        Inmerso en la luz cruel,
expiaba mi cuerpo-hormiguero,
                                espiaba
la febril construcción de mi ruina.
Élitros:
            el afilado canto del insecto
corta las yerbas secas.
                            Cactos minerales,
lagartijas de azogue en los muros de adobe,
el pájaro que perfora el espacio,

sed, tedio, tolvaneras,
impalpables epifanías del viento.
Los pinos me enseñaron a hablar solo.
En aquel jardín aprendí a despedirme.

Después no hubo jardines.
                        Un día,
como si regresara,
                    no a mi casa,
al comienzo del Comienzo,
                            llegué a una claridad.
Espacio hecho de aire
                        para los juegos pasionales
del agua y de la luz.
                        Diáfanas convergencias:
del gorjeo del verde
                    al azul más húmedo
al gris entre brasas
                    al más llagado rosa
al oro desenterrado.
                        Oí un rumor verdinegro
brotar del centro de la noche: el *nim*.
                            El cielo,
con todas sus joyas bárbaras,
                            sobre sus hombros.
El calor era una mano inmensa que se cerraba,
se oía el jadeo de las raíces,
la dilatación del espacio,
el desmoronamiento del año.
                            El árbol no cedía.
Grande como el monumento a la paciencia,
justo como la balanza que pesa
                            la gota de rocío,
                            el grano de luz,
                            el instante.
Entre sus brazos cabían muchas lunas.
Casa de las ardillas,
                    mesón de los mirlos.

La fuerza es fidelidad,
      el poder acatamiento:
nadie acaba en sí mismo,
       un todo es cada uno
en otro todo,
    en otro uno.
El otro está en el uno,
      el uno es otro:
somos constelaciones.
      El *nim*, enorme,
sabía ser pequeño.
     A sus pies
supe que estaba vivo,
      supe
que morir es ensancharse,
       negarse es crecer.
Aprendí,
   en la fraternidad de los árboles,
a reconciliarme,
     no conmigo:
con lo que me levanta, me sostiene, me deja caer.

Me crucé con una muchacha.
      Sus ojos:
el pacto del sol de verano con el sol de otoño.
Partidaria de acróbatas, astrónomos, camelleros.
Yo de fareros, lógicos, *sadhúes*.
       Nuestros cuerpos
se hablaron, se juntaron y se fueron.
Nosotros nos fuimos con ellos.
      Era el monzón.
Cielos de yerba machacada
      y el viento en armas
por las encrucijadas.
     Por la niña del cuento,
marinera de un estanque en borrasca,
la llamé Almendrita.

No un nombre:
un velero intrépido.
                    Llovía,
la tierra se vestía y así se desnudaba,
las serpientes salían de sus hoyos,
la luna era de agua,
                    el sol era de agua,
el cielo se destrenzaba,
sus trenzas eran ríos desatados,
los ríos tragaban pueblos,
muerte y vida se confundían,
amasijo de lodo y de sol,
estación de lujuria y pestilencia,
estación del rayo sobre el árbol de sándalo,
tronchados astros genitales
                              pudriéndose
resucitando en tu vagina,
                         madre India,
India niña,
empapada de savia, semen, jugos, venenos.

A la casa le brotaron escamas.
                    Almendrita:
llama intacta entre el culebreo y el ventarrón,
en la noche de hojas de banano
                              ascua verde,
hamadríada,
            yakshi:
                    risas en el matorral,
manojo de albores en la espesura,
                              más música
que cuerpo,
            más fuga de pájaro que música,
más mujer que pájaro:
                    sol tu vientre,
sol en el agua,
                agua de sol en la jarra,
grano de girasol que yo planté en mi pecho,

ágata,
                    mazorca de llamas en el jardín de huesos.
Chuang-tsé le pidió al cielo sus luminarias,
sus címbalos al viento,
                              para sus funerales.
Nosotros le pedimos al *nim* que nos casara.

Un jardín no es un lugar:
                              es un tránsito,
una pasión.
                    No sabemos hacia dónde vamos,
transcurrir es suficiente,
                              transcurrir es quedarse:
una vertiginosa inmovilidad.
                              Las estaciones,
oleaje de los meses.
                    Cada invierno
una terraza sobre el año.
                              Luz bien templada,
resonancias, transparencias,
                              esculturas de aire
disipadas apenas pronunciadas:
                              ¡sílabas,
islas afortunadas!
                    Engastado en la yerba
el gato Demóstenes es un carbón luminoso,
la gata Semíramis persigue quimeras,
                              acecha
reflejos, sombras, ecos.
                    Arriba,
sarcasmos de cuervos;
                              el urogallo y su hembra,
príncipes desterrados;
                              la upupa,
pico y penacho, un alfiler engalanado;
la verde artillería de los pericos;
los murciélagos color de anochecer.

En el cielo
        liso, fijo, vacío,
el milano
        dibuja y borra círculos.

Ahora,
     quieto
         sobre la arista de una ola:
un albatros,
         peñasco de espuma.
Instantáneo,
        se dispersa en alas.
No estamos lejos de Durban
            (allí estudió Pessoa).
Cruzamos un petrolero.
          Iba a Mombasa,
ese puerto con nombre de fruta.
            (En mi sangre:
Camoens, Vasco de Gama y los otros...)
El jardín se ha quedado atrás.
           ¿Atrás o adelante?
No hay más jardines que los que llevamos dentro.
¿Qué nos espera en la otra orilla?
Pasión es tránsito:
        la otra orilla está aquí,
luz en el aire sin orillas,
       Prajñaparamita,
Nuestra Señora de la Otra Orilla,
          tú misma,
la muchacha del cuento,
        la alumna del jardín.

Olvidé a Nagarjuna y a Dharmakirti
          en tus pechos,
en tu grito los encontré,
       Maithuna,
         dos en uno,

uno en todo,
        todo en nada,
                ¡śunyata,
plenitud vacía,
        vacuidad redonda como tu grupa!

        Los cormoranes:
        sobre un charco de luz
        pescan sus sombras.

La visión se disipa en torbellinos,
hélice de diecisiete sílabas
                dibujada en el mar
no por Bashō:
        por mis ojos, el sol y los pájaros,
hoy, hacia las cuatro,
        a la altura de Mauritania.
Una ola estalla:
        mariposas de sal.
Metamorfosis de lo idéntico.
                A esta misma hora
Delhi y sus piedras rojas,
        su río turbio,
sus domos blancos,
        sus siglos en añicos,
se transfiguran:
        arquitecturas sin peso,
cristalizaciones casi mentales.
                Desvanecimientos,
alto vértigo sobre un espejo.
                El jardín se abisma.
Ya es un nombre sin substancia.

Los signos se borran:
        yo miro la claridad

Blanco

(1966)

Advertencia

Como no ha sido posible reproducir aquí todas las características de la edición original de *Blanco* (México, 1967), señalo que este poema debería leerse como una sucesión de signos sobre una página única; a medida que avanza la lectura, la página se desdobla: un espacio que en su movimiento deja aparecer el texto y que, en cierto modo, lo produce. Algo así como el viaje inmóvil al que nos invita un rollo de pinturas y emblemas tántricos: si lo desenrollamos, se despliega ante nuestros ojos un ritual, una suerte de procesión o peregrinación hacia ¿dónde? El espacio fluye, engendra un texto, lo disipa —transcurre como si fuese tiempo. A esa disposición de orden temporal y que es la forma que adopta el curso del poema: su discurso, corresponde otra, espacial: las distintas partes que lo componen están distribuidas como las regiones, los colores, los símbolos y las figuras de un mandala... La tipografía y la encuadernación de la primera edición de *Blanco* querían subrayar no tanto la presencia del texto como la del espacio que lo sostiene: aquello que hace posible la escritura y la lectura, aquello en que terminan toda escritura y lectura.

Blanco es una composición que ofrece la posibilidad de varias lecturas, a saber:

a) En su totalidad, como un solo texto;

b) la columna del centro, con exclusión de las de izquierda y derecha, es un poema cuyo tema es el tránsito de la palabra, del silencio al silencio (de lo «en blanco» a lo blanco —al blanco), pasando por cuatro estados: amarillo, rojo, verde y azul;

c) la columna de la izquierda es un poema dividido en cuatro momentos que corresponden a los cuatro elementos tradicionales;

d) la columna de la derecha es otro poema, contrapunto del anterior y compuesto de cuatro variaciones sobre la sensación, la percepción, la imaginación y el entendimiento;

e) cada una de las cuatro partes formadas por dos columnas puede leerse, sin tener en cuenta esa división, como un solo texto: cuatro poemas independientes;

f) la columna del centro puede leerse como seis poemas sueltos y las de izquierda y derecha como ocho.

By passion the world is bound, by
passion too it is released.
The Hevajra Tantra

Avec ce seul objet dont le Néant s'honore.
Stéphane Mallarmé

el comienzo

    el cimiento

la simiente

    latente

la palabra en la punta de la lengua

inaudita

       inaudible

    impar

       nula

grávida

    sin edad

la enterrada con los ojos abiertos

inocente

    promiscua

    la palabra

sin nombre

    sin habla

Sube y baja,
escalera de escapulario,
el lenguaje deshabitado.
Bajo la piel de la penumbra
late una lámpara.
                Superviviente
entre las confusiones taciturnas,
                                asciende

en un tallo de cobre
                resuelto
en un follaje de claridad:
                        amparo
de caídas realidades.
                O dormido

o extinto

                    alto en su vara

(cabeza en una pica),

                    un girasol

ya luz carbonizada

                    sobre un vaso

de sombra.

            En la palma deuna mano

ficticia,

            flor

ni vista ni pensada:

                        oída,

aparece

            amarillo

cáliz de consonantes y vocales

incendiadas.

en el muro la sombra del fuego
en el fuego tu sombra y la mía

el fuego te desata y te anuda
                Pan Grial Ascua
                        Muchacha

tú ríes —desnuda
en los jardines de la llama

        La pasión de la brasa compasiva

llana rodeada de leones
leona en el circo de las llamas
ánima entre las sensaciones

frutos de luces de bengala
los sentidos se abren
en la noche magnética

Un pulso, un insistir
oleaje de sílabas húmedas.
Sin decir palabra
obscurece mi frente
un presentimiento de lenguaje.
Patience patience
(Livingstone en la sequía)
river rising a little.
El mío es rojo y se agosta
entre sableras llameantes:
Castillas de arena, naipes rotos

y el jeroglífico (agua y brasa)
en el pecho de México caído.
Polvo soy de aquellos lodos.
Río de sangre,
                    río de historias
de sangre,
           río seco:
boca de manantial
amordazado
por la conjuración anónima
de los huesos,
por la ceñuda peña de los siglos
y los minutos:
                    el lenguaje
es una expiación,

                        propiciación
al que no habla,   emparedado,
cada día
        asesinado,
el muerto innumerable.   Hablar
mientras los otros trabajan
es pulir huesos,
                aguzar
silencios
                hasta la transparencia,
hasta la ondulación,
                    el cabrilleo,
hasta el agua:

los ríos de tu cuerpo   el río de los cuerpos
país de latidos   astros infusorios reptiles
entrar en ti   torrente de cinabrio sonámbulo
país de ojos cerrados   oleaje de las genealogías
agua sin pensamientos   juegos conjugaciones juglarías
entrar en mí   subyecto y obyecto abyecto y absuelto
al entrar en tu cuerpo   río de soles
país de espejos en vela   las altas fieras de la piel luciente
país de agua despierta   rueda el río seminal de los mundos
en la noche dormida   el ojo que lo mira es otro río

me miro en lo que miro   es mi creación esto que veo
como entrar por mis ojos   la percepción es concepción
en un ojo más límpido   agua de pensamientos
me mira lo que miro   soy la creación de lo que veo

delta de brazos del deseo   agua de verdad
en un lecho de vértigos   verdad de agua
                 La transparencia es todo lo que queda

Paramera abrasada
del amarillo al encarnado
la tierra es un lenguaje calcinado.
Hay púas invisbles, hay espinas
en los ojos.
                    En un muro rosado
tres buitres ahítos.
No tiene cuerpo ni cara ni alma,
está en todas partes,
a todos nos aplasta:
                    este sol es injusto.

La rabia es mineral,   Los colores

se obstinan.

          Se obstina el horizonte.

Tambores tambores tambores.

El cielo se ennegrece

          como esta página.

Dispersión de cuervos.

Inminencia de violencias violetas.

Se levantan los arenales,

la cerrazón de reses de ceniza.

Mugen los árboles encadenados.

Tambores tambores tambores.

Te golpeo, cielo

          tierra, te golpeo.

Cielo abierto tierra cerrada
flauta y tambor, centella y trueno,
te abro, te golpeo.
        Te abres, tierra,
tienes la boca llena de agua,
tu cuerpo chorrea cielo,
tremor;
        tu panza tiembla,
tus semillas estallan,
                verdea la palabra

se desata se esparce árida ondulación
se levanta se erige Ídolo entre brazos de arena
desnuda como la mente brilla se multiplica se niega
en la reverberación del deseo renace se escapa se persigue
girando girando visión del pensameinto gavilán
en torno a la idea negra cabra en la peña bendida
el vellón de la juntura paraje desnudo
en la mujer desnuda snap-shot de un latido de tiempo
pirausta nudo de presencias real irreal quieto vibrante
inmóvil bajo el sol inmóvil pradera quemada
del color de la tierra color de sol en la arena
la yerba de mi sombra sobre el lugar de la juntura
mis manos de lluvia obscurecida por los pájaros
sobre tus pechos verdes beatitud suficiente
mujer tendida hecha a la imagen del mundo

El mundo es tus imágenes

Del amarillo al rojo al verde,
peregrinación hacia las claridades,
la palabra se asoma a remolinos
azules.

    Gira el anillo beodo,
giran los cinco sentidos
alrededor de la amatista
ensimismada.

        Traslumbramiento:
no pienso, veo
        —no lo que veo,

los reflejos, los pensamientos veo.
Las precipitaciones de la música,
el número cristalizado.
Un archipiélago de signos.
Aerofanía,
            boca de verdades,
claridad que se anula en una sílaba
diáfana como el silencio:
no pienso, veo
            —no lo que pienso,
la cara en blanco del olvido,
el resplandor de lo vacío.
Pierdo mi sombra,
            avanzo
entre los bosques impalpables,

las esculturas rápidas del viento,
los sinfines,
                desfiladeros afilados,

avanzo,
        mis pasos
                se disuelven
en un espacio que se desvanece
en pensamientos que no pienso.

caes de tu cuerpo a tu sombra no allá sino en mis ojos

en un caer inmóvil de cascada cielo y suelo se juntan

caes de tu sombra a tu nombre intocable horizonte

te precipitas en tus semejanzas yo soy tu lejanía

caes de tu nombre a tu cuerpo el más allá de la mirada

en un presente que no acaba las imaginaciones de la arena

caes en tu comienzo las disipadas fábulas del viento

derramada en mi cuerpo yo soy la estela de tus erosiones

tú te repartes como el lenguaje espacio dios descuartizado

tú me repartes en tus partes altar el pensamiento y el cuchillo

vientre teatro de la sangre eje de los solsticios

yedra arbórea lengua tizón de frescura el firmamento es macho y hembra

temblor de tierra de tu grupa testigos los testículos solares

lluvia de tus talones en mi espalda falo el pensar y vulva la palabra

ojo jaguar en espesura de pestañas espacio es cuerpo signo pensamiento

la hendidura encarnada en la maleza siempre dos sílabas enamoradas

los labios negros de la profetisa   Adivinanza

entera en cada parte te repartes las espirales transfiguraciones

tu cuerpo son los cuerpos del instante es cuerpo el tiempo el mundo

visto tocado desvanecido pensamiento sin cuerpo el cuerpo imaginario

contemplada por mis oídos   horizonte de música tendida
olida por mis ojos   puente colgante del color al aroma
acariciada por mi olfato   olor desnudez en las manos del aire
oída por mi lengua   cántico de los sabores
comida por mi tacto   festín de niebla

habitar tu nombre   despoblar tu cuerpo
caer en tu grito contigo   casa del viento

La irrealidad de lo mirado
da realidad a la mirada

                    En el centro
del mundo del cuerpo del espíritu
la grieta   el resplandor
                    No

En el remolino de las desapariciones
el torbellino de las apariciones
                    Sí

          El árbol de los nombres
                                        No

es una palabra
          Sí
es una palabra
                    aire son nada

son

     este insecto
revoloteando entre las líneas
de la página

inacabada
        inacabable
El pensamiento
            revoloteando
entre estas palabras
                    Son
tus pasos en el cuarto vecino
los pájaros que regresan
El árbolo *nim* que nos protege
                            los protege
Sus ramas acallan al trueno
apagan al relámpago
En su follaje bebe agua la sequía
Son
    esta noche
            (esta música)

Mírala fluir

       entre tus pechos caer

sobre tu vientre

          blanca y negra

primavera nocturna

         jazmín y ala de cuervo

tamborino y *sitar*

          No y Sí

juntos

      dos sílabas enamoradas

Si el mundo es real

         la palabra es irreal

Si es real la palabra

         el mundo

es la grieta el resplandor el remolino

No
    las desapariciones y las apariciones   Sí

el árbol de los nombres   Real irreal

son palabras   aire son nada

El habla
            irreal
da realidad al silencio   Callar
es un tejido de lenguaje   Silencio

sello
        centelleo
                en la frente

en los labios
          antes de evaporarse

Apariciones y desapariciones
La realidad y sus resurrecciones
El silencio reposa en el habla

El espíritu
es una invención del cuerpo
El cuerpo
es una invención del mundo
El mundo
es una invención del espíritu
No   Sí
  irrealidad de lo mirado
la transparencia es todo lo que queda
Tus pasos en el cuarto vecino

el trueno verde
              madura
en el follaje del cielo
                        Estás desnuda
como una sílaba
                como una llama
una isla de llamas
pasión de brasa compasiva
El mundo
          es tus imágenes
anegadas en la música
                        Tu cuerpo
derramado en mi cuerpo
                        visto
desvanecido
              da realidad a la mirada

Delhi, del 23 de julio al 25 de septiembre de 1966

Topoemas

(1968)

PALMA DEL Viajero

¿DE DÓNDE VIENES?

A DONDE VAS

¿A DÓNDE VOY?

DE DONDE VENGO ¿A DÓNDE VAS?

DE DONDE VIENES

¿DE DÓNDE VENGO?

A DONDE VOY

NIEGO

NIEGO

NI   EGO

SINO

NO)(SI

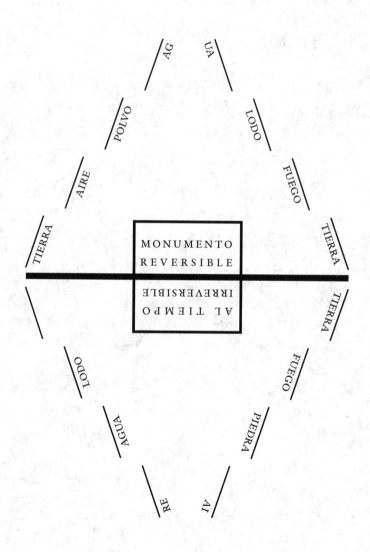

Delhi, marzo de 1968

El mono gramático

(1970)

A Marie José

HANUMĀN, HANUMAT, HANŪMAT. A celebrated monkey chief He was able to fly and is a conspicuous figure in the Ramayana... Hanuman jumped from India to Ceylon in one bound; he tore up trees, carried away the Himalayas, seized the clouds and performed many other wonderful exploits... Among his other accomplishments, Hanuman was a grammarian; and the Ramayana says: «The chief of monkeys is perfect; no one equals him in the sastras, in learning, and in ascertaining the sense of the scriptures (or in moving at will). It is well known that Hanuman was the ninth author of grammar».

JOHN DOWSON, M. R. A. S.,
A Classical Dictionary of Hindu Mythology

lo mejor será escoger el camino de Galta, recorrerlo de nuevo (inventarlo a medida que lo recorro) y sin darme cuenta, casi insensiblemente, ir hasta el fin —sin preocuparme por saber qué quiere decir «ir hasta el fin» ni qué es lo que yo he querido decir al escribir esa frase. Cuando caminaba por el sendero de Galta, ya lejos de la carretera, una vez pasado el paraje de los banianos y los charcos de agua podrida, traspuesto el Portal en ruinas, al penetrar en la plazuela rodeada de casas desmoronadas precisamente al comenzar la caminata, tampoco sabía adónde iba ni me preocupaba saberlo. No me hacía preguntas: caminaba, nada más caminaba, sin rumbo fijo. Iba al encuentro... ¿de qué iba al encuentro? Entonces no lo sabía y no lo sé ahora. Tal vez por eso escribí «ir hasta el fin»: para saberlo, para saber qué hay detrás del fin. Una trampa verbal; después del fin no hay nada pues si algo hubiese el fin no sería fin. Y, no obstante, siempre caminamos al encuentro de..., aunque sepamos que nada ni nadie nos aguarda. Andamos sin dirección fija pero con un fin (¿cuál?) y para llegar al fin. Búsqueda del fin, terror ante el fin: el haz y el envés del mismo acto. Sin ese fin que nos elude constantemente ni caminaríamos ni habría caminos. Pero el fin es la refutación y la condenación del camino: al fin el camino se disuelve, el encuentro se disipa. Y el fin —también se disipa.

Volver a caminar, ir de nuevo al encuentro: el camino estrecho que sube y baja serpeando entre rocas renegridas y colinas adustas color camello; colgadas de las peñas, como si estuviesen a punto de desprenderse y caer sobre la cabeza del caminante, las casas blancas; el olor a pelambre trasudada y a excremento de vaca; el zumbar de la tarde; los gritos de los monos saltando entre las ramas de los árboles o corriendo por las azoteas o balanceándose en los barrotes de un balcón; en las alturas, los círculos de los pájaros y el humo azulenco de las cocinas; la luz casi rosada sobre las piedras; el sabor de sal en los labios resecos; el rumor de la tierra suelta al desmoronarse bajo los pies; el polvo que se pega a la piel empapada de sudor, enrojece los ojos y no deja respirar; las imágenes, los recuerdos, las figuraciones fragmentarias —todas esas sensaciones, visiones y semipensamientos que aparecen y desaparecen en el espacio de un parpadeo, mientras se camina al encuentro de... El camino también desaparece mientras lo pienso, mientras lo digo.

2

Tras mi ventana, a unos trescientos metros, la mole verdinegra de la arboleda, montaña de hojas y ramas que se bambolea y amenaza con desplomarse. Un pueblo de hayas, abedules, álamos y fresnos congregados sobre una ligerísima eminencia del terreno, todas sus copas volcadas y vueltas una sola masa líquida, lomo de mar convulso. El viento los sacude y los golpea hasta hacerlos aullar. Los árboles se retuercen, se doblan, se yerguen de nuevo con gran estruendo y se estiran como si quisiesen desarraigarse y huir. No, no ceden. Dolor de raíces y de follajes rotos, feroz tenacidad vegetal no menos poderosa que la de los animales y los hombres. Si estos árboles se echasen a andar, destruirían todo lo que se opusiese a su paso. Prefieren quedarse donde están: no tienen sangre ni nervios sino savia y, en lugar de la cólera o el miedo, los habita una obstinación silenciosa. Los animales huyen o atacan, los árboles se quedan clavados en su sitio. Paciencia: heroísmo vegetal. No ser ni león ni serpiente: ser encina, ser pirú.

El cielo se ha cubierto enteramente de nubes color acero, casi blanco en las lejanías y paulatinamente ennegrecido hacia el centro, arriba de la arboleda: allí se reconcentra en congregaciones moradas y violentas. Los árboles gritan sin cesar bajo esas acumulaciones rencorosas. Hacia la derecha la arboleda es un poco menos espesa y los follajes de dos hayas, enlazados, forman un arco sombrío. Abajo del arco hay un espacio claro y extraordinariamente quieto, una suerte de laguna de luz que desde aquí no es del todo visible, pues la corta la raya de la barda de los vecinos. Es una barda de poca altura, una superficie cuadriculada de ladrillos sobre la que se extiende la mancha, verde y fría, de un rosal. A trechos, donde no hay hojas, se ve el tronco nudoso y las bifurcaciones de sus ramas larguísimas y erizadas de espinas. Profusión de brazos, pinzas, patas y otras extremidades armadas de púas: nunca había pensado que un rosal fuese un cangrejo inmenso. El patio debe tener unos cuarenta metros cuadrados; su piso es de cemento y, además del rosal, lo adorna un prado minúsculo sembrado de margaritas. En una esquina hay una mesita de madera negra, ya desvencijada. ¿Para qué habrá servido? Tal vez fue pedestal de una maceta. Todos los días, durante varias horas, mientras leo o escribo, la tengo frente a mí, pero, por más acostumbrado que esté a su presencia, me sigue pareciendo una incongruencia: ¿qué hace allí? A veces la veo como se ve una falta, un acto indebido; otras, como una crítica. La crítica de la retórica de los árboles y el viento. En el rincón opuesto está el bote de basura, un cilindro metálico de setenta centímetros de altura y medio metro de diámetro: cuatro patas de alambre que sostienen un aro provisto de una cubierta oxidada y del que cuelga una bolsa de plástico destinada a contener los desperdicios. La bolsa es de color rojo encendido. Otra vez los cangrejos. La mesa y el bote de basura, las paredes de ladrillo y el piso de cemento, encierran al espacio. ¿Lo encierran o son sus puertas?

Bajo el arco de las hayas la luz se ha profundizado y su fijeza, sitiada por las sombras convulsas del follaje, es casi absoluta. Al verla, yo también me quedo quieto. Mejor dicho: mi pensamiento se repliega y se queda quieto por un largo instante. ¿Esa quietud es la fuerza que impide huir a los árboles y disgregarse al cielo? ¿Es la *gravedad* de este momento? Sí, ya sé que la naturaleza —o lo que así llamamos: ese conjunto de objetos y procesos que nos rodea y que, alternativamente, nos engendra y nos devora— no es nuestra cómplice ni nuestra confidente. No es lícito proyectar nuestros sentimientos en las cosas ni atribuirles nuestras sensaciones y pasiones. ¿Tampoco lo será ver en ellas una guía, una doctrina de vida? Aprender el arte de la inmovilidad en la agitación del torbellino, aprender a quedarse quieto y a ser transparente como esa luz fija en medio de los ramajes frenéticos —puede ser un programa de vida. Pero el claro ya no es una laguna ovalada sino un triángulo incandescente, recorrido por finísimas estrías de sombra. El triángulo se agita imperceptiblemente hasta que, poco a poco, se produce una ebullición luminosa, primero en las regiones exteriores y después, con creciente ímpetu, en su núcleo encendido, como si toda esa luz líquida fuese una materia hirviente y progresivamente amarilla. ¿Estallará? Las burbujas se encienden y apagan continuamente con un ritmo semejante al de una respiración inquieta. A medida que el cielo se obscurece, el claro de luz se vuelve más profundo y parpadeante, casi una lámpara a punto de extinguirse entre tinieblas agitadas. Los árboles siguen en pie aunque ya están vestidos de otra luz.

La fijeza es siempre momentánea. Es un equilibrio, a un tiempo precario y perfecto, que dura lo que dura un instante: basta una vibración de la luz, la aparición de una nube o una mínima alteración de la temperatura para que el pacto de quietud se rompa y se desencadene la serie de las metamorfosis. Cada metamorfosis, a su vez, es otro momento de fijeza al que sucede una nueva alteración y otro insólito equilibrio. Sí, nadie está solo y cada cambio aquí provoca otro cambio allá. Nadie está solo y nada es sólido: el cambio se resuelve en fijezas que son acuerdos momentáneos. ¿Debo decir que la forma del cambio es la fijeza o, más exactamente, que el cambio es una incesante búsqueda de fijeza? Nostalgia de la inercia: la pereza y sus paraísos congelados. La sabiduría no está ni en la fijeza ni en el cambio, sino en la dialéctica entre ellos. Constante ir y venir: la sabiduría está en lo instantáneo. Es el tránsito. Pero apenas digo *tránsito*, se rompe el hechizo. El tránsito no es sabiduría sino un simple ir hacia... El tránsito se desvanece: sólo así es tránsito.

3

No quería pensar más en Galta y en su polvoso camino, y ahora vuelven. Regresan de una manera insidiosa: a pesar de que no los veo siento que están de nuevo aquí y que esperan ser nombrados. No se me ocurre nada, no pienso en nada, es el verdadero «pensamiento en blanco»: como la palabra *tránsito* cuando la digo, como el camino mientras lo camino, todo se desvanece en cuanto pienso en Galta. ¿Pienso? No, Galta está aquí, se ha deslizado en un recodo de mis pensamientos y acecha con esa existencia indecisa, aunque exigente en su misma indecisión, de los pensamientos no del todo pensados, no del todo dichos. Inminencia de la presencia antes de presentarse. Pero no hay tal presencia —sólo una espera hecha de irritación e impotencia. Galta no está aquí: me aguarda al final de esta frase. Me aguarda para desaparecer. Ante el vacío que produce su nombre siento la misma perplejidad que frente a sus colinas achatadas por siglos de viento y sus llanos amarillentos sobre los que, durante los largos meses de sequía, cuando el calor pulveriza a las rocas y el cielo parece que va a agrietarse como la tierra, se levantan las tolvaneras. Rojeantes, grisáceas o pardas apariciones que brotan de pronto como si fuesen un surtidor de agua o un géiser de vapor, salvo que los torbellinos son imágenes de la sed, malignas celebraciones de la aridez. Fantasmas que danzan al girar, avanzan, retroceden, se inmovilizan, desaparecen aquí, reaparecen allá: apariciones sin substancia, ceremonias de polvo y aire. También esto que escribo es una ceremonia, girar de una palabra que aparece y desaparece en sus giros. Edifico torres de aire.

Los torbellinos son frecuentes en la otra vertiente del monte, en la gran llanura, no entre estos declives y hondonadas. Aquí la tierra es mucho más accidentada que del otro lado, aunque de nada le haya servido a Galta cobijarse en las faldas del monte. Al contrario, su situación la expuso aún más a la acción del desierto. Todas estas ondulaciones, cavidades y gargantas son las cañadas y los cauces de arroyos hoy extintos. Esos montículos arenosos fueron arboledas. No sólo se camina entre casas destruidas: también el paisaje se ha desmoronado y es una mina. Leo una descripción de 1891: *The way the sandy desert is encroaching in the town should be noticed. It has caused one large suburb to be deserted and the houses and gardens are going to ruin. The sand has even drifted up the ravines of the hills. This evil ought to be arrested at any cost by planting.* Menos de veinte años después Galta fue abandonada. No por mucho tiempo: primero los monos y después bandas de parias errantes ocuparon las ruinas.

No es más de una hora de marcha. Se deja la carretera a la izquierda, se tuerce entre colinas rocosas y se sube por quebradas no menos áridas. Una desolación que no es hosca sino lastimosa. Paisaje de huesos. Restos de templos y casas, arcos que conducen a patios cegados por la arena, fachadas detrás de las cuales no hay nada sino pilas de cascajo y basuras, escalinatas que terminan en el vacío, terrazas desfondadas, piscinas convertidas en gigantescos depósitos de excrementos. Al cabo de recorrer esas ondulaciones se desciende a un llano raso y pelado. El sendero es de piedras picudas y uno se cansa pronto. A pesar de que son ya las cuatro de la tarde, el suelo quema. Arbustos pequeños, plantas espinosas, una vegetación torcida y raquítica. Enfrente, no muy lejos, la montaña famélica. Pellejo de piedras, montaña sarnosa; Hay un polvillo en el aire, una substancia impalpable que irrita y marea. Las cosas parecen más quietas bajo esta luz sin peso y que, sin embargo, agobia. Tal vez la palabra no es *quietud* sino *persistencia*: las cosas persisten bajo la humillación de la luz. Y la luz persiste. Las cosas son más cosas, todo está empeñado en ser, nada más en ser. Se cruza el cauce pedregoso de un riachuelo seco y el ruido de los pasos sobre las piedras hace pensar en el rumor del agua, pero las piedras humean, el suelo humea. Ahora el camino da vueltas entre colinas cónicas y negruzcas. Un paisaje petrificado. Contrasta esta severidad geométrica con los delirios que el viento y las rocas inventan allá arriba, en la montaña. Se sube durante un centenar de metros por una cuesta no muy empinada, entre montones de pedruscos y tierra arenisca. A la geometría sucede lo informe: imposible saber si esos escombros son los de las casas demolidas o lo que queda de peñascos disgregados, desmenuzados por el viento y el sol. Otra vez se desciende: yerbales, plantas biliosas, cardos, hedor a boñiga e inmundicia humana y animal, bidones oxidados y agujereados, trapos con manchas menstruales, una asamblea de buitres en torno a un perro con el vientre despedazado a picotazos, millones de moscas, una roca sobre la que han pintado con alquitrán las siglas del Partido del Congreso, otra vez el arroyo seco, un *nim* enorme donde viven centenares de pájaros y ardillas, más llanos y ruinas, los vuelos pasionales de los pericos, un montículo que fue tal vez un cenotafio, un muro con restos de pintura roja y negra (Krishna y sus vaqueras, pavos reales y otras figuras indistinguibles), un pantano cubierto de lotos y sobre ellos una nube de mariposas, el silencio de las rocas bajo la vibración luminosa del aire, la respiración del campo, el terror ante el crujido de una rama o el ruido de una pedrezuela movida por una lagartija (la constante presencia invisible de la cobra y la otra presencia no menos impalpable y que no nos deja nunca, sombra de nuestros pensamientos, reverso de lo que vemos y hablamos y somos) y así hasta llegar, de nuevo por el cauce del mismo arroyo, a un valle minúsculo.

Atrás y a los lados, las colinas achatadas, el paisaje aplastado de la erosión; adelante, la montaña con la senda que lleva al gran tanque bajo las peñas y, desde allí, por el camino de los peregrinos, al santuario de la cumbre. Apenas si quedan huellas de las casas. Hay tres banianos, viejos y eminentes. A su sombra —o más bien: metidos en su espesura, escondidos en la penumbra de sus entrañas, como si fuesen cuevas y no árboles— unos niños vivísimos y en andrajos. Cuidan una docena de vacas flacas y resignadas al martirio de las moscas y las garrapatas. También hay dos cabritos y muchos cuervos. Aparece la primera bandada de monos. Los niños los apedrean. Verdes y centelleantes bajo la luz constante, dos grandes charcos de agua pestilente. Dentro de unas semanas el agua se habrá evaporado, el lodo se habrá secado y los charcos serán lechos de polvo finísimo sobre el que los niños y el viento han de revolcarse.

4

La fijeza es siempre momentánea. ¿Cómo puede serlo *siempre*? Si lo fuese, no sería momentánea —o no sería fijeza. ¿Qué quise decir con esa frase? Probablemente tenía en mientes la oposición entre movimiento e inmovilidad, una oposición que el adverbio *siempre* designa como incesante y universal: se extiende a todas las épocas y comprende a todas las circunstancias. Mi frase tiende a disolver esa oposición y así se presenta como una taimada transgresión del principio de identidad. Taimada porque escogí la palabra *momentánea* como el complemento de *fijeza* para atenuar la violencia del contraste entre movimiento e inmovilidad. Una pequeña superchería retórica destinada a darle apariencia de plausibilidad a la infracción de la lógica. Las relaciones entre la retórica y la moral son inquietantes: es turbadora la facilidad con que el lenguaje se tuerce y no lo es menos que nuestro espíritu acepte tan dócilmente esos juegos perversos. Deberíamos someter el lenguaje a un régimen de pan y agua, si queremos que no se corrompa y nos corrompa. (Lo malo es que régimen-de-pan-y-agua es una expresión figurada como lo es la corrupción-del-lenguaje-y-sus-contagios.) Hay que destejer (otra metáfora) inclusive las frases más simples para averiguar qué es lo que encierran (más expresiones figuradas) y de qué y cómo están hechas (¿de qué está hecho el lenguaje? y, sobre todo, ¿está hecho o es algo que perpetuamente se está haciendo?). Destejer el tejido verbal: la realidad aparecerá. (Dos metáforas.) ¿La realidad será el reverso del tejido, el reverso de la metáfora —aquello que está del otro lado del lenguaje? (El lenguaje no tiene reverso ni cara ni lados.) Quizá la realidad también es una metáfora (¿de qué y/o de quién?). Quizá las cosas no son cosas sino palabras: metáforas, palabras de otras cosas. ¿Con quién y de qué hablan las cosas-palabras? (Esta página es un saco de palabras-cosas.) Tal vez, a la manera de las cosas que hablan con ellas mismas en su lenguaje de cosas, el lenguaje no habla de las cosas ni del mundo: habla de sí mismo y consigo mismo. *(Thoughts of a dry brain in a dry season.)* Ciertas realidades no se pueden enunciar pero, cito de memoria, «son aquello que se muestra en el lenguaje sin que el lenguaje lo enuncie». Son aquello que el lenguaje no dice y así dice. (Aquello que se muestra en el lenguaje no es el silencio, que por definición no dice, ni aquello que diría el silencio si hablase, si dejase de ser silencio, sino...) Aquello que se dice en el lenguaje sin que el lenguaje lo diga, es decir (¿es decir?): aquello que realmente se dice (aquello que entre una frase y otra, en esa grieta que no es ni silencio ni voz, aparece) es aquello que el lenguaje calla (la fijeza es siempre momentánea).

Vuelvo a mi observación inicial: por medio de una sucesión de análisis pacientes y en dirección contraria a la actividad normal del hablante, cuya función consiste en producir y construir frases, mientras que aquí se trata de desmontarlas y desacoplarlas —desconstruirlas, por decirlo así—, deberíamos remontar la corriente, desandar el camino y de expresión figurada en expresión figurada llegar hasta la raíz, la palabra original, primordial, de la cual todas las otras son metáforas. *Momentánea* es metáfora —¿de qué otra palabra? Al escogerla como complemento de fijeza incurrí en esa frecuente confusión que consiste en atribuir propiedades espaciales al tiempo y propiedades temporales al espacio, como cuando decimos «a lo largo del año», la «carrera de las horas», el «avance del minutero» y otras expresiones de ese jaez. Si se substituye la expresión figurada por la directa, aparecerá el contrasentido: la fijeza es (siempre) *movimiento*. A su vez, fijeza es una metáfora. ¿Qué quise decir con esa palabra? Tal vez: *aquello que no cambia*. Así, la frase podría haber sido: lo que no cambia es (siempre) movimiento. El resultado no es satisfactorio: la oposición entre no-cambio y movimiento no es neta, la ambigüedad reaparece. Puesto que movimiento es una metáfora de *cambio*, lo mejor será decir: no-cambio es (siempre) cambio. Al fin parece que he llegado al desequilibrio deseado. Sin embargo, *cambio* no es la palabra original que busco: es una figura de *devenir*. Al substituir *cambio* por *devenir*, la relación entre los dos términos se altera, de modo que debo reemplazar *no-cambio* por *permanencia*, que es una metáfora de *fijeza* como *devenir* lo es de *llegar-a-ser* que, por su parte, es una metáfora del *tiempo* en sus transformaciones incesantes... No hay principio, no hay palabra original, cada una es una metáfora de otra palabra que es una metáfora de otra y así sucesivamente. Todas son traducciones de traducciones. Transparencia en la que el haz es el envés: la fijeza siempre es momentánea.

Empiezo de nuevo: si es un contrasentido decir que la fijeza *siempre* es momentánea, no lo será decir que nunca lo es. La luz del sol de esta mañana ha caído sin interrupción sobre la inmóvil superficie de la mesita negra que está en un rincón del patio de los vecinos (al fin tiene una

función en estas páginas: me sirve de ejemplo en una demostración incierta) durante el poco tiempo en que se despejó el cielo anubarrado:
unos quince minutos, los suficientes para mostrar la falsedad de la frase:
la fijeza nunca es momentánea. El tordo plateado y oliváceo, posado en
un filo de sombra, él mismo sombra afilada vuelto luz erguida entre y
contra los diversos resplandores de los vidrios rotos de botella encajados
en los bordes de un muro a la hora en que las reverberaciones deshabitan
el espacio, reflejo entre reflejos, instantánea claridad aguzada hecha de
un pico, unas plumas y el brillo de un par de ojos; la lagartija gris y triangular, espolvoreada por una finísima materia apenas verdosa, quieta en
una hendedura de otra barda de otra tarde en otro lugar: no una piedra
veteada sino un trozo de mercurio animal; la mata de hojas frescas sobre
las que de un día para otro, sin previo aviso, aparece un orín color de
fuego que no es sino la marca de las armas rojas del otoño y que inmediatamente pasa por diversos estados, como la brasa que se aviva antes
de extinguirse, del cobre al tinto y del leonado al requemado: en cada
momento y en cada estado siempre la misma planta; la mariposa aquella
que vi un mediodía de Kasauli, clavada sobre un girasol negro y amarillo
como ella, las alas abiertas, ya una muy tenue lámina de oro peruano en
la que se hubiese concentrado todo el sol de los Himalayas —están fijos,
no allá: aquí, en mi mente, fijos por un instante. La fijeza siempre es momentánea.

Mi frase es un momento, el momento de fijeza, en el monólogo de
Zenón de Elea y Hui Shih («Hoy salgo hacia Yüeh y llego ayer»). En ese
monólogo uno de los términos acaba por devorar al otro: o la inmovilidad sólo es un estado del movimiento (como en mi frase) o el movimiento sólo es una ilusión de la inmovilidad (como entre los hindúes). Por
tanto, no hay que decir ni *siempre* ni *nunca*, sino *casi siempre* o *casi nunca*, sólo de vez en cuando o más de lo que generalmente se piensa y menos de lo que esta expresión podría indicar, en muchas ocasiones o en
rarísimas, con cierta constancia o no disponemos de elementos suficientes para afirmar con certeza si es periódica o irregular: la fijeza (siempre,
nunca, casi siempre, casi nunca, etc.) es momentánea (siempre, nunca,
casi siempre, casi nunca, etc.) la fijeza (siempre, nunca, casi siempre, casi
nunca, etc.) es momentánea (siempre, nunca, casi siempre, casi nunca,
etc.) la fijeza... Todo esto quiere decir que la fijeza nunca es enteramente
fijeza y que siempre es un momento del cambio. La fijeza es siempre momentánea.

5

Debo hacer un esfuerzo (¿no dije que ahora sí iría hasta el fin?), dejar el paraje de los charcos y llegar, unos mil metros más lejos, a lo que llamo el Portal. Los niños me acompañan, se ofrecen como guías y me piden dinero. Me detengo junto a un arbolillo, saco mi navaja y corto una rama. Me servirá de bastón y de estandarte. El Portal es un lienzo de muralla, alto aunque no muy extenso, y que ostenta desteñidos trazos de pintura roja y negra. La puerta de entrada está situada en el centro y la remata un gran arco sarraceno. Arriba y a los lados del arco, dos hileras de balcones que recuerdan a los de Sevilla y a los de Puebla de México, salvo que éstos son de madera y no de hierro. Debajo de cada balcón hay una hornacina vacía. El muro, los balcones y el arco son los restos de lo que debe haber sido un palacete de fines del siglo XVIII, semejante a los que abundan en el otro lado de la montaña.

Cerca del Portal hay un gran baniano que debe ser viejísimo a juzgar por el número de sus raíces colgantes y la forma intrincada en que descienden a la tierra desde lo alto de la copa para afincarse, ascender de nuevo, avanzar y entretejerse unas con otras a la manera de las cuerdas, los cables y los mástiles de un velero. Pero el baniano-velero no se pudre en las aguas estancadas de una bahía sino en esta tierra arenosa. En sus ramas, los devotos han atado cintas de colores, todas desteñidas por la lluvia y el sol. Esos moños descoloridos le dan el aspecto lamentable de un gigante cubierto de vendas sucias. Adosada al tronco principal, sobre una pequeña plataforma encalada, reposa una piedra de unos cuarenta centímetros de altura; su forma es vagamente humana y toda ella está embadurnada, con una pintura espesa y brillante de un rojo sanguíneo. Al pie de la figura hay pétalos amarillos, cenizas, cacharros rotos y otros restos que no acierto a distinguir. Los niños saltan y gritan, señalando a la piedra: «Hanuman, Hanuman». A sus gritos brota entre las piedras un mendigo que me muestra sus manos comidas por la lepra. Al instante aparece otro pordiosero y luego otro y otro.

Me aparto, cruzo el arco y penetro en una suerte de plazoleta. En el extremo derecho, una confusa perspectiva de arquitecturas desplomadas; en el izquierdo, un muro que reproduce en una escala más modesta el Portal: trazos de pintura roja y negra, dos balcones y una entrada rematada por un arco gracioso y que deja ver un patio enmarañado por una vegetación hostil; enfrente, una calle ancha, sinuosa y empedrada, bordeada

Palacio de Galta

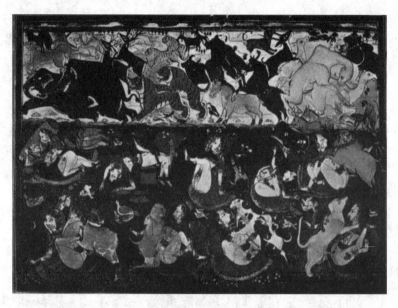

La nayika

Observatorio de Jain Singh II

Un sadhu en Galta

por casas casi del todo derruidas. En el centro de la calle, a unos cien metros de donde estoy ahora, hay una fuente. Los monos saltan el muro del Portal, atraviesan corriendo la plazoleta y se encaraman en la fuente. Pronto los desalojan las piedras que les lanzan los niños. Camino hacia la fuente. Enfrente hay una construcción todavía en pie, sin balcones pero con anchas puertas de madera de par en par abiertas. Es un templo. A los lados de las entradas hay varios puestos entoldados en donde unos vejetes venden cigarrillos, fósforos, incienso, dulces, oraciones, imágenes santas y otras chucherías. Desde la fuente puede vislumbrarse el patio, vasto espacio rectangular enlosado. Acaban de lavarlo y despide un vapor blancuzco. A su alrededor, bajo un techado sostenido por pilares, como si fuesen las secciones de una feria, los altares. Unos barandales de madera separan a un altar de otro y a cada divinidad de los devotos. Más que altares son jaulas. Dos sacerdotes sebosos, desnudos de la cintura para arriba, aparecen en la entrada y me invitan a pasar. Me rehúso.

Al otro lado de la calle hay un edificio devastado pero hermoso. De nuevo el alto muro, los dos balcones a la andaluza, el arco y, tras el arco, una escalinata dueña de cierta secreta nobleza. La escalinata conduce a una vasta terraza rodeada por una arquería que repite, en pequeño, el arco de la entrada. Los arcos están sostenidos por columnas de formas irregulares y caprichosas. Precedido por los monos, cruzo la calle y traspongo el arco. Me detengo y, luego de un momento de indecisión, empiezo a subir lentamente los peldaños. En el otro extremo de la calle los niños y los sacerdotes me gritan algo que no entiendo.

Si continúo... porque puedo no hacerlo y, después de haber rehusado la invitación de los dos obesos sacerdotes, seguir a lo largo de la calle durante unos diez minutos, salir al campo y emprender el empinado camino de los peregrinos que lleva al gran tanque y a la ermita al pie de la roca. Si continúo, subiré paso a paso la escalinata y llegaré a la gran terraza. Ah, respirar en el centro de ese rectángulo abierto y que se ofrece a los ojos con una suerte de simplicidad lógica. Simplicidad, necesidad, felicidad de un rectángulo perfecto bajo los cambios, los caprichos y las violencias de la luz. Un espacio hecho de aire y en el que todas las formas poseen la consistencia del aire: nada pesa. Al fondo de la terraza hay un gran nicho: otra vez la piedra informe embadurnada de rojo encendido y a sus pies las ofrendas: flores amarillas, cenizas de incienso. Estoy rodeado por monos que saltan de un lado para otro: machos fornidos que se rascan sin parar y gruñen enseñando los dientes si alguien se les acerca, hembras con las crías prendidas a las tetas, monos que espulgan a otros monos, monos colgados de las cornisas y las balaustradas, monos que se pelean o juegan o se masturban o se arrebatan la fruta robada, monos gesticulantes de ojos chispeantes y colas en perpetua agitación, gritería de monos de culos pelados y rojos, monos, monos.

Golpeo el suelo con los pies, doy grandes voces, corro de un lado para otro, enarbolo la rama que corté en el paraje de los charcos y la hago silbar en el aire como un látigo, azoto con ella a dos o tres monos que se escapan chillando, me abro paso entre los otros, atravieso la terraza, penetro un corredor bordeado por una complicada balaustrada de madera cuyo repetido motivo es un monstruo femenino, alado y con garras, que recuerda a las esfinges del Mediterráneo (entre los barrotes y las molduras aparecen y desaparecen las caras curiosas y las colas en perpetuo movimiento de los monos que, a distancia, me siguen), entro en una estancia en penumbra, a pesar de la obscuridad y de que marcho casi a tientas adivino que el recinto es espacioso como una sala de reuniones o de fiestas, debe de haber sido el salón principal del harem o la sala de audiencias, entreveo palpitantes bolsas negras colgando de la techumbre, es una tribu de murciélagos dormidos, el aire es un miasma acre y pesado, salgo a otra terraza más pequeña, ¡cuánta luz!, en el otro extremo reaparecen los monos, me miran desde lejos con una mirada en la que la curiosidad es indistinguible de la indiferencia (sí, me miran desde la lejanía que es ser ellos monos y yo hombre), ahora estoy al pie de un muro manchado de humedad y con restos de pintura, muy probablemente se trata de un paisaje, no este de Galta sino otro verde y montañoso, casi con toda seguridad es una de esas representaciones estereotipadas de los Himalayas, sí, esas formas vagamente cónicas y triangulares figuran montañas, unos Himalayas de picos nevados, riscos, cascadas y lunas sobre un desfiladero, montañas de cuento ricas en fieras, ascetas y prodigios, frente a ellas cae y se levanta, se yergue y se humilla, montaña que se hace y deshace; un mar convulso, impotente e hirviente de monstruos y abominaciones (los dos extremos, irreconciliables como el agua y el fuego: la montaña pura y que esconde entre sus repliegues los caminos de la liberación / el mar impuro y sin caminos; el espacio de la definición / el de la indefinición; la montaña y su oleaje petrificado: la permanencia / el mar y sus montañas inestables: el movimiento y sus espejismos; la montaña hecha a la imagen del ser, manifestación sensible del principio de identidad, inmóvil como una tautología / el mar que se contradice sin cesar, el mar crítico del ser y de sí mismo), entre la montaña y el mar el espacio aéreo y en la mitad de esa región vacía: una gran forma obscura, la montaña ha disparado un bólido, hay un cuerpo poderoso suspendido sobre el océano, no es el sol: ¡es el elefante entre los monos, el león, el toro de los simios!, nada vigorosamente en el éter plegando y desplegando las piernas y los brazos con un ritmo parejo como una rana gigantesca, adelante la cabeza, proa que rompe los vientos y destroza las tempestades, los ojos son dos faros que perforan los torbellinos y taladran el espacio petrificado, entre las encías rojas y los labios morados asoman sus dientes blanquísimos: aguzados limadores de distancias, la cola rígida y en alto es el mástil de este terrible esquife, color de brasa encendida todo el cuerpo, un horno de energía volando sobre las aguas, una montaña de cobre hirviendo, las gotas de sudor que escurren de su cuerpo son una poderosa lluvia que cae en millones de matrices marinas y terrestres (mañana habrá gran cosecha de monstruos y maravillas), a medida que el cometa rojizo divide en dos al cielo el mar alza sus millones de brazos para aprisionarlo y destruirlo, grandes serpientes lascivas y demonias del océano se levantan de sus lechos viscosos y se precipitan a su encuentro, quieren devorar al gran mono, quieren copular con el casto simio, romper sus grandes cántaros herméticamente cerrados y repletos de un semen acumulado durante siglos de abstinencia, quieren repartir la substancia viril entre los cuatro puntos cardinales, diseminarla, dispersar al ser, multiplicar las apariencias, multiplicar la muerte, quieren sorberle el pensamiento y los tuétanos, desangrarlo, vaciarlo, estrujarlo, chuparlo, convertirlo en un badajo, en una cáscara, quieren quemarlo, chamuscar su cola, pero el gran mono avanza, se despliega y cubre el espacio, su sombra abre un surco en el océano, su cabeza perfora nubes minerales, entra como un huracán cálido en una confusa región de manchas informes que desfiguran todo este extremo del muro, tal vez son representaciones de Lanka y de su palacio, tal vez aquí está pintado todo lo que allá hizo y vio Hanuman después de haber saltado sobre el mar —espesura indescifrable de líneas, trazos, volutas, mapas delirantes, historias grotescas, el discurso de los monzones impreso sobre esta pared decrépita.

6

Manchas: malezas: borrones. Tachaduras. Preso entre las líneas, las lianas de las letras. Ahogado por los trazos, los lazos de las vocales. Mordido, picoteado por las pinzas, los garfios de las consonantes. Maleza de signos: negación de los signos. Gesticulación estúpida, grotesca ceremonia. Plétora termina en extinción: los signos se comen a los signos. Maleza se convierte en desierto, algarabía en silencio: arenales de letras. Alfabetos podridos, escrituras quemadas, detritos verbales. Cenizas. Idiomas nacientes, larvas, fetos, abortos. Maleza: pululación homicida: erial. Repeticiones, andas perdido entre las repeticiones, eres una repetición entre las repeticiones. Artista de las repeticiones, gran maestro de las desfiguraciones, artista de las demoliciones. Los árboles repiten a los árboles, las arenas a las arenas, la jungla de letras es repetición, el arenal es repetición, la plétora es vacío, el vacío es plétora, repito las repeticiones, perdido en la maleza de signos, errante por el arenal sin signos, manchas en la pared bajo este sol de Galta, manchas en esta tarde de Cambridge, maleza y arenal, manchas sobre mi frente que congrega y disgrega paisajes inciertos. Eres (soy) es una repetición entre las repeticiones. Es eres soy: soy es eres: eres es soy. Demoliciones: me tiendo sobre mis trituraciones, yo habito mis demoliciones.

7

Espesura indescifrable de líneas, trazos, volutas, mapas: discurso del fuego sobre el muro. Una superficie inmóvil recorrida por una claridad parpadeante: temblor de agua transparente sobre el fondo quieto del manantial iluminado por invisibles reflectores. Una superficie inmóvil sobre la que el fuego proyecta silenciosas, rápidas sombras convulsas: bajo las ondulaciones del agua clarísima se deslizan con celeridad fantasmas obscuros. Uno, dos, tres, cuatro rayos negros emergen de un sol igualmente negro, se alargan, avanzan, ocupan todo el espacio que oscila y ondula, se funden entre ellos, rehacen el sol de sombra de que nacieron, emergen de nuevo de ese sol —como una mano que se abre, se cierra y una vez más se abre para transformarse en una hoja de higuera, un trébol, una profusión de alas negras antes de esfumarse del todo. Una cascada se despeña calladamente sobre las lisas paredes de un dique. Una luna carbonizada surge de un precipicio entreabierto. Un velero con las velas hinchadas echa raíces en lo alto y, volcado, es un árbol invertido. Ropas que vuelan sobre un paisaje de colinas de hollín. Continentes a la deriva, océanos en erupción. Oleajes, oleajes. El viento dispersa las rocas ingrávidas. Un atlante estalla en añicos. Otra vez pájaros, otra vez peces. Las sombras se enlazan y cubren todo el muro. Se desenlazan. Burbujas en el centro de la superficie líquida, círculos concéntricos, tañen allá abajo campanas sumergidas. Esplendor se desnuda con una mano sin soltar con la otra la verga de su pareja. Mientras se desnuda, el fuego de la chimenea la cubre de reflejos cobrizos. Ha dejado su ropa al lado y se abre paso nadando entre las sombras. La luz de la hoguera se enrosca en los tobillos de Esplendor y asciende entre sus piernas hasta iluminar su pubis y su vientre. El agua color de sol moja su vello y penetra entre los labios de la vulva. La lengua templada de la llama sobre la humedad de la crica; la lengua entra y palpa a ciegas las paredes palpitantes. El agua de muchos dedos abre las valvas y frota el obstinado botón eréctil escondido entre repliegues chorreantes. Se enlazan y desenlazan los reflejos, las llamas, las ondas. Sombras trémulas sobre el espacio que respira como un animal, sombras de una mariposa doble que abre, cierra, abre las alas. Nudos. Sobre el cuerpo tendido de Esplendor sube y baja el oleaje. Sombra de un animal bebiendo sombras entre las piernas abiertas de la muchacha. El agua: la sombra; la luz: el silencio. La luz: el agua; la sombra: el silencio. El silencio: el agua; la luz: la sombra.

8

Manchas: malezas. Rodeado, preso entre las líneas, los lazos y trazos de las lianas. El ojo perdido en la profusión de sendas que se cruzan en todos sentidos entre árboles y follajes. Malezas: hilos que se enredan, madejas de enigmas. Enramadas verdinegras, matorrales ígneos o flavos, macizos trémulos: la vegetación asume una apariencia irreal, casi incorpórea, como si fuese una mera configuración de sombras y luces sobre un muro. Pero es impenetrable. A horcajadas sobre la alta barda, contempla el tupido bosquecillo, se rasca la peluda rabadilla y dice para sí: delicia de los ojos, derrota del entendimiento. El sol quema las puntas de los bambúes gigantes de Birmania, tan altos como delgados: sus tallos alcanzan los ciento treinta pies de altura y miden apenas diez pulgadas de diámetro. De izquierda a derecha, con extrema lentitud, mueve la cabeza y así abarca todo el panorama, de los bambúes gigantes al soto de árboles ponzoñosos. A medida que sus ojos recorren la espesura, se inscriben en su espíritu, con la misma celeridad y perfección con que se estampan sobre una hoja de papel las letras de una máquina de escribir manejada por manos expertas, el nombre y las características de cada árbol y de cada planta: la palmera de

Filipinas, cuyo fruto, el buyo, perfuma el aliento y enrojece la saliva; la palmera de Doum y la de Nibung, una oriunda del Sudán y la otra de Java, las dos airosas y de ademanes sueltos; la Kitul, de la que extraen el licor alcohólico llamado *toddy;* la Talipot: su tronco tiene cien pies de alto y cuatro de ancho, al cumplir los cuarenta años de edad lanza una florescencia cremosa de veinte pies y después muere; el árbol del guaco, célebre por sus poderes curativos bajo el nombre de Palo Santo; el delgado, modesto árbol de la gutapercha; el plátano salvaje *(Musa Paradisiaca)* y la Palma del Viajero, manantial vegetal: en las vainas de sus inmensas hojas guarda litros y litros de agua potable que beben con avidez los sedientos viajeros extraviados; el árbol Upa: su corteza contiene el ipoh, un veneno que da calenturas, hinchazones, quema la sangre y mata; los arbustos de Queensland, cubiertos de flores como anémonas de mar, plantas que producen delirios y mareos; las tribus y confederaciones de hibiscos y abobras; el árbol del hule, confidente del olmeca, húmedo y chorreante de savia en la obscuridad caliente; el caobo llameante; el nogal de Okari, delicia del papú; el Jack de Ceilán, artocorpóreo hermano del árbol del pan, cuyos frutos pesan más de setenta kilos; un árbol bien conocido en Sierra Leona: el venenoso Sanny; el Rambután de Malaya: sus hojas, suaves al tacto, ocultan frutos espinosos; el árbol de las salchichas; el Daluk: su jugo lechoso enceguece; la araucaria Bunya-bunya (más conocida, pensó sonriendo, como Rompecabezas del Mono) y la araucaria de América, cónica torre verde botella de doscientos pies; la magnolia indostana, el Champak citado por Valrniki al describir la visita de Hanuman al boscaje de Ashoka, en el palacio de Ravana, en Lanka; el árbol del sándalo y el falso árbol del sándalo; la planta Dhatura, droga ponzoñosa de los ascetas; el árbol de la goma, en perpetua tumescencia y desentumescencia; el Kimuska, que los ingleses llaman *flame of the forest,* masa pasional de follajes que van del naranja al encarnado, más bien refrescantes en la sequía del verano interminable; la ceiba y el ceibo, testigos soñolientos e indiferentes de Palenque y de Angkor; el mamey: su fruto es una brasa dentro de una pelota de rugby; el pimentero y su primo el turbinto; el árbol de hierro del Brasil y la orquídea gigante de Malaya; el Nam-nam y los almendros de Java, que no son almendros sino enormes rocas esculpidas; unos siniestros árboles latinoamericanos —no diré su nombre para castigarlos— con frutos semejantes a cabezas humanas que despiden un olor fétido: el mundo vegetal repite el horror sórdido de la historia de ese continente; el Hora, que da frutos tan ligeros que las brisas los transportan; el inflexible Palo Hacha; la industriosa bignonia del Brasil: tiende puentes colgantes entre un árbol y otro gracias a los ganchillos con que trepa y a los cordoncillos con que se sujeta; la serpiente, otra trepadora equilibrista, igualmente diestra en el uso de ganchillos, moteada como una culebra; el oxipétalo enroscado entre racimos azules; la sarmentosa momóndiga; el Cocotero Doble, así llamado por ser bisexuado, también conocido como Coco del Mar, porque sus frutos, bilobulados o trilobulados, envueltos entre grandes hojas y semejantes a magnos órganos genitales, se encuentran flotando en el océano Índico, el Cocotero Doble, cuya inflorescencia masculina es de forma fálica, mide tres pies de longitud y huele a ratón, en tanto que la femenina es redonda y, artificialmente polinizada, tarda diez años en producir fruto; el Goda Kaduro de Oceanía: sus semillas grises y aplastadas contienen el alcaloide de la estricnina; el árbol de la tinta; el árbol de la lluvia; el ombú: sombra bella; el baobab; el palo de rosa y el palo de Pernambuco; el ébano; el pipal, la higuera religiosa a cuya sombra el Buda venció a Mara, planta estranguladora; el aromático Karunbu Neti de Malucas y el Grano del Paraíso; el Bulu y la enredadera Dada Kehel... El Gran Mono cierra los ojos, vuelve a rascarse y musita: antes de que el sol se hubiese ocultado del todo —ahora corre entre los altos bambúes como un animal perseguido por la sombra— logré reducir el boscaje a un catálogo. Una página de enmarañada caligrafía vegetal. Maleza de signos: ¿cómo leerla, cómo abrirse paso entre esta espesura? Hanuman sonríe con placer ante la analogía que se le acaba de ocurrir: caligrafía y vegetación, arboleda y escritura, lectura y camino. Caminar: leer un trozo de terreno, descifrar un pedazo de mundo. La lectura considerada como un camino hacia... El camino como una lectura: ¿una interpretación del mundo natural? Vuelve a cerrar los ojos y se ve a sí mismo, en otra edad, escribiendo (¿sobre un papel o sobre una roca, con una pluma o con un cincel?) el acto de *Mahanataka* en que se describe su visita al bosquecillo del palacio de Ravana. Compara su retórica a una página de indescifrable caligrafía y piensa: la diferencia entre la escritura humana y la divina consiste en que el número de signos de la primera es limitado mientras que el de la segunda es infinito; por eso el universo es un texto insensato y que ni siquiera para los dioses es legible. La crítica del universo (y la de los dioses) se llama gramática... Turbado por este extraño pensamiento, Hanuman salta de la barda al suelo, permanece un instante agachado, se yergue, escruta los cuatro puntos cardinales y, con decisión, penetra en la maleza.

9

Frases que son lianas que son manchas de humedad que son sombras proyectadas por el fuego en una habitación no descrita que son la masa obscura de la arboleda de las hayas y los álamos azotada por el viento a unos trescientos metros de mi ventana que son demostraciones de luz y sombra a propósito de una realidad vegetal a la hora del sol poniente por las que el tiempo en una alegoría de sí mismo nos imparte lecciones de sabiduría tan pronto formuladas como destruidas por el más ligero parpadeo de la luz o de la sombra que no son sino el tiempo en sus encarnaciones y desencarnaciones que son las frases que escribo en este papel y que conforme las leo desaparecen:

no son las sensaciones, las percepciones, las imaginaciones y los pensamientos que se encienden y apagan aquí, ahora, mientras escribo o mientras leo lo que escribo:

no son lo que veo ni lo que vi, son el reverso de lo visto y de la vista —pero no son lo invisible: son el residuo no dicho,

no son el otro lado de la realidad sino el otro lado del lenguaje, lo que tenemos en la punta de la lengua y se desvanece antes de ser dicho, el otro lado que no puede ser nombrado porque es lo contrario del nombre:

lo no dicho no es esto o aquello que callamos, tampoco es ni-esto-ni-aquello: no es el árbol que digo que veo sino la sensación que siento al sentir que lo veo en el momento en que voy a decir que lo veo, una congregación insubstancial pero real de vibraciones y sonidos y sentidos que al combinarse dibujan una configuración de una presencia verde-bronceada-negra-leñosa-hojosa-sonoro-silenciosa;

no, tampoco es esto, si no es un nombre menos puede ser la descripción de un nombre ni la descripción de la sensación del nombre ni el nombre de la sensación;

el árbol no es el nombre *árbol*, tampoco es una sensación de *árbol*: es

la sensación de una percepción de *árbol* que se disipa en el momento mismo de la percepción de la sensación de *árbol*;

los nombres, ya lo sabemos, están huecos, pero lo que no sabíamos o, si lo sabíamos, lo habíamos olvidado, es que las sensaciones son percepciones de sensaciones que se disipan, sensaciones que se disipan al ser percepciones, pues si no fuesen percepciones ¿cómo sabríamos que son sensaciones?;

sensaciones que no son percepciones no son sensaciones, percepciones que no son nombres ¿qué son?

si no lo sabías, ahora lo sabes: todo está hueco;

y apenas digo todo-está-hueco, siento que caigo en la trampa: si todo está hueco, también está hueco el todo-está-hueco;

no, está lleno y repleto, todo-está-hueco está henchido de sí, lo que tocamos y vemos y oímos y gustamos y olemos y pensamos, las realidades que inventamos y las realidades que nos tocan, nos miran, nos oyen y nos inventan, todo lo que tejemos y destejemos y nos teje y desteje, instantáneas apariciones y desapariciones, cada una distinta y única, es siempre la misma realidad plena, siempre el mismo tejido que se teje al destejerse: aun el vacío y la misma privación son plenitud (tal vez son el ápice, el colmo y la calma de la plenitud), todo está lleno hasta los bordes, todo es real, todas esas realidades inventadas y todas esas invenciones tan reales, todos y todas, están llenos de sí, hinchados de su propia realidad;

y apenas lo digo, se vacían: las cosas se vacían y los nombres se llenan, ya no están huecos, los nombres son plétoras, son dadores, están henchidos de sangre, leche, semen, savia, están henchidos de minutos, horas, siglos, grávidos de sentidos y significados y señales, son los signos de inteligencia que el tiempo se hace a sí mismo, los nombres les chupan los tuétanos a las cosas, las cosas se mueren sobre esta página pero los nombres medran y se multiplican, las cosas se mueren para que vivan los nombres:

entre mis labios el árbol desaparece mientras lo digo y al desvanecerse aparece: míralo, torbellino de hojas y raíces y ramas y tronco en mitad del ventarrón, chorro de verde bronceada sonora hojosa realidad aquí en la página:

míralo allá, en la eminencia del terreno, míralo: opaco entre la masa opaca de los árboles, míralo irreal en su bruta realidad muda, míralo no dicho:

la realidad más allá del lenguaje no es del todo realidad, realidad que no habla ni dice no es realidad;

y apenas lo digo, apenas escribo con todas sus letras que no es realidad la desnuda de nombres, los nombres se evaporan, son aire, son un sonido engastado en otro sonido y en otro y en otro, un murmullo, una débil cascada de significados que se anulan:

el árbol que digo no es el árbol que veo, árbol no dice árbol, el árbol está más allá de su nombre, realidad hojosa y leñosa: impenetrable, intocable, realidad más allá de los signos, inmersa en sí misma, plantada en su propia realidad: puedo tocarla pero no puedo decirla, puedo incendiarla pero si la digo la disipo:

el árbol que está allá entre los árboles no es el árbol que digo sino una realidad que está más allá de los nombres, más allá de la palabra *realidad*, es la realidad tal cual, la abolición de las diferencias y la abolición también de las semejanzas;

el árbol que digo no es el árbol y el otro, el que no digo y que está allá, tras mi ventana, ya negro el tronco y el follaje todavía inflamado por el sol poniente, tampoco es el árbol sino la realidad inaccesible en que está plantado:

entre uno y otro se levanta el único árbol de la sensación que es la percepción de la sensación de árbol que se disipa, pero

¿quién percibe, quién siente, quién se disipa al disiparse las sensaciones y las percepciones?

ahora mismo mis ojos, al leer esto que escribo con cierta prisa por llegar al fin (¿cuál, qué fin?) sin tener que levantarme para encender la luz eléctrica, aprovechando todavía el sol declinante que se desliza entre las ramas y las hojas del macizo de las hayas plantadas sobre una ligera eminencia

(podría decirse que es el pubis del terreno, de tal modo es femenino el paisaje entre los domos de los pequeños observatorios astronómicos y el ondulado campo deportivo del Colegio,

podría decirse que es el pubis de Esplendor que se ilumina y se obscurece, mariposa doble, según se mueven las llamas de la chimenea, según crece y decrece el oleaje de la noche),

ahora mismo mis ojos, al leer esto que escribo, inventan la realidad del que escribe esta larga frase, pero no me inventan a mí, sino a una figura del lenguaje: al escritor, una realidad que no coincide con mi propia realidad, si es que yo tengo alguna realidad que pueda llamar propia;

no, ninguna realidad es mía, ninguna me (nos) pertenece, todos habitamos en otra parte, más allá de donde estamos, todos somos una realidad distinta a la palabra *yo* o a la palabra *nosotros*,

nuestra realidad más íntima está fuera de nosotros y no es nuestra, tampoco es una sino plural, plural e instantánea, nosotros somos esa pluralidad que se dispersa, el yo es real quizá, pero el yo no es *yo* ni *tú* ni *él*, el yo no es mío ni es tuyo,

es un estado, un parpadeo, es la percepción de una sensación que se disipa, pero ¿quién o qué percibe, quién siente?, los ojos que miran lo que escribo ¿son los mismos ojos que yo digo que miran lo que escribo?

vamos y venimos entre la palabra que se extingue al pronunciarse y la sensación que se disipa en la percepción —aunque no sepamos quién es el que pronuncia la palabra ni quién es el que percibe, aunque sepamos que aquel que percibe algo que se disipa también se disipa en esa percepción: sólo es la percepción de su propia extinción,

vamos y venimos: la realidad más allá de los nombres no es habitable y la realidad de los nombres es un perpetuo desmoronamiento, no hay nada sólido en el universo, en todo el diccionario no hay una sola palabra sobre la que reclinar la cabeza, todo es un continuo ir y venir de las cosas a los nombres a las cosas,

no, digo que voy y vengo sin cesar pero no me he movido, como el árbol no se ha movido desde que comencé a escribir,

otra vez las expresiones inexactas: *comencé, escribo,* ¿quién escribe esto que leo?, la pregunta es reversible: ¿qué leo al escribir: *quién escribe esto que leo?,*

la respuesta es reversible, las frases del fin son el revés de las frases del comienzo y ambas son las mismas frases

que son lianas que son manchas de humedad sobre un muro imaginario de una casa destruida de Galta que son las sombras proyectadas por el fuego de una chimenea encendida por dos amantes que son el catálogo de un jardín botánico tropical que son una alegoría de un capítulo de un poema épico que son la masa agitada de la arboleda de las hayas tras mi ventana mientras el viento etcétera lecciones etcétera destruidas etcétera el tiempo mismo etcétera,

las frases que escribo sobre este papel son las sensaciones, las percepciones, las imaginaciones, etcétera, que se encienden y apagan aquí, frente a mis ojos, el residuo verbal:

lo único que queda de las realidades sentidas, imaginadas, pensadas, percibidas y disipadas, única realidad que dejan esas realidades evaporadas y que, aunque no sea sino una combinación de signos, no es menos real que ellas:

los signos no son las presencias pero configuran otra presencia, las frases se alinean una tras otra sobre la página y al desplegarse abren un camino hacia un fin provisionalmente definitivo,

las frases configuran una presencia que se disipa, son la configuración de la abolición de la presencia, sí, es como si todas esas presencias tejidas por las configuraciones de los signos buscasen su abolición para que aparezcan aquellos árboles inaccesibles, inmersos en sí mismos, no dichos, que están más allá del final de esta frase,

en el otro lado, allá donde unos ojos leen esto que escribo y, al leerlo, lo disipan

10

Vio a muchas mujeres tendidas sobre esteras, en variados trajes y atavíos, el pelo adornado con flores; dormían bajo la influencia del vino, después de haber pasado la mitad de la noche en juegos. Y el silencio de aquella gran compañía, ahora mudas las sonoras alhajas, era el de un vasto estanque nocturno rebosante de lotos y ya sin ruido de cisnes o abejas... El noble mono se dijo a sí mismo: «Aquí se han juntado los planetas que, consumida su provisión de méritos, caen del firmamento». Era verdad: las mujeres resplandecían como caídos meteoros en fuego. Unas se habían desplomado dormidas en medio de sus bailes y yacían, el pelo y el tocado en desorden, fulminadas entre sus ropas desparramadas; otras habían arrojado al suelo sus guirnaldas y, rotas las cintas de sus collares, desabrochados los cinturones y los vestidos revueltos, parecían yeguas desensilladas; otras más, perdidas sus ajorcas y aretes, las túnicas desgarradas y pisoteadas, semejaban enredaderas holladas por elefantes salvajes. Aquí y allá las perlas esparcidas cruzaban reflejos lunares entre los cisnes dormidos de los senos. Aquellas mujeres eran ríos: sus muslos, las riberas; las ondulaciones del pubis y del vientre, los rizos del agua bajo el viento; sus grupas y senos, las colinas y eminencias que el curso rodea y ciñe; los lotos, sus caras; los cocodrilos, sus deseos; sus cuerpos sinuosos, el cauce de la corriente. En tobillos y muñecas, antebrazos y hombros, cerca del ombligo o en las puntas de los pechos, se veían graciosos rasguños y marcas violáceas que parecían joyas... Algunas de estas muchachas saboreaban los labios y las lenguas de sus compañeras y ellas les devolvían sus besos como si fuesen los de su señor; despiertos los sentidos aunque el espíritu dormido, se hacían el amor las unas a las otras o, solitarias, estrechaban con brazos alhajados un bulto hecho de sus propias ropas o, bajo el imperio del vino y del deseo, unas dormían recostadas sobre el vientre de una compañera o entre sus muslos y otras apoyaban la cabeza en el hombro de su vecina u ocultaban el rostro entre sus pechos y así se acoplaban las unas con las otras corno las ramas de una misma arboleda. Aquellas mujeres de talles estrechos se entrelazaban entre ellas al modo de las trepadoras cuando cubren los troncos de los árboles y abren sus corolas al viento de marzo. Aquellas mujeres se entretejían y encadenaban con sus brazos y piernas hasta formar una enramada intrincada y selvática (*Sundara Kund*, IX).

11

La transfiguración de sus juegos y abrazos en una ceremonia insensata les infundía simultáneamente miedo y placer. Por una parte, el espectáculo los fascinaba y aun alimentaba su lujuria: aquella pareja de gigantes eran ellos mismos; por la otra, al sentimiento de exaltación que los embargaba al verse corno imágenes del fuego se aliaba otro de inquietud, resuelto en una pregunta más temerosa que incrédula: ¿eran ellos mismos? Al ver aquellas formas insubstanciales aparecer y desaparecer silenciosamente, girar una en torno de la otra, fundirse y escindirse, palparse y desgarrarse en fragmentos que se desvanecían y un instante después reaparecían para inventar de nuevo otro cuerpo quimérico, les parecía asistir no a la proyección de sus acciones y movimientos sino a una función fantástica, sin relación alguna con la realidad que ellos vivían en aquel momento. Fastos ambiguos de una procesión interminable, compuesta por una sucesión de escenas incoherentes de adoración y profanación, cuyo desenlace era un sacrificio seguido por la resurrección de la víctima: otro fantasma ávido que iniciaba una escena distinta a la que acababa de transcurrir pero poseída por la misma lógica demencial. El muro les mostraba la metamorfosis de los transportes de sus cuerpos en una fábula bárbara, enigmática y apenas humana. Sus actos vueltos un baile de espectros, este mundo redivivo en el otro. Redivivo y desfigurado: un cortejo de alucinaciones exangües.

Los cuerpos que se desnudan bajo la mirada del otro y bajo la propia, las caricias que los anudan y desanudan, la red de sensaciones que los encierra y los comunica entre ellos al incomunicarlos del mundo, los cuerpos instantáneos que forman dos cuerpos en su afán por ser un solo cuerpo —todo eso se transformaba en una trama de símbolos y jeroglíficos. No podían leerlos: inmersos en la realidad pasional de sus cuerpos sólo percibían fragmentos de la otra pasión que se representaba en el muro. Pero si hubiesen seguido con atención el desfile de las siluetas, tampoco habrían podido interpretarlo. Sin embargo, aunque apenas si veían los cortejos de sombras, sabían que cada uno de sus gestos y posiciones se inscribía en la pared, transfigurado en un nudo de escorpiones o pájaros, manos o pescados, discos o conos, signos instantáneos y cambiantes. Cada movimiento engendraba una forma enigmática y cada forma se enlazaba a otra y otra. Gavillas de enigmas que a su vez se entretejían con otras y se acoplaban como las ramas de una arboleda o las tenazas vegetales de una trepadora. A la luz insegura del fuego se sucedían y encadenaban los trazos de las sombras. Y del mismo modo que, aunque desconocían el sentido de aquel teatro de signos, no ignoraban su tema pasional y sombrío, sabían que, a pesar de estar hecha de sombras, la enramada que tejían sus cuerpos era impenetrable.

Racimos negros colgando de una roca abrupta y vaga pero poderosamente masculina, hendida de pronto como un ídolo abierto a hachazos: bifurcaciones, ramificaciones, disgregaciones, coagulaciones, desmembramientos, fusiones. Inagotable fluir de sombras y formas en las que aparecían siempre los mismos elementos —sus cuerpos, sus ropas, los pocos muebles y objetos de la habitación— cada vez combinados de una manera distinta aunque, como en un poema, había reiteraciones, rimas, analogías, figuras que reaparecían con cierta regularidad de oleaje: llanuras de lava, tijeras volantes, violines ahorcados, vasijas hirvientes de letras, erupciones de triángulos, combates campales entre rectángulos y exágonos, los miles de muertos de la peste en Londres transformados en las nubes sobre las que asciende la Virgen cambiadas en los miles de cuerpos desnudos y enlazados de una de las colosales orgías de Harmonía calculadas por Fourier vueltos las grandes llamas que devoran el cadáver de Sardanápalo, montañas navegantes, civilizaciones ahogadas en una gota de tinta teológica, hélices plantadas en el Calvario, incendios, incendios, el viento siempre entre las llamas, el viento que agita las cenizas y las disipa.

Esplendor se recuesta en la estera y con las dos manos oprime uno contra otro sus pechos hasta juntarlos casi enteramente pero de modo que dejen, abajo, un estrecho canal por el que su compañero, obediente a un gesto de invitación de la muchacha, introduce su verga. El hombre está arrodillado y bajo el arco de sus piernas se extiende el cuerpo de Esplendor, la mitad superior erguida a medias para facilitar las embestidas de su pareja. Tras unos cuantos y enérgicos movimientos de ataque, la verga atraviesa el canal formado por los pechos y reaparece en la zona de sombra de la garganta, muy cerca de la boca de la muchacha. En vano ella pretende acariciar con la lengua la cabeza del miembro: su posición se lo prohíbe. Con un gesto rápido aunque sin violencia el hombre empuja hacia arriba y hacia adelante, hace saltar los senos y entre ellos emerge su verga como un nadador que vuelve a la superficie, ahora sí frente a los labios de Esplendor. Ella la humedece con la lengua, la atrae y la conduce a la gruta roja. Los cojones del hombre se hinchan. Chapaloteo. Círculos concéntricos cubren la superficie del estanque. Tañe grave el badajo de la campana submarina.

En el muro, el cuerpo del hombre es un puente colgante sobre un río inmóvil: el cuerpo de Esplendor. A medida que disminuye el chisporroteo de la chimenea, crece la sombra del hombre arrodillado sobre la muchacha hasta que invade del todo al muro. La conjunción de las tinieblas precipita la descarga. Blancura súbita. Caída interminable en una cueva absolutamente negra. Después se descubre tendido al lado de ella, en una penumbra a la orilla del mundo: más allá están los otros mundos, el de los muebles y objetos de la habitación y el otro mundo del muro, apenas iluminado por la luz muriente de las brasas. Al cabo de un rato el hombre se levanta y aviva el fuego. Su sombra es inmensa y aletea en todo el cuarto. Vuelve al lado de Esplendor y mira los reflejos del fuego deslizarse sobre su cuerpo. Vestidura de luz, vestidura de agua: la desnudez es más desnuda. Ahora puede verla y abarcarla. Antes sólo había entrevisto pedazos de ella: un muslo, un codo, la palma de una mano, un pie, una rodilla, una oreja escondida en una mata de pelo húmedo, un ojo entre pestañas, la suavidad de las corvas y de las ingles hasta llegar a la zona obscura y áspera, la maleza negra y mojada entre sus dedos, la lengua entre los dientes y los labios, cuerpo más palpado que visto, cuerpo hecho de pedazos de cuerpo, regiones de sequía o de humedad, regiones claras o boscosas, eminencias o hendeduras, nunca el cuerpo sino sus partes, cada parte una instantánea totalidad a su vez inmediatamente escindida, cuerpo segmentado descuartizado despedazado, trozos de oreja tobillo ingle nuca seno uña, cada pedazo un signo del cuerpo de cuerpos, cada parte entera y total, cada signo una imagen que aparece y arde hasta consumirse, cada imagen una cadena de vibraciones, cada vibración la percepción de una sensación que se disipa, millones de cuerpos en cada vibración, millones de universos en cada cuerpo, lluvia de universos sobre el cuerpo de Esplendor que no es cuerpo sino el río de signos de su cuerpo, corriente de vibraciones de sensaciones de percepciones de imágenes de sensaciones de vibraciones, caída de lo blanco en lo negro, lo negro en lo blanco, lo blanco en lo blanco, oleadas negras en el túnel rosa, caída blanca en la hendedura negra, nunca el cuerpo sino los cuerpos que se dividen, escisión y proliferación y disipación, plétora y abolición, partes que se reparten, signos de la totalidad que sin cesar se divide, cadena de las percepciones de las sensaciones del cuerpo total que se disipa.

Casi con timidez acaricia el cuerpo de Esplendor con la palma de la mano, desde el nacimiento de la nuca hasta los pies. Esplendor le devuelve la caricia con el mismo sentimiento de asombro y reconocimiento: también sus ojos y su tacto descubren, al mirarlo y palparlo, un cuerpo que antes sólo había entrevisto y sentido como una sucesión inconexa de visiones y sensaciones momentáneas, una configuración de percepciones destruida apenas formada. Un cuerpo que había desaparecido en su cuerpo y que, en el instante mismo de esa desaparición, había hecho desaparecer al suyo: corriente de vibraciones que se disipan en la percepción de su propia disipación, percepción que es ella misma dispersión de toda percepción pero que asimismo y por eso mismo, por ser percepción del desvanecimiento al desvanecerse, remonta la corriente y por el camino de las disoluciones rehace las formas y los universos hasta que se manifiesta de nuevo en un cuerpo: ese cuerpo de hombre que miran sus ojos.

En el muro, Esplendor es una ondulación, la forma yacente de valles y colinas adormecidas. Bajo la acción del fuego que redobla sus llamas y agita las sombras, esa masa de quietud y de sueño comienza de nuevo a animarse. El hombre habla y acompaña sus palabras con ademanes y gestos de manos y cabeza. Al reflejarse en la pared, esos movimientos inventan una pantomima en la que, festín y ritual, se descuartiza a una víctima y se esparcen sus partes en un espacio que cambia continuamente de forma y dirección, como las estrofas de un poema que una voz despliega sobre la móvil página del aire. Las llamas crecen y el muro se agita con violencia como una arboleda golpeada por el viento. El cuerpo de Esplendor se retuerce, se desgaja y se reparte en una, dos, tres, cuatro, cinco, seis, siete, ocho, nueve, diez porciones —hasta desvanecerse enteramente. El cuarto está totalmente iluminado. El hombre se levanta y camina de un lado para otro, ligeramente encorvado y como si hablase a solas. Su sombra inclinada parece buscar en la superficie del muro —lisa, parpadeante y desierta: agua vacía— los restos de la desaparecida.

En el muro de la terraza las proezas de Hanuman en Lanka se resuelven en una borrasca de trazos que se confunden con las manchas violáceas de la humedad. Unos pocos metros más adelante el lienzo de la pared termina en un montón de escombros. Por la gran brecha puede verse la tierra de Galta: al frente, colinas ceñudas y peladas que poco a poco se disuelven en una llanura amarillenta y reseca, cuenca desolada que gobierna una luz tajante; a la izquierda, hondonadas, ondulaciones y entre los declives o sobre las cimas las aglomeraciones de las ruinas, unas habitadas por los monos y otras por familias de parias, casi todas pertenecientes a la casta Balmik (barren y lavan los pisos, recogen la basura, acarrean las inmundicias, son los especialistas del polvo, los desechos y los excrementos, pero aquí, instalados en los despojos y cascajos de las mansiones abandonadas, cultivan también la tierra en las granjas cercanas y en las tardes se reúnen en los patios y terrazas para compartir la *hooka*, discutir y contarse historias); a la derecha, las vueltas y revueltas del camino que lleva al santuario en la cumbre de la montaña. Terreno erizado y ocre, mezquina vegetación espinosa y, desparramadas aquí y allá, grandes piedras blancas pulidas por el viento. En los recodos del camino, solitarios o en grupo, árboles poderosos: pipales de raíces colgantes, brazos nervudos y correosos con que durante siglos estrangulan a otros árboles, rompen piedras y derriban muros y edificios; eucaliptos de troncos veteados y follajes balsámicos; los *nim* de rugosa corteza mineral —en sus hendeduras y horquetas, ocultos por el verde amargo de las hojas, hay pueblos de ardillas diminutas y colas inmensas, lechuzas anacoretas, pandillas de cuervos. Cielos imperturbables, indiferentes y vacíos, salvo por las figuras que dibujan los pájaros: círculos y espirales de aguiluchos y buitres, manchas de tinta de cuervos y mirlos, disparos verdes y zigzagueantes de los pericos.

Rumor obscuro de piedras cayendo en un torrente: la polvareda del hato de cabritos negros y bayos guiados por dos pastorcitos; uno toca una tonada en un organillo de boca y el otro tararea la canción. El ruido fresco de las pisadas, las voces y las risas de una banda de mujeres que baja del santuario, cargadas de niños como si fuesen árboles frutales, sudorosas y descalzas, los brazos y tobillos cubiertos de ajorcas y brazaletes sonoros de plata —el tropel polvoso de las mujeres y el centelleo de sus vestidos, vehemencias rojas y amarillas, su andar de potros, el cascabeleo de sus risas, la inmensidad en sus ojos. Más arriba, a unos cincuenta metros del torreón decrépito, linde de la antigua ciudad, invisible desde aquí (hay que torcer hacia la izquierda y rodear una roca que obstruye el paso), el terreno se quiebra: hay una barrera de peñascos y a sus pies un estanque rodeado de construcciones irregulares. Allí los peregrinos descansan después de hacer sus abluciones. El lugar también es hostería de ascetas errantes. Entre las rocas crecen dos pipales muy venerados. El agua de la cascada es verde y el ruido que hace al caer me hace pensar en el de los elefantes a la hora del baño. Son las seis de la tarde; en estos momentos el *sadhu* que vive en unas ruinas cercanas deja su retiro y, completamente desnudo, se encamina hacia el tanque. Desde hace años, incluso en los fríos días de diciembre y enero, hace sus abluciones a la luz del alba y a la del crepúsculo. Aunque tiene más de sesenta años, su cuerpo es el de un muchacho y su mirada es límpida. Después del baño, cada tarde, dice sus plegarias, come la cena que le aportan los devotos, bebe una taza de té y da unas bocanadas de hachís en su pipa o ingiere un poco de *bhang* en una taza de leche —no para estimular su imaginación, dice, sino para calmarla. Busca la ecuanimidad, el punto donde cesa la oposición entre la visión interior y la exterior, entre lo que vemos y lo que imaginamos. A mí me gustaría hablar con el *sadhu* pero ni él entiende mi lengua ni yo hablo la suya. Así, de vez en cuando me limito a compartir su té, su *bhang* y su quietud. ¿Qué idea se hará de mí? Quizá él se hace ahora la misma pregunta, si es que por casualidad piensa en mí.

Me siento observado y me vuelvo: en el otro extremo de la terraza la banda de monos me espía. Camino hacia ellos en línea recta, sin prisa y con mi vara en alto; mi acción parece no inquietarlos y, sin moverse apenas, mientras yo avanzo, continúan mirándome con su acostumbrada, irritante curiosidad y su no menos acostumbrada, impertinente indiferencia. En cuanto me sienten cerca, saltan, echan a correr y desaparecen detrás de la balaustrada. Me aproximo al borde opuesto de la terraza y desde allí veo, a lo lejos, el espinazo del monte dibujado con una precisión feroz. Abajo, la calle y la fuente, el templo y sus dos sacerdotes, los tendajones y sus viejos, los niños que saltan y gritan, unas vacas hambrientas, más monos, un perro cojo. Todo resplandece: las bestias, las gentes, los árboles, las piedras, las inmundicias. Un resplandor sin violencia y que pacta con las sombras y sus repliegues. Alianza de las claridades, templanza pensativa: los objetos se animan secretamente, emiten llamadas, responden a las llamadas, no se mueven y vibran, están vivos con una vida distinta de la vida. Pausa universal: respiro el aire, olor acre de estiércol quemado, olor de incienso y podredumbre. Me planto en este momento de inmovilidad: la hora es un bloque de tiempo puro.

13

Maleza de líneas, figuras, formas, colores: los lazos de los trazos, los remolinos de color donde se anega el ojo, la sucesión de figuras enlazadas que se repiten en franjas horizontales y que extravían al entendimiento, como si renglón tras renglón el espacio se cubriese paulatinamente de letras, cada una distinta pero asociada a la siguiente de la misma manera y como si todas ellas, en sus diversas conjunciones, produjesen invariablemente la misma figura, la misma palabra. Y no obstante, en cada caso la figura (la palabra) posee una significación distinta. Distinta y la misma.

Arriba, la tierra inocente de la copulación animal. Un llano de hierba rala y requemada, sembrado de flores del tamaño de un árbol y de árboles del tamaño de una flor, limitado a lo lejos por un delgado horizonte rojeante —casi la línea de una cicatriz todavía fresca: es el alba o el crepúsculo— donde se funden o disuelven vagas y diminutas manchas blancas, indecisas mezquitas y palacios que son tal vez nubes. Y sobre este paisaje anodino llenándolo completamente con su furia obsesiva y repetida, la lengua de fuera, los dientes muy blancos, los inmensos ojos fijos y abiertos, parejas de tigres, ratas, camellos, elefantes, mirlos, cerdos, conejos, panteras, cuervos, perros, asnos, ardillas, caballo y yegua, toro y vaca —las ratas grandes como elefantes, los camellos del tamaño de las ardillas— todos acoplados, el macho montado sobre la hembra. Universal copulación extática.

Abajo: el suelo no es amarillo ni parduzco sino verde perico. No la tierra-tierra de las bestias sino el prado-alfombra del deseo, superficie brillante salpicada de florecitas rojas, azules y blancas, flores-astros-signos (prado: tapicería: zodiaco: caligrafía), jardín inmóvil que copia el fijo cielo nocturno que se refleja en el dibujo de la alfombra que se transfigura en los trazos del manuscrito. Arriba: el mundo en sus repeticiones; abajo: el universo es analogía. Pero también es excepción, ruptura, irregularidad: como en la parte superior, ocupando casi todo el espacio, fuentes de violencias, grandes exclamaciones, impetuosos chorros rojos y blancos, cinco veces en la hilera de arriba y cuatro en la de abajo, nueve flores enormes, nueve planetas, nueve ideogramas carnales: una *nayika*, siempre la misma, a la manera de la multiplicación de las figuras luminosas en los juegos de la pirotecnia, emergiendo nueve veces del círculo de su falda, corola azul tachonada de puntos rojos o corola roja espolvoreada de crucecitas negras y azules (el cielo como un prado y ambos reflejados en la falda femenina) —una *nayika* recostada en el jardín-alfombra-zodiaco-caligrafía, tendida sobre una almohada de signos, la cabeza echada hacia atrás y cubierta a medias por un velo transparente y que deja ver el pelo negrísimo y aceitado, el perfil vuelto ídolo por los pesados adornos —pendientes de oro y rubíes, diademas de perlas en la frente, nariguera de diamantes, cintas y collares de piedras verdes y azules—, en los brazos los ríos centelleantes de las pulseras, los senos grandes y puntiagudos bajo el *choli* anaranjado, desnuda de la cintura para abajo, muy blancos los muslos y el vientre, el pubis rasurado y rosado, la vulva eminente, los tobillos ceñidos por ajorcas de cascabeles, las palmas de las manos y de los pies teñidas de rojo, las piernas al aire enlazando a su pareja nueve veces —y siempre es la misma *nayika*, nueve veces poseída simultáneamente en dos hileras, cinco arriba y cuatro abajo, por nueve amadores: un jabalí, un macho cabrío, un mono, un garañón, un toro, un elefante, un oso, un pavo real y otra *nayika* —otra vestida como ella, con sus mismas joyas y atavíos, sus mismos ojos de pájaro, su misma nariz grande y noble, su misma boca gruesa y bien dibujada, su misma cara, su misma redonda blancura —otra ella misma montada sobre ella, un consolador bicéfalo encajado en las vulvas gemelas.

Asimetría entre las dos partes: arriba, copulación entre machos y hembras de la misma especie; abajo, copulación de una hembra humana con machos de varias especies animales y con otra hembra humana —nunca con el hombre. ¿Por qué? Repetición, analogía, excepción. Sobre el espacio inmóvil —muro, cielo, página, estanque, jardín— todas esas figuras se enlazan, trazan el mismo signo y parecen decir lo mismo pero ¿qué dicen?

14

Me detuve ante una fuente que estaba situada a mitad de la calle, en el centro de un semicírculo. El hilillo de agua que escurría del grifo había formado un charco lodoso en el suelo; lo lamía un perro de escasa pelambre parduzca, peladuras rojizas y carne magullada. (El perro, la calle, el charco: la luz de las tres de la tarde, hace mucho, sobre las piedras de un callejón en un pueblo del valle de México, el cuerpo tendido de un campesino vestido de manta blanca, el charco de sangre, el perro que la lame, los alaridos de unas mujeres de faldas obscuras y rebozos morados que corren hacia el muerto.) Entre las construcciones casi derruidas del semicírculo que rodeaba a la fuente se encontraba una, todavía en pie, maciza y de poca altura, sus portones de par en par abiertos: el templo. Desde donde yo estaba podía verse su patio, un vasto espacio cuadrangular enlosado (acababan de lavarlo y despedía un vapor blancuzco) y a su alrededor adosados al muro y bajo una techumbre sostenida por pilares de formas irregulares, unos de piedra y otros de mampostería, todos encalados y decorados por dibujos de color rojo y azul, grecas y ramos de flores, los altares con los dioses. Estaban separados uno del otro por rejas de madera como si fuesen jaulas. A los lados de las entradas había varios tendajones, en donde unos viejos vendían a la multitud de devotos flores, palillos y barras de incienso; imágenes y fotografías en color de los dioses (representados por actores y actrices de cine) y de Gandhi, Bose y otros héroes y santos; la pasta roja y blanda (*bhasma*) con la que los fieles trazan en sus frentes signos religiosos en el momento de la ceremonia de la ofrenda; abanicos con anuncios de Coca-Cola y otros refrescos; plumas de pavo real; *lingas* de piedra y metal; muñecos que figuran a Durga montada en un león; mandarinas, bananos, dulces, hojas de betel y *bhang*; cintas de colores y talismanes; cuadernos de oraciones, biografías de santos, librillos de astrología y magia; bolsas de cacahuates para los monos. Aparecieron dos sacerdotes a las puertas del templo. Eran obesos y sebosos. Estaban desnudos de la cintura para arriba y les cubría la parte inferior del cuerpo el *dothi*, un fino lienzo de algodón enredado entre las piernas. El cordón brahmánico sobre los pechos rebosantes de nodriza; el pelo, negro y aceitado, trenzado en forma de coleta; el lenguaje suave; los ademanes untuosos. Al verme flotando entre el gentío, se me acercaron y me invitaron a visitar el templo. Decliné su oferta. Ante mi negativa, comenzaron una larga perorata, pero yo, sin oírlos, me perdí entre la muchedumbre dejando que el río humano me arrastrase.

Trepaban despacio por el camino escarpado. Era una multitud pacífica, al mismo tiempo fervorosa y riente. Estaban unidos por un deseo común: llegar allá, ver, palpar. La voluntad y sus tensiones y contradicciones no tenían parte en aquel deseo impersonal, pasivo, fluido y fluente. Alegría de la confianza: se sentían como niños entre las manos de fuerzas infinitamente poderosas e infinitamente benévolas. El acto que realizaban estaba inscrito en el calendario de los siglos, era uno de los rayos de una de las ruedas del carro del tiempo. Caminaban rumbo al santuario como lo habían hecho las generaciones idas y como lo harían las venideras. Al caminar con sus parientes, sus vecinos y sus conocidos, caminaban también con los muertos y con los que aún no nacían: la multitud visible era parte de una multitud invisible. Todos juntos caminaban a través de los siglos por el mismo camino, el camino que anula a los tiempos y une a los vivos con los muertos. Por ese camino salimos mañana y llegamos ayer: hoy.

Aunque unos grupos estaban compuestos únicamente por hombres o por mujeres, la mayoría estaban formados por familias enteras, de los abuelos a los nietos y biznietos, y de los lazos consanguíneos a los religiosos y de casta. Algunos marchaban por parejas: las de viejos hablaban sin parar, pero las de recién casados caminaban en silencio, como si les asombrase estar uno al lado del otro. Y los solitarios: los mendigos lastimosos o terribles —corcovados, ciegos, gafos, bubosos, elefanciacos, leprosos, paralíticos, cretinos babeantes, monstruos quemados por la enfermedad y esculpidos por las fiebres y las hambres— y los otros, los erguidos y arrogantes, riendo con risa salvaje o mudos de ojos llameantes de inspirado, los *sadhúes*, los ascetas vagamundos cubiertos sólo por un taparrabo o envueltos en un manto azafrán, las cabelleras rizadas y teñidas de rojo o rapados enteramente salvo el copete de la coronilla, los cuerpos espolvoreados de cenizas humanas o de estiércol de vaca, los rostros pintorreados, en la mano derecha una vara en forma de tridente y en la izquierda una escudilla de latón: su único bien, solos o acompañados de un muchachillo, su discípulo y, a veces, su gitón.

Poco a poco transponíamos cumbres y declives, ruinas y más ruinas. Unos corrían y luego se tendían a descansar bajo los árboles o entre los huecos de las peñas; los más caminaban pausadamente y sin detenerse; los cojos y estropeados se arrastraban con pena y a los inválidos y paralíticos los llevaban en andas. Polvo, olor a sudor; especias, flores pisoteadas, dulzuras nauseabundas, rachas hediondas, rachas de frescura. Pequeños radios portátiles, acarreados por bandas de muchachos, lanzaban al aire canciones dulzonas y pegajosas; las crías, agarradas a los pechos o a las faldas de las madres, berreaban; los devotos salmodiaban himnos; había los que conversaban entre ellos, los que reían con grandes risotadas y los que lloraban o hablaban solos —murmullo incesante, voces, llantos, juramentos, exclamaciones, millones de sílabas que se funden en un rumor enorme e incoherente, el rumor humano abriéndose paso entre los otros rumores aéreos y terrestres, los chillidos de los monos, la cháchara de los cuervos, el ruido de mar de los follajes, el estruendo del viento corriendo entre los cerros.

El viento no se oye a sí mismo pero nosotros le oímos; las bestias se comunican entre ellas pero nosotros hablamos a solas con nosotros mismos y nos comunicamos con los muertos y con los que todavía no nacen. La algarabía humana es el viento que se sabe viento, el lenguaje que se sabe lenguaje y por el cual el animal humano sabe que está vivo y, al saberlo, aprende a morir.

Rumor de unos cuantos cientos de hombres, mujeres y niños que caminan y hablan: rumor promiscuo de dioses, antepasados muertos, niños no nacidos y vivos que esconden entre la camisa y el pecho, con sus moneditas de cobre y sus talismanes, su miedo a morir. El viento no se queja: el hombre es el que oye, en la queja del viento, la queja del tiempo. El hombre se oye y se mira en todas partes: el mundo es su espejo; el mundo ni nos oye ni se mira en nosotros: nadie nos ve, nadie se reconoce en el hombre. Para aquellas colinas éramos unos extraños, como los primeros hombres que, hacía milenios, las habían recorrido. Pero los que caminaban conmigo no lo sabían: habían abolido la distancia —el tiempo, la historia, la línea que separa al hombre del mundo. Su caminar era la ceremonia inmemorial de la abolición de las diferencias. Los peregrinos sabían algo que yo ignoraba: el ruido de las sílabas humanas era un rumor más entre los otros rumores de aquella tarde. Un rumor diferente y, no obstante, idéntico a los chillidos de los monos, los gritos de los pericos y el mugido del viento. Saberlo era reconciliarse con el tiempo, reconciliar los tiempos.

15

Mientras creaba a los seres, Prajapati sudaba, se sofocaba y de su gran calor y fatiga, de su sudor, brotó Esplendor. Apareció de pronto: erguida, resplandeciente, radiante, centelleante. Apenas la vieron, los dioses la desearon. Dijeron a Prajapati: «Deja que la matemos; así nos la repartiremos entre todos». Él les respondió: «¡Vamos! Esplendor es una mujer: no se mata a las mujeres. Pero, si quieren, se la pueden repartir —con tal que la dejen viva». Los dioses se la repartieron. Esplendor corrió a quejarse ante Prajapati: «¡Me han quitado todo!». Él la aconsejó: «Pídeles que te devuelvan lo que te arrebataron. Haz un sacrificio». Esplendor tuvo la visión de la ofrenda de las diez porciones del sacrificio. Después dijo la oración de la invitación y los dioses aparecieron. Entonces dijo la oración de la adoración, al revés, comenzando por el fin, para que todo regresase a su estado original. Los dioses concedieron la devolución. Esplendor tuvo la visión de las ofrendas adicionales. Las recitó y las ofreció a los diez. A medida que cada uno recibía su oblación, devolvía su porción a Esplendor y desaparecía. Así volvió a ser Esplendor.

En esta secuencia litúrgica hay diez divinos, diez oblaciones, diez recompensas, diez porciones del grupo del sacrificio y el Poema que la dice consiste en estrofas de versos de diez sílabas. El poema no es otro que Esplendor. (*Satapatha-Brahmana*, 11-4-3.)

16

Aparece, reaparece la palabra *reconciliación*. Durante una larga temporada me alumbraba con ella, bebía y comía de ella. *Liberación* era su hermana y su antagonista. El hereje que abjura de sus errores y regresa a la iglesia, se reconcilia; la purificación de un lugar sagrado que ha sido profanado es una reconciliación. La separación es una falta, un extravío. Falta: no estamos completos; extravío: no estamos en nuestro sitio. Reconciliación une lo que fue separado, hace conjunción de la escisión, junta a los dispersos: volvemos al todo y así regresamos a nuestro lugar. Fin del exilio. Liberación abre otra perspectiva: ruptura de los vínculos y ligamentos, soberanía del albedrío. Conciliación es dependencia, sujeción; liberación es autosuficiencia, plenitud del uno, excelencia del único. Liberación: prueba, purgación, purificación. Cuando estoy solo no estoy solo: estoy conmigo; estar separado no es estar escindido: es ser uno mismo. Con todos, estoy desterrado de mí mismo; a solas, estoy en mi todo. Liberación no es únicamente fin de los otros y de lo otro, sino fin del yo. Vuelta del yo —no a sí mismo: a lo mismo, regreso a la mismidad.

¿Liberación es lo mismo que reconciliación? Aunque reconciliación pasa por liberación y liberación por reconciliación, se cruzan sólo para separarse: reconciliación es identidad en la concordancia, liberación es identidad en la diferencia. Unidad plural, unidad unimismada. Otramente: mismamente. Yo y los otros, mis otros; yo en mí mismo, en lo mismo. Reconciliación pasa por disensión, desmembración, ruptura y liberación.

Pasa y regresa. Es la forma original de la revolución, la forma en que la sociedad se perpetúa a sí misma y se reengendra: regeneración del pacto social, regreso a la pluralidad original. Al comienzo no había Uno: jefe, dios, yo; por eso, la revolución es el fin del Uno y de la unidad indistinta, el comienzo (recomienzo) de la variedad y sus rimas, sus aliteraciones y composiciones. La degeneración de la revolución, como se ve en los modernos movimientos revolucionarios, todos ellos sin excepción transformados en cesarismos burocráticos y en idolatría institucional al Jefe y al Sistema, equivale a la *descomposición* de la sociedad, que deja de ser un concierto plural, una *composición* en el sentido propio de la palabra, para petrificarse en la máscara del Uno. La degeneración consiste en que la sociedad repite infinitamente la imagen del Jefe, que no es otra que la máscara de la *descompostura:* la desmesura e impostura del César. Pero no hubo ni hay Uno: cada uno es un todo. Pero no hay todo: siempre falta uno. Ni entre todos somos Uno, ni cada uno es todo. No hay Uno ni todo: hay unos y todos. Siempre el plural, siempre la plétora incompleta, el nosotros en busca de su cada uno: su rima, su metáfora, su complemento diferente.

Me sentía separado, lejos —no de los otros y de las cosas, sino de mí mismo. Cuando me buscaba por dentro, no me encontraba; salía y tampoco afuera me reconocía. Adentro y afuera encontraba siempre a otro. Al mismo siempre otro. Mi cuerpo y yo, mi sombra y yo, su sombra. Mis sombras: mis cuerpos: otros otros. Dicen que hay gente vacía: yo estaba lleno, repleto de mí. Sin embargo, nunca estaba en mí y nunca podía entrar en mí: siempre había otro. Siempre era otro. ¿Suprimirlo, exorcizarlo, matarlo? Apenas lo veía, desaparecía. ¿Hablar con él, convencerlo, pactar? Lo buscaba aquí y aparecía allá. No tenía substancia, no ocupaba lugar. Nunca estaba donde yo estaba; siempre allá: acá; siempre acá: allá. Mi previsible invisible, mi visible imprevisible. Nunca el mismo, nunca en el mismo sitio. Nunca el mismo sitio: afuera era adentro, adentro era otra parte, aquí era ninguna parte. Nunca un sitio. Destierros: lejanías: siempre allá. ¿Dónde? Aquí. El otro no se ha movido; nunca me he movido de mi sitio. Está aquí. ¿Quién? Yo mismo: el mismo. ¿Dónde? En mí: desde el principio caigo en mí y sigo cayendo. Desde el principio yo siempre voy adonde estoy, yo nunca llego adonde soy. Siempre yo siempre en otra parte: el mismo sitio, el otro yo. La salida está en la entrada; la entrada —no hay entrada, todo es salida. Aquí adentro siempre es afuera, aquí siempre es allá, el otro siempre en otra parte. Allá está siempre el mismo: él mismo: yo mismo: el otro. Ése soy yo: eso.

¿Con quién podía reconciliarme: conmigo o con el otro —los otros? ¿Quiénes eran, quiénes éramos? Reconciliación no era idea ni palabra: era una semilla que, día tras día primero y hora tras hora después, había ido creciendo hasta convertirse en una inmensa espiral de vidrio por cuyas venas y filamentos corrían luz, vino tinto, miel, humo, fuego, agua de mar y agua de río, niebla, materias hirvientes, torbellinos de plumas. Ni termómetro ni barómetro: central de energía que se transforma en surtidor que es un árbol de ramas y hojas de todos los colores, planta de brasas en invierno y planta de frescura en verano, sol de claridad y sol de sombra, gran albatros hecho de sal y aire, molino de reflejos, reloj en el que cada hora se contempla en las otras hasta anularse. Reconciliación era una fruta —no la fruta sino su madurez, no su madurez sino su caída. Reconciliación era un planeta ágata y una llama diminuta, una muchacha, en el centro de esa canica incandescente. Reconciliación era ciertos colores entretejidos hasta convertirse en una estrella fija en la frente del año o a la deriva en aglomeraciones tibias entre las estribaciones de las estaciones; la vibración de un grano de luz encerrado en la pupila de un gato echado en un ángulo del mediodía; la respiración de las sombras dormidas a los pies del otoño desollado; las temperaturas ocres, las rachas datiladas, bermejas, hornazas y las pozas verdes, las cuencas de hielo, los cielos errabundos y en harapos de realeza, los tambores de la lluvia; soles del tamaño de un cuarto de hora pero que contienen todos los siglos; arañas que tejen redes translúcidas para bestezuelas infinitesimales, ciegas y emisoras de claridades; follajes de llamas, follajes de agua, follajes de piedra, follajes magnéticos. Reconciliación era matriz y vulva pero también párpados, provincias de arena. Era noche. Islas, la gravitación universal, las afinidades electivas, las dudas de la luz que a las seis de la tarde no sabe si quedarse o irse. Reconciliación no era yo. No era ustedes ni casa, ni pasado o futuro. No era allá. No era regreso, vuelta al país de ojos cerrados. Era salir al aire, decir: *buenos días.*

17

El muro tenía una longitud de unos doscientos metros. Era alto y almenado. Salvo en trechos que dejaban ver una pintura todavía azul y roja, lo cubrían grandes manchas negras, verdes y moradas: las huellas digitales de las lluvias y los años. Un poco más abajo de las almenas, en sucesión horizontal a lo largo del lienzo, se veían unos balconcillos, cada uno rematado por un domo a la manera de un parasol. Las celosías eran de madera, todas despintadas y comidas por los años. Algunos de los balcones conservaban huellas de los dibujos que los habían adornado: guirnaldas de flores, ramas de almendros, periquillos estilizados, conchas marinas, mangos. No había más entrada que una, colosal, en el centro: un arco sarraceno en forma de herradura. Antes había sido el portal de los elefantes y de ahí que su tamaño, en relación con las dimensiones del conjunto, resultase descomunal y desproporcionado. Cogí a Esplendor de la mano y atravesarnos juntos el arco, entre una doble fila de mendigos. Estaban sentados en el suelo y al vernos pasar salmodiaron con más fuerza sus súplicas gangosas, golpeando con exaltación sus escudillas y mostrando sus muñones y sus llagas. Con grandes gesticulaciones se nos acercó un muchachillo, barbotando no sé qué. Tenía unos doce años, era extraordinariamente flaco, la cara inteligente y los ojos tan negros como vivos. La enfermedad le había abierto en la mejilla izquierda un gran agujero por el que podían verse parte de las muelas, la encía y, más roja aún, moviéndose entre burbujas de saliva, la lengua —un diminuto anfibio carmesí poseído por una agitación furiosa y obscena que lo hacía revolverse continuamente dentro de su cueva húmeda. Hablaba sin parar. Aunque subrayaba con las manos y los gestos su imperioso deseo de ser escuchado, era imposible comprenderlo porque, cada vez que articulaba una palabra, el agujero aquel emitía silbidos y resoplidos que desfiguraban su discurso. Fastidiado por nuestra incomprensión, se perdió entre el gentío. Pronto lo vimos rodeado por un grupo que celebraba sus trabalenguas y travesuras verbales. Descubrimos que su locuacidad no era desinteresada: no era un mendigo sino un poeta que jugaba con las deformaciones y descomposiciones de la palabra.

La plaza era una explanada rectangular que seguramente había sido el «patio» de audiencia, suerte de *hall* exterior al palacio propiamente dicho, aunque dentro de su recinto, en el que los señores acostumbraban recibir a los extraños y a sus vasallos. El piso era de tierra suelta; antes había estado cubierto por baldosas del mismo color rosado que las paredes. Tres muros cercaban a la explanada: uno al sur, otro al este y otro al oeste. El del sur era el del Portal por donde habíamos entrado; los otros dos eran menos altos y largos. El del oeste también estaba almenado, mientras que el del este terminaba en un alero de tejas rosadas. La entrada de ambos era, como la del Portal, un arco en forma de herradura, sólo que más pequeño. En el del este se repetía la sucesión de balconcillos de la cara exterior del muro del Portal, todos igualmente rematados por domos —parasoles y, asimismo, provistos de celosías de madera, la mayoría ya en pedazos. Detrás de esas celosías se escondían las mujeres en los días de recepciones y desde ahí, sin ser vistas, podían contemplar el espectáculo. Enfrente del muro principal, en el lado norte del paralelogramo, había un edificio no muy alto y al que se ascendía por una escalinata que, a pesar de sus dimensiones más bien modestas, poseía cierta secreta nobleza. La planta baja no era más que un pesado cubo de argamasa sin otra función que servir de plataforma al piso superior, una vasta sala rectangular rodeada por una arquería. Los arcos reproducían, en pequeño, los del patio y estaban sostenidos por columnas de formas caprichosas, cada una diferente de las otras: cilíndricas, cuadradas, salomónicas. Coronaba al edificio un gran número de pequeñas cúpulas. El tiempo y los soles las habían pelado y ennegrecido; parecían cabezas cercenadas y carbonizadas. A veces brotaban de ellas pericos, mirlos, cuervos, murciélagos, y entonces era como si aquellas cabezas, aun cortadas, emitiesen todavía pensamientos.

El conjunto era teatral, efectista. Doble ficción: la que representaban aquellos edificios (espejismos y nostalgias de un mundo extinto) y la que se había representado dentro de sus muros (ceremonias con que señores impotentes celebraban los fastos de un poder a punto de extinguirse). Arquitectura para verse vivir, substitución del acto por la imagen y de la realidad por la fábula. No, soy inexacto, ni imagen ni fábula: imperio de la obsesión. En las decadencias la obsesión es soberana y suplanta al destino. La obsesión y sus miedos, sus codicias, sus fobias, su monólogo hecho de confesiones-acusaciones-lamentaciones. Y esto precisamente, la obsesión, redimía al palacete de su mediocridad y su banalidad. A pesar de su hibridismo amanerado, aquellos patios y salas habían estado habitados por quimeras de pechos redondos y garras huidas. Arquitectura novelesca, al mismo tiempo caballeresca y galante, perfumada y empapada de sangre. Viva y fantástica, irregular y pintoresca, imprevisible. Arquitectura pasional: mazmorras y jardines, fuentes y degollaciones, una religión erotizada y un erotismo estético, las caderas de la *nayika* y los miembros del descuartizado. Mármol y sangre. Terrazas, salas de fiesta, pabellones de música en lagos artificiales, alcobas decoradas por millares de espejitos que dividen y multiplican los cuerpos hasta volverlos infinitos. Proliferación, repetición, anulación: arquitectura contaminada por el delirio, piedras corroídas por el deseo, estalactitas sexuales de la muerte. Faltos de poder y sobre todo de tiempo (la arquitectura se edifica no sólo sobre un espacio sólido sino sobre un tiempo igualmente sólido, o capaz de resistir las embestidas de la fortuna, pero ellos estaban condenados a desaparecer y lo sabían), los príncipes de Rajastán levantaron edificios que no estaban hechos para durar sino para deslumbrar y fascinar. Ilusionismo de castillos que en lugar de disiparse en el aire se asentaban en el agua: la arquitectura convertida en una geometría de reflejos flotando sobre un estanque y que el menor soplo del aire disipa... Ahora en la gran explanada no había estanques ni músicos y en los balconcillos no se escondían las *nayikas*: ese día los parias de la casta Balmik celebraban la fiesta de Hanuman y la irrealidad de aquella arquitectura y la realidad de su ruina presente se resolvían en un tercer término, brutalmente inmediato y alucinante.

18

La arboleda se ha ennegrecido y se ha vuelto un gigantesco amontonamiento de sacos de carbón abandonados no se sabe por quién ni por qué en mitad del campo. Una realidad bruta que no dice nada excepto que es (pero ¿qué es?) y que a nada se parece, ni siquiera a esos inexistentes sacos de carbón con que, ineptamente, acabo de compararla. Mi excusa: los gigantescos sacos de carbón son tan improbables como la arboleda es ininteligible. Su ininteligibilidad —una palabra como un ferrocarril a punto siempre de descarrilarse o de perder un furgón— le viene de su exceso de realidad. Es una realidad irreductible a las otras realidades. La arboleda es intraducible: es ella y sólo ella. No se parece a las otras cosas ni a las otras arboledas; tampoco se parece a ella misma: cada instante es otra. Tal vez exagero: después de todo, siempre es la misma arboleda y sus cambios incesantes no la transforman ni en roca ni en locomotora; además, no es única: el mundo está lleno de arboledas como ella. ¿Exagero? Sí, esta arboleda se parece a las otras pues de otra manera no se llamaría arboleda sino que tendría un nombre propio; al mismo tiempo, su realidad es única y merecería tener de veras un nombre propio. Todos merecen (merecemos) un nombre propio y nadie lo tiene. Nadie lo tendrá y nadie lo ha tenido. Ésta es nuestra verdadera condenación, la nuestra y la del mundo. Y en esto consiste lo que llaman los cristianos el estado de «naturaleza caída». El paraíso está regido por una gramática ontológica:

las cosas y los seres son sus nombres y cada nombre es propio. La arboleda no es única puesto que tiene un nombre común (es naturaleza caída), pero es única puesto que ningún nombre es verdaderamente suyo (es naturaleza inocente). Esta contradicción desafía al cristianismo y hace añicos su lógica.

El que la arboleda no tenga nombre y no el que la vea desde mi ventana, al declinar la tarde, borrón contra el cielo impávido del otoño naciente, mancha que avanza poco a poco sobre esta página y la cubre de letras que simultáneamente la describen y la ocultan —el que no tenga nombre y el que *no pueda tenerlo nunca* es lo que me impulsa a hablar de ella. El poeta no es el que nombra las cosas, sino el que disuelve sus nombres, el que descubre que las cosas no tienen nombre y que los nombres con que las llamamos no son suyos. La crítica del paraíso se llama lenguaje: abolición de los nombres propios; la crítica del lenguaje se llama poesía: los nombres se adelgazan hasta la transparencia, la evaporación. En el primer caso, el mundo se vuelve lenguaje; en el segundo, el lenguaje se convierte en mundo. Gracias al poeta el mundo se queda sin nombres. Entonces, por un instante, podemos verlo tal cual es —en *azul adorable.* Y esa visión nos abate, nos enloquece; si las cosas son pero no tienen nombre: *sobre la tierra no hay medida alguna.*

Hace un instante, mientras ardía en el brasero solar, la arboleda no parecía ser una realidad ininteligible sino un emblema, una configuración de símbolos. Un criptograma ni más ni menos indescifrable que los enigmas que inscribe el fuego en la pared con las sombras de dos amantes, la maraña de árboles que vio Hanuman en el jardín de Ravana en Lanka y que Valmiki convirtió en un tejido de nombres que leemos ahora como un fragmento del Ramayana, el tatuaje de los monzones. y los soles en el muro de la terraza de aquel palacete de Galta o la pintura que describe los acoplamientos bestiales y lesbianas de la *nayika* como una excepción (¿o una analogía?) del amor universal. Transmutación de las formas y sus cambios y movimientos en signos inmóviles: escritura; disipación de los signos: lectura. Por la escritura abolimos las cosas, las convertimos en sentido; por la lectura, abolimos los signos, apuramos el sentido y, casi inmediatamente, lo disipamos: el sentido vuelve al amasijo primordial. La arboleda no tiene nombre y estos árboles no son signos: son árboles. Son reales y son ilegibles. Aunque aludo a ellos cuando digo: *estos árboles son ilegibles,* ellos no se dan por aludidos. No dicen, no significan: están allí, nada más están. Yo los puedo derribar, quemar, cortar, convertir en mástiles, sillas, barcos, casas, ceniza; puedo pintarlos, esculpirlos, describirlos, convertirlos en símbolos de esto o de aquello (inclusive de ellos mismos) y hacer otra arboleda, real o imaginaria, con ellos; puedo clasificarlos, analizarlos, reducirlos a una fórmula química o a una proporción matemática y así traducirlos, convertirlos en lenguaje —pero *estos* árboles, estos que señalo y que están más allá, siempre más allá, de mis signos y de mis palabras, intocables inalcanzables impenetrables, son lo que son y ningún nombre, ninguna combinación de signos los dice. Y son irrepetibles: nunca volverán a ser lo que ahora mismo son.

La arboleda ya es parte de la noche. Su parte más negra, más noche. Tanto lo es que, sin remordimientos, escribo que es una pirámide de carbón, una puntiaguda geometría de sombras rodeada por un mundo de vagas cenizas. En el patio de los vecinos todavía hay luz. Impersonal, póstuma y a la que conviene admirablemente la palabra *fijeza*, aunque sepamos que sólo durará unos minutos, porque es una luz que parece oponerse al cambio incesante de las cosas y de ella misma. Claridad final e imparcial de ese momento de transparencia en que las cosas se vuelven presencias y coinciden con ellas mismas. Es el fin (provisional, cíclico) de las metamorfosis. Aparición: sobre el cemento cuadriculado del patio, prodigiosamente ella misma sin ostentación ni vergüenza, la mesita de madera negra sobre la que (hasta ahora lo descubro) se destaca, en un ángulo, una mancha oval atigrada, estriada por afiladas líneas rojizas. En el rincón opuesto, el entreabierto bote de basura arde en una llamarada quieta, casi sólida. La luz resbala por el muro de ladrillo como si fuese agua. Un agua quemada, un aguafuego. El bote de basura desborda de inmundicias y es un altar que se consume en una exaltación callada: los detritos son una gavilla de llamas bajo el resplandor cobrizo de la cubierta oxidada. Transfiguración de los desperdicios —no, no transfiguración: revelación de la basura como lo que es realmente: basura. No puedo decir «gloriosa basura» porque el adjetivo la mancharía. La mesita de madera negra, el bote de basura: presencias. Sin nombre, sin historia, sin sentido, sin utilidad: porque sí.

Las cosas reposan en sí mismas, se sientan en su realidad y son injustificables. Así se ofrecen a los ojos, al tacto, al oído, al olfato —no al pensamiento. No pensar: ver, hacer del lenguaje una transparencia. Veo, oigo los pasos de la luz en el patio; poco a poco se retira del muro de enfrente, se proyecta en el de la izquierda y lo cubre con un manto translúcido de vibraciones apenas perceptibles: transubstanciación del ladrillo, combustión de la piedra, instante de incandescencia de la materia antes de despeñarse en su ceguera —en su realidad. Veo, oigo, toco la paulatina petrificación del lenguaje que ya no significa, que sólo dice: «mesa», «bote de basura», sin decirlos realmente, mientras la mesa y el bote desaparecen en el patio completamente a obscuras... La noche me salva. No podemos *ver* sin peligro de enloquecer: las cosas nos revelan, sin revelar nada y por su simple estar ahí frente a nosotros, el vacío de los nombres, la falta de mesura del mundo, su mudez esencial. Y a medida que la noche se acumula en mi ventana, yo siento que no soy de aquí, sino de allá, de ese mundo que acaba de borrarse y aguarda la resurrección del alba. De allá vengo, de allá venimos todos y allá hemos de volver. Fascinación por el otro lado, seducción por la vertiente no humana del universo: perder el nombre, perder la medida. Cada individuo, cada cosa, cada instante: una realidad única, incomparable, inconmensurable. Volver al mundo de los nombres propios.

19

ondulación rosa y verde, amarilla y morada, oleajes de mujeres, cabrilleo de blusas consteladas de pedacitos de espejos o espolvoreadas de lentejuelas, continuo florecer de los rosados y los azules de los turbantes, son flamencos y garzas estos hombres flacos y zancudos, el sudor resbala en ríos por el basalto de sus pómulos y humedece sus bigotes agresivamente retorcidos en forma de cuernos de toro, destella el aro de metal que llevan en la oreja, hombres de graves ojos de pozo, revoloteo de telas de mujer, listones, gasas, transparencias, repliegues cómplices donde se esconden las miradas, cascabeleo de ajorcas y brazaletes, vaivén de caderas, fulgor de pendientes y amuletos de vidrios de colores, racimos de viejos y viejas y niños arrastrados por el ventarrón de la fiesta, maricones devotos de Krishna de faldas verdegay, flores en el pelo y grandes ojeras, riendo a grandes risotadas, hervía la plaza en sonidos, olores, sabores, gigantesca canasta desbordante de frutas almagradas, acaneladas, jaldes, granates, moradas, negras, rugosas, cristalinas, moteadas, lisas, pulidas, espinosas, frutas llameantes, soles de frescura, sudor humano y sudor de bestias, incienso, canela, estiércol, barro y almizcle, jazmín y mango, leche agria, olores y sabores, sabores y colores, nuez de betel, clavo, cal, cilantro, polvos de arroz, perejil, chiles verdes y morados, madreselva, charcos podridos, boñiga quemada, limones, orina, caña de azúcar, el

escupitajo sangriento del betel, el tajo de la sandía, la granada y sus celdi-
llas: monasterio de sangre, la guayaba: cueva de perfume, risotadas, blancuras desparramadas, crótalos y exclamaciones, ayes y alas, gongs y panderos, el rumor de follajes de las faldas de las mujeres, el ruido de lluvia
de los pies descalzos sobre el polvo, risas y quejas: estruendo de agua despeñada, bote y rebote de gritos y cantos, algarabías de niños y pájaros, al-
garaniñas y pajarabías, plegarias de los perendigos, babeantes súplicas de
los mendigrinos, gluglú de dialectos, hervor de idiomas, fermentación y
efervescencia del líquido verbal, burbujas y gorgoritos que ascienden del
fondo de la sopa babélica y estallan al llegar al aire, la multitud y su oleaje,
su multieje y su multiola, su multialud, el multisol sobre la soledumbre,
la pobredumbre bajo el alasol, el olasol en su soltitud, el sola-lumbre sobre la podrecumbre, la multisola

20

Sobre la pared de enfrente se proyecta una claridad tranquila. Sin duda el
vecino ha subido a su estudio, ha encendido la lámpara que está cerca de
la ventana y a su luz lee apaciblemente *The Cambridge's Evening News*.
Abajo, al pie del muro, brotan las margaritas blanquísimas entre la obscuridad de las yerbas y plantas del prado minúsculo. Veredas transitadas por
seres más pequeños que una hormiga, castillos construidos en un milímetro cúbico de ágata, ventisqueros del tamaño de un grano de sal, continentes a la deriva en una gota de agua. Bajo las hojas y entre los tallos
mínimos del prado, pulula una población prodigiosa que pasa continuamente del reino vegetal al animal y de éste al mineral o al fantástico. Esa
ramita que un soplo de aire mueve débilmente era hace un instante una
bailarina de senos de peonza y de frente perforada por un rayo de luz.
Prisionero en la fortaleza que inventan los reflejos lunares de la uña del
dedo meñique de una niña, un rey agoniza desde hace un millón de segundos. El microscopio de la fantasía descubre criaturas distintas a las de
la ciencia pero no menos reales; aunque esas visiones son nuestras, también son de un tercero: alguien las mira (¿se mira?) a través de nuestra
mirada.

Pienso en Richard Dadd pintando durante nueve años, de 1855 a
1864, *The Fairy-Feller's Masterstroke* en el manicomio de Broadmoor.
Un cuadro de dimensiones más bien reducidas que es un estudio minu-
cioso de unos cuantos centímetros de terreno —yerbas, margaritas,

bayas, guijarros, zarcillos, avellanas, hojas, semillas— en cuyas profundidades aparece una población de seres diminutos, unos salidos de los cuentos de hadas y otros que son probablemente retratos de sus compañeros de encierro y de sus carceleros y guardianes. El cuadro es un espectáculo: la representación del mundo sobrenatural en el teatro del mundo natural. Un espectáculo que contiene otro, paralizador y angustioso, cuyo tema es la expectación: los personajes que pueblan el cuadro esperan un acontecimiento inminente. El centro de la composición es un espacio vacío, punto de intersección de todas las fuerzas y miradas, claro en el bosque de alusiones y enigmas; en el centro de ese centro hay una avellana sobre la que ha de caer el hacha de piedra del leñador. Aunque no sabemos qué esconde la avellana, adivinamos que, si el hacha la parte en dos, todo cambiará: la vida volverá a fluir y se habrá roto el maleficio que petrifica a los habitantes del cuadro. El leñador es joven y robusto, está vestido de paño (o tal vez de cuero) y cubre su cabeza una gorra que deja escapar un pelo ondulado y rojizo. Bien asentado en el suelo pedregoso, empuña en lo alto, con ambas manos, el hacha. ¿Es Dadd? ¿Cómo saberlo, si vemos la figura de espaldas? No obstante, aunque sea imposible afirmarlo con certeza, no resisto a la tentación de identificar la figura del leñador con la del pintor. Dadd estaba encerrado en el manicomio porque, durante una excursión en el campo, presa de un ataque de locura furiosa, había asesinado a hachazos a su padre. El leñador se dispone a repetir el acto pero las consecuencias de esa repetición simbólica serán exactamente contrarias a las que produjo el acto original; en el primer caso, encierro, petrificación; en el segundo, al romper la avellana, el hacha del leñador rompe el hechizo. Un detalle turbador: el hacha que ha de acabar con el hechizo de la petrificación es un hacha de piedra. Magia homeopática.

A todos los demás personajes les vemos las caras. Unos emergen entre los accidentes del terreno y otros forman un círculo hipnotizado en torno a la nefasta avellana. Cada uno está plantado en su sitio como clavado por un maleficio y todos tejen entre ellos un espacio nulo pero imantado y cuya fascinación siente inmediatamente todo aquel que contempla el cuadro. Dije «siente» y debería haber dicho: «presiente», pues ese espacio es el lugar de una inminente aparición. Y por eso mismo es, simultáneamente, nulo e imantado: no pasa nada salvo la espera. Los personajes están enraizados en el suelo y son, literal y metafóricamente, plantas y piedras. La espera los ha inmovilizado —la espera que suprime al tiempo y no a la angustia. La espera es *eterna*: anula al tiempo; la espera es *instantánea*, está al acecho de lo inminente, de aquello que va a ocurrir de un momento a otro: acelera al tiempo. Condenados a esperar el golpe maestro del leñador, los duendes ven interminablemente un claro del bosque hecho del cruce de sus miradas y en donde no ocurre nada. Dadd ha pintado la visión de la visión, la mirada que mira un espacio donde se ha anulado el objeto mirado. El hacha que, al caer, romperá el hechizo que los paraliza, no caerá jamás. Es un hecho que siempre está a punto de suceder y que nunca ocurrirá. Entre el nunca y el siempre anida la angustia con sus mil patas y su ojo único.

21

En los vericuetos del camino de Galta aparece y desaparece el *Mono Gramático:* el monograma del Simio perdido entre sus símiles.

22

Ninguna pintura puede contar porque ninguna transcurre. La pintura nos enfrenta a realidades definitivas, incambiables, inmóviles. En ningún cuadro, sin excluir a los que tienen por tema acontecimientos reales o sobrenaturales y a los que nos dan la impresión o la sensación del movimiento, *pasa* algo. En los cuadros las cosas están, no pasan. Hablar y escribir, contar y pensar, es transcurrir, ir de un lado a otro: pasar. Un cuadro tiene límites espaciales pero no tiene ni principio ni fin; un texto es una sucesión que comienza en un punto y acaba en otro. Escribir y hablar es trazar un camino: inventar, recordar, imaginar una trayectoria, ir hacia... La pintura nos ofrece una visión, la literatura nos invita a buscarla y así traza un camino imaginario hacia ella. La pintura construye presencias, la literatura emite sentidos y después corre tras de ellos. El sentido es aquello que emiten las palabras y que está más allá de ellas, aquello que se fuga entre las mallas de las palabras y que ellas quisieran retener o atrapar. El sentido no está en el texto sino afuera. Estas palabras que escribo andan en busca de su sentido y en esto consiste todo su sentido.

23

Hanuman: mono/grama del lenguaje, de su dinamismo y de su incesante producción de invenciones fonéticas y semánticas. Ideograma del poeta, señor/servidor de la metamorfosis universal: simio imitador, artista de las repeticiones, es el animal aristotélico que copia del natural pero asimismo es la semilla semántica, la semilla-bomba enterrada en el subsuelo verbal y que nunca se convertirá en la planta que espera su sembrador, sino en la otra, siempre otra. Los frutos sexuales y las flores carnívoras de la alteridad brotan del tallo único de la identidad.

24

Al fin del camino ¿está la visión? El patio de los vecinos con su mesita negra y su bote oxidado, la arboleda de las hayas sobre una eminencia del terreno deportivo de Churchill College, el paraje de los charcos y los banianos a unos cuantos cientos de metros de la antigua entrada de Galta, son visiones de realidades irreductibles al lenguaje. Cada una de estas realidades es única y para decirla realmente necesitaríamos un lenguaje compuesto exclusivamente de nombres propios e irrepetibles, un lenguaje que no fuese lenguaje: el doble del mundo y no su traducción ni su símbolo. Por eso verlas, de verdad verlas, equivale a enloquecer: perder los nombres, entrar en la desmesura. Es más: volver a ella, al mundo de antes del lenguaje. Pues bien, el camino de la escritura poética se resuelve en la abolición de la escritura: al final nos enfrenta a una realidad indecible. La realidad que revela la poesía y que aparece detrás del lenguaje —esa realidad visible sólo por la anulación del lenguaje en que consiste la operación poética— es literalmente insoportable y enloquecedora. Al mismo tiempo, sin la visión de esa realidad ni el hombre es hombre ni el lenguaje es lenguaje. La poesía nos alimenta y nos aniquila, nos da la palabra y nos condena al silencio. Es la percepción necesariamente momentánea (no resistiríamos más) del mundo sin medida que un día abandonamos y al que volvemos al morir. El lenguaje hunde sus raíces en ese mundo pero transforma sus jugos y reacciones en signos y símbolos. El lenguaje es la consecuencia (o la causa) de nuestro destierro del universo, significa la distancia entre las cosas y nosotros. También es nuestro recurso contra esa distancia. Si cesase el exilio, cesaría el lenguaje: la medida, la *ratio*. La

Hanuman

The Fairy Feller's Master-Stroke

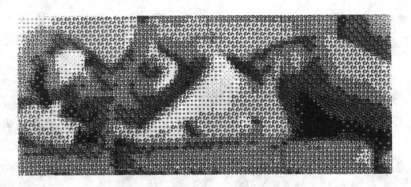

Studies in Perception I [Desnudo]

Palacio de Galta

poesía es número, proporción, medida: lenguaje —sólo que es un lenguaje vuelto sobre sí mismo y que se devora y anula para que aparezca lo otro, lo sin medida, el basamento vertiginoso, el fundamento abismal de la medida. El reverso del lenguaje.

La escritura es una búsqueda del sentido que ella misma expele. Al final de la búsqueda el sentido se disipa y nos revela una realidad propiamente insensata. ¿Qué queda? Queda el doble movimiento de la escritura: camino hacia el sentido, disipación del sentido. Alegoría de la mortalidad: estas frases que escribo, este camino que invento mientras trato de describir aquel camino de Galta, se borran, se deshacen mientras los escribo: nunca llego ni llegaré al fin. No hay fin, todo ha sido un perpetuo recomenzar. Esto que digo es un continuo decir aquello que voy a decir y que nunca acabo de decir: siempre digo otra cosa. Decir que apenas dicho se evapora, decir que nunca dice lo que quiero decir. Al escribir, camino hacia el sentido; al leer lo que escribo, lo borro, disuelvo el camino. Cada tentativa termina en lo mismo: disolución del texto en la lectura, expulsión del sentido por la escritura. La búsqueda del sentido culmina en la aparición de una realidad que está más allá del sentido y que lo disgrega, lo destruye. Vamos de la búsqueda del sentido a su abolición para que surja una realidad que, a su vez, se disipa. La realidad y su esplendor, la realidad y su opacidad: la visión que nos ofrece la escritura poética es la de su disolución. La poesía está vacía como el claro del bosque en el cuadro de Dadd: no es sino el *lugar* de la aparición que es, simultáneamente, el de la desaparición. *Rien n'aura eu lieu que le lieu.*

25

En el muro cuarteado de la terraza las manchas de humedad y los trazos de pintura roja, negra y azul inventan mapamundis imaginarios. Son las seis de la tarde. Alianza de las claridades y las sombras: pausa universal. Respiro: estoy en el centro de un tiempo redondo, pleno como una gota de sol. Siento que desde mi nacimiento y aun antes, un antes sin cuando, veo al baniano del ángulo de la explanada crecer y crecer (un milímetro cada año), multiplicar sus raíces aéreas, entrelazarlas, descender por ellas hasta la tierra, anclar, enraizar, afincarse, ascender de nuevo, bajar otra vez y así, durante siglos, avanzar entretejido entre sus ramas y raíces. El baniano es una araña que teje desde hace mil años su inacabable telaraña.

Saberlo me produce una alegría inhumana: estoy plantado en esta hora como el baniano en los siglos. Sin embargo, el tiempo no se detiene: hace más de dos horas que Esplendor y yo cruzamos el gran arco del Portal, atravesamos la plaza desierta y ascendimos por la escalinata que lleva a esta terraza. El tiempo transcurre y no transcurre. Estas seis de la tarde son desde el origen las mismas seis de la tarde y, no obstante, los minutos suceden a los minutos con la regularidad acostumbrada. Estas seis de la tarde se acaban poco a poco pero cada minuto es translúcido y a fuerza de transparencia se disuelve o se inmoviliza, cesa de fluir. Las seis de la tarde se resuelven en una inmovilidad transparente, sin fondo y sin reverso: no hay nada detrás.

La idea de que el fondo del tiempo es una fijeza que disuelve todas las imágenes, todos los tiempos, en una transparencia sin espesor ni consistencia, me aterra. Porque el presente también se vacía: es un reflejo suspendido en otro reflejo. Busco una realidad menos vertiginosa, una presencia que me saque de este ahora abismal, y miro a Esplendor —pero ella no me mira: en este momento se ríe de las gesticulaciones de un monito que salta del hombro de su madre a la balaustrada, se columpia prendido con la cola a uno de los barrotes, da un salto, cae a unos pasos de nosotros, nos mira asustado, pega otro salto y regresa al hombro de su madre, que gruñe y nos enseña los dientes. Miro a Esplendor y a través de su rostro y de su risa me abro paso hacia otro momento de otro tiempo y allá, en una esquina de París, entre la calle de Bac y la de Montalembert, oigo la misma risa. Y esa risa se superpone a la risa que oigo aquí, en esta página, mientras me interno en las seis de la tarde de un día que invento y que se ha detenido en la terraza de una casa abandonada en las afueras de Galta.

Los tiempos y los lugares son intercambiables: la cara que miro ahora y que, sin verme, se ríe del monito y de su pánico, la miro en otro momento de otra ciudad —sobre esta misma página. Nunca es el mismo cuando, nunca es la misma risa, nunca son las mismas manchas del muro, nunca la misma luz de las mismas seis de la tarde. Cada cuando transcurre, cambia, se mezcla a los otros cuandos, desaparece y reaparece. Esta risa que se desgrana aquí es la misma de siempre y siempre es otra, risa oída en un *carrefour* de París, risa de una tarde que se acaba y se funde con la risa que silenciosamente, como una cascada puramente visual o, más bien, absolutamente mental —no idea de cascada sino cascada vuelta idea—, se desploma en mi frente y me obliga a cerrar los ojos por la muda violencia de su blancura. Risa: cascada: espuma: blancura inoída. ¿Dónde oigo esa risa, dónde la veo? Extraviado entre todos estos tiempos y lugares, ¿he perdido mi pasado, vivo en un continuo presente? Aunque no me muevo, siento que me desprendo de mí mismo: estoy y no estoy en donde estoy. Extrañeza de estar aquí, como si aquí fuera otra parte; extrañeza de estar en mi cuerpo y de que mi cuerpo sea mi cuerpo y yo piense lo que pienso, oiga lo que oigo. Lejos, ando lejos de mí, por aquí, por este camino de Galta que invento mientras escribo y que se disipa al leerlo. Ando por este aquí que no está afuera y que tampoco está adentro; marcho sobre el suelo desigual y polvoso de la terraza como si caminase por dentro de mí, pero ese dentro de mí está afuera: yo lo veo, yo me veo caminarlo. Yo es un afuera. Miro a Esplendor y ella no me mira: mira al monito. También ella se desprende de su pasado, también ella está en su afuera. No me mira, se ríe y, con un movimiento de cabeza, se interna en su propia risa.

Desde la balaustrada de la terraza veo la plaza. No hay nadie, la luz se ha detenido, el baniano se ha plantado en su inmovilidad, Esplendor ríe a mi lado, el monito se asusta y corre a esconderse entre los brazos peludos de su madre, yo respiro este aire insubstancial como el tiempo. Diafanidad: al fin las cosas no son sino sus propiedades visibles. Son como las vemos, son lo que vemos y yo soy sólo porque las veo. No hay otro lado, no hay fondo ni agujero ni falla: todo es una adorable, impasible, abominable, impenetrable superficie. Toco el presente, hundo la mano en el ahora y es como si la hundieran el aire, como si tocara sombras, abrazase reflejos. Admirable superficie a un tiempo inconsistente e impenetrable: todas estas realidades son un tejido de presencias que no esconden ningún secreto. Exterioridad sin más: nada dicen, nada callan, solamente están ahí, ante mis ojos, bajo la luz no demasiado violenta de este día de otoño. Un estar indiferente más allá de hermosura y fealdad, sentido y sinsentido. Los intestinos del perro desventrado que se pudre a unos cincuenta metros del baniano, el pico húmedo y rojeante del buitre que lo destroza, el movimiento ridículo de sus alas al barrer el polvo del suelo, lo que pienso y lo que siento al ver esta escena desde la balaustrada, entre la risa de Esplendor y el miedo del monito —son realidades distintas, únicas, absolutamente reales y, no obstante, inconsistentes, gratuitas y, en cierto modo, irreales. Realidades sin peso, sin razón de ser: el perro podría ser un montón de piedras, el buitre un hombre o un caballo, yo mismo un pedrusco u otro buitre, y la realidad de estas seis de la tarde no sería distinta. Mejor dicho: *distinto* y *lo mismo* son sinónimos a la luz imparcial de este momento. Todo es lo mismo y es lo mismo que yo sea el que soy o alguien distinto al que soy. En el camino de Galta siempre recomenzado, insensiblemente y sin que me lo propusiera, a medida que lo andaba y lo desandaba, se fue construyendo este ahora de la terraza: yo estoy clavado aquí, como el baniano entretejido por su pueblo de raíces, pero podría estar allá, en otro ahora —que sería el mismo ahora. Cada tiempo es diferente; cada lugar es distinto y todos son el mismo, son lo mismo. Todo es ahora.

26

El camino es escritura y la escritura es cuerpo y el cuerpo es cuerpos (arboleda). Del mismo modo que el sentido aparece más allá de la escritura como si fuese el punto de llegada, el fin del camino (un fin que deja de serlo apenas llegamos, un sentido que se evapora apenas lo enunciamos), el cuerpo se ofrece como una totalidad plenaria, igualmente a la vista e igualmente intocable: el cuerpo es siempre un más allá del cuerpo. Al palparlo, se reparte (como un texto) en porciones que son sensaciones instantáneas: sensación que es percepción de un muslo, un lóbulo, un pezón, una uña, un pedazo caliente de la ingle, la nuca como el comienzo de un crepúsculo. El cuerpo que abrazamos es un río de metamorfosis, una continua división, un fluir de visiones, cuerpo descuartizado cuyos pedazos se esparcen, se diseminan, se congregan en una intensidad de relámpago que se precipita hacia una fijeza blanca, negra, blanca. Fijeza que se anula en otro negro relámpago blanco; el cuerpo es el lugar de la desaparición del cuerpo. La reconciliación con el cuerpo culmina en la anulación del cuerpo (el sentido). Todo cuerpo es un lenguaje que, en el momento de su plenitud, se desvanece; todo lenguaje, al alcanzar el estado de incandescencia, se revela como un cuerpo ininteligible. La palabra es una desencarnación del mundo en busca de su sentido; y una encarnación: abolición del sentido, regreso al cuerpo. La poesía es corporal: reverso de los nombres.

27

ondulación rosa y verde, amarilla y morada, oleajes humanos, cabrilleos de la luz sobre las pieles y las cabelleras, fluir inagotable de la corriente humana que poco a poco, en menos de una hora, inundó toda la plaza. Acodados en la balaustrada, veíamos la palpitación de la masa, oíamos su oleaje crecer y crecer. Vaivén, pausada agitación que se propagaba y extendía en olas excéntricas, llenaba lentamente los espacios vacíos y, como si fuese un chorro, ascendía peldaño a peldaño, paciente y persistente, la gran escalinata del edificio cúbico, desmoronado en partes, situado en el extremo norte del paralelogramo.

En el segundo y último piso de aquella pesada construcción, en lo alto de la escalinata y bajo uno de los arcos que remataban al edificio, habían levantado el altar de Hanuman. El Gran Mono estaba representado por un relieve esculpido en un bloque de piedra negra de más de un metro de altura, unos ochenta centímetros de ancho y unos quince de espesor, colocado o más bien encajado en una plataforma de modestas dimensiones y cubierta por una tela roja y amarilla. La piedra reposaba bajo un dosel de madera en forma de conca estriada, pintada de color oro. Colgaba de la conca un lienzo de seda violeta terminado por flecos también dorados. Dos palos a manera de mástiles de madera, ambos azules y plantados respectivamente a izquierda y derecha del dosel, enarbolaban sendos estandartes triangulares de papel, uno verde y otro blanco. Desparramados en el ara del altar, sobre la brillante tela roja y gualda, se veían montoncitos de cenizas del incienso con que zahumaban a la imagen y muchos pétalos todavía húmedos, restos de las ofrendas florales de los fieles. La piedra estaba embadurnada por una pasta de color rojo vivísimo. Bañado por el agua lustral, los jugos de las flores y la mantequilla derretida de las oblaciones, el relieve de Hanuman relucía corno un cuerpo de atleta untado de aceite. A pesar de la espesa pintura roja, se percibía con cierta claridad la figura del Simio en el momento de dar aquel salto descomunal que lo transportó desde las montañas Nilgiri al jardín del palacio de Ravana en Lanka; la pierna derecha flexionada, la rodilla como una proa que divide la onda, a la zaga la pierna izquierda extendida como un ala o, mejor, como un remo (el salto evoca al vuelo y éste a la natación), la larga cola dibujando una espiral: línea/liana/vía láctea, en alto el brazo derecho ceñido por pesadas pulseras y la mano enorme empuñando la maza guerrera, el otro brazo hacia adelante, la mano desplegada como un abanico o una hoja de palmera real o como la aleta del pescado o la cresta del pájaro (de nuevo: la navegación y la aviación), el cráneo cubierto por un casco —un bólido rojo rompiendo los espacios.

Como su padre Vayu, el Gran Mono, «si vuela, traza signos de fuego en el cielo; si cae, deja una cola de sonidos en la tierra: escuchamos su rumor pero no vemos su forma». Hanuman es viento como su padre y por eso sus saltos son semejantes al vuelo de los pájaros; y por ser aire, también es sonido con sentido: emisor de palabras, poeta. Hijo del viento, poeta y gramático, Hanuman es el mensajero divino, el Espíritu Santo de la India. Es un mono que es un pájaro que es un soplo vital y espiritual. Casto, su cuerpo es un inagotable manantial de esperma y una sola gota del sudor de su piel es suficiente para fecundar la matriz de piedra de un desierto. Hanuman es el amigo, el consejero y el inspirador del poeta Valmiki. Puesto que una leyenda quiere que el autor del Ramayana haya sido un paria leproso, los parias de Galta, que veneran particularmente a Hanuman, han escogido como suyo el nombre del poeta y de ahí que se llamen Balmik. Pero en aquel altar, piedra negra pintada de rojo, bañado por la mantequilla líquida de las oblaciones, Hanuman era sobre todo el Fuego del sacrificio. Un sacerdote había encendido un pequeño brasero que le había aportado uno de sus ayudantes. Aunque estaba desnudo de la cintura para arriba, no era un brahmán y no llevaba el cordón ritual en el pecho; como los otros oficiantes y como la mayoría de los concurrentes, era un paria. Vuelto de espaldas a los espectadores amontonados en el pequeño santuario, alzó el brasero a la altura de los ojos y moviéndolo con lentitud de abajo hacia arriba y en dirección de los ocho puntos cardinales, trazó círculos y volutas luminosas en el aire. Las brasas chisporroteaban y humeaban, el sacerdote salmodiaba las plegarias con voz gangosa y los otros oficiantes, siguiendo el orden prescripto, uno a uno, vertían cucharadas de mantequilla líquida en el fuego: «Brotan los arroyos de mantequilla (la verga de oro está en el centro), corren como ríos, se reparten y huyen como gacelas ante el cazador, saltan como mujeres que van a una cita de amor, las cucharadas de mantequilla acarician al leño abrasado y el Fuego las acepta complacido».

Con piedras, martillos y otros objetos, los acólitos empezaron a golpear los rieles de hierro que colgaban del techo. Apareció un hombre —vestido de una jerga parda, antifaz, casco y una vara que simulaba una lanza. Era quizá la representación de uno de los monos guerreros que acompañaron a Hanuman y Sugriva en su expedición a Lanka. Los acólitos seguían golpeando los rieles y sobre las cabezas de la multitud que se arremolinaba abajo, persistente y atronador, descendía un poderoso e implacable chubasco sonoro. Al pie del baniano se había reunido una docena de *sadhúes*, todos viejos, los cráneos rapados o el pelo largo y revuelto espolvoreado de polvo rojo, las barbas blancas y undosas, los rostros pintarrajeados y las frentes decoradas con signos: rayas verticales y horizontales, círculos, medias lunas, tridentes. Unos estaban ataviados con mantos blancos o de color azafrán, otros andaban desnudos, el cuerpo cubierto de cenizas o de estiércol de vaca, los testículos y el pene protegidos por una bolsa de tela suspendida a un cordón que les servía de cinturón. Tendidos en el suelo, fumaban, bebían té o leche o *bhang*, reían, conversaban, oraban a media voz, callaban. Al oír el sonar de los rieles y el rumor confuso de las salmodias sacerdotales allá arriba, se incorporaron y sin previo aviso, como si obedeciesen a una orden que nadie había oído sino ellos, con ojos chispeantes y ademanes sonámbulos —los ademanes del que anda en sueños y se mueve con lentísimos movimientos de buzo en el fondo del mar—, se echaron a bailar y cantar en corro. El gentío los rodeaba y seguía sus movimientos con una fascinación risueña y respetuosa. Saltos y cantos, revoloteo de andrajos coloridos y trapos centelleantes, miseria lujosa, relámpagos de esplendor y desdicha, danza de inválidos y nonagenarios, gestos de ahogados y de iluminados, ramas secas del árbol humano que el viento desgaja y arrastra, vuelo de títeres, voces roncas de pedruscos que caen en pozos cegados, voces agudas de vidrieras que se hacen trizas, homenajes de la muerte a la vida.

La multitud era un lago de movimientos pacíficos, una vasta ondulación cálida. Se habían aflojado los resortes, las tensiones se desvanecían, ser era extenderse, derramarse, volverse líquido, regresar al agua primordial, al océano materno. La danza de los *sadhúes*, los cantos de los oficiantes, los gritos y exclamaciones de la multitud eran burbujas del gran lago hipnotizado bajo la lluvia metálica que producían los acólitos al golpear los rieles. Allá arriba, insensibles a los movimientos de la gente apiñada en la plaza y a sus ritos, los cuervos, los mirlos, los buitres y los pericos proseguían imperturbables sus vuelos, sus disputas y sus amoríos. Cielo limpio y desnudo. El aire también se había inmovilizado. Calma e indiferencia. Engañosa quietud hecha de miles de cambios y movimientos imperceptibles: aunque parecía que la luz se había detenido para siempre sobre la cicatriz rosada del muro, la piedra palpitaba, respiraba, estaba viva, su cicatriz se encendía hasta ser una llaga rojiza, y cuando esa brasa estaba a punto de convertirse en llama, se arrepentía, se contraía poco a poco, caía en sí misma, se enterraba en su ardor, era una mancha negra que se derramaba en el muro. Así el cielo, así la plaza y el gentío. La tarde avanzó entre las claridades caídas, anegó las colinas achatadas, cegó los reflejos, volvió opacas las transparencias. Apeñuscados en los balcones desde los que, en otros tiempos, los señores y sus mujeres contemplaban los espectáculos de la explanada, centenares y centenares de monos, con esa curiosidad suya que es una forma terrible de la universal indiferencia, observaban la fiesta que allá abajo celebraban los hombres.

28

Dichas o escritas, las palabras avanzan y se inscriben una detrás de otra en su espacio propio: la hoja de papel, el muro de aire. Van de aquí para allá, trazan un camino: transcurren, son tiempo. Aunque no cesan de moverse de un punto a otro y así dibujan una línea horizontal o vertical (según sea la índole de la escritura), desde otra perspectiva, la simultánea o convergente, que es la de la poesía, las frases que componen el texto aparecen como grandes bloques inmóviles y transparentes: el texto no transcurre, el lenguaje cesa de fluir. Quietud vertiginosa por ser un tejido de claridades: en cada página se reflejan las otras y cada una es el eco de la que la precede o la sigue —el eco y la respuesta, la rima y la metáfora. No hay fin y tampoco hay principio: todo es centro. Ni antes ni después, ni adelante ni atrás, ni afuera ni adentro: todo está en todo. Como en el caracol marino, todos los tiempos son este tiempo de ahora que no es nada salvo, como el cuarzo de cristal de roca, la condensación instantánea de los otros tiempos en una claridad insubstancial. La condensación y la dispersión, el signo de inteligencia que se hace a sí mismo el ahora en el momento de disiparse. La perspectiva simultánea no contempla al lenguaje como un camino porque no la orienta la búsqueda del sentido. La poesía no quiere saber qué hay al fin del camino; concibe al texto como una serie de estratos translúcidos en cuyo interior las distintas partes —las distintas corrientes verbales y semánticas—, al entrelazarse o desenlazarse, reflejarse o anularse, producen momentáneas configuraciones. La poesía busca, se contempla, se funde y se anula en las cristalizaciones del lenguaje. Apariciones, metamorfosis, volatilizaciones, precipitaciones de presencias. Esas configuraciones son tiempo cristalizado: aunque están en perpetuo movimiento, dan siempre la misma hora —la hora del cambio. Cada una de ellas contiene a las otras, cada una está en las otras: el cambio es sólo la repetida y siempre distinta metáfora de la identidad.

La visión de la poesía es la de la convergencia de todos los puntos. Fin del camino. Es la visión de Hanuman al saltar (géiser) del valle al pico del monte o al precipitarse (aerolito) desde el astro hasta el fondo del mar: la visión vertiginosa y transversal que revela al universo no como una sucesión, un movimiento, sino como una asamblea de espacios y tiempos, una quietud. La convergencia es quietud porque en su ápice los distintos movimientos, al fundirse, se anulan; al mismo tiempo, desde esa cima de inmovilidad, percibimos al universo como una asamblea de mundos en rotación. Poemas: cristalizaciones del juego universal de la analogía, objetos diáfanos que, al reproducir el mecanismo y el movimiento rotatorio de la analogía, son surtidores de nuevas analogías. El mundo juega en ellos al mundo, que es el juego de las semejanzas engendradas por las diferencias y el de las semejanzas contradictorias. Hanuman escribió sobre las rocas una pieza de teatro, *Mahanataka*, con el mismo asunto del Ramayana; al leerla, Valmiki temió que opacase a su poema y le suplicó que la ocultase. El Mono accedió al ruego del poeta, desgajó la montaña y arrojó las rocas al océano. La tinta y la pluma de Valmiki sobre el papel son una metáfora del rayo y la lluvia con que Hanuman escribió su drama sobre los peñascos. La escritura humana refleja a la del universo, es su traducción, pero asimismo su metáfora: dice algo totalmente distinto y dice lo mismo. En la punta de la convergencia el juego de las semejanzas y las diferencias se anula para que resplandezca, sola, la identidad. Ilusión de la inmovilidad, espejismo del Uno: la identidad está vacía; es una cristalización y en sus entrañas transparentes recomienza el movimiento de la analogía.

Todos los poemas dicen lo mismo y cada poema es único. Cada parte reproduce a las otras y cada parte es distinta. Al comenzar estas páginas decidí seguir literalmente la metáfora del título de la colección a que están destinadas, Los Caminos de la Creación, y escribir, trazar un texto que fuese efectivamente un camino y que pudiese ser leído, recorrido como tal. A medida que escribía, el camino de Galta se borraba o yo me desviaba y perdía en sus vericuetos. Una y otra vez tenía que volver al punto del comienzo. En lugar de avanzar, el texto giraba sobre sí mismo. ¿La destrucción es creación? No lo sé, pero sé que la creación no es destrucción. A cada vuelta el texto se desdoblaba en otro, a un tiempo su traducción y su transposición: una espiral de repeticiones y de reiteraciones que se han resuelto en una negación de la escritura como camino. Ahora me doy cuenta de que mi texto no iba a ninguna parte, salvo al encuentro de sí mismo. Advierto también que las repeticiones son metáforas y que las reiteraciones son analogías: un sistema de espejos que poco a poco han ido revelando otro texto. En ese texto Hanuman contempla el jardín de Ravana como una página de caligrafía como el harem del mismo Ravana según lo describe el Ramayana como esta página sobre la que se acumulan las oscilaciones de la arboleda de las hayas que está frente a mi ventana como las sombras de dos amantes proyectadas por el fuego sobre una pared como las manchas del monzón en un muro de un palacete derruido del pueblo abandonado de Galta como el espacio rectangular en que se despliega el oleaje de una multitud contemplada desde los balcones en ruinas por centenares de monos como imagen de la escritura y la lectura como metáfora del camino y la peregrinación al santuario como disolución final del camino y convergencia de todos los textos en este párrafo como metáfora del abrazo de los cuerpos. Analogía: transparencia universal: en esto ver aquello.

29

El cuerpo de Esplendor al repartirse, dispersarse, disiparse en mi cuerpo al repartirse, dispersarse, disiparse en el cuerpo de Esplendor:

respiración, temperatura, contorno, bulto que lentamente bajo la presión de las yemas de mis dedos deja de ser una confusión de latidos y se congrega y reúne consigo mismo,

vibraciones, ondas que golpean mis párpados cerrados al mismo tiempo que se apaga la luz eléctrica en las calles y avanza titubeante por la ciudad la madrugada:

el cuerpo de Esplendor bajo mis ojos que la miran extendida entre las sábanas mientras yo camino hacia ella en la madrugada bajo la luz verde filtrada por grandes hojas de banano en un sendero ocre de Galta que me lleva a esta página donde el cuerpo de Esplendor yace entre las sábanas mientras yo escribo sobre esta página y a medida que leo lo que escribo,

sendero ocre que se echa a andar, río de aguas quemadas que busca su camino entre las sábanas, Esplendor se levanta de la cama y anda en la penumbra del cuarto con pasos titubeantes mientras se apaga la luz eléctrica en las calles de la ciudad:

busca algo, la madrugada busca algo, la muchacha se detiene y me mira: mirada ardilla, mirada alba demorada entre las hojas de banano del sendero ocre que conduce de Galta a esta página, mirada pozo para beber, mirada en donde yo escribo la palabra *reconciliación:*

Esplendor es esta página, aquello que separa (libera) y entreteje (reconcilia) las diferentes partes que la componen,

aquello (aquella) que está allá, al fin de lo que digo, al fin de esta página y que aparece aquí, al disiparse, al pronunciarse esta frase,

el acto inscrito en esta página y los cuerpos (las frases) que al entrelazarse forman este acto, este cuerpo:

la secuencia litúrgica y la disipación de todos los ritos por la doble profanación (tuya y mía), reconciliación/liberación, de la escritura y de la lectura.

Cambridge, verano de 1970

VUELTA

(1969-1975)

CONFIGURACIONES

A vista de pájaro

A Guillermo Sucre

Furiosamente
               gira
sobre un reflejo
                   cae
en línea recta
               afilada
blancura
            asciende
ya sangriento el pico
sal dispersa
                apenas línea
al caer
         recta
tu mirada
            sobre esta página
disuelta

El fuego de cada día

A Juan García Ponce

Como el aire
            hace y deshace
sobre las páginas de la geología,

527

sobre las mesas planetarias,
sus invisibles edificios:
                              el hombre.
Su lenguaje es un grano apenas,
pero quemante,
                    en la palma del espacio.

Sílabas son incandescencias.
También son plantas:
                              sus raíces
fracturan el silencio,
                              sus ramas
construyen casas de sonidos.
                                        Sílabas
se enlazan y se desenlazan,
                                   juegan
a las semejanzas y las desemejanzas

Sílabas:
            maduran en las frentes,
florecen en las bocas.
                              Sus raíces
beben noche, comen luz.
                                   Lenguajes:
árboles incandescentes
de follajes de lluvias.

Vegetaciones de relámpagos,
geometrías de ecos:
sobre la hoja de papel
el poema se hace
                              como el día
sobre la palma del espacio.

Por la calle de Galeana

A Ramón Xirau

Golpean martillos allá arriba
    voces pulverizadas
Desde la punta de la tarde bajan
    verticalmente los albañiles

Estamos entre azul y buenas noches
    aquí comienzan los baldíos
Un charco anémico de pronto llamea
    la sombra de un colibrí lo incendia

Al llegar a las primeras casas
    el verano se oxida
Alguien ha cerrado la puerta alguien
    habla con su sombra

Pardea ya no hay nadie en la calle
    ni siquiera este perro
asustado de andar solo por ella
    Da miedo cerrar los ojos

Palabras en forma de tolvanera

A José Emilio Pacheco

Abro la ventana
        que da
a ninguna parte
        La ventana
que se abre hacia dentro
        El viento
levanta
    instantáneas   livianas

torres de polvo giratorio
                         Son
más altas que esta casa
                    Caben
en esta hoja
            Caen y se levantan
Antes que digan
                  algo
al doblar la hoja
                  se dispersan

Torbellinos de ecos
                    aspirados   inspirados
por su propio girar
                  Ahora
se abren en otro espacio
                        Dicen
no lo que dijimos
                  otra cosa siempre otra
la misma cosa siempre
                        Palabras del poema
no las decimos nunca
                    El poema nos dice

La arboleda

A Pere Gimferrer

Enorme y sólida
                  pero oscilante,
golpeada por el viento
                      pero encadenada,
rumor de un millón de hojas
contra mi ventana.
                    Motín de árboles,
oleaje de sonidos verdinegros.
                        La arboleda,

quieta de pronto,

       es un tejido de ramas y frondas.

Hay claros llameantes.

        Caída en esas redes

se resuelve,

     respira

una materia violenta y resplandeciente,

un animal iracundo y rápido,

cuerpo de lumbre entre las hojas:

         el día.

A la izquierda del macizo,

          más idea que color,

poco cielo y muchas nubes,

         el azuleo de una cuenca

rodeada de peñones en demolición,

          arena precipitada

en el embudo de la arboleda.

        En la región central

gruesas gotas de tinta

      esparcidas

sobre un papel que el poniente inflama,

negro casi enteramente allá,

        en el extremo sudeste,

donde se derrumba el horizonte.

        La enramada,

vuelta cobre, relumbra.

      Tres mirlos

atraviesan la hoguera y reaparecen,

         ilesos,

en una zona vacía: ni luz ni sombra.

         Nubes

en marcha hacia su disolución.

Encienden luces en las casas.

El cielo se acumula en la ventana.

       El patio,

encerrado en sus cuatro muros,

                se aísla más y más.

Así perfecciona su realidad.

            El bote de basura,

la maceta sin planta,

          ya no son,

sobre el opaco cemento,

            sino sacos de sombras.

Sobre sí mismo

        el espacio

se cierra.

      Poco a poco se petrifican los nombres.

Paisaje inmemorial

A José de la Colina

Se mece aérea

        se desliza

entre ramas   troncos   postes

revolotea

      perezosa

entre los altos frutos eléctricos

cae

   oblicua

       ya azul

sobre la otra nieve

        Hecha

de la misma inmateria que la sombra

no arroja sombra alguna

          Tiene

la densidad del silencio

         La nieve

es nieve pero quema

Los faros
perforan súbitos túneles
al instante
desmoronados
La noche
acribillada
crece se adentra
se ennochece
Pasan
los autos obstinados
todos
por distintas direcciones
hacia el mismo destino

Un día
en los tallos de hierro
estallarán las lámparas
Un día
el mugido del río de motores
ha de apagarse
Un día
estas casas serán colinas
otra vez
el viento entre las piedras
hablará a solas
Oblicua
entre las sombras
insombra
ha de caer
casi azul
sobre la tierra
La misma de ahora
la nieve de hace un millón de años

Trowbridge Street

1

El sol dentro del día
                    El frío dentro del sol
Calles sin nadie
                    autos parados
Todavía no hay nieve
                    hay viento viento
Arde todavía
          en el aire helado
un arbolito rojo
Hablo con él al hablar contigo

2

Estoy en un cuarto abandonado del lenguaje
Tú estás en otro cuarto idéntico
O los dos estamos
en una calle que tu mirada ha despoblado
El mundo
imperceptiblemente se deshace
                              Memoria
desmoronada bajo nuestros pasos
Estoy parado a la mitad de esta línea
no escrita

3

Las puertas se abren y cierran solas
                              El aire
entra y sale por nuestra casa
                              El aire
habla a solas al hablar contigo
                              El aire
sin nombre por el pasillo interminable

No se sabe quién está del otro lado
                              El aire
da vueltas y vueltas por mi cráneo vacío
                                    El aire
vuelve aire todo lo que toca
                        El aire
con dedos de aire disipa lo que digo
Soy aire que no miras
No puedo abrir tus ojos
                              No puedo cerrar la puerta
El aire se ha vuelto sólido

4

Esta hora tiene la forma de una pausa
La pausa tiene tu forma
Tú tienes la forma de una fuente
no de agua sino de tiempo
En lo alto del chorro de la fuente
saltan mis pedazos
el fui   el soy   el no soy todavía
Mi vida no pesa
                    El pasado se adelgaza
El futuro es un poco de agua en tus ojos

5

Ahora tienes la forma de un puente
Bajo tus arcos navega nuestro cuarto
Desde tu pretil nos vemos pasar
Ondeas en el viento más luz que cuerpo
En la otra orilla el sol crece
                              al revés
Sus raíces se entierran en el cielo
Podríamos ocultarnos en su follaje
Con sus ramas prendemos una hoguera
El día es habitable

6

El frío ha inmovilizado al mundo
El espacio es de vidrio
                    El vidrio es de aire
Los ruidos más leves erigen
súbitas esculturas
El eco las multiplica y las dispersa
Tal vez va a nevar
tiembla el árbol encendido
Ya está rodeado de noche
Al hablar con él hablo contigo

3 anotaciones/rotaciones

1 DOS EN UNO

Baja
desnuda

la luna   la mujer
por el pozo   por mis ojos

2 RETRATO

Al mirarme   a mí

                    TÚ

te miras   a ti

3 ADIVINANZAS EN FORMA DE OCTÁGONO

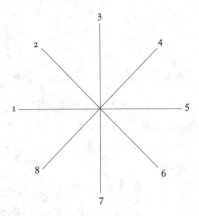

Coloque cada una de las 8 frases en cada una de las 8 líneas, de modo que, leídas del 1 al 8, formen dos oraciones paralelas.

1 Tú en el centro
2 El cuchillo del sol
3 Parte este octágono
4 Ojos nariz manos lengua orejas
5 Este y Oeste Norte y Sur
6 Reparte este pan
7 El abismo está en el centro
8 Ver oler tocar gustar oír

CIUDAD DE MÉXICO

Vuelta

A José Alvarado

Mejor será no regresar al pueblo,
al edén subvertido que se calla
en la mutilación de la metralla.
RAMÓN LÓPEZ VELARDE

Voces al doblar la esquina
                    voces
entre los dedos del sol
                    sombra y luz
casi líquidas
           Silba el carpintero
silba el nevero
           silban
tres fresnos en la plazuela
               Crece
se eleva el invisible
follaje de los sonidos
             Tiempo
tendido a secar en las azoteas
Estoy en Mixcoac
             En los buzones
se pudren las cartas
             Sobre la cal del muro
la mancha de la buganvilla
             aplastada por el sol
escrita por el sol
           morada caligrafía pasional

Camino hacia atrás
                    hacia lo que dejé
o me dejó
          Memoria
inminencia de precipicio
                              balcón
sobre el vacío

              Camino sin avanzar
estoy rodeado de ciudad
                          Me falta aire
me falta cuerpo
                  me faltan
la piedra que es almohada y losa
la yerba que es nube y agua
Se apaga el ánima
                  Mediodía
puño de luz que golpea y golpea
Caer en una oficina
                        o sobre el asfalto
ir a parar a un hospital
                            la pena de morir así
no vale la pena
              Miro hacia atrás
ese que pasa
              ya no es sino bruma

Germinación de pesadillas
infestación de imágenes leprosas
en el vientre los sesos los pulmones
en el sexo del templo y del colegio
en los cines
                  impalpables poblaciones del deseo
en los sitios de convergencia del aquí y el allá
el esto y el aquello
                        en los telares del lenguaje
en la memoria y sus moradas
pululación de ideas con uñas y colmillos

multiplicación de razones en forma de cuchillos
en la plaza y en la catacumba
en el pozo del solitario
en la cama de espejos y en la cama de navajas
en los albañales sonámbulos
en los objetos del escaparate
sentados en un trono de miradas

Madura en el subsuelo
la vegetación de los desastres
                              Queman
millones y millones de billetes viejos
en el Banco de México
                              En esquinas y plazas
sobre anchos zócalos de lugares comunes
los Padres de la Iglesia cívica
cónclave taciturno de Gigantes y Cabezudos
ni águilas ni jaguares
                              los licenciados zopilotes
los tapachiches
                              alas de tinta mandíbulas de sierra
los coyotes ventrílocuos
                              traficantes de sombra
los beneméritos
                    el cacomixtle ladrón de gallinas
el monumento al Cascabel y a su víbora
los altares al máuser y al machete
el mausoleo del caimán con charreteras
esculpida retórica de frases de cemento

Arquitecturas paralíticas
                              barrios encallados
jardines en descomposición
                              médanos de salitre
baldíos
                    campamentos de nómadas urbanos
hormigueros gusaneras
                              ciudades de la ciudad

costurones de cicatrices
                    callejas en carne viva
Ante la vitrina de los ataúdes
                              Pompas Fúnebres
putas
          pilares de la noche vana
                              Al amanecer
en el bar a la deriva
                    el deshielo del enorme espejo
donde los bebedores solitarios
contemplan la disolución de sus facciones
El sol se levanta de su lecho de huesos
El aire no es aire
                    ahoga sin brazos ni manos
El alba desgarra la cortina
                              Ciudad
montón de palabras rotas

                              El viento
en esquinas polvosas
                    hojea los periódicos
Noticias de ayer
                    más remotas
que una tablilla cuneiforme hecha pedazos
Escrituras hendidas
                    lenguajes en añicos
se quebraron los signos
                              atl tlachinolli
               se rompió
                              agua quemada

No hay centro
                    plaza de congregación y consagración
no hay eje
               dispersión de los años
desbandada de los horizontes
                              Marcaron a la ciudad
en cada puerta
               en cada frente
                    el signo $

Estamos rodeados
                 He vuelto adonde empecé
¿Gané o perdí?
             (Preguntas
¿qué leyes rigen éxito *y* fracaso?
Flotan los cantos de los pescadores
ante la orilla inmóvil
                  Wang Wei al Prefecto Chang
desde su cabaña en el lago
                  Pero yo no quiero
una ermita intelectual
en San Ángel o en Coyoacán)
                  Todo es ganancia
si todo es pérdida
              Camino hacia mí mismo
hacia la plazuela
             El espacio está adentro
no es un *edén subvertido*
                 es un latido de tiempo
Los lugares son confluencias
                aleteo de presencias
en un espacio instantáneo
                 Silba el viento
entre los fresnos
            surtidores
luz y sombra casi líquidas
               voces de agua
brillan   fluyen   se pierden
                  me dejan en las manos
un manojo de reflejos
               Camino sin avanzar
Nunca llegamos
             Nunca estamos en donde estamos
No el pasado
           el presente es intocable

A la mitad de esta frase...

No estoy en la cresta del mundo.
                              El instante
no es columna de estilita,
                    no sube
desde mis plantas el tiempo,
                        no estalla
en mi cráneo en una silenciosa explosión negra,
iluminación idéntica a la ceguera.
Estoy en un sexto piso,
                    estoy
en una jaula colgada del tiempo.

Sexto piso:
            marea y martilleo,
pelea de metales,
                    despeñavidrierío,
motores con rabia ya humana.
                        La noche
es un rumor que se desgaja,
                        un cuerpo
que al abrazarse se desgarra.
                        Ciega,
religa a tientas sus pedazos,
                        junta
sus nombres rotos, los esparce.
Con las yemas cortadas
se palpa en sueños la ciudad.

No estoy en el crucero:
                    elegir
es equivocarse.
            Estoy
en la mitad de esta frase.
                    ¿Hacia dónde me lleva?
Retumba de tumbo en tumbo,
                    hechos y fechas,

543

mi nacicaída:
                    calendario que se desmiembra
por las concavidades de mi memoria.
Soy el costal de mis sombras.

                              Declive
hacia los senos fláccidos de mi madre.
Colinas arrugadas,
                         lavadas lavas,
llano de llanto,
                    yantar de salitre.
Dos obreros abren el hoyo.
                              Desmoronada
boca de ladrillo y cemento.
                         Aparece
la caja desencajada:
                         entre tablones hendidos
el sombrero gris perla,
                         el par de zapatos,
el traje negro de abogado.
                              Huesos, trapos, botones:
montón de polvo súbito
                         a los pies de la luz.
Fría, *no usada luz,*
                    casi dormida,
luz de la madrugada
                         recién bajada del monte,
pastora de los muertos.
                         Lo que fue mi padre
cabe en ese saco de lona
                         que un obrero me tiende
mientras mi madre se persigna.
                              Antes de terminarse
la visión se disipa:
                    estoy en la mitad,
colgado en una jaula,
                         colgado en una imagen.

El origen se aleja,
                    el fin se desvanece.

No hay fin ni principio:
                         estoy en la pausa,
no acabo ni comienzo,
                    lo que digo
no tiene pies ni cabeza.
                              Doy vueltas en mí mismo
y siempre encuentro
                         los mismos nombres,
los mismos rostros
                         y a mí mismo no me encuentro.
Mi historia no es mía:
                         sílaba de esa frase rota
que en su delirio circular
                              repite la ciudad, repite.
Ciudad, mi ciudad,
                    estela afrentada,
piedra deshonrada,
                    nombre escupido.
Tu historia es la Historia:
                              destino
enmascarado de libertad,
                         estrella
errante y sin órbita,
                    juego
que todos jugamos sin saber las reglas,
juego que nadie gana,
                    juego sin reglas,
desvarío de un dios especulativo,
                              un hombre
vuelto dios tartamudo.
                         Nuestros oráculos
son los discursos del afásico,
                              nuestros profetas
son videntes con anteojos.

Historia:
ir y venir sin fin, sin comienzo.

Nadie ha ido allá,
                    nadie
ha bebido en la fuente,
                    nadie
ha abierto los párpados de piedra del tiempo,
                              nadie
ha oído la primera palabra,
                         nadie oirá la última,
la boca que la dice habla a solas,
                         nadie
ha bajado al hoyo de los universos,
                              nadie
ha vuelto del muladar de soles.

                    Historia:
basurero y arco iris.
                    Escala
hacia las altas terrazas:
                         siete notas
desvanecidas en la claridad.
                         Palabras sin sombra.
No las oímos, las negamos,
                         dijimos que no existían:
nos quedamos con el ruido.
                         Sexto piso:
estoy en la mitad de esta frase:
                              ¿hacia
dónde me lleva?
                    Lenguaje despedazado.
Poeta: jardinero de epitafios.

Petrificada petrificante

Terramuerta
          terrisombra nopaltorio temezquible
lodosa cenipolva pedrósea
                    fuego petrificado
cuenca vaciada
          el sol no se bebió el lago
no lo sorbió la tierra
                    el agua no regresó al aire
los hombres fueron los ejecutores del polvo
el viento
          se revuelca en la cama fría del fuego
el viento
          en la tumba del agua
recita las letanías de la sequía
                    el viento
cuchillo roto en el cráter apagado
                    el viento
susurro de salitre

          El sol
anicorazol centrotal caledadoro
                    se partió
la palabra que baja en lenguas de fuego
                              se quebró
el cuento y la cuenta de los años
el canto de los días
                    fue lluvia de chatarra
pedregal de palabras
                    silabarios de arena
gritos machacados
                    talómordaz afrenoboz alrronzal
caídos caínes neblinosos
                    abeles en jirones
sectarios sicarios
          idólatras letrados
ladinos ladrones

              ladridos del can tuerto
el guía de los muertos
                  perdido
en los giros del Ombligo de la Luna

Valle de México
               boca opaca
lava de bava
             desmoronado trono de la Ira
obstinada obsidiana
                petrificada
petrificante
        Ira
          torre hendida
talla larga como un aullido
                pechos embadurnados
frente enfoscada
           mocosangre verdeseca
                Ira
fijeza clavada en una herida
             iranavaja cuchimirada
sobre un país de espinas y de púas

                Circo de montes
teatro de las nubes
            mesa del mediodía
estera de la luna
         jardín de planetas
tambor de la lluvia
           balcón de las brisas
silla del sol
        juego de pelota de las constelaciones
Imágenes reventadas
          imágenes empaladas
salta la mano cortada
          salta la lengua arrancada
saltan los senos tronchados
           la verga guillotinada

tristrás en el polvo tristrás
                              en el patio trasero
podan el árbol de sangre
                         el árbol inteligente

Polvo de imágenes disecadas
                            La Virgen
corona de culebras
                    El Desollado
El Flechado
            El Crucificado
El Colibrí
           chispa con alas
tizónflor
         La Llama
que habla con palabras de agua
                               La Señora
pechos de vino y vientre de pan
                                horno
donde arden los muertos y se cuecen los vivos
La Araña
         hija del aire
en su casa de aire
                   hila la luz
hila los días y los siglos
                           El Conejo
viento
       esculpido en el espejo de la luna
                                         Imágenes enterradas
en el ojo del perro de los muertos
                                   caídas
en el pozo cegado del origen
                             torbellinos de reflejos
en el teatro de piedra de la memoria
                                     imágenes
girantes en el circo del ojo vaciado
                                     ideas
rojas verdes pardas

                enjambre de moscas
las ideas se comieron a los dioses
                        los dioses
se volvieron ideas
               grandes vejigas de bilis
las vejigas reventaron
                  los ídolos estallaron
pudrición de dioses
                 fue muladar el sagrario
el muladar fue criadero
                    brotaron ideas armadas
idearios ideodioses
               silogismos afilados
caníbales endiosados
                  ideas estúpidas como dioses
perras rabiosas
              perras enamoradas de su vómito

Hemos desenterrado a la Ira
El anfiteatro del sol genital en un muladar
La fuente del agua lunar es un muladar
El parque de los enamorados es un muladar
La biblioteca es una madriguera de ratas feroces
La universidad es el charco de las ranas
El altar es la tramoya de Chanfalla
Los cerebros están manchados de tinta
Los doctores discuten en la ladronera
Los hombres de negocios
manos rápidas pensamientos lentos
ofician en el santuario
Los dialécticos exaltan la sutileza de la soga
Los casuistas hisopean a los sayones
Amamantan a la violencia con leche dogmática
La idea fija se emborracha con el contra
El ideólogo cubiletero
                 afilador de sofismas
en su casa de citas truncadas
trama edenes para eunucos aplicados

bosque de patíbulos   paraíso de jaulas
     Imágenes manchadas
    escupieron sobre el origen
carceleros del futuro   sanguijuelas del presente
    afrentaron el cuerpo vivo del tiempo
      Hemos desenterrado a la Ira

Sobre el pecho de México
          tablas escritas por el sol
escalera de los siglos
        terraza espiral del viento
baila la desenterrada
        jadeo sed rabia
pelea de ciegos bajo el mediodía
          rabia sed jadeo
se golpean con piedras
       los ciegos se golpean
se rompen los hombres
        las piedras se rompen
adentro hay un agua que bebemos
           agua que amarga
agua que alarga más la sed

       ¿Dónde está el agua otra?

CONFLUENCIAS

Totalidad y fragmento

A José Luis Cuevas

En hojas sueltas
                    arrancadas cada hora
hoja suelta cada hora
                    José Luis
traza un pueblo de líneas
                         iconografías del sismo
grieta vértigo tremedal
                    arquitecturas
en ebullición demolición transfiguración
sobre la hoja
                    contra la hoja
desgarra acribilla pincha sollama atiza
acuchilla apuñala traspasa abrasa calcina
pluma lápiz pincel
                    fusta vitriolo escorpión
conmemora condecora
                         frente pecho nalgas
inscribe el santo y seña
                    el sino
el sí y el no de cada día
su error su errar su horror
su furia bufa
                    su bofa historia
su risa
          rezo de posesa fitonisa
la filfa el fimo el figo

el hipo el hilo el filo
desfile baboso de bobos bubosos
tarántula tarantela
                    tarambana atarantada
teje trama entrelaza
                    líneas
sinos
      un pueblo
                una tribu de líneas
vengativo ideograma
                    cada hora
una hoja
        cada hoja
página del juicio final
                    de cada hora
sin fin
      fragmento total
que nunca acaba
                José Luis dibuja
en cada hoja de cada hora
                        una risa
como un aullido
                desde el fondo del tiempo
desde el fondo del niño
                        cada día
José Luis dibuja nuestra herida.

Piel
Sonido del mundo*

The skin of the world, the sound of the world.
Robert Motherwell

Negro sobre blanco,
                    azul,
                              el gigante grano de polen
estalla
         entre las grietas del tiempo,
entre las fallas de la conciencia.
                              Gruesas gotas
negras   blancas:
                    lluvia de simientes.
El árbol semántico,
                    planta pasional
mente sacudida,
                    llueve hojas digitales:
río de manos
              sobre   hacia   entre.
Gotas de tinta mental.
                    La lluvia roja
empapa hasta los huesos
                    la palabra *España*,
palabra calcárea;
                    el cisne de los signos,
el tintero de las transfiguraciones,
                                   lanza
dados de sombra sobre la tela;
la llamita roja de lengua azul,
                              plantada
en la eminencia del pubis,
                    dispara su kikirikí:

---

* El texto alude a varios cuadros y *collages* de R. M.: las elegías a la República española, los homenajes a Mallarmé, la serie *Je t'aime* y la serie *Chi ama crede*.

Je t'aime con pan y metáforas de pan,
                                    Je t'aime
y te ato con interminables cintas de metonimias,
Je t'aime entre paréntesis imantados,
                                    Je t'aime
caída en esta página,
                    isla
en el mar de las perplejidades.

La marea de los ocres,
                        su cresta verdeante,
su grito blanco,
                    el desmoronamiento del horizonte
sobre metros y metros de tela desierta,
                                    el sol,
la traza de sus pasos en el cuadro,
                                colores-actos,
los hachazos del negro,
                        la espiral del verde,
el árbol amarillo que da frutos de lumbre,
                                    el azul
y sus pájaros al asalto del blanco,
                                espacio
martirizado por la idea,
                        por la pasión tatuado.

Las líneas,
            vehemencia y geometría,
cables de alta tensión:
                        la línea bisturí,
la línea fiel de la balanza,
                        la mirada-línea
que parte al mundo y lo reparte como un pan.

En un pedazo de tela,
                    lugar de la aparición,

el cuerpo a cuerpo:
                    la idea hecha acto.
Chi ama crede:
                    lleno
          el cuadro   plural único otro
                    vacío

respira igual a sí mismo ya:
                    espacio reconquistado.

Cara al tiempo*

A *Manuel Álvarez Bravo*

Fotos,
          tiempo suspendido de un hilo verbal:
Montaña negra/nube blanca,
                    Muchacha viendo pájaros.
Los títulos de Manuel
                    no son cabos sueltos:
son flechas verbales,
                    señales encendidas.
El ojo piensa,
          el pensamiento ve,
la mirada toca,
          las palabras arden:
Dos pares de piernas,
                    Escala de escalas,
Un gorrión, ¡claro!,
                    Casa de lava.
Instantánea
          y lenta mente:

---

* Las palabras en cursiva son títulos de fotografías de Manuel Álvarez Bravo.

lente de revelaciones.
Del ojo a la imagen al lenguaje
(ida y vuelta)
                    Manuel fotografía
(nombra)
                esa hendedura imperceptible
entre la imagen y su nombre,
la sensación y la percepción:
                                    el tiempo.

La flecha del ojo
                    justo
en el blanco del instante.
                        Cuatro blancos,
cuatro variaciones sobre un trapo blanco:
lo idéntico y lo diferente,
cuatro caras del mismo instante.
Las cuatro direcciones del espacio:
el ojo es el centro.
                    El punto de vista
es el punto de convergencia.

La cara de la realidad,
                        la cara de todos los días,
nunca es la misma cara.
                            Eclipse de sangre;
la cara del obrero asesinado,
planeta caído en el asfalto.
Bajo las sábanas de su risa
                            esconden la cara
Las lavanderas sobrentendidas,
grandes nubes colgadas de las azoteas.
¡Quieto, un momento!
                    El retrato de lo eterno:
en un cuarto obscuro
                        un racimo de chispas

sobre un torrente negro
(el peine de plata
electriza un pelo negro y lacio).

El tiempo no cesa de fluir,
el tiempo
no cesa de inventar,
no cesa el tiempo
de borrar sus invenciones,
no cesa
el manar de las apariciones.
Las bocas del río
dicen nubes,
las bocas humanas
dicen ríos.
La realidad tiene siempre otra cara,
la cara de todos los días,
la que nunca vemos,
la otra cara del tiempo.

Manuel:
préstame tu caballito de palo
para ir al otro lado de este lado.
La realidad es más real en blanco y negro.

Poema circulatorio
(Para la desorientación general)

A Julián Ríos

Allá
sobre el camino espiral
insurgencia hacia
resurgencia
sube a convergencia

                    estalla en divergencia
recomienza en insurgencia
                              hacia resurgencia
allá
   sigue las pisadas del sol
sobre los pechos
                    cascada sobre el vientre
terraza sobre la gruta
                         negra rosa
de Guadalupe Tonantzin
                    (tel. YWHW)
sigue los pasos del lucero que sube
                                   baja
cada alba y cada anochecer
                              la escalera caracol
que da vueltas y vueltas
                          serpientes entretejidas
sobre la mesa de lava de Yucatán
                                 (Guillaume
jamás conociste a los mayas
                  ((Lettre-Océan))
muchachas de Chapultepec
                         hijo de la çingada)
(Cravan en la panza de los tiburones del Golfo)

                    Sí

el surrealismo
            pasó   pasará por México
espejo magnético
                  síguelo sin seguirlo
es llama y ama y llama
                       allá en México
no éste
      el otro enterrado siempre vivo

bajo tu mármomerengue
                              palacio de bellas artes
piedras sepulcrales
                    palacios
municipales   arzobispales   presidenciales

Por el subterráneo de la insurgencia
                                      bajaron
subieron
        de la cueva de estalactitas
a la congelada explosión del cuarzo
                              Artaud
Breton Péret Buñuel Leonora Remedios Paalen
                                            Alice
Gerso Frida Gironella
                    César Moro
convergencia de insurgencias
                              allá en las salas
la sal as sol a solas olas
                      allá
las alas abren las salas
                    el surrealismo
NO ESTÁ AQUÍ
              allá fuera
                    al aire libre
al teatro de los ojos libres
                              cuando lo cierras
los abres
        no hay adentro ni afuera
en el bosque de las prohibiciones
                                  lo maravilloso
canta
      cógelo
            está al alcance de tu mano
es el momento en que el hombre
                              es

el cómplice del rayo
                    Cristalización
aparición del deseo
                    deseo de la aparición
no aquí   no allá   sino entre
                              aquí/allá

Jardines errantes

A Jean-Clarence Lambert,
entre Suecia y México

Entre la nieve y el terrón fusco,
el pino y el cacto,
                    entre
las palabras enterradas del poeta Ekelöf
y las profecías desenterradas de Topiltzin,
el erizo de mar y la tuna tenochca,
el sol
de mediodía y el sol de medianoche,
                              Jean-Clarence
tiende un hilo
                    sobre el que discurre
—del color al sonido,
                    del sonido al sentido,
del sentido a la línea,
                    de la línea
al color del sentido:
                    letras,
exclamaciones, pausas, interrogaciones
que deja caer
            desde su divagar vertiginoso
en nuestros ojos y oídos:
                    Jardines errantes.

JORGE

Guillén

en forma de pájaro

la

página

es

piedra y firmamento

tu

ala

negro y oro

sobre los

arcos dobles

de la

ENE

ESPACIO ESPAÑA

Piedra blanca y negra

A Josef Šíma

Šíma
    siembra una piedra
en el aire
        La piedra asciende
Adentro
        hay un viejo dormido
Si abre los ojos
          la piedra estalla
remolino de alas y picos
            sobre una mujer
que fluye
        entre las barbas del otoño

La piedra desciende
          arde
en la plaza del ojo
        florece
en la palma de tu mano
          habla
suspendida
        entre tus pechos
lenguajes de agua

        La piedra madura
Adentro
        cantan las semillas
          Son siete
siete hermanas
        siete víboras
siete gotas de jade
        siete palabras
dormidas
        en un lecho de vidrio

siete venas de agua
                    en el centro
de la piedra
                abierta por la mirada

Objetos y apariciones

A Joseph Cornell

Hexaedros de madera y de vidrio
apenas más grandes que una caja de zapatos.
En ellos caben la noche y sus lámparas.

Monumentos a cada momento
hechos con los desechos de cada momento:
jaulas de infinito.

Canicas, botones, dedales, dados,
alfileres, timbres, cuentas de vidrio:
cuentos del tiempo.

Memoria teje y desteje los ecos:
en las cuatro esquinas de la caja
juegan al aleleví damas sin sombra.

El fuego enterrado en el espejo,
el agua dormida en el ágata:
solos de Jenny Lind y Jenny Colon.

«Hay que hacer un cuadro —dijo Degas—
como se comete un crimen.» Pero tú construiste
cajas donde las cosas se aligeran de sus nombres.

Slot machine de visiones,
vaso de encuentro de las reminiscencias,
hotel de grillos y de constelaciones.

Fragmentos mínimos, incoherentes:
al revés de la Historia, creadora de ruinas,
tú hiciste con tus ruinas creaciones.

Teatro de los espíritus:
los objetos juegan al aro
con las leyes de la identidad.

Grand Hotel Couronne: en una redoma
el tres de tréboles y, toda ojos,
Almendrita en los jardines de un reflejo.

Un peine es un harpa
pulsada por la mirada de una niña
muda de nacimiento.

El reflector del ojo mental
disipa el espectáculo:
dios solitario sobre un mundo extinto.

Las apariciones son patentes.
Sus cuerpos pesan menos que la luz.
Duran lo que dura esta frase.

Joseph Cornell: en el interior de tus cajas
mis palabras se volvieron visibles un instante.

Acróstico

*(En un ejemplar de Blanco
ilustrado por Adja Yunkers.)*

Alquimia sobre la página:
Desnuda la idea encarna.
Jardín de líneas, girasol de formas:
Adja dio en el blanco de *Blanco*.

Tintas y calcomanías

A Charles Tomlinson

Desde la ventana de un dudoso edificio oscilando sobre arenas
    movedizas,
Charles Tomlinson observa, en la estación del deshielo del calendario,
    la caída de los días:
Sin culpa, dice la gota de piedra de la clepsidra,
Sin culpa, repite el eco de la gruta de Willendorf,
Sin culpa, canta el glu-glu del pájaro submarino.

El tirabuzón Ptyx-Utile destapa la Cabeza-nube que inmediatamente
    se transforma en un géiser de proverbios,
Los peces se quedan dormidos enredados en la cabellera de la Vía Láctea,
Una mancha de tinta se levanta de la página y se echa a volar,
El océano se encoge y se seca hasta reducirse a unos cuantos milímetros
    de arena ondulada,
En la palma de la mano se abre el grano de maíz y aparece el león
    de llamas que tiene adentro,
En el tintero cae en gruesas gotas la leche del silencio,
La tribu multicolor de los poetas la bebe y sale a la caza de la palabra
    perdida.
Charles Tomlinson baila bajo la lluvia del maná de formas y come sus
    frutos cristalinos.

NOCTURNO DE SAN ILDEFONSO

1

Inventa la noche en mi ventana
                              otra noche,
otro espacio:
                fiesta convulsa
en un metro cuadrado de negrura.
                                        Momentáneas
confederaciones de fuego,
                              nómadas geometrías,
números errantes.
                        Del amarillo al verde al rojo
se desovilla la espiral.
                              Ventana:
lámina imantada de llamadas y respuestas,
caligrafía de alto voltaje,
mentido cielo/infierno de la industria
sobre la piel cambiante del instante.

Signos-semillas:
                        la noche los dispara,
suben,
            estallan allá arriba,
                                        se precipitan,
ya quemados,
                    en un cono de sombra,
                                                reaparecen,
lumbres divagantes,
                              racimos de sílabas,

incendios giratorios,

se dispersan,

otra vez añicos.

La ciudad los inventa y los anula.

Estoy a la entrada de un túnel.

Estas frases perforan el tiempo.

Tal vez yo soy ese que espera al final del túnel.

Hablo con los ojos cerrados.

Alguien

ha plantado en mis párpados

un bosque de agujas magnéticas,

alguien

guía la hilera de estas palabras.

La página

se ha vuelto un hormiguero.

El vacío

se estableció en la boca de mi estómago.

Caigo

interminablemente sobre ese vacío.

Caigo sin caer.

Tengo las manos frías,

los pies fríos

—pero los alfabetos arden, arden.

El espacio

se hace y se deshace.

La noche insiste,

la noche palpa mi frente,

palpa mis pensamientos.

¿Qué quiere?

2

Calles vacías, luces tuertas.

En una esquina,

el espectro de un perro.

Busca, en la basura,

un hueso fantasma.

Gallera alborotada:
patio de vecindad y su mitote.
México, hacia 1931.
Gorriones callejeros,
una bandada de niños
con los periódicos que no vendieron
hace un nido.
Los faroles inventan,
en la soledumbre,
charcos irreales de luz amarillenta.
Apariciones,
el tiempo se abre:
un taconeo lúgubre, lascivo:
bajo un *cielo de hollín*
la llamarada de una falda.
C'est la mort —ou la morte...
El viento indiferente
arranca en las paredes anuncios lacerados.

A esta hora
los muros rojos de San Ildefonso
son negros y respiran:
sol hecho tiempo,
tiempo hecho piedra,
piedra hecha cuerpo.
Estas calles fueron canales.
Al sol,
las casas eran plata:
ciudad de cal y canto,
luna caída en el lago.
Los criollos levantaron,
sobre el canal cegado y el ídolo enterrado,
otra ciudad
—no blanca: rosa y oro—
idea vuelta espacio, número tangible.
La asentaron
en el cruce de las ocho direcciones,
sus puertas

a lo invisible abiertas:
el cielo y el infierno.

Barrio dormido.
Andamos por galerías de ecos,
entre imágenes rotas:
nuestra historia.
Callada nación de las piedras.
Iglesias,
vegetación de cúpulas,
sus fachadas
petrificados jardines de símbolos.
Embarrancados
en la proliferación rencorosa de casas enanas,
palacios humillados,
fuentes sin agua,
afrentados frontispicios.
Cúmulos,
madréporas insubstanciales:
se acumulan
sobre las graves moles,
vencidas
no por la pesadumbre de los años,
por el oprobio del presente.

Plaza del Zócalo,
vasta como firmamento:
espacio diáfano,
frontón de ecos.
Allí inventamos,
entre Aliocha K. y Julian S.,
sinos de relámpago
cara al siglo y sus camarillas.
Nos arrastra
el viento del pensamiento,
el viento verbal,
el viento que juega con espejos,
señor de reflejos,

constructor de ciudades de aire,
                              geometrías
suspendidas del hilo de la razón.

                         Gusanos gigantes:
amarillos tranvías apagados.
                         Eses y zetas:
un auto loco, insecto de ojos malignos.
                              Ideas,
frutos al alcance de la mano.
                         Frutos: astros.
                                   Arden.
Arde, árbol de pólvora,
                    el diálogo adolescente,
súbito armazón chamuscado.
                    12 veces
golpea el puño de bronce de las torres.
                                   La noche
estalla en pedazos,
                    los junta luego y a sí misma,
intacta, se une.
                    Nos dispersamos,
no allá en la plaza con sus trenes quemados,
                                   aquí,
sobre esta página: letras petrificadas.

                         3

El muchacho que camina por este poema,
entre San Ildefonso y el Zócalo,
es el hombre que lo escribe:
                    esta página
también es una caminata nocturna.
                    Aquí encarnan
los espectros amigos,
                    las ideas se disipan.

El bien, quisimos el bien:

                            enderezar al mundo.

No nos faltó entereza:

                    nos faltó humildad.

Lo que quisimos no lo quisimos con inocencia.

Preceptos y conceptos,

                        soberbia de teólogos:

golpear con la cruz,

                    fundar con sangre,

levantar la casa con ladrillos de crimen,

decretar la comunión obligatoria.

                           Algunos

se convirtieron en secretarios de los secretarios

del Secretario General del Infierno.

                         La rabia

se volvió filósofa,

                su baba ha cubierto al planeta.

La razón descendió a la tierra,

tomó la forma del patíbulo

                    —y la adoran millones.

Enredo circular:

              todos hemos sido,

en el Gran Teatro del Inmundo;

jueces, verdugos, víctimas, testigos,

                      todos

hemos levantado falso testimonio

                  contra los otros

y contra nosotros mismos.

                Y lo más vil: fuimos

el público que aplaude o bosteza en su butaca.

La culpa que no se sabe culpa,

               la inocencia,

fue la culpa mayor.

           Cada año fue monte de huesos.

Conversiones, retractaciones, excomuniones,

reconciliaciones, apostasías, abjuraciones,

zig-zag de las demonolatrías y las androlatrías,

los embrujamientos y las desviaciones:
mi historia,
                    ¿son las historias de un error?
La historia es el error.
                         La verdad es aquello,
más allá de las fechas,
                    más acá de los nombres,
que la historia desdeña:
                    el cada día
—latido anónimo de todos,
                         latido
único de cada uno—,
                    el irrepetible
cada día idéntico a todos los días.
                              La verdad
es el fondo del tiempo sin historia.
                              El peso
del instante que no pesa:
                         unas piedras con sol,
vistas hace ya mucho y que hoy regresan,
piedras de tiempo que son también de piedra
bajo este sol de tiempo,
sol que viene de un día sin fecha,
                              sol
que ilumina estas palabras,
                         sol de palabras
que se apaga al nombrarlas.
                         Arden y se apagan
soles, palabras, piedras:
                    el instante los quema
sin quemarse.
                    Oculto, inmóvil, intocable,
el presente —no sus presencias— está siempre.

Entre el hacer y el ver,
                    acción o contemplación,
escogí el acto de palabras:
                         hacerlas, habitarlas,
dar ojos al lenguaje.

La poesía no es la verdad:
es la resurrección de las presencias,
                              la historia
transfigurada en la verdad del tiempo no fechado.
La poesía,
            como la historia, se hace;
                              la poesía,
como la verdad, se ve.
                  La poesía:
                        encarnación
del sol-sobre-las-piedras en un nombre,
                              disolución
del nombre en un más allá de las piedras.

La poesía,
            puente colgante entre historia y verdad,
no es camino hacia esto o aquello:
                              es ver
la quietud en el movimiento,
                        el tránsito
en la quietud.
            La historia es el camino:
no va a ninguna parte,
                        todos lo caminamos,
la verdad es caminarlo.
                  No vamos ni venimos:
estamos en las manos del tiempo.
                              La verdad:
sabernos,
            desde el origen,
                        suspendidos.
Fraternidad sobre el vacío.

4

Las ideas se disipan,
                  quedan los espectros:
verdad de lo vivido y padecido.

Queda un sabor casi vacío:
                        el tiempo
—furor compartido—
                        el tiempo
—olvido compartido—
                        al fin transfigurado
en la memoria y sus encarnaciones.
                                        Queda
el tiempo hecho cuerpo repartido: lenguaje.

En la ventana,
                simulacro guerrero,
                                se enciende y apaga
el cielo comercial de los anuncios.
                                Atrás,
apenas visibles,
                las constelaciones verdaderas.
Aparece,
                entre tinacos, antenas, azoteas,
columna líquida,
                        más mental que corpórea,
cascada de silencio:
                        la luna.
                                Ni fantasma ni idea:
fue diosa y es hoy claridad errante.

Mi mujer está dormida.
                        También es luna,
claridad que transcurre
                        —no entre escollos de nubes,
entre las peñas y las penas de los sueños:
también es alma.
                        Fluye bajo sus ojos cerrados,
desde su frente se despeña,
                                torrente silencioso,
hasta sus pies,
                en sí misma se desploma
y de sí misma brota,

                                        sus latidos la esculpen,
          se inventa al recorrerse,
                              se copia al inventarse,
          entre las islas de sus pechos
                                    es un brazo de mar,
          su vientre es la laguna
                              donde se desvanecen
          la sombra y sus vegetaciones,
                                    fluye por su talle,
          sube,
                desciende,
                        en sí misma se esparce,
                                        se ata
          a su fluir,
                    se dispersa en su forma:
          también es cuerpo.
                          La verdad
          es el oleaje de una respiración
          y las visiones que miran unos ojos cerrados:
          palpable misterio de la persona.

          La noche está a punto de desbordarse.
                                    Clarea.
          El horizonte se ha vuelto acuático.
                                    Despeñarse
          desde la altura de esta hora:
                              ¿morir
          será caer o subir,
                        una sensación o una cesación?
          Cierro los ojos,
                    oigo en mi cráneo
          los pasos de mi sangre,
                              oigo
          pasar el tiempo por mis sienes.
                                Todavía estoy vivo.
          El cuarto se ha enarenado de luna.
                                Mujer:
          fuente en la noche.
                        Yo me fío a su fluir sosegado.

Pasado en claro

(1974)

Fair seed-time had my soul, and I grew up
Foster'd alike by beauty and by fear...
W. W., *The Prelude* (I, 265-266)

Oídos con el alma,
pasos mentales más que sombras,
sombras del pensamiento más que pasos,
por el camino de ecos
que la memoria inventa y borra:
sin caminar caminan
sobre este ahora, puente
tendido entre una letra y otra.
Como llovizna sobre brasas
dentro de mí los pasos pasan
hacia lugares que se vuelven aire.
Nombres: en una pausa
desaparecen, entre dos palabras.
El sol camina sobre los escombros
de lo que digo, el sol arrasa los parajes
confusamente apenas
amaneciendo en esta página,
el sol abre mi frente,

                    balcón al voladero
dentro de mí.

                Me alejo de mí mismo,
sigo los titubeos de esta frase,
senda de piedras y de cabras.

Relumbran las palabras en la sombra.
Y la negra marea de las sílabas
cubre el papel y entierra
sus raíces de tinta
en el subsuelo del lenguaje.
Desde mi frente salgo a un mediodía
del tamaño del tiempo.
El asalto de siglos del baniano
contra la vertical paciencia de la tapia
es menos largo que esta momentánea
bifurcación del pensamiento
entre lo presentido y lo sentido.
Ni allá ni aquí: por esa linde
de duda, transitada
sólo por espejeos y vislumbres,
donde el lenguaje se desdice,
voy al encuentro de mí mismo.
La hora es bola de cristal.
Entro en un patio abandonado:
aparición de un fresno.
Verdes exclamaciones
del viento entre las ramas.
Del otro lado está el vacío.
Patio inconcluso, amenazado
por la escritura y sus incertidumbres.
Ando entre las imágenes de un ojo
desmemoriado. Soy una de sus imágenes.
El fresno, sinüosa llama líquida,
es un rumor que se levanta
hasta volverse torre hablante.
Jardín ya matorral: su fiebre inventa bichos
que luego copian las mitologías.
Adobes, cal y tiempo:
entre ser y no ser los pardos muros.
Infinitesimales prodigios en sus grietas:
el hongo duende, vegetal Mitrídates,
la lagartija y sus exhalaciones.
Estoy dentro del ojo: el pozo

donde desde el principio un niño
está cayendo, el pozo donde cuento
lo que tardo en caer desde el principio,
el pozo de la cuenta de mi cuento
por donde sube el agua y baja
mi sombra.

       El patio, el muro, el fresno, el pozo
en una claridad en forma de laguna
se desvanecen. Crece en sus orillas
una vegetación de transparencias.
Rima feliz de montes y edificios,
se desdobla el paisaje en el abstracto
espejo de la arquitectura.
Apenas dibujada,
suerte de coma horizontal
entre el cielo y la tierra,
una piragua solitaria.
Las olas hablan nahua.
Cruza un signo volante las alturas.
Tal vez es una fecha, conjunción de destinos:
el haz de cañas, prefiguración del brasero.
El pedernal, la cruz, esas llaves de sangre
¿alguna vez abrieron las puertas de la muerte?
La luz poniente se demora,
alza sobre la alfombra simétricos incendios,
vuelve llama quimérica
este volumen lacre que hojeo
(estampas: los volcanes, los cúes y, tendido,
manto de plumas sobre el agua,
Tenochtitlan todo empapado en sangre).
Los libros del estante son ya brasas
que el sol atiza con sus manos rojas.
Se rebela mi lápiz a seguir el dictado.
En la escritura que la nombra
se eclipsa la laguna.
Doblo la hoja. Cuchicheos:
me espían entre los follajes
de las letras.

Un charco es mi memoria.
Lodoso espejo: ¿dónde estuve?
Sin piedad y sin cólera mis ojos
me miran a los ojos
desde las aguas turbias de ese charco
que convocan ahora mis palabras.
No veo con los ojos: las palabras
son mis ojos. Vivimos entre nombres;
lo que no tiene nombre todavía
no existe: *Adán de lodo,*
no un muñeco de barro, una metáfora.
Ver al mundo es deletrearlo.
Espejo de palabras: ¿dónde estuve?
Mis palabras me miran desde el charco
de mi memoria. Brillan,
entre enramadas de reflejos,
nubes varadas y burbujas,
sobre un fondo del ocre al brasilado,
las sílabas de agua.
Ondulación de sombras; visos, ecos,
no escritura de signos: de rumores.
Mis ojos tienen sed. El charco es senequista:
el agua, aunque potable, no se bebe: se lee.
Al sol del altiplano se evaporan los charcos.
Queda un polvo desleal
y unos cuantos vestigios intestados.
¿Dónde estuve?

Yo estoy en donde estuve:
entre los muros indecisos
del mismo patio de palabras.
Abderramán, Pompeyo, Xicoténcatl,
batallas en el Oxus o en la barda
con Ernesto y Guillermo. La mil hojas,
verdinegra escultura del murmullo,
jaula del sol y la centella
breve del chupamirto: la higuera primordial,
capilla vegetal de ritüales

polimorfos, diversos y perversos.
Revelaciones y abominaciones:
el cuerpo y sus lenguajes
entretejidos, nudo de fantasmas
palpados por el pensamiento
y por el tacto disipados,
argolla de la sangre, idea fija
en mi frente clavada.
El deseo es señor de espectros,
el deseo nos vuelve espectros:
somos enredaderas de aire
en árboles de viento,
manto de llamas inventado
y devorado por la llama.
La hendedura del tronco:
sexo, sello, pasaje serpentino
cerrado al sol y a mis miradas,
abierto a las hormigas.

La hendedura fue pórtico
del más allá de lo mirado y lo pensado:
allá dentro son verdes las mareas,
la sangre es verde, el fuego verde,
entre las yerbas negras arden estrellas verdes:
es la música verde de los élitros
en la prístina noche de la higuera;
—allá dentro son ojos las yemas de los dedos,
el tacto mira, palpan las miradas,
los ojos oyen los olores;
—allá dentro es afuera,
es todas partes y ninguna parte,
las cosas son las mismas y son otras,
encarcelado en un icosaedro
hay un insecto tejedor de música
y hay otro insecto que desteje
los silogismos que la araña teje
colgada de los hilos de la luna;
—allá dentro el espacio

es una mano abierta y una frente
que no piensa ideas sino formas
que respiran, caminan, hablan, cambian
y silenciosamente se evaporan;
—allá dentro, país de entretejidos ecos,
se despeña la luz, lenta cascada,
entre los labios de las grietas:
la luz es agua, el agua tiempo diáfano
donde los ojos lavan sus imágenes;
—allá dentro los cables del deseo
fingen eternidades de un segundo
que la mental corriente eléctrica
enciende, apaga, enciende,
resurrecciones llameantes
del alfabeto calcinado;
—no hay escuela allá dentro,
siempre es el mismo día, la misma noche siempre,
no han inventado el tiempo todavía,
no ha envejecido el sol,
esta nieve es idéntica a la yerba,
siempre y nunca es lo mismo,
nunca ha llovido y llueve siempre,
todo está siendo y nunca ha sido,
pueblo sin nombre de las sensaciones,
nombres que buscan cuerpo,
impías transparencias,
jaulas de claridad donde se anulan
la identidad entre sus semejanzas,
la diferencia en sus contradicciones.
La higuera, sus falacias y su sabiduría:
prodigios de la tierra
—fidedignos, puntuales, redundantes—
y la conversación con los espectros.
Aprendizajes con la higuera:
hablar con vivos y con muertos.
También conmigo mismo.

                          La procesión del año:
cambios que son repeticiones.

El paso de las horas y su peso.
La madrugada: más que luz, un vaho
de claridad cambiada en gotas grávidas
sobre los vidrios y las hojas:
el mundo se atenúa
en esas oscilantes geometrías
hasta volverse el filo de un reflejo.
Brota el día, prorrumpe entre las hojas,
gira sobre sí mismo
y de la vacuidad en que se precipita
surge, otra vez corpóreo.
El tiempo es luz filtrada.
Revienta el fruto negro
en encarnada florescencia,
la rota rama escurre savia lechosa y acre.
Metamorfosis de la higuera:
si el otoño la quema, su luz la transfigura.
Por los espacios diáfanos
se eleva descarnada virgen negra.
El cielo es giratorio lapislázuli:
viran *au ralenti* sus continentes,
insubstanciales geografías.
Llamas entre las nieves de las nubes.
La tarde más y más de miel quemada.
Derrumbe silencioso de horizontes:
la luz se precipita de las cumbres,
la sombra se derrama por el llano.

A la luz de la lámpara —la noche
ya dueña de la casa y el fantasma
de mi abuelo ya dueño de la noche—
yo penetraba en el silencio,
cuerpo sin cuerpo, tiempo
sin horas. Cada noche,
máquinas transparentes del delirio,
dentro de mí los libros levantaban
arquitecturas sobre una sima edificadas.
Las alza un soplo del espíritu,

un parpadeo las deshace.
Yo junté leña con los otros
y lloré con el humo de la pira
del domador de potros;
vagué por la arboleda navegante
que arrastra el Tajo turbiamente verde:
la líquida espesura se encrespaba
tras de la fugitiva Galatea;
vi en racimos las sombras agolpadas
para beber la sangre de la zanja:
«mejor quebrar terrones
por la ración de perro del labrador avaro
que regir las naciones pálidas de los muertos»;
tuve sed, vi demonios en el Gobi;
en la gruta nadé con la sirena
(y después, en el sueño purgativo,
fendendo i drappi, e mostravami 'l ventre,
quel mi svegliò col puzzo che n'uscia);
grabé sobre mi tumba imaginaria:
«no muevas esta lápida,
soy rico sólo en huesos»;
aquellas memorables
pecosas peras encontradas
en la cesta verbal de Villaurrutia;
Carlos Garrote, eterno medio hermano,
«Dios te salve», me dijo al derribarme
y era, por los espejos del insomnio
repetido, yo mismo el que me hería;
Isis y el asno Lucio; el pulpo y Nemo;
y los libros marcados por las armas de Príapo,
leídos en las tardes diluviales
el cuerpo tenso, la mirada intensa.
Nombres anclados en el golfo
de mi frente: yo escribo porque el druida,
bajo el rumor de sílabas del himno,
encina bien plantada en una página,
me dio el gajo de muérdago, el conjuro
que hace brotar palabras de la peña.

Los nombres acumulan sus imágenes.
Las imágenes acumulan sus gaseosas,
conjeturales confederaciones.
Nubes y nubes, fantasmal galope
de las nubes sobre las crestas
de mi memoria. Adolescencia,
país de nubes.

           Casa grande,
encallada en un tiempo
azolvado. La plaza, los árboles enormes
donde anidaba el sol, la iglesia enana
—su torre les llegaba a las rodillas
pero su doble lengua de metal
a los difuntos despertaba.
Bajo la arcada, en garbas militares,
las cañas, lanzas verdes,
carabinas de azúcar;
en el portal, el tendejón magenta:
frescor de agua en penumbra,
ancestrales petates, luz trenzada,
y sobre el zinc del mostrador,
diminutos planetas desprendidos
del árbol meridiano,
los tejocotes y las mandarinas,
amarillos montones de dulzura.
Giran los años en la plaza,
rueda de Santa Catalina,
y no se mueven.

           Mis palabras,
al hablar de la casa, se agrïetan.
Cuartos y cuartos, habitados
sólo por sus fantasmas,
sólo por el rencor de los mayores
habitados. Familias,
criaderos de alacranes:
como a los perros dan con la pitanza

vidrio molido, nos alimentan con sus odios
y la ambición dudosa de ser alguien.
También me dieron pan, me dieron tiempo,
claros en los recodos de los días,
remansos para estar solo conmigo.
Niño entre adultos taciturnos
y sus terribles niñerías,
niño por los pasillos de altas puertas,
habitaciones con retratos,
crepusculares cofradías de los ausentes,
niño sobreviviente
de los espejos sin memoria
y su pueblo de viento:
el tiempo y sus encarnaciones
resuelto en simulacros de reflejos.
En mi casa los muertos eran más que los vivos.
Mi madre, niña de mil años,
madre del mundo, huérfana de mí,
abnegada, feroz, obtusa, providente,
jilguera, perra, hormiga, jabalina,
carta de amor con faltas de lenguaje,
mi madre: pan que yo cortaba
con su propio cuchillo cada día.
Los fresnos me enseñaron,
bajo la lluvia, la paciencia,
a cantar cara al viento vehemente.
Virgen somnílocua, una tía
me enseñó a ver con los ojos cerrados,
ver hacia dentro y a través del muro.
Mi abuelo a sonreír en la caída
y a repetir en los desastres: *al hecho, pecho.*
(Esto que digo es tierra
sobre tu nombre derramada: «blanda te sea».)
Del vómito a la sed,
atado al potro del alcohol,
mi padre iba y venía entre las llamas.
Por los durmientes y los rieles
de una estación de moscas y de polvo

una tarde juntamos sus pedazos.
Yo nunca pude hablar con él.
Lo encuentro ahora en sueños,
esa borrosa patria de los muertos.
Hablamos siempre de otras cosas.
Mientras la casa se desmoronaba
yo crecía. Fui (soy) yerba, maleza
entre escombros anónimos.
                    Días
como una frente libre, un libro abierto.
No me multiplicaron los espejos
codiciosos que vuelven
cosas los hombres, número las cosas:
ni mando ni ganancia. La santidad tampoco:
el cielo para mí pronto fue un cielo
deshabitado, una hermosura hueca
y adorable. Presencia suficiente,
cambiante: el tiempo y sus epifanías.
No me habló dios entre las nubes;
entre las hojas de la higuera
me habló el cuerpo, los cuerpos de mi cuerpo.
Encarnaciones instantáneas:
tarde lavada por la lluvia,
luz recién salida del agua,
el vaho femenino de las plantas
piel a mi piel pegada: ¡súcubo!
—como si al fin el tiempo coincidiese
consigo mismo y yo con él,
como si el tiempo y sus dos tiempos
fuesen un solo tiempo
que ya no fuese tiempo, un tiempo
donde siempre es *ahora* y a todas horas *siempre*,
como si yo y mi doble fuesen uno
y yo no fuese ya.
Granada de la hora: bebí sol, comí tiempo.
Dedos de luz abrían los follajes.
Zumbar de abejas en mi sangre:
el blanco advenimiento.

Me arrojó la descarga
a la orilla más sola. Fui un extraño
entre las vastas ruinas de la tarde.
Vértigo abstracto: hablé conmigo,
fui doble, el tiempo se rompió.

Atónita en lo alto del minuto
la carne se hace verbo —y el verbo se despeña.
Saberse desterrado en la tierra, siendo tierra,
es saberse mortal. Secreto a voces
y también secreto vacío, sin nada adentro:
no hay muertos, sólo hay muerte, madre nuestra.
Lo sabía el azteca, lo adivinaba el griego:
el agua es fuego y en su tránsito
nosotros somos sólo llamaradas.
La muerte es madre de las formas...
El sonido, bastón de ciego del sentido:
escribo *muerte* y vivo en ella
por un instante. Habito su sonido:
es un cubo neumático de vidrio,
vibra sobre esta página,
desaparece entre sus ecos.
Paisajes de palabras:
los despueblan mis ojos al leerlos.
No importa: los propagan mis oídos.
Brotan allá, en las zonas indecisas
del lenguaje, palustres poblaciones.
Son criaturas anfibias, son palabras.
Pasan de un elemento a otro,
se bañan en el fuego, reposan en el aire.
Están del otro lado. No las oigo, ¿qué dicen?
No dicen: hablan, hablan.

Salto de un cuento a otro
por un puente colgante de once sílabas.
Un cuerpo vivo aunque intangible el aire,
en todas partes siempre y en ninguna.
Duerme con los ojos abiertos,

se acuesta entre las yerbas y amanece rocío,
se persigue a sí mismo y habla solo en los túneles,
es un tornillo que perfora montes,
nadador en la mar brava del fuego
es invisible surtidor de ayes,
levanta a pulso dos océanos,
anda perdido por las calles
palabra en pena en busca de sentido,
aire que se disipa en aire.
¿Y para qué digo todo esto?
Para decir que en pleno mediodía
el aire se poblaba de fantasmas,
sol acuñado en alas,
ingrávidas monedas, mariposas.
Anochecer. En la terraza
oficiaba la luna silenciaria.
La *cabeza de muerto*, mensajera
de las ánimas, la fascinante fascinada
por las camelias y la luz eléctrica,
sobre nuestras cabezas era un revoloteo
de conjuros opacos. «¡Mátala!»
gritaban las mujeres
y la quemaban como bruja.
Después, con un suspiro feroz, se santiguaban.
Luz esparcida, Psique...

                    ¿Hay mensajeros? Sí,
cuerpo tatuado de señales
es el espacio, el aire es invisible
tejido de llamadas y respuestas.
Animales y cosas se hacen lenguas,
a través de nosotros habla consigo mismo
el universo. Somos un fragmento
—pero cabal en su inacabamiento—
de su discurso. Solipsismo
coherente y vacío:
desde el principio del principio
¿qué dice? Dice que nos dice.

Se lo dice a sí mismo. *Oh madness of discourse,*
that cause sets up with and against itself!

Desde lo alto del minuto
despeñado en la tarde de plantas fanerógamas
me descubrió la muerte.
Y yo en la muerte descubrí al lenguaje.
El universo habla solo
pero los hombres hablan con los hombres:
hay historia. Guillermo, Alfonso, Emilio:
el corral de los juegos era historia
y era historia jugar a morir juntos.
La polvareda, el grito, la caída:
algarabía, no discurso.
En el vaivén errante de las cosas,
por las revoluciones de las formas
y de los tiempos arrastradas,
cada una pelea con las otras,
cada una se alza, ciega, contra sí misma.
Así, según la hora cae desen-
lazada, su injusticia pagan. (Anaximandro.)
La injusticia de ser: las cosas sufren
unas con otras y consigo mismas
por ser un querer más, siempre ser más que más.
Ser tiempo es la condena, nuestra pena es la historia.
Pero también es el lugar de prueba:
reconocer en el borrón de sangre
del lienzo de Verónica la cara
del otro —siempre el otro es nuestra víctima.
Túneles, galerías de la historia
¿sólo la muerte es puerta de salida?
El escape, quizás, es hacia dentro.
Purgación del lenguaje, la historia se consume
en la disolución de los pronombres:
ni *yo soy* ni *yo más* sino más ser sin yo.
En el centro del tiempo ya no hay tiempo,
es movimiento hecho fijeza, círculo
anulado en sus giros.

Mediodía:
llamas verdes los árboles del patio.
Crepitación de brasas últimas
entre la yerba: insectos obstinados.
Sobre los prados amarillos
claridades: los pasos de vidrio del otoño.
Una congregación fortuita de reflejos,
pájaro momentáneo,
entra por la enramada de estas letras.
El sol en mi escritura bebe sombra.
Entre muros —de piedra no:
por la memoria levantados—
transitoria arboleda:
luz reflexiva entre los troncos
y la respiración del viento.
El dios sin cuerpo, el dios sin nombre
que llamamos con nombres
vacíos —con los nombres del vacío—,
el dios del tiempo, el dios que es tiempo,
pasa entre los ramajes
que escribo. Dispersión de nubes
sobre un espejo neutro:
en la disipación de las imágenes
el alma es ya, vacante, espacio puro.
En quietud se resuelve el movimiento.
Insiste el sol, se clava
en la corola de la hora absorta.
Llama en el tallo de agua
de las palabras que la dicen,
la flor es otro sol.
La quietud en sí misma
se disuelve. Transcurre el tiempo
sin transcurrir. Pasa y se queda. Acaso,
aunque todos pasamos, no pasa ni se queda:
hay un tercer estado.

Hay un estar tercero:
el ser sin ser, la plenitud vacía,

hora sin horas y otros nombres
con que se muestra y se dispersa
en las confluencias del lenguaje
no la presencia: su presentimiento.
Los nombres que la nombran dicen: *nada*,
palabra de dos filos, palabra entre dos huecos.
Su casa, edificada sobre el aire
con ladrillos de fuego y muros de agua,
se hace y se deshace y es la misma
desde el principio. Es dios:
habita nombres que lo niegan.
En las conversaciones con la higuera
o entre los blancos del discurso,
en la conjuración de las imágenes
contra mis párpados cerrados,
el desvarío de las simetrías,
los arenales del insomnio,
el dudoso jardín de la memoria
o en los senderos divagantes,
era el eclipse de las claridades.
Aparecía en cada forma
de desvanecimiento.

                Dios sin cuerpo,
con lenguajes de cuerpo lo nombraban
mis sentidos. Quise nombrarlo
con un nombre solar,
una palabra sin revés.
Fatigué el cubilete y el *ars combinatoria*.
Una sonaja de semillas secas
las letras rotas de los nombres:
hemos quebrantado a los nombres,
hemos dispersado a los nombres,
hemos deshonrado a los nombres.
Ando en busca del nombre desde entonces.
Me fui tras un murmullo de lenguajes,
ríos entre los pedregales
color ferrigno de estos tiempos.

Pirámides de huesos, pudrideros verbales:
nuestros señores son gárrulos y feroces.
Alcé con las palabras y sus sombras
una casa ambulante de reflejos,
torre que anda, construcción de viento.
El tiempo y sus combinaciones:
los años y los muertos y las sílabas,
cuentos distintos de la misma cuenta.
Espiral de los ecos, el poema
es aire que se esculpe y se disipa,
fugaz alegoría de los nombres
verdaderos. A veces la página respira:
los enjambres de signos, las repúblicas
errantes de sonidos y sentidos,
en rotación magnética se enlazan y dispersan
sobre el papel.

        Estoy en donde estuve:
voy detrás del murmullo,
pasos dentro de mí, oídos con los ojos,
el murmullo es mental, yo soy mis pasos,
oigo las voces que yo pienso,
las voces que me piensan al pensarlas.
Soy la sombra que arrojan mis palabras.

México y Cambridge, Mass., del 9 de septiembre
al 27 de diciembre de 1974

Árbol adentro

(1976-1988)

Árbol que habla

Este libro tiene la forma de un árbol de cinco ramas. Sus raíces son mentales y sus hojas son sílabas. La primera rama se orienta hacia el tiempo y busca la perfección del instante. La segunda habla con los otros árboles, sus prójimos —lejanos. La tercera se contempla y no se ve: la muerte es transparente. La cuarta es una conversación con imágenes pintadas, bosque de *vivientes pilares*. La quinta se inclina sobre un manantial y aprende las palabras del comienzo.

Proema

A veces la poesía es el vértigo de los cuerpos y el vértigo de la dicha y el
    vértigo de la muerte;
el paseo con los ojos cerrados al borde del despeñadero y la verbena en
    los jardines submarinos;
la risa que incendia los preceptos y los santos mandamientos;
el descenso de las palabras paracaídas sobre los arenales de la página;
la desesperación que se embarca en un barco de papel y atraviesa,
    durante cuarenta noches y cuarenta días, el mar de la angustia nocturna
        y el pedregal de la angustia diurna;
la idolatría al yo y la execración al yo y la disipación del yo;
la degollación de los epítetos, el entierro de los espejos;
la recolección de los pronombres acabados de cortar en el jardín de
    Epicuro y en el de Netzahualcóyotl;
el solo de flauta en la terraza de la memoria y el baile de llamas en la
    cueva del pensamiento;
las migraciones de miríadas de verbos, alas y garras, semillas y manos;
los substantivos óseos y llenos de raíces, plantados en las ondulaciones
    del lenguaje;
el amor a lo nunca visto y el amor a lo nunca oído y el amor a lo nunca
    dicho: el amor al amor.

Sílabas semillas.

GAVILLA

Decir: hacer

A Roman Jakobson

1

Entre lo que veo y digo,
entre lo que digo y callo,
entre lo que callo y sueño,
entre lo que sueño y olvido,
la poesía.
    Se desliza
entre el sí y el no:
              dice
lo que callo,
        calla
lo que digo,
        sueña
lo que olvido.
          No es un decir:
es un hacer.
        Es un hacer
que es un decir.
          La poesía
se dice y se oye:
          es real.
Y apenas digo
      es real,
se disipa.
        ¿Así es más real?

2

Idea palpable,
           palabra
impalpable:
           la poesía
va y viene
           entre lo que es
y lo que no es.
                Teje reflejos
y los desteje.
           La poesía
siembra ojos en la página,
siembra palabras en los ojos.
Los ojos hablan,
                las palabras miran,
las miradas piensan.
                Oír
los pensamientos,
                ver
lo que decimos,
                tocar
el cuerpo de la idea.
                Los ojos
se cierran,
           las palabras se abren.

Bashō An

El mundo cabe
en diecisiete sílabas:
tú en esta choza.

Troncos y paja:
por las rendijas entran
Budas e insectos.

Hecho de aire
entre pinos y rocas
brota el poema.

Entretejidas
vocales, consonantes:
casa del mundo.

Huesos de siglos,
penas ya peñas, montes:
aquí no pesan.

Esto que digo
son apenas tres líneas:
choza de sílabas.

Ejemplo

La mariposa volaba entre los autos.
Marie José me dijo: ha de ser Chuang Tzu,
de paso por Nueva York.
        Pero la mariposa
no sabía que era una mariposa
que soñaba ser Chuang Tzu
        o ChuangTzu
que soñaba ser una mariposa.
La mariposa no dudaba:
        volaba.

Viento y noche

Hora de viento,
noche contra la noche,
aquí, en mi noche.

El viento toro
corre, se para, gira,
¿va a alguna parte?

Viento ceñudo:
en las encrucijadas
se rompe el alma.

Como yo mismo,
acumulada cólera
sin desenlace.

¿Adónde estoy?
El viento viene y va.
Ni aquí ni allá.

Espejo ciego.

Al vuelo (1)

NARANJA

Pequeño sol
quieto sobre la mesa,
fijo mediodía.
Algo le falta:
                noche.

ALBA

Sobre la arena
escritura de pájaros:
memorias del viento.

ESTRELLAS Y GRILLO

Es grande el cielo
y arriba siembran mundos.
Imperturbable,
prosigue en tanta noche
el grillo berbiquí.

NO-VISIÓN

Hora nula, cisterna
donde mi pensamiento
a sí mismo se bebe.

Por un instante inmenso
he olvidado mi nombre.
Poco a poco desnazco,
diáfano advenimiento.

CALMA

Luna, reloj de arena:
la noche se vacía,
la hora se ilumina.

Cuarteto

A Alejandro y Olbeth Rossi

I

Paisaje familiar mas siempre extraño,
enigma de la palma de la mano.

El mar esculpe, terco, en cada ola,
el monumento en que se desmorona.

Contra el mar, voluntad petrificada,
la peña sin facciones se adelanta.

Nubes: inventan súbitas bahías
donde un avión es barca desleída.

Se disipa, impalpable abecedario,
la rápida escritura de los pájaros.

Camino entre la espuma y las arenas,
el sol posado sobre mi cabeza:

entre inmovilidad y movimiento
soy el teatro de los elementos.

II

Hay turistas también en esta playa,
hay la muerte en bikini y alhajada,

nalgas, vientres, cecinas, lomos, bofes,
la cornucopia de fofos horrores,

plétora derramada que anticipa
el gusano y su cena de cenizas.

Contiguos, separados por fronteras
rigurosas y tácitas, no expresas,

hay vendedores, puestos de fritangas,
alcahuetes, parásitos y parias:

el hueso, la bazofia, el pringue, el podre...
Bajo un sol imparcial, ricos y pobres.

No los ama su Dios y ellos tampoco:
como a sí mismos odian a su prójimo.

III

Se suelta el viento y junta la arboleda,
la nación de las nubes se dispersa.

Es frágil lo real y es inconstante;
también, su ley el cambio, infatigable:

gira la rueda de las apariencias
sobre el eje del tiempo, su fijeza.

La luz dibuja todo y todo incendia,
clava en el mar puñales que son teas,

hace del mundo pira de reflejos:
nosotros sólo somos cabrilleos.

No es la luz de Plotino, es luz terrestre,
la luz de aquí, pero es luz inteligente.

Ella me reconcilia con mi exilio:
patria es su vacuidad, errante asilo.

IV

Para esperar la noche me he tendido
a la sombra de un árbol de latidos.

El árbol es mujer y en su follaje
oigo rodar el mar bajo la tarde.

Como sus frutos con sabor de tiempo,
frutos de olvido y de conocimiento.

Bajo el árbol se miran y se palpan
imágenes, ideas y palabras.

Por el cuerpo volvemos al comienzo,
espiral de quietud y movimiento

Sabor, saber mortal, pausa finita,
tiene principio y fin —y es sin medida.

La noche entra y nos cubre su marea;
repite el mar sus sílabas, ya negras.

Dístico y variaciones

PANTEÍSTA
La lengua y sus sagradas conjunciones:
riman constelaciones y escorpiones.

CRISTIANO
La lengua y sus perversas conjunciones:
riman constelaciones y escorpiones.

ESCÉPTICO
La lengua y sus absurdas conjunciones:
riman constelaciones y escorpiones.

HERMÉTICO
La lengua y sus arcanas conjunciones:
riman constelaciones y escorpiones.

GNÓSTICO
La lengua, abominables conjunciones:
riman constelaciones y escorpiones.

DIALÉCTICO
La lengua, oposición y conjunciones,
riman constelaciones y escorpiones.

Etcétera.

Insomne

Vigilia del espejo:
la luna lo acompaña.
Reflejo tras reflejo
urde tramas la araña.

Apenas parpadea
el pensamiento en vela:
no es fantasma ni idea
mi muerte centinela.

No estoy vivo ni muerto:
despierto estoy, despierto
en un ojo desierto.

Acertijo

A Andrés Sánchez Robayna

Señor del vértigo,
                    el gavilán
solitario en la altura
traza un signo,
                    al punto
desvanecido en luz, en aire.
Obstinado, del alba al ocaso
lo repite.

Dibuja, sin saberlo,
una pregunta:
¿poder es libertad,
libertad es destino?
Luz y aire.

Prueba

La piel es azafrán al sol tostado,
son de gacela los sedientos ojos.

—Ese dios que la hizo, ¿cómo pudo
dejar que lo dejase? ¿Estaba ciego?

—No es hechura de ciego este prodigio:
es mujer y es sinuosa enredadera.

La doctrina del Buda así se prueba:
nada en este universo fue creado.

(Dharmakirti)

Al vuelo (2)

EN DEFENSA DE PIRRÓN

A Juliano (Antología palatina, VIII, 576)

Juliano, me curaste
de espantos, no de dudas.
Contra Pirrón dijiste:
*No sabía el escéptico
si estaba vivo o muerto.
La muerte lo sabía.*
Y tú, ¿cómo lo sabes?

EPITAFIO DE UN DANDY

En un cementerio de corbatas
incineración de un retrato.
Fuego fatuo.

CONSTELACIÓN DE VIRGO

Hipatía, si miro luces puras
allá arriba, morada de la Virgen,
no palabras, estrellas deletreo:
tu discurso son cláusulas de fuego.

Páladas (*Antología palatina*, IX, 400)

PAISAJE ANTIGUO

Sol alto. Duerme el llano.
Nada se mueve.
Entre las rocas, Eco espía.

PROVERBIO

Lodo del charco quieto:
mañana polvo
bailando en el camino.

EN MALLORCA

A Rubén Darío

Aquí, frente al mar latino,
palpo lo que soy:
entre la roca y el pino
una exhalación.

Por el arroyo

—¡Qué raro, qué lindo!
La esposa de alguno
en el agua obscura
lava sus pies blancos.

Entre nubarrones
relumbra la luna,
tan lejos, tan lejos
que nadie la alcanza.

—¡Qué lindo, qué raro!
De alguna el esposo
por el río obscuro
pasa en blanca barca.

Iba a preguntarle
qué se le ofrecía
pero entre las nubes
se escondió la luna.

(Hsieh Ling-yün)

Viento, agua, piedra

A Roger Caillois

El agua horada la piedra,
el viento dispersa el agua,
la piedra detiene al viento.
Agua, viento, piedra.

El viento esculpe la piedra,
la piedra es copa del agua,
el agua escapa y es viento.
Piedra, viento, agua.

El viento en sus giros canta,
el agua al andar murmura,
la piedra inmóvil se calla.
Viento, agua, piedra.

Uno es otro y es ninguno:
entre sus nombres vacíos
pasan y se desvanecen
agua, piedra, viento.

Este lado

A Donald Sutherland

Hay luz. No la tocamos ni la vemos.
En sus vacías claridades
reposa lo que vemos y tocamos.
Yo veo con las yemas de mis dedos
lo que palpan mis ojos:
                              sombras, mundo.
Con las sombras dibujo mundos,
disipo mundos con las sombras.
Oigo latir la luz del otro lado.

Intervalo

Arquitecturas instantáneas
sobre una pausa suspendidas,
apariciones no llamadas
ni pensadas, formas de viento,
insubstanciales como tiempo
y como tiempo disipadas.

Hechas de tiempo, no son tiempo;
son la hendedura, el intersticio,
el breve vértigo del *entre*
donde se abre la flor diáfana:
alta en el tallo de un reflejo
se desvanece mientras gira.

Nunca tocadas, claridades
con los ojos cerrados vistas:
el nacimiento transparente
y la caída cristalina
en este instante de este instante,
interminable todavía.

Tras la ventana: desoladas
azoteas y nubes rápidas.
El día se apaga, se enciende
la ciudad, próxima y remota.
Hora sin peso. Yo respiro
el instante vacío, eterno.

Entre irse y quedarse

Entre irse y quedarse duda el día,
enamorado de su transparencia.

La tarde circular es ya bahía:
en su quieto vaivén se mece el mundo.

Todo es visible y todo es elusivo,
todo está cerca y todo es intocable.

Los papeles, el libro, el vaso, el lápiz
reposan a la sombra de sus nombres.

Latir del tiempo que en mi sien repite
la misma terca sílaba de sangre.

La luz hace del muro indiferente
un espectral teatro de reflejos.

En el centro de un ojo me descubro;
no me mira, me miro en su mirada.

Se disipa el instante. Sin moverme,
yo me quedo y me voy: soy una pausa.

Hermandad

Homenaje a Claudio Ptolomeo

Soy hombre: duro poco
y es enorme la noche.
Pero miro hacia arriba:
las estrellas escriben.
Sin entender comprendo:
también soy escritura
y en este mismo instante
alguien me deletrea.

LA MANO ABIERTA

Hablo de la ciudad

A Eliot Weinberger

novedad de hoy y ruina de pasado mañana; enterrada y resucitada cada día,
convivida en calles, plazas, autobuses, taxis, cines, teatros, bares, hoteles,
      palomares, catacumbas,
la ciudad enorme que cabe en un cuarto de tres metros cuadrados
      inacabable como una galaxia,
la ciudad que nos sueña a todos y que todos hacemos y deshacemos
      y rehacemos mientras soñamos,
la ciudad que todos soñamos y que cambia sin cesar mientras la
      soñamos,
la ciudad que despierta cada cien años y se mira en el espejo de una
      palabra y no se reconoce y otra vez se echa a dormir,
la ciudad que brota de los párpados de la mujer que duerme a mi lado
      y se convierte,
con sus monumentos y sus estatuas, sus historias y sus leyendas,
en un manantial hecho de muchos ojos y cada ojo refleja el mismo
      paisaje detenido,
antes de las escuelas y las prisiones, los alfabetos y los números, el altar
      y la ley:
el río que es cuatro ríos, el huerto, el árbol, la Varona y el Varón vestidos
      de viento
—volver, volver, ser otra vez arcilla, bañarse en esa luz, dormir bajo esas
      luminarias,
flotar sobre las aguas del tiempo como la hoja llameante del arce
      que arrastra la corriente,
volver, ¿estamos dormidos o despiertos?, estamos, nada más estamos,
      amanece, es temprano,

estamos en la ciudad, no podemos salir de ella sin caer en otra, idéntica
    aunque sea distinta,
hablo de la ciudad inmensa, realidad diaria hecha de dos palabras:
    los otros,
y en cada uno de ellos hay un yo cercenado de un nosotros, un yo a
    la deriva,
hablo de la ciudad construida por los muertos, habitada por sus tercos
    fantasmas, regida por su despótica memoria,
la ciudad con la que hablo cuando no hablo con nadie y que ahora
    me dicta estas palabras insomnes,
hablo de las torres, los puentes, los subterráneos, los hangares,
    maravillas y desastres,
el Estado abstracto y sus policías concretos, sus pedagogos, sus
    carceleros, sus predicadores,
las tiendas en donde hay de todo y gastamos todo y todo se vuelve
    humo,
los mercados y sus pirámides de frutos, rotación de las cuatro
    estaciones, las reses en canal colgando de los garfios, las colinas
    de especias y las torres de frascos y conservas,
todos los sabores y los colores, todos los olores y todas las materias,
    la marea de las voces —agua, metal, madera, barro—, el trajín, el
    regateo y el trapicheo desde el comienzo de los días,
hablo de los edificios de cantería y de mármol, de cemento, vidrio,
    hierro, del gentío en los vestíbulos y portales, de los elevadores
    que suben y bajan como el mercurio en los termómetros,
de los bancos y sus consejos de administración, de las fábricas y sus
    gerentes, de los obreros y sus máquinas incestuosas,
hablo del desfile inmemorial de la prostitución por calles largas como
    el deseo y como el aburrimiento,
del ir y venir de los autos, espejo de nuestros afanes, quehaceres
    y pasiones (¿por qué, para qué, hacia dónde?),
de los hospitales siempre repletos y en los que siempre morimos solos,
hablo de la penumbra de ciertas iglesias y de las llamas titubeantes de los
    cirios en los altares,
tímidas lenguas con las que los desamparados hablan con los santos
    y con las vírgenes en un lenguaje ardiente y entrecortado,
hablo de la cena bajo la luz tuerta en la mesa coja y los platos
    desportillados,

de las tribus inocentes que acampan en los baldíos con sus mujeres y sus
    hijos, sus animales y sus espectros,
de las ratas en el albañal y de los gorriones valientes que anidan en los
    alambres, en las cornisas y en los árboles martirizados,
de los gatos contemplativos y de sus novelas libertinas a la luz de la luna,
    diosa cruel de las azoteas,
de los perros errabundos, que son nuestros franciscanos y nuestros
    bhikkus, los perros que desentierran los huesos del sol,
hablo del anacoreta y de la fraternidad de los libertarios, de la conjura
    de los justicieros y de la banda de los ladrones,
de la conspiración de los iguales y de la sociedad de amigos del Crimen,
    del club de los suicidas y de Jack el Destripador,
del Amigo de los Hombres, afilador de la guillotina, y de César, Delicia
    del Género Humano,
hablo del barrio paralítico, el muro llagado, la fuente seca, la estatua
    pintarrajeada,
hablo de los basureros del tamaño de una montaña y del sol taciturno
    que se filtra en el *polumo*,
de los vidrios rotos y del desierto de chatarra, del crimen de anoche
    y del banquete del inmortal Trimalción,
de la luna entre las antenas de la televisión y de una mariposa sobre
    un bote de inmundicias,
hablo de madrugadas como vuelo de garzas en la laguna y del sol de alas
    transparentes que se posa en los follajes de piedra de las iglesias
    y del gorjeo de la luz en los tallos de vidrio de los palacios,
hablo de algunos atardeceres al comienzo del otoño, cascadas de oro
    incorpóreo, transfiguración de este mundo, todo pierde cuerpo,
    todo se queda suspenso,
la luz piensa y cada uno de nosotros se siente pensado por esa luz
    reflexiva, durante un largo instante el tiempo se disipa, somos aire
    otra vez,
hablo del verano y de la noche pausada que crece en el horizonte como
    un monte de humo que poco a poco se desmorona y cae sobre
    nosotros como una ola,
reconciliación de los elementos, la noche se ha tendido y su cuerpo es
    un río poderoso de pronto dormido, nos mecemos en el oleaje
    de su respiración, la hora es palpable, la podemos tocar como
    un fruto,

han encendido las luces, arden las avenidas con el fulgor del deseo, en los
  parques la luz eléctrica atraviesa los follajes y cae sobre nosotros una
  llovizna verde y fosforescente que nos ilumina sin mojarnos, los
  árboles murmuran, nos dicen algo,

hay calles en penumbra que son una insinuación sonriente, no sabemos
  adónde van, tal vez al embarcadero de las islas perdidas,

hablo de las estrellas sobre las altas terrazas y de las frases indescifrables
  que escriben en la piedra del cielo,

hablo del chubasco rápido que azota los vidrios y humilla las arboledas,
  duró veinticinco minutos y ahora allá arriba hay agujeros azules
  y chorros de luz, el vapor sube del asfalto, los coches relucen, hay
  charcos donde navegan barcos de reflejos,

hablo de nubes nómadas y de una música delgada que ilumina una
  habitación en un quinto piso y de un rumor de risas en mitad
  de la noche como agua remota que fluye entre raíces y yerbas,

hablo del encuentro esperado con esa forma inesperada en la que
  encarna lo desconocido y se manifiesta a cada uno:

ojos que son la noche que se entreabre y el día que despierta, el mar que
  se tiende y la llama que habla, pechos valientes: marea lunar,

labios que dicen *sésamo* y el tiempo se abre y el pequeño cuarto se vuelve
  jardín de metamorfosis y el aire y el fuego se enlazan, la tierra
  y el agua se confunden,

o es el advenimiento del instante en que allá, en aquel otro lado que es
  aquí mismo, la llave se cierra y el tiempo cesa de manar:

instante del *hasta aquí*, fin del hipo, del quejido y del ansia, el alma
  pierde cuerpo y se desploma por un agujero del piso, cae en sí
  misma, el tiempo se ha desfondado, caminamos por un corredor sin
  fin, jadeamos en un arenal,

¿esa música se aleja o se acerca, esas luces pálidas se encienden o
  apagan?, canta el espacio, el tiempo se disipa: es el boqueo, es la
  mirada que resbala por la lisa pared, es la pared que se calla, la pared,

hablo de nuestra historia pública y de nuestra historia secreta, la tuya
  y la mía,

hablo de la selva de piedra, el desierto del profeta, el hormiguero de
  almas, la congregación de tribus, la casa de los espejos, el laberinto
  de ecos,

hablo del gran rumor que viene del fondo de los tiempos, murmullo
  incoherente de naciones que se juntan o dispersan, rodar de

multitudes y sus armas como peñascos que se despeñan, sordo
    sonar de huesos cayendo en el hoyo de la historia,
hablo de la ciudad, pastora de siglos, madre que nos engendra y nos
    devora, nos inventa y nos olvida.

Refutación de los espejos

Nunca nos vimos, yo le enviaba mis libros y él los suyos, nos escribíamos
    a veces, nos tratamos siempre de usted.
Leí su nombre por primera vez, hace más de cincuenta años, en *Espuela*
    de Plata, hoja de poesía.
¿A quién espoleaba esa espuela? Caballito de palo, caballo de ajedrez,
    caballito del diablo,
veloz zumbido azul montado por un jinete que segaba jardines de tinta
    con un largo silbido.
El jinete desmontó y, alzando el yelmo de yedra, descubrió un rostro
    hecho de catorce letras:
yo vi, entre los chopos líquidos de las eles y los montes magnéticos
    de las emes,
rodeado de vocales —sólo faltaba la u, caracol de la melancolía, ciervo
    enamorado de la luna—
a José Lezama Lima, apoyado en su vara políglota, pastor de imágenes.
Me mostró «un pobre cemento de corazón de león» y me dijo:
    «a un puente, un gran puente, no se le ve».
Desde entonces cruzo puentes que van de aquí a allá, de nunca a
    siempre,
desde entonces, ingeniero de aire, construyo el puente inacabable entre
    lo inaudible y lo invisible.

Nos tratábamos de usted pero ahora, al leer en xerox el manuscrito
    de *Fragmentos a su imán*, lo tuteo.
Tú no me oyes ya, tú eres silencio más allá de sentido y sin sentido,
    tú estás más acá de silencio y de ruido,
no obstante, puesto que has escrito: «sólo existen el bien y la ausencia»,
    tú existes y te tuteo.

Si el Agua Ígnea «demuestra que la imagen existió antes que el hombre»,
    tú eres ya tu Imagen.
Has vuelto a ser lo que fuiste antes de ser José Lezama Lima: el bien
    y la ausencia en una sola imagen.

Tú dices que lo «lúdico es lo agónico» y yo digo que lo lúdico es lo
    lúcido y por eso,
en este juego de las apariciones y las desapariciones que jugamos sobre
    la tierra,
en este ensayo general del Fin del Mundo que es nuestro siglo, te veo:
estás sentado en una silla hecha de una sola nube de metal polisemio
    arrancado a la avaricia del diccionario,
y tus ojos contemplan tu poema —¿o es tu poema el que contempla
    las visiones de tus ojos?
—sea lo uno o lo otro, te veo: teatro de las metamorfosis, cámara de las
    transformaciones, templo del triple Hermes.
Por tu cuerpo corren las substancias enamoradas de su forma, giran los
    elementos en busca de su imagen,
perpetuas revoluciones del lenguaje que sólo habita la forma que inventa
    para devorarla y seguir girando.

Sí, tú eres la gran boa de la poesía de nuestra lengua que al enroscarse
    en sí misma se incendia
y al incendiarse asciende como el carro de llamas del profeta y al tocar
    el ombligo del cielo
se precipita como el joven Faetonte, el avión fulminado del *Sueño* de sor
    Juana.
Sí, tú eres el pájaro que *perfecciona el diccionario* y que, plantado sobre
    la piedra de las etimologías,
canta —¿y qué dice su canto?, dice: cúacúa cúacúa— lo lúcido es lo
    lúdico y lo lúdico es lo agónico.
Sí, tú eres, como el gato de la bruja de Michelet, *el lugarteniente de los*
    participios en la noche llena de esdrújulos.
Sí, tú eres el guardián del Spermatikos Logos y lo preservas, como tu
    maestro Carpócrates, de la tiranía del cosmócrata.
Los espejos repiten al mundo pero tus ojos lo cambian: tus ojos son
    la crítica de los espejos: creo en tus ojos.

Aunque *no esperas a nadie,* insistes en que *alguien tiene que llegar:*
    ¿alguien o algo, quién o qué?
Preguntas al muro y el muro no responde y tú rascas al muro hasta que
    sangra y muestra su vacío:
ya tienes la *compañía insuperable,* el pequeño hueco donde caben tú y tus
    Obras Completas y tus fantasmas.
Ese agujero no es el espejo que devuelve tu imagen: es el espejo que te
    vuelve Imagen,
aquel o aquello que fuiste antes de ser José Lezama Lima, pastor entre
    fuentes de eles y colinas de emes.
Ya entraste en *el espejo que camina hacia nosotros,* el espejo vacío de la
    poesía,
contradicción de las contradicciones, ya estás en la casa de las semejanzas,
ya eres, a los pies del Uno, sin cesar de ser otro, idéntico a ti mismo.
José Lezama Lima: *qué pocos son capaces de pedir,* como tu amigo Víctor
    Manuel, *un regalo para regalarlo.*
Yo lo he imitado y te pedí un manojo de frases: te las regalo para que
    te reconozcas
—no como el que escribió esas frases sino como *aquel-tú-mismo* en
    que ellas te han convertido.

Esto y esto y esto

El surrealismo ha sido la manzana de fuego en el árbol de la sintaxis
El surrealismo ha sido la camelia de ceniza entre los pechos de la
    adolescente poseída por el espectro de Orestes
El surrealismo ha sido el plato de lentejas que la mirada del hijo pródigo
    transforma en festín humeante de rey caníbal
El surrealismo ha sido el bálsamo de Fierabrás que borra las señas
    del pecado original en el ombligo del lenguaje
El surrealismo ha sido el escupitajo en la hostia y el clavel de dinamita
    en el confesionario y el sésamo ábrete de las cajas de seguridad y
    de las rejas de los manicomios
El surrealismo ha sido la llama ebria que guía los pasos del sonámbulo
    que camina de puntillas sobre el filo de sombra que traza la hoja
    de la guillotina en el cuello de los ajusticiados

El surrealismo ha sido el clavo ardiente en la frente del geómetra y el
    viento fuerte que a media noche levanta las sábanas de las vírgenes
El surrealismo ha sido el pan salvaje que paraliza el vientre
    de la Compañía de Jesús hasta que la obliga a vomitar todos sus
    gatos y sus diablos encerrados
El surrealismo ha sido el puñado de sal que disuelve los tlaconetes
    del realismo socialista
El surrealismo ha sido la corona de cartón del crítico sin cabeza
    y la víbora que se desliza entre las piernas de la mujer del crítico
El surrealismo ha sido la lepra del Occidente cristiano y el látigo de
    nueve cuerdas que dibuja el camino de salida hacia otras tierras
    y otras lenguas y otras almas sobre las espaldas del nacionalismo
    embrutecido y embrutecedor
El surrealismo ha sido el discurso del niño enterrado en cada hombre
    y la aspersión de sílabas de leche de leonas sobre los huesos
    calcinados de Giordano Bruno
El surrealismo ha sido las botas de siete leguas de los escapados de las
    prisiones de la razón dialéctica y el hacha de Pulgarcito que corta los
    nudos de la enredadera venenosa que cubre los muros de las
    revoluciones petrificadas del siglo xx
El surrealismo ha sido esto y esto y esto

1930: Vistas fijas

¿Qué o quién me guiaba? No buscaba nada ni a nadie, buscaba todo
    y a todos:
vegetación de cúpulas azules y campanarios blancos, muros color
    de sangre seca, arquitecturas:
festín de formas, danza petrificada bajo las nubes que se hacen y se
    deshacen y no acaban de hacerse, siempre en tránsito hacia su forma
    venidera,
piedras ocres tatuadas por un astro colérico, piedras lavadas por el agua
    de la luna;
los parques y las plazuelas, las graves poblaciones de álamos cantantes
    y lacónicos olmos, niños gorriones y cenzontles,
los corros de ancianos, ahuehuetes cuchicheantes, y los otros,

apeñuscados en los bancos, costales de huesos, tiritando bajo el gran
sol del altiplano, patena incandescente;
calles que no se acaban nunca, calles caminadas como se lee un libro o se
recorre un cuerpo;
patios mínimos, con madreselvas y geranios generosos colgando de los
barandales, ropa tendida, fantasma inocuo que el viento echa a volar
entre las verdes interjecciones del loro de ojo sulfúreo y, de pronto,
un delgado chorro de luz: el canto del canario;
los figones celeste y las cantinas solferino, el olor del aserrín sobre el
piso de ladrillo, el mostrador espejeante, equívoco altar en donde
genios de insidiosos poderes duermen encerrados en botellas
multicolores;
la carpa, el ventrílocuo y sus muñecos procaces, la bailarina anémica,
la tiple jamona, el galán carrasposo;
la feria y los puestos de fritangas donde hierofantas de ojos canela
celebran, entre brasas y sahumerios, las nupcias de las substancias
y la transfiguración de los olores y los sabores mientras destazan
carnes, espolvorean sal y queso cándido sobre nopales verdeantes,
asperjan lechugas donadoras del sueño sosegado, muelen maíz solar,
bendicen manojos de chiles tornasoles;
las frutas y los dulces, montones dorados de mandarinas y tejocotes,
plátanos áureos, tunas sangrientas, ocres colinas de nueces y
cacahuates, volcanes de azúcar, torreones de alegrías, pirámides
transparentes de biznagas, cocadas, diminuta orografía de las
dulzuras terrestres, el campamento militar de las cañas, las jícamas
blancas arrebujadas en túnicas color de tierra, las limas y los
limones: frescura súbita de risas de mujeres que se bañan en un río
verde;
las guirnaldas de papel y las banderitas tricolores, arco iris de juguetería,
las estampas de la Guadalupe y las de los santos, los mártires, los
héroes, los campeones, las estrellas;
el enorme cartel del próximo estreno y la ancha sonrisa, bahía extática,
de la actriz en cueros y redonda como la luna que rueda por las
azoteas, se desliza entre las sábanas y enciende las visiones rijosas;
las tropillas y vacadas de adolescentes, palomas y cuervos, las tribus
dominicales, los náufragos solitarios y los viejos y viejas, ramas
desgajadas del árbol del siglo;
la musiquita rechinante de los caballitos, la musiquita que da vueltas

y vueltas en el cráneo como un verso incompleto en busca de una
    rima;
y al cruzar la calle, sin razón, porque sí, como un golpe de mar o el
    ondear súbito de un campo de maíz, como el sol que rompe entre
    nubarrones: la alegría, el surtidor de la dicha instantánea, ¡ah, estar
    vivo, desgranar la granada de esta hora y comerla grano a grano!;
el atardecer como una barca que se aleja y no acaba de perderse en el
    horizonte indeciso;
la luz anclada en el atrio del templo y el lento oleaje de la hora vencida
    puliendo cada piedra, cada arista, cada pensamiento hasta que todo
    no es sino una transparencia insensiblemente disipada;
la vieja cicatriz que, sin aviso, se abre, la gota que taladra, el surco
    quemado que deja el tiempo en la memoria, el tiempo sin cara:
    presentimiento de vómito y caída, el tiempo que se ha ido y regresa,
    el tiempo que nunca se ha ido y está aquí desde el principio, el par
    de ojos agazapados en un rincón del ser: la seña de nacimiento;
el rápido desplome de la noche que borra las caras y las casas, la tinta
    negra de donde salen las trompas y los colmillos, el tentáculo
    y el dardo, la ventosa y la lanceta, el rosario de las cacofonías;
la noche poblada de cuchicheos y allá lejos un rumor de voces de
    mujeres, vagos follajes movidos por el viento;
la luz brusca de los faros del auto sobre la pared afrentada, la luz
    navajazo, la luz escupitajo, la reliquia escupida;
el rostro terrible de la vieja al cerrar la ventana santiguándose, el ladrido
    del alma en pena del perro en el callejón como una herida que se
    encona;
las parejas en las bancas de los parques o de pie en los repliegues de los
    quicios, los cuatro brazos anudados, árboles incandescentes sobre
    los que reposa la noche,
las parejas, bosques de febriles columnas envueltas por la respiración del
    animal deseante de mil ojos y mil manos y una sola imagen clavada
    en la frente,
las quietas parejas que avanzan sin moverse con los ojos cerrados y caen
    interminablemente en sí mismas;
el vértigo inmóvil del adolescente desenterrado que rompe por mi frente
    mientras escribo
y camina de nuevo, multisolo en su soledumbre, por calles y plazas
    desmoronadas apenas las digo
y se pierde de nuevo en busca de todo y de todos, de nada y de nadie

Aunque es de noche

I

La noche, a un tiempo sólida y vacía,
vasta demolición que se acumula
y sobre la erosión en que se anula
se edifica: la noche, lejanía
que se nos echa encima, epifanía
al revés. Ciego, el ojo capitula
y se interna hacia dentro, hacia otra nula
noche mental. Acidia, no agonía.

Afuera, perforada de motores
y de faros, la sombra pesa menos
que este puño de sílabas: Azores
que suscito en la página. Los frenos
de un auto. La ciudad, rota en mi frente,
despeña su discurso incoherente.

II

Mientras yo leo en México, ¿qué hora
es en Moscú? Ya es tarde, siempre es tarde;
siempre en la historia es noche y es deshora.

Solzhenitsyn escribe, el papel arde,
avanza su escritura, cruel aurora
sobre llanos de huesos.
                              Fui cobarde,
no vi de frente al mal y hoy corrobora
al filósofo el siglo:
                              ¿El mal? Un par de
ojos sin cara, un repleto vacío.

El mal: un alguien nadie, un algo nada.

¿Stalin tuvo cara? La sospecha
le comió cara y alma y albedrío.

Pobló el miedo su noche desalmada,
su insomnio despobló Rusia deshecha.

III

El partido siempre tiene razón
LEV TROTSKI

Alma no tuvo Stalin: tuvo historia.
Deshabitado Mariscal sin cara,
servidor de la nada. Se enmascara
el mal: la larva es César ya. Victoria
de un fantasma: designa su memoria
una oquedad. La nada es gran avara
de nadies. ¿Y los otros? Se descara
el mal: la misma irreal combinatoria
baraja a todos. Circular la pena,
la culpa circular: desdevanado
el carrete, la historia los despena.
Discurso en un cuchillo congelado:

Dialéctica, sangriento solipsismo
que inventó el enemigo de sí mismo.

IV

Donde con voz de cañas en el viento
hablaban acopladas agua y llama
hoy urde el doctrinario su amalgama.
La impostura se erige monumento.

Cháchara y vacuidad. El pensamiento
borra, dibuja y borra un ideograma:

el mal enamorado de su trama.
Estatua, con mordaza, del lamento.

Todo lo que pensamos se deshace,
en los Campos encarna la utopía,
la historia es espiral sin desenlace.

No hay sentido: hay piedad, hay ironía,
hay el pronombre que se transfigura:
yo soy tu yo, verdad de la escritura.

Fuegos lúdricos

A un juglar

*Hicieron fuego ludiendo dos palos secos
el uno contra el otro.*

CERVANTES, *Persiles*

Como juega el tiempo con nosotros
al borde del gran hoyo,
al filo de la noche
lude dos, tres, cuatro, seis
                    ¡palabras!
y las echa a volar hacia ese lado
que no es ni aquí ni allá.
Soles, lunas, planetas,
giran, brillan, cantan,
                    desaparecen
como este mundo en el otro.
                    Han de volver,
esta noche o la otra,
                    música,
dormida en el caracol de la memoria.

Brindis

A Fernando Ferreira de Loanda

En San Juan de los Lagos
me encontré un sombrero rojo:
lo escondí en el mar,
lo enterré en el monte,
lo guardé en mi frente.
Hoy brota en esta mesa,
chorro de palabras
y el mantel se cubre
de miradas.

La casa giratoria

A Ivar y Astrid

Hay una casa de madera
en la llanura de Oklahoma.
Cada noche la casa se vuelve
una isla del mar Báltico,
piedra caída del cielo de la fábula.
Pulida por las miradas de Astrid,
encendida por la voz de Ivar,
la piedra gira lentamente en la sombra:
es un girasol y arde.
                    Un gato,
oriundo de Saturno,
atraviesa la pared y desaparece
entre las páginas de un libro.
La hierba se ha vuelto noche,
la noche se ha vuelto arena,
la arena se ha vuelto agua.
                    Entonces
Ivar y Astrid levantan arquitecturas

—cubos de ecos, formas sin peso—
que a veces se llaman poemas,
otras dibujos, otras conversaciones
con amigos de Málaga, México
y otros planetas.
                              Esas formas
caminan y no tienen pies,
miran y no tienen ojos,
hablan y no tienen boca.
                              El girasol
gira y no se mueve,
                              la isla
se enciende y se apaga,
                              la piedra
florece,
              la noche se cierra,
el cielo se abre.
                              El alba
moja los párpados del llano.

Imprólogo

Me han pedido un prólogo.
Corto, me dijeron, pocas palabras
pero que abran lejanías.
Una perspectiva más que una escenografía.
Al fondo, entre las contumaces confusiones
—breñas conceptuales, paradojas, espinas—
al pie de un farallón tatuado
por la paciencia de las estaciones:
Vasko Popa,
              cazador de reflejos errantes.

Me siento y comienzo mi prosa
una, dos, tres, cuatro, cien veces.
Entre mi cabeza y la pluma,

entre la pluma y esta página,
se interpone siempre la misma escena:
un atardecer de piel translúcida
y bajo el farallón que rompe el viento:
Vasko.
      El sol poniente baila
sobre la mira de su infalible escopeta.
No hay nadie a la vista
pero Vasko empuña el arma y dispara.
Cada disparo inventa un blanco,
ideas que, apenas tocadas,
vuelan como exclamaciones.

Anoto para mi prólogo:
la escopeta de Vasko no mata,
es dadora de imágenes.
Mientras escribo estas palabras
un humo acre cubre mi escritura.
Hay una danza de chispas entre las letras,
una fuga de vocales en fuego,
un confuso rumor de consonantes
corriendo sobre cenizas calcinadas,
¡arde el extremo norte de la página!

Me repliego hacia el sur.
Pero allá, en los márgenes blancos,
llueve, interminablemente llueve.
Cielo hidrópico, truenos y puñetazos.
Sordo redoble:
         sobre el tambor terrestre,
rajado por el rayo, baila el chubasco.
Esto que escribo ya es un pantano.
De pronto, un sol violento rompe entre nubes.
Súbito escampado:
         un llano hirsuto,
tres peñascos lampiños, marismas,
circo de la malaria:
lianas, fantasmas, fiebres, púas,

una vegetación rencorosa y armada
en marcha al asalto de la página.

Muerte por agua o muerte por llama:
la prosa o se quema o se ahoga.
Desisto.
      No un prólogo,
tú mereces un poema épico,
una novela de aventuras por entregas.
Digan lo que digan los críticos
no te pareces a Kafka el dispéptico
ni al anémico Beckett.
Vienes del poema de Ariosto,
sales de un cuento grotesco de Ramón.
Eres una conseja contada por una abuela,
una inscripción sobre una piedra caída,
un dibujo y un nombre sobre una pared.

Eres el lobo que guerreó mil años
y ahora lleva a la luna de la mano
por el corredor sin fin del invierno
hasta la plaza de mayo:
                    ya floreció el peral
y a su sombra los hombres beben en rueda
un licor de sol destilado.
El viento se detiene para oírlos
y repite ese son por las colinas.
Mientras tanto te has fugado con la luna.

Eres lobo y eres niño y tienes cien años.
Tu risa celebra al mundo y dice Sí
a todo lo que nace, crece y muere.
Tu risa reconforta a los muertos.

Eres jardinero y cortas la *flor de niebla*
que nace en la memoria de la vieja
y la conviertes en el clavel de llamas
que se ha puesto en el seno la muchacha.

Eres minero —*he bajado allá abajo,*
dices— y tu sonrisa pone pensativa
a la vehemente primavera.

Eres mecánico electricista
y lo mismo iluminas una conciencia
que calientas los huesos del invierno.

Eres alfarero y eres carpintero,
tus vasijas cantan y nos dan de beber,
por tus escaleras subimos y bajamos
en el interior de nosotros mismos,
tus mesas, sillas y camas nos sirven
para viajar sin movernos,
para amar y morir con entereza.

En mitad de esta página me planto
y digo: Vasko Popa.
Me responde un géiser de soles.

París: Bactra: Skíros

A Nitsa y Reia

*In this monody the author bewails a learned friend, un-
fortunately drowned in his passage from Chester on the
Irish Seas, 1637. And by occasion foretells the ruin of our
corrupted clergy.*

JOHN MILTON, *Lycidas*, 1638

Yo tenía treinta años, venía de América y buscaba entre las pavesas
    de 1946 el huevo del Fénix,
tú tenías veinte años, venías de Grecia, de la insurrección y la cárcel,
nos encontramos en un café lleno de humo, voces y literatura,
pequeña fogata que había encendido el entusiasmo contra el frío
    y la penuria de aquel febrero,

nos encontramos y hablamos de Zapata y su caballo, de la piedra negra
    cubierta por un velo, Deméter cabeza de yegua,
y al recordar a la linda hechicera de Tesalia que convirtió a Lucio en asno
    y filósofo
la oleada de tu risa cubrió las conversaciones y el ruido de las cucharillas
    en las tazas,
hubo un rumor de cabras blanquinegras trepando en tropel un país
    de colinas quemadas,
la pareja vecina dejó de decirse cosas al oído y se quedó suspensa con
    la mirada vacía
como si la realidad se hubiese desnudado y no quedase ya sino el girar
    silencioso de los átomos y las moléculas,
hubo un aleteo sobre la onda azul y blanca, un centelleo de sol sobre
    las rocas,
oímos el rumor de las pisadas de las aguas nómadas sobre las lajas color
    de brasa,
vimos una mariposa posarse sobre la cabeza de la cajera, abrir las alas
    de llama y dispersarse en reflejos,
tocamos los pensamientos que pensábamos y vimos las palabras que
    decíamos,
después volvió el ruido de las cucharillas, creció la marejada, el ir y venir
    de las gentes,
pero tú estabas a la orilla del acantilado, era una ancha sonrisa la bahía
y allá arriba pactaban luz y viento: Psique sopló sobre tu frente.

No fuiste Licidas ni te ahogaste en un naufragio en el mar de Irlanda,
fuiste Kostas Papaioannou, un griego universal de París, con un pie en
    Bactriana y el otro en Delfos,
y por eso escribo en tu memoria estos versos en la medida irregular
    de la sístole y la diástole,
prosodia del corazón que hace breves las sílabas largas y largas
    las breves,
versos largos y cortos como tus pasos subiendo del Puente Nuevo
    al león de Belfort recitando el poema de Proclo,
versos para seguir sobre esta página el rastro de tus palabras que son
    cabras que son ménades
saltando a la luz de la luna en un valle de piedra y sólidos de vidrio
    inventados por ellas,

mientras tú hablas de Marx y de Teócrito y ríes y las miras bailar entre
    tus libros y papeles
—es verano y estamos en un *atelier* que da a un jardincillo en el callejón
    Daguerre,
hay un emparrado del que cuelgan racimos de uvas, condensaciones de
    la noche: adentro duerme un fuego,
tesoros quemantes, ¿así serían las que vio y tocó Nerval entre el oro de la
    trenza divina?—
tu conversación caudalosa avanza entre obeliscos y arcos rotos,
    inscripciones mutiladas, cementerios de nombres,
abres un largo paréntesis donde arden y brillan archipiélagos mentales,
    sin cerrarlo prosigues,
persigues una idea, te divides en meandros, te inmovilizas en golfos y
    deltas, tu idea se ha vuelto piedra,
la rodeas, regresas, te adelgazas en un hilillo de frías agujas, la horadas
y entras —no, no entras ni sales, no hay adentro ni afuera, sólo hay
    tiempo sin puertas ·
y tú te detienes y miras callado al dios de la historia: cabras, ménades y
    palabras se disipan.

Fuiste a la India, de donde salió Dionisos y adonde fue rey el general
    Meneandro, que allá llaman Milinda,
y como el rey tú te maravillaste al ver las diferencias entre el Uno y la
    Vacuidad resueltas en identidad,
y fue mayor maravilla —porque tu genio bebía no sólo en la luz de la
    idea sino en el manantial de las formas—
ver en Mahabalipuram a una adolescente caminar descalza sobre la tierra
    negra, su vestido era un relámpago,
y dijiste: ¡Ah, la belleza como en tiempos de Pericles! y te reíste y Marie
    José y yo nos reímos contigo
y con nosotros tres se rieron todos los dioses y los héroes del
    Mahabhárata y todos los bodisatvas de los Sutra,
rayaban el espacio naciones vehementes: una tribu de cuervos y, verde
    tiroteo, una banda de loros,
el sol se hundía y hasta la piedra del ídolo y la espuma del mar eran una
    vibración rosada;
otra noche, en el patio del hotelito de Trichi, mientras servías *whisky* al
    bearer atónito que nos servía:

—¿Hay puertas? Hay tierra y en nosotros la tierra se hace tiempo
    y el tiempo en nosotros se piensa y se entierra,
pero —señalando a las constelaciones babilonias— podemos contemplar
    a este mundo y los otros y regocijarnos,
la contemplación abre otras puertas: es una transfiguración y es una
    reconciliación,
también podemos reírnos de los ogros sonreír ante el inicuo con la
    sonrisa de Pirrón o con la de Cristo,
son distintos pero la sonrisa es la misma, hay corredores invisibles entre
    la duda y la fe,
la libertad es decir *para siempre* cuando decimos *ahora,* es un juramento
    y es el arte del enigma transparente:
es la sonrisa —y es desatar al prisionero y al decir *no* al monstruo decir
    sí al sol de este instante, la libertad es
—y no terminaste: sonreíste al beber el vaso de *whisky.* El agua del alba
    borraba las constelaciones.

El hombre es sus visiones: una tarde, después de una tormenta, viste
    o soñaste o inventaste, es lo mismo,
caer sobre la doble cima del monte Parnaso la luz cenital en un torrente
    inmóvil, intangible y callado,
árboles, piedras y yerbas chorreaban luz líquida, el agua resplandecía,
    el aire podía tocarse, cuerpo sin cuerpo,
los elementos y las cosas obedecían a la luz apacible y reposaban en sí
    mismos, contentos con ser lo que eran,
poco a poco salieron de sus refugios y madrigueras los toros y las vacas,
    las cabras, las serpientes, los perros,
bajaron la tórtola, el águila y el tordo, llegaron caballos, asnos, un jabalí,
    un gato y un lince,
y todos, los animales salvajes y los domados por el hombre, en círculo
    pacífico bebían el agua de la lluvia.

Kostas, entre las cenizas heladas de Europa yo no encontré el huevo
    de la resurrección:
encontré, al pie de la cruel Quimera empapada de sangre, tu risa
    de reconciliación.

UN SOL MÁS VIVO

desde el Ocaso un Sol más vivo...
LUIS DE SANDOVAL Y ZAPATA

Conversar

En un poema leo:
conversar es divino.
Pero los dioses no hablan:
hacen, deshacen mundos
mientras los hombres hablan.
Los dioses, sin palabras,
juegan juegos terribles.

El espíritu baja
y desata las lenguas
pero no habla palabras:
habla lumbre. El lenguaje,
por el dios encendido,
es una profecía
de llamas y un desplome
de sílabas quemadas:
ceniza sin sentido.

La palabra del hombre
es hija de la muerte.
Hablamos porque somos
mortales: las palabras
no son signos, son años.

Al decir lo que dicen
los nombres que decimos

dicen tiempo: nos dicen,
somos nombres del tiempo.
Conversar es humano.

Un despertar

Dentro de un sueño estaba emparedado.
Sus muros no tenían consistencia
ni peso: su vacío era su peso.
Los muros eran horas y las horas
fija y acumulada pesadumbre.
El tiempo de esas horas no era tiempo.

Salté por una brecha: eran las cuatro
en este mundo. El cuarto era mi cuarto
y en cada cosa estaba mi fantasma.
Yo no estaba. Miré por la ventana:
bajo la luz eléctrica ni un alma.
Reverberos en vela, nieve sucia,
casas y autos dormidos, el insomnio
de una lámpara, el roble que habla solo,
el viento y sus navajas, la escritura
de las constelaciones, ilegible.

En sí mismas las cosas se abismaban
y mis ojos de carne las veían
abrumadas de estar, realidades
desnudas de sus nombres. Mis dos ojos
eran almas en pena por el mundo.
En la calle sin nadie la presencia
pasaba sin pasar, desvanecida
en sus hechuras, fija en sus mudanzas,
ya vuelta casas, robles, nieve, tiempo.
Vida y muerte fluían confundidas.

Mirar deshabitado, la presencia
con los ojos de nadie me miraba:

haz de reflejos sobre precipicios.
Miré hacia adentro: el cuarto era mi cuarto
y yo no estaba. Al ser nada le falta
—siempre lleno de sí, jamás el mismo—
aunque nosotros ya no estemos... Fuera,
todavía indecisas, claridades:
el alba entre confusas azoteas.
Ya las constelaciones se borraban.

Pequeña variación

Como una música resucitada
—¿quién la despierta allá, del otro lado,
quién la conduce por las espirales
del oído mental?—,
como el desvanecido
momento que regresa
y es otra vez la misma
disipada inminencia,
sonaron sin sonar
las sílabas desenterradas:
y en la hora de nuestra muerte, amén.

En la capilla del colegio
las dije muchas veces
sin convicción. Las oigo ahora
dichas por una voz sin labios,
rumor de arena que se desmorona,
mientras las horas doblan en mi cráneo
y el tiempo da otra vuelta hacia mi noche.

No soy el primer hombre
—me digo, a lo Epicteto—
que va a morir sobre la tierra.
Y el mundo se desploma por mi sangre
al tiempo que lo digo.
El desconsuelo

de Gilgamesh cuando volvía
del país sin crepúsculo:
mi desconsuelo. En nuestra tierra opaca
cada hombre es Adán:
                        con él comienza el mundo,
con él acaba.
                Entre el después y el antes,
paréntesis de piedra,
seré por un instante sin regreso
el primer hombre y seré el último.
Y al decirlo, el instante
—intangible, impalpable—
bajo mis pies se abre
y sobre mí se cierra, tiempo puro.

Epitafio sobre ninguna piedra

Mixcoac fue mi pueblo: tres sílabas nocturnas,
un antifaz de sombra sobre un rostro solar.
Vino Nuestra Señora, la Tolvanera Madre.
Vino y se lo comió. Yo andaba por el mundo.
Mi casa fueron mis palabras, mi tumba el aire.

Ejercicio preparatorio
(Díptico con tablilla votiva)

MEDITACIÓN
(Primer tablero)

*La premeditation de la mort est premeditation de
la liberté. Qui a apris à mourir, il a desapris à servir.*
MICHEL DE MONTAIGNE

La hora se vacía.
Me cansa el libro y lo cierro.
Miro, sin mirar, por la ventana.

Me espían mis pensamientos.

                   Pienso que no pienso.

Alguien, al otro lado, abre una puerta.

Tal vez, tras esa puerta,

no hay otro lado.

             Pasos en el pasillo.

Pasos de nadie: es sólo el aire

buscando su camino.

           Nunca sabemos

si entramos o salimos.

            Yo, sin moverme,

también busco —no mi camino:

el rastro de los pasos

que por años diezmados me han traído

a este instante sin nombre, sin cara.

Sin cara, sin nombre.

            Hora deshabitada.

La mesa, el libro, la ventana:

cada cosa es irrefutable.

          Sí,

la realidad es real.

         Y flota

—enorme, sólida, palpable—

sobre este instante hueco.

           La realidad

está al borde del hoyo siempre.

Pienso que no pienso.

          Me confundo

con el aire que anda por el pasillo.

El aire sin cara, sin nombre.

Sin nombre, sin cara,

sin decir: he llegado,

          llega.

Interminablemente está llegando,

inminencia que se desvanece

en un aquí mismo
                    más allá siempre.
Un siempre nunca.
                       Presencia sin sombra,
disipación de las presencias,
Señora de las reticencias
que dice todo cuando dice nada,
Señora sin nombre, sin cara.

Sin cara, sin nombre:
miro
        —sin mirar;
pienso
          —y me despueblo.
Es obsceno,
dije en una hora como ésta,
morir en su cama.
                    Me arrepiento:
no quiero muerte de fuera,
quiero morir sabiendo que muero.
Este siglo está poseído.
En su frente, signo y clavo,
arde una idea fija:
todos los días nos sirve
el mismo plato de sangre.
En una esquina cualquiera
—justo, omnisciente y armado—
aguarda el dogmático sin cara, sin nombre.

Sin nombre, sin cara:
la muerte que yo quiero
lleva mi nombre,
                    tiene mi cara.
Es mi espejo y es mi sombra,
la voz sin sonido que dice mi nombre,
la oreja que escucha cuando callo,
la pared impalpable que me cierra el paso,
el piso que de pronto se abre.

Es mi creación y soy su criatura.
Poco a poco, sin saber lo que hago,
la esculpo, escultura de aire.
Pero no la toco, pero no me habla.
Todavía no aprendo a ver,
en la cara del muerto, mi cara.

REMEMORACIÓN
(Segundo tablero)

*... querría hacerla de tal modo que diese a entender que
no había sido mi vida tan mala que dejase nombre de loco;
puesto que lo he sido, no querría confirmar esta verdad
con mi muerte.*

MIGUEL DE CERVANTES

Con la cabeza lo sabía,
no con saber de sangre:
es un acorde ser y otro acorde no ser.
La misma vibración, el mismo instante
ya sin nombre, sin cara.
                          El tiempo,
que se come las caras y los nombres,
a sí mismo se come.
El tiempo es una máscara sin cara.

No me enseñó a morir el Buda.
Nos dijo que las caras se disipan
y sonido vacío son los nombres.
Pero al morir tenemos una cara,
morimos con un nombre.
En la frontera cenicienta
¿quién abrirá mis ojos?

Vuelvo a mis escrituras,
al libro del hidalgo mal leído
en una adolescencia soleada,

con plurales violencias compartida:
el llano acuchillado,
las peleas del viento con el polvo,
el pirú, surtidor verde de sombra,
el testuz obstinado de la sierra
contra la nube encinta de quimeras,
la rigurosa luz que parte y distribuye
el cuerpo vivo del espacio:
geometría y sacrificio.

Yo me abismaba en mi lectura
rodeado de prodigios y desastres:
al sur los dos volcanes
hechos de tiempo, nieve y lejanía;
sobre las páginas de piedra
los caracteres bárbaros del fuego;
las terrazas del vértigo;
los cerros casi azules apenas dibujados
con manos impalpables por el aire;
el mediodía imaginero
que todo lo que toca hace escultura
y las distancias donde el ojo aprende
los oficios de pájaro y arquitecto-poeta.

Altiplano, terraza del zodiaco,
circo del sol y sus planetas,
espejo de la luna,
alta marea vuelta piedra,
inmensidad escalonada
que sube apenas luz la madrugada
y desciende la grave anochecida,
jardín de lava, casa de los ecos,
tambor del trueno, caracol del viento,
teatro de la lluvia,
hangar de nubes, palomar de estrellas.

Giran las estaciones y los días,
giran los cielos, rápidos o lentos,

las fábulas errantes de las nubes,
campos de juego y campos de batalla
de inestables naciones de reflejos,
reinos de viento que disipa el viento:
en los días serenos el espacio palpita,
los sonidos son cuerpos transparentes,
los ecos son visibles, se oyen los silencios.
Manantial de presencias,
el día fluye desvanecido en sus ficciones.

En los llanos el polvo está dormido.
Huesos de siglos por el sol molidos,
tiempo hecho sed y luz, polvo fantasma
que se levanta de su lecho pétreo
en pardas y rojizas espirales,
polvo danzante enmascarado
bajo los domos diáfanos del cielo.
Eternidades de un instante,
eternidades suficientes,
vastas pausas sin tiempo:
cada hora es palpable,
las formas piensan, la quietud es danza.

Páginas más vividas que leídas
en las tardes fluviales:
el horizonte fijo y cambïante;
el temporal que se despeña, cárdeno,
desde el Ajusco por los llanos
con un ruido de piedras y pezuñas
resuelto en un pacífico oleaje;
los pies descalzos de la lluvia
sobre aquel patio de ladrillos rojos;
la buganvilla en el jardín decrépito,
morada vehemencia...
Mis sentidos en guerra con el mundo:
fue frágil armisticio la lectura.

Inventa la memoria otro presente.
Así me inventa.

Se confunde
el hoy con lo vivido.
Con los ojos cerrados leo el libro:
al regresar del desvarío
el hidalgo a su nombre regresa y se contempla
en el agua estancada de un instante sin tiempo.

Despunta, sol dudoso,
entre la niebla del espejo, un rostro.
Es la cara del muerto.
                    En tales trances,
dice, *no ha de burlar al alma el hombre.*
Y se mira a la cara:
                    deshielo de reflejos.

DEPRECACIÓN
(*Tablilla*)

Debemur morti nos nostraque
                    HORACIO

No he sido don Quijote,
no deshice ningún entuerto
                    (aunque a veces
me han apedreado los galeotes)
                    pero quiero,
como él, morir con los ojos abiertos.
                    Morir
sabiendo que morir es regresar
adonde no sabemos,
                    adonde,
sin esperanza, lo esperamos.
                    Morir
reconciliado con los tres tiempos
y las cinco direcciones,
                    el alma

—o lo que así llamamos—
vuelta una transparencia.
                    Pido
no la iluminación:
                    abrir los ojos,
mirar, tocar al mundo
con mirada de sol que se retira;
pido ser la quietud del vértigo,
la conciencia del tiempo
apenas lo que dure un parpadeo
del ánima sitiada;
                    pido
frente a la tos, el vómito, la mueca,
ser día despejado,
                    luz mojada
sobre tierra recién llovida
y que tu voz, mujer, sobre mi frente sea
el manso soliloquio de algún río;
pido ser breve centelleo,
repentina fijeza de un reflejo
sobre el oleaje de esa hora:
memoria y olvido,
                    al fin,
una misma claridad instantánea.

La cara y el viento

Bajo un sol inflexible
llanos ocres, colinas leonadas.
Trepé por un breñal una cuesta de cabras
hacia un lugar de escombros:
pilastras desgajadas, dioses decapitados.
A veces, centelleos subrepticios:
una culebra, alguna lagartija.
Agazapados en las piedras,
color de tinta ponzoñosa,

pueblos de bichos quebradizos.
Un patio circular, un muro hendido.
Agarrada a la tierra —nudo ciego,
árbol todo raíces— la higuera religiosa.
Lluvia de luz. Un bulto gris: el Buda.
Una masa borrosa sus facciones,
por las escarpaduras de su cara
subían y bajaban las hormigas.
Intacta todavía,
todavía sonrisa, la sonrisa:
golfo de claridad pacífica.
Y fui por un instante diáfano
viento que se detiene,
gira sobre sí mismo y se disipa.

VISTO Y DICHO

Fábula de Joan Miró

El azul estaba inmovilizado entre el rojo y el negro.
El viento iba y venía por la página del llano,
encendía pequeñas fogatas, se revolcaba en la ceniza,
salía con la cara tiznada gritando por las esquinas,
el viento iba y venía abriendo y cerrando puertas y ventanas,
iba y venía por los crepusculares corredores del cráneo,
el viento con mala letra y las manos manchadas de tinta
escribía y borraba lo que había escrito sobre la pared del día.
El sol no era sino el presentimiento del color amarillo,
una insinuación de plumas, el grito futuro del gallo.
La nieve se había extraviado, el mar había perdido el habla,
era un rumor errante, unas vocales en busca de una palabra.

El azul estaba inmovilizado, nadie lo miraba, nadie lo oía:
el rojo era un ciego, el negro un sordomudo.
El viento iba y venía preguntando ¿por dónde anda Joan Miró?
Estaba ahí desde el principio pero el viento no lo veía:
inmovilizado entre el azul y el rojo, el negro y el amarillo,
Miró era una mirada transparente, una mirada de siete manos.
Siete manos en forma de orejas para oír a los siete colores,
siete manos en forma de pies para subir los siete escalones del arco iris,
siete manos en forma de raíces para estar en todas partes y a la vez en
      Barcelona.

Miró era una mirada de siete manos.
Con la primera mano golpeaba el tambor de la luna,
con la segunda sembraba pájaros en el jardín del viento,
con la tercera agitaba el cubilete de las constelaciones,

con la cuarta escribía la leyenda de los siglos de los caracoles,
con la quinta plantaba islas en el pecho del verde,
con la sexta hacía una mujer mezclando noche y agua, música
    y electricidad,
con la séptima borraba todo lo que había hecho y comenzaba de nuevo.

El rojo abrió los ojos, el negro dijo algo incomprensible y el azul se levantó.
Ninguno de los tres podía creer lo que veía:
¿eran ocho gavilanes o eran ocho paraguas?
Los ocho abrieron las alas, se echaron a volar y desaparecieron por un
    vidrio roto.

Miró empezó a quemar sus telas.
Ardían los leones y las arañas, las mujeres y las estrellas,
el cielo se pobló de triángulos, esferas, discos, hexaedros en llamas,
el fuego consumió enteramente a la granjera planetaria plantada en
    el centro del espacio,
del montón de cenizas brotaron mariposas, peces voladores, roncos
    fonógrafos,
pero entre los agujeros de los cuadros chamuscados
volvían el espacio azul y la raya de la golondrina, el follaje de nubes
    y el bastón florido:
era la primavera que insistía, insistía con ademanes verdes.
Ante tanta obstinación luminosa Miró se rascó la cabeza con su quinta
    mano,
murmurando para sí mismo: *Trabajo como un jardinero.*

¿Jardín de piedras o de barcas? ¿Jardín de poleas o de bailarinas?
El azul, el negro y el rojo corrían por los prados,
las estrellas andaban desnudas pero las friolentas colinas se habían
    metido debajo de las sábanas,
había volcanes portátiles y fuegos de artificio a domicilio.
Las dos señoritas que guardan la entrada a la puerta de las percepciones,
    Geometría y Perspectiva,
se habían ido a tomar el fresco del brazo de Miró, cantando *Une étoile*
    caresse le sein d'une négresse.

El viento dio la vuelta a la página del llano, alzó la cara y dijo, ¿pero
dónde anda Joan Miró?
Estaba ahí desde el principio y el viento no lo veía:
Miró era una mirada transparente por donde entraban y salían atareados
abecedarios.
No eran letras las que entraban y salían por los túneles del ojo:
eran cosas vivas que se juntaban y se dividían, se abrazaban y se mordían
y se dispersaban,
corrían por toda la página en hileras animadas y multicolores, tenían
cuernos y rabos,
unas estaban cubiertas de escamas, otras de plumas, otras andaban en
cueros,
y las palabras que formaban eran palpables, audibles y comestibles pero
impronunciables:
no eran letras sino sensaciones, no eran sensaciones sino
transfiguraciones.

¿Y todo esto para qué? Para trazar una línea en la celda de un solitario,
para iluminar con un girasol la cabeza de luna del campesino,
para recibir a la noche que viene con personajes azules y pájaros
de fiesta,
para saludar a la muerte con una salva de geranios,
para decirle *buenos días* al día que llega sin jamás preguntarle de dónde
viene y adónde va,
para recordar que la cascada es una muchacha que baja las escaleras
muerta de risa,
para ver al sol y a sus planetas meciéndose en el trapecio del horizonte,
para aprender a mirar y para que las cosas nos miren y entren y salgan
por nuestras miradas,
abecedarios vivientes que echan raíces, suben, florecen, estallan, vuelan,
se disipan, caen.

Las miradas son semillas, mirar es sembrar, Miró trabaja como un
jardinero
y con sus siete manos traza incansable —círculo y rabo, ¡oh! y ¡ah!—
la gran exclamación con que todos los días comienza el mundo.

La Dulcinea de Marcel Duchamp

A Eulalio Ferrer

—*Metafísica estáis.*
—*Hago strip-tease.*

Ardua pero plausible, la pintura
cambia la blanca tela en pardo llano
y en Dulcinea al polvo castellano,
torbellino resuelto en escultura.

Transeúnte de París, en su figura
—molino de ficciones, inhumano
rigor y geometría— Eros tirano
desnuda en cinco chorros su estatura.

Mujer en rotación que se disgrega
y es surtidor de sesgos y reflejos:
mientras más se desviste, más se niega.

La mente es una cámara de espejos;
invisible en el cuadro, Dulcinea
perdura: fue mujer y ya es idea.

Diez líneas para Antoni Tàpies

Sobre las superficies ciudadanas,
las deshojadas hojas de los días,
sobre los muros desollados, trazas
signos carbones, números en llamas.
Escritura indeleble del incendio,
sus testamentos y sus profecías
vueltos ya taciturnos resplandores.
Encarnaciones, desencarnaciones:
tu pintura es el lienzo de Verónica
de ese Cristo sin rostro que es el tiempo.

La vista, el tacto

A Balthus

La luz sostiene —ingrávidos, reales—
el cerro blanco y las encinas negras,
el sendero que avanza,
el árbol que se queda;
la luz naciente busca su camino,
río titubeante que dibuja
sus dudas y las vuelve certidumbres,
río del alba sobre unos párpados cerrados;

la luz esculpe al viento en la cortina,
hace de cada hora un cuerpo vivo,
entra en el cuarto y se desliza,
descalza, sobre el filo del cuchillo;

la luz nace mujer en un espejo,
desnuda bajo diáfanos follajes
una mirada la encadena,
la desvanece un parpadeo;

la luz palpa los frutos y palpa lo invisible,
cántaro donde beben claridades los ojos,
llama cortada en flor y vela en vela
donde la mariposa de alas negras se quema;

la luz abre los pliegues de la sábana
y los repliegues de la pubescencia,
arde en la chimenea, sus llamas vueltas sombras
trepan los muros, yedra deseosa;

la luz no absuelve ni condena,
no es justa ni es injusta,
la luz con manos invisibles alza
los edificios de la simetría;

la luz se va por un pasaje de reflejos
y regresa a sí misma:
es una mano que se inventa,
un ojo que se mira en sus inventos.

La luz es tiempo que se piensa.

Un viento llamado Bob Rauschenberg

Paisaje caído de Saturno,
paisaje del desamparo,
llanuras de tuercas y ruedas y palancas,
turbinas asmáticas, hélices rotas,
cicatrices de la electricidad,
paisaje desconsolado:
los objetos duermen unos al lado de los otros,
vastos rebaños de cosas y cosas y cosas,
los objetos duermen con los ojos abiertos
y caen pausadamente en sí mismos,
caen sin moverse,
su caída es la quietud del llano bajo la luna,
su sueño es un caer sin regreso,
un descenso hacia el espacio sin comienzo,
los objetos caen,
                        están cayendo,
caen desde mi frente que los piensa,
caen desde mis ojos que no los miran,
caen desde mi pensamiento que los dice,
caen como letras, letras, letras,
lluvia de letras sobre el paisaje del desamparo.

Paisaje caído,
sobre sí mismo echado, buey inmenso,
buey crepuscular como este siglo que acaba,
las cosas duermen unas al lado de las otras
—el hierro y el algodón, la seda y el carbón,

las fibras sintéticas y los granos de trigo,
los tornillos y los huesos del ala del gorrión,
la grúa, la colcha de lana y el retrato de familia,
el reflector, el manubrio y la pluma del colibrí—
las cosas duermen y hablan en sueños,
el viento ha soplado sobre las cosas
y lo que hablan las cosas en su sueño
lo dice el viento lunar al rozarlas,
lo dice con reflejos y colores que arden y estallan,
el viento profiere formas que respiran y giran,
las cosas se oyen hablar y se asombran al oírse,
eran mudas de nacimiento y ahora cantan y ríen,
eran paralíticas y ahora bailan,
el viento las une y las separa y las une,
juega con ellas, las deshace y las rehace,
inventa otras cosas nunca vistas ni oídas,
sus ayuntamientos y sus disyunciones
son racimos de enigmas palpitantes,
formas insólitas y cambiantes de las pasiones,
constelaciones del deseo, la cólera, el amor,
figuras de los encuentros y las despedidas.

El paisaje abre los ojos y se incorpora,
se echa a andar y su sombra lo sigue,
es una estela de rumores obscuros,
son los lenguajes de las substancias caídas,
el viento se detiene y oye el clamor de los elementos,
a la arena y al agua hablando en voz baja,
el gemido de las maderas del muelle que combate la sal,
las confidencias temerarias del fuego,
el soliloquio de las cenizas,
la conversación interminable del universo.
Al hablar con las cosas y con nosotros
el universo habla consigo mismo:
somos su lengua y su oreja, sus palabras y sus silencios.
El viento oye lo que dice el universo
y nosotros oímos lo que dice el viento
al mover los follajes submarinos del lenguaje

y las vegetaciones secretas del subsuelo y el subcielo:
los sueños de las cosas el hombre los sueña,
los sueños de los hombres el tiempo los piensa.

Central Park

A Pierre Alechinsky

Verdes y negras espesuras, parajes pelados,
río vegetal en sí mismo anudado:
entre plomizos edificios transcurre sin moverse
y allá donde la misma luz se vuelve duda
y la piedra quiere ser sombra, se disipa.
Don't cross Central Park at night.

Cae el día, la noche se enciende,
Alechinsky traza un rectángulo imantado,
trampa de líneas, corral de tinta:
adentro hay una bestia caída,
dos ojos y una rabia enroscada.
Don't cross Central Park at night.

No hay puertas de entrada y salida,
encerrada en un anillo de luz
la bestia de yerba duerme con los ojos abiertos,
la luna desentierra navajas,
el agua de la sombra se ha vuelto un fuego verde.
Don't cross Central Park at night.

No hay puertas de entrada pero todos,
en mitad de la frase colgada del teléfono,
de lo alto del chorro del silencio o de la risa,
de la jaula de vidrio del ojo que nos mira,
todos, vamos cayendo en el espejo.
Don't cross Central Park at night.

El espejo es de piedra y la piedra ya es sombra,
hay dos ojos del color de la cólera,
un anillo de frío, un cinturón de sangre,
hay el viento que esparce los reflejos
de Alicia desmembrada en el estanque.
Don't cross Central Park at night.

Abre los ojos: ya estás adentro de ti mismo,
en un barco de monosílabos navegas
por el estanque-espejo y desembarcas
en el muelle de Cobra: es un taxi amarillo
que te lleva al país de las llamas
a través de Central Park en la noche.

Paraje

A Denise Esteban

El camino sin nombre,
                              sin nadie,
fluye entre peñas desgastadas,
dados de esa partida inmemorial
que juegan sin cesar los elementos,
prosigue por un llano,
                              cada paso
una leyenda de la geología,
se pierde en una duna de reflejos
que no es agua ni arena sino tiempo.
Hay un árbol rosado, yerbas negras,
sal en las yemas de la luz.
                              El camino
lleva al sol en los hombros.
El cielo ha acumulado lejanías
sobre esta realidad que dura poco.
Un charco: surtidor de resplandores.
Ojos por todas partes.

La hora se detiene
para verse pasar entre unas piedras.
El camino no acaba de llegar.

Cuatro chopos

A Claude Monet

Como tras de sí misma va esta línea
por los horizontales confines persiguiéndose
y en el poniente siempre fugitivo
en que se busca se disipa

—como esta misma línea
por la mirada levantada
vuelve todas sus letras
una columna diáfana
resuelta en una no tocada
ni oída ni gustada mas pensada
flor de vocales y de consonantes

—como esta línea que no acaba de escribirse
y antes de consumarse se incorpora
sin cesar de fluir pero hacia arriba:

los cuatro chopos.

       Aspirados
por la altura vacía y allá abajo,
en un charco hecho cielo, duplicados,
los cuatro son un solo chopo
y son ninguno.

       Atrás, frondas en llamas
que se apagan —la tarde a la deriva—
otros chopos ya andrajos espectrales

interminablemente ondulan
interminablemente inmóviles.

El amarillo se desliza al rosa,
se insinúa la noche en el violeta.

Entre el cielo y el agua
hay una franja azul y verde:
sol y plantas acuáticas,
caligrafía llameante
escrita por el viento.
Es un reflejo suspendido en otro.

Tránsitos: parpadeos del instante.
El mundo pierde cuerpo,
es una aparición, es cuatro chopos,
cuatro moradas melodías.

Frágiles ramas trepan por los troncos.
Son un poco de luz y otro poco de viento.
Vaivén inmóvil. Con los ojos
las oigo murmurar palabras de aire.

El silencio se va con el arroyo,
regresa con el cielo.

Es real lo que veo:
cuatro chopos sin peso
plantados sobre un vértigo.
Una fijeza que se precipita
hacia abajo, hacia arriba,
hacia el agua del cielo del remanso
en un esbelto afán sin desenlace
mientras el mundo zarpa hacia lo obscuro.

Latir de claridades últimas:
quince minutos sitiados
que ve Claudio Monet desde una barca.

En el agua se abisma el cielo,
en sí misma se anega el agua,
el chopo es un disparo cárdeno:
este mundo no es sólido.

Entre ser y no ser la yerba titubea,
los elementos se aligeran,
los contornos se esfuman,
visos, reflejos, reverberaciones,
centellear de formas y presencias,
niebla de imágenes, eclipses,
esto que veo somos: espejeos.

La casa de la mirada

A Roberto Matta

Caminas adentro de ti mismo y el tenue reflejo serpeante que te conduce
no es la última mirada de tus ojos al cerrarse ni es el sol tímido
    golpeando tus párpados:
es un arroyo secreto, no de agua sino de latidos: llamadas, respuestas,
    llamadas,
hilo de claridades entre las altas yerbas y las bestias agazapadas
    de la conciencia a obscuras.
Sigues el rumor de tu sangre por el país desconocido que inventan
    tus ojos
y subes por una escalera de vidrio y agua hasta una terraza.
Hecha de la misma materia impalpable de los ecos y los tintineos,
la terraza, suspendida en el aire, es un cuadrilátero de luz, un ring
    magnético
que se enrolla en sí mismo, se levanta, anda y se planta en el circo
    del ojo,
géiser lunar, tallo de vapor, follaje de chispas, gran árbol que se enciende
    y apaga y enciende:
estás en el interior de los reflejos, estás en la casa de la mirada,

has cerrado los ojos y entras y sales de ti mismo a ti mismo por un
   puente de latidos:
                    EL CORAZÓN ES UN OJO.

Estás en la casa de la mirada, los espejos han escondido todos sus
   espectros,
no hay nadie ni hay nada que ver, las cosas han abandonado sus cuerpos,
no son cosas, no son ideas: son disparos verdes, rojos, amarillos, azules,
enjambres que giran y giran, espirales de legiones desencarnadas,
torbellino de las formas que todavía no alcanzan su forma,
tu mirada es la hélice que impulsa y revuelve las muchedumbres
   incorpóreas,
tu mirada es la idea fija que taladra el tiempo, la estatua inmóvil
   en la plaza del insomnio,
tu mirada teje y desteje los hilos de la trama del espacio,
tu mirada frota una idea contra otra y enciende una lámpara en la iglesia
   de tu cráneo,
pasaje de la enunciación a la anunciación, de la concepción a la asunción,
el ojo es una mano, la mano tiene cinco ojos, la mirada tiene dos manos,
estamos en la casa de la mirada y no hay nada que ver, hay que poblar
   otra vez la casa del ojo,
hay que poblar el mundo con ojos, hay que ser fieles a la vista, hay que
                    CREAR PARA VER.

La idea fija taladra cada minuto, el pensamiento teje y desteje la trama,
vas y vienes entre el infinito de afuera y tu propio infinito,
eres un hilo de la trama y un latido del minuto, el ojo que taladra y el ojo
   tejedor,
al entrar en ti mismo no sales del mundo, hay ríos y volcanes en tu
   cuerpo, planetas y hormigas,
en tu sangre navegan imperios, turbinas, bibliotecas, jardines,
también hay animales, plantas, seres de otros mundos, las galaxias
   circulan en tus neuronas,
al entrar en ti mismo entras en este mundo y en los otros mundos,
entras en lo que vio el astrónomo en su telescopio, el matemático en sus
   ecuaciones:
el desorden y la simetría, el accidente y las rimas, las duplicaciones
   y las mutaciones,

el mal de San Vito del átomo y sus partículas, las células reincidentes, las
inscripciones estelares.

Afuera es adentro, caminamos por donde nunca hemos estado,
el lugar del encuentro entre esto y aquello está aquí mismo y ahora,
somos la intersección, la X, el aspa maravillosa que nos multiplica y nos
interroga,
el aspa que al girar dibuja el cero, ideograma del mundo y de cada uno de
nosotros.
Como el cuerpo astral de Bruno y Cornelio Agripa, como los *grandes
transparentes* de André Breton,
vehículos de materia sutil, cables entre éste y aquel lado,
los hombres somos la bisagra entre el aquí y el allá, el signo doble y uno,
∧ y ∨,
pirámides superpuestas unidas en un ángulo para formar la X de la Cruz,
cielo y tierra, aire y agua, llanura y monte, lago y volcán, hombre
y mujer,
el mapa del cielo se refleja en el espejo de la música,
donde el ojo se anula nacen mundos:
LA PINTURA TIENE UN PIE EN LA ARQUITECTURA Y OTRO
EN EL SUEÑO

La tierra es un hombre, dijiste, pero el hombre no es la tierra,
el hombre no es este mundo ni los otros mundos que hay en este
mundo y en los otros,
el hombre es el momento en que la tierra duda de ser tierra y el mundo
de ser mundo,
el hombre es la boca que empaña el espejo de las semejanzas y las
analogías,
el animal que sabe decir *no* y así inventa nuevas semejanzas y dice *sí*,
el equilibrista vendado que baila sobre la cuerda floja de una sonrisa,
el espejo universal que refleja otro mundo al repetir a éste, el que
transfigura lo que copia,
el hombre no es el que es, célula o dios, sino el que está siempre más allá.
Nuestras pasiones no son los ayuntamientos de las substancias ciegas
pero los combates y los abrazos de los elementos riman con nuestros
deseos y apetitos,
pintar es buscar la rima secreta, dibujar el eco, pintar el eslabón:

El vértigo de Eros es el vahído de la rosa al mecerse sobre el osario,
la aparición de la aleta del pez al caer la noche en el mar es el centelleo
    de la idea,
tú has pintado al amor tras una cortina de agua llameante
        PARA CUBRIR LA TIERRA CON UN NUEVO ROCÍO.

En el espejo de la música las constelaciones se miran antes de disiparse,
el espejo se abisma en sí mismo anegado de claridad hasta anularse en un
    reflejo,
los espacios fluyen y se despeñan bajo la mirada del tiempo petrificado,
las presencias son llamas, las llamas son tigres, los tigres se han vuelto
    olas,
cascada de transfiguraciones, cascada de repeticiones, trampas del tiempo:
hay que darle su ración de lumbre a la naturaleza hambrienta,
hay que agitar la sonaja de las rimas para engañar al tiempo y despertar
    al alma,
hay que plantar ojos en la plaza, hay que regar los parques con risa solar
    y lunar,
hay que aprender la tonada de Adán, el solo de la flauta del fémur,
hay que construir sobre este espacio inestable la casa de la mirada,
la casa de aire y de agua donde la música duerme, el fuego vela y pinta
    el poeta.

ÁRBOL ADENTRO

Árbol adentro

Creció en mi frente un árbol.
Creció hacia dentro.
Sus raíces son venas,
nervios sus ramas,
sus confusos follajes pensamientos.
Tus miradas lo encienden
y sus frutos de sombra
son naranjas de sangre,
son granadas de lumbre.
                              Amanece
en la noche del cuerpo.
Allá adentro, en mi frente,
el árbol habla.
                    Acércate, ¿lo oyes?

Primero de enero

Las puertas del año se abren,
como las del lenguaje,
hacia lo desconocido.
Anoche me dijiste:
                        mañana
habrá que trazar unos signos,
dibujar un paisaje, tejer una trama
sobre la doble página
del papel y del día.

Mañana habrá que inventar,
de nuevo,
la realidad de este mundo.

Ya tarde abrí los ojos.
Por el segundo de un segundo
sentí lo que el azteca,
acechando
desde el peñón del promontorio,
por las rendijas de los horizontes,
el incierto regreso del tiempo.

No, el año había regresado.
Llenaba todo el cuarto
y casi lo palpaban mis miradas.
El tiempo, sin nuestra ayuda,
había puesto,
en un orden idéntico al de ayer,
casas en la calle vacía,
nieve sobre las casas,
silencio sobre la nieve.

Tú estabas a mi lado,
aún dormida.
El día te había inventado
pero tú no aceptabas todavía
tu invención en este día.
Quizá tampoco la mía.
Tú estabas en otro día.

Estabas a mi lado
y yo te veía, como la nieve,
dormida entre las apariencias.
El tiempo, sin nuestra ayuda,
inventa casas, calles, árboles,
mujeres dormidas.

Cuando abras los ojos
caminaremos, de nuevo,

entre las horas y sus invenciones
y al demorarnos en las apariencias
daremos fe del tiempo y sus conjugaciones.
Abriremos las puertas de este día,
entraremos en lo desconocido.

Antes del comienzo

Ruidos confusos, claridad incierta.
Otro día comienza.
Es un cuarto en penumbra
y dos cuerpos tendidos.

En mi frente me pierdo
por un llano sin nadie.
Ya las horas afilan sus navajas.
Pero a mi lado tú respiras;
entrañable y remota
fluyes y no te mueves.
Inaccesible si te pienso,
con los ojos te palpo,
te miro con las manos.
Los sueños nos separan
y la sangre nos junta:
somos un río de latidos.
Bajo tus párpados madura
la semilla del sol.
                    El mundo
no es real todavía,
el tiempo duda:
                    sólo es cierto
el calor de tu piel.
En tu respiración escucho
la marea del ser,
la sílaba olvidada del Comienzo.

Canción desentonada

non visto color de buen verdigay
nin trobo discor ni fago deslay.
JUAN ALFONSO DE BAENA

El día es corto,
      larga la hora.
Sin moverme recorro sus pasillos,
subo por sus calvarios mínimos,
desciendo por peldaños hechos de aire,
me pierdo en galerías transparentes
—pero no me encuentro,
              pero no te veo.

El día es corto,
      larga la hora.
Veo a mi mano obstinada que escribe
palabras circulares en la página,
veo a mi sombra en la página, veo
mi caída en el centro vacío de esta hora
—pero no te encuentro,
              pero no me veo.

El día es corto,
      larga la hora.
El tiempo se arrastra, se esconde, se espía,
el tiempo se entierra, terrones de aire,
el tiempo rebrota, columna de aire,
me hiere en la frente, me rasga los párpados
—pero no me encuentro,
              pero no te veo.

El día es corto,
      larga la hora.
Ando por baldíos, corredores, ecos,
te tocan mis manos y te desvaneces,
me miro en tus ojos y me desvanezco,

traza, borra, inventa reflejos la hora
—pero no te encuentro,
                    pero no me veo.

El día es corto,
                larga la hora.
Hay una semilla dormida en el tiempo,
estalla en el aire con ruido de sílabas,
es una palabra, dice sin decirlos
los nombres del tiempo, el tuyo y el mío
—pero no me encuentro,
                        pero no te veo.

Los nombres son frutos, maduran y caen;
la hora es inmensa y en sí misma cae.

La guerra de la dríada
o
Vuelve a ser eucalipto

El enorme perro abrió los ojos,
pegó un salto y arqueando el negro lomo,
bien plantado en sus cuatro patas,
aulló con un aullido inacabable:
¿qué veía con seis ojos inyectados,
sus tres hocicos contra quién gruñían?
veía una nube preñada de centellas,
veía un par de ojos, veía un gato montés,
el gato cayó sobre el perro,
el perro revolcó al gato,
el gato le sacó un ojo al perro,
el perro se volvió un ladrido de humo,
el humo subió al cielo,
el cielo se volvió tempestad,
la tempestad bajó armada de rayos,
el rayo incendió al gato montés,

las cenizas del gato se esparcieron
entre las cuatro esquinas del universo,
el cuarto se convirtió en Sáhara,
sopló el simún y me abrasé en su vaho,
convoqué a los genios del agua,
el trueno rodó por la azotea,
se quebraron los cántaros de arriba,
llovió sin parar durante cuarenta relámpagos,
el agua llegó al cielo raso,
en el vértice de la cresta tu cama se bandeaba,
con las sábanas armaste un velamen,
de pie en la proa de tu esquife inestable
tirado por cuatro caballos de espuma y un águila,
una llama ondeante tu cabellera eléctrica,
levaste el ancla, capeaste el temporal
y te hiciste a la mar,
                                    tu artillería
disparaba desde estribor,
desmantelaba mis premisas,
hacía añicos mis consiguientes,
tus espejos ustorios
incendiaban mis convicciones,
me replegué hacia la cocina,
rompí el cerco en el sótano,
escapé por una alcantarilla,
en el subsuelo hallé madrigueras,
el insomnio encendió su bujía,
su luz díscola iluminó mi noche,
inspiraciones, conspiraciones, inmolaciones,
con rabia verde, una llamita iracunda
y el soplete de ¡me la pagarás!
forjé un puñal de misericordia,
me bañé en la sangre del dragón,
salté el foso, escalé las murallas,
aceché en el pasillo, abrí la puerta,
tú te mirabas en el espejo y sonreías,
al verme desapareciste en un destello,
corrí tras esa claridad desvanecida,

interrogué a la luna del armario,
estrujé las sombras de la cortina,
plantado en el centro de la ausencia
fui estatua en una plaza vacía,
fui palabra encerrada en un paréntesis,
fui aguja de un reloj parado,
me quedé con un puñado de ecos,
baile de sílabas fantasmas
en la cueva del cráneo,
reapareciste en un resplandor súbito,
llevabas en la mano derecha un sol diminuto,
en la izquierda un cometa de cauda granate,
los astros giraban y cantaban,
al volar dibujaban figuras,
se unían, separaban, unían,
eran dos y eran uno y eran ninguno,
el doble pájaro de lumbre
anidó en mis oídos,
quemó mis pensamientos, disipó mis memorias,
cantó en la jaula del cerebro
el solo del faro en la noche oceánica
y el himno nupcial de las ballenas,
el puñal floreció,
el perro de tres cabezas lamía tus pies,
el espejo era un arroyo detenido,
el gato pescaba imágenes en el arroyo,
tú reías en mitad de la pieza,
eras una columna de luz líquida,
Vuelve a ser eucalipto, dijiste,
el viento mecía mi follaje,
yo callaba y el viento hablaba,
murmullo de palabras que eran hojas,
verdes chisporroteos, lenguas de agua,
tendida al pie del eucalipto
tú eras la fuente que reía,
vaivén de los ramajes sigilosos,
eras tú, era la brisa que volvía.

Regreso

Bajo mis ojos te extendías,
país de dunas —ocres, claras.
El viento en busca de agua se detuvo,
país de fuentes y latidos.
Vasta como la noche,
cabías en la cuenca de mi mano.

Después, el despeñarse inmóvil
adentro afuera de nosotros mismos.
Comí tinieblas con los ojos,
bebí el agua del tiempo, bebí noche.
Palpé entonces el cuerpo de una música
oída con las yemas de mis dedos.

Juntos, barcas obscuras
a la sombra amarradas,
nuestros cuerpos tendidos.
Las almas, desatadas,
lámparas navegantes
sobre el agua nocturna.

Abriste al fin los ojos.
Te mirabas mirada por mis ojos
y desde mi mirada te mirabas:
como el fruto en la yerba,
como la piedra en el estanque,
caías en ti misma.

Dentro de mí subía una marea
y con puño impalpable golpeaba
la puerta de tus párpados:
mi muerte, que quería conocerte,
mi muerte, que quería conocerse.
Me enterré en tu mirada.

*

Fluyen por las llanuras de la noche
nuestros cuerpos: son tiempo que se acaba,
presencia disipada en un abrazo;
pero son infinitos y al tocarlos
nos bañamos en ríos de latidos,
volvemos al perpetuo recomienzo.

Pilares

And whilst our souls negotiate there
We like sepulchral statues lay...
JOHN DONNE

La plaza es diminuta.
Cuatro muros leprosos,
una fuente sin agua,
dos bancas de cemento
y fresnos malheridos.
El estruendo, remoto,
de ríos ciudadanos.
Indecisa y enorme,
rueda la noche y borra
graves arquitecturas.
Ya encendieron las lámparas.
En los golfos de sombra,
en esquinas y quicios,
brotan columnas vivas
e inmóviles: parejas.
Enlazadas y quietas,
entretejen murmullos:
pilares de latidos.

En el otro hemisferio
la noche es femenina,
abundante y acuática.

Hay islas que llamean
en las aguas del cielo.
Las hojas del banano
vuelven verde la sombra.
En mitad del espacio
ya somos, enlazados,
un árbol que respira.
Nuestros cuerpos se cubren
de una yedra de sílabas.

Follajes de rumores,
insomnio de los grillos
en la yerba dormida,
las estrellas se bañan
en un charco de ranas,
el verano acumula
allá arriba sus cántaros,
con manos invisibles
el aire abre una puerta.
Tu frente es la terraza
que prefiere la luna.

El instante es inmenso,
el mundo ya es pequeño.
Yo me pierdo en tus ojos
y al perderme te miro
en mis ojos perdida.
Se quemaron los nombres,
nuestros cuerpos se han ido.
Estamos en el centro
imantado de ¿dónde?

Inmóviles parejas
en un parque de México
o en un jardín asiático:
bajo estrellas distintas
diarias eucaristías.
Por la escala del tacto

bajamos ascendemos
al arriba de abajo,
reino de las raíces,
república de alas.

Los cuerpos anudados
son *el libro del alma:*
con los ojos cerrados,
con mi tacto y mi lengua,
deletreo en tu cuerpo
la escritura del mundo.
Un saber ya sin nombres:
el sabor de esta tierra.

Breve luz suficiente
que ilumina y nos ciega
como el súbito brote
de la espiga y el semen.
Entre el fin y el comienzo
un instante sin tiempo
frágil arco de sangre,
puente sobre el vacío.

Al trabarse los cuerpos
un relámpago esculpen.

Como quien oye llover

Óyeme como quien oye llover,
ni atenta ni distraída,
pasos leves, llovizna,
agua que es aire, aire que es tiempo,
el día no acaba de irse,
la noche no llega todavía,
figuraciones de la niebla
al doblar la esquina,

figuraciones del tiempo
en el recodo de esta pausa,
óyeme como quien oye llover,
sin oírme, oyendo lo que digo
con los ojos abiertos hacia adentro,
dormida con los cinco sentidos despiertos,
llueve, pasos leves, rumor de sílabas,
aire y agua, palabras que no pesan:
lo que fuimos y somos,
los días y los años, este instante,
tiempo sin peso, pesadumbre enorme,
óyeme como quien oye llover,
relumbra el asfalto húmedo,
el vaho se levanta y camina,
la noche se abre y me mira,
eres tú y tu talle de vaho,
tú y tu cara de noche,
tú y tu pelo, lento relámpago,
cruzas la calle y entras en mi frente,
pasos de agua sobre mis párpados,
óyeme como quien oye llover,
el asfalto relumbra, tú cruzas la calle,
es la niebla errante en la noche,
es la noche dormida en tu cama,
es el oleaje de tu respiración,
tus dedos de agua mojan mi frente,
tus dedos de llama queman mis ojos,
tus dedos de aire abren los párpados del tiempo,
manar de apariciones y resurrecciones,
óyeme como quien oye llover,
pasan los años, regresan los instantes,
¿oyes tus pasos en el cuarto vecino?
no aquí ni allá: los oyes
en otro tiempo que es ahora mismo,
oye los pasos del tiempo
inventor de lugares sin peso ni sitio,
oye la lluvia correr por la terraza,
la noche ya es más noche en la arboleda,

en los follajes ha anidado el rayo,
vago jardín a la deriva
—entra, tu sombra cubre esta página.

Noche, día, noche

1

Chorro de luz: un pájaro
cantando en la terraza.
En los valles y montes
de tu cuerpo amanece.

2

Fuego dormido en la noche,
agua que ríe despierta.

3

Bajo la mata de tu pelo
tu frente:
                glorieta,
claridad entre ramas.
Pienso en jardines:
¡ser viento que remueve tus memorias,
ser sol que se abre paso en tu espesura!

4

A los pies de la palma,
alta como un salvaje
ondeando verde contra el sol guerrero,
reposas.

Un remanso
—agua en sombra— tu cuerpo.
Quietud. Palpita apenas
el vasto mediodía.
Entre tus piernas, terco, fluye el tiempo.

5

Una veta de sol, oro animado,
estrías, cruces, espirales,
verdes constelaciones:
el triangular insecto
entre las yerbas avanzaba
tres o cuatro milímetros por hora.
Por un instante lo tuviste
sobre la palma de tu mano
(donde el destino traza su arabesco secreto):
es una joya viva, una criatura
tal vez caída de Titania,
—y lo dejaste, reverente,
regresar al Gran Todo.

6

El día, flor extrema,
hora a hora se incendia.
Otra flor, negra, brota.
Imperceptiblemente
atraviesas la sombra
y entras, dama de noche.
Apenas oleaje,
aroma apenas, blanca,
te tiendes en mi cama.
Vuelves a ser mujer.

7

Llanuras de la sábana
y noche de los cuerpos,
marea del deseo
y gruta de los sueños.

8

Duerme bajo tus párpados
un impalpable pueblo:
ávidos torbellinos,
hijos del tacto, encarnan,
beben sangre, son formas
cambiantes del deseo
y son siempre la misma:
los rostros sucesivos
de la vida que es muerte,
de la muerte que es vida.

Carta de creencia
Cantata

1

Entre la noche y el día
hay un territorio indeciso.
No es luz ni sombra:
                        es tiempo.
Hora, pausa precaria,
página que se obscurece,
página en la que escribo,
despacio, estas palabras.
                        La tarde
es una brasa que se consume.

El día gira y se deshoja.
Lima los confines de las cosas
un río obscuro.
          Terco y suave
las arrastra, no sé adónde.
La realidad se aleja.
              Yo escribo:
hablo conmigo
            —hablo contigo.

Quisiera hablarte
como hablan ahora,
casi borrados por las sombras,
el arbolito y el aire;
como el agua corriente,
soliloquio sonámbulo;
como el charco callado,
reflector de instantáneos simulacros;
como el fuego:
lenguas de llama, baile de chispas,
cuentos de humo.
              Hablarte
con palabras visibles y palpables,
con peso, sabor y olor
como las cosas.
              Mientras lo digo
las cosas, imperceptiblemente,
se desprenden de sí mismas
y se fugan hacia otras formas,
hacia otros nombres.
              Me quedan
estas palabras: con ellas te hablo.

Las palabras son puentes.
También son trampas, jaulas, pozos.
Yo te hablo: tú no me oyes.
No hablo contigo:
              hablo con una palabra.

Esa palabra eres tú,
                esa palabra
te lleva de ti misma a ti misma.
La hicimos tú, yo, el destino.
La mujer que eres
es la mujer a la que hablo:
estas palabras son tu espejo,
eres tú misma y el eco de tu nombre.
Yo también,
             al hablarte,
me vuelvo un murmullo,
aire y palabras, un soplo,
un fantasma que nace de estas letras.

Las palabras son puentes:
la sombra de las colinas de Meknès
sobre un campo de girasoles estáticos
es un golfo violeta.
Son las tres de la tarde,
tienes nueve años y te has adormecido
entre los brazos frescos de la rubia mimosa.

Enamorado de la geometría
un gavilán dibuja un círculo.
Tiembla en el horizonte
la mole cobriza de los cerros.
Entre peñascos vertiginosos
los cubos blancos de un poblado.
Una columna de humo sube del llano
y poco a poco se disipa, aire en el aire,
como el canto del muecín
que perfora el silencio, asciende y florece
en otro silencio.
                Sol inmóvil,
inmenso espacio de alas abiertas;
sobre llanuras de reflejos
la sed levanta alminares transparentes.
Tú no estás dormida ni despierta:

tú flotas en un tiempo sin horas.
Un soplo apenas suscita
remotos países de menta y manantiales.
Déjate llevar por estas palabras
hacia ti misma.

2

Las palabras son inciertas
y dicen cosas inciertas.
Pero digan esto o aquello,
                              nos dicen.
Amor es una palabra equívoca,
como todas.
                    No es palabra,
dijo el Fundador:
                    es visión,
comienzo y corona
de la escala de la contemplación
—y el florentino:
                    es un accidente
—y el otro:
                    no es la virtud
pero nace de aquello que es la perfección
—y los otros:
                    una fiebre, una dolencia,
un combate, un frenesí, un estupor,
una quimera.
                    El deseo lo inventa,
lo avivan los ayunos y las laceraciones,
los celos lo espolean,
la costumbre lo mata.
                              Un don,
una condena.
                    Furia, beatitud.
Es un nudo: vida y muerte.
                              Una llaga

que es rosa de resurrección.
Es una palabra:
                    al decirla, nos dice.

El amor comienza en el cuerpo
¿dónde termina?
                    Si es fantasma,
encarna en un cuerpo;
                    si es cuerpo,
al tocarlo se disipa.
                    Fatal espejo:
la imagen deseada se desvanece,
tú te ahogas en tus propios reflejos.
Festín de espectros.

Aparición:
                    el instante tiene cuerpo y ojos,
me mira.
                    Al fin la vida tiene cara y nombre.
Amar:
            hacer de un alma un cuerpo,
hacer de un cuerpo un alma,
hacer un tú de una presencia.
                                Amar:
abrir la puerta prohibida,
                            pasaje
que nos lleva al otro lado del tiempo.
Instante:
            reverso de la muerte,
nuestra frágil eternidad.

Amar es perderse en el tiempo,
ser espejo entre espejos.
                        Es idolatría:
endiosar una criatura
«y a lo que es temporal llamar eterno».

Todas las formas de carne
son hijas del tiempo,
                        simulacros.
El tiempo es el mal,
                el instante
es la caída;
            amar es despeñarse:
caer interminablemente,
                        nuestra pareja
es nuestro abismo.
                    El abrazo:
jeroglífico de la destrucción.
Lascivia: máscara de la muerte.

Amar: una variación,
                    apenas un momento
en la historia de la célula primigenia
y sus divisiones incontables.
                            Eje
de la rotación de las generaciones.

Invención, transfiguración:
la muchacha convertida en fuente,
la cabellera en constelación,
en isla la mujer dormida.
                        La sangre:
música en el ramaje de las venas;
                            el tacto:
luz en la noche de los cuerpos.

                        Transgresión
de la fatalidad natural,
                    bisagra
que enlaza destino y libertad,
                        pregunta
grabada en la frente del deseo:
¿accidente o predestinación?

Memoria, cicatriz:
—¿de dónde fuimos arrancados?,
                              cicatriz,
memoria: sed de presencia,
                         querencia
de la mitad perdida.
                    El Uno
es el prisionero de sí mismo,
                         es,
solamente es,
                no tiene memoria,
no tiene cicatriz:
                    amar es dos,
siempre dos,
            abrazo y pelea,
dos es querer ser uno mismo
y ser el otro, la otra;
                        dos no reposa,
no está completo nunca,
                         gira
en torno a su sombra,
                        busca
lo que perdimos al nacer;
la cicatriz se abre:
                      fuente de visiones;
dos: arco sobre el vacío,
puente de vértigos;
                    dos:
Espejo de las mutaciones.

                    3

Amor, isla sin horas,
isla rodeada de tiempo,
                    claridad
sitiada de noche.
                Caer

es regresar,

       caer es subir.

Amar es tener ojos en las yemas,
palpar el nudo en que se anudan
quietud y movimiento.

       El arte de amar
¿es arte de morir?

       Amar
es morir y revivir y remorir:
es la vivacidad.

       Te quiero
porque yo soy mortal
y tú lo eres.

       El placer hiere,
la herida florece.
En el jardín de las caricias
corté la flor de sangre
para adornar tu pelo.
La flor se volvió palabra.
La palabra arde en mi memoria.

Amor:

       reconciliación con el Gran todo
y con los otros,

       los diminutos todos
innumerables.

       Volver al día del comienzo.
Al día de hoy.

La tarde se ha ido a pique.
Lámparas y reflectores
perforan la noche.

       Yo escribo:
hablo contigo:

       hablo conmigo.
Con palabras de agua, llama, aire y tierra
inventamos el jardín de las miradas.

Miranda y Ferdinand se miran,
interminablemente, en los ojos
—hasta petrificarse.
                      Una manera de morir
como las otras.
               En la altura
las constelaciones escriben siempre
la misma palabra;
                nosotros,
aquí abajo, escribimos
nuestros nombres mortales.
                    La pareja
es pareja porque no tiene Edén.
Somos los expulsados del Jardín,
estamos condenados a inventarlo
y cultivar sus flores delirantes,
joyas vivas que cortamos
para adornar un cuello.
                  Estamos condenados
a dejar el Jardín:
                delante de nosotros
está el mundo.

CODA

Tal vez amar es aprender
a caminar por este mundo.
Aprender a quedarnos quietos
como el tilo y la encina de la fábula.
Aprender a mirar.
Tu mirada es sembradora.
Plantó un árbol.
              Yo hablo
porque tú meces los follajes.

Figuras y figuraciones

(1991-1994)

OCTAVIO PAZ
MARIE JOSÉ PAZ

Las construcciones y cajas de Marie José son objetos tridimensionales transfigurados por su imaginación y su sensibilidad en conceptos visuales, enigmas mentales portadores, a veces, de imágenes bizarras e inquietantes, otras, de percepciones irónicas. Más que cosas para ser vistas, son alas para viajar, velas para vagar y divagar, espejos que atravesar.

OCTAVIO PAZ

Calma

Luna, reloj de arena:
la noche se vacía,
la hora se ilumina.

Calma

Tu rostro

Una mano —¿de quién?—
la piel azul, las uñas rojas,
sostiene una paleta.
Quiero ser cara, dice la paleta.
Y la mano la convierte en espejo
y en el espejo aparecen tus ojos
y tus ojos se vuelven árboles, nubes, colinas.
Un sendero serpea entre la doble hilera
de las insinuaciones y las alusiones.
Por ese sendero llego a tu boca,
fuente de verdades recién nacidas.

La paleta

Los pinceles despiertan

Criatura de viento, remolino de espuma,
un dragón entre nubes flotantes
y una bola de fuego rodando
en un cielo parecido a la tierra.

Dragoncillo, tú trotas
en un sueño de pinceles dormidos
y eres un soplo apenas
que entreabre sus párpados.

La caja abre las alas y comienza a volar.

La Boîte aux nuages

La chimenea imperio

Las llamas se volvieron piedras
y las piedras una asamblea de pirámides,
quieta geometría bajo un cielo sin tacha.

La defienden dos zarpas de esfinges,
la velan dos leones sedentes,
hacen guardia en el pórtico
otros dos leones alados, revestidos
con las armas acuáticas del Nilo.
Doble emblema del desierto y del agua,
las potencias estériles
que al juntarse procrean.

Pequeño monumento de fuego
en un ángulo del salón.
Egipto incandescente
incrustado en la frente del invierno.

La Cheminée empire

Cifra

Muro tatuado de signos
como el cuerpo de la noche estrellada.
Arriba, ni nubes ni astros:
una arquitectura de madera,
arcadas, oquedades pobladas de ecos.

Horizonte de tiempo petrificado:
cada sello es una cifra,
cada cifra una ventana,
cada ventana una mirada
que perfora los días
y desvela su rostro:
no el de ayer o mañana, el de ahora.

Las ventanas son sellos
y los sellos son signos
resueltos en sinos:
la pareja se encuentra y se enlaza.
Ella y él son el sello viviente,
la desnudada cifra del diario recomienzo.

Le Sceau

India

Estas letras y líneas sinuosas
que en el papel se enlazan y separan
como sobre la palma de una mano:
¿son la India?
　　　　　　　　Y la pata de metal leonado
—forjado por el sol, enfriado por la luna—
su garra que oprime una dura bola de vidrio
y la esfera iridiscente
donde arden y brillan los millares de velas
que, cada noche, los devotos
lanzan a navegar por lagos y por ríos:
¿son una profecía, un acertijo,
la memoria de un encuentro,
los signos dispersos de un destino?

—Son el cetro del azar.
Lo dejó, al pie del árbol del tiempo,
el rey de este mundo.

India

Enigma

Nacimos de una pregunta,
cada uno de nuestros actos
es una pregunta,
nuestros años son un bosque de preguntas,
tú eres una pregunta y yo soy otra,
Dios es una mano que dibuja, incansable,
universos en forma de preguntas.

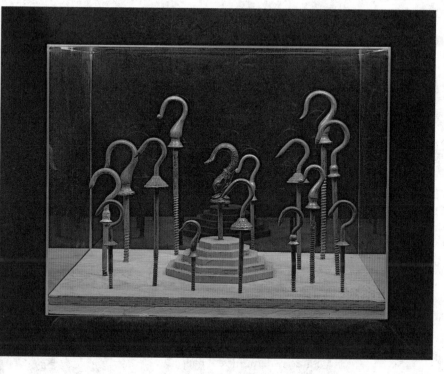

La Forêt s'interroge

Puerta

¿Qué hay detrás de esa puerta?
No llames, no preguntes, nadie responde,
nada puede abrirla,
ni la ganzúa de la curiosidad
ni la llavecita de la razón
ni el martillo de la impaciencia.
No hables, no preguntes,
acércate, pega la oreja:
¿no oyes una respiración?
Allá del otro lado,
alguien como tú pregunta:
¿qué hay detrás de esa puerta?

Puerta

Las armas del oficio

Blasón: dos agujas de gancho,
espadas cruzadas sobre un emblema,
un brocado color marfil y azul grisáceo.
Escudo: una miniatura de nácar
vuelta un carrete de hilo blanco.

Dos almohadillas de raso,
el corazón y la memoria,
atravesados por alfileres diminutos:
penas, corazonadas, deseos, alegrías,
soledades, despedidas, encuentros,
lo que el tiempo nos da y lo que nos quita,
el instante palpable y siempre evanescente,
el tiempo que anda a paso de tortuga
o es súbita centella:
si lo tocas, se fuga, regresa si lo olvidas.

Otros carretes de hilos multicolores
para coser recuerdos y presentimientos,
saltos y sobresaltos de la vida.

Dos manos, aplicadas bordadoras
de la tela que cubre y que desnuda,
ondea como bandera, flota como perfume,
armadura hecha de aire
para el combate de dos cuerpos.

Les Armes du métier

Constelación corporal

Los ojos nacidos de la noche
no son ojos que miran:
son ojos que inventan
lo que nosotros miramos.

Teatro de las metamorfosis:
en el centro de la hora
la rotación del cielo
se ha detenido por un instante,
largo como la mirada que la mira.

Las estrellas son semillas
y germinan en los subcielos.

El tiempo juega al ajedrez con su sombra;
espejo que se desdobla en reflejos,
reflejos que se desvanecen:
el que gana, pierde y el que pierde, gana.

En la lente de su caleidoscopio
el astrónomo mira a la constelación
convertida en mujer, ola de claridad.

Es el alba que vuelve a la tierra:
al cerrar los ojos de la noche
abre los ojos de los hombres.

Les Yeux de la nuit

Sueño de plumas

La mano azul
se ha vuelto pluma dibujante.
Arriba nace el Fuji,
vestido de blanco.
Ladera de yerbas altas:
brotan tres pinos y un fantasma.
Unas golondrinas preguntan por la luna.
Abajo, en un lecho de terciopelo ajado,
duermen plumas aceradas.
Son semillas que sueñan su resurrección:
mañana serán surtidores.

La Plume bleue

Aquí

Mis pasos en esta calle
resuenan
                en otra calle
donde
        oigo mis pasos
pasar en esta calle
donde
sólo es real la niebla

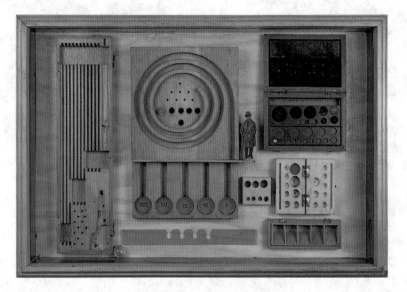

Aquí

Poemas

1989-1996

Estrofas para un jardín imaginario

Los ocho versos describen un jardín más bien rústico, pueblerino. Un pequeño recinto cerrado; muros y dos entradas (Revolución y Patriotismo). Además de las palmeras, que ya existen, deben plantarse buganvilias, heliotropos, un fresno y un pino. Asimismo hay que instalar una pequeña fuente.

Este texto podría ir en una de las entradas del jardincillo, ya sea seguido, como una sola estrofa, en el dintel o en el frontón, ya sea dividido en dos cuartetos en cada una de las jambas:

> Cuatro muros de adobe. Buganvilias.
> En sus llamas pacíficas los ojos
> se bañan. Pasa el viento entre alabanzas
> de follajes y yerbas de rodillas.

> El heliotropo con morados pasos
> cruza envuelto en su aroma. Hay un profeta:
> el fresno —y un meditabundo: el pino.
> El jardín es pequeño, el cielo inmenso.

Estos cuatro versos podrían ir en la otra entrada, en el dintel o en el frontón:

> Rectángulo feliz: unas palmeras,
> surtidores de jade; fluye el tiempo,
> canta el agua, la piedra calla, el alma,
> suspensa en el instante, es una fuente.

Este texto podría ir en el interior del jardín. Por ejemplo, en la fuente. Pienso en un muro sobre el que cayese una cortina transparente de agua que dejase leer los cuatro versos:

La lluvia, pie danzante y pelo suelto,
el tobillo mordido por el rayo,
desciende acompañada de tambores:
abre el árbol los ojos, reverdece.

COLOFÓN

Escrito después de visitar el lugar:

Populoso baldío, unas palmeras,
plumeros desplumados, martilleo
de motores, un muro carcelario,
polvo y basura, patria de ninguno.

Escrito al recordar cierto jardín:

Verdor sobreviviente en mis escombros,
en mis ojos te miras y te tocas,
te conoces en mí y en mí te piensas,
en mí duras y en mí te desvaneces.

«Epitafio sobre ninguna piedra»:

Mixcoac fue mi pueblo: tres sílabas nocturnas,
un antifaz de sombra sobre un rostro solar.
Vino Nuestra Señora, la Tolvanera madre.
Vino y se lo comió. Yo andaba por el mundo.
Mi casa fueron mis palabras, mi tumba el aire:

Mayo de 1989

Verde noticia

A Roger Munier

Nacida al borde de un ladrillo
en un rincón del patio,
brizna de yerba combatiente
contra el aire y la luz,
aire y luz ella misma.

Claridad afilada
en alfileres denodados,
savia tenaz resuelta en transparencia:
sobre diáfanos tallos
instantáneas esmeraldas.

Espiga de rocío,
brotaste de la piedra
como una exclamación.

Acabas de nacer,
tienes mil años y un minuto,
cada día primer día del mundo.

Eres un poco de aire
y una gota de sol,
eres un parpadeo.

Bailas y no te mueves,
ondeante quietud
en la palma del viento.

Haz de lanzas de vidrio y centelleos,
terrestre voluntad vuelta reflejos,
más luz que yerba y más que luz
exhalación palpable y no tocada:
el repentino cuerpo del instante.

Abre la hora su corola,
se inmoviliza el mediodía,
yo escribo en una mesa, me detengo,
oigo el callar de la madera,
miro el verde resol, el tiempo se entreabre.

Soliloquio

....
fluye tenaz entre sombras caídas,
cava túneles, taladra silencios,
insiste, corre bajo mi almohada,
roza mis sienes, recubre mis párpados
con otra piel impalpable hecha de aire,
sus naciones errantes, sus tribus soñolientas
recorren las provincias de mi cuerpo,
pasa y repasa bajo puentes de huesos,
se desliza por mi oreja izquierda,
se derrama por mi oreja derecha,
asciende por mi nuca,
da vueltas y vueltas en mi cráneo,
vaga por la terraza de mi frente,
suscita las visiones, las disipa,
uno a uno con manos de agua que no moja
borra mis pensamientos, los esparce,
negro oleaje, marea de pulsaciones,
rumor de agua que avanza a tientas
repitiendo la misma sílaba sin sentido,
oigo su desvarío sonámbulo
perderse en serpeantes galerías de ecos,
vuelve, se aleja, vuelve,
por mis desfiladeros
interminablemente se despeña
y no acabo de caer
                              y caigo
interminablemente en su caída,

caigo sin moverme,
                    caigo
con un rumor de agua que cae,
caigo en mí mismo y no me toco,
caigo en mi centro,
                    lejos de mí, lejos,
estoy aquí y no sé dónde está aquí,
¿qué día es hoy?
                    hoy es hoy,
siempre es hoy y yo soy una fecha
perdida entre el antes y el después,
el sí y el no, el nunca y el siempre,
el ahora mismo y su solo de flauta
al filo del vacío,
                    las geometrías
suspendidas en un espacio sin tiempo,
cubos, pirámides, esferas, conos
y los otros juguetes de la razón en vela,
hechuras de cristal, luz, aire: ideas,
en el abstracto cielo de la mente
fijas constelaciones,
                    ni vivas ni muertas,
hilos de araña y baba cristalina,
tejidos del insomnio destejidos al alba,
río de pensamientos que no pienso: me piensan,
río, música que anda, delta de silencio,
callada catarata, marea contra mis tímpanos,
el deseo y sus ojos que tocan,
sus manos que miran,
su alcoba que es una gota de rocío,
su cama hecha de un solo reflejo,
                    el deseo,
obelisco tatuado por la muerte,
la cólera en su casa de navajas,
la duda de cabeza triangular,
el remordimiento, su bisturí y su lente,
las dos hermanas, fatiga y desvelo,
que esta noche pelean por mi alma,

todos, uno tras otro,
                    se despeñan,
apagado murmullo de ojos bajos,
confuso rumor de agua hablando a solas,
no, no es un rumor de agua
                              sino de sangre,
va y viene incesante por mis arterias,
yo soy su cárcel y ella mi carcelera,
no, no es la sangre,
                    son los días y los años,
las horas muertas y este instante
todavía vivo,
            tiempo cayendo
interminablemente en sí mismo,
oigo mi respiración, mi caída, mi despeño,
estoy tendido al lado de mí mismo,
lejos, lejos,
            estoy tendido allá lejos,
¿dónde está el lado izquierdo,
dónde el derecho, el norte dónde está?
inmóvil, mecido por la ola sin cuerpo,
soy un latido, un parpadeo
en un repliegue del tiempo,
el instante se abre y se cierra,
una claridad indecisa despunta
¿viene o se va?
                ¿regresa o se aleja?
ecos de pasos, procesión de sombras
en el teatro de los ojos cerrados,
manar de latidos,
                    redoble de sílabas
en la cueva del pecho,
                        salmodias
en el templo de vértebras y arterias,
¿es la muerte que llega?
                        ¿es el día,
el inflexible cada día?
                        hoy ya no es hoy,

me arrastra un río negro

                    y yo soy ese río

¿qué hora es,

          cruel reloj, reloj sin horas?

México, a 26 de agosto de 1991

Respiro

No tiene cuerpo todavía
la despeinada primavera.
Invisible y palpable
salta por una esquina,
pasa, se desvanece,
toca mi frente: nadie.

Aire de primavera.
No se sabe por dónde
aparece y desaparece.
El sol abre los ojos:
acaba de cumplir
veinte años el mundo.

Late la luz tras la persiana.
Brotan retoños en mi pensamiento;
son aire más que hojas,
un aleteo apenas verde.
Giran por un instante y se disipan.
Pesa menos el tiempo.
          Yo respiro.

Instantáneas

Aparecen, desaparecen, vuelven, pían entre las ramas del árbol de los nervios, picotean horas ya maduras —ni pájaros ni ideas: reminiscencias, anunciaciones;

cometas-sensaciones, pasos del viento sobre las ascuas del otoño, centelleos en el tallo de la corriente eléctrica: sorpresa, rosa súbita;

caracola abandonada en la playa de la memoria, caracola que habla sola, copa de espuma de piedra, alcoba del océano, grito petrificado;

lenta rotación de países, incendios nómadas, parálisis repentina de un desierto de vidrio, transparencias pérfidas, inmensidades que arden y se apagan en un cerrar de ojos;

la sangre fluye entre altas yerbas de menta y colinas de sal, la caballería de las sombras acampa en las orillas de la luna, redoble de tambores en el arenal bajo un planeta de hueso;

melancolía de una tuerca oxidada, coronan a un escarabajo rey de una taza rota, mariposas en vela sobre un fuselaje dormido, girar de una polea sonámbula: premoniciones y rememoraciones;

lluvia ligera sobre los párpados del alba, lluvia tenaz sobre el verano devastado, lluvia tenue sobre la ventana de la convaleciente, lluvia sobre el confeti de la fiesta, lluvia de pies leves y sonrisa triste;

calavera de cuarzo sobre la mesa del insomnio, cavilaciones de madrugada, huesos roídos, tijeras y taladros, agujas y navajas, pensamiento: pasadizo de ecos;

discurso sin palabras, música más vista que oída, más pensada que vista, música sobre tallos de silencio, corola de claridades, llama húmeda;

enjambre de reflejos sobre la página, ayer y hoy confundidos, lo visto enlazado a lo entrevisto, invenciones de la memoria, lagunas de la razón;

encuentros, despedidas, fantasmas del ojo, encarnaciones del tacto, presencias no llamadas, semillas de tiempo: destiempos.

Lo mismo

Al comenzar la mañana
en un mundo bien plantado
cada cosa es ella misma.

Quietud de la llamarada
de la rosa que se abre
entre los brazos del aire.

Y quietud de la paloma
llegada de no sé dónde,
plumas blancas y ojos rápidos.

Frente a frente, cerca y lejos,
la rosa que se despeina,
la paloma que se alisa.

El viento no tiene cuerpo
y traspasa los ramajes:
todo cambia y nada queda.

La rosa tiene dos alas
y anida en una cornisa
sobre el vértigo posada.

La paloma es flor y llama,
perfección que se deshoja
y en su aroma resucita.

Lo distinto es ya lo mismo.

Houston, a 10 de febrero de 1995

Ejercicio de tiro

La marea se cubre, se descubre, se recubre y siempre anda desnuda.

La marea se teje y se desteje, se abraza y se divide, nunca es la misma
y nunca es otra.

La marea, escultora de formas que duran lo que dura su oleaje.

La marea pule conchas, rompe rocas.

La marea siempre al asalto de sí misma.

La marea, oleaje de sílabas de la palabra interminable, sin fin y sin
principio, que le dicta la luna.

La marea es rencorosa y ciertas noches, al golpear el peñasco, anuncia
el fin del mundo.

La marea, transparencia coronada de espumas que se desvanecen.

La perpetua marea, la inestable, la puntual.

La marea y sus puñales, sus espadas, sus banderas desgarradas,
la derrotada, la victoriosa.

La marea, baba verde.

La marea, adormecida sobre el pecho del sol, sueña con la luna.

La marea azul y negra, verde y morada, vestida de sol y desvestida
de luna, centelleo del mediodía y jadeo de la noche.

La marea nocturna, rumor de pies descalzos sobre la arena.

La marea, al amanecer, abre los párpados del día.

La marea respira en la noche profunda y, dormida, habla en sueños.

La marea que lame los cadáveres que arroja a la costa.

La marea se levanta, corre, aúlla, derriba la puerta, rompe los muebles
    y después, a la orilla, calladamente, llora.

La marea, la demente que escribe sobre la roca signos indescifrables,
    signos de muerte.

Los secretos de la marea los guarda la arena.

¿Con quién habla toda la noche la marea?

La marea es proba y, a la larga, devuelve todos sus ahogados.

La tormenta vino y se fue, la marea se queda.

La marea afanosa lavandera de las inmundicias que dejan los hombres en
    la playa.

La marea no recuerda de dónde viene ni sabe adónde va, perdida en su ir
    y venir entre ella misma y sí misma.

Allá, por los acantilados, la marea cierra el puño y amenaza a la tierra y al
    cielo.

La marea es inmortal, su tumba es su cuna.

La marea, encadenada a su oleaje.

Melancolía de la marea bajo la lluvia en la indecisa madrugada.

La marea abate la arboleda y se traga al poblado.

La marea, la mancha oleaginosa que se extiende con sus millones
    de peces muertos.

La marea, sus pechos, su vientre, sus caderas, sus muslos bajo los labios
    y entre los brazos impalpables del viento en celo.

El chorro de agua dulce salta desde la peña y cae en la amarga marea.

La marea, madre de dioses y diosa ella misma, largas noches llorando, en las islas de Jonia, la muerte de Pan.

La marea infectada por los desechos químicos, la marea que envenena al planeta.

La marea, la alfombra viviente sobre la que andan de puntillas las constelaciones.

La marea, la leona azuzada por el látigo del huracán, la pantera domada por la luna.

La mendiga, la pedigüeña, la pegajosa: la marea.

El rayo hiende el pecho de la marea, se hunde, desaparece y resucita, vuelto un poco de espuma.

La marea amarilla, la plañidera y su rebaño de lamentos, la biliosa y su cauda de rezongos.

La marea, ¿anda dormida o despierta?

Cuchicheos, risas, susurros: el ir y venir de la marea entre los jardines de coral del Pacífico y del Índico, en la ensenada de Unawatuna.

La marea, horizonte que se aleja, espejo hipnótico donde se abisman los enamorados.

La marea con manos líquidas abre la extensión desierta que puebla la mirada del contemplativo.

La marea levanta estas palabras, las mece por un instante y después, con un manotazo, las borra.

Respuesta y reconciliación
Diálogo con Francisco de Quevedo

I

¡Ah de la vida! ¿Nadie me responde?
Rodaron sus palabras, relámpagos grabados
en años que eran rocas y hoy son niebla.
La vida no responde nunca.
No tiene orejas, no nos oye;
no nos habla, no tiene lengua.
No pasa ni se queda:
somos nosotros los que hablamos,
somos los que pasamos
mientras oímos de eco en eco y de año en año
rodar nuestras palabras por un túnel sin fin.

Lo que llamamos vida
en nosotros se oye, habla con nuestra lengua
y por nosotros sabe de sí misma.
Al retratarla, somos su espejo, la inventamos.
Invento de un invento: ella nos hizo
sin saber lo que hacía,
somos un acaso pensante.
Criatura de reflejos,
creada por nosotros al pensarla,
en ficticios abismos se despeña.
Profundidades, transparencias
donde flota o se hunde, no la vida: su idea.
Siempre está en otro lado y siempre es otra,
tiene mil cuerpos y ninguno,
jamás se mueve y nunca se detiene,
nace para morir y al morir nace.

¿La vida es inmortal? No le preguntes
pues ni siquiera sabe que es la vida.
Nosotros lo sabemos:
ella también ha de morir un día
y volverá al comienzo, la inercia del principio.

Fin del ayer, del hoy y del mañana,
disipación del tiempo
y de la nada, su reverso.
Después —¿habrá un después,
encenderá la chispa primigenia
la matriz de los mundos,
perpetuo recomienzo del girar insensato?
Nadie responde, nadie sabe.
Sabemos que vivir es desvivirse.

II

Violenta primavera, muchacha que despierta
en una cama verde guardada por espinas;
árbol del mediodía cargado de naranjas:
tus diminutos soles, frutos de lumbre fresca,
en cestas transparentes los recoge el verano;
el otoño es severo, su luz fría
afila su navaja contra los arces rojos;
eneros y febreros: sus barbas son de yelo
y sus ojos zafiros que el mes de abril licúa;
la ola que se alza, la ola que se tiende,
apariciones-desapariciones
en la carrera circular del año.

Todo lo que miramos, todo lo que olvidamos,
el arpa de la lluvia, la rúbrica del rayo,
el pensamiento rápido, reflejo vuelto pájaro,
las dudas del sendero entre meandros,
los aullidos del viento
taladrando la frente de los montes,
la luna de puntillas sobre el lago,
hálitos de jardines, palpitación nocturna,
en el quemado páramo campamento de estrellas,
combate de reflejos en la blanca salina,
la fuente y su monólogo;
el respirar pausado de la noche tendida

y el río que la enlaza, bajo el lucero el pino
y sobre el mar las olas, estatuas instantáneas,
la manada de nubes que el viento pastorea
por valles soñolientos, los picos, los abismos,
tiempo hecho rocas, eras congeladas,
tiempo hacedor de rosas y plutonio,
tiempo que hace mientras se deshace.

La hormiga, el elefante, la araña y el cordero,
extraño mundo nuestro de criaturas terrestres
que nacen, comen, matan, duermen, juegan, copulan
y obscuramente saben que se mueren;
mundo nuestro del hombre, ajeno y prójimo,
el animal con ojos en las manos
que perfora el pasado y escudriña el futuro,
con sus historias y vicisitudes:
el éxtasis del santo, la argucia del malvado,
los amantes, sus júbilos, encuentros y discordias,
el insomnio del viejo contando sus errores,
el criminal y el justo: doble enigma,
el Padre de los pueblos, sus parques crematorios,
sus bosques de patíbulos y obeliscos de cráneos,
los victoriosos y los derrotados,
las largas agonías y el instante dichoso,
el constructor de casas y aquel que las destruye,
este papel que escribo letra a letra
y que recorres tú con ojos distraídos,
todos y todas, todo,
es hechura del tiempo que comienza y se acaba.

III

Del nacer al morir el tiempo nos encierra
entre sus muros intangibles.
Caemos con los siglos, los años, los minutos.
¿Sólo es caída el tiempo, sólo es muro?
Por un instante, a veces, vemos

—no con los ojos: con el pensamiento—
al tiempo reposar en una pausa.
El mundo se entreabre y vislumbramos
el reino inmaculado,
las formas puras, las presencias
inmóviles flotando
sobre la hora, río detenido:
la verdad, la hermosura, los números, la idea
—y la bondad, palabra desterrada
en nuestro siglo.
Instante sin duración ni peso,
instante fuera del instante:
el pensamiento ve, los ojos piensan.

Los triángulos, los cubos, la esfera, la pirámide
y las otras figuras de la geometría,
pensadas y trazadas por miradas mortales
pero que están allí desde antes del principio,
son, ya legible, el mundo, su secreta escritura,
la razón y el origen del girar de las cosas,
el eje de los cambios, fijeza sin sustento
que en sí misma reposa, realidad sin sombra.
El poema, la música, el teorema,
presencias impolutas nacidas del vacío,
edificios ingrávidos
sobre un abismo construidos:
en sus formas finitas caben los infinitos,
su oculta simetría rige también al caos.
Puesto que lo sabemos, no somos un acaso:
el azar, redimido, vuelve al orden.
Atado al suelo y a la hora,
éter ligero que no pesa,
soporta el pensamiento los mundos y su peso,
torbellinos de soles convertidos
en puñado de signos
sobre un papel cualquiera.
Enjambres giratorios
de transparentes evidencias

donde los ojos del entendimiento
beben un agua simple como el agua.
Rima consigo mismo el universo,
se desdobla y es dos y es muchos
sin dejar de ser uno.
El movimiento, río que recorre sin término,
con los ojos abiertos, los países del vértigo
—no hay arriba ni abajo, lo que está cerca es lejos—
a sí mismo regresa

               —sin regresar, ya vuelto
surtidor de quietud.
Árbol de sangre, el hombre siente, piensa, florece
y da frutos insólitos: palabras.
Se enlazan lo sentido y lo pensado,
tocamos las ideas: son cuerpos y son números.

Y mientras digo lo que digo
caen vertiginosos, sin descanso,
el tiempo y el espacio. Caen en ellos mismos.
El hombre y la galaxia regresan al silencio.
¿Importa? Sí —pero no importa:
sabemos ya que es música el silencio
y somos un acorde del concierto.

México, a 20 de abril de 1996

Poemas colectivos

RENGA

(1971)

OCTAVIO PAZ, JACQUES ROUBAUD,
EDOARDO SANGUINETI Y CHARLES TOMLINSON

A André Breton

Centro móvil

Frente a la concepción de la obra como imitación de los modelos de la Antigüedad, la edad moderna exaltó los valores de originalidad y novedad: la excelencia de un texto no depende de su parecido con los del pasado sino de su carácter único. A partir del romanticismo, tradición no significa ya continuidad por repetición y variaciones dentro de la repetición; la continuidad asume la forma del salto y tradición se vuelve un sinónimo de sucesión de cambios y rupturas. Falacia romántica: la obra impar es el reflejo del yo excepcional. Creo que, ahora, estas ideas tocan a su fin. Dos indicios significativos, entre otros muchos: el surrealismo, al redescubrir a la inspiración y convertirla en el eje de la escritura, puso entre paréntesis a la noción de *autor;* por su parte, los poetas de lengua inglesa, en particular Eliot y Pound, han mostrado que la traducción es una operación indistinguible de la creación poética.

Nuestro siglo es el siglo de las traducciones. No sólo de textos sino de costumbres, religiones, danzas, artes eróticas y culinarias, modas y, en fin, de toda suerte de usos y prácticas, del baño finlandés a los ejercicios yóguicos. Inclusive la historia nos parece la traducción imperfecta —lagunas de la estupidez e interpolaciones de copistas perversos— de un texto perdido y que los filósofos, de Hegel y Marx a Nietzsche y Spengler, se esfuerzan por reconstruir. Es verdad que otras épocas y otros pueblos también han traducido y con la misma pasión y esmero que nosotros (ejemplo: la traducción de los libros budistas por chinos, japoneses y tibetanos), pero ninguno de esos pueblos tuvo conciencia de que, al traducir, cambiamos aquello que traducimos, y, sobre todo, nos cambiamos a nosotros mismos. Para nosotros traducción es transmutación, metáfora: una forma del cambio y la ruptura; por tanto, una manera de asegurar la continuidad de nuestro pasado al transformarlo en diálogo con otras civilizaciones. Continuidad y diálogos ilusorios: traducción: transmutación: solipsismo.

La idea de la correspondencia universal regresa. Cierto, ya no vemos al macrocosmos y al microcosmos como las dos mitades de una esfera pero concebimos al universo entero como una pluralidad de sistemas en movimiento; esos sistemas se reflejan unos en otros y, al reflejarse, se combinan a la manera de las rimas de un poema. Así se transforman en otros sistemas, cada vez más transparentes y abstractos, sistemas de sistemas, verdaderas geometrías de símbolos, hasta que, imperceptibles para nuestros aparatos de observación, terminan por evaporarse —otra vez a la manera de las rimas que desembocan en el silencio y de la escritura que se resuelve en vacío.

Inmersos en el mundo de la traducción o, más exactamente, en un mundo que es en sí mismo una traducción de otros mundos y sistemas, es natural que hayamos intentado trasplantar en Occidente una forma oriental de creación poética. Apenas si es necesario aclarar que no nos propusimos apropiarnos de un género sino poner en operación un sistema productor de textos poéticos. Nuestra traducción es analógica: no el *renga* de la tradición japonesa sino su metáfora, una de sus posibilidades, o avatares. ¿Y por qué el *renga* y no otra forma china, esquimal, azteca, persa? En este momento de su historia, Occidente se cruza en varios puntos con Oriente —se cruza sin tocarlo, movido por la propia lógica de su destino. Uno de esos puntos es la poesía. No es una idea de la poesía sino su práctica. Y el *renga* es, ante todo, una práctica. Destaco dos afinidades: la primera, el elemento combinatorio que rige al *renga*, coincide con una de las preocupaciones centrales del pensamiento moderno, de las especulaciones de la lógica a los experimentos de la creación artística; la segunda, el carácter colectivo del juego, corresponde a la crisis de la noción de *autor* y a la aspiración hacia una poesía colectiva.

El elemento combinatorio consiste en la redacción de un poema por un grupo de poetas; de acuerdo con un orden circular, cada poeta escribe sucesivamente la estrofa que le toca y su intervención se repite varias veces. Es un movimiento de rotación que dibuja poco a poco el texto y del que no están excluidos ni el cálculo ni el azar. Mejor dicho: es un movimiento en el que el cálculo prepara la aparición del azar. Subrayo que el *renga* no es una combinatoria de signos sino de productores de signos: poetas.

En cuanto a la poesía colectiva: sería una impertinencia recordar que es una de las obsesiones modernas. Es una idea que nació con el romanticismo y que desde el principio fue contradictoria: la creencia en la índole anónima, impersonal de la inspiración no es fácilmente compatible con la creencia en el poeta como un ser único. El romanticismo exaltó simultáneamente al yo y al nosotros: si el poeta es una colectividad que canta, el pueblo es un poeta con cien mil ojos y un sola lengua. Homero no es un nombre propio sino un apelativo: designa a una comunidad. La crítica desechó pronto esas hipótesis sobre el origen anónimo, espontáneo y popular de la poesía épica. Uno de los primeros ensayos de Nietzsche está dedicado a mostrar que la *Ilíada* y la *Odisea*, por el mero hecho de ser poemas, postulan la necesaria existencia de un poeta, un Homero. El razonamiento de Nietzsche es memorable porque contradice por igual las ideas de los románticos y las de los clasicistas: Homero no es tanto un ser real, histórico, como una condición formal, estética, de la obra. El Homero de Nietzsche no es ni el pueblo de los románticos ni el formidable poeta ciego de la tradición; más que un autor con nombre propio, es una consecuencia de la perfección y unidad de los poemas. Nietzsche da a entender que no es el poeta el que hace a la obra sino a la inversa. Inaugura así una nueva concepción de las relaciones entre el poema y el poeta. Pero fueron los surrealistas los que consumaron la ruina de la idea de autor al disolver la contradicción de los románticos: el poeta no es sino el lugar de encuentro, el campo de batalla y de reconciliación, de las fuerzas impersonales y enmascaradas que nos habitan. Inspirados por una de las máximas de *Poésies*, afirmaron que la poesía debe ser hecha por todos. Los juegos surrealistas tenían en común acentuar el carácter colectivo de la creación artística, del mismo modo que la escritura automática puso de manifiesto la naturaleza de la inspiración.

Las afinidades y analogías entre los juegos surrealistas y el *renga* son numerosas y profundas. Más que coincidencias son rimas, correspondencias: uno de los lugares en que se cruzan Oriente y Occidente. No menos notables son las diferencias. Me limitaré a mencionar la más importante: la actividad surrealista disuelve la noción de *obra* en beneficio del acto poético; en el *renga* los autores se anulan como individuos en beneficio de la obra común. En un caso se exalta a la experiencia poética; en el otro, al poema. En el primero: preeminencia de la subjetividad; en el segundo, de la obra. En uno y otro la intrusión del azar es una condición del juego pero las reglas que producen su aparición son distintas y aun opuestas. Entre los surrealistas el azar opera en un espacio abierto: la pasividad de la conciencia crítica. (Señalo, al pasar, la índole paradójica de esta pasividad: es voluntaria y deliberada, el resultado de la actividad crítica de la conciencia.) El poeta surrealista aspira a alcanzar ese estado de absoluta distracción que invita y provoca la descarga de la energía poética reconcentrada. En el *renga*, el azar opera como uno de los signos del juego —el signo sin nombre, la corriente invisible que acelera o retarda la carrera, la fuerza que tuerce el volante y cambia la dirección del poema. El azar no aparece en un espacio libre sino dentro de los carriles de las reglas; su función consiste en trastornar la regularidad de la escritura por interrupciones que distraen al poema de sus metas y lo orientan hacia otras realidades. En el juego surrealista: distracción que atrae la concentración máxima, el *estallido fijo* de André Breton; en el *renga:* máxima concentración que produce la distracción liberadora, la ruptura por la cual brota el instantáneo chorro de poesía. ¿Estamos ante el mismo azar o designamos con el mismo nombre a dos fuerzas distintas y que sólo tienen en común su capacidad para perturbar nuestros sistemas mentales y vitales?

La práctica del *renga* implica la negación de ciertas nociones cardinales de Occidente, tales como la creencia en el alma y en la realidad del yo. El contexto histórico en que nació y se desplegó el *renga* ignoró la existencia de un dios creador y denunció al alma y al yo como ilusiones perniciosas. Con el mismo furor con que es monoteísta (o ateo), Occidente es individualista. En el Japón tradicional la célula social, la unidad básica, no era el individuo sino el grupo. Además, cada uno a su manera, el budismo, el confucianismo y el shintoísmo combatieron a la idolatría del yo. Para el primero era una entidad quimérica: desde el punto de vista de la realidad real (la vacuidad), el ego no es tanto una enfermedad como un error de óptica. El confucianismo y el shintoísmo, por su parte, uncieron el individuo al doble yugo de la «piedad filial» y la lealtad al señor feudal. Por todo esto me imagino que el *renga* debe haber ofrecido a los japoneses la posibilidad de salir de sí mismos, y pasar del anonimato del individuo aislado al círculo del intercambio y el reconocimiento. También debe haber sido una manera de aligerarse del peso de la jerarquía. Aunque el *renga* está regido por reglas que no son menos estrictas que las de la etiqueta, su objeto no era imponer un freno a la espontaneidad personal sino abrir un espacio libre para que el genio de cada uno se manifestase sin herir a los otros ni herirse a sí mismo.

Práctica que contradice las creencias de Occidente, para nosotros el *renga* fue una prueba, un pequeño purgatorio. Como no era ni un torneo ni una competencia, nuestra animosidad natural se encontró sin empleo: ni meta que conquistar ni premio que ganar ni rival que vencer. Un juego sin adversarios. Desde el primer día en el salón del subsuelo del Hotel Saint-Simon y durante todos los días siguientes, del 30 de marzo al 3 de abril de 1969, irritación y humillación del yo:

sensación de desamparo, pronto convertida en desasosiego y después en agresividad. ¿Contra quién: contra mis compañeros o contra mí mismo? Contra nadie. El enemigo es nadie, la cólera se llama nadie, yo es la máscara de nadie. Vaivenes: de la humildad a la cólera, de la cólera a la humildad: escribir lo mejor que pueda, no para ser mejor que los otros sino para contribuir a la edificación de un texto que no ha de representarme y que tampoco representará a los otros: avanzar inerme por el papel, disiparme en la escritura, dejar de ser nadie y dejar de ser yo;

sensación de opresión: para un japonés el círculo del *renga* es un espacio que se abre, para mí es un lazo que se cierra. Una trampa. Oigo pasar, muy cerca, los vagones del metro. (Estruendos: las metáforas de Homero sobre el mar en tempestad, las de los himnos védicos sobre el trueno, las cataratas férreas de Joyce.) Oigo los pasos de la gente que entra y sale del hotel. *Renga:* colegio, andén, sala de espera. Alguien baja y nos pregunta si hemos visto su maleta. Al vernos, cada uno encorvado sobre un papel, retrocede, balbucea unas excusas y desaparece. *Renga:* cadena de poemas, cadena de poemas-poetas, cadena de cadenas. Susurros, cuchicheos, risas sofocadas. Sequía, electricidad en las sedas, los metales, el papel en que escribo. De pronto, como una cortina que se desgarra, el tiempo se abre: aparecen Marie Jo, Brenda, Luciana. Las mujeres disipan la tempestad en seco. Ahora hablamos en voz alta, reímos, ascendemos a la superficie;

sensación de vergüenza: escribo ante los otros, los otros escriben frente a mí. Algo así como desnudarnos en el café o defecar, llorar ante extraños. Los japoneses inventaron el *renga* por las mismas razones y de la misma manera que se bañan desnudos en público. Para nosotros el cuarto de baño y el cuarto en donde escribimos son lugares absolutamente privados, a los que entramos solos y en los que realizamos actos alternativamente infames y excelsos. En el cuarto de baño nos lavamos, nos confesamos, nos embellecemos, nos purificamos, hablamos a solas, nos espiamos, nos absolvemos... Cada uno de esos actos y los ritos y delirios que los acompañan tienen su contrapartida simbólica en el cuarto del escritor y sus altares y letrinas: mesa, lámpara, papeles, libros, silla, máquina de escribir. La diferencia es que el baño es improductivo en tanto que al escribir producimos textos. Desechos o deseos, ¿cuál es la materia prima del escritor?;

sensación de *voyeurisme*: me veo manipular frases, las veo unirse, desunirse, volverse a unir. *Les mots font l'amour* en mi página, en mi cama. Hermosa, aterradora promiscuidad del lenguaje. El abrazo se vuelve pelea; la pelea, danza; la danza, oleaje; el oleaje, bosque. Dispersión de signos. Concentraciones de insectos negros, verdes, azules. Hormigueros sobre el papel. Volcanes, archipiélagos desparramados. Tinta: astros y moscas. Escritura-estallido, escritura-abanico, escritura-marisma. Alto: el que escribe se detiene, alza la cara y me mira: mirada vacía, plena, estúpida, excelsa. Escribir, jugar, copular: ¿agonizar? Los ojos cesan de ver —y ven. ¿Qué ven? Ven lo que se está escribiendo y al verlo lo borran. Escribir es leer y borrar signos escritos en un espacio que está dentro y fuera de nosotros, un espacio que es nosotros mismos y aquello en que cesamos de ser nosotros para ser ¿qué o quién?;

sensación de regreso: descenso a la cueva mágica, caverna de Polifemo, escondrijo de Alí Babá, catacumba de los conspiradores, celda de los acusados, sótano de los castigados en el colegio, gruta submarina, cámara subterránea (Proserpina, Calipso), vagina del lenguaje, cala de la ballena, fondo del cráter. Los trabajadores del subsuelo, los gnomos de la palabra, los mineros de signos, los perforadores y dinamiteros de los significados. Topos, ratas, lombrices. Venerables serpientes, augustos dragones: guardianes del tesoro enterrado, el cofre de hierro lleno de hojas secas, el tesoro de la loca sabiduría. Vergüenza, soberbia, irrisión. Paso de la angustia a la risa, del golpe de pecho a la pirueta, del aislamiento a la fraternidad. Complicidad en la tarea común; respeto sin respeto por los otros: me burlo de mí al burlarme de ti y así me honro, te honro. Comunidad en la risa y en el silencio, comunidad en la coincidencia y en la disidencia. Alegría en el subterráneo;

Renga, baño de conciencias, afrontamiento conmigo mismo y no con los otros: no hubo combate ni victoria;

Renga, espiral recorrida durante cinco días en el sótano de un hotel, cada vuelta más alto, cada círculo más amplio;

Renga, taladro perforador del lenguaje: por una brecha de silencio salimos, el día quinto, a un mediodía helado. Dispersión de la espiral en el carrefour del boulevard Saint-Germain y la rue du Bac: Gloucester, Dijon, Salerno, Pittsburgh.

Nuestra tentativa se inscribe con naturalidad en la tradición de la poesía moderna de Occidente. Inclusive podría decirse que es una consecuencia de sus tendencias predominantes: concepción de la escritura poética como una combinatoria, atenuación de las fronteras entre traducción y obra original, aspiración a una poesía colectiva (y no colectivista). Y ahora conviene destacar la característica central de nuestro *renga*, el rasgo que lo distingue radical y totalmente del modelo japonés: es un poema escrito en cuatro lenguas. Añado y subrayo: en cuatro lenguas y en un solo lenguaje: el de la poesía contemporánea. Curtius mostró la unidad de la literatura europea. Hoy esa unidad es más visible e íntima que en la Edad Media o en el siglo pasado. También es más ancha: se extiende desde Moscú hasta San Francisco, desde Londres y París hasta Santiago de Chile y Sidney. Hablen en alemán, polaco, rumano o portugués, los poetas de este tiempo escriben el mismo poema; y cada una de las versiones de ese poema es un poema distinto, único. No hicieron otra cosa Góngora, Donne, los románticos, los simbolistas y nuestros maestros y predecesores de la primera mitad del siglo xx. No hay (nunca la hubo) una poesía francesa, italiana, española, inglesa: hubo una poesía renacentista, barroca, romántica. Hay una poesía contemporánea escrita en todas las lenguas de Occidente. Si en esta primera tentativa por trasplantar el *renga* entre nosotros participaron un francés, un italiano, un inglés y un mexicano, en las reuniones venideras (porque estoy seguro de que se escribirán otros *rengas*) habrá poetas rusos, alemanes, brasileños, catalanes, griegos, húngaros... todos los idiomas de Occidente. En cambio, aunque sea deseable, la confrontación con poetas de otras civilizaciones me parece un poco más difícil, al menos por ahora. La razón: nuestro *renga* gira en torno a dos elementos contradictorios pero complementarios: la diversidad de lenguas y la comunidad de lenguaje poético.

El poema clásico japonés *(tanka)* está compuesto por dos estrofas, la primera de tres líneas y la segunda de dos. Nada más fácil que partir un *tanka:* 3/2, palabra/eco, pregunta/respuesta. Una vez dividido, el *tanka* se multiplica. Prolifera por partenogénesis: 3/2 3/2 3/2 3/2... Fisiparidad verbal, fragmentos que se separan y encadenan: la figura que dibuja el *renga* participa de la esbeltez de la serpiente y de la fluidez de la flauta japonesa. Al buscar un equivalente occidental del *tanka*, encontramos al soneto: por una parte, es una forma tradicional que ha llegado viva hasta nosotros; por otra, está compuesta, como el *tanka*, por unidades semiindependientes y separables. Pero la estructura del soneto es muchísimo más compleja que la del *tanka*. Mientras que este último tiene sólo dos estrofas, el número de las del soneto es variable en virtud del principio de duplicación: la primera parte de un soneto está compuesta por dos cuartetos y la segunda por dos tercetos. En el *tanka* la relación entre las estrofas es la de impar/par; en el soneto es simultáneamente par/par y par/impar, ya que la segunda estrofa está dividida en dos partes impares. Repeticiones, reflejos, redundancias y ecos que permiten una gran variedad de combinaciones: el «soneto de las vocales» de Rimbaud es una sola frase, un solo término; el soneto siciliano (ocho y seis líneas) es dualista y prolonga los temas del amor cortés; el de cuatro miembros es un cubo sonoro, un razonamiento autosuficiente, casi un silogismo; el de tres términos es dialéctico, pasional: afirma, niega y acaba por incendiarse en una paradoja; el isabelino es más música que monumento verbal y, si se le compara con el de Góngora, es más inductivo que deductivo. Las relaciones entre las formas del soneto y las de la lógica son extraordinarias y turbadoras. En el *renga* japonés triunfa la sucesión lineal: el poema transcurre; en el *renga* de Occidente la sucesión es zigzag, oposición y reconciliación de términos: el poema se vuelve sobre sí mismo y su modo de transcurrir es la negación dialéctica. En Japón, vaivén del 3 al 2, del 2 al 3, del 3 al 2; en Occidente, continua metamorfosis por el combate y el abrazo de contrarios.

El *renga* está dividido en varias secuencias o modos. El modelo de esta disposición es el paso de las estaciones y el de las veinticuatro horas del día, del alba a la noche. Una composición lineal y circular, un dibujo de extrema simplicidad y elegancia que, en la esfera de la música, tiene su correspondiente en la melodía. Nosotros modificamos radicalmente estas características melódicas y lineales. Y es revelador que lo hayamos hecho sin darnos cuenta exacta de lo que hacíamos, guiados quizá por el mismo instinto que nos llevó a escoger el soneto y a concebir nuestro *renga* no como un río que se desliza sino como un lugar de reunión y oposición de varias voces: una confluencia. Decidimos que nuestro poema se dividiría en cuatro secuencias y que cada uno de nosotros daría el *mood* (sería excesivo hablar de tema) de una secuencia. Como no disponíamos sino de cinco días para componer el poema, resolvimos escribir al mismo tiempo las cuatro secuencias. Me explico: el primer día escribimos los cuatro primeros sonetos de las cuatro secuencias y así sucesivamente; al terminar la redacción del *renga* y leer por primera vez el texto, descubrimos que habíamos cambiado el orden lineal melódico por el contrapunto y la polifonía: cuatro corrientes verbales que se despliegan simultáneamente y que tejen entre ellas una red de alusiones. Cada secuencia está compuesta por siete sonetos que deben leerse uno detrás de otro pero este orden se apoya sobre un texto compuesto por las relaciones de las secuencias entre ellas.[1] El solo de cada secuencia (lectura vertical) se desliza sobre el fondo de un diálogo a cuatro voces (lectura horizontal). La composición tipográfica que hemos adoptado tiende a facilitar estos dos modos de lectura. Me gustaría que se viese a nuestro *renga* no como una tapicería sino como un cuerpo en perpetuo cambio, hecho de cuatro elementos, cuatro voces, en cuatro direcciones cardinales que se encuentran en un centro y se dispersan. Una pirámide: una pira.

No faltará quien denuncie al *renga* como una supervivencia feudal y cortesana, un juego mundano, una reliquia del pasado. No sé si, en el Japón, esta acusación resulte cierta; en Occidente la práctica del *renga* puede ser saludable. Un antídoto contra las nociones de *autor* y *propiedad intelectual*, una crítica del yo y del escritor y sus máscaras. Entre nosotros escribir es una enfermedad a un tiempo vergonzosa y sagrada; por eso escribir en público, *ante* los otros, parece una experiencia insoportable. No obstante, escribir en público, *con* los otros, tiene un sentido distinto: construcción de otro espacio de manifestación de la palabra plural, sitio de confluencia de distintas voces, corrientes, tradiciones. Antídoto y contradicción, *el renga* occidental no es ni un método de escritura ni un camino de poesía. *Renga:* poema que se borra a medida que se escribe, camino que se anula y no quiere llegar a esta o aquella parte. Nadie nos espera al fin: no hay fin y tal vez no hubo comienzo: todo es tránsito.

OCTAVIO PAZ
Atlántico, mayo de 1969

---

[1] El soneto VII de la cuarta serie no se escribió.

La tradición del *renga*

bajo la nieve todavía
las montañas brumosas
una noche de primavera

corre en la lejanía el agua
hacia una aldea de ciruelos

aire de la ribera
contra los sauces juntos
la primavera se muestra

sonido de una barca tirada
claro en la clara brillante mañana

y la luna está
sobre los campos pesados de niebla
posada en el cielo

la escarcha blanca sobre la hierba
el otoño llega a su fin

insensible sorda
a tantos insectos que gritan
la hierba se seca

visité a mi amigo
tan desnudo el suelo de su puerta

aldeas perdidas
¿la tempestad vendrá
de lo alto de las montañas?

bajo techos extraños
entre soledad y dolor...

Esta pobre y muy aproximativa paráfrasis de los diez primeros «eslabones» del célebre *Minase sangin,* el *«renga* de los tres poetas de Minase», sólo está destinada a dar una idea (muy precaria y débil) de lo que constituye la gran originalidad de esta forma poética: el sentimiento de la unidad cambiante.

MULTIPLICACIÓN

Cuando Sogi Shohaku y Socho se reunieron, durante la primera luna del año 1488 en Minase, sobre el emplazamiento del antiguo palacio del emperador Go-Toba, para componer este poema, la primera gran época del *renga* llega a su fin (la segunda es la de Bashō a finales del siglo XVII). Pero durante los dos siglos aproximadamente que dura esta explosión inicial se compuso una cantidad verdaderamente enorme de *renga: renga* de monjes, *renga* de emperadores, de ex emperadores y nobles, *renga* de ricos señores, *renga* de maestros del *renga* como lo son, sobre todo, Sogi y sus discípulos, como lo es el maestro de este mismo Sogi, el incomparable Shinkei.

Algunos hechos mostrarán la importancia de esta multiplicación de formas, el crecimiento de la población de *renga* durante este periodo:

—En 1313 un *renga-session* tiene lugar en el claustro Horin de Kyoto. Antes de separarse los participantes componen mil eslabones de *renga.*

—En 1391 un tal Ashikage Yoshimitsu dirige un *renga* de diez mil eslabones. Esto estimula al ex emperador Go-Komatsu que, en 1394, construye él solo, un *renga* de la misma longitud. ¿Habría tal vez que buscar la causa de esta actitud solipsista hacia el *renga* en la decrepitud del poder imperial durante la era Muromachi?

—En fin, de 1435 a 1441, a instancias del Shogun en persona, Ashikage Yoshinori, una sesión mamut de *renga* tiene lugar cada año: los poetas designados se reúnen sucesivamente en veinte lugares diferentes y componen, cada uno, cinco *hyakuin (renga* de cien eslabones).

Esto quiere decir que el *renga* no es ya entonces ejercicio raro y esotérico de algunos eremitas inspirados por el *zen*. La razón de esta forma está en su multiplicación. Al mismo tiempo, por su rápida proliferación, esta especie de organismo poético adquiere, en el curso de su desarrollo, reglas de gran complejidad.

LIMITACIONES

Los principios de base del *renga* («poemas ligados, encadenados», o también «cadenas de poemas») son sencillos: estrofas desiguales (eslabones) de tres versos (5-7-5 sílabas) y dos versos (7-7) se preparan (o improvisan) sucesivamente por dos o varios poetas; el poema así compuesto presenta la peculiaridad esencial siguiente: un eslabón cualquiera del *renga* forma con el que lo precede un poema y este poema es diferente del que forma con el eslabón que lo sigue.

La unión de eslabones, de estrofas en un todo que es el *renga*, poema de poemas, está sometida a reglas destinadas a asegurar que el doble movimiento simultáneo de continuidad y de ruptura esté conforme a la estética de la forma.

Muy pronto, con la multiplicación del *renga*, las limitaciones se vuelven tan numerosas, tan difíciles de dominar, que se multiplican también desde principios del siglo XIV las colecciones de reglas donde están dadas, junto con ejemplos, las indicaciones sobre la manera de componer un *renga*. Pero está claro que no se puede acceder al dominio de estas reglas sin una larga práctica bajo la guía de maestros experimentados.

LAS COLECCIONES DE REGLAS

Los *shikimoku* (colecciones de reglas) contienen las prescripciones formales (empleo del vocabulario, de las formas gramaticales...) y de contenido: ciertas cosas o conceptos muy importantes no deben ser empleados no importa cómo, ni demasiado frecuentemente; se dan listas de cosas que se deben utilizar: una vez (y solamente una), los nuevos brotes *(wakana)* tusílagos, peonías...; otras figurarán en dos estrofas (el alba, la brisa de primavera), en tres, cuatro o hasta cinco estrofas (como los conceptos universales: mundo, flores de ciruelo, puente).

CONTINUIDAD Y RUPTURA

Las reglas más importantes son las de *sarikiren*, continuidad y ruptura:

—El tema de las estaciones, si se trata de la primavera o del otoño, debe dominar durante tres (o cinco) estrofas, pero solamente en una o tres estrofas si se trata del verano o del invierno.

—Debe ponerse particular atención a los *uchikoshi wo kiraubeki mono* («cosas que debe evitar la última estrofa precedente»). Ejemplo: pino, bambú, marejada, deben estar separados cuando menos por siete eslabones.

Las reglas del *sarikiren* son numerosas y, para todo *renga*, un maestro debe velar porque sean respetadas en todo momento.

VIDA DE SHINKEI

El arte del *renga* tuvo su primer momento culminante, su primera expresión estética consumada en la obra de Shinkei. Como escribe *Benl*: «En Shinkei, quien no escribió casi más que *renga*, la poética japonesa alcanza su grado de interiorización más elevado... La poética de Bashō, dos siglos más tarde, está toda entera en el espíritu de la de Shinkei». La vida de Shinkei ha permanecido casi totalmente en la oscuridad. Escuchemos a *Araki*: «El camino de la vida de Shinkei nos es enteramente desconocido; velado se sumerge en la onda, color de la luz crepuscular que el *renga* prefiere. Aquí y allá solamente, como la luna que surge entre los jirones de nubes, un fragmento de su existencia aparece».

Shinkei nace en 1406 en la aldea de Tai-i, distrito de Nagusa, provincia de Kii (hoy prefectura de Wakayama). En 1463 retorna a su aldea y compone un *renga* de cien eslabones para «una clarificación interior». En el mismo año termina su gran tratado, el *Sasamegoto;* en él expone sus concepciones poéticas. Muere, tal vez, en el cuarto mes del séptimo año de la era Bummei, es decir en 1475.

EL *RENGA* SEGÚN SHINKEI

Tomamos de Shinkei algunas indicaciones sobre el sentido profundo de la forma *renga*, en la que se encuentran por primera vez el ideal clásico del *mono no aware* (el «sentimiento de las cosas») que domina toda la primera literatura japonesa, el espíritu caballeresco expresado por la epopeya romántica de la era Kamakura y la variante estética del *zen* contemplativo. Estas tres corrientes de la poesía japonesa dominan también el *no*.

El problema de la escritura del *renga* es el siguiente: a través del movimiento que lleva el poema a lo largo de las cinco fases preconizadas por Shinkei, *hen-jo-dai-kyoku-ryu* (comienzo-preludio-tema-centro-caída), asegurar la unión perfecta de estrofa a estrofa, la construcción de la cadena.

Por ello lo esencial es, para Shinkei, «apropiarse... la estrofa que precede»: «Entre la estrofa precedente y la estrofa misma, la tensión extrema del poeta debe ser visible»; dicho de otra manera, el esfuerzo de un poeta de *renga* debe tender a salvar la separación que existe entre la estrofa precedente, ajena, y la suya propia.

Ello es lo que nos indica *Tanaka*: «Para Shinkei la irrupción en la estrofa anterior es más significativa, más importante que la composición poética en sí misma».

Dejemos terminar a Shinkei con tres fragmentos del *Sasamegoto:*

— «El arte del *renga* no es el arte de componer poemas o las estrofas de un poema, sino un ejercicio del corazón para penetrar el talento y la visión de otro.»

— «Todas las artes no se componen de otra cosa que de lo que se traduce del corazón de las cosas en su propio corazón.»

— «Seguir su propia pendiente: no es así como podremos aprehender el sentido indescifrable de otro.»

Jacques Roubaud

Al unísono: retrospectiva

Emprender la composición de un *renga* sin los beneficios de varios siglos de abnegación budista detrás de uno parecía a primera vista una tentativa arriesgada. ¿Cómo podrían cuatro europeos —Octavio Paz es mexicano y europeo— suprimir sus diferentes personalidades en vista de un fin literario común? ¿Las divergencias irreductibles no volverían la atmósfera demasiado tensa y la calma no se rompería por el choque inevitable de cuatro egos?

Pero Octavio Paz ha vivido muchos años en la India; Edoardo Sanguineti viene de una nación en donde el sentimiento familiar es una de las fuerzas más poderosas; Jacques Roubaud es matemático; uno mismo pertenece a un país en donde las escuelas enseñan a los niños (o enseñaban hasta hace una generación) a no escribir jamás la palabra *yo*.

Los temores eran infundados. Una vez que aceptamos el sistema de permutaciones propuesto por Roubaud y bajo la dirección majestuosa de Paz —el poema se hizo. Hubo diálogo y aun debate y hasta su poco de mutua sátira, pero todos tuvimos que someternos al curso del poema y, mientras éste se desenvolvía, al influjo de otros elementos dentro del poema mismo, de modo que no nos afectó tanto la necesidad de ser «nosotros mismos» como la de contribuir a una estructura común. No es que uno fuese menos «uno mismo»: el yo de cada uno se descubría por yuxtaposición y confrontación. Era parte de una relación, era casi un objeto.

Dos importantes consideraciones pesaron sobre nuestra empresa: el lugar y —si se puede separar una cosa de la otra— sus fantasmas literarios. El lugar era el sótano del Hotel Saint-Simon, que desde el principio e inmediatamente provocó una serie de asociaciones que conducían a Perséfona y los mundos infernales. Al emerger a la superficie, penetrábamos en uno de los espacios más hermosos de la ciudad: a la distancia de una pedrada, el Louvre y las Tullerías por un lado y, por el otro, la perspectiva del Boulevard Saint-Germain. Contrapunto de la presencia arquitectónica y la germinación subterránea. Luz solar de abril sobre la piedra lavada; obsidiana y maderas petrificadas en el escaparate de una tienda; estatuas de Maillol aquí y allá en los prados de las Tullerías; las cabezas de los Hermes sobre la estación del Quai d'Orsay (azulosas en la luz de la tarde, sus vagos cascos como cascadas de cabelleras); el busto de Le Nôtre, «autor de este jardín», junto al Juego de Pelota; los árboles matemáticos de Henri Rousseau echando apenas hojas; todo esto, en su proximidad y vecindad, parecía pedir entrar en nuestra común divagación.

Los fantasmas literarios entraban sin tocar a la puerta: Baudelaire desde las cuatro primeras líneas, Rimbaud, Lautréamont y, testigos de nuestra herencia compartida, Arnaut Daniel, Dante, Donne, Quevedo, Góngora... Los amantes inmóviles de *The Ecstasy* de Donne se convirtieron en la pareja etrusca de Villa Giulia: encarnación de la vertiente erótica de nuestro poema, celebraban lo personal y al mismo tiempo lo traducían en escultura. Porque nuestro tema era el sueño y la piedra, lo impremeditado y lo arquitectónico, el agua y el canal por el que corre el agua: nos habíamos reunido para juntar cuatro voces dispares en una forma única, el soneto. Nuestra actividad y la de la ciudad parecían paralelas: una multitud de actos fragmentarios y fugitivos que las formas creadas por Mansart, Lemercier, Le Vau, Bruant, contradecían. La ciudad se transformó, ella también, en Perséfona, despertando de su oscuridad hacia una estación de posibilidades. La ciudad se convirtió en la mujer, en lo otro, lo exterior —lo exterior en el proceso de la metamorfosis (y resistiendo a la metamorfosis) según las condiciones que le imponía nuestro soñar despierto.

Salimos de nuestro mundo subterráneo no en el tercer día sino en el sexto, cada uno de regreso a su medio y para componer el soneto final de la secuencia por él comenzada. Ese soneto debería ser la «obra personal de cada uno» —pero cada uno, aunque separado ahora de las otras voces, estaba todavía bajo la influencia de las circunstancias que habían dado a ese trabajo su forma. Cada uno encontró que hablaba con una voz común y, al hablar con esa voz común, se encontró, de nuevo, a sí mismo.

CHARLES TOMLINSON

Advertencia

Como no ha sido posible adoptar la disposición tipográfica propuesta por los autores, el lector deberá tener en cuenta dos modalidades de lectura, una horizontal, la otra vertical.

I^1	II^1	III^1	IV^1
I^2	II^2	III^2	IV^2
I^3	II^3	III^3	IV^3
I^4	II^4	III^4	IV^4
I^5	II^5	III^5	IV^5
I^6	II^6	III^6	IV^6
I^7	II^7	III^7	

I[1]

El sol marcha sobre huesos ateridos;
en la cámara subterránea: gestaciones;
las bocas del metro son ya hormigueros.
Cesa el sueño: comienzan los lenguajes:

and the gestureless speech of things unfreezes
as the shadow, gathering under the vertical
raised lip of the columns' fluting, spreads
its inkstain into the wrinkles of weathered stone:

Car la pierre peut être est une vigne
la pierre où des fourmis jettent leur acide,
une parole préparée dans cette grotte

Principi, tomba e teca, sollevavo salive de spettri:
la mia mandibola mordeva le sue sillabe di sabbia:
ero reliquia e clessidra per i vetri dell' occidente:

I[2]

Ma i miei profili ridevano dentro poltrone vuote, sopra pareti sepolte,
la mia mano bruciava nel cerchio bianco della fotografia di Marie-Jo:
il 30 marzo ero già un teschio, nell' ombra del suo immenso cappello di
        feltro:

O. P.   El sol marcha sobre huesos ateridos;
en la cámara subterránea: gestaciones;
las bocas del metro son ya hormigueros.
Cesa el sueño: comienzan los lenguajes:

C. T.   y el habla sin gestos de las cosas se desata
como la sombra que, al congregarse bajo la vertical
estría saliente de la columna, esparce
su mancha de tinta en las arrugas de la piedra gastada:

J. R.   porque la piedra es quizás una viña
la piedra donde las hormigas lanzan su ácido,
una palabra preparada en esta gruta.

E. S.   Príncipes, tumba y escriño, yo solevantaba salivas de espectro:
mi mandíbula mordía sus sílabas de arena:
yo era relicario y clepsidra por los vidrios del occidente:

I²

E. S.   Pero mis perfiles reían dentro de sillones vacíos, sobre muros
enterrados,
mi mano se quemaba en el círculo blanco de la fotografía de
Marie Jo:
el 30 de marzo yo era ya un cráneo a la sombra de su inmenso
sombrero de fieltro:

Ce matin-là je sortis au bras d'un cheval harnaché
laissant mes empreintes dans la cendre d'une cigarette
comme le coeur d'une plante verte au fond d'un guide touristique

Scherzo dopo andante (e perché no?) scherzo ambulante
venditore di reliquie, *of rotten apples, Persephone, perspex,*
Ceres and breakfast cereal, columns of ink
and (published by Feltrinelli) Il cappello di feltro *by Sanguineti:*

Mientras escribo caen sobre mí lunas en pedazos,
uñas arrancadas a leopardos disecados, cráneos, risitas,
dispersión de un osario verbal, lluvia de anécdotas.
En mi página corren en corro graciosos ratones.

I³

And you will bury neither the sun in its progress nor the vine:
Out of perspex debris, post-card landscapes,
Spools of forgotten films-hand
In hand Eros and laughing Ceres reassume the land:

Commentario (in greco) le 120 *journées*
                    —*come, al Port St. Germain, con Octavio,*
con Jean, il 31 marzo— *Jean disse: ma ci sono tre livelli (nelle* Philosophie
dans le boudoir*): e il secondo livello (scenico) non è praticabile; ecc.*—
figure strettamente allacciate:
                    praticano il secondo livello:

[*Nota (¿en náhuatl?): Occidente dice:* «Eros and Ceres,
hand in hand etc.» but *practica (sin decirlo) les* 120 *journées...*
Sade: lo que no decimos; Rousseau: lo que no hacemos.]

J. R.   Esa mañana salí del brazo de un caballo enjaezado
        dejando mis huellas en las cenizas de un cigarrillo
        como el corazón de una planta verde en el fondo de una guía de
            turismo,

C. T.   *Scherzo dopo andante (e perché no?) scherzo ambulante*
        venditore di reliquie, manzanas podridas, Perséfona, perspex,
        Ceres y cereales para el desayuno, columnas de tinta
        y (publicado por Feltrinelli) *El sombrero de fieltro,* por Sanguineti:

O. P.   Mientras escribo caen sobre mí lunas en pedazos,
        uñas arrancadas a leopardos disecados, cráneos, risitas,
        dispersión de un osario verbal, lluvia de anécdotas.
        En mi página corren en corro graciosos ratones.

I[3]

C. T.   Y no enterraréis ni al sol en su giro ni a la viña:
        entre los desechos de perspex, tarjetas postales con paisajes,
        bobinas de películas olvidadas —mano
        en la mano Eros y la riente Ceres recobran esta tierra:

E. S.   Comentario (en griego): las *120 jornadas* —como, en el Port
            St. Germain, con Octavio,
        con Jean, el 31 de marzo— Jean dice: pero hay tres niveles (en la
            Philosophie
        dans le boudoir) y el segundo nivel (escénico) no es practicable,
            vgr.—
        Figuras estrechamente enlazadas:
                              practican el segundo nivel:

O. P.   [Nota (¿en náhuatl?): Occidente dice: «*Eros y Ceres,*
        mano en la mano, etc... » pero practica (sin decirlo) las *120*
            jornadas.
        Sade: lo que no decimos; Rousseau: lo que no hacemos.]

[*Commentaire (1180): Arnaut:* «pois floris la seca verga... *(etc.)*»
et plus loin «son Dezirat c'ale Pretz en cambra intra...» *(et Dante*
«comme se noie une pierre dans l'herbe...») (kokoro no kami — *l'obscurité*
    du cœur!)]

I^4

Ni les objets, ni les anecdotes, mais les sons, leurs traces
leurs manières de mémoire: des phrases qui se divisent
(non la langue, *mais cette* langue*) ceci est le seul arbre*

(A través the pane of abstraction and contemplation
we gazed at the moon of changelessness but then,
girded the weapons of the autumn frost over our garments of
    forbearance...)

Ma Jacques ha portato i libri giapponesi, il terzo giorno; e io ho preso il
    primo libro (Tr. by D. K.), *la prima volta, e l'ho aperto, e ho letto*
    (p. 138):
        «The room is supposedly so dark that...»;
e la seconda volta (p. 426):
        «In the darkness enveloping the room and his heart»;
e ancora, la terza volta (p. 42):
        «smoking to the right»;
e io ho acceso una Benson, in the dark room (Special Filter):

Ash and the third day's darkness. Not «speech», but this
speech of contingencies and quiddities-held
and heard (can the measure hold its own?)
stilled in the concourse of asymmetries, raw sorrel sundown.

J. R.   [Comentario (1180): Arnaut: «después floreció la verga seca...
        (etc.)»
        y más lejos: *«Su Deseado tiene precio para entrar en el cuarto...*
        (y Dante:
        «como se ahoga una piedra en la hierba») *(kokoro no kami:* ¡la
        oscuridad del corazón!)]

I⁴

J. R.   Ni los objetos ni las anécdotas sino los sones, sus huellas,
        los modos de su memoria: frases que se dividen
        (no *la* lengua: *esta* lengua) éste es el solo árbol

O. P.   (A través del vidrio de la abstracción y la contemplación
        vislumbramos la luna de la inmutabilidad, pero entonces
        la helada de otoño ciñó nuestras vestiduras de indulgencia...)

E. S.   Pero Jacques trajo los libros japoneses el tercer día; y yo tomé el
        primer libro
        (trad. por D. K.) la primera vez y lo abrí y leí (p. 138): *«Se supone*
        que el cuarto está tan oscuro que...»,
        y la segunda vez (p. 426): *«En la oscuridad que envolvía al cuarto*
        y a su corazón...»; y de nuevo, la tercera vez
        (p. 42): *«fumando a la derecha»;* y yo encendí un Benson, *en el*
        cuarto oscuro (Filtro especial):

C. T.   Cenizas y la oscuridad del tercer día. No «la palabra» sino esta
        cháchara de contingencias y quintaesencias —retenida
        y oída (¿resistirá la medida?)
        paralizada en la confluencia de asimetrías, crudo poniente alazán.

I⁵

«y al cabo de los siglos me descubro
con tos y mala vista [*Baudelaire à l'hotel d'York, aujourd'hui*
Etna Hotel (lava sobre los gatitos de A.)] «barajando
viejas fotos» *presque effacées (comme d'une râpe humide)*

(Rumor de río en cadenas: el Metro.
Yo pienso en ríos de lodo nácar
que sobre inmensas páginas de polvo —Punjab, Bihar,
Bengala— escriben su discurso insensato...)

Mythless I enter my present, my native land
and coming night, desireless now, save to give
back all that I have taken with a disruptive hand

Tra rovine che sono immondizie: scatole di latta, ritratti
di attori, sonetti, sterco:
                    la sera di una domenica, nella campagna
tranquilla, nell'ora del tramonto, quando si risale in macchina:

I⁶

verso il telegiornale della notte, il poker, l' ultimo libro
di Butor, il magnetofono con le voci dei bambini,
qualche distratta careza, il dentifricio, il pigiama:

O Sade, Rousseau —utopies sexuelles—
Avec un requin, oui. Mais, mon cher Lautréamont
(O mathématiques sévères!) o ne peut s'accoupler avec un éléphant:

Sobre las utopías en retazos, la ropavejería
erótica, la chatarra de la era industrial,
caen las pavesas del incendio genital:
¡llueve, incandescencia, soneto, jardín de llamas!

I⁵

J. R.   «*y al cabo de los siglos me descubro*
con tos y mala vista [Baudelaire en el Hotel de York,
hoy Hotel Etna (lava sobre los gatitos de A.)] *barajando*
viejas fotos» casi borradas (como por una lima mojada)

O. P.   (Rumor de río en cadenas: el Metro.
Yo pienso en ríos de lodo nácar
que sobre inmensas páginas de polvo —Punjab, Bihar,
Bengala— escriben su discurso insensato...)

C. T.   Sin mitos entro en mi presente, mi tierra natal
y noche próxima, ya sin deseos, salvo devolver
aquello que arrebaté con mano divisora

E. S.   Entre ruinas que son inmundicias: latas, retratos de actores,
sonetos, estiércol:
                    la noche de un domingo, en el campo tranquilo,
a la hora del tramonto, cuando se regresa en automóvil:

I⁶

E. S.   hacia las últimas noticias en la Tele, el póker, el último libro
de Butor, la grabadora con las voces de los niños,
algunas distraídas caricias, el dentrífico, la pijama:

C. T.   Oh Sade, Rousseau —*utopías sexuales*—
con un tiburón, sí. Pero, mi querido Lautréamont
(¡oh matemáticas severas!) uno no puede acoplarse con un elefante:

O. P.   Sobre las utopías en retazos, la ropavejería
erótica, la chatarra de la era industrial,
caen las pavesas del incendio genital:
¡llueve, incandescencia, soneto, jardín de llamas!

Pleut sur le carnage des arbres entre les termes
de la phrase souterraine si loin
d'un soleil qui pèse dans les branches

I⁷

Calina respiración de la colina, azoro
en el yerbal (bajo tu arco la noche duerme,
velan tus brasas): peregrinación serpentina:
la boca de la gruta, lápida que abre, abracadabra,
la luna: entro en la alcoba de párpados, tu ojo
disuelve los espejos: hamam de los muertos
y resurrección sin nombre propio:
soy un racimo de sílabas anónimas.

No hay nadie ya en la cámara subterránea
(caracola, amonita, casa de los ecos),
nadie sino esta espiral somnílocua,
escritura que tus ojos caminantes,
al proferir, anulan —y te anulan, tú mismo
caracola, amonita, cuarto vacío, lector.

II¹

Aime   criaient-ils   aime   gravité
des très hautes branches   tout bas pesait la
Terre   aime criaient-ils dans le haut

(Cosí, mia sfera, cosí in me, sospesa, sogni: soffiavi, tenera, un cielo: e in
*   me cerco i tuoi poli, se la*
tua lingua è la mia ruota, Terra del Fuoco, Terra di Roubaud)

J. R.   Llueve sobre la carnicería de los árboles
entre los términos de la frase subterránea
tan lejos de un sol que pesa ya en las ramas

I[7]

NOTA: Años más tarde rehíce este poema. Su nueva versión dice así:

O. P.   Calina respiración de la colina.
Duerme la noche, velan las brasas.
Peregrinación serpentina: la boca de la gruta,
lápida que abre, abracadabra, la luna.
Entro en la alcoba de párpados, los ojos
—*hamam* de los muertos— lavan las imágenes.
Resurrección sin nombre propio:
soy un racimo de sílabas anónimas.

No hay nadie ya en la cámara subterránea
(caracola, amonita, casa de los ecos),
nadie sino esta espiral somnílocua,
escritura que tus ojos caminantes,
al proferir, anulan —y te anulan, tú mismo
caracola, amonita, cuarto vacío, lector.

II[1]

J. R.   Ama   gritaban   ama   gravedad
de ramas altísimas   muy abajo colgaba
la Tierra   ama gritaban en lo alto

E. S.   (Así, mi esfera, así en mí, suspendida, sueñas; animabas, tierna,
un cielo: y en mí buscaba yo tus polos, si tu
lengua es mi rueda, Tierra del Fuego, Tierra de Roubaud)

Naranja, poma, seno, esfera al fin resuelta
en vacuidad de estupa. Tierra disuelta.

Ceres, Persephone, Eve, sphere
earth, bitter our apple, who at the last will hear
that love-cry?

II²

Ashes and end.
A clouded moonrise. Vague, vain
implosion, a seepage, ghoststain:

He vuelto de tu cuerpo al mío (la hora)
tú me miras desde el tuyo (es deshora)

(ho scritto arcobaleni di miele per le tue fragili ginocchia,
quando ero Simon du désert, dentro funebri cinematografi:
a mezzanotte, cortesi passanti confermavano le nostre strade)

Hors du noir dans un chemin noir nous entrions
comme les dents de l'encre dans un buvard
(il le fallait: la lune seiche était au bord de l'obscur)

II³

Ama gritaban ama la ligereza
ya en reposo ama la fijeza
en pleno vuelo —la gravedad de la presteza

La moitié de l'eau s'assombrissait   la moitié
de l'air   une ronde noire entrait dans l'eau
et la nuit était une moitié de lac

O. P.   Naranja, poma, seno, esfera al fin resuelta
        en vacuidad de estupa. Tierra disuelta.

C. T.   Ceres, Perséfona, Eva, esfera
        tierra, amarga es nuestra manzana, ¿quién al fin
        oirá ese grito de amor?

II²

C. T.   Cenizas y fin.
        Brota entre nubes la luna. Vaga, vana
        implosión, mancha fantasma que se filtra:

O. P.   He vuelto de tu cuerpo al mío (la hora)
        tú me miras desde el tuyo (es deshora)

E. S.   (yo escribí arco iris de miel para tus frágiles rodillas,
        cuando yo era *Simón el Estilita* en cines fúnebres:
        a medianoche, corteses peatones nos mostraban el camino)

J. R.   Salidos de lo negro en un camino negro entramos
        como los dientes de la tinta en el papel secante
        (había que hacerlo: la luna sepia estaba al borde de lo obscuro)

II³

O. P.   Ama gritaban ama la ligereza
        ya en reposo ama la fijeza
        en pleno vuelo —la gravedad de la presteza

J. R.   La mitad del cielo se ensombrecía   la mitad
        del aire   una ronda negra entraba en el agua
        y la noche era una mitad de lago

And love, a command no more, to each one
the way lies clear through the comity of vine, of stone:

(attraverso luoghi che sono anni, di fronte a vetrine illuminate
che sono dialoghi spezzati dal montaggio, ritorni, ancora, per rue du
Dragon, scendi le tue scale:)

II[4]

(ti riconosco nel vino, nella pietra:
leggo, con te, oracoli elementari —alla stazione Havre-Caumartin, per
*   esempio,*
sta scritto, in matita nera, in grande:
                              ON T'OBLIGE PAS [À] TE LE LIRE:)

Together we read (fourmis perdues) *the scraps*
and stones of the city to discover there

La couleur réduite d'une munition de fleurs
livres de lierre traversés d'un blanc rapide
qui flambe sur la quiétude des palissades

Libros de yedra, libros sin horas, libros libres:
cada página un día, cada día el asombro
de ser vino y piedra, aire, agua, palabra, parpadeo.

II[5]

(mi distendo sopra il tuo corpo, come queste parole
sopra il secondo verso di un sonetto rovesciato:
ti stringo con le deboli dita di queste mie parentesi)

je te serre sans force avec de l'ozone avec de la paille
je répète ta musique au début de chaque laisse
jour à jour (les nuits sont cette canso capfinida)

C. T.   Y amor no más un mandamiento y a cada uno
        clara la vía se muestra en la cortesía del vino y la piedra:

E. S.   (al través de lugares que son años, ante las vitrinas iluminadas
        que son diálogos cortados al montaje —regreso, de nuevo,
        por la rue du Dragon, desciendo tus escaleras:)

II[4]

E. S.   (te reconozco en el vino, la piedra; leo, contigo,
        oráculos elementales —en la estación Havre-Caumartin, por
            ejemplo,
        estaba escrito, con gis negro, en grande:
                    NO TE OBLIGAN [A] LEÉRTELO:)

C. T.   Juntos leemos *(hormigas perdidas)* los restos
        y las piedras de la ciudad por descubrir

J. R.   El amortiguado color de una munición de flores
        libros de yedra atravesados por una rápida blancura
        que flamea sobre la quietud de las empalizadas

O. P.   Libros de yedra, libros sin horas, libros libres:
        cada página un día, cada día el asombro
        de ser vino y piedra, aire, agua, palabra, parpadeo.

II[5]

E. S.   (me distiendo sobre tu cuerpo, como estas palabras
        sobre el segundo verso de un soneto al revés:
        te ciño con los débiles dedos de estos paréntesis míos)

J. R.   te ciño sin fuerza con el ozono con la paja
        repito tu música al comienzo de cada estrofa
        día tras día (las noches son esta canción que vuelve)

abres y cierras (paréntesis) los ojos como este texto
da, niega, da (labios, dientes, lengua) sus sentidos:

in this branchwork labyrinth of glance and feature,
these lines that are life-lines,
these veins vines.

II[6]

These hands restore us
to a natural and thus more human
because more than human lineage:

Al cruzar el Pasaje de la Visitación, me dijo:
«Mira a la luna». Y yo la miré —a ella, no a la luna.

Et mon visage était reflet dans l'eau (au creux
d'une main) et elle-même, peut-être, l'eau,
le creux de l'eau où j'avais mal vécu:

(dentro i paesaggi, o lí, appena in margine: i paesaggi della terra
che sono le rivoluzioni:

e anche sotto i paesaggi, dentro le stanze sotterranne,
qui, tra il giuoco e l'utopia, tra le poesie e le veritá):

II[7]

aime... criaient-ils   aime   c'est le repos
de l'encre   c'est la boue à la caféine
(tête limpide par capillarité)

et retourne vers la fatigue spacieuse
les blancs ou mouches négrières   tes mains
grises gabardines sur ses branches   tes

O. P.   abres y cierras (paréntesis) los ojos como este texto
da, niega, da (labios, dientes, lengua) sus sentidos:

C. T.   en este laberinto enramado de rasgo y mirada,
estas líneas que son líneas de la vida,
estas venas viñas:

II[6]

C. T.   Manos que nos devuelven
a un natural y así más humano,
por ser más que humano, linaje:

O. P.   Al cruzar el Pasaje de la Visitación, me dijo:
«mira a la luna» y yo la miré —a ella, no a la luna;

J. R.   y mi rostro era reflejo en el agua (en el hueco
de una mano) y ella misma, tal vez, el agua,
el hueco de aquella agua donde yo había mal vivido:

E. S.   (adentro paisajes o allí, apenas en el margen: paisajes de la tierra
que son las revoluciones; y también abajo paisajes, adentro de la
estancia subterránea,
aquí, entre el juego y la utopía, entre la poesía y la verdad):

II[7]

J. R.   Ama... gritaban   ama   es el reposo
de la tinta   es el lodo a la cafeína
(cabeza límpida por capilaridad)

y regresa a la fatiga espaciosa
los blancos o moscas negreras   tus manos
grises gabardinas sobre sus ramas   tus

cloques de paysages   aime   quand tout
est aveugle   tout est impossible   tout

est   «herbe coupée de ses racines   si
une eau t'invite   suis là»   aime   criaient-ils
       d'arbres confus

III[1]

The given is ground. You are bound by it
as the eyes are bound —by a frame of nearnesses
surrounding things half-seen: thick, bare
calligraphy and confusion of boughs on air:

est donnée la confusion des arbres
d'infiniment petites poussières
mouches sur le grain du papier herbes
bouches blanc dans le sol de la vue.

Confusa ritorni, confusione diffusa, insetto incerto,
scabbia per ogni mia palpebra, spada per l'iride, scena
nuda: il tuo ombelico è l'occhio del mio albero, aperto
paesaggio di catene, di fruste: siringa per la mia vena:

Suelo, árboles, marañas, ombligo, rayo fijo
(Ares y Eros): la escritura respira: mar nupcial.

III[2]

Lo dado —de la piedra al mar a ti: vaivén de sílabas
en busca de un hogar. (¿Soneto = amonita?)

perché le tue labbra sono labirinti di marmellata,
gabbie di fosforo per gli obelischi del mio zoo,

vejigas de paisaje   ama   cuando todo
está ciego   todo es imposible   todo

es   «hierba cortada de sus raíces   si
un agua te convida   síguela»   ama   gritaban
                    árboles confusos

III[1]

C. T.   Lo dado es el suelo. A él estás atado
         como los ojos están atados por ese marco de cercanía
         que envuelve a lo entrevisto: espesa, desnuda
         caligrafía y confusión de follajes en el aire:

J. R.   Lo dado: la confusión de los árboles,
         motas de polvo infinitamente pequeñas,
         moscas sobre el grano del papel, hierbas,
         bocas, blanco en el suelo de la vista:

E. S.   confusa regresas, confusión difusa, insecto incierto,
         sarna para mis párpados, espada para el iris, desnuda
         escena: tu ombligo es el ojo de mi árbol, abierto
         paisaje de cadenas, fustas: jeringa para mi vena.

O. P.   Suelo, árboles, marañas, ombligo, rayo fijo
         (Ares y Eros): la escritura respira: mar nupcial.

III[2]

O. P.   Lo dado —de la piedra al mar a ti: vaivén de sílabas
         en busca de un hogar. (¿Soneto = amonita?)

E. S.   porque tus labios son laberintos de mermelada,
         jaulas de fósforo para los obeliscos de mi zoológico,

trombe di grammofono per il pennello delle mie dita,
nidi per le mie vespe, giardini per i miei topi morti:

je déambule parmi tes lices de patelles
je suis banquise de tes fourrures, je suis doublon de tes boucles
je m'essouffle contre la laine que tu pavanes
gong   j'oscille sous les dièses de tes rires

and in the to and fro of syllables in search
of marriage, meaning, what I find
is the given woman, the mythless presence
and quotidian certainty of your heart and mind.

III[3]

Ho segnato sopra la mia fronte le rughe del tuo utero,
i morbidi anelli del tuo muschio mestruale:
ho versato lividi liquori dentro le pagine dei tuoi calendari:
ho coltivato il fungo e la felce sopra le spiagge dei tuoi laghi:

(Alguien, sin nombre, bajó, extraviado, a la cámara
subterránea, diciendo: je cherche une valise. Y yo vi,
otra vez, la antigua gruta (cenozoico) entreabrirse y,
entre la maleza oscura, la espuma y sus profecías.)

Le même ensevelissement féroce nous sépare de la pierre
où chantent les fontaines suaves de l'ultraviolet
les bicyclettes et leurs mômes blondes, les rosiers des ambassades
les vitres douchées de bière solaire, pastorale:

fountains and draperies of Goujon, water in flowing stone:
city of Mansart, Lemercier, Le Vau, Bruant.

trompetas de gramófono para los pinceles de mis dedos,
nidos para mis avispas, jardines para mis ratones muertos,

J. R.   yo deambulo entre tus lizas de lapas
yo soy banco de hielo para tus pieles, yo soy doblón para tus
        bucles
yo me sofoco contra la lana en que te pavoneas
gong   yo oscilo bajo las diesis de tus risas

C. T.   y en el vaivén de las sílabas en busca
de boda, de sentido, yo lo que encuentro
es la mujer dada, la presencia sin mitos,
la cotidiana certidumbre de tu sangre y tu mente.

III[3]

E. S.   He grabado en mi frente las arrugas de tu útero,
los mórbidos anillos de tu musgo menstrual,
he vertido licores lívidos entre las páginas de tu calendario,
he cultivado hongo y helecho en las playas de tus lagos

O. P.   (Alguien, sin nombre, bajó, extraviado, a la cámara
subterránea, diciendo: *Busco una maleta*. Y yo vi,
otra vez, la antigua gruta (cenozoico) entreabrirse y,
entre la maleza oscura, la espuma y sus profecías)

J. R.   El mismo entierro feroz nos separa de la piedra
donde cantan las suaves fuentes del ultra-violeta,
las bicicletas y sus muchachas rubias, las rosaledas de las
        embajadas,
los vidrios regados de cerveza solar, pastoral:

C. T.   Fuentes y drapeados de Goujon, agua en piedra que fluye:
ciudad de Mansart, Lemercier, Le Vau, Bruant.

III[4]

Pleine de rêves? Pleine de mesure. *Surreal Narcissus*
the river and the buildings are passing you by!

«worn out by dreams» *je me tourne vers d'autres abeilles*
(orages didactiques, pieuvres des dénombrements)
l'exercice des preuves est une drogue placide
le crissement de la craie une sibylle sans lèvres

¿Narciso ante su lago o Euclides
trazando figuras en la playa?
Afuera, el río y sus palacios ahogados,
afuera, los trenes, los aviones, les départs —*¿dónde es afuera?*

nuoto dentro il tuo fiume, ancora una volta:
chiudo tutti i miei occhi, per specchiarmi
dentro la faccia incerta dei figli
che non sono nati, le tue ostriche di acqua dolce.

III[5]

Where -and what? What is «outside»? *That*
in whose creation I had no part, which enters me now
both image and other; marriage or loss
of memory: the Place des Vosges under a sun I did not choose:

per subire telefonate e diapositive, les manières de table, *gli amici, i*
classici annotati:
                i gesti d'amore in una camera di rue Montalembert
(3e étage), nelle prime ore di un pomeriggio d'aprile, nel '69:
e scegliere, poi, alla fine in fretta, in mezzo a tutto questo, come si sceglie
    un vestito chez Tiffany:

III[4]

C. T.   *¿Pleno de sueños? Pleno de mesura.* Narciso superreal:
¡te dejan atrás el río, los edificios!

J. R.   «*¡Gastado por los sueños!*» Yo me vuelvo hacia otras abejas
(tempestades didácticas, pulpos de las enumeraciones)
el ejercicio de las pruebas es una droga plácida
el rechinido de la tiza una sibila sin labios

O. P.   ¿Narciso ante su lago o Euclides
trazando figuras en la playa?
Afuera, el río y sus palacios ahogados,
afuera, los trenes, los aviones, *les départs,* —¿dónde es afuera?

E. S.   Una vez más nado en tu río,
cierro todos mis ojos para espiarme
en el incierto rostro de los hijos
no nacidos, tus ostiones de agua dulce.

III[5]

C. T.   ¿Dónde —y qué? ¿Qué es «afuera»? Aquello
en cuya creación no tuve parte y que ahora
entra en mí, imagen y otro —boda o pérdida de memoria:
la Plaza de los Vosgos bajo un sol que yo no escogí:

E. S.   someterse a llamadas telefónicas y diapositivas, las maneras de
mesa, los amigos, los clásicos anotados,
los actos de amor en un cuarto de la rue Montalembert
(3er piso), en las primeras horas de una tarde del 69 y al fin
escoger, de prisa, en medio de todo esto, como se escoge un
vestido *chez* Tiffany:

c'est l'extérieur des choses —bien disposées en extérieurs—
acceptant les compliments de gestes, de larmes, de fureurs factices
pendant que la forme prémonitoire que nous portons depuis le premier
    moment
se fige peu à peu dans une dernière exubérance de bouteilles

Afuera es nuestra América cotidiana.
También nuestro adentro está afuera.

III[6]

Lo dado es el afuera (el horizonte en que nos internamos)
y el adentro (la semejanza que inventamos). Lo dado: lejanía.

        choses reçues de loin en loin
        au-delà de balles et de ponts
        la vitesse fouille dans l'herbe
        des gares retirées de cigales

ma pronti per partire, ormai:
           con le prenotazione largamente confermate
i franchi sfavorevolemente cambiati, gli indirizzi nel taccuino,
i libri con le dediche:
           sotto un'evidente spinta centrifuga verso questa
o quella Università, lontano:
           e con una cravatta nuova:

Inventamos? —decipher, rather: text
and irrefutable quotation: gift
of the statuary messengers that crown
(ignored) the gables of the d'Orsay Station.

J. R.   es el exterior de las cosas —bien colocadas en exteriores—
aceptando los cumplidos, los gestos, los llantos, los furores
     ficticios
mientras la forma premonitoria que llevamos desde el primer
     momento
se fija poco a poco en una exuberancia de botellas:

O. P.   Afuera es nuestra América cotidiana.
También nuestro adentro está afuera.

III[6]

O. P.   Lo dado es el afuera (el horizonte en que nos internamos)
y el adentro (la semejanza que inventamos). Lo dado: lejanía.

J. R.   cosas recibidas de lejos en lejos
                    más allá de las balas y los puentes
                    la velocidad hurga en la hierba
                    estaciones alejadas de cigarras

E. S.   ahora: listos para partir —las reservas de sobra confirmadas,
los francos cambiados desfavorablemente, las direcciones en la
     libreta de apuntes,
los libros con las dedicatorias —según un evidente impulso
     centrífugo hacia
esta o aquella universidad lejana, con una corbata nueva.

C. T.   *¿Inventamos?* Más bien: desciframos: texto
y cita irrefutables: don
de las estatuas mensajeras que coronan
(ignoradas) los hastiales de la Gare d'Orsay.

III[7]

Speech behind speech: language
that teaches itself under the touch and sight:
in the night-bound city, language of light
uncovers spaces where no spaces were;
between the image of it and your face:
language of silence; sufficiency of touch,
o my America, my new-found-land explored,
unspeaking plenitude of the flesh made word;

measure and dreams: through the conduit of stone
the flux runs gleaming: rivermap of hand:
stained-glass world contained by a crystal:
the faces inhabiting a single face,
Persephone, my city: from whose prodigal
ground, branches a tree of tongues, twining of voices, a madrigal.

IV[1]

1 rouge (nella mia nebbia); dolce; 4 noir(s): (severe!), inverno, tempo:
mia neve, e inferno, inferma: in ferma, in decente, tu, materia;
ma (un cavallo sellato si allontana): tu sei numero, niente (verso destra):

alfabetos, números: nous dirons vos naissances latentes,
cereales de Ceres, granadas de Proserpina,
semillas, pueblos, razas enterradas: ¡tiempos!

And the darkness feeds the days, and that swaying roof
despoiled now of its pitch of leaves, awaits
the glow at the heart of fog that will engender
more than number, and Ceres swell-out the ciphers:

III⁷

C. T.   Palabra detrás de la palabra: lenguaje
que a sí mismo se educa con el tacto y la vista:
en la ciudad anochecida, el lenguaje de la luz
descubre espacios donde no había espacio;
entre su imagen y tu rostro:
lenguaje del silencio —basta con el tacto,
Oh mi América, mi Terranova explorada,
muda plenitud de la carne vuelta palabra;

mesura y sueños por el canal de piedra
fluir rápido, brillante: hidrografía de una mano:
mundo de vidrio pintado por un cristal contenido:
los rostros que habitan un solo rostro,
Perséfona, mi ciudad: brota de tu pródigo suelo
un árbol de idiomas, voces entrelazadas, un madrigal.

IV¹

E. S.   1 *rojo* (en mi niebla); dulce 4 *negro(s)*: ¡severos!; invierno, tiempo:
mi nieve e infierno enfermo: en firme, en decente, tú, materia;
mas (un caballo ensillado se aleja): tú eres número, nada (hacia
    la diestra):

O. P.   alfabetos, números: *diremos sus nacencias latentes,*
cereales de Ceres, granadas de Proserpina,
semillas, pueblos, razas enterradas: ¡tiempos!

C. T.   Y la oscuridad nutre a los días y ese techo ondulante,
hoy despojado de su alero de hojas, espera
en el corazón de la niebla la claridad que ha de engendrar
más que números —y Ceres colmará hasta reventar las cifras:

o sweet ciego rojo limp al punto de la rota
quand, plus-de-bleu plus-de-noir toi séquence de céréales
nombre de puits des feuilles ouvres en tremblant (tremor
at pitch of neve) *ta lueur de louve* (aloof!) *sémillante*

IV[2]

Si tu griffes t'éloignant, une trace [ongle de niege
dessous: un ceps   une cigogne (quelque chose qui change)]
dans l'air qui poisse   t'en allant [la fumée poisse   les couleurs
blanches (comme si le cœur tombait dans la goule de la nuit)]

but the hardness of what is real refuses
that syntax of deliquescence. Relation poises, and
the tenderness of what is dual baptises
colours clean: in the eyes'paradise the nail a moonshard:

fijezas cambiantes, durezas que se disipan
apenas nombradas, archipiélagos errantes,
corales de coral en el caracol de tu oído.

4 rouge(s) *(nella mia notte); arida; 1* noir: *(matematiche!); oh, mia musica!*
ancora nasconde il mio Nilo la sua dura testa di mostro:
(io vedo zoccoli); (io ascolto code): giuoco a scacchi; (2 blanc[s]):

IV[3]

1 (une unique) syllabe sur cette feuille ni
noire ni rouge 1 (syllabe) cheminant
(a capo chino) 1 syllabe (pourquoi?) douloureuse questionnant:

out of this subterranean Babel, babble
and beginning place, place that for the first
time is weighed and heard incarnate, as word on word

J. R. *oh dulce ciego rojo lacio en el centro de la rueda*
       si, ya-no-más-azul ya-no-más-negro, tú, secuencia de cereales,
       número de pozos de hojas abres temblando *(temblor*
       agudo de la nieve) tu claridad de loba *(¡lejos!)* vivaz

IV²

J. R. Si tú, al alejarte, arañas una traza [uña de nieve
       abajo: un cepo   una cigüeña (algo que cambia)]
       en el aire pegajoso   al irte [el humo pegajoso   los colores
       blancos (como si el corazón cayese en la bocaza de la noche)]

C. T. pero la dureza de la realidad rechaza
       esta sintaxis delicuescente. La pareja equilibra
       y la ternura de la dualidad bautiza colores limpios:
       en el paraíso del ojo la uña es una astilla de luna:

O. P. fijezas cambiantes, durezas que se disipan
       apenas nombradas, archipiélagos errantes,
       corales de coral en el caracol de tu oído.

E. S. 4 *rojo(s)* (en mi noche); árida; 1 *negro:* (¡matemáticas!): oh, mi
           música!
       mi Nilo aún esconde su dura testa de monstruo:
       (yo veo pezuñas) (yo escucho colas): yo juego al ajedrez
       (2 *blanco[s]*):

IV³

J. R. 1 (una única) sílaba sobre esta hoja ni
       negra ni roja 1 (sílaba) peregrina
       (cabizbaja) 1 sílaba (¿por qué?) dolorosa que pregunta:

C. T. fuera de esta Babel subterránea, lugar de balbuceos
       y comienzos, lugar en donde se pesa al tiempo
       por vez primera y se le oye, encarnado, palabra tras palabra

appear your names *(luminosi);* your woman's ciphers: *i tuoi segni;*
(i tuoi colori); le luci delle tue voci: ah, come precipito, in te, mia gola!
Come mi trascino (3 vert), sopra le terrazze del tuo regno!
mio dizionario, mia algebra, mia lingua sola!

Sílabas emigrantes, burbujas
semánticas, álgebra pasional:
pirámide de catorce escalones (Eras)
y Palabra una —convergentes transparencias.

IV[4]

Yo por un túnel de vocales húmedas,
tú por un jardín de reflejos, un enrejado de miradas.
En una claridad nos encontramos. El sol
come mi sombra en el circo leonado de tu vientre.

E io dicevo:
           cosí, felici, noi, a correre, in questo vento, via! e sopra
questi cavalli; tra questi colori del giorno; in queste
musiche!:
           (Tomlinson, che dormiva nel bagno, disse: è la natura); (e
Jean disse, tutto severo: ma ci vuole politica, qui);
                    [e io dicevo: ma è già possibile (la verita)]:

But Baucis and Philemon (superannuated lovers) disappeared
In the collectivisation of gardens and vines, and the inspector of
     gramophones
(1 rouge aveugle) rolled up the landscape for the manufacture of
     windowblinds.

          (pourtant)
Et je disais   oui heureux à courir
                         ici dans ce vent
dans   (aussi)

E. S.   *aparecen tus nombres* (luminosos); *tus cifras de mujer:* tus signos;
(tus colores); las luces de tus voces; ¡ah, cómo me precipito en
ti, mi garganta!
¡cómo me arrastro (3 *verde*) sobre las terrazas de tu reino,
mi diccionario, mi álgebra, mi sola lengua!

O. P.   Sílabas emigrantes, burbujas
semánticas, álgebra pasional:
pirámide de catorce escalones (Eras)
y Palabra una —convergentes transparencias.

IV[4]

O. P.   Yo por un túnel de vocales húmedas,
tú por un jardín de reflejos, un enrejado de miradas.
En una claridad nos encontramos. El sol
come mi sombra en el circo leonado de tu vientre.

E. S.   Y yo decía: así, felices, nosotros, al correr en este viento: ¡paso!,
montando estos caballos; entre estos colores del día; en esta
música:
(Tomlinson, que dormía en el baño, dice: es la naturaleza); Jean
dice, con severidad:
pero aquí queremos: política) [y yo decía: pero ya es posible (la
verdad)]

C. T.   Pero Baucis y Filemón (amantes jubilados) desaparecieron
en la colectivización de jardines y viñas y el inspector de
gramófonos
(1 *rojo ciego*) replegó el paisaje para la manufactura de persianas:

J. R.   no obstante
y yo decía   si felices

                                        en este viento
                         al correr aquí
        en   (también)

> pas de vent   pas de couleur   pas de
>   température   (une limace)
> musique une   et je disais
>   abstraite

IV⁵

Decía (A noir, E blanc, I rouge, U vert...): «O equals
X-ray of her eyes; it equals sex». *Omega azul (digo):*
cero rebosante, gota de tiempo diáfano, presencia sin reverso.

He said she said (green-swaying roof above
«this dialogue of one»): «We saw by this it was not sex:
City, we saw not what did move»:

cosí siamo rimasti, anni e anni, muti, senza espressione, caricati
sopra il nostro sarcofago:
                        i bambini, figure ancora intatte,
piangono nel bassorilievo
                        i nostri nomi sono indecifrabili,
le tue labbra sono screpolate:
                        ma, in noi, i turisti vedono amore:

couple de la Villa Giulia (oiseaux étrusques: bleus puis rouges)
de l'un vers l'autre, sourire —cependant des fontaines criaient,
bassine bouillante de mûres sur des braises (Capodimonte,
seins de la Vénus au chapeau de Lucas Cranach, serpent pagaille)

IV⁶

cette phrase en méandres qui s'achemine vers sa fin perplexe
d'images citationnelles, ronces (soliloques polémiques)

            no viento   no color   no
                 temperatura   (una limaza)
        música una   y yo decía
                    abstracta

IV[5]

O. P.   Decía *(A negro, E blanco, I rojo, U verde...)*: «*O igual*
a los rayos X de sus ojos; igual al sexo». Omega azul (digo):
Cero rebosante, gota de tiempo diáfano, presencia sin reverso.

C. T.   Él dijo ella dijo (verde ondulante techo sobre
«este diálogo de uno»): «Vimos por esto que no era el sexo:
Ciudad, vimos aquello que no se movió»:

E. S.   así nos hemos quedado, año tras año, mudos, sin expresión,
                   tendidos
sobre nuestro sarcófago: los niños, los rostros todavía intactos,
lloran en el bajo relieve; y nuestros nombres son indescifrables,
tus labios se han agrietado —pero los turistas ven, en nosotros,
        al amor:

J. R.   pareja de la Villa Giulia (pájaros etruscos: azules luego rojos)
sonriendo el uno al otro —en tanto las fuentes gritaban,
tazas hirvientes de moras sobre brasas (Capodimonte,
senos de la Venus con sombrero de Lucas Cranach —serpiente
        algarabía)

IV[6]

J. R.   esta frase en meandros caminando hacia su fin perplejo
con sus citas de imágenes, zarzas (soliloquios polémicos),

cette ligne de banderilles, cet oesophage de latex
guide nécromant qui s'écrit arborescente   Impression d'Afrique

e come mi sono modificato:
                    [e, per concludere, un Charles Pope
(un Tory anarchist), in the collectivisation of poetry
(con un ilozoiste conscient, ecc.: e tutti alla stessa tavola):
oggi, Pop-poet, *in questa cripta, per questo* jeu de *mots]:*

I have become four voices that encircle
a common object, defining a self
lost in a spiral of selves, a naming:

y la espiral se despliega y se niega y al desdecirse se dice
sol que se repliega centro eje vibración que estalla astro-cráneo
del Este al Oeste al Norte al Sur arriba abajo fluyen los lenguajes

esta línea de banderillas, este esófago de látex,
guía nigromante que se escribe arborescente   Impresión
   de África

E. S.   y cómo me he modificado:
                            [y, para concluir, un Charles Pope
   (un *tory anarquista) en la colectivización de la poesía*
   (con un hilozoísta consciente, y todos en la misma mesa):
   hoy, *poeta-pop,* en esta cripta, por este *juego de palabras*]:

C. T.   y me he vuelto cuatro voces que rodean
   un objeto común, definen un ser
   perdido en la espiral de seres, un nombrar:

O. P.   y la espiral se despliega y se niega y al desdecirse se dice
   sol que se repliega centro eje vibración que estalla astro-cráneo
   del Este al Oeste al Norte al Sur arriba abajo fluyen los lenguajes

FESTÍN LUNAR

1980

OCTAVIO PAZ
FOUAD EL-ETR

J'ai peur et la lune
ne fait mal à personne
Je suis absent dans cette chambre

La lune sur le jambon
rêve de quartz
Un chat miaule

Estábamos en el último piso de un viejo y empinado edificio del sixième arrondissement. Éramos cuatro: Fouad y su mujer, Marie José y yo. El cuarto era minúsculo y la ventana enorme. Daba vértigo asomarse a la «cour» —estrecha, profunda y negra. Un verdadero pozo. Los cuatro bebíamos y reíamos. De pronto, nos callamos: allá arriba soplaba el viento y limpiaba al cielo de nubes. La luna de verano bajó verticalmente, se detuvo ante la buhardilla y, sin hacer ruido, abrió la ventana. Fouad buscó papel y escribimos:

O. P.	Tengo miedo y la luna
F. E.	no le hace mal a nadie
O. P.	Estoy ausente en este cuarto
O. P.	La luna sobre el jamón
F. E.	sueño de cuarzo
F. E.	Maúlla un gato

POEMA DE LA AMISTAD

(1985)

OCTAVIO PAZ
AGYEYA
SHIKRANT VERMA

O. P. La amistad es un río y un anillo.

A. El río fluye a través del anillo.

El anillo es una isla en el río.

S. V. Dice el río: antes no hubo río, después sólo río.

Antes y después: lo que borra la amistad.

O. P. ¿Lo borra? El río fluye y el anillo se forma.

A. La amistad borra al tiempo y así nos libera.

Es un río que, al fluir, inventa sus anillos.

S. V. En la arena del río se borran nuestras huellas.

En la arena buscamos al río: ¿dónde te has ido?

O. P. Vivimos entre olvido y memoria: este instante
es una isla combatida por el tiempo incesante.

HIJOS DEL AIRE

(1989)

OCTAVIO PAZ
CHARLES TOMLINSON

Noticia

1

Estos poemas fueron el resultado de un encuentro, al comienzo de un verano en Gloucestershire, durante el cual, después de pensarlo y hablarlo mucho, escogimos *casa* y *día* como las palabras que nos servirían de punto de partida para una futura meditación postal en forma de sonetos. *Casa* surgió porque el pabellón de piedra, en el que Octavio y Marie José eran nuestros huéspedes, es un sitio que todos queremos y también porque en esos días los Paz aún no se habían establecido en un domicilio fijo. *Día* alude al último día que pasamos juntos; el cielo de pronto cobró una actividad a la Constable, la brisa empujando rápidamente a las nubes por el azul e implicando al paisaje en una veloz sucesión de cambios. Creo que *tiempo* fue nuestra general y secreta preocupación y que *día* (tiempo que pasa) vino así a enlazarse naturalmente con *casa* (tiempo medido por un lugar). Nuestro auto corría por el campo verde pero al llegar a la estación encontramos que el tren ya había pasado y hubo que aguardar la llegada de otro. En la hora y pico de espera le robamos tiempo al tiempo e ideamos nuestro pequeño libro.

C. T.

2

En la primavera de 1969 nos reunimos en París, durante una semana, cuatro amigos (Charles Tomlinson, Jacques Roubaud, Edoardo Sanguineti y yo) para escribir un poema colectivo: *Renga*. Se llama renga, en la tradición poética japonesa, a un poema compuesto por varios poetas, tres o cuatro, que escriben sucesivamente estrofas de tres y dos líneas sin rima pero con medida silábica fija. Nuestro renga fue escrito por cuatro poetas en cuatro idiomas y el modelo estrófico que seguimos fue el del soneto, sin rima y medida libre. Charles Tomlinson y yo no quedamos del todo satisfechos con este experimento y decidimos explorar otra vía. Se nos ocurrió escribir dos series de poemas, cada uno en torno a un tema. Tomlinson escogió *Casa* y yo *Día*. La forma elegida fue de nuevo el soneto, más estricto que el de nuestro renga, aunque también sin rima. La verdadera innovación consistió en escribir los sonetos por correspondencia. Renga en cámara lenta.

Cartas cruzadas: Charles escribió el primer cuarteto de *Casa*, me lo envió, yo escribí el segundo, se lo envié y así hasta completar cuatro sonetos. Seguimos el mismo procedimiento con *Día*. El último soneto de *Casa* fue escrito enteramente por mí y el último de *Día* por Tomlinson: cada uno terminó la serie comenzada por el otro. Durante una larga temporada, más de un año, aunque continuamos nuestra correspondencia, suspendimos el intercambio poético. Pero volvimos a vernos en el otro Cambridge (el de Massachusetts), releímos lo que habíamos escrito y decidimos proseguir hasta escribir los ocho sonetos.

En el primer cuarteto de *Casa*, Charles alude a su *cottage* en Gloucester, un rústico pabellón campesino del siglo XVII que él, con sus propias manos, ha reconstruido. Yo contesté, también naturalmente, con un cuarteto que alude a la casa de mi infancia en Mixcoac, hoy destruida, como el resto del pueblo, por la expansión de la ciudad de México. Dos temas surgidos espontáneamente se entrelazaron: la casa construida y la destruida. Dos tipos de poeta, el que vive en un *cottage* en el campo, aunque ese campo sea la civilizada campiña inglesa, y el que vive en un apartamento de la ciudad, aunque esa ciudad sea la selva urbana que es México.

A mí me tocó comenzar *Día* y lo comencé con una evocación de un día de verano en Cambridge. Charles contestó con perfecta afinación. Después, el día inglés se volvió noche, a la noche sucedió la madrugada y a la madrugada un mediodía mexicano de hace quince años bajo cuya luz Charles y Brenda caminan por la calle de Bolívar y descubren, entre el tráfago y el gentío, una fuente de quietud. Treguas y misericordias del tiempo en el pozo de agua potable de la memoria poética.

Al mismo tiempo que componíamos nuestros poemas los traducíamos. A mí me dio mucho trabajo la segunda línea del primer cuarteto de Tomlinson. El cuarteto comienza así: *One builds a house of what is there / (horse hair bonded the plaster when horses were)*. La casa de los Tomlinson había sido la caballeriza de un antiguo *manoir*, célebre por haber albergado un amor de Carlos II. Entendí que, en los trabajos de reconstrucción, Charles Tomlinson había encontrado crines pegadas a la mezcla. Traduje en consecuencia: *crines en la argamasa de la caballeriza*. Charles me desengañó: no, en la era preindustrial se acostumbraba ligar la argamasa con crines de caballo. Como me había prometido no pasar de las catorce sílabas, se me ocurrió esta línea elíptica: *con crin ligaban la argamasa —había caballos.*

Una vez terminado nuestro pequeño libro buscamos un título. Brenda Tomlinson nos sugirió *Air born*. Título exacto: nuestro libro es hijo del aire. Charles puntualizó que la expresión tiene otros sentidos: transporte aéreo, un «aire» es una tonada y todo poema está hecho de aire (Pound: *I made it out of a mouthful of air*). Pero hay más: el día en que recibí la carta de Tomlinson proponiéndome ese título yo leía una loa de Sor Juana en la que aparece Eolo, dios del aire, diciendo:

> Yo que Presidente Dios
> de la raridad del aire
> soy, y a quien toca el gobierno
> del imperio de las Aves,
> que su diáfano espacio
> en vagas diversidades,
> iris animados, pueblan,
> adornan, vanos volantes...

La vía aérea es hoy la más usada, tanto por los viajeros como por el correo. Sin embargo, también ha sido y es la vía tradicional de la poesía: por caminos de aire, «vagas diversidades», se propagan las estrofas del poema «iris animados». Desde su origen la poesía ha sido el arte de enlazar los ecos de las palabras: cadenas de aire, impalpables pero irrompibles. Añadiré que la poesía es también, y sobre todo, un arte respiratorio: inspiración y espiración.

O. P.

3

Los poemas aparecen en el orden en que fueron compuestos. Los pasajes en cursiva fueron escritos por Charles Tomlinson, en redonda por Octavio Paz.

Hijos del aire ha sido publicado, en Inglaterra, por Anvil Press (Londres, 1981); en México, Juan Pascoe, en 1979, imprimió una *plaquette* limitada a 300 ejemplares. En 1982 apareció en Holanda una traducción, acompañada de un prólogo de Laurens Vancrevel y Peter Nijmeijer: *Kinderen van de Lucht.*

A Brenda y Marie José

House

¡Oh bienaventurado
albergue a cualquier hora!
Góngora

I

One builds a house of what is there
(horsehair bonded the plaster when horses were)
and of what one brings (the rhyme concealed):
space into its time, time to its space.

Yet we are born in houses we did not make.
(The rhyme returns, a bridge between the lines.)
The sun revolves its buried images
to restore to mind that ruined house once more

time and not I unmade —the rhyme revealed
only by the unheard pace of time,
and fragile yet dissonant against its space.

Time unmakes and builds the house again:
and rhyme, a sun brought, echo by echo, to birth,
illuminates, unspaces it back to time.

II

House that memory makes out of itself
between the spaces of blank time —more thought

Casa

¡Oh bienaventurado
albergue a cualquier hora!
Góngora

I

La casa se construye con lo que ahí encontramos
(con crin ligaban la argamasa: había caballos)
y con lo que traemos (la rima anda escondida):
para su tiempo, espacio —tiempo para su espacio.

Mas nacemos en casas que no hicimos,
(vuelve la rima, puente entre las líneas),
el sol desenterradas imágenes revuelve
y me devuelve aquella casa en ruinas,

no por mí, por el tiempo derruida:
en sus pasos callados se revela la rima,
sí frágil, vencedora del espacio.

El tiempo la deshace y el tiempo la rehace;
la rima, sol que nace de eco en eco,
la ilumina: ya no es espacio sino tiempo.

II

Casa por la memoria edificada
—blancos intermitentes—, más pensada

811

than lived and yet more said than thought,
house that lasts as long as its own sound takes:

house, you began in milk, in warmth, in eating:
words must re-tongue your first solidities
and thought keep fresh your fragrance of bread baking
or drown in the stagnation of its memories:

house is which two pasts conjoin and two
hands inscribe their separarte histories,
a murmur in search o meaning builds you

where, in a hive of words, time's honeying
flavours and fills with momentary savour
this mouth and mind, this citadel of cells.

III

A self awakened in the press of things:
hacked into elm-bark there I left behind
initials, date: and the marks remain:
they fix a childhood and a war in Spain:

it was the blade of that same war graved deep—
not on the trunk of an imagined elm—
but in my head the red map of the ranges
of its fallen debris and its broken word.

So that to taste again my hope's true fragrance,
leaven of that miraculous first bread,
to hope, yet hope without extravagance,

I traced, not with ideas nor with stones
but air and light, the due shape of my going:
houses are meetings and departures too.

que vivida y más dicha que pensada,
casa que dura el tiempo de decirla,

en leche tú comienzas, en calor y comida,
repiten mis palabras tus substancias primeras,
guarda la mente, intacto, tu olor de pan dorado
o lo ahoga en el limo de sus recordaciones.

Casa en la conjunción de dos pasados
y de dos escrituras, construida
por un murmullo en busca de sentido,

colmena de palabras donde la miel del tiempo,
con sabor instantáneo, colma y sacia
esta boca, esta mente —ciudadela de células.

III

En las cosas impreso, un ser despierta:
atrás dejé, grabadas en un olmo,
iniciales y fechas —las marcas no se borran:
allá quedó mi infancia y una guerra en España

—la misma que grabó con su navaja
no en el tronco del olmo imaginario:
adentro de mi frente, la roja orografía
de sus escombros, su palabra rota.

Por gustar otra vez su aroma de verdad
—levadura del pan milagroso y primero—
y esperar, ya sin extravagancia, a la esperanza,

tracé, no con ideas ni con piedras,
con aire y luz, la forma de mi tránsito:
las casas son encuentros, despedidas.

IV

Houses that come and go within my head,
the buried seeds that lie there ripening
under my eyelids, houses turned already
to a handful of anecdotes and photographs;

unsteady structures of reflections
in the water of time hovering suspended
through this wide instant where a pair of eyes
travel distractedly across this page:

moving through them I enter my own self,
I am the lamp inside their empty rooms
and like a soul I kindle and extinguish.

Memory is the mind's own theatre.
Outside: the resurrections of the sun:
myself I plant within myself: this present is my habitation.

IV

Casas que van y vienen por mi frente,
semillas enterradas que maduran
bajo mis párpados, casas ya vueltas
un puñado de anécdotas y fotos,

fugaces construcciones de reflejos
en el agua del tiempo suspendidas
por ese largo instante en que unos ojos
recorren, distraídos, esta página:

yo camino por ellas en mí mismo,
lámpara soy en sus cuartos vacíos
y me enciendo y apago como un ánima.

La memoria es teatro del espíritu
pero afuera ya hay sol: resurrecciones.
En mí me planto, habito mi presente.

Day

Sweet day, so cool, so calm, so bright.
The bridal of the earth and sky...
GEORGE HERBERT

I

Copious tree each day. This one
(July the fifth) grows hour by hour
invisible: a tree obliterated
to be freighted down with future leaves.

Coming to terms with day —light, water, stone—
our words extend a world of objects
that remains itself: the new leaves
gladden us, but for no motive of their own—

merely to be vegetable exclamations,
onomato poeias of celebration
of the yearly chemical resurrection,

where evening already stains the finished page
and shadow absorbing shadow, day
is going down in Fire, in foliage.

Día

Sweet day, so cool, so calm, so bright.
The bridal of the earth and sky...
GEORGE HERBERT

I

Árbol copioso cada día. Éste
(cinco de julio) hora a hora se vuelve
invisible: árbol que se borra
y en follajes futuros se vuelca.

Nuestras palabras pactan con el día
—luz, agua, piedra, un mundo que se muestra
en cosas obstinadas en ser: esos renuevos
no por designio suyo nos alegran

sino por ser exclamaciones vegetales,
onomatopeyas de celebración
de la química resurrección anual,

mientras la tarde cubre la página acabada,
sombra que absorbe sombra,
y en un follaje en llamas el día se consume.

II

Scholiasts of dreams, we are the heirs
of the rediscovery of night —return
to origins of the word, dark syllables
from leaves unseen, from selves unheard.

Day dawns through a promiscuous succession
of waves —vowels and consonants— and breaks
down the dikes of language to explode
endlessly outwards and become no word.

This presence is all absences until
we hear it wash against our panes, our walls
and shadows shape the architecture light must fill.

It dawns: whit fingerings impalpable
daybreak sets ajar the lidded eye:
raining, it rains into the space of memory.

III

The city wakens to a din of chains,
at the street-corners light is torn apart
and blind, uproots within the memory
the trees —the days—, their leaves of syllables:

crossing Bolivar and Carranza street
in search of the Fuente de la Rana
and the Turkish clock —post-card civilities—
under a sky o fifteen years ago:

through to-ing, fro-ing, passers-by and cars,
courteous philosopher, the clock strikes the hours
tactfully sceptical, always exact,

II

Escoliastas de sueños, somos los herederos
de la noche de nuevo descubierta: regreso
a la palabra del origen, obscuras sílabas
de frondas invisibles y seres inauditos.

Rompe la madrugada en oleaje
promiscuo —consonantes y vocales—
golpeando los diques del lenguaje
y estalla sin llegar a ser palabra.

Presencia toda ausencia hasta que al fin revienta
contra muro y ventana, mientras entre las sombras
brotan arquitecturas que ha de poblar la luz.

Amanece, con dedos impalpables
despega párpados la madrugada;
llueve, no afuera, adentro, en la memoria.

III

La ciudad amanece con ruido de cadenas,
la luz se rompe el pecho en las esquinas
y, ciega, en la memoria desarraiga
los árboles, los días, su follaje de sílabas.

Por las calles Bolívar y Carranza
en pos del Reloj Turco, la Fuente de la Rana,
—una carta postal impone ritos—
bajo un cielo de ayer que guardo indemne,

entre la gente, el tráfago, los autos,
daba el reloj la hora, filósofo cortés,
no sin escepticismo pero exacto:

true to the count and yet false to the fact
of that well within time —time's truces, time's mercies—
even, at this waste hour, still tasted here.

IV

Days that haunt the poem's single day
are like the air revisiting this house
of vocables that you and I designed:
its windows watch an ocean and a sky

to learn what portion of the other's mind
the jet-trails presage: letters are stones that fly
to settle in a wall of which the line
traces an hour, a where, a place of thought.

What is more palpable, the thing we saw
or the images its recollection brought
into the mind to ask us what we are?

Friendship is more palpable than both,
the day that founded it, and time its confirmation:
we go and stay, knowing in that pulsation
we are the measure of its music flowing.

> *Hija fui del aire, ya*
> *en él hoy me desvanezco.*
> CALDERÓN

cuenta que es fidedigna pero falsa:
dentro del tiempo —tregua, dádiva de las horas—
hay una fuente. En ella yo bebo todavía.

IV

Días en torno al poema y a su día único,
días como el viento que incesante regresa
a esta casa de palabras que tú y yo hemos construido:
sus ventanas atisban el mar y el cielo

por descubrir en la estela del avión
presagios de la mente del otro: las cartas,
piedras que vuelan, alzan un muro cuya línea dibuja
un ahora y un donde, un lugar del espíritu.

¿Qué es más real, aquello que un día vimos
o las imágenes que la memoria
en la mente despierta para saber qué somos?

La amistad es más real: un día la fundamos,
los otros la confirman. Lo sabemos:
pasamos, nos quedamos y somos la medida,
los latidos que ritman el fluir de su música.

Hija fui del aire, ya
en él hoy me desvanezco.
CALDERÓN

Versiones y diversiones

Nota del editor

Esta edición de *Versiones y diversiones* reúne la totalidad de las traducciones de Octavio Paz que se publicaron por primera vez en la edición de Galaxia Gutenberg/Círculo de Lectores, 2000.

En cuanto a la composición de los poemas, se presentan con tres asteriscos los poemas que originalmente no tienen título, pero en el caso de que Paz haya titulado su traducción, se respeta el título de su versión. En algunos casos Paz numeró de forma correlativa poemas que no tenían título; aquí se mantiene su numeración (por ejemplo en los poemas de Alain Bosquet y Fernando Pessoa). En las notas se hace constar los pocos casos en los que el traductor, por motivos diversos, no tradujo algunos versos de un poema.

Al final del volumen hay una serie de notas de Paz sobre los poetas y los poemas; a éstas se ha agregado la referencia bibliográfica de las versiones originales de los poemas. Las notas se presentan siguiendo el orden del libro. Sólo las de las secciones V. China y VI. Japón tienen llamada con número volado (numeración correlativa por sección).

Para esta edición de las *Obras completas* se han agregado unos cuantos poemas que por motivos diversos no se pudieron incluir en la edición suelta de *Versiones y diversiones*. Se trata de los poemas de Pere Gimferrer, Dorothy Parker, Vasko Popa y un breve texto de Arthur Waley. Agradecemos a Marie José Paz la ayuda que prestó en la búsqueda de este material y en la información proporcionada para este libro.

Nota preliminar

He dedicado algunos ensayos a la teoría de la traducción poética y muchos años a su práctica.[1] Trabajo disperso pero continuo: poco a poco, sin que me diera cuenta, las traducciones hechas al correr de los años se acumularon hasta formar un libro. ¿Este volumen representa mis ideas y mis gustos? Sí y no. *Versiones y diversiones,* como su nombre lo dice, no es un libro sistemático ni se propone mostrar o enseñar nada. Es el resultado de la pasión y de la casualidad. Por pasión traduje a Pessoa y a Michaux; por casualidad a algunos poetas suecos: Pierre Zekeli me pidió que colaborase con él y yo acepté por amistad y curiosidad. No me arrepiento: fue la revelación de cuatro islas poéticas. (Ahora, años después, los ingleses las descubren y Auden traduce a Ekelöf.) Un amigo, al leer mis versiones de unos cuantos poemas de Williams, me impulsó a traducir otros más para hacer un pequeño libro. Cedí —aunque yo hubiera preferido traducir a Wallace Stevens. Otros proyectos abandonados: traducir a Yeats y, entre los románticos, a Hölderlin y a Wordsworth. Pero el gran ausente de este libro es Dante, tal vez el mayor poeta de Occidente.

Viví más de seis años en la India y estoy en relación con algunos especialistas en sánscrito y en pali: ¿por qué no intenté traducir con su ayuda algún texto *kavya*? Hice dos o tres pruebas pero desistí: la tradición *kavya* está tan lejos de nosotros como el arte helenístico.* Me interesan más los poetas en lenguas vernáculas —Kabir, Tukaram, Chandidas, Vidyapati— y, sobre todo, los textos enigmáticos de poetas como Sáraha y Kanha. En la segunda vuelta de mi vida, si hay segunda vuelta, quizá me anime a traducir algo de ellos. Y ya que hablo de poesía oriental: algunas versiones del japonés —las que aparecen en el diario de viaje de Bashō:

---

[1] Véase «Literatura y literalidad», en *El signo y el garabato*, México, Joaquín Mortiz, 1973; incluido en el primer volumen, *La casa de la presencia*, de estas *OC*.

* Véase «Nota final», p. 831.

Oku no hosomichi (Barcelona, Barral Editores, 1970)— fueron hechas con la colaboración de Eikichi Hayashiya; para las otras, que son la mayoría, me serví de transcripciones fonéticas y de las versiones de Arthur Waley, Donald Keene, René Sieffert, G. Renondeau, Kasuya Sakai, Geoffrey Bownas y Anthony Thwaite, Harold G. Henderson, Earl Miner, Jacques Roubaud... En el caso de las traducciones de poesía china utilicé traducciones interlineares, transcripciones fonéticas y, claro, las traducciones de Arthur Waley, Paul Demiéville, G. Margouliés, C. H. Kwoc y Vincent McHugh, Claude Roy, Kenneth Rexroth, Witter Bynner, Ciril Birch, Robert Payne, David Hawkes, etcétera. Me fue particularmente útil *The Art of Chinese Poetry* de J. Y. Liu. Debo decir lo mismo del libro que ha dedicado Burton Watson a Su Tung-p'o y, por lo que toca a Wang Wei, del ejemplo y los consejos de mi amigo el poeta y crítico Wai-lim Yip. El lector que quiera tener una idea del método empleado puede confrontar mis versiones con las transcripciones fonéticas, seguidas de traducciones lineares, hechas por Wai-lim Yip (*Delos*, 1969, sistema Wade) y el libro de David Hawkes: *A Little Primer of Tu Fu*, Oxford, 1967 (sistema pinyin). La sección dedicada a los poetas chinos contiene algunos textos curiosos, tales como una anticipación taoísta de Rousseau (Yüan Chieh, siglo VIII), una advertencia de un alma en pena y el primer testimonio (es del siglo XIV y su autor fue un bonzo budista) del encuentro entre rusos y chinos.

Pasión y casualidad pero también trabajo de carpintería, albañilería, relojería, jardinería, electricidad, plomería —en una palabra: industria verbal. La traducción poética exige el empleo de recursos análogos a los de la creación, sólo que en dirección distinta. Por eso pido que este libro no sea leído ni juzgado como un trabajo de investigación o de información literaria. También por eso no he incluido los textos originales: a partir de poemas en otras lenguas quise hacer poemas en la mía.

OCTAVIO PAZ

México, a 12 de marzo de 1973

Nota a la segunda edición

He preferido no incluir en esta nueva edición de *Versiones y diversiones* las traducciones de poesía que he hecho durante los últimos años. Espero, más adelante, publicar otro volumen con ellas y con otras que proyecto desde hace mucho: Wordsworth, Yeats y algunos italianos como Bruno y Leopardi. No me abandona, además, la idea de traducir algún día, con la ayuda de un especialista, a Sáraha y Kanha. Así, me limité a corregir levemente el texto. Sólo dos de esos cambios alteran el sentido —mejor dicho, lo restablecen. Uno afecta a la segunda versión de *Délfica* de Nerval; el otro a un poema de cuatro líneas de Wang Wei: *En la ermita del Parque de los Venados*. En la versión rimada de *Délfica* yo había escrito:

> Mas nada turba aún el pórtico impasible.
> Dormida bajo el arco solar de Constantino
> se calla la sibila —piedra el furor divino.

En el segundo verso el adjetivo *solar* —que no aparece en el original— traiciona el pensamiento profundo de Nerval. Los sonetos de *Las quimeras* están construidos sobre la oposición norte y sur, noche y día, cristianismo y paganismo. El arco de Constantino, aunque sea romano, se sitúa del lado del cristianismo, es decir, en la mitad nocturna y lunar de la poesía de Nerval (como el Príncipe de Aquitania, Lusignan y Birón en *El desdichado*). Cambié el tercer verso no porque la versión sea inexacta sino porque vuelve explícito lo que en el original sólo está insinuado. La misión de las sibilas es hablar —y hablar en la forma más alta del habla: la profecía. Pero las sibilas hablan sólo cuando están poseídas por el furor divino. Petrificada, dormida bajo el poder del cristianismo (el arco de Constantino), la sibila de *Délfica* volverá a hablar cuando despierte de su sueño de estatua: cuando se haya operado esa *revolución*, en el sentido literal de la palabra, que anuncia Nerval y que consistirá en una revuelta, una vuelta de los tiempos paganos. O sea: cuando los dioses regresen, la despierten y la inspiren. No sin pesar —me gusta mucho el hemistiquio: «piedra el furor divino», pues en sus siete sílabas me parece oír como ecos enlazados de Góngora y Darío— me he decidido por una versión que, si es menos briosa e hispánica, se ajusta más al original y tiene la ventaja de reintroducir el *visage latin* de la sibila:

> Mas nada ha perturbado al pórtico impasible.
> Dormida bajo el arco imperial de Constantino
> Calla aún la sibila de semblante latino.

El poema de Wang Wei ha sido traducido y comentado muchas veces. James Y. Liu le dedica varias páginas de exégesis en su *The Art of Chinese Poetry*. Además, yo tuve la suerte de discutir mi traducción con Wai-lim Yip. El poema pertenece al género *chüeh-chü*: cuatro líneas de cinco caracteres cada una, con rimas enlazadas. A continuación ofrezco la transcripción fonética (sistema Wade) y una versión literal:

> *K'ung shan pu chien jen*
> Desierta montaña no ver gente
> *Tan wen jen yü hsiang*
> Sólo oír gente hablar sonido
> *Fan ying ju shen lin*
> Refleja luz penetrar profundo bosque
> *Fu chao ch'ing t'ai shang*
> Otra vez brillar verde musgo sobre

La traducción de este poema es particularmente difícil porque extrema las características de la poesía china: universalidad, intemporalidad, impersonalidad, ausencia de sujeto. En el poema de Wang Wei la soledad del monte es tan grande que ni el mismo poeta está presente. Después de muchas consultas y tentativas, escribí estos cuatro versos sin rima, todos de nueve sílabas, salvo el último que es de once:

> No se ve gente en este monte.
> Sólo se oyen, lejos, voces.
> Por los ramajes la luz rompe.
> Tendida entre la yerba brilla verde.

Meses después, leyendo algunos textos *mahayana*, me sorprendió la frecuencia con que se menciona al Paraíso Occidental, sede del Buda Amida. Recordé entonces que Wang Wei había sido ferviente budista; consulté una de sus biografías y descubrí que su devoción por Amida era tal que había escrito un himno en el que habla de su deseo de renacer en el Paraíso Occidental —el lugar del sol poniente. El poema sobre el *Parque de los Venados* forma parte de una serie famosa: *Veinte vistas de Wang-ch'uan.* Poesía de la naturaleza pero poesía budista de la naturaleza: ¿el cuarteto no reflejaba, más allá del esteticismo naturalista tradicional en ese tipo de composiciones, una experiencia espiritual? Un poco más tarde, Burton Watson me envió su *Chinese Lyricism.* Allí encontré una confirmación de mi sospecha: para Wang Wei la luz del sol poniente poseía una significación muy precisa. Alusión al Buda Amida: al caer la tarde el adepto medita y, como el musgo del bosque, recibe la iluminación. Poesía perfectamente objetiva, impersonal, muy lejos del misticismo de un San Juan de la Cruz, pero no menos auténtica y profunda que la del poeta español. Transformación del hombre y la naturaleza ante la luz divina, aunque en sentido inverso al de la tradición occidental. En lugar de humanizar al mundo que nos rodea, el espíritu oriental se impregna de la objetividad, pasividad e impersonalidad de los árboles, las yerbas y las peñas para así, impersonalmente, recibir la luz imparcial de una revelación también impersonal. Sin perder su realidad de árboles, piedras y tierra, el monte y el bosque de Wang Wei son emblemas de la vacuidad. Imitando la reticencia de Wang Wei me limité a cambiar ligeramente las dos últimas líneas:

No se ve gente en este monte.
Sólo se oyen, lejos, voces.
La luz poniente entre las ramas.
El musgo la devuelve, verde.

OCTAVIO PAZ
México, a 6 de abril de 1978

Nota final

Después de la segunda edición de *Versiones y diversiones* (1978) aparecieron otras pero sin cambio alguno. Al correr de los años abandoné, no sin pena, los proyectos que mencionan las dos notas preliminares. Lamento, más que nada, no haber traducido por lo menos algunos fragmentos de *The Prelude*, el gran poema de Wordsworth. Al mismo tiempo corregí varias de las traducciones publicadas y emprendí otras pocas. Entre los poemas corregidos se encuentran *Parque de los Venados* de Wang Wei, del que ofrezco una tercera versión, y el que dedicó Tu Fu al letrado Wei Pa, ambos precedidos por extensas notas de introducción. Para las nuevas traducciones también escribí, en algunos casos, sucintos comentarios. Todos estos textos han sido recogidos en *Excursiones/Incursiones*, segundo volumen de mis *Obras completas*. En 1994, mientras escribía *Vislumbres de la India* releí tres o cuatro volúmenes de poesía escrita en sánscrito clásico, sobre todo la antología de Vidyákara, traducida por Ingalls. En contra de lo que pensaba hace un cuarto de siglo, esos poemas me cautivaron y en enero de 1995 traduje veinticinco epigramas, de nuevo acompañados por una introducción. Esos poemas y las páginas introductorias forman la sección IV de este libro. Los poemas de la India clásica tienen un extraño parecido —no tan extraño: son de un pueblo indoeuropeo— con los poemas de la *Antología griega*. No están lejos de la sensibilidad moderna, como dije, en 1973, con ligereza.

No faltará quien se sorprenda de la ausencia de griegos y romanos —para hablar de las lagunas más notables— en un conjunto de traducciones que comprende la poesía de India, China y Japón. Lo confieso: no me atreví; además, me pareció inútil: abundan las traducciones, algunas obra de grandes poetas, en todas las lenguas europeas. Hace años comencé a traducir *L'infinito* de Leopardi, algunas canciones de Tasso y dos sonetos de Marino, uno a *Una mujer que se lavaba las piernas* y otro a una negra («sol que muestra a la noche en una cara hermosa, y en sus ojos al día...»). En un viaje perdí esos borradores con otros papeles y después no he tenido ánimo para empezar de nuevo.

Las traducciones se fueron acumulando a medida que pasaban los años; fue una labor discontinua, regida por el capricho de los días y del humor, en la que no me propuse demostrar o enseñar; me dejé guiar, en momentos de ocio, por el amor, el gusto, la ocasión y, en algunos casos, la amistad. Repito lo que dije en el primer prologuillo: estas versiones son el resultado de la pasión y de la casualidad. Fueron, casi siempre, una diversión o, más exactamente, una recreación. El punto de partida fueron poemas escritos en otras lenguas; el de llegada, la tentativa de escribir, con ellos, poemas en la mía. Muchos de esos poemas fueron compuestos en otros siglos; en mis versiones quise que tuviesen la antigüedad de todas las obras de arte: la de hoy mismo.

OCTAVIO PAZ

México, a 25 de febrero de 1995

I

VERSIONES Y DIVERSIONES

THÉOPHILE DE VIAU

Soneto

Soñé anoche que Filis, de regreso,
bella como lo fue en la luz del día,
quiso que yo gozase su fantasma,
nuevo Ixión abrazado a una nube.

Se deslizó en mi lecho murmurando,
ya desnuda su sombra: «Al fin he vuelto,
Damón, y más hermosa: el reino triste
donde me guarda el hado, me embellece.

Vengo para gozarte, bello amante,
vengo por remorir entre tus brazos».
Después, cuando mi llama se extinguía:

«Adiós —dijo—, regreso entre los muertos.
De joder con mi cuerpo te jactabas,
jáctate hoy de haber jodido mi alma».

GÉRARD DE NERVAL

El desdichado

Primera versión

Yo soy el tenebroso —el viudo— el sin consuelo,
Príncipe de Aquitania de la torre abolida,
Murió mi sola *estrella* —mi laúd constelado
Ostenta el *negro Sol* de la *Melancolía.*

Tú que me has consolado de la tumba y su noche
El Pausílipo dame, la mar de Italia vuélveme,
La *flor* que amaba tanto mi desolado espíritu,
La parra donde el pámpano a la rosa se alía.

¿Soy el Amor o Febo?, ¿Lusignan o Birón?;
Roja mi frente está del beso de la reina;
Soñé en la gruta donde nadaba la sirena,

Traspasé el Aqueronte, vencedor por dos veces,
Y la lira de Orfeo he pulsado alternando
Suspiros de la santa con los gritos del hada.

Segunda versión

Yo soy el tenebroso —el viudo— el desolado,
Príncipe de Aquitania de la torre hoy baldía,
Murió mi sola *estrella* —mi laúd constelado
Ostenta el *negro Sol* de la *Melancolía.*

Tú que en la noche tumularia me has consolado
El Pausílipo vuélveme, la mar que lo ceñía,
La *flor* que amaba tanto mi espíritu enlutado,
La parra donde el pámpano a la rosa se alía.

¿Lusignán o Birón? ¿Soy Apolo o soy Eros?;
El beso de la Reina tornó aurora mi frente;
En tu gruta, sirena, manó el sueño veneros;

El Aquerón vencí dos veces, dos la nada.
Y en la lira de Orfeo pulsé alternadamente
El llanto de la santa, los clamores del hada.

Mirto

Mirto, yo pienso en ti, divina encantadora,
En Pausílipo altivo, jardín resplandeciente,
En tu rostro que baña la claridad de Oriente,
En tu trenza solar que negras uvas dora.

En tu copa bebí la ebriedad de la hora
Y en el fugaz relámpago de tu ojo sonriente,
Cuando a los pies de Iaco me inclinaba ferviente:
Soy hijo, por la Musa, de Grecia y de la Aurora.

Yo sé por qué el volcán su cicatriz ha abierto...
Tú lo rozaste apenas, ayer, con pie liviano,
Y de cenizas súbitas quedó el cielo cubierto.

Quebró un duque normando tus deidades de arcilla:
Y al verde mirto besa, bajo el laurel pagano,
Desde entonces la hortensia, pálida maravilla.

Délfica

Ultima Cumaei venit jam carminis aetas

Primera versión

Dafne, ¿tú la conoces, esa antigua romanza,
Bajo el blanco laurel, o al pie del sicomoro,
Bajo el olivo, el mirto, los sauces temblantes,
Esa canción de amor que siempre recomienza?

¿Reconoces el Templo de inmenso peristilo,
Los amargos limones marcados por tus dientes,
Y la gruta, fatal a imprudentes intrusos,
Que esconde la simiente del vencido dragón?

¡Volverán esos dioses que tú lloras perdidos!
De la mano del tiempo vuelven los viejos días,
Un profético soplo la tierra ha estremecido...

Mas todavía, bajo el arco de Constantino,
La sibila de rostro latino está dormida.
Y nada turba aún al pórtico severo.

Segunda versión

Dafne, ¿tú la recuerdas, la canción repetida
Bajo el blanco laurel, o al pie del sicomoro,
Bajo el olivo, el mirto, el saúz y su lloro,
Esa canción de amor, siempre recién nacida?

¿Reconoces el Templo, la piedra en luz ungida,
La marca de tus dientes en el limón de oro
Y la gruta, al intruso funesta, y su tesoro:
El semen del dragón en su entraña dormida?

¡Los tiempos resucitan, vuelven los viejos días!
Esos dioses que lloras tendrán forma visible,
Sobre la tierra soplan antiguas profecías.

Mas nada ha perturbado al pórtico impasible.
Dormida bajo el arco imperial de Constantino
Calla aún la sibila de semblante latino.

Artemisa

Primera versión

Vuelve otra vez la Trece —¡y es aún la Primera!
Y es la única siempre —¿o es el solo momento?
¿Dime, Reina, tú eres la primera o la última?
¿Tú eres, Rey, el último?, ¿eres el solo amante?

Amad a la que os ama de la cuna a la tumba,
Aún, tierna; me ama la que yo sólo amaba,
Es la Muerte —o la Muerta—, ¡oh delicia, oh tormento!
El ramo entre sus brazos son rosas *Malva rosa*.

Santa napolitana de manos encendidas,
Flor de Santa Gudula de corazón morado,
¿Encontraste tu cruz en el cielo desierto?

Rosas blancas, ¡caed! —insultáis nuestros dioses,
Caed, blancos fantasmas, de vuestro cielo en lumbre,
¡Es más santa a mis ojos la santa del abismo!

Segunda versión

Vuelve otra vez la Trece —¡y es aún la Primera!
Y es la única siempre —¿o es el único instante?
¿Dime, Reina, tú eres la inicial o postrera?
¿Tú eres, Rey, el último?, ¿eres el solo amante?

Amad a la que vuelve la muerte nacimiento,
Aquella que yo amaba por siempre es ya mi esposa,
Es la Muerte —o la Muerta— ¡oh delicia, oh tormento!
Florece entre sus brazos la regia *Malva rosa*.

Santa napolitana de manos como flamas,
Flor de entrañas violáceas, rosa de soledades,
¿Encontraste tu cruz en el cielo desierto?

¡Caed, blancos fantasmas, de vuestro cielo en llamas!
Rosas blancas, ¡caed! —insultáis mis deidades.
Más santa es la que surge del abismo entreabierto.

STÉPHAN MALLARMÉ

***

A Tomás Segovia

El de sus puras uñas ónix, alto en ofrenda,
La Angustia, es medianoche, levanta, lampadóforo,
Mucho vesperal sueño quemado por el Fénix
Que ninguna recoge ánfora cineraria:

Sala sin nadie ni en las credencias conca alguna,
Espiral espirada de inanidad sonora,
(El Maestro se ha ido, llanto en la Estigia capta
Con ese solo objeto nobleza de la Nada).

Mas cerca la ventana vacante al norte, un oro
Agoniza según tal vez rijosa fábula
De ninfa alanceada por llamas de unicornios

Y ella apenas difunta desnuda en el espejo
Que ya en las nulidades que claüsura el marco
Del centellar se fija súbito el septimino.

GUILLAUME APOLLINAIRE

El puente de Mirabeau

Bajo el puente pasa el Sena
también pasan mis amores
¿hace falta que me acuerde?
tras el goce va la pena

La noche llega y da la hora
Se va la hora y me abandona

Pongo en tus manos mis manos
y con los brazos formamos
un puente bajo el que pasan
onda mansa las miradas

La noche llega y da la hora
Se va la hora y me abandona

Amor es agua corriente
y como el agua se va
agua de la vida lenta
y la esperanza violenta

La noche llega y da la hora
Se va la hora y me abandona

Pasan días y semanas
pasan y jamás regresan
días semanas amores
bajo el puente pasa el Sena

La noche llega y da la hora
Se va la hora y me abandona

Clotilde

En el jardín donde crecen
la anémona y la ancolía
Entre el amor y el desdén
duerme la melancolía

También vagan nuestras sombras
que ha de dispersar la noche
El sol que las vuelve opacas
se disipará con ellas

La diosa del agua viva
suelta en ondas sus cabellos
Pasa y persigue entre sombras
la sombra de tu deseo

La gitana

Desde el principio la gitana
vio nuestras vidas por la noche
rayadas. Adiós, le dijimos.
Del adiós brotó la esperanza.

De pie como oso amaestrado
danzó el amor cuanto quisimos,
perdió el plumaje azul el pájaro,
sus oraciones los mendigos.

Sabiendo que nos condenamos
en el camino nos amamos;

lo que nos dijo la gitana
lo recordamos abrazados.

En la prisión

I

Antes de entrar en mi celda
tuve que mostrarme en cueros
Oí una voz ululante
¿en qué has parado Guillermo?

Lázaro que entra en su tumba
no Lázaro redivivo
Adiós cantaban en ronda
mis años y mis amores

II

No me siento aquí
    yo mismo
Un número soy
    el quince

Atraviesa el sol
    los vidrios
Sol títere sobre
    mis versos

Baila el sol yo escucho
    arriba
con el pie golpean
    la bóveda

III

Como un oso voy y vengo
vueltas vueltas siempre vueltas
marco el paso bajo un cielo
color azul de cadenas
Vueltas vueltas siempre vueltas
como un oso voy y vengo

Oigo manar una fuente
en el pasillo de enfrente
Vaya o venga el carcelero
hace tintinar sus llaves
En el pasillo de enfrente
oigo manar una fuente

V

Qué lentas pasan las horas
pasan como los entierros
Tú llorarás esta hora
que lloras y ha de pasar
rápida como las otras

VI

Oigo el rumor de las calles
en mi horizonte cerrado
un cielo enemigo veo
y la desnudez de un muro

Se apaga el sol y se enciende
una lámpara en la cárcel
solitaria compañera
luz hermosa razón clara.

El adiós

Corté una brizna de brezo
Otoño murió recuerda
nunca más sobre esta tierra
nos veremos con los ojos
Brizna brezo olor de tiempo
recuerda que yo te espero.

Cuernos de caza

Nuestra historia es noble y es trágica
como del tirano la máscara
Ningún drama arriesgado o mágico
ningún detalle indiferente
ha vuelto nuestro amor patético

Thomas de Quincey que tomaba
opio veneno dulce y casto
pasa en su pobre Ana soñando
Pasemos ya que todo pasa
me voy me voy volviendo el rostro

Recuerdos sois cuernos de caza
ecos que mueren en el viento

Los fuegos del vivac

El fuego móvil del campamento
ilumina las formas del sueño
y entre las ramas que se entrelazan
otro sueño se dibuja lento

Desdenes del arrepentimiento
ya desollado como una entraña
De los recuerdos y los secretos
no queda nada sino esta brasa

El adiós del jinete

Ah Dios qué linda la guerra
con sus cantos y sus ocios
esta sortija la pulo
con el aire y tus suspiros

Y sonó la botasilla
y se perdió en una vuelta
y él murió y ella reía
ante el extraño destino

Torbellino de moscas

Un jinete por el llano
la muchacha lo recuerda
y la flota en Mitilene
la alambrada que reluce

Al cortar la rosa en llamas
sus ojos han florecido
y qué sol la boca errante
al que su boca sonríe

Tarjeta postal

Te escribo bajo esta tienda
afuera se muere un día
en cuyo cielo de estío
apenas azul florece
un rumor de cañoneo
que antes de ser se disipa

El rizo

Rizo de pelo castaño
encontrado en mi memoria
Son increíbles ¿recuerdas?
nuestros cruzados destinos

Bulevar de la Capilla
ella murmura me acuerdo
y el lindo Montmartre y el día
en que traspuse tu puerta

Como el otoño ha caído
el rizo de mi recuerdo
Los destinos que te asombran
con el día se deshacen

Pulpo

Lanza su tinta contra el cielo,
la sangre chupa de la que ama,
la encuentra siempre deliciosa,
yo soy ese monstruo inhumano.

Carpas

Primera versión

En viveros y en estanques,
carpas, vivís largos años,
olvidados por la muerte,
peces de melancolía

Segunda versión

Carpas en el quieto estanque
peces de melancolía
olvidados por la muerte

Inscripción bordada en un cojín

Soy la balanza discreta
del peso de tu belleza

Un poema

Ha entrado
Se ha sentado
No mira al pirógeno de mechas rojas
Llamea el fósforo
Se fue

Centinela

Tú corazón ¿por qué lates?
—Melancólico vigía
La noche acecho y la muerte

El músico de Saint-Merry

Por fin tengo el derecho de saludar a seres que no conozco
Pasan frente a mí y se acumulan a lo lejos
Mientras que todo lo que yo veo en ellos me es desconocido
Y su esperanzno es menos fuerte que la mía

Yo no canto a este mundo ni a los otros astros
Yo canto todas las posibilidades de mí mismo fuera de este mundo y
    de los astros
Canto la alegría de vagar y el placer de morir errante

El 21 del mes de mayo de 1913
Barquero de los muertos y las merianas mordonantes
Millones de moscas abanicaban un esplendor
Cuando un hombre sin ojos sin nariz y sin orejas
Dejó la avenida Sebastopol y entró en la calle Aubry-le-Boucher
Joven el hombre era moreno y ese color de fresa en las mejillas
Hombre Ah Ariadna
Tocaba la flauta y la música guiaba sus pasos
Se detuvo en la esquina de la calle Saint-Martin
Tocando el aire que yo canto y que yo inventé

Las mujeres que pasaban se detenían a su lado
Venían de todas partes
De pronto las campanas de Saint-Merry comenzaron a tañer
El músico dejó de tocar y bebió en la fuente
Que está en la esquina de la calle Simon-Le-Franc
Después Saint-Merry se calló
El desconocido volvió a tocar su aire de flauta

Y volviendo sobre sus pasos se fue hasta la calle de la Verrerie
Penetró en ella seguido por el tropel de mujeres
Salían de las casas
Llegaban de las calles laterales los ojos locos
Las manos tendidas hacia el melodioso raptor
Él se iba indiferente tocando su aire
Se iba terriblemente

Después en otra parte
A qué hora saldrá un tren hacia París

En ese momento
Los pichones de las Molucas evacuaban nueces moscadas
Al mismo tiempo
Misión católica de Bôma qué no tienes escultor

En otro lado
Ella atraviesa el puente que une Bonn a Beul y desaparece en Pützchen

En ese instante
Una joven enamorada del alcalde

En otro barrio
Rivaliza poeta con los marbetes de los perfumistas

En suma oh reidores no habéis sacado gran cosa de los hombres
Apenas habéis extraído un poco de grasa de su miseria
Pero nosotros que morimos de vivir lejos el uno del otro
Tendemos nuestros brazos y sobre esos rieles se desliza un largo tren
    de carga

Tú llorabas cerca de mí sentada en el fondo de un fiacre

Y ahora
Te pareces a mí desgraciadamente te pareces

Nosotros nos parecemos como en la arquitectura del siglo pasado
Esas altas chimeneas semejantes a torres
Subimos más alto ahora ya no rozamos el suelo

Y mientras el mundo vivía y cambiaba

El cortejo de mujeres largo como un día sin pan
Seguía en la calle de la Verrerie al músico feliz

Cortejos oh cortejos
Como antaño cuando el rey iba a Vincennes
Cuando los embajadores llegaban a París
Cuando el flaco Suger corría hacia el Sena
Cuando el motín moría a los pies de Saint-Merry

Cortejos oh cortejos
Las mujeres se desbordaban eran tantas y tantas
En todas las calles vecinas
Y se apresuraban inflexibles como la bala

Para seguir al músico
Ah Ariadna y tú Pâquette y tú Amine
Y tú Mia y tú Simona y tú Mavise
Y tú Colette y tú la hermosa Genoveva
Todas han pasado temblorosas y vanas
Y sus pasos ligeros y rápidos seguían la cadencia
De la música pastoral que guiaba
Sus ávidas orejas

El desconocido se detuvo un instante frente a una casa en venta
Casa abandonada
Vidrios rotos
Una construcción del siglo dieciséis
El patio sirve de cochera a carritos de entrega
Ahí entró el músico
Su música al alejarse se volvió lánguida
Las mujeres lo siguieron a la casa abandonada
Todas entraron confundidas en bandada
Todas entraron sin volver la mirada todas
Sin pena por lo que dejaban
Sin pena por lo que habían abandonado
Sin pena por el día la vida la memoria

Luego no quedó nadie en la calle de la Verrerie
Excepto yo mismo y un sacerdote de Saint-Merry
Los dos entramos en la vieja casa
No encontramos a nadie

Llega el atardecer
En Saint-Merry el tañer del Angelus
Cortejos oh cortejos
Como antaño cuando el rey volvía de Vincennes
Vino una tropa de vendedores de gorras
Vinieron vendedores de plátanos
Vinieron soldados de la guardia republicana
Oh noche
Tropel de lánguidas miradas de mujeres
Oh noche
Tú mi dolor y tú mi vana espera
Yo escucho morir el son de una flauta lejana

La linda pelirroja

Ante todos me planto un hombre en sus cabales
Conozco la vida y sé de la muerte todo lo que un ser vivo puede saber
He probado los dolores y las alegrías del amor
Acerté algunas veces a imponer mis ideas
Conozco varias lenguas
He viajado bastante
Vi la guerra en la artillería y en la infantería
Herido en la cabeza trepanado bajo el cloroformo
Perdí a mis mejores amigos en la lucha espantosa
Sobre lo antiguo y lo moderno sé tanto como el que más
Y hoy sin preocuparme por esta guerra
Entre nosotros y para nosotros amigos míos
Juzgo esta larga querella entre la tradición y la invención
                    El Orden y la Aventura

Vosotros cuya boca está hecha a imagen de la boca de Dios
Boca que es el orden mismo

Sed indulgentes cuando comparéis
Aquellos que fueron la perfección del orden
Con nosotros que buscamos en todas partes la aventura

No somos vuestros enemigos
Queremos daros vastos y extraños dominios
Allá el misterio en flor se ofrece al que quiere cortarlo
Allá hay fuegos nuevos de colores nunca vistos
Mil fantasmas imponderables
A los que hay que darles un cuerpo
Queremos explorar la bondad comarca inmensa donde todo se calla
También el tiempo que podemos expulsar o retornar
Apiadaos de nosotros que combatimos siempre en las fronteras
De lo ilimitado y por venir
Apiadaos de nuestros errores apiadaos de nuestros pecados
Ya viene el verano la estación violenta
Mi juventud se ha muerto como la primavera
Oh Sol es el tiempo de la Razón ardiente
                              Yo espero

Que tome al fin la forma noble y dulce
Para seguirla siempre y amarla únicamente
Ella llega y me atrae como el imán al hierro
               Tiene el aire hechicero
               De una adorable pelirroja

Sus cabellos son de oro se diría
Un hermoso relámpago que dura
O esas llamas que se pavonean
En las rosas de té al marchitarse

Pero reíd de mí reíd
Hombres de todas partes sobre todo gentes de aquí
Hay tantas cosas que no oso deciros
Tantas cosas que no me dejaríais decir
Tened piedad de mí.

JULES SUPERVIELLE

Asir

Asir, asir la noche, la manzana y la estatua,
Asir la sombra, el muro y el sin fin de la calle.

Asir el cuello, el pie de la mujer tendida
Y abrir después las manos. ¡Cuántos pájaros sueltos!

Cuántos perdidos pájaros convertidos en noche,
En calle, muro y sombra, en manzana y estatua.

Los gérmenes

*Se repartieron por todas partes,
como si sembrasen en el universo.*
ARRHENIUS

Noche condenada a la ceguera,
Noche que aún a través del día buscas a los hombres
Con manos perforadas de milagros,
He aquí a los gérmenes espaciales, polen vaporoso de los mundos.
Los gérmenes que en su larga jornada han medido los cielos
Y se posan sobre la hierba sin ruido,
Capricho de una sombra que atraviesa el espíritu.

Escapan fluidos del murmullo confuso de los mundos
Hasta donde se eleva el rumor de nuestros más lejanos pensamientos,
Sueños del hombre bajo las estrellas atentas

Que suscitan zarzas violentas en pleno cielo
Y un cabrito que gira sobre sí mismo hasta volverse astro.
Sueño del marinero que va a dispersar la tormenta
Y que, al entregar su alma al último lucero,
Visto entre dos olas que se alzan,
Hace nacer de su mirada, ahogada en el mar y la muerte,
En millones de horribles años-luz, los gérmenes.
Y los postigos verdes de sus moradas tímidamente se entreabren
Como si una mano de mujer los lanzase desde allá dentro.
Pero nadie sabe que los gérmenes acaban de llegar
Mientras la noche remienda los andrajos del día.

JEAN COCTEAU

Dos poemas de *Canto llano*

***

Lecho de amor: detente. Bajo tus altas sombras,
al tendernos, zarpamos. Allá abajo se quedan
nuestros pies obedientes. Son caballos que a veces,
lado a lado dormidos, entrelazan sus cuellos.

***

Nada me da más miedo que la calma engañosa
de un semblante dormido;
tu sueño es un Egipto donde tú eres la momia
con su máscara de oro.

¿Qué mira tu mirada bajo el rico atavío
de una reina que muere,
deshecha y repintada por la noche de amor,
negra embalsamadora?

Abandona, oh mi reina, oh mi pato salvaje,
los siglos y los mares;
vuelve a flotar aquí, reconquista tu rostro
que se hunde hacia dentro.

PIERRE REVERDY

***

Sobre cada pizarra
              que se deslizaba del tejado
                      habían
                              escrito
                                  un poema

El canalón estaba orlado de diamantes
              los pájaros los beben

Sol

              Alguien acaba de irse
En el cuarto
                      Queda un suspiro
Vida que deserta

              La calle
              Y la ventana abierta
Un rayo de sol
sobre el césped

Mañana

La fuente fluye en la plaza del puerto de verano
A través del agua brilla el sol sin arrugas

El murmullo de las voces se aleja más y más
Quedan todavía unos cuantos pedazos frescos
Yo escucho el ruido
                    Pero ellas ¿adónde se han ido
Dónde están sus cestos floridos?
Los muros limitaban la profundidad del gentío
Y el viento dispersó las cabezas parleras
Las voces se han quedado más o menos iguales
Las palabras se posan en mis orejas
El menor grito las hace volar

Luz

Mediodía
Brilla el espejo
El sol en la mano
                    Una mujer mira
sus ojos
            y su pena
Se apaga el muro de enfrente
El viento hace pliegues en las cortinas
            Algo tiembla
        La imagen se desvanece
            Pasa una nube
                    La lluvia

Salida

El horizonte se inclina
                Los días se alargan
            Viaje
Un corazón salta en una jaula
            Un pájaro canta
            Va a morir

Se abre otra puerta
En el fondo del pasillo
Se enciende
Una estrella
Una mujer morena
La linterna del tren que arranca

Secreto

Campana vacía
Pájaros muertos
En la casa donde todo se adormece
Son las nueve
La tierra se queda inmóvil
Se diría que alguien suspira
Los árboles parecen sonreír
El agua tiembla en la punta de cada hoja
Una nube atraviesa la noche

Frente a la puerta canta un hombre

La ventana se abre sin ruido

Pasillo

Somos dos
En la misma línea donde todo se alinea
En los meandros de la noche
Hay una palabra en medio
Dos bocas que no se ven
Un ruido de pasos
Un cuerpo ligero se desliza hacia el otro
La puerta tiembla

Pasa una mano
   Uno quisiera abrir
  El rayo claro erguido
  Allí frente a mí
     Y lo que nos separa es el fuego
En la sombra donde tu perfil se pierde
     Un minuto sin respirar
Al pasar tu aliento me ha quemado

Una presencia

  Si nada pasa al caminar más allá
  Si nos quedamos donde estamos
  Mirando hacia atrás
  Lo que hay
  Si la tierra desciende
  No se podrá regresar
  El camino se borra
  El viento que sopla sobre tus pasos
  Se lleva las huellas
  La luz brilla
  Atrás de las ramas del día
  Son los ojos del que mira

Jugadores

 Su mano tendida es una concha donde llueve
 El agua en el tejado
     hace un ruido de metal
 Tras los visillos una figura roja
 En el aire blanco matinal
   La ventana se abre para hablar
 En el patio el violón rechina como una llave
 Frente al hombre el muro se pone serio

Llueve sobre la cabeza del jugador
Está viejo
El perro lo mira con inquina
Después un niño corre
Sin que le importe
Adónde va

Sorpresa de lo alto

Se abrirán las puertas al fondo del corredor
Una sorpresa aguarda a los que pasan
Allá van a reunirse unos amigos
Hay una lámpara que nadie enciende
Y tu ojo único que brilla

Baja la escalera descalzo
Es un ladrón o el que acaba de llegar
Ya nadie lo esperaba
La luna se esconde en un cubo de agua
Sobre el techo un ángel juega al aro
La casa se derrumba

En el arroyo hay una canción que fluye

Una escampada

Obscurece
Los ojos se cierran
Más clara se despliega la pradera
Había un pañuelo en el aire
Y tú me hacías señas
Tu mano salía de la manga de sombra
Yo quería atravesar la barrera
Algo me detenía

El grito venía de lejos
                    Por detrás de la noche
Y todo lo que avanza
                        Y todo de lo que huyo
Todavía
          Me acuerdo
La calle que la mañana inundaba el sol

***

Rostro desleído en el agua
En el silencio
Tanto peso en el pecho
Tanta agua en la jarra
Tanta sombra en el suelo
Tanta sangre en la rampa
Jamás se acaba
Este sueño de cristal

Tal vez nadie

La copa se redondea
                    Sol que nos alumbra
El cielo se entreabre
                        En un rincón del horizonte
Al caer las hojas hacen temblar la tierra
Y el viento que vagabundeaba alrededor de la casa
                                            Habla
Alguien venía
          Quizá por atrás
La noche formaba el fondo
Y uno se regresaba
                    Los árboles simulaban un canto
                    Una plegaria

Se tenía miedo a ser sorprendido
En el camino las sombras se doblaban
No se sabía qué pasaba
Tal vez no había nadie

Minuto

No ha regresado todavía

Pero ¿quién entró en la noche?

El péndulo los brazos cruzados

se ha detenido

PAUL ÉLUARD

El espejo de un instante

Disipa el día,
Muestra a los hombres las imágenes libres de la apariencia,
Retira a los hombres la posibilidad de distraerse,
Duro como la piedra,
La piedra informe,
La piedra del movimiento y de la vista,
Su resplandor hiende las armaduras y las máscaras,
Lo que tomó la mano desdeña tomar la forma de la mano,
Lo que se comprendió ya no existe,
Se confundió el pájaro con el viento,
El cielo con su verdad,
El hombre con su realidad.

Bella y parecida

Un rostro a la caída del día
Una glorieta entre las hojas muertas del día
Un ramo de lluvia desnuda
Todo sol escondido
Todo fuente de fuentes en el fondo del agua
Todo roto espejo de espejos
Un rostro en las balanzas del silencio
Un guijarro entre los otros guijarros
Por las frondas de los últimos reflejos del día
Un rostro semejante a todos los rostros olvidados

El amor la poesía
[Tres fragmentos]

XVII

Con una sola caricia
Te hago brillar en todo tu esplendor

XI

Ella no sabe armar lazos
Pone los ojos sobre su belleza
Fácil qué fácil seducir
Y son sus ojos los que la encadenan
Ella se apoya sobre mí
Y sobre ella misma tiende
La red de las caricias

XXIX

Hacía falta que un rostro
Respondiese a todos los nombres del mundo

La semejanza

Te levantas el agua se despliega
Te tiendes el agua se dilata

Eres el agua desviada de sus abismos
Eres la tierra que echa raíces
Y sobre la que todo se asienta

Haces burbujas de silencio en el desierto de los ruidos
Cantas himnos nocturnos sobre las cuerdas del arco iris
Estás en todas partes tú anulas todas las rutas

Sacrificas el tiempo
A la juventud perpetua de la llama exacta
Que vela la naturaleza al reproducirla

Eres la semejanza

***

De todo lo que he dicho de mí ¿qué queda?
Guardé falsos tesoros en armarios vacíos
Un inútil navío une mi infancia a mi fastidio
Mis juegos a la fatiga
Una escapada a mis quimeras
La tempestad al arca de noches donde estoy solo
Una isla sin animales a los animales que amo
Una mujer abandonada a la mujer siempre nueva
En vena de belleza
Única mujer real
Aquí allá
Dando sueños a los ausentes
Su mano tendida hacia mí
Se refleja en la mía
Digo buenos días sonriendo
No se piensa en la ignorancia
Y la ignorancia reina
Sí yo lo esperé todo
Y desesperé de todo
De la vida el amor el olvido el sueño
De la fuerza la debilidad
Ya nadie me conoce
Mi nombre mi sombra son lobos

ANDRÉ BRETON

Girasol

A Pierre Reverdy

La viajera que atravesó los Halles a la caída del verano
Caminaba sobre la punta de los pies
La desesperación hacía girar en el cielo sus grandes yaros tan hermosos
Y en el bolso de mano estaba mi sueño ese frasco de sales
Que sólo ha aspirado la madrina de Dios
El torpor se desplegaba como un vaho
En El Perro que Fuma
Donde acababan de entrar el pro y el contra
La muchacha no podía ser vista por ellos sino mal y al sesgo
¿Me hallaba ante la embajadora del salitre
O de la curva blanca sobre fondo negro que llamamos pensar?
El baile de los inocentes llegaba a su apogeo
Los faroles se incendiaban lentamente entre los castaños
La dama sin sombra se arrodilló en el Puente del Cambio
En la calle Aquí-yace-el-corazón los timbres no eran los mismos
Las promesas nocturnas al fin se cumplían
Las palomas mensajeras los besos de socorro
Se unían a los senos de la hermosa desconocida
Dardos bajo la gasa de las significaciones perfectas
Una granja prosperaba en pleno París
Sus ventanas daban a la Vía Láctea
Pero nadie vivía allí todavía a causa de los aparecidos
Los aparecidos que como sabemos son más devotos que los desaparecidos
Algunos como esta mujer tienen el aire de nadar
Y en el amor entra un poco de su substancia
Ella los interioriza

Yo no soy juguete de ninguna potencia sensorial
Y no obstante el grillo que cantaba en los cabellos de ceniza
Un anochecer cerca de la estatua de Étienne Marcel
Me ha lanzado una mirada de inteligencia
André Breton dijo   Pasa

En la ruta de San Romano

La poesía se hace en el lecho como el amor
Sus sábanas deshechas son la aurora de las cosas
La poesía se hace en los bosques

Tiene todo el espacio que ella necesita
No éste sino otro que condicionan

> El ojo del milano
> El rocío sobre la planta *cola de caballo*
> El recuerdo de una empañada botella de Traminer sobre una
>   bandeja de plata
> Un alta verga de turmolina sobre la mar
> Y la ruta de la aventura mental
> Sube vertical
> Y al primer alto se enmaraña

No se grita por las calles
Es inconveniente dejar la puerta abierta
O llamar testigos

> Los bancos de peces la banda de pájaros
> Los rieles a la entrada de una gran estación
> Los reflejos entre dos orillas
> Los surcos en el pan
> Las burbujas del arroyo
> Los días del calendario
> La hierba de San Juan

El acto de amor y el acto de poesía
Son incompatibles
Con la lectura en voz alta del periódico

> La dirección del rayo de sol
> El fulgor azul que enlaza los hachazos del leñador
> El hilo del papalote en forma de corazón o de nasa
> El golpear acompasado de la cola de los castores
> La diligencia del relámpago
> El chorro de grageas de lo alto de una vieja escalera
> La avalancha

La cámara de los hechizos
No señores no es la Cámara de Diputados
Ni los vapores de la recámara una tarde de domingo

> Las figuras de danza en transparencia sobre las charcas
> La delimitación contra un muro de un cuerpo de mujer al lanzar
>   los puñales
> Las volutas claras del humo
> Los bucles de tu pelo
> La curva de la esponja de Filipinas
> Los lazos de la serpiente coral
> La entrada de la yedra en las ruinas
> *Tiene todo el tiempo para ella*

El abrazo poético como el abrazo carnal
Mientras dura
Prohíbe toda caída en la miseria del mundo

Mujer y pájaro

El gato sueña y ronronea en la penumbra de la tienda de instrumentos músicos de cuerda. Escruta el fondo del ébano y al sesgo lengüetea de lejos el caoba vivísimo. Es la hora en que la esfinge de la granza afloja por millares su trompa alrededor de la fuente de Vaucluse y en la que la mujer, en todos lados, no es sino un cáliz desbordante de vocales enlazado a la magnolia ilimitable de la noche.

HENRI MICHAUX

La carta

Les escribo de un país en otro tiempo claro. Les escribo del país del manto y la sombra. Vivimos desde hace mucho, vivimos en la Torre del pabellón a media asta. ¡Ah, verano! Verano envenenado. Y desde entonces el mismo día siempre, el día del recuerdo incrustado...

El pez fuera del agua piensa en el agua todo lo que puede. Todo lo que puede, ¿no es natural? En lo alto de una cuesta se recibe una lanzada de pica. En seguida, toda una vida cambia. Un instante echa abajo la puerta del Templo.

Nos consultamos entre nosotros. Ya no sabemos. Nadie sabe más que el otro, nadie sabe. Aquél, perturbado. El otro confundido. Todos, desamparados. La calma se ha ido. La sabiduría no dura el tiempo de una inspiración. Dime, ¿quién si recibe tres flechazos en la mejilla se presentará con un aire desenvuelto?

La muerte se apoderó de algunos. La prisión, el destierro, el hambre, la miseria se encargaron de los otros. Nos atravesaron grandes sables de escalofrío, lo abyecto y lo solapado después nos atravesaron.

¿Quién en nuestra tierra recibe todavía el beso de la alegría hasta el fondo del corazón?

La unión del yo y el vino es un poema. La unión del yo y la mujer es un poema. La unión del cielo y la tierra es un poema pero el poema que nosotros hemos oído ha paralizado nuestro entendimiento.

En la pena demasiado grande nuestro canto no pudo proferirse. Detenido el arte de huella de jade. Las nubes pasan, las nubes de contorno de rocas, las nubes de contorno de duraznos; nosotros, parecidos a las nubes, pasamos repletos de las vanas potencias del dolor.

Ya no amamos al día. Aúlla. Ya no amamos la noche, atormentada por los cuidados. Mil voces para hundirnos. Ninguna voz para sostenernos. Nuestra piel se fatiga de nuestra cara descolorida.

El acontecimiento es grande. También la noche es grande pero ¿qué puede hacer? Mil astros de la noche no iluminan un solo lecho. Los que sabían ya no saben. Saltan con el tren, ruedan con la rueda.

«¿Quedarse uno en uno mismo?» ¡No lo sueñes! La casa del solitario no existe en la isla de los papagayos. En la caída se mostró la maldad. El puro no es puro. Muestra lo que tiene de obstinado, de rencoroso. Algunos se manifiestan en el chillido. Otros en lo esquivo. La grandeza no se manifiesta.

Ardor en secreto, adiós a la verdad, silencio de la baldosa, grito del apuñalado, la conjunción del reposo helado y los sentimientos quemantes ha sido nuestra conjunción y nuestra ruta la ruta del perro perplejo.

No nos reconocimos en el silencio, no nos reconocimos en el aullido, ni en nuestras grutas, ni en los gestos de los extraños. A nuestro alrededor el campo indiferente y el cielo sin intenciones.

Nos hemos mirado en el espejo de la muerte. Nos hemos mirado en el espejo del sello insultado, la sangre que corre, el impulso decapitado, nos hemos mirado en el espejo tiznado de la afrenta.

Hemos regresado a las fuentes verdosas.

Clown

Un día.

Un día, quizá muy pronto.

Un día arrancaré el ancla que tiene sujeto a mi navío lejos de los mares.

Con esa rabia que hace falta para ser nadie y menos que nadie, abandonaré lo que parecía que me era indisolublemente próximo.

Lo cercenaré, lo derribaré, lo quebraré, lo echaré a rodar.

De golpe vomitaré mi pudor miserable, mis miserables tejemanejes y argucias de «hilo en la aguja».

Vacío el absceso de ser alguien, beberé de nuevo el espacio dador de vida.

A fuerza de actos ridículos, degradantes (¿qué es la degradación?), por estallido, por vacío, por una total disipación-irrisión-purgación, expulsaré de mí la forma que se creía tan unida, acordada, coordinada, a tono con lo que me rodea y con mis semejantes —tan dignos, dignísimos, mis semejantes.

Reducido a una humildad de catástrofe, a una nivelación perfecta como después de un pánico intenso.

Abajo, más abajo, devuelto a mi rango real, al rango ínfimo que yo no sé qué idea-ambición me había hecho desertar.

Nulo por la altura, nulo por la estimación.

Perdido en un rincón lejano (o ni eso siquiera), sin nombre, sin identidad.

CLOWN, abajando hasta lo grotesco, la risotada, la carcajada, la idea que contra todas las evidencias me había hecho de mi importancia.

Yo me hundiré.

Sin blanca en el infinito-espíritu subyacente abierto a todos, yo mismo abierto a un nuevo e increíble rocío

a fuerza de ser nulo,

arrasado,

risible.

Paisajes

Paisajes apacibles o desolados.

Paisajes de la ruta de la vida más que de la superficie de la tierra.

Paisajes del tiempo que fluye lentamente, casi inmóvil, que fluye hacia
        atrás.

Paisajes de girones, nervios lacerados, *saudades*.

Paisajes para cubrir las llagas, el acero, la esquirla, el mal, la época,
        la cuerda al cuello, la movilización.

Paisajes para abolir los gritos.

Paisajes como cubrirse con una manta la cabeza.

La muchacha de Budapest

En la bruma tibia de un aliento de muchacha encontré mi lugar.

Allí me quedé y no me he movido.

Nada pesan sus brazos. Se está en ellos como en el agua.

Lo marchito desaparece ante ella. No hay sino sus ojos.

Altas yerbas bellas, altas bellas flores crecen en nuestro campo.
Cómo te apoyas ahora, obstáculo ligerísimo,
Cómo te apoyas sobre mi pecho, ahora que ya no eres.

Que repose en revuelta

En lo negro, en la noche estará su memoria,
en lo que sufre, en lo que supura,
en lo que busca y no encuentra,
en la chalana desfondada en el arenal,
en la bala que traza una huella silbante,
en la isla de azufre estará su memoria.

En aquel que vive en su fiebre y no hace caso de los muros,
en aquel que se lanza y no tiene cráneo sino contra el muro,
en el ladrón que no se arrepiente,
en el débil recalcitrante perpetuo,
en el portal reventado estará su memoria.

En la ruta que obsesiona,
en el corazón que busca su playa,
en el amante al que huye su cuerpo,
en el viajero al que el espacio roe.

En el túnel,
en el tormento que vuelve y se revuelve,
en el impávido que desdeña el cementerio.

En la órbita incendiada de astros que estallan al chocar,
en el barco fantasma, en la novia manchada,
en la canción crepuscular estará su memoria.

En la presencia del mar,
en la distancia del juez,
en la ceguera,
en la taza de veneno.

En el capitán de los siete mares,
en el alma del que lava la daga,
en el órgano que llora por todo un pueblo,
en el día del gargajo sobre la ofrenda.

En el fruto de invierno,
en el pulmón de las batallas que recomienzan,
en el loco en la chalupa.

En los brazos torcidos de los deseos para siempre insatisfechos estará su
memoria.

Laberinto

Laberinto la vida, laberinto la muerte,
Laberinto sin fin, dice el Maestro de Ho.

Todo enclava, nada libera,
El suicida renace a otro sufrir.

La prisión se abre sobre otra prisión,
El pasillo conduce a otro pasillo.

Aquel que cree desenrollar el rollo
No desenrolla nada.

Nada desemboca en ninguna parte. Los siglos
También viven bajo tierra, dice el Maestro de Ho.

RENÉ CHAR

La alondra

Extrema brasa del cielo y primer ardor del día,
engastada en la aurora canta la tierra agitada,
carillón dueño de su aliento y libre de su ruta.

Fascinante —se la abate fascinada.

La libertad

Vino por esta línea blanca que puede significar la salida del alba o la palmatoria del crepúsculo.

Pasó los arenales maquinales; pasó las cimas destripadas.

Fin de la renunciación de rostro cobarde, la santidad de la mentira, el alcohol del verdugo.

Su verbo no fue un ciego ariete sino la tela donde se inscribió mi aliento. Detrás de la ausencia, con pasos que no la extraviaron, cisne sobre la herida, vino por esta línea blanca.

GEORGES SCHEHADÉ

1

Mi amor maravilloso como la piedra insensata
Esta palidez que tú juzgas ligera
De tal modo te alejas de mí para regresar
A la hora en que el sol y nosotros dos formamos una rosa
Nadie la ha vuelto a encontrar
Ni el cazador furtivo ni la esbelta amazona que habita las nubes
Ni este canto que anima las habitaciones perdidas
Y tú eras esa mujer y tus ojos mojaban
De aurora la planicie donde yo era la luna

2

Sobre una montaña
Donde los rebaños hablan con el frío
Como lo hizo Dios
Donde el sol vuelve a su origen
Hay granjas llenas de dulzura
Para el hombre que marcha en su paz
Yo sueño con ese país donde la angustia
Es un poco de aire
Donde los sueños caen en los pozos
Yo sueño y estoy aquí
Contra un muro de violetas y esta mujer
Cuya desviada rodilla es una pena infinita

3

Hay jardines que ya no tienen país
Y están solos con el agua
Palomas azules y sin nido los recorren
Mas la luna es un cristal de dicha
Y el niño recuerda un gran desorden claro

4

Como estos lagos que dan tanta pena
Cuando el otoño los cubre y vuelve azules
Como el agua que no tiene sino un solo sonido mil veces el mismo
No hay reposo alguno para ti oh vida
Los pájaros vuelan y se encadenan
Cada sueño es de un país
Y tú entre las hojas de esta llanura
Hay tanto adiós delante de tu rostro

5

Los árboles que no viajan sino con su murmullo
Cuando el silencio tiene la hermosura de mil pájaros juntos
Son los compañeros bermejos de la vida
Oh polvo sabor de hombres

Pasan las estaciones mas pueden volver a verlos
Seguir al sol en el límite de las distancias
Y después —como los ángeles que tocan la piedra
Abandonados a las tierras del anochecer

Y aquellos que sueñan bajo tus follajes
Cuando madura el pájaro y deja sus rayos
Comprenderán por las grandes nubes
Muchas veces la muerte muchas veces el mar

6

Amor mío no hay nada de lo que amamos
Que no huya como la sombra
Como esas tierras lejanas donde se pierde el nombre
No hay nada que nos retenga
Como esta cuesta de cipreses donde dormitan
Niños de hierro azules y muertos

7

Los ríos y las rosas de las batallas
Dulce bandera mecida por el hierro

Brillaban llanuras sin país
Después la nieve malvada y blanca

Las hormigas devoraban el vestido de las maravillas
Qué lentos eran los años

Cuando tú llevabas mandil de colegial
Cuando dormías cada noche sobre tu infancia

8

Si tú eres bella como los Magos de mi país
Oh amor mío no llores
A los soldados muertos y su sombra que huye de la muerte
Para nosotros la muerte es una flor del pensamiento

Hay que soñar en los pájaros que viajan
Entre el día y la noche como una huella
Cuando el sol se aleja entre los árboles
Y hace de sus hojas otra pradera

Amor mío
Tenemos los ojos azules de los prisioneros
Mas los sueños adoran nuestros cuerpos
Tendidos somos dos cielos en el agua
Y la palabra es nuestra sola ausencia

9

Aquel que piensa y no habla
Un caballo lo lleva hacia la Biblia
Aquel que sueña se mezcla al aire

10

Os llamo María
Un casto cuerpo a cuerpo con vuestras alas
Sois bella como las cosas ya vistas
Al principio no estaba vuestro Hijo en los paisajes
Ni vuestro pie de plata en los lechos
Os envidio María
El cielo te cubre de pena
Los cuervos han tocado tus ojos azules
Tú me inquietas muchacha me inquietas
El follaje está loco por ti

ALAIN BOSQUET

Escrito al margen del poema

1

Joven, vacías las manos,
Me instalé en mí mismo,
Sin más muebles
Que un cráneo de repuesto.

2

Para honrar a la aurora,
Ser la aurora;
Ser el pájaro,
Para admirar al pájaro,
Ser yerba,
Por merecer vida de yerba:
Amor fue perderse
En cada cosa amada.
Yo fui crin
(¡Buenos días, yegua!)
Fui pétalo
(¡Amapola, buen día!),
Guijarro entre guijarros
Rotos por el oleaje.
Metamorfosis,
No quiero cambiar:
Hoy amo.
Amor,

No quiero amar:
Hoy cambio.

3

Un medioloro,
Me dice: viento,
Pero piensa: vampiro.
Un mediogirasol
Me dice: sueño,
Pero piensa: rebelión.
Una mediacolina:
Toma mi oro,
Y piensa: mi basura.
¿Qué quieren ustedes que haga?
En este mundo imperfecto
Nací a medias,
Sin derecho
A nacer del todo.
Un mediodiós me dice: la vida,
Y piensa: la serpiente.
Un mediomés de abril dice:
La espiga,
Y piensa: el epitafio.

4

Llegaron catorce estrellas
(¿Y qué dijeron, qué dijeron?),
Después, veintiún pájaros
(¿Y qué dejaron, qué dejaron?),
Doscientas trece flores
(¿Cuántos recuerdos, cuántos?).
Vino un perfume solitario:
Él me explicó todo.

5

¿A qué hablar de mí?
Soy el lujo,
La carne barroca en torno al verbo seco,
Una impaciencia
                    Por definir.

6

Aquel año...
Pero se contaba por lunas
Decapitadas.
Aquel año...
Pero se contaba por soles
Comestibles.

7

Carne abierta, en mí se leía;
En mis rodillas dibujaba
Países emigrantes;
Después, bajo mis párpados,
Tomaba el fresco.
El canto de mi aorta
Era el canto de la cascada.
Al despertar, gritaba:
¡Traducidme!
Mi patria era el tatuaje.
Y todo esto pasaba
En tiempo de los siglos falsificados.

8

Tú que has gastado todo,
Tú que todo has destruido:

Es gloria ser el viento
Y dicha ser la piedra.
Ese árbol reverdece,
Ese caballo que condenaste a callar
Dice lo que piensa,
La cascada recobra su verdadero rostro
Y el cielo su tamaño.
Es gloria ser lodo; coronación
El olvido
De un escarabajo que se roe las patas.
Míralos, son mejores que tú:
Animales, crepúsculos,
Sílex, nomeolvides:
Todos erigen
Un monumento al hombre,
Sin grabar una injuria.

9

Vivo para adorar
Una o dos palabras
No pronunciadas,
Impronunciables:
Esas que se adivinan
Una hora antes del alba
En el ojo del antílope
Que lentamente se despereza
Entre dos árboles somnolientos.

10

¿Podemos acariciar
Nuestros árboles, barones
Que ganan nuestras guerras:
Cerezo, sauce
Y ese zarzal nervioso
Llamado *puma?*

11

El caballo aplaude,
El rascacielos saluda a los invitados
De un planeta gordo y loco.
En los tranvías, los viejos se encogen
Hasta volverse langostinos.
Colgaron
Al cuello de los olivos
Algunos cuadros de primitivos
Flamencos y españoles.
Después de la lluvia
Los niños huelen
A medialuna y alcachofa.
Vigilado por su propia estatua,
El caballo no aplaude.

12

¿Por qué
La encina ha dejado la encina?
¿Por qué
El río no está en el fondo del río?
¿Por qué
El muro está ausente del muro?
Se fueron de ellos mismos
Para comprenderse,
Para aceptarse.
Yo también me abandono,
Yo conozco la dicha:
Soy falsa encina,
Río seco,
Muro blando.

13

Cuchillo:
Si fueses cuchillo por ti mismo,
Yo sería inútil;
Sin nombrarte, perecería.
Cuchillo,
Tú no serías cuchillo
Sin mis ojos que te afilan,
Sin mi sudor que te oxida.
Y yo,
Sin tu metal,
Sin la luna que rasguñas,
No sería sino rama caída,
Espuma fatigada,
Aleta bajo la puerta,
Pedazo de níspero mordisqueado...
Tú eres tú por nosotros,
Yo sé quién soy por ser yo cara a ti mismo.
Cuchillo de carne,
Hombre de acero:
Cada uno sobrevive si se encarna en el otro.
Tú me obligas a comprenderme:
¡Sangro!
Tú me obligas a comprenderte:
¡Pero te destrozas!
Encuentro culpable:
Hay que inventar de nuevo
El cuchillo, el cuchillo puro,
El hombre, el hombre solo a solas.
Nunca se conocerán.

YESÉ AMORY

ESTRÍAS

✳✳✳

El río me trajo su carta. Decía: «Te espero. Entra por la vereda de las cañas. Mi sima está tendida de musgo. Abriré para ti el Jardín de las Metamorfosis; allí verás hasta la nervadura de las estatuas, cerca del sauce, donde las burbujas se interrogan. La cascada, toda ella a su solfeo, no hará caso de nuestras idas y venidas.

Tengo sed de tus puntas de arándano, tu ingle umbelífera, tus ancas a la deriva. Te espero: toma la primer corriente.

Sanguisualmente...»

El viento pluvial ha vuelto impracticable la circulación por el río y yo he tenido que permanecer en mi cuarto, presa de la fiebre de las marismas.

✳✳✳

La próxima vez que te desmandes, te inoculo un virus. No un virus potente, no: un virus apenas virus, lo justo para atarantarte y, sin acabarte, hacer que pierdas un poco de tu arrogancia.

Entonces, ah, entonces, vuelves a ser eucalipto. Dulce vuelve a ser mi noche entre tus ramas.

✳✳✳

Había trabado amistad con una criatura extraña, minúscula. No tenía cuerpo, solamente cara, una cara redonda, no más grande que una cabeza de alfiler —y siempre riente. Vivía en el espacio de una carta geográfica —más bien: orográfica— abierta perpetuamente sobre la mesa de mi cuarto. Se desplazaba entre los relieves y las sombras, pequeño punto luminoso revoloteando como uno de esos insectos ínfimos que, a la orilla del mar, se enredan entre las pestañas. ¡Cuánto quería a esa molécula radiosa, a esa porción de ágata! La luz era nuestro lenguaje, su risa nuestra complicidad. Me angustiaba si a veces, ya por ligereza o para reírse de mí, se demoraba en una hendidura donde yo no podía verla. Desconfiaba sobre todo de las corrientes de aire y nunca me olvidaba de cerrar bien la ventana. Pero ella volvía siempre, emergiendo de pronto del fondo de un valle o deslizándose por el filo de un desfiladero, saltando como un yoyo fosforescente. Iba y venía a lo largo de los ríos, se ocultaba en los repliegues, reaparecía de repente y, pequeña esfera loca, recomenzaba su alegre carrera, arremolinándose, girando en espirales imponderables, jovial, irisado meteoro. Su risa en zigzag repercutía entre las montañas.

Un día, al regresar a mi cuarto, sentí un golpe de viento helado entrando por la ventana de par en par abierta. He pasado mucho tiempo acechando su regreso. Ya no rebotan los ecos en los valles, el mapa está deshabitado, recubierto por un silencio de era glaciar. Todavía hoy escruto con ansiedad cada vez que en un rayo de luz veo danzar átomos de polvo.

Tal cual

La estación está abierta todos los días
pero los domingos y días feriados
el servicio de expediciones está cerrado
para ataúdes y urnas
funerarias
animales vivos
productos alimenticios anotados en la tarifa N.° 3
cerveza sidra zumo de peras
capullos y hojas de morera
flores recién cortadas
botes de leche vacíos
productos farmacéuticos
vino blanco dulce de ciruelas.
EL SERVICIO DE EXPEDICIONES ESTÁ CERRADO.

Enigma

pero
por
qué
diablos
esa
vieja
dama
de
guantes
blancos
de
primera
comunión
compra
en el
drug
store
de Walnut
Street
quince
pre
ser
vativos?

***

En Shadyside
arriba de Camphire Cleaners
una nigromanta:
la luna

***

Llamada a tus ojos
el signo
de mis medias
rojas

***

Más vale no terminar nada
nada de-terminar
no hay que clavar las cosas con palabras
hay que dejarlas mecerse
capaces todavía de roces
dejarlas rondar en filamentos imantados
al encuentro de
dejarlas flotar sin timón
En su estela
indistinta
se puede entonces alzar velas

BRONCE

Sin embargo, no era la primera vez que atravesaba el Common: ¿cómo no la había visto antes? Imposible que así, de la noche a la mañana, hubiese brotado de la tierra —el periódico de la Universidad lo habría dicho inmediatamente. Quizá habían talado los macizos que la rodeaban y a eso se debía su repentina aparición o quizá nunca había tomado ese sendero transversal —a no ser que al caminar por allí estuviese siempre distraída... En cambio, sabía perfectamente que allá, en el otro extremo del parque, inmutable, estaba la estatua de Lincoln, gris y lúgubre como un guante de seda, dominada por un arbotante sobre el cual se levantaba otra estatua, menos gris aunque no menos taciturna, más alta que las copas de los árboles más altos. Enfundada en su levita de adusta piedra, se perdía en la bruma, ella misma convertida en bulto de bruma. Un poco más lejos, en la plaza Walden, estaba la atrayente estatua de Sumner, profeta elegante y apasionado de la lucha contra la esclavitud —sentado, verde y pétreo, insólito en su lánguida postura de salón en medio del crucero más transitado de la ciudad. En el centro del «campus» se hallaba la otra —la del personaje que había dado su nombre a la Universidad. Como no se sabía nada de él (tampoco sabemos nada de Lautréamont, se dijo mentalmente, ¿cómo será la suya, si es que alguna vez le erigen una?), salvo que había dado una docena de libros y un poco de dinero para establecer un colegio, le habían esculpido un rostro byroniano que, cuando hacía buen tiempo, se multiplicaba en los reflejos que rebotaban en los altos ventanales del University Hall.

No, no se recobraba del estupor que le causaba ver ahí, de pronto, a la salida del caminillo, esa silueta de un verde jade casi cegador, alta sobre su pedestal, dominando la arboleda del lado derecho del Common. Primero se le apareció de espaldas, ancho de hombros, el talle bien ajustado por un saco de largos faldones, la nuca tupida, cuerpo grande y bien plantado, los muslos vigorosos ceñidos por un pantalón corto abotonado en las rodillas y las piernas musculosas forradas por un par de medias. El hombre estaba tocado por un sombrero de alta copa. Impaciente, dio la vuelta para verlo de frente. Las alas del sombrero —donde el hielo había formado una pluma brillante— sombreaban unos ojos que parecían vivos. Una expresión juvenil e intensa animaba su rostro; los labios espesos se plegaban levemente en una sonrisa indecisa. La barba dibujaba una sombra ligera sobre el mentón voluntarioso. La pierna derecha apenas doblada hacia adelante, el brazo apoyado sobre el flanco izquierdo y un libro cerrado en la mano, le daban un aire desenvuelto y natural. Quiso leer la inscripción del pedestal pero la nieve, que había caído abundantemente durante los últimos días, la había recubierto enteramente. Intentó removerla y no tardó en darse cuenta de que se había congelado. Había que esperar algunos días, quizá varias semanas, para liberar la plataforma del hielo. Todo dependería de las tormentas.

Desde entonces, cada vez que iba al centro, pasaba por Bond Street, tomaba Ash Street, cruzaba Bristol Street y, a la salida de Appian Way, seguía por el sendero del Common, dejaba a un lado el dos veces lúgubre monumento a Lincoln, seguía la bifurcación del caminillo de la izquierda, llegaba al sendero, rodeaba los macizos y, al fin, de espaldas —hombros anchos, caderas estrechas—, aparecía la estatua. Se detenía y, mirándola lentamente, la interrogaba. El enigma no se desvanecía: ¿quién era ese hombre plantado en el centro del invierno?

Esa tarde, de regreso de la librería, a pesar de la abundancia de la nieve, el frío punzante y el peso de los libros que había comprado, la poseyó de nuevo el deseo. Era casi de noche. Las luces del gran edificio de vidrio habían convertido a Bristol Street en un infinito espejo incandescente. Cruzó pronto ese espacio luminoso, llegó a Appian Way —la más famosa de las vías romanas, *longarum regina viarum*, extrañamente transformada en una vereda corta y secreta ni pavimentada de lava ni rodeada de pantanos y cuyas únicas tumbas y monumentos eran ahora dormitorios crepitantes y oficinas alumbradas con gas neón—, cogió por un costado del cementerio —entre las austeras tumbas de los puritanos del siglo XVII, convertidas en pequeños montículos nevados, una pareja inmóvil se besaba— y se adentró en el Common. El parque estaba ya en sombras. Los escasos transeúntes apresuraban el paso y, subidos los cuellos de los abrigos, la cabeza inclinada hacia el suelo y la espalda encorvada, marchaban con torpeza. Se proyectaban en el suelo, manchas disformes, sus dobles grotescos de jorobados danzantes. Ahora la nieve tendía un velo brumoso; las sombras de las casas, entre los ramajes de los grandes árboles, parecían moverse y el viento, al soplar en ráfagas bruscas e irregulares, las entrelazaba. El suelo era una masa blanda que oponía a sus pasos una suerte de pasividad obstinada, silenciosa. Terquedad de lo suave.

Mientras avanzaba con dificultad, se cruzó con un muchacho que cargaba una gran guitarra encerrada en una funda. Lo cubría una hopalanda de piel hecha de largos mechones. Una punta de su bufanda de lana les salía por debajo del abrigo, entre las piernas. Era como una cola que arrastraba por el suelo. La nieve había depositado entre su pelo rizado virutas blancas que habían formado unos cuernos —se habría dicho un fauno. Trotaba, más y más animal. Lo siguió con los ojos hasta que apenas si pudo distinguirlo. Entonces lo vio echarse a correr en cuatro patas. En la senda paralela un hombrecillo, casi un enano, en zamarra de plástico lustroso, creyéndose solo sin duda, se puso de repente a dar brincos, asestando golpes a un adversario imaginario. Un boxeador—¿pero quién ha visto boxear a un enano? Más aprisa, cada vez más aprisa, el hombrecillo golpeaba al vacío; después giró tres veces sobre sí mismo y continuó su baile hasta desaparecer en una espiral de nieve. Pasó una mujer alta, cubierta por un impermeable de estampado jirafa. Llevaba entre los brazos una inmensa muñeca de erizada cabellera roja. El pelele estaba desnudo y movía los ojos. Al llegar a su altura se dio cuenta de que las mechas eran llamas. Una muchacha rubia, sentada en una banca —¿a esa hora y con ese frío?— se penetraba de noche. Su capa negra estaba abierta. Podían verse sus largas piernas diáfanas separadas y brillar sus botas de hule, mojadas. Los taxis corrían por la avenida, en el otro lado del parque. Apareció un negro colosal, con un capirote y, colgado del cinturón, un manojo de llaves tintineantes. A través del orificio de lana soplaba en sus manos negras; luego se acercó a un árbol, abrió su pantalón —se oyó el sonar de las llaves— y descubrió un pene enorme. La corteza se inundó de blanco.

Las ramas de los árboles agitadas por el viento eran ahora tentáculos. La borrasca había vuelto fluido y movedizo el paisaje, submarino. (Hay árboles pulpos.) Se internó en el sendero. Apenas si se podía ver a un metro de distancia. En un recodo del macizo, como en una celda de muros de niebla, surgió la estatua. Estaba allí: lívido, fantasmal. Había palidecido, el verde casi ido: parecía un ídolo en el fondo de un templo de bruma. La India, pensó, y sus *sadhues* cubiertos de ceniza. Las alas del sombrero, los hombros y los labios se habían vuelto blancos; los ojos, húmedos. La nevada era más y más tupida. Opaco, el mundo ya era opaco. Los copos de nieve caían sobre sus pestañas y a duras penas lograba tener abiertos los ojos. Sin embargo, creyó percibir que el hombre había cambiado de postura: su pierna derecha se había enderezado y alineado junto a la otra mientras que el peso de la nieve acumulada sobre sus hombros parecía encorvarlo ligeramente. La filtrada luz de los reverberos de la avenida lanzaba sobre su figura una claridad verdosa, fosforescente. Se acercó. Le pesaban los libros y, para librarse un instante de su agobio, se sentó al pie de la estatua. De repente, lo vio abrir lentamente las piernas, imprimir a su cuerpo un movimiento de rotación —distinguió con absoluta precisión las suelas de sus zapatos—, avanzar y descender sobre ella. Sintió un mareo y se desplomó de espaldas. No vio más que un rayo verde-jade y la cubrió un gran frío, un cuerpo —un hombre. La penetró un relámpago, la atravesó una quemadura —una vena latía dentro de ella—, se desvaneció en esa fusión de calor y frío que es la combustión de dos cuerpos.

Despertó sobresaltada, sudando, un dolor de metal encajado entre los flancos. Se levantó de un salto y corrió las cortinas: el sol brillaba sobre Bond Street y en el cielo no había ni una nube. Se vistió de prisa. Era domingo y los fieles salían de la iglesia. Cruzó corriendo Ash Street, Bristol Street y Appian Way. La nieve se fundía en la tibieza del día. Entró en el Common. El estruendo de una limpiadora de nieve hacía temblar las casas y sacudía las copas de los árboles. Salpicaduras de luz por todas partes, gavillas de reverberaciones. Sofocada, pasó corriendo la doble estatua de Lincoln, tomó el sendero de la izquierda y después el caminillo de los macizos pero... ¿qué?... ¿dónde estaba ella o dónde estaba la estatua? La estatua del hombre... No había podido desaparecer así, de la noche a la mañana —el periódico ese de la Universidad lo habría dicho inmediatamente. ¿La había fulminado un rayo? No había habido tormenta... Rodeó la arboleda. Unos témpanos enormes, vencidos por su peso, resbalaron del alero de un edificio y cayeron con un ruido mate sobre el pavimento, en el otro lado de la avenida. La nieve se deshacía y formaba charcos de agua sucia en el suelo esponjoso. De pronto, descubrió un pedestal que la maleza ocultaba. Alcanzó a leer: «Este puritano ayudó a...» El resto se había borrado. Al lado del pedestal había un gran charco. Se inclinó y su rostro, al repetirse en el agua, tuvo el reflejo verde y oxidado del bronce.

PERE GIMFERRER

Himno de invierno

Con la niebla en los tilos llega el olor de manzanas,
todo lo que guardó la nieve en su membrillo:
solemne, el hálito de los copos en la luz crepuscular,
alegoría temerosa del amanecer de la muerte.
Será muy clara: un cielo deslumbrante, espacios
del descuartizamiento de las estrellas y los escollos,
todo ese lavado de la luz que, ahora, presiente
el momento de la servidumbre y del férreo nublado.
Será muy clara: espumas y escarchas, polvareda
de tiza en un mediodía de corazas encendidas,
la cuadriga de púrpura del pabellón resplandeciente.
Será muy clara: el oro de viejas roderas
en las veredas trilladas, moneda de la luz,
moneda del recuerdo que tantas manos pulen,
plegaria del cobre y el joyel oxidado.
Así nos afila, en los bordes de la tarde,
la ciega orfebrería del invierno, la borrasca
que atormenta los ojos extraviados en el cielo.
Ayer apenas fue jornada de agua,
hoy de granizo, mañana de fuego.
Revoloteando, la nieve nos promete hogueras
y de la brasa enjuta ha de nacer el destello del hielo.
Guarecidos, veremos el bosque del temor
y el canto de los pájaros muertos dirá nuestro destino.

Exilio

(Versión de Octavio Paz y Ramón Xirau)

Clavados en la pared, el signo Ruiseñor,
el signo Jilguero, nombres de un latido, un grito,
o el Estornino, el pasajero de los bosques,
claridad de imágenes en un momento verbal:
simulacro en la luz, sonido de palabra hecha sonido.
He dicho la tarde pálida, su capucha de invierno,
la cuenca del río plomizo que afila la frialdad del cielo,
el desvío de la palabra y el mundo visible:
decimos la palabra, no decimos el mundo.
Impuro, el atardecer nos llama:
veleta de luz en un cielo estrangulado entre brasas,
cacería de signos y palabras halcones.
Y no vivimos sólo de signos: vivimos de los sonidos,
no la vida de la palabra: la piel del sonido.
El mundo se obstina en la obscuridad de la palabra.

Caída

(Versión de Octavio Paz y Ramón Xirau)

Desarzonados, caen los huesos de las águilas
en el fondo del cielo: plumaje tan lento en un silencio
de claridades que dispersa el hacha de la luz.
Decir la experiencia de lo disperso, la ballesta
exhausta en la clara mañana de picos y aguijones,
la pajarería metálica que acomete en el viento,
los pantanos de azufre que mezclan al cielo y su revés,
la palabra con la sombra de la palabra en el agua,
apenas un caer de oro viejo, plumas, osamentas
de los grandes pájaros de presa en la luz incendiaria.

En un solo trazo el día se vuelve palabra,
bandada de los leñadores del tiempo.

JOHN DONNE

Elegía: antes de acostarse

Ven, ven, todo reposo mi fuerza desafía.
Reposar es mi fuerza pues tendido me esfuerzo:
No es enemigo el enemigo
Hasta que no lo ciñe nuestro mortal abrazo.
Tu ceñidor desciñe, meridiano
Que un mundo más hermoso que el del cielo
Aprisiona en su luz; desprende
El prendedor de estrellas que llevas en el pecho
Por detener ojos entrometidos;
Desenlaza tu ser, campanas armoniosas
Nos dicen, sin decirlo, que es hora de acostarse.
Ese feliz corpiño que yo envidio,
Pegado a ti como si fuese vivo:
¡Fuera! Fuera el vestido, surjan valles salvajes
Entre las sombras de tus montes, fuera el tocado,
Caiga tu pelo, tu diadema,
Descálzate y camina sin miedo hasta la cama.
También de blancas ropas revestidos los ángeles
El cielo al hombre muestran, mas tú, blanca, contigo
A un cielo mahometano me conduces.
Verdad que los espectros van de blanco
Pero por ti distingo al buen del mal espíritu:
Uno hiela la sangre, tú la enciendes.
Deja correr mis manos vagabundas
Atrás, arriba, enfrente, abajo y entre,
Mi América encontrada: Terranova,
Reino sólo por mí poblado,
Mi venero precioso, mi dominio.

Goces, descubrimientos,
Mi libertad alcanzo entre tus lazos:
Lo que toco, mis manos lo han sellado.
La plena desnudez es goce entero:
Para gozar la gloria las almas desencarnan,
Los cuerpos se desvisten.
Las joyas que te cubren
Son como las pelotas de Atalanta:
Brillan, roban la vista de los tontos.
La mujer es secreta:
                    Apariencia pintada,
Como libro de estampas para indoctos
Que esconde un texto místico, tan sólo
Revelado a los ojos que traspasan
Adornos y atavíos.
Quiero saber quién eres tú: desvístete,
Sé natural como al nacer,
Más allá de la pena y la inocencia
Deja caer esa camisa blanca,
Mírame, ven, ¿qué mejor manta
Para tu desnudez, que yo, desnudo?

El aniversario

Todos los reyes, todos sus privados,
Famas, ingenios, glorias, hermosuras,
Y el sol que marca el paso mientras pasan,
Son un año más viejos que hace un año
Cuando nos vimos por la vez primera.
Todas las cosas van hacia su muerte
Y sólo nuestro amor no se doblega.
No tuvo ayer y no tendrá mañana;
Inmóvil, gira; corre y no se mueve;
Ni acaba ni principia, fijo día.

La muerte es muerte porque nos separa:
Dos tumbas nos esperan. Ay, nosotros
—Uno del otro rey y de sí mismo—
Como los otros reyes estos ojos
Tenemos que dejar y estos oídos:
Con ellos nos oímos y nos vimos.
Pero las almas que el amor inspira
—Son huéspedes de paso otros desvelos—
Han de probar, por la altura aspiradas,
Que las tumbas del cuerpo rompe el ánima.

Allá seremos bienaventurados,
Allá seremos —aunque no seamos:
Aquí, sobre la tierra, mientras somos,
De nosotros los reyes y los súbditos
Somos. ¿Hay reino más seguro? Nadie,
Si no es nosotros, puede conquistarlo.
Detén tu llanto, falso o verdadero:
Amémonos, vivamos y sumemos
Año tras año al año de los años.
Dicho en el año dos de nuestro reino.

ANDREW MARVELL

A su esquiva amante

Más tiempo el tiempo, más el mundo, ¡y nuestros!,
no fuera crimen tu esquivez, señora.
Sentados los caminos pensaríamos
dónde apurar de un lento amor las horas:
tú, por el Ganges y sus rojas aguas,
tributo de rubíes; por el Húmber
yo y mi pena, amargando su marea.
Desde el Diluvio en cerco, cederías
hasta la Conversión de los Judíos:
más vasto que un Imperio crecería
mi vegetal amor, y más despacio.
Un siglo en alabanza de tus ojos,
cien años más en contemplar tu frente,
el doble en adorar entrambos pechos
y treinta mil cada secreta parte.
Por revelar el pie, la ceja, el rizo,
un haz de siglos y una edad entera
para tu corazón, sol de tu cuerpo.
Por ti, señora, pródigo no fuera
dilapidando siglos, eras, astros.

Mas a mi espalda, cada vez más cerca,
del tiempo escucho siempre el carro alado
y frente a mí despliega sus desiertos
la vacua eternidad; ya disipada
tu hermosura y mi voz vuelta fantasma
de tu deshecho oído, tu obstinada
virginidad abierta será brecha

al asalto callado del gusano:
polvo serás, cenizas mi deseo.
La tumba es aposento solitario:
si allí nadie te ve, nadie te besa.

Mientras tu piel se encienda con tu sangre
como se enciende con el sol el alba,
mientras tu ser transpire deseoso
por cada poro fuegos perentorios,
goza, gocemos hoy, mientras se puede.
Antes a tiempo al tiempo devoremos
como amorosos pájaros de presa
que entre sus lentas fauces consumirnos.
Acumulemos toda nuestra fuerza,
toda nuestra dulzura, en una esfera,
y las puertas de hierro de la vida,
en la brutal porfía desgarrados,
abra nuestro placer: si no podemos
parar al sol, ¡que gire más de prisa!

WILLIAM BUTLER YEATS

Vacilación

IV

Cincuenta años cumplidos y pasados.
Perdido entre el gentío de una tienda,
me senté, solitario, a una mesa,
un libro abierto sobre el mármol falso,
viendo sin ver las idas y venidas
del torrente. De pronto, una descarga
cayó sobre mi cuerpo, gracia rápida,
y por veinte minutos fui una llama:
ya, bendito, podía bendecir.

EZRA POUND

Canto CXVI

Vino Neptunus,
        su espíritu saltaba,
                como delfines
esos conceptos al alcance del entendimiento.
Hacer un Cosmos —
Realizar lo posible —
Muss., hundido por un error,
Pero la escritura,
        el palimpsesto —
pequeña luz
        en gran obscuridad —
cuniculi —
Un viejo «chiflado» muerto en Virginia.
Jóvenes impreparados que los textos agobian,
La visión de la Madona
        sobre las colillas de cigarros,
           sobre el portal.
«Proclamé montones de leyes»
           (mucchio di leggi)
Litterae nihil sanantes
        Justiniano,
maraña de obras inacabadas.

Yo traje la gran bola de cristal:
      ¿quién la levantará?
¿Puedes penetrar en la gran bellota de luz?
        La belleza no es locura
Aunque yo esté rodeado por mis errores y mis ruinas.

No soy un semidiós,
No logré que concordasen.
Si el amor falta, la casa está vacía.
Inoída la voz del hambre.
¿Cómo vino la belleza a través de esta negrura,
Dos veces belleza bajo los olmos —
                    Para que la salvasen ardillas y cuervos?
                              «plus j'aime le chien»
Ariadna.
              Disney contra los metafísicos
y Laforgue más grande que los que ellos creían,
Spire me congratuló por esto,
y yo he aprendido más en Jules
                    (Jules Laforgue), desde entonces
cala en él,
          y Linnaeus.
                    chi crescerà i nostri —
pero acerca de ese terzo
              tercer cielo
                    esa Venera,
otra vez todo es «paraíso»,
              tierno quieto paraíso
                    sobre el matadero,
haber subido a veces
              antes del despegue final
para «ver otra vez»,
el verbo es «ver», no «caminar en»,
así todo concuerda perfectamente
                    aun si mis notas no concuerdan.
Muchos errores
              y algo de rectitud
disculpan su infierno
              y mi paraíso.
¿Y por qué se extraviaron
                    si creían en la rectitud?
¿Y quién copiará este palimpsesto?
          al poco giorno
                    ed al gran cerchio d'ombra.

Pero discernir el hilo de oro en la trama
                              (Torcello)
al Vicolo d'oro
              (Tigullio).
Confesar el error sin perder la rectitud:
Tuve a veces caridad,
              No logré que fluyese a través.
Una lucecita, candela movida por el viento,
que nos guíe y devuelva el esplendor.

WALLACE STEVENS

Esthétique du mal

I

Estaba en Nápoles y escribía a su gente.
Entre una carta y otra leía párrafos
sobre lo sublime. El Vesubio había gruñido
un mes. Era agradable estar ahí sentado:
cálidos fulgores trazaban ángulos de llamas
sobre los cristales. Por ser un ruido antiguo
podía describir el terror de ese ruido.
Recordó las frases: pena audible al mediodía,
pena que a sí misma se apena, pena
que mata penas en el ápice de la pena.
El volcán trepidaba en otro éter
como al fin de la vida el cuerpo tiembla.

Casi la hora del almuerzo. La pena es humana.
Rosas en el fresco café. En su libro
estaba escrita la perfecta catástrofe.
Si no fuese por nosotros, el Vesubio, sin pena,
con fuego sólido consumiría estas tierras extremas.
No sabe que los gallos cantan al morir.
Ante esta faz de lo sublime, huimos.
Y sin embargo, si no fuese por nosotros
nada sentiría el pasado entero al ser destruido.

e. e. cummings

1

s (u

na
ho
ja

ca

e)
o
l

edad

2

Arriba al silencio el verde
silencio con una tierra blanca dentro

tú te (bésame) irás

afuera a la mañana la joven
mañana con un tibio día dentro

(bésame) tú te irás

Allá al sol el hermoso
sol con un firme día dentro

tú te irás (bésame

abajo en tu memoria y
una memoria y memoria

yo) bésame (me iré).

3

A pesar de todo
lo que respira y se mueve, pues el Destino
(con blancas y larguísimas manos
lavando cada pliegue)
ha de borrar del todo nuestra memoria
—antes de abandonar mi cuarto
me vuelvo y (parado
en mitad de la mañana) beso
esa almohada, amor mío,
donde nuestras cabezas vivieron y fueron.

4

Amor es más espeso que olvidar
más tenue que recordar
más raro que una ola mojada
más frecuente que caer

es más loco y lunar
y menos no será
que todo el mar que sólo
es más profundo que el mar

Amor es menos siempre que ganar
menos nunca que vivo
menos grande que el comienzo más leve
menos pequeño que perdonar

es más solar y soleado
y más no puede morir
que todo el cielo que sólo
es más alto que el cielo.

5

Esos niños que cantan en piedra un
silencio de piedra esos
pequeños hicieron flores
de piedra que se abren para

siempre esos niños silenciosa
mente pequeños son pétalos
su canción es una flor de
siempre sus flores

de piedra cantan
silenciosamente una canción
más silenciosa
que el silencio esos siempre

niños para siempre
cantan con guirnaldas de cantantes
flores niños de
piedra de ojos

florecidos
saben si un
pequeño
árbol oye

para siempre a los siempre niños
cantando para siempre
una canción de silencio de piedra
de canto

6

Hombre no, si los hombres son dioses; mas si los dioses
han de ser hombres, el único hombre, a veces, es éste
(el más común, porque toda pena es su pena;
y el más extraño: su gozo es más que alegría)

un demonio, si los demonios dicen la verdad; si los ángeles

en su propia generosamente luz total se incendian,
un ángel; o (daría todos los mundos
antes que ser infiel a su destino infinito)
un cobarde, payaso, traidor, idiota, soñador; bruto:

tal fue y será y es el poeta,

aquel que toma el pulso al horror por defender
con el pecho la arquitectura de un rayo de sol
y por guardar el latido del monte entre sus manos
selvas eternas con su desdicha esculpe.

7

Tanto ser diverso (tantos dioses y demonios
éste más ávido que aquél) es un hombre

(tan fácilmente uno se esconde en otro;
y, no obstante, cada uno, siendo todos, no escapa de ninguno)
tumulto tan vasto es el deseo más simple:
tan despiadada mortandad la esperanza
más inocente (tan profundo el espíritu del cuerpo,
tan lúcido eso que la vigilia llama sueño)

tan solitario y tan nunca el hombre solo
su más breve latido dura un año terrestre
sus más largos años el latido de un sol;
su más leve quietud lo lleva hasta la estrella más joven)

¿Cómo podría ese tanto que se llama a sí mismo Yo
atreverse a comprender su innumerable Quién?

WILLIAM CARLOS WILLIAMS

Consagración de un pedazo de tierra

Este pedazo de tierra
frente a las aguas de esta ensenada
consagra la viviente presencia
de Emily Dickinson Wellcome,
que nació en Inglaterra, se casó,
perdió a su marido y con su hijo
de cinco años se embarcó
en un barco de dos mástiles, rumbo
a Nueva York, fue aventada hasta las Azores,
encalló en los bancos de la Isla del Fuego,
en una casa de huéspedes de Brooklyn
encontró a su segundo marido,
se fue con él a Puerto Rico,
parió otros tres hijos, perdió
a su segundo marido, vivió
trabajosamente durante ocho años
en Santo Tomás y en San Domingo, siguió
a su hijo mayor a Nueva York, perdió
a su hija, a su «nena»,
recogió a los dos chicos del hijo mayor
de su segundo matrimonio, los crió
—quedaron huérfanos—, peleó
por ellos contra la otra abuela
y las tías, los trajo aquí
verano tras verano y aquí se defendió
contra pícaros, tormentas, sol, fuego,
contra las moscas, contra
las muchachas que venían a husmear,

contra la sequía, la cizaña, las marejadas,
los vecinos, las comadrejas ladronas
de gallinas, contra
la flaqueza de sus propias manos
y la fuerza creciente
de los muchachos, contra el viento,
las piedras, los intrusos, las grietas,
contra su propia alma.

Desenyerbó esta tierra con sus manos,
dominó esta parcela de hierba,
puso como trapo al hijo mayor
hasta que no la compró, aquí
vivió quince años, aquí
 alcanzó la soledad final y —

Si no puedes traer nada sino
tu osamenta: quédate afuera.

Llegada

Y uno llega no se sabe cómo
y se sorprende desatando los ganchos
de su vestido
en un cuarto extraño —
se siente al otoño
dejando caer sus sedas sus linos sus hojas
sobre sus ancas.
Venudo y charro el cuerpo brota
y sobre sí mismo se revuelve
como viento de invierno.

Para despertar a una anciana

La vejez:
vuelo de pajaritos
que pían
al rozar
pelados árboles
sobre la nieve tersa.
Los sacude
de aquí para allá
un viento obscuro —
¿Y qué?
Sobre varas ásperas
se posa la bandada,
la nieve
se cubre de cáscaras
de semillas,
un estridente
gorjeo de hartazgo
serena al viento.

Por el camino

Por el camino del hospital de infecciosos
bajo el oleaje azul de las nubes jaspeadas
que un viento frío arrea del noreste.
Más allá: la ancha inmensidad,
campos lodosos, pardos,
por la seca cizaña, de pie o caída,

parches de agua estancada,
dispersión de árboles altos.

Y a lo largo del camino —rojiza,
sangrienta, ahorquillada, erguida, tiesa—

la masa de matorrales y árboles enanos
de muertas hojas pardas y bajo ellas
viñas descarnadas
                —todo exánime
en apariencia: ya anda por ahí
una tarde, aturdida primavera.

Entran en el mundo desnudos,
congelados, inseguros de todo
salvo de que entran. Por todas partes
los rodea el viento familiar, frío.

Hoy, pasto; mañana, tirabuzones rígidos,
las hojas de la zanahoria silvestre.
Uno a uno los objetos se definen —
Animación: claridad, se perfila la hoja

—pero ahora la severa dignidad
de la entrada. Ya los sobrecoge
el cambio profundo: enraizados,
en sí mismos, se recogen, despiertan.

A Elsie

Los puros productos de América
enloquecen —
montañeses de Kentucky

o del espinazo del confín
norte de Jersey
con sus lagos y valles

perdidos, sus sordo-mudos, sus
viejos nombres de bandidos,
su promiscuidad entre

desalmados que andan
por los ferrocarriles
por puro amor a la aventura

y muchachas mugrosas, bañadas
del lunes al sábado
en inmundicia

para ser ataviadas esa noche
con baratijas charras,
fantasías de gente

sin tradiciones labriegas
que les den carácter,
sólo alboroto y faroleo,

puros andrajos — y sucumbir
sin emoción,
salvo terror inerte

que no pueden expresar,
bajo algún cerco de viburnos
o cerezos silvestres —

A menos que el matrimonio
quizá
con una gota de sangre india

vomite una muchacha
tan sin amparo tan sitiada
por morbo o crimen

que la recoja
la beneficencia
y el gobierno la mantenga y

a los quince la manden
a trabajar en una casa
modesta de los suburbios

—una casa de algún doctor,
alguna Elsie, agua
voluptuosa que con rotos

pensamientos dice la verdad
de lo que somos —
sus nalgas enormes desgarbadas

sus tetas colgantes
ansiosa de chucherías
y riquillos de ojos seductores

como si la tierra fuese
bajo nuestros pies
excremento de no sé qué cielo

y nosotros degradados prisioneros
condenados a sufrir hambre
hasta que no comamos mierda

mientras la imaginación tirante
persigue venados
corriendo en campos de oro

en el sofocante septiembre
De un modo u otro
eso parece destruirnos

Sólo en pintas aisladas
algo
trasluce

Nadie que dé fe
ni enderece,
nadie que maneje el auto

La carretilla roja

cuánto
depende

de una carre
tilla roja

barnizada de
agua de lluvia

junto a blancas
gallinas

El invierno desciende

9/30

No hay olas perfectas —
Tus escritos son un mar
lleno de faltas de ortografía
y de sintaxis. Plan. Revuelto

Un centro distante de la orilla
tocando por las alas
de pájaros casi silenciosos
en revoloteo perpetuo.

Tristeza del mar
—olas como palabras, todas rotas—
siempre un mismo caer y levantarse.

Me inclino espiando el detalle
de la cresta precaria, la delicada
imperfección de la espuma, las yerbas
amarillas —cada cosa idéntica a la otra.

No hay esperanza —si no es una
isla de coral que lentamente se forma
en espera de pájaros que dejen caer
las semillas que la harán habitable

10/22

ese campo brillante
naranja húmedo de lluvia
cubierto

por la manta roja del pasto
y el verde-aceite arrayán

el último milhojas
en la acequia
blanco
de lluvia arenosa

y de hojas amarillas
y pocas
y a punto de caer
un abedul blanco

y un perro joven
que salta fuera
de la vieja barrica

10/28

en esta luz viva
el haya sin una hoja
brilla como nube

la luz parece brotarle
de su cuerpo mismo

enamorado
resplandor desnudo
sobre la fragilidad
del césped

Pero hay todavía
si se mira bien
unas cuantas hojas
amarillas meneándose
bastante lejos

una aquí otra allá
temblando vívidas

Joven sicomoro

Tengo que decírtelo
el tronco firme y liberal
de este joven árbol
entre el mojado

pavimento y la alcantarilla
(glu-glu de agua
que escurre) se yergue
de cuerpo entero

en el aire
de un solo salto
ondulante y
a la mitad de su altura

se aploma se dispersa
hacia todos lados
dividido
en ramas más jóvenes

de las que cuelgan capullos
y se adelgaza
hasta que nada queda
sino dos

excéntricos anudados
vástagos
que se estiran y encorvan:
medialuna en la punta

Nantucket

Amarillo y espliego
flores tras la ventana

por visillos blancos
tornasoladas —Olor

a limpieza —Poniente
tardío— La jarra de vidrio

y el vaso de vidrio
en la bandeja de vidrio

al lado una llave —Y
la cama inmaculada

Cabeza de bacalao

Yerbas y yerbajos,
hebras, tallos, despojos—
firmamento

para peces—
que moja la amarilla
pata de la gaviota

fustiga el remo
el barco revuelve hasta
que burbujea —en la noche

salvaje ebullición
de fosforescentes
vejigas —de día

flácidas lunas
en cuyos discos vive a veces
una cruz roja —cuatro

toesas —el fondo se desliza
una veta de arena
verde retrocede—

amorfas osci
lantes rocas —tres toesas
el vítreo

cuerpo y al través—
allá muy abajo
minúsculos peces rápidos—

arrullo del subir
y bajar ahora —estrellas
rojas —un decapitado

bacalao —su cabeza
entre dos piedras verdes —subiendo
bajando

Poema

El gato
se encaramó
en un remate

de la alacena y
primero la pata
delantera derecha

cautelosamente
después el trasero
desapareció

en el abismo
de la vacía
maceta

Retrato proletario

Alta grande joven
sin sombrero con delantal

Pelo restirado hacia atrás
en mitad de la calle parada

Contra el filo de la banqueta menea —
la media puesta — los dedos de un pie

Un zapato en la mano
Lo mira atentamente

Extrae la plantilla de cartón
Busca el clavo

que la lastima

Entre muros

al fondo
en el ala

del hospital
donde

ya carbón
nada crecerá

los trozos
de una botella

quebrada brillan
verdes

El término

Un chafado
pardo papel
de la longitud

y el volumen
de un hombre
lentamente

rueda con el viento
una vez y otra vez
en la calle

un auto lo arrolla
y contra el suelo
lo aplasta. No

como un hombre
se levanta
en el viento

una y otra vez
se enrolla desenrolla
como antes

A manera de canción

Que la culebra aguarde
bajo el yerbal
y la escritura sea
de palabras, lentas rápidas, prontas
al ataque, quietas en la espera,
insomnes.

—por la metáfora reconciliar
gente y piedras.
Componer. (No ideas:
cosas.) ¡Inventa!
Saxífraga es mi flor y abre
rocas.

El descenso

El descenso nos llama
               como la ascensión nos llamaba.
La memoria es una suerte de cumplimiento,
una renovación
         —y más: una iniciación:
                    los espacios
que abre son lugares nuevos,
             poblados por hordas

hasta entonces inexistentes,
                    nuevas especies
en movimiento hacia nuevos objetivos
                              (los mismos
que antes habían abandonado).
                         Ninguna derrota
es enteramente derrota:
                    el mundo que abre es siempre
un lugar antes insospechado.
                         Un mundo perdido es un mundo
que nos llama a lugares inéditos:
                         ninguna blancura
(perdida) es tan blanca
                    como la memoria de la blancura.
Al anochecer, el amor despierta
                         —aunque sus sombras,
vivas por la ley del sol,
                    ahora se aletargan
y se desprenden del deseo.
                         El amor sin sombras ahora
se anima y
          conforme avanza la noche
                              despierta.

El descenso
          hecho de desesperaciones
                              por lo incumplido
nos cumple: es un nuevo despertar,
                         reverso
de la desesperación.
                    Aquello que no pudimos cumplir,
aquello negado al amor,
                    perdido en la anticipación,
se cumple en un descenso,
                    sin fin: indestructible.

El gorrión

A mi padre

Este gorrión
            que se ha posado en mi ventana,
                        más que un ser natural
es una verdad poética.
                        Todo lo atesta:
su voz,
            sus movimientos,
                                    sus costumbres,
el gusto
            con que agita las alas
en el polvo—
                        cierto, lo hace
para espulgarse
                        pero el alivio que siente
                        lo impulsa
a piar con vehemencia:
                        algo
                        más cerca de la música
que de otra cosa.
                        Donde esté
al comenzar la primavera,
                        callejuela
o palacio,
            prosigue
imperturbable
            sus amoríos.
                        Empieza en el huevo,
el sexo es su genio:
                        ¿hay presunción
                        más inútil,
mayor engreimiento
                        de nosotros mismos?
                                    Algo que nos lleva,
casi siempre, a despeñarnos.

Ah, ni el gallipollo ni el cuervo
con sus voces desafiantes
sobrepasan
su piar
insistente.
Una vez
en El Paso,
hacia el anochecer,
vi (oí)
a diez mil gorriones.
Venían del desierto
a dormir.
Llenaron los árboles
de un parquecito.
Los humanos,
los oídos zumbándoles,
huyeron
bajo la lluvia de deyecciones.
Les dejaron libre el terreno
a los lagartos que viven en la fuente.
Su imagen
no es menos familiar
que la del aristocrático
unicornio —lástima
que haya menos acémilas
que coman avena:
eso le facilitaba la vida.
No importa:
su breve tamaño,
sus ojos aguzados,
su pico eficaz
y su truculencia
garantizan su supervivencia
—para no hablar
de su prole
innumerable.
Hasta

los japoneses lo conocen

     y lo han pintado

        con simpatía,

con profunda intuición

     de sus más nimias

        características.

Nada

   menos sutil

     que sus galanteos.

        Se agacha

ante la hembra,

     arrastra las alas,

       valsa,

echa atrás la cabeza

     y, al fin,

       pega un alarido.

El impacto es terrible.

      Su manera de limpiarse el pico

          haciéndolo sonar

contra una tabla

     es contundente.

        Como todo

lo que hace.

    Sus cejas cobrizas

      le dan ese aire

de ser siempre

    el ganador

      —y sin embargo

        yo vi, una vez,

a una de sus hembras,

      perchada con determinación

       en el borde

de un caño de agua,

     cogerlo

      por la coronilla de plumas

      (para que no chillara)

trabarlo,
colgado de las calles,
hasta
que lo remachó.
Y todo eso
¿para qué?
Ella se mecía,
intrigada por su hazaña
ella misma.
Me reí con ganas.
Práctico hasta el fin,
lo que triunfó
al cabo
fue el poema
de su existencia:
un cepillo de plumas
aplastado en el pavimento,
las alas simétricamente
desplegadas, como en vuelo,
deshecha la cabeza,
el negro escudo de armas del pecho
indescifrable:
la efigie de un gorrión,
ya sólo seca oblea,
dejada ahí para decir
—y lo dice
sin ofensa,
hermosamente:
Ése fui yo,
un gorrión.
Hice lo que pude,
adiós.

Asfódelo

LIBRO PRIMERO

Del asfódelo, flor aún verde,
          como un ranúnculo
                    sobre la horqueta del tallo,
salvo que es verde y leñosa,
          vengo, querida,
                    a cantarte.
Juntos vivimos largamente
          una vida llena,
                    si quieres así lo diré,
de flores. Por eso
          me alegré
                    cuando supe
que también hay flores
          en el infierno.
                              Hoy
estoy lleno de la borrosa memoria
          de esas flores que los dos quisimos
                    —aun esta pobre cosa
descolorida
          —la vi
                    cuando era chico—
poco apreciada entre los vivos
                    pero los muertos la ven
                    preguntándose entre ellos:
¿Qué es lo que recuerdo
          y que está hecho
                    como está hecha esta cosa?
mientras nuestros ojos se llenan
                    de lágrimas.
                              De amor, constante
amor, está hablando
                    aunque un débil y apenas carmesí
                              la aviva
para hacerla creíble.

Hay algo,
algo urgente
que tengo que decirte a ti,
nada más a ti,
pero que debe esperar
mientras yo bebo
la alegría de estar juntos
quizá la última vez.
Y así,
con miedo en el pecho,
me demoro
y sigo hablando
—por miedo a pararme.
Óyeme mientras hablo
contra el tiempo.
No será
por mucho.
He olvidado,
y no obstante lo veo claro,
algo
central para el cielo
que alrededor lo envuelve.
¡Y despide
un olor!
Dulcísimo.
¡Madreselva! Y ahora,
por ahí, zumbar de abejas
todo un oleaje
de memorias hermanas.
Dame tiempo
tiempo para acordarme de ellas
antes de que hable.
Dame tiempo,
tiempo.
Cuando era muchacho
juntaba y prensaba flores,
hasta que, al cabo,
tuve una buena colección.

El asfódelo,

agorero,

entre ellas.

Te traigo,

resucitada,

la memoria de esas flores.

Eran dulces

al prensarlas

y retenían

algo de su dulzura

largo rato.

Es un curioso olor,

un olor moral,

este que me trae

cerca de ti.

El color

fue lo primero en irse.

Tuve que enfrentarme

a un desafío,

a tu ser querido,

mortal como yo era,

¡la garganta del lirio

ante el colibrí!

Riqueza sin fin,

me dije,

entre sus brazos me tiende.

Mil temas

en un manzano que florece.

De buena gana se dio a nosotros

la tierra generosa.

¡El mundo entero

mi jardín!

Pero el mar

que nadie cultiva

también es jardín

cuando lo hiere el sol

y despiertan

las olas.

Lo he visto
        y tú lo has visto,
                cuando ruboriza
a todo el florerío.
           También hay la estrella de mar,
                   tiesa bajo el sol,
algas marinas
        y otras yerbas. Sabíamos esto
               y todo lo demás del mar
porque a su orilla nacimos,
           nos eran familiares sus setos rosa
              al mero borde del agua.
Allí crece la malva coral,
           fresas
              (en la temporada)
y allí, más tarde,
        íbamos a juntar
             ciruelas silvestres.
No puedo decir
        que bajé al infierno
             por tu amor
pero muchas veces
        persiguiéndote
             allí me encontré de pronto.
No me gustaba,
        quería estar
            en el cielo. Óyeme.
No te apartes.
Aprendí mucho en mi vida,
        en los libros
           y fuera de ellos,
mucho acerca del amor.
        La muerte
           no acaba con él.
Hay una jerarquía
        por la que podemos ascender,
                creo,
en su servicio.

Su galardón:
una flor mágica;
gato de siete vidas.
Si nadie se atreve y lo intenta,
el mundo
saldrá perdiendo.
Ha sido
para ti y para mí
como acechar la tormenta
flotando sobre el agua.
Estuvimos
año tras año
frente al espectáculo de nuestras vidas
con las manos juntas.
La tormenta se desenrolla.
Relampagueo,
se enciende el filo de las nubes.
Hacia el norte, el cielo
es pacífico,
azul en los arreboles
mientras la tempestad se agolpa.
Es una flor
que pronto
reventará.
Bailábamos,
en nuestro fuero interno,
y leíamos un libro.
¿Te acuerdas?
Un libro serio.
Así entraron en nuestra vida
los libros.
¡El mar! ¡El mar!
Siempre,
al pensar en el mar,
pienso en
la *Ilíada*
y en Helena y en su célebre desliz
que engendró el poema.

Si no hubiera sido por eso
no habría habido
poema y el mundo,
si por acaso hubiésemos recordado aquello,
habría llamado
a esos pétalos carmesí
sobre la piedra desparramados:
asesinato.
La orquídea sexual que al florecer
despachó a tantos
varones desprendidos
a la tumba,
legó su memoria
a una raza de locos
o de héroes
—si es virtud el silencio.
Sólo el mar
con su multiplicidad
guarda alguna esperanza.
Abortó
la tormenta
pero nosotros persistimos,
tras todo lo que despertó,
para
cimentar de nuevo nuestras vidas.
¡La mente!
hay que curar
la mente,
antes de que llegue
la muerte
—y entonces el querer volverá a ser
jardín. El poema
es complejo y el lugar que en nuestras vidas
hemos hecho
para el poema es complejo.
El silencio también puede serlo
pero no se va muy lejos
con silencio.

Empieza otra vez.
                    Es como en Homero
                              el catálogo de las naves:
llena el tiempo.
                    Hablo en figuras,
                        y hablo bastante bien: los vestidos
que llevas son también figuras,
                        de otra manera no podríamos
                                    encontrarnos.
Si hablo de flores
                    es para recordar
                              que hubo un tiempo
en que éramos jóvenes.
                        No todas las mujeres son Helena,
                                          lo sé,
pero Helena habita en sus almas.
                        Querida:
                        también en la tuya,
por eso te quiero.
                    No podría quererte de otro modo.
                    Imagínate que ves
un campo hecho de mujeres,
                        todas blancas, de plata:
                              ¿qué habrías hecho
sino quererlas?
                    Estalle o se disipe,
                              la tormenta no es el fin
del mundo.
              Amor es otra cosa,
                    o al menos así lo creí:
un jardín que crece
                    —como mujer te conocí:
                    nunca de otro modo—
hasta ocupar
              al mar entero
                        y todos sus jardines.

Era el amor del amor,
                    el amor que todo lo devora,
                              amor agradecido,
amor a la tierra, la gente,
                    las bestias:
                              ese amor que engendra
mansedumbre y dulcedumbre
                    me movía y *eso* fue lo que vi en ti.
Debería haberlo sabido,
                    pero no lo sabía:
                              el lirio del valle
es una flor que hace mal
                    al que sopla sobre ella.
                              Tuvimos hijos,
rivales en el asalto general.
                    Los cuidé tanto
                    (aunque los puse de lado)
como cualquier hombre
                    cuida a sus hijos
                              —de acuerdo con mis luces.
Tú me entiendes:
                    después de aquello
                    tenía que enfrentarme contigo
y volver otra vez a enfrentarme.
                              Amor
                    ante el que tú te inclinas
como yo también
                    —una flor,
                              la más débil,
ha de ser nuestro sostén,
                    no porque seamos débiles
y no nos quede otro recurso
                    sino porque
                    en la plenitud de mis poderes
arriesgué lo que había que arriesgar
                    y así probar
                    que el uno amaba al otro,
mientras lloraban mis huesos

en el acto contigo

por no llorar.

Del asfódelo, esa flor aún verde,

vengo, querida,

a cantarte.

Mi corazón revive

al pensar que traigo nuevas

de algo

que te toca

y toca a muchos. Mira

a lo que pasa por «lo nuevo».

No lo encontrarás allí sino

en los despreciados poemas.

Es difícil

sacar noticias de un poema

pero los hombres todos los días

mueren miserablemente

por no tener aquello que tienen

los poemas.

Óyeme:

también a mí me toca esto,

como a cada hombre que ansía—

morir en su cama

reconciliado.

Una negra

con su manojo de maravillas

envueltas

en un viejo periódico:

Las lleva en alto,

la cabeza descubierta,

la mole

de sus muslos

la hace contonearse

mientras avanza

mirando
      las vitrinas de las tiendas
Qué es
      si no es un embajador
            de otro mundo
un mundo de lindas maravillas
            de matices dobles
que ella anuncia
      sin saber lo que hace
            sino
que camina las calles
      con las flores en alto
como una antorcha
      tan temprano en la mañana

El tordo

hombre afortunado: no es
demasiado tarde
entró en mi jardín

antes que la nieve
el tordo sin moverse
me miró silencioso

reflejaba su pecho moteado
el trágico invierno
pensamientos mi amor el mío

ARTHUR WALEY

Tráfico de sueños

Los sueños pueden comprarse, venderse, robarse. El Regente Masatoki tenía dos hijas que eran medio-hermanas. La menor soñó que el sol y la luna caían en su regazo. Al despertar se dijo: «Debo preguntarle a Masako el significado de mi sueño». Masako era la hermana mayor, versada en la historia, la mitología y la interpretación de los sueños. Mientras oía el relato de su hermana, Masako pensaba: «Qué sueño más extraño. Y más extraño aún que no sea un hombre sino una mujer la que lo haya soñado». Masako sabía que la persona que soñase ese sueño estaba destinada a gobernar un día al Japón. Astuta y ambiciosa, decidió apoderarse del sueño y le dijo a su hermana: «¡Pobre de ti! Es un sueño infausto y terrible. Deberías deshacerte de él lo más pronto posible». La otra le contestó apenada: «¿Cómo se puede uno deshacer de un sueño?» «¡Véndelo!», respondió Masako. «Pero, ¿quién va a querer comprar un sueño de mal agüero?» «Yo te lo compraré», dijo Masako. «¿Tú? ¿Y cómo podría yo resistir ver que sobre ti cae la desdicha que me está destinada?» «No te preocupes», replicó Masako, «los sueños comprados pierden su maleficio.» El precio del sueño fue un antiguo espejo chino. La hermana menor regresó a su habitación diciéndose, «¡Al fin lo tengo! Ya es mío ese espejo que tanto he deseado...» Sólo muchos años después, cuando Masako gobernó *de facto* al Japón (1220-1225), la hermana menor se dio cuenta de lo que había perdido al vender su sueño.

DOROTHY PARKER

La función fática

Bueno, dijo el joven.
Bueno, dijo ella.
¡Bueno!, ya estamos, dijo él.
Ya estamos, dijo ella, ¿verdad?
¡Claro, ya estamos!, dijo él.
Bueno, dijo ella.
Bueno, dijo él.

HART CRANE

Labrador

País de inclinado hielo
Que oprimen los arcos de un cielo gris de yeso,
Cayendo a pico silenciosamente
En la eternidad.

¿Nadie ha venido para conquistarte
O para dejar un leve beso
Sobre tus senos resplandecientes?
¿No tienes recuerdos, oh Negra Claridad?

Fría y apagada, sólo hay la sucesión de instantes
Que se deslizan hacia ninguna primavera:
Ni muerte ni nacimiento, ni tiempo ni sol,
En respuesta.

La torre rota

La campana que al alba a Dios convoca, me arroja
—caído son que dobla por otro día muerto—
al atrio de la iglesia, donde con pies helados
vago, por un infierno, del pozo al crucifijo.

¿No has oído, no has visto, esos cuerpos de sombras
meciéndose en los hombros de piedra de la torre,
carillones que lanzan sus antífonas antes
que el sol recoja, abejas, en su rayo a los astros?

¡Campanas, sí, campanas que hacen volar la torre!
Se mecen, no sé dónde. Sobre membrana y hueso
la relación dispersa de mis rotos instantes
graban sus lenguas: ¡soy su esclavo campanero!

Llena y levanta el coro de encíclicas ovales
los abismos vacíos. Encallan voces muertas.
Pagodas, campanarios de dianas voladoras,
ecos que se derrumban, en la tierra caídos.

Al mundo roto entré, tras las huellas fantasmas
del amor, y su voz —¿dónde sonó, terrible?—
ardió en desesperadas, elegidas imágenes
un instante en el viento, sin que pudiese asirlas.

Manaron mis palabras, rotas, ya sin designio,
¿mas fueron de la estirpe del monarca del aire
que golpea la tierra con su muslo de bronce,
palabra de cristal que vuela, herida, al cielo?

No respondió el latido confuso de mi sangre
—¿puede la sangre alzar con la verdad su torre?,
¿su repetido golpe, que es dulce certidumbre
de la muerte, despierta mis poderes latentes?

Y cuento los latidos en que me sumo y resto
y oigo a través del pulso, seguro y renaciente,
el ángelus de guerra que en mi pecho batalla:
lo que guardé intocado, ya sin mácula, puro...

Mi sangre erige, dentro, torre que no es de piedra
(polvo desmoronado jamás alcanza al cielo)
sino visibles alas de silencio y de pasmo,
que al tocar en el centro del alma se despliegan

en círculos azules y levantan los ojos
a la quietud del lago y a la torre que asciende...
El espacioso y alto decoro de este cielo
abre la tierra y llueve sus amorosos dones.

ELIZABETH BISHOP

El monumento

Allá, ¿ves allá el monumento? Es de madera,
construido un poco como una caja. No. Construido
como varias cajas de tamaños decrecientes,
una sobre la otra
y cada una dispuesta de tal modo
que sus esquinas apunten contra los lados
de la que está abajo y se alternen los ángulos.
Después, surge del cubo superior
una suerte de flor de lis de gastada madera,
largos tablones de pétalos
—acribillados por extraños agujeros—
cuadrangulares, tiesos, eclesiásticos.
Cuatro perchas brotan de ahí, delgadas, torcidas
(oblicuas cañas de pescar o astabanderas),
de las que cuelga un objeto de madera segueteada,
cuatro líneas —ornamento vagamente tallado—
desde las aristas de las cajas al suelo.
Un tercio del monumento contra
un mar; dos tercios contra un cielo.
La vista apunta
(más bien: la perspectiva de la vista)
tan hacia abajo que no tiene *allá lejos*
y nosotros estamos allá lejos dentro de la vista.
Un mar de angostos y horizontales tablones
se extiende tras nuestro solitario monumento;
sus largas vetas alternan de derecha a izquierda
como un entarimado —moteadas, en sordo enjambre,
inmóviles. Un cielo paralelo,

hecho de vallas más toscas que las del mar:
sol astillado, nubes de fibras largas.
«¿Por qué este extraño mar no hace ningún ruido?
¿Será porque estamos tan lejos?
¿En dónde estamos? ¿En Asia Menor
o en Mongolia?»
                    Un antiguo promontorio,
un antiguo señorío cuyo príncipe-artista
tal vez quiso construir un monumento
para señalar una tumba, una linde
o hacer un decorado romántico o melancólico...
«Pero este mar tan raro parece de madera,
brilla de un lado como un mar de madera a la deriva.
El cielo es madera veteada de nubes.
Un decorado de teatro ¡y todo tan plano!
Esas nubes están llenas de astillas centelleantes.
¿Qué es esto?»
                    Es el monumento.
«Son cajas apiladas.
Sus contornos son calados vulgares, medio caídos,
hendidos y despintados. Un vejestorio.»
—El sol violento, el viento del mar,
todo lo que lo rodea,
tal vez descascaró la pintura, si pintura hubo,
y lo ha hecho más rústico de lo que fue.
«¿Por qué me has traído a ver esto?
Un templo de guacales en un paisaje atestado de guacales,
¿qué prueba?
Me cansa respirar este aire viciado,
este aire seco que resquebraja al monumento.»
Es un artefacto
de madera. La madera se preserva
mejor que mar, nube o arena—
mucho mejor que el mar, la nube o la arena reales.
Eligió esta manera de crecer sin moverse.
El monumento es un objeto, esos ornamentos
clavados al desgaire, como si nada,
revelan que allí hay vida, hay deseo:

voluntad de ser monumento, un querer ser algo.
La voluta más tosca nos dice: *conmemorad*,
mientras que cada día, como animal que merodea,
la luz lo cerca
o cae la lluvia y lo empapa
o sopla el viento y entra.
Tal vez está lleno, tal vez está vacío.
Quizá adentro están los huesos del príncipe-artista
o quizá están allá lejos en un suelo aun más seco.
Pero en general—pero cabalmente— ampara
lo que está adentro (y que después de todo
no está destinado a ser visto).
Es el comienzo de una pintura,
una escultura, un poema, un monumento
—y todo de madera. Contempladlo despacio.

Sueño de verano

Al muelle aquel derrengado
apenas llegaban barcos.
La población comprendía
dos gigantes, un idiota,

una enana, un buen tendero
tras su mostrador dormido,
y nuestra amable patrona
—la enana su costurera.

Convencían al idiota
que recolectase moras
pero luego las tiraba.
La encogida costurera

sonreía. Cabe el mar,
tendido pescado azul,
nuestra pensión se rayaba
como si hubiese llorado.

Geranios extraordinarios
en la ventana estallaban,
los escogidos linóleos
abajo resplandecían.

En las noches escuchábamos
gritar al búho cornudo.
Lámpara de doble llama
hacía temblar los muros.

El gigante tartamudo
de la patrona era el hijo.
Rezongaba en la escalera
sobre una vieja gramática.

Él siempre malhumorado,
aleluyas ella siempre.
Recámara congelada,
mullido lecho de plumas.

Nos despertaba en la sombra
el sonámbulo arroyuelo
que al acercarse al océano
soñaba hablando en voz alta.

Visitas a St. Elizabeth
1950

Ésta es la casa de los locos.

Éste es el hombre
que está en la casa de los locos.

Éste es el tiempo
del hombre trágico
que está en la casa de los locos.

Éste es el reloj-pulsera
que da la hora
del hombre locuaz
que está en la casa de los locos.

Éste es el marinero
que usa el reloj
que da la hora
del hombre tan celebrado
que está en la casa de los locos.

Ésta es la rada hecha de tablas
adonde llega el marinero
que usa el reloj
que da la hora
del viejo valeroso
que está en la casa de los locos.

Éstos son los años y los muros del dormitorio,
el viento y las nubes del mar de tablas
navegado por el marinero
que usa el reloj
que da la hora
del maniaco
que está en la casa de los locos.

Éste es un judío con un gorro de papel periódico
que baila llorando por el dormitorio
sobre el mar de tablas rechinantes
más allá del marinero
que da cuerda al reloj
que da la hora
del hombre cruel
que está en la casa de los locos.

Éste es un universo de libros desinflados.
Éste es un judío con un gorro de papel periódico
que baila llorando por el dormitorio

sobre el rechinante mar de tablas
del marinero ido
que da cuerda al reloj
que da la hora
del hombre atareado
que está en la casa de los locos.

Éste es un muchacho que golpetea el piso
por ver si el mundo está allí y si es plano
para el viudo judío con un gorro de papel periódico
que baila llorando por el dormitorio
valsando sobre una tabla ondulada
cerca del marinero mudo
que oye el reloj
que puntúa las horas
del hombre fastidioso
que está en la casa de los locos.

Éstos son los años y los muros y la puerta
que se cierra sobre un muchacho que golpetea el piso
para saber si el mundo está allí y si es plano.
Éste es un judío con un gorro de papel periódico
que baila alegremente por el dormitorio
en los mares de tablas que se van
más allá del marinero de los ojos en blanco
que sacude el reloj
que da la hora
del poeta, el hombre
que está en la casa de los locos.

Éste es el soldado que vuelve de la guerra.
Éstos son los años y los muros y la puerta
que se cierra sobre un muchacho que golpetea el piso
para saber si el mundo es plano o redondo.
Éste es un judío con un gorro de papel periódico
que baila con cuidado por el dormitorio
caminando sobre la tabla de un ataúd
con el marinero chiflado

que muestra el reloj
que da la hora
del desdichado
que está en la casa de los locos.

El fin de marzo, Duxbury

El mes de marzo llega como león,
se va como cordero
—o viceversa: como cordero llega,
se va como león.

Viejo refrán inglés

A John Malcolm Brinnin y Bill Read

Frío y ventoso, no el mejor día
para un paseo por esa larga playa.
Distante cada cosa —lo más lejos posible,
lo más adentro: remota, la marea: encogido, el océano;
pájaros marinos, solos o en parejas.
El viento de la costa, pendenciero y helado,
nos entumió la mitad de la cara,
desbarató la formación
de una bandada solitaria de gansos canadienses,
sopló sobre las horizontales olas inaudibles
y las alzó en niebla acerada.

El cielo más obscuro que el agua
—*su* color el jade de la grasa de carnero.
Con botas de hule, por la arena mojada, seguimos
un rastro de grandes pisadas de perro
(tan grandes que parecían más bien de león). Después,
repetidos, sin fin, hallamos unos hilos blancos y mojados
—leguas y leguas de lazos, hasta el filo del agua,
donde comienza la marea. Terminaron al cabo:
una gruesa maraña blanca del tamaño de un hombre

aparecía con cada ola, empapada alma en pena,
y se hundía con ella, saturada, dando el alma...
¿El hilo de una cometa? Pero ¿dónde la cometa?

Yo quería ir hasta mi proto-soñada-casa,
mi cripto-soñada-casa, caja sobre pilotes,
torcida y de verde tejado
—una casa alcachofa pero más verde
(¿hervida en bicarbonato de soda?),
protegida contra las mareas de primavera
por una empalizada de —¿son barras de ferrocarril?
(Muchas de las cosas de este lugar son dudosas.)
Me gustaría retirarme ahí, para no hacer *nada*
o casi nada —y para siempre— en dos cuartos desnudos:
mirar con los binoculares, leer libros aburridos,
largos, muy largos libros viejos, apuntar notas inútiles,
hablar conmigo misma y, los días de niebla,
atisbar el resbalar de las gotas, grávidas de luz.
En la noche, un *grog à l'americaine*.
Lo encendería con un fósforo de cocina
y la adorable, diáfana llama azul
se mecería duplicada en la ventana.
Ha de haber ahí una estufa; *hay* una chimenea,
sesgada, enderezada con alambres,
y electricidad sin duda
—al menos, atrás de la casa, otro alambre
ata flojamente todos los cabos
con algo que está más allá de las dunas.
Luz para leer: ¡perfecto! Pero —imposible.
Y aquel día el viento era demasiado frío
para ir hasta allá —y, por supuesto,
habían condenado las ventanas con tablones.

Al regreso, se heló la otra mitad de nuestras caras.
Salió el sol, justo por un minuto.
Por un minuto justo, montadas en sus biseles de arena,
las pardas, húmedas piedras dispersas
fueron multicolores

y las que eran bastante altas arrojaron largas sombras,
sombras individuales, que recogían inmediatamente.
Tal vez se habían estado burlando del sol león
pero ahora él estaba detrás de ellas
—un sol que al caminar por la playa con la última marea baja
había dejado ese rastro de grandes, majestuosas pisadas,
y que quizá, para jugar, había dado un batazo
a una cometa en el cielo.

CHARLES TOMLINSON

Adiós a Van Gogh

Se agrava la quietud. Ni una de las hojas
Del ya en sombra, cabal y bien cumplido
Eminente castaño, te hará caso: las mueve
La violencia del aire, sosegado
Ahora que el estanque junta noche y se colma
Sin desbordar. Lo inmóvil nos congrega.

Las apariencias que nos quita el día
Vuelven despacio al centro de su calma.
Tu retórica, piedra a piedra, se desmorona.
La tierra es otra vez la tierra y, netas
Contra la azul orea, se recortan las hojas.

Adiós. Y gracias por tu furia
Instructiva. Hoy no es el fin del mundo:
Dobla la no desnuda rama
El fruto sin cortar —y nos espera.

Más ciudades extranjeras

Nadie quiere oír más poemas acerca de ciuda-
des extranjeras...
(De una reciente disquisición sobre poética.)

Sin olvidar Ko-jen, esa
Ciudad musical (tiene pocos
Edificios: coloniza

Al espacio combatiendo al silencio), ni
Fiordiligi, sus soles tornadizos
Contra muros de piedra transluciente
Perturban todos los preceptos: una ciudad
Para arquitectos (se adiestran
Echando sus redes
En esos bancos movedizos), ni
Kairouan, sus diáfanos espacios
De tal modo se ajustan y deslizan
En los bloques de piedra que uno duda
Cual sea el más sólido,
A menos que, al desplegar
Segmentos de oro extraídos de la blanca
Camisa de un gajo de naranja,
Quizá nos enseñemos
A descifrar tales perspectivas. En Luna
Hay una ciudad de puentes, donde
Hasta los habitantes se dan cuenta
De un privilegio compartido: un puente
No existe para sí mismo.
Rige espacio vacante.

A qué se pareció

Fue como el acercamiento de la llama
al caminar sobre la mecha: en rápida
cascada se cobró su porción de árboles,
al pie de la colina se detuvo
y luego, en un *crescendo* sin esfuerzo,
cubrió al sembrado enjuto.
Flaqueó el silencio y en la pausa
se oyó toda la casa distenderse
entre sus ligaduras, las vigas
tirantes bajo el tejado, en espera
del estallido inminente. Vino
y se fue. Las ventanas cegadas

surgieron del telón de la lluvia
a un mundo Después-del-agua,
más verde y más tupida
su verde confusión. Al bautismo
de la casa resplandeciente
siguió esa calma que alberga
una nave de iglesia:
sabor a incienso, espacio, piedra.

Cabeza tajada con un hacha

El cristal hendido: abierto
Para la invasión de las sombras.

El libro de piedra:
En el granito congeladas
Sus ofendidas hojas.

Disección del meteorito
Por el geómetra ¿Y para qué?
Para enriquecer la recta y sus órdenes:
Sol contra sombra contra sol:
Ese diario alimento que,
Si no fuese por estos desacatos,
Nadie probaría:

El suave bloque, en seis golpes
Profanado. La luz
Restaña sus heridas.

Montaña de Ute

Después que me haya ido,
dijo el viejo cacique,
si me necesitan, me llaman.
Y se echó a lo largo, vuelto piedra.

Aquéllos eran gigantes
(como puede usted verlo)
y nosotros
no somos ni su sombra.

Desde la cabeza roqueña
la copiosa, espesa cabellera india
se esparció, desmarañada,
por ingles y barrancos;

se perdió, a través de Colorado,
en el llano desierto,
transmitiendo energía
en una sola, ondulante línea intacta

de la punta del pie a la del pelo: allá,
—perfilados, ladeados en la distancia—
se ven rasgos, escorzos y la afilada
prominencia del pómulo.

Al descifrarla, el ojo
abarca entera la gran masa
de la montaña patiabierta,
inclusive codos, rodillas, pies.

Si me necesitan, me llaman.
Su singularidad domina al llano
y a su imagen le pedimos ayuda:
Así los hombres hacen montes.

La caverna

Olvida
la mitología mientras desenrollas
este «interior de montaña»
en la cámara obscura de la mente,

pues allí
la nieve del yeso
la escalera calcárea
y el paisaje de osario
alcanzan la identidad de la carne.

Latido del gotear de agua,
húmeros y escamas, aletas
y copos de la leprosa
roca en gestación,
¿cómo todo esto,
inhumano, se vuelve,
con tan escalofriante afinidad, humano?

Ásperos al tacto,
estos musgos no de musgo:
fosas nasales, hoyos
de ojos, caras
en fuga, huellas de pies
donde no pisó planta alguna,
eluden a la mente
que en su caverna quisiera contener
esta caverna en la montaña.

No,
desciende más,
lejos de lo familiar,
hacia lo más obscuro, donde
el sexo velado
el arco del contrafuerte húmedo
son ya la innominable
casa en gestación de la criatura.

La manera de un mundo

Al encontrar de nuevo, con otro ánimo,
La perdida imagen de una gaviota que, lanzada
Hacia arriba por la racha otoñal, atravesó
La ventana desde la cual yo acechaba,
Recobro también la semilla volante del fresno
En el giro del mismo ventarrón suspendida
Como algo animado:
     Allí, otra vez, la escena:
El pájaro, la semilla, la dirección del viento
Marcada por la oblicua inclinación de hojas y ramas
Apenas detenidas por los follajes negros, ya doblados
—Todo se habría arremolinado en la anarquía
Ingrávida del aire sin ese contrapeso.
Y todo se levanta ahora, claro, en la memoria
Aunque al principio la memoria no lo haya escogido
Ni estimado: vino por su propia valía, fino
Como las puntas de esos árboles —cabellos
Al aire— y como ellos, plantado mástil,
Sobrevivió al momento aquel de su pérdida
Cuando lo arrastraron las contracorrientes.
En todos esos desvanecimientos diarios del aire
Es la forma del cambio, no las meras y destellantes
Vibraciones, lo que vetea y se ramifica
A través de texturas movedizas: aprehendemos
La manera de un mundo en la semilla,
La gaviota que oscila y se afana contra las dos
Gravedades que arraigan y desarraigan a los árboles.

Sobre agua

Surco es inexacto:
ningún navío
se vuelve arado
sobre este vítreo ébano:

ni en cavernas marinas
encerrado, se aquieta:
donde la media-luz penetra,
comba imagen tras imagen

entre ilegibles profundidades
y lúcidos pasajes,
bestiario de piedras,
libro sin páginas:

con todo, otorga
 tanto cuanto niega:
somos hijos y huérfanos
de esos sólidos vacíos:

Acontecimiento

Nada
No pasa nada

Una gota de agua
Se dispersa sigilosa
Una telaraña se disipa

Contra este espacio vacante
Un pájaro atolondrado
Podría probar su voz
Pero no hay pájaro alguno

En el suelo trillado
Aun mis pasos
Son más pulsación que sonido

Al regreso
Un poco borracho
De aire

Saber que
Nada
Está pasando

Mientras llueve

Entre
las tablillas de la banca
del jardín, ensartándose
en la parte de abajo,
corren sin separarse
blancas como la luz que refleja
la banca recién pintada,
gotas de lluvia:
irregularmente alineadas
sobre siete duelas
brillan contra
el espacio de atrás:
no las perturba
una siquiera brisa,
parece que no se mueven,
pero una
a una, como si
repentinamente madurasen,
tiran, se estiran,
chás —para
ser reemplazadas
por una idéntica
gemela instantánea:
mientras más
la miras, más
esta quietud se revela
fluir continuo
de nuevas perlas falsas:
caídas semillas de ahora
vueltas entonces.

Cézanne en Aix

Y el monte: cada día
Inmóvil como fruto.
Y también: no como fruto.
Irreducible: ni parte de la delicia
(Y por esto discutible) ni distraído.
Como el modelo, por su pose.
Y por esto, y doblemente,
Ser discutido: no fue colocado.
Innato, inalterable.
Pétrea cabeza de puente tendido
Hacia lo nunca sentido antes:
Lo tangible.
      Allá,
En su molde curtida,
Su silencio silencia:
Presencia que no se presenta.

IVAR IVASK

La veranda

Bajo el techo alto y claro
la veranda era espacio hospitalario.
Su vacío nos sustentaba.
Una mesa, dos bancas,
tres sillas de mimbre,
todo hecho de aire.
El tronco de un álamo:
altar en el día,
áncora en la noche.

El tiempo fluye. El espacio persiste.

A. R. AMMONS

Reflejo

Encontré
una cizaña
que tenía

un espejo
en ella
y el espejo

miraba
en mí
un espejo

que tenía
una
cizaña

MARK STRAND

Las cosas enteras

En un campo
soy la ausencia
de campo.
Siempre
sucede así.
Dondequiera que esté
soy aquello que falta.

Si camino
parto del aire
mas siempre
vuelve el aire
a llenar los espacios
donde mi cuerpo estuvo.

Todos tenemos razones
para movernos: yo me muevo
por mantener
enteras a las cosas.

Aliento

Cuando los veas
diles que aún estoy aquí,
que estoy sobre una pierna mientras sueña la otra,
que ésta es la única manera,

que las mentiras que les digo a ellas
son diferentes de las mentiras que me digo,
que estoy aquí pero también estoy allá
y así me vuelvo un horizonte,

que como el sol su curso conozco mi lugar,
que aquello que me salva es el aliento,
que hasta las obligadas sílabas de la caída son aliento,
que si mi cuerpo es ataúd también es alacena del aliento,

que es un espejo que empaña las palabras el aliento,
que todo lo que queda del grito de «socórreme»
en el oído del extraño, largamente,
ya ida la palabra, es el aliento,

que aliento es recomienzo y del aliento
todas las resistencias se desprenden
como el sentido de la vida, la sombra de la luz:
que si les doy mi amor mi aliento es lo que doy.

Los restos

Me vacío de los nombres de los otros. Vacío mis bolsillos.
Vacío mis zapatos y los dejo al lado del camino.
En la noche retraso los relojes;
abro el álbum de familia y me veo de niño.

¿Para qué sirve? Las horas ya hicieron su quehacer.
Digo mi propio nombre. Digo adiós.
Una tras otra siguen al viento las palabras.
Quiero a mi mujer pero la echo afuera.

Mis padres se levantan de sus tronos
hacia lácteos cuartos de nubes. ¿Cómo cantar?
El tiempo dice lo que soy. Cambio y soy el mismo.
Me vacío de mi vida y el residuo es mi vida.

Siete poemas

1

A la orilla
de la noche del cuerpo
diez lunas se despiertan.

2

La cicatriz se acuerda de la herida,
la herida se acuerda de la pena.
De nuevo estás llorando.

3

Si caminamos bajo el sol
son nuestras sombras lanchas de silencio.

4

Mi cuerpo se ha tendido:
oigo mi propia voz
a mi lado tendida.

5

Es placer la roca:
se abre,
entramos en ella
como en nosotros mismos
cada noche.

6

Si hablo con la ventana
digo que cada cosa
es todas las cosas.

7

Tengo una llave
y abro la puerta: entro
y está obscuro; entro
y está más obscuro. Entro.

En celebración

Estás sentado en una silla, nada te toca, sientes
cómo se vuelve el viejo ser un ser más viejo, imaginas
sólo la paciencia del agua, el fastidio de la piedra.
Piensas que el silencio es la página de más,
piensas que nada es bueno ni malo, ni siquiera
la sombra que invade la casa mientras tú miras, sentado,
cómo la invade. Otras veces la has visto. Tus amigos
pasan tras la ventana, en sus rostros la marca de la pena.
Quisieras saludarlos pero no puedes ni alzar la mano.
Estás sentado en una silla. Te vuelves hacia la yerbamora
que extiende sobre la casa su red ponzoñosa.
Pruebas la miel de la ausencia. Es lo mismo.
Dondequiera que estés, es lo mismo que se pudra
la voz antes que el cuerpo o que se pudra el cuerpo
antes que la voz. Sabes que el deseo lleva a la pena,
la pena a la consumación, la consumación
al vacío. Sabes que esto es diferente, esto
es la celebración, la única celebración,
sabes que si te das entero a la nada
habrás sanado. Sabes que hay alegría en sentir
cómo tus pulmones preparan su futuro de ceniza,
y así esperas, miras y esperas: el polvo se establece.
Rondan la sombra las horas milagrosas de la infancia.

CZESLAW MILOSZ

Carta a Raja Rao

Raja Rao, cómo quisiera saber
la causa de esta enfermedad.

Por años no pude aceptar
que el sitio en que estaba era mi sitio.
En otra parte estaba mi lugar.

La ciudad, los árboles,
las voces de los hombres,
no eran, no estaban.
Vivía en un perpetuo irme.

En algún lado había una ciudad real,
árboles reales, voces, amistad, amor, presencias.

Atribuye, si quieres, este caso peculiar,
al borde de la esquizofrenia,
a la mesiánica esperanza
de mi civilización.

Infeliz bajo la tiranía,
infeliz en la república:
en una, suspiraba por la libertad,
en otra, por el fin de la corrupción.

Construía en mi alma una ciudad,
permanente, la prisa desterrada.

Al fin aprendí a decir: ésta es mi casa,
aquí, ante la lumbre del crepúsculo marino,
en esta orilla frente a la orilla de tu Asia,
en esta república moderadamente corrompida.

Raja, nada de esto me ha curado
de mi pecado, de mi vergüenza.
La vergüenza de no ser
aquel que pude ser.

La imagen de mi ser
crece gigantesca en el muro
y aplasta mi sombra miserable.

Por eso creo en el Pecado Original,
que no es nada sino la primera
victoria sobre el yo.

«Atormentado por el yo y por él engañado»:
te doy, ya ves, un fácil argumento.

Te oí hablar de liberación:
idéntica a la de Sócrates
la sabiduría de tu *guru*.

No, Raja, yo debo empezar
desde lo que soy.
Soy los monstruos que habitan mis sueños,
los monstruos que me enseñan quién soy yo.

Si estoy enfermo, ¿quién puede decir
que el hombre es una criatura sana?

Grecia tenía que perder, su pura inocencia
tenía que hacer más intensa nuestra agonía.

Necesitábamos a un Dios que nos amase,
no en la gloria de la beatitud: en nuestra flaqueza.

No hay alivio, Raja,
mi suerte es agonía y pelea,
abyección, amor y odio a mí mismo:
orar por el Reino y leer a Pascal.

El premio

Qué día feliz.
La niebla se disipó temprano.
Me puse a trabajar en el jardín.
Colibríes quietos sobre la madreselva.
Nada sobre la tierra que yo quisiese tener,
nadie sobre la tierra que yo pudiese envidiar.
Había olvidado todo lo que sufrí,
no tenía ya vergüenza del hombre que fui.
No me dolía el cuerpo.
Al enderezarme, vi el mar azul y las velas.

GYÖRGY SOMLYÓ

Fábula del 28 de noviembre de 1968

Después de J. C.
    Pero antes de cuál Era
En cuál *Después del Hombre de Pekín*
    En cuál *Antes de la XXVII Dinastía Robot-PMXO-9*
Si el calendario ya no lo encierra
    Tal una montura de diamante en una corona
Si aceleramos su poco de tiempo
    Hasta volverlo tiempo desmedido
Si lo entregamos al ilimitado finito
    Del transcurrir sin nombre
Si lo dejamos caer de esa ficción humana
    Aparato de la gravitación temporal
Manzana caída de la mano distraída
    Pieza ya suelta de su engaste
De cifras en hilera
    Si de su brazo de recién nacido
Desprendemos la pulsera de identidad
    El collar del estado civil
De su cuello de soldado
    Adónde se precipita de rayo
En cuál no-conocido
    En qué no-ser del no-nombre
En cuál inacostumbrado vacío
    De lo incontable
En qué nunca jamás
    Con los jeroglíficos salvajes
De nuestros cuerpos entrelazados
    Sobre el papel vitela de las sábanas

Con el tic tac del reloj
Con esta mano
Sobre el papel hace un instante todavía blanco

Fábula del acto de escribir

Para poder escribir expulso de mí a la desesperación.
Escribo para expulsar de mí a la desesperación.
¿No habría que abandonarse del todo a la desesperación para poder
escribir?
¿No habría que renunciar del todo a escribir para expulsar a la
desesperación?

Fábula del nombre

Otra vez.
Como desde quién sabe cuándo.
Giran lentamente allá abajo. ¿O habría más bien que decir: arriba?
Si ya nada tenía nombre.
¿O lo tiene?
¿Qué es lo que gira lentamente abajo? ¿O arriba?
¿Y qué es aquello sobre lo que cae? ¿O sobre lo que asciende?
¿Y qué es esto blando, esto apenas, esto más innominable que lo
innominado que se oye —o que se hace?
¿Cuándo cae uno sobre otro?
Cuando el uno toca al otro y se tiende. Para que más tarde lo atraviese.
Para que se vuelva el otro.
¿En qué se vuelve?
¿Y qué es esto, esta manera con que otra cosa también toca a otra cosa,
esta manera de herirse y de atravesarse, esta manera de no volverse otro,
cuando...
... pero cómo podría yo decirlo si no tienen nombre...
... cuando, pero si todo el mundo lo sabe, cuando aquello que es visible / o
lo que así llamamos / se vuelve lentamente invisible / o lo que así
llamamos / y que todo eso ocurre ahora un poco más pronto o un
poco menos tarde.

¿Más pronto? ¿Como qué? ¿Menos tarde? ¿Como dónde?

¿Cómo podría yo decir su nombre cuando es como si nada tuviese
     nombre aún —o ya? Como si hubiesen repetido tanto su nombre,
     repetido hasta...

OtoñoOToñOtoÑOTOÑOtoño o tal vez OÑOTO o más bien ÑOTOO y
     si ÑOOOT por qué no TOOOÑ o mejor OTOÑOTOÑOTOÑOTOÑO

Pero yo no sé su nombre, yo no sé sino que lentamente y que giran y
     que el uno se vuelve el otro y que más pronto y que menos tarde y
     que otra vez como desde quién sabe cuándo...

Otra vez.

LYSANDER KEMP

La conquista

... y para juntar leña, Señor, hicimos alto.
Llenamos nuestros yelmos enmohecidos con bayas doradas,
Recogidas no lejos de la cumbre, en una hondonada.
Eran agrias pero no nos dañaron.
Vimos después sangre en el agua: el sol y su agonía.
Todos los mirábamos callados hasta que Gutiérrez rompió a reír.
Esa noche lo oí llorar y gritar en sueños.
El sollozar y gemir de los caballos en la reseca maleza
Y el no hallar ni un alma que salvar —tampoco oro
Ni plata ni joyas, razón también de nuestro empeño—
Me quitaron el sueño. Escribí un pliego de esta relación
Y luego, Señor, recé una hora y otra y otra.
Creo que mi ruego fue desoído.

XXIII

Al amanecer bajamos hacia la costa,
Muerta como los cerros muertos que dejamos:
Arena gris color de muerte, rocas color de sapo,
Conchas, miles de conchas muertas. Volvió a reír Gutiérrez.
La espuma le corría por las barbas. Dormimos —dormitamos—
Junto al mar: latido insomne, flujo y reflujo,
Toda la noche larga el respirar, el expirar del mar.
Al otro día marchamos rumbo al norte, entre la duna y el oleaje.
En la tarde llegamos a un río de fango rojo.
Allí bebimos, nosotros y nuestras cansadas monturas.
El agua era espesa y caliente como sangre manando.

Por los bancos del sur nos adentramos en la tierra.
Cayó la noche y mi vieja yegua blanca, mi *Enlunada,*
Con un quejido cayó muerta. La di a mi tropa hambrienta.
Asaron su carne, clavada en la punta de sus espadas.
Como si fuese vino bebieron el agua rojiza.
Luego del festín cantaron sus romances.
Yo no probé bocado.
Me aparté unos pasos y recé de nuevo,
De rodillas recé a todos los santos,
En el sereno, solo bajo los astros.

XXIV

Un caminar de cinco días nos llevó a un lago,
Mar de agua dulce ceñido de montañas.
Señor, lo nombré con el nombre de la Reina
Por ser hermoso. Holgamos quince días.
Comíamos raíces delicadas, frutos,
Bayas de las laderas, peces raros del lago.
Nos volvió el alma al cuerpo. Veíamos los montes pelados
Volverse ocre o ámbar, latón o bronce,
Según lo mandase la varia maravilla de los días,
Luz cambiante sobre el agua —y el agua misma,
Según fuese mañana o mediodsía, atardecer o noche,
Iba del rosa al plata, del oro al negro.
Señor, tanta hermosura, y las barrigas llenas,
Nos consolaban de no hallar traza de hombres,
Traza de joyas o metal precioso, traza de nada.

La noche del tercer día perdimos a *Bufón,*
El garañón zaíno. Nada más esa noche.
Rompió la brida y galopó en el llano negro.
El centinela Cruz corrió en su busca
Con una hacha encendida. Detrás de un soto
Descubrió a Márquez y Gutiérrez enlazados,
Desnudos como culebras. Los mató al punto
Y me dio parte. Entre él y yo los enterramos,

Sin una cruz, allí donde murieron.
Bufón regresó al alba por sí mismo.

XXV

Tornamos hacia el sur, por los cerros del lago.
Al cuarto día avistamos un pico cónico,
Una nube blanca, un penacho brillante en su cresta,
Como vapor que humease de su adentro.
No lo era. Lo rodeamos y seguimos al sur.
Al bajar, la tierra se precipitaba ante nosotros.
Al cabo de ocho días caímos en la selva.
Señor, sabéis lo padecido, la sed, el hambre,
También los logros malogrados, pero estas llamas verdes
Que se retuercen y se levantan de la tierra de brasas
Son... Señor, ¡estamos en el Infierno!

Recé, gané la calma. Enterramos a Castellanos.
Murió de mordedura de serpiente. La Muerte,
Lo sabemos, acecha siempre: son muchos y sutiles
Sus disfraces. Señor, aquí acecha ataviada de galas delirantes.
Es fría y cruel. Es una serpiente. Señor, en nuestra tierra
La vida es tórtola en su jaula. Aquí, entre los árboles,
Es cientos de pájaros en cientos de colores lascivos.
Recé y no gané la calma. Tengo miedo.

XXVI

En el noveno día llegamos a una playa deslumbrante.
Sobre la arena una tortuga del mar ponía sus huevos.
Los comimos, a ella y sus huevos, y seguimos al sur,
Por tierras empinadas. De nuevo no encontramos nada...

VASKO POPA
(Versión de Octavio Paz y Juan Octavio Prenz)

Cuento de un cuento

Había una vez un cuento

Acababa
Antes de comenzar
Y comenzaba
Después de acabar

Sus héroes entraban
Después de su muerte
Y salían
Antes de su nacimiento

Sus héroes hablaban
De una tierra de un cielo
Hablaban de esto y de aquello

Lo único que no decían
Era algo que ni ellos sabían
Que sólo eran héroes en un cuento

Un cuento que acaba
Antes de comenzar
Y comienza
Después de acabar

El caracol estrellado

Saliste después de la lluvia
Después de la lluvia de estrellas

Con sus huesos las estrellas
Te hicieron una casa
¿Adónde la llevas sobre una toalla?

Detrás va el tiempo cojo
Para atraparte y aplastarte
Saca caracol tus cuernos

Vas a rastras por una mejilla inmensa
Que nunca acabas de recorrer
Vas derecho a la bocaza de la nada

Vuelve a la línea de la vida
En la soñada palma de mi mano
Antes de que sea demasiado tarde

Y como herencia déjame
La toalla de plata
La hacedora de prodigios

El último baile

Entierro a mi madre
En el viejo atestado
Nuevo Cementerio de Belgrado

Penosamente bajan el ataúd
Por el hoyo poco profundo
Y lo colocan sobre el de mi padre

Pronto lo ocultan los terrones

Dos jóvenes enterradores
Saltan sobre el ataúd ya invisible
Y apisonan la tierra

En sus palas en alto
Brillan dos soles del atardecer

Cómo habría gozado
Mi alegre madre
Este baile en su honor

El otro mundo

Mi abuela coloca sobre unas tablitas
Tortas con velas encendidas

Susurra un mensaje sobre ellas
Un mensaje a los muertos de nuestra sangre
Y a la corriente las confía río abajo

Las tablitas resbalan sobre el agua obscura
Las luces de las velas perforan el crepúsculo
Y entre los meandros se desvanecen

La abuela anuncia
Su llegada feliz
Al otro mundo

Yo ya estuve en ese mundo
Y allá armé trampas contra los pájaros

Lo único que entonces no sabía
Es que entre las ramas de los sauces
Yo cazaba a mis parientes

La cajita

A la cajita le nace el primer diente
Y su pequeño largo y su pequeño ancho
Y su pequeño hueco crecen
Y crece todo lo que tiene

Sigue creciendo la cajita
Tiene un armario dentro
El mismo armario donde estaba

Y crece y crece y crece
Ahora tiene dentro el cuarto
La casa la ciudad la tierra
El mundo entero donde estaba

La cajita recuerda su niñez
Y tanta es su nostalgia
Que se vuelve cajita otra vez

Ahora en la cajita
Está el mundo completo y diminuto
Puedes guardarlo en tu bolsillo
Puedes fácilmente robarlo o perderlo

Cuida la cajita

II

POEMAS DE FERNANDO PESSOA

POEMAS DE ALBERTO CAEIRO

I

Bastante metafísica hay en no pensar en nada.

¿Lo que pienso del mundo?
¿Sé yo lo que pienso del mundo?
Si me enfermase, pensaría.

¿Qué idea tengo de las cosas?
¿Qué opinión sobre las causas y los efectos?
¿He meditado sobre Dios y el alma
Y sobre la creación del mundo?
No sé. Para mí pensar en esto es cerrar los ojos
Y no pensar. Y correr las cortinas
De mi ventana (que no tiene cortinas).

¿El misterio de las cosas? ¿Sé lo que es misterio?
El único misterio es que alguien piense en el misterio.
Aquel que está al sol y cierra los ojos
Comienza a no saber lo que es el sol
Y piensa cosas llenas de calor.
Si abre los ojos y ve al sol
No puede ya pensar en nada
Porque la luz del sol vale más que los pensamientos
De todos los filósofos y todos los poetas.
La luz del sol no sabe lo que hace
Y por eso no yerra y es común y buena.

¿Metafísica? ¿Qué metafísica tienen esos árboles?
La de ser verdes y copudos y echar ramas
Y dar frutos a su hora —nada que nos haga pensar,

A nosotros, que no podemos dar por ellos.
¿Qué metafísica mejor que la suya,
No saber para qué viven
Ni saber que no lo saben?

«Constitución íntima de las cosas...»
«Sentido íntimo del universo...»
Todo esto es falso, todo esto no quiere decir nada.
Es increíble que pueda pensarse así.
Es como pensar en razones y fines
Mientras reluce al comenzar la mañana
Y al flanco de los árboles la sombra
Va perdiéndose en un oro vago y lustroso.

Pensar en el sentido íntimo de las cosas
Es aumentarlo, como cavilar sobre la salud
O llevar un vaso de agua a la fuente.
El único sentido íntimo de las cosas
Es que no tienen sentido íntimo alguno.

No creo en Dios porque nunca lo he visto.
Si él quisiera que yo creyese en él
Sin duda que vendría a hablar conmigo,
Empujaría la puerta y entraría
Diciéndome: ¡Aquí estoy!

(Tal vez esto suene ridículo
Para aquel que, por no saber lo que es mirar las cosas,
No comprende al que habla de ellas
Con el modo de hablar que enseña el verlas de verdad.)

Si Dios es las flores y los árboles,
Los montes, el sol y el claro de luna,
Entonces creo en él,
Creo en él a todas horas,
Toda mi vida es oración y misa,
Una comunión con los ojos y los oídos.

Pero si Dios es los árboles y las flores,
Los montes, la luna, el sol,
¿Para qué lo llamo Dios?
Lo llamo flores, árboles, montes, luna, sol.
Si él se ha hecho, para que yo lo vea,
Sol y luna y flores y árboles y montes,
Si él se me presenta como árbol y monte
Y claro de luna y sol y flor,
Es porque quiere que yo lo conozca
Como árbol, monte, luna, sol, flor.

Y yo lo obedezco
(¿Sé yo más de Dios que Dios de sí mismo?),
Lo obedezco viviendo espontáneamente,
Como uno que abre los ojos y ve,
Y lo llamo luna y sol y flores y árboles y montes
Y lo amo sin pensar en él
Y lo pienso con los ojos y los oídos
Y ando con él a todas horas.

II

El Tajo es más bello que el río que corre por mi pueblo,
Pero el Tajo no es más bello que el río que corre por mi pueblo
Porque el Tajo no es el río que corre por mi pueblo.

El Tajo tiene grandes naves
Y en él navegan todavía,
Para aquellos que en todo ven lo que ya no es,
Memorias de las naos.

El Tajo baja de España
Y entra en el mar de Portugal.
Eso toda la gente lo sabe.
Pocos saben cuál es el río de mi pueblo

Y hacia dónde va
Y de dónde viene.
Y por eso, porque es de menos gente,
Es más libre y más ancho el río de mi pueblo.

Por el Tajo se va hacia el mundo.
Más allá del Tajo está América
Y la fortuna, para los afortunados.
Nadie ha pensado nunca en lo que hay
Más allá del río de mi pueblo.

El río de mi pueblo no hace pensar en nada.
Aquel que está a su orilla está sólo a su orilla.

III

Ayer en la tarde un hombre de ciudades
Hablaba a la puerta de la posada.
También hablaba conmigo.
Hablaba de la justicia y de la lucha por la justicia
Y de los obreros que sufren
Y del trabajo constante y de los que tienen hambre
Y de los ricos que dan la espalda a todo esto.

Al volverse hacia mí, vio lágrimas en mis ojos.
Y se sonrió, pensando que yo sentía
El odio que él sentía, la compasión
Que él decía que sentía.

(Yo lo oía apenas.
¿A mí qué me importan los hombres
Y lo que sufren o creen sufrir?
Si fuesen como yo no sufrirían.
Todo el mal del mundo viene
De torturarnos los unos a los otros,
Querer hacer el bien, querer hacer el mal.

A mí me basta con mi alma y la tierra y el cielo.
Querer más es perder esto, es la desdicha.)

Y lo que yo estaba pensando
Mientras hablaba el amigo de los hombres
(Y eso me conmovió hasta las lágrimas)
Era que el murmullo lejano de los cencerros
En ese atardecer
No se parecía a las campanas de una capilla
En donde oyesen misa flores y regatos
Y las almas simples como la mía.

(Loado sea Dios porque no soy bueno
Y tengo el egoísmo natural de las flores
y de los ríos que siguen su camino
Preocupados, sin saberlo,
Sólo en florecer y correr.
Ésa es la única misión del mundo,
Ésa —existir claramente.
Y saber hacerlo sin pensar en ello.)

Y el hombre callaba, mirando al poniente.
¿Mas qué tiene en común el poniente con el que odia y ama?

IV

El misterio de las cosas, ¿dónde está?
Si apareciese, al menos,
Para mostrarnos que es misterio.
¿Qué sabe de esto el río, qué sabe el árbol?
Y yo, que no soy más, ¿qué sé yo?
Siempre que veo las cosas
Y pienso en lo que los hombres piensan de ellas,
Río con el fresco sonido del río sobre la piedra.

El único sentido oculto de las cosas
Es no tener sentido oculto.
Más raro que todas las rarezas,
Más que los sueños de los poetas
Y los pensamientos de los filósofos,
Es que las cosas sean realmente lo que parecen ser
Y que no haya nada que comprender.

Sí, eso es lo que aprendieron solos mis sentidos:
Las cosas no tienen significación: tienen existencia.
Las cosas son el único sentido oculto de las cosas.

V

De esta manera o de la otra,
Con tino o sin tino,
Diciendo a veces lo que pienso,
Otras a medias y con impurezas,
Escribo mis versos sin querer,
Como si escribir no fuese algo hecho de gestos,
Como si escribir fuese algo que me acontece
Como tomar el sol si salgo.

Procuro decir lo que siento
Sin pensar en que lo siento,
Procuro encastrar las palabras en la idea
Sin usar el corredor
Del pensamiento a las palabras
No siempre logro sentir lo que debería sentir.
Tras mucho divagar mi pensamiento cruza a nado el río:
Le pesan los vestidos impuestos por los hombres.

Procuro desnudarme de lo que aprendí,
Olvidar el modo de recordar que me enseñaron,
Borrar la tinta con que me pintarrajearon los sentidos,
Desencajonar mis emociones verdaderas,

Desembrollarme y ser yo —no Alberto Caeiro,
Sino un animal humano, un producto natural.

Y así escribo, quiero sentir a la naturaleza,
No sentirla como un hombre,
Sino naturalmente y nada más.
Y así escribo, ora bien, ora mal,
Acertando con lo que quiero decir,
O tropezando; y aquí caigo y allá me levanto
Y sigo siempre mi camino de ciego testarudo.

Aún así, soy alguien:
El descubridor de la naturaleza,
El argonauta de las verdaderas sensaciones.
Doy al universo un nuevo universo
Porque le doy su propio universo.

Esto siento y esto escribo,
Sabiendo claramente y sin que lo vea
Que son las cinco de la madrugada
Y que el sol aún no muestra la cabeza
Arriba del muro del horizonte.
Pero ya se le ven las puntas de los dedos
Agarradas al filo del muro
Del horizonte lleno de bajas montañas.

VI

De la más alta ventana de mi casa
Digo adiós con mi pañuelo
A mis versos que van hacia los hombres.

No estoy ni alegre ni triste.
Éste es el destino de los versos.
Los escribí y debo mostrarlos a todos.
No podría ser de otro modo.

La flor no puede ocultar su color,
Ni el río disimular su curso,
Ni el árbol esconder sus frutos.

Se alejan ya, como la diligencia,
Y yo, sin quererlo, siento pena
Como si me doliese el cuerpo.

¿Quién los leerá?
¿A qué manos irán?
Flor, me han cortado para los ojos;
Árbol, me arrancaron los frutos para las bocas;
Río, el destino de mis aguas era dejarme.
Me someto y me siento casi alegre,
Casi alegre como el que se cansa de estar triste.

Se van, se han ido.
Pasa el árbol y se queda disperso en la tierra.
La flor se aja y dura siempre su polvo.
El río entra al mar y sus aguas son siempre suyas.

Paso y me quedo, como el universo.

VII

Entro y cierro la ventana.
Traen una bujía, me dicen buenas noches
Y mi voz contenta da las buenas noches.
Ojalá que mi vida sea siempre así:
El día de sol o de suave lluvia
O de tempestad de fin de mundo,
La tarde dulce y las bandas que pasan
Contempladas desde la ventana,
El último vistazo amigo al árbol sosegado,
Y después, cerrada la ventana, la bujía encendida,
Sin leer, sin pensar en nada, sin dormir,

Sentir correr en mí la vida como un río en su lecho.
Afuera un gran silencio como un dios dormido.

VIII

Dices: tú eres algo más
Que una piedra o una planta.
Dices: sientes, piensas y sabes
Que piensas y sientes.
Entonces, ¿las piedras escriben versos?,
¿Las plantas tienen ideas sobre el mundo?

Sí, hay una diferencia.
No la diferencia que tú crees:
Tener conciencia no me obliga a tener teorías sobre las cosas:
Me obliga a ser consciente.
¿Soy más que una piedra o una planta? No lo sé.
Soy diferente. No sé si esto es más o menos.

¿Tener conciencia es más que tener color?
Tal vez sí, tal vez no.
Apenas sé que es diferente,
Sólo diferente. Más, nadie puede probarlo.

Sé que la piedra es real y que la planta existe.
Esto lo sé porque ellas existen,
Lo sé porque lo dicen mis sentidos.
Sé que yo también soy real,
Lo sé porque lo dicen mis sentidos,
Aunque lo dicen con menos claridad que de piedras y plantas.
Eso es todo lo que sé.

Sí, yo escribo versos —y la piedra no los escribe.
Sí, tengo ideas sobre el mundo —y la planta no las tiene.
Las piedras no son poetas: son piedras.
Las plantas son plantas, no pensadores.

¿Voy a decir por eso que soy superior a ellas?
También podría decir lo contrario.
Pero no digo esto ni aquello. Digo
De la piedra: es una piedra: Digo
De la planta: es una planta: Y digo
De mí: soy. No digo más.
¿Hay algo más que decir?

IX

Todos los días descubro
La espantosa realidad de las cosas:
Cada cosa es lo que es.
Qué difícil es decir esto y decir
Cuánto me alegra y cómo me basta.

Para ser completo existir es suficiente.

He escrito muchos poemas.
Claro, he de escribir otros más.
Cada poema mío dice lo mismo,
Cada poema mío es diferente,
Cada cosa es una manera distinta de decir lo mismo.

A veces miro una piedra.
No pienso que ella siente,
No me empeño en llamarla hermana.
Me gusta por ser piedra,
Me gusta porque no siente,
Me gusta porque no tiene parentesco conmigo.

Otras veces oigo pasar el viento:
Vale la pena haber nacido
Sólo por oír pasar el viento.

No sé qué pensarán los otros al leer esto;
Creo que ha de ser bueno porque lo pienso sin esfuerzo;
Lo pienso sin pensar que otros me oyen pensar,
Lo pienso sin pensamientos,
Lo digo como lo dicen mis palabras.

Una vez me llamaron poeta materialista.
Y yo me sorprendí: nunca había pensado
Que pudiesen darme este o aquel nombre.
Ni siquiera soy poeta: veo.
Si vale lo que escribo, no es valer mío.
El valer está ahí, en mis versos.
Todo esto es absolutamente independiente de mi voluntad.

X

Si muero pronto,
Sin poder publicar ningún libro,
Sin ver la cara que tienen mis versos en letras de molde,
Ruego, si se afligen a causa de esto,
Que no se aflijan.
Si ocurre, era lo justo.

Aunque nadie imprima mis versos,
Si fueron bellos, tendrán hermosura.
Y si son bellos, serán publicados:
Las raíces viven soterradas
Pero las flores al aire libre y a la vista.
Así tiene que ser y nadie ha de impedirlo.

Si muero pronto, oigan esto:
No fui sino un niño que jugaba.
Fui idólatra como el sol y el agua,
Una religión que sólo los hombres ignoran.
Fui feliz porque no pedía nada
Ni nada busqué.

Y no encontré nada
Salvo que la palabra explicación no explica nada.

Mi deseo fue estar al sol o bajo la lluvia.
Al sol cuando había sol,
Cuando llovía bajo la lluvia
(Y nunca de otro modo),
Sentir calor y frío y viento
Y no ir más lejos.

Quise una vez, pensé que me amarían.
No me quisieron.
La única razón del desamor:
Así tenía que ser.

Me consolé en el sol y en la lluvia.
Me senté otra vez a la puerta de mi casa.
El campo, al fin de cuentas, no es tan verde
Para los que son amados como para los que no lo son:
Sentir es distraerse.

XI

Si, después de muerto, quieren escribir mi biografía,
Nada será más simple:
Dos fechas —nacimiento y muerte—.
Entre una y otra todos los días son míos.

Es fácil definirme.
Viví como un réprobo.
Amé las cosas sin sentimentalismo.
No tuve deseos irrealizables, no me cegué.
El mismo oír no fue sino compañía del ver.
Comprendí que las cosas son reales y diferentes.
Lo comprendí con los ojos, no con el pensamiento.
Comprenderlo con el pensamiento sería hacerlas iguales.

Un día me dio sueño como a cualquier criatura.
Cerré los ojos y me dormí.
Fuera de eso, fui el único poeta de la naturaleza.

XII

También yo sé hacer conjeturas.
En cada cosa hay aquello que la anima.
En la planta está afuera y es una ninfa pequeña.
En el animal un ser interior y remoto.
En el hombre es el ánima que vive con él y ya es él.
En los dioses tiene el mismo tamaño
Y ocupa el mismo espacio que el cuerpo
Y es la misma cosa que el cuerpo.
Por eso se dice que los dioses nunca mueren.
Por eso los dioses no tienen cuerpo y alma
Sino sólo cuerpo y son perfectos.
El cuerpo es lo que tienen de alma
Y tienen la conciencia en su propio cuerpo divino.

ODAS DE RICARDO REIS

I

Las rosas amo del jardín de Adonis,
Esas volubles amo, Lidia, rosas.
    Mueren el mismo día
    Que nacen: luz eterna
Es su día, pues nacen cuando nace
El sol, brillan con él, en él se queman,
    Y antes que el carro alado
    Apolo deje, mueren.
Hagamos, Lidia, nuestra vida un día,
Olvidemos adrede que la noche
    Antes está, y después,
    Del poco que duramos.

II

La noche yo no canto porque en noche
Mi canto ha de acabar y el sol que canto.
    No ignoro lo que olvido,
    Canto por olvidarlo.

¡Si detener pudiese, fuera en sueño,
La carrera del sol, reconocerme,
    Insensato, gemelo
    De la hora inmortal!

III

No quiero recordar ni conocerme.
Es suficiente ver esto que somos.
    Basta para vivir
    Ignorar que vivimos.

Vive lo que vivimos cada hora
Y al vivirlo lo muere con nosotros:
    Cuando pasa, sabemos
    Que nosotros pasamos.

Sin poder, nada vale conocernos.
    Mejor vida es la vida
    Que pasa sin medirse.

IV

Pasan dioses, Mesías que son dioses,
Y los sueños que son también Mesías:
    La tierra calla y dura.
Ni dioses, ni Mesías, ni las vanas
Ideas y sus rosas: las que tengo
    Son mías, ¿qué más quiero?

V

Ser grande es ser entero: no exageres,
    Nada puedes tampoco.
Completo en cada cosa: también, grande,
    Estás en lo pequeño.
En cada lago, así, toda la luna
    Brilla: vive en la altura.

VI

Sólo pido a los dioses me concedan
Nada pedirles. Yugo
Es la dicha, cadena la ventura:
Toda certeza oprime.
Ni quieto ni agitado, suspendido
En la ola del tiempo,
Sea mi ser idéntico a sí mismo.

VII

Lidia: ignoramos. Somos extranjeros
Allí donde pisamos.
Lidia: ignoramos. Somos extranjeros
Allí donde moramos.

Todo es ajeno y habla lengua extraña.
Contra injuria y tumulto
Hagamos una ermita de nosotros.
El amor ¿qué más quiere?

Un sagrario sagrado por nosotros.

VIII

Vive sin horas. Cuanto mide pesa
Y mide cuanto piensas.
En el correr incierto, como el río
Cuyas ondas son él,
Mírate y pasa y al mirarte calla.

IX

Flores que corto o dejo,
Su destino no altero.

Vía que sigo, llega
Aunque yo no la siga.

Nada somos que valga,
Pues en vano lo somos.

X

La suerte, menos verla,
Niégueme todo: estoico sin dureza,
La sentencia grabada del Destino,
Gozarla letra a letra.

XI

No sé de quién recuerdo mi pasado,
Otro lo fui, ni me conozco
Al sentir con mi alma
Aquella ajena que al sentir recuerdo.
De un día a otro nos desamparamos.
Nada cierto nos une con nosotros,
Somos quien somos y es
Cosa vista por dentro lo que fuimos.

XII

Súbdito inútil de astros dominantes,
Como yo pasajeros, sin amor o deseo,

Vivo, en la cárcel de ser yo, mi vida—
Mía porque soy ella... Mas con todo,
De mi pensar en mí me libro
Mirando las estrellas,
Señoras de la altura, sometidas
A brillar y dejar que las miremos.

Vastedad vana, fingido infinito
(¡Medido con los ojos!)
¿Ha de dar libertad quien no la tiene?

XIII

Bajo leve tutela
De dioses descuidados
Quiero gastar las horas concedidas,
Mías aunque prestadas.

Si nada puedo contra
El ser que me dieron,
Al menos deme su desdén el hado:
Por destino la paz.

No quiero la verdad,
Sólo quiero la vida.
Vida los dioses dan, no dan verdades
Ni saben qué es verdad.

POEMAS DE ÁLVARO DE CAMPOS

Oda triunfal

A la dolorosa luz de las grandes lámparas eléctricas de la fábrica
Tengo fiebre y escribo.
Escribo rechinando los dientes, rabioso ante esta belleza,
Esta belleza totalmente desconocida para los antiguos.

¡Oh ruedas, engranajes, eterno r-r-r-r-r-!
¡Fuerte espasmo retenido de los mecanismos en furia!
En furia dentro y fuera de mí,
En todos mis nervios distendidos
Y en todas las papilas abiertas hacia afuera y hacia todo.
Tengo los labios secos de tanto oír tan cerca
Los grandes ruidos modernos
Y mi cabeza arde por cantarlos con una demasía de expresión
De todas mis sensaciones excesivas,
Con un exceso contemporáneo de vosotras, oh máquinas.

Febril y mirando los motores como una naturaleza tropical,
Grandes trópicos humanos de hierro y fuego y fuerza,
Canto, canto al presente y también al pasado y al futuro,
Porque el presente es todo el pasado y todo el futuro
Y hay Platones y Virgilios en las máquinas y las luces eléctricas
Porque los hubo antes y Virgilio y Platón fueron hombres
Y pedazos del Alejandro Magno tal vez del siglo L,
Átomos que tal vez darán fiebre al Esquilo del siglo C,
  Corren por estas correas de transmisión y por estos émbolos y volantes,
Rugiendo, rechinando, repicando, taladrando, retumbando,
Con un exceso de caricias al cuerpo que son una sola caricia para
    el espíritu.

¡Ah, poder expresarme totalmente como se expresa un motor!
Ser completo como una máquina.
Poder circular triunfalmente por la vida como un auto último modelo.
Poder al menos impregnarme físicamente de todo esto,
Rasgarme enteramente, abrirme completamente, permeable
A todos los perfumes de los aceites y a los carbones
De esta flora estupenda, negra, artificial, insaciable.
Fraternidad con todas las dinámicas.
Furia promiscua de ser parte-agente
Del rodar férreo y cosmopolita
De los trenes que avanzan intrépidos,
De los barcos de carga y sus faenas de transporte,
Del girar lento y lúbrico de las grúas
Del disciplinado tumulto de las fabricas
Y del casi silencio susurrante y monótono de las correas de transmisión.

Horas europeas, productoras, comprimidas
Entre máquinas y afanes utilitarios,
Grandes ciudades varadas en los cafés,
Nuestros cafés, oasis de inutilidades ruidosas
Donde cristalizan y se precipitan
Los rumores y los gestos de lo Útil
Y las ruedas y las ruedas dentadas y los cojinetes del progreso.
Nueva Minerva desalmada de los muelles y las estaciones.
Nuevos entusiasmos del tamaño del Momento.
Quillas de chapas de hierro sonriente acostadas en los embarcaderos
O en seco, erguidas en los planos inclinados de los puertos.
Actividad internacional, transatlántica, *Canadian-Pacific*.
Luces y febril pérdida del tiempo en bares y hoteles,
En los Longchamp y Derby y Ascot
Y Picadilly y Avenida de la Ópera que entran
Por mi alma hacia dentro.

¡E-yá, las calles, e-yá, las plazas, e-yá, e-yá, *la foule*!
Todo el que pasa y todo el que se para frente a los escaparates,
Comerciantes, vagos, *escrocs* exageradamente bien vestidos,
Miembros notorios de los clubes aristocráticos,
Escuálidas figuras dudosas, jefes de familia vagamente felices

Y paternales hasta en la cadena de oro que les cruza
El chaleco de bolsillo a bolsillo.
¡Todo lo que pasa, todo lo que pasa y nunca pasa!
Presencia demasiado acentuada de las *cocottes*,
Banalidad interesante (¿y quién sabe lo que sucede dentro?)
De las burguesitas, madre e hija generalmente,
Recorriendo las calles sin propósito fijo,
La gracia femenina y falsa de los pederastas que pasan con lentitud,
¡Y toda la gente simplemente elegante que pasea y se exhibe,
Dueña, después de todo, de un alma!

(¡Ah, cómo desearía ser el *souteneur* de todo esto!)

La maravillosa belleza de las corrupciones políticas,
Deliciosos escándalos financieros y diplomáticos,
Agresiones políticas en las calles,
Y de vez en cuando el cometa de un regicidio
Iluminando de prodigio y fanfarria los cielos
Rutinarios y brillantes de la civilización cotidiana.

Noticias desmentidas de los periódicos,
Artículos políticos insinceramente sinceros,
Noticias *passez-à-la caisse*, grandes crímenes
(A dos columnas y pase a la segunda página),
Olor fresco de la tinta de imprenta,
Carteles pegados hace poco húmedos todavía,
Vient-de-paraître amarillos con una faja blanca,
Cómo amo a todos, a todos,
Cómo os amo a todos de todas las maneras,
Con los ojos y los oídos y con el olfato
Y con el tacto (¡lo que para mí significa palparos!)
Y con la inteligencia que es como una antena que vibra.
Mis sentidos en celo por vosotros.
Abonos, trilladoras de vapor, progresos de la agricultura
Química agrícola ¡y el comercio casi una ciencia!
Los muestrarios de los agentes viajeros,
Los agentes viajeros, caballeros andantes de la Industria,
Prolongaciones humanas de las fábricas y las calladas oficinas.

Novedades en las vitrinas, maniquíes, últimos figurines,
Artículos inútiles que toda la gente sueña comprar,
¡Hola!, grandes almacenes con múltiples departamentos,
Anuncios eléctricos que brillan, parpadean y desaparecen,
¡Todo lo que hoy se fabrica y por lo que hoy es diferente de ayer!
¡E-yá, cemento armado, betón, procedimientos novísimos!,
Avance en los armamentos gloriosamente mortíferos,
Acorazados, submarinos, cañones, ametralladoras, aeroplanos,

Os amo a todos, a todos, como una fiera,
Os amo carnívoramente,
Perversamente —y me veo ante mí mismo enroscado
En vosotras, oh cosas grandes, banales, útiles, inútiles,
Cosas totalmente modernas,
Mis contemporáneas, forma actual y próxima
Del sistema inmediato del universo,
Nueva revelación metálica y dinámica de Dios

Fábricas, laboratorios, *music-halls*, Luna Park,
Puentes, *docks* flotantes, acorazados,
En mi mente turbulenta e incandescente
Os poseo como a una mujer hermosa,
Completamente os poseo como a una mujer hermosa y no amada,
A la que encontramos por casualidad y juzgamos interesantísima.

¡E-yá-o-e-yá, fachadas de las grandes lonjas,
Ascensores de los grandes edificios,
E-yá-o-yá, cambios de gabinete,
Parlamentos políticos, relatores de presupuesto,
Presupuestos adulterados!
(Un presupuesto es tan natural como un árbol,
Un parlamento es bello como una mariposa.)

¡E-yá, interés por todas las cosas de la vida!,
Porque todo es la vida, desde los brillantes del escaparate
Hasta la noche, puente misterioso entre los astros
Y el mar antiguo y solemne, bañando las costas
Y misericordiosamente siendo el mismo que era

Cuando Platón era realmente Platón
En su presencia real y en su cuerpo con un alma dentro
Y hablaba con Aristóteles, que no sería su discípulo.

Yo podría morir triturado por un motor
Con el sentimiento delicioso de entrega de la mujer poseída.
¡Arrójenme a los altos hornos!
¡Tírenme debajo de los trenes!
¡Azótenme a bordo del crucero!
Masoquismo a través del maquinismo,
Sadismo de no sé qué moderno y yo mismo y barullo.

¡Jipa, jipi, *jockey* que ganaste el *Derby*!
¡Hincar los dientes en tu *cap* de dos colores!

(¡Ser tan alto que no pudiese entrar por ninguna puerta!
Mirar es en mí una perversión sexual.)

¡Epa, epa, catedrales!
Caer y partirme el cráneo contra vuestras piedras
Y que me levanten de un charco de sangre
Sin que nadie sepa quién soy.

Tramways, funiculares, metropolitanos,
Frotadme hasta el espasmo,
¡Hila, hila, hila, oh! Reíd, reíd en mi cara,
Automóviles repletos de juerguistas y rameras,
Multitudes cotidianas ni alegres ni tristes en las calles,
Río multicolor y anónimo donde me baño a mis anchas.
¡Ah, cuántas vidas complejas, cuántas cosas en todas estas casas!
Enterarse de la vida de todos, las dificultades monetarias,
Los pleitos domésticos, los desórdenes que nadie sospecha,
Los pensamientos que cada uno tiene a solas en su cuarto
Y los gestos que hace cuando nadie lo puede ver.
No saber nada de esto es ignorarlo todo, oh rabia,
Rabia que como si fuese fiebre y celo y hambre
Me enflaquece la cara y me hace temblar las manos
Con absurdas crispaciones en mitad de las turbas,
En mitad de las calles llenas de encontronazos.

Y la gente vulgar y sucia que parece siempre la misma,
Que cada dos palabras suelta una palabrota,
Cuyos hijos roban en las puertas de los tendajones,
Cuyas hijas a los ocho años —¡todo esto es hermoso y lo amo!—
Masturban a hombres de aspecto decente en los huecos de la escalera,
La gentuza que trepa los andamios y regresa a su casa
Por callejas casi irreales de estrechas y podridas,
Maravillosa gente humana que vive como los perros,
Abajo de todos los sistemas morales,
Para la que ninguna religión se ha inventado,
Ningún arte ha sido creado,
Ninguna política,
¡Cómo os amo a todos, por ser así,
Ni siquiera inmorales de tan bajos, ni buenos ni malos,
Inaccesibles a todos los cambios,
Fauna maravillosa del fondo del mar de la vida!

(En la noria del patio de mi casa
Da vueltas el burro, da vueltas,
Y el misterio del mundo no es más grande que esto.
Limpia el sudor con tu manga, trabajador descontento.
La luz del sol humilla el silencio de las esferas
Y todos vamos a morir,
Oh pinares sombríos en el crepúsculo,
Pinares donde mi infancia era otra cosa,
Otra cosa y no esto que soy...)

Pero de nuevo esta rabia mecánica, constante.
Otra vez la obsesión del movimiento de los autobuses,
Otra vez la furia de estar al mismo tiempo en todos los trenes
De todos los lugares de todo el mundo,
Otra vez estar diciendo adiós a bordo de todos los barcos
Que a esta hora levan el ancla o despegan de los muelles,
¡Oh hierro, acero, aluminio, chapas de metal ondulado,
Muelles, puertos, convoyes, grúas, remolcadores!

¡E-yá, los grandes desastres ferroviarios,
E-yá, los derrumbes en las galerías de las minas,

E-yá, los naufragios deliciosos de los grandes transatlánticos,
E-yá, las revoluciones aquí, allá, acullá,
Los cambios de constituciones, guerras, tratados, invasiones,
Ruido, injusticias, violencias y tal vez dentro de poco
La gran invasión de los bárbaros amarillos en Europa
Y otro Sol en un nuevo Horizonte!

¿Qué importa todo esto, qué puede importarle todo esto
Al fúlgido y rojizo ruido contemporáneo,
Al ruido cruel y delicioso de la civilización de ahora?
Todo esto acalla todo, salvo al Momento,
Al Momento de tronco desnudo y caliente como un fogonero,
Momento estridente, ruidoso, mecánico,
Momento, pasaje dinámico de todas las bacantes
Del hierro y del bronce y de la borrachera de metales.

¡E-yá, ferrocarriles, puentes, hoteles a la hora de la comida,
Aparatos de todas clases, férreos, brutales, mínimos,
Instrumentos de precisión, trituradoras, cavadoras,
Émbolos, tornos, rotativas,
E-yá, e-yá, e-yá,
Electricidad, nervios enfermos de la materia,
Telegrafía sin hilos, simpatía metálica del inconsciente,
Túneles, canales, Panamá, Kiel, Suez,
E-yá, todo el pasado dentro del presente,
E-yá, todo el futuro ya en nosotros, e-yá,
E-yá, e-yá, e-yá,
Frutos de hierro del árbol-fábrica cosmopolita,
E-yá, e-yá, e-yá, jo, jo, jo-o-o-ooo,
No existo por dentro, giro, ruedo, corro,
Me enganchan en todos los trenes,
Me izan en todos los muelles,
Giro en las hélices de todos los barcos,
E-yá, e-yá, e-yá, jo-ooo,
Soy el calor mecánico y la electricidad,
Y los rieles y los depósitos de maquinaria y Europa,
E-yá, hurra por mí en todo y por todo, hurra, máquinas ¡al trabajo!, e-yá,
Saltar con todo por encima de todo, upa,

Upa, epa, upa, epa, op, jop, jop,
Z-z-z-z-z-z-z-z-z-z-z,

¡Ah, no ser toda la gente y estar en todas partes!

Tabaquería

No soy nada.
Nunca seré nada.
No puedo querer ser nada.
Aparte de esto, tengo en mí todos los sueños del mundo.

Ventanas de mi cuarto,
Cuarto de uno de los millones en el mundo que nadie sabe quién son
(Y si lo supiesen, ¿qué sabrían?)
Ventanas que dan al misterio de una calle cruzada constantemente por la
    gente,
Calle inaccesible a todos los pensamientos,
Real, imposiblemente real, cierta, desconocidamente cierta,
Con el misterio de las cosas bajo las piedras y los seres,
Con el de la muerte que traza manchas húmedas en las paredes y vuelve
    blanco el pelo de los hombres,
Con el del destino que conduce el carro de todo por la calle de nada.

Hoy estoy vencido como si supiese la verdad,
Lúcido como si estuviese para morir
Y no tuviese más hermandad con las cosas que la de una despedida y esta
    casa y las que la siguen
Se vuelve la hilera de vagones de un tren.
Y hay un largo silbido
Dentro de mi cráneo
Y hay una sacudida en mis nervios y crujen mis huesos en la arrancada.

Hoy estoy perplejo, como quien pensó y encontró y olvidó,
Hoy estoy dividido entre la lealtad que debo
A la Tabaquería del otro lado de la calle, como cosa real por fuera,
Y a la sensación de que todo es sueño, como cosa real por dentro.

Fallé en todo.
Como no tuve propósito alguno tal vez todo fue nada.
Lo que me enseñaron
Lo eché por la ventana del traspatio.
Ayer fui al campo con grandes propósitos.
Encontré sólo hierbas y árboles
Y la gente que había era igual a la otra.
Dejo la ventana y me siento en una silla. ¿En qué he de pensar?

¿Qué puedo saber de lo que seré, yo que no sé lo que soy?
¿Ser lo que pienso? ¡Pienso ser tantas cosas!
¡Y hay tantos que piensan ser esas mismas cosas que no podemos ser
    tantos!

¿Genio? En este momento
Cien mil cerebros se creen en sueños genios como yo,
Y la historia no recordará, ¿quién sabe?, ni uno,
Y sólo habrá un muladar para tantas futuras conquistas.
No, no creo en mí.
¡En tantos manicomios hay tantos locos con tantas certezas!
Yo, que no tengo ninguna, ¿soy más cierto o menos cierto?
No, en mí no creo.
¿En cuántas buhardillas y no-buhardillas del mundo
Genios-para-sí-mismos a esta hora están soñando?
¿Cuántas aspiraciones altas y nobles y lúcidas
—Sí, de veras altas y nobles y lúcidas—
Quizá realizables,
No verán nunca la luz del sol real ni llegarán a oídos de la gente?
El mundo es para los que nacieron para conquistarlo
No para los que sueñan que pueden conquistarlo, aunque tengan razón.
He soñado más que todas las hazañas de Napoleón.
He abrazado en mi pecho hipotético más humanidades que Cristo.
He pensado en secreto más filosofías que las escritas por ningún Kant.
Soy y seré siempre el de la buhardilla,
Aunque no viva en ella.
Seré siempre *el que no nació para eso,*
Seré siempre sólo *el que tenía algunas cualidades,*

Seré siempre el que aguardó que le abrieran la puerta frente a un muro
    que no tenía puerta,
El que cantó el cántico del Infinito en un gallinero,
El que oyó la voz de Dios en un pozo cegado.
¿Creer en mí? Ni en mí ni en nada.
Derrame la naturaleza su sol y su lluvia
Sobre mi ardiente cabeza y que su viento me despeine
Y después que venga lo que viniere o tiene que venir o no ha de venir.
Esclavos cardiacos de las estrellas,
Conquistamos al mundo antes de levantarnos de la cama;
Nos despertamos y se vuelve opaco;
Salimos a la calle y se vuelve ajeno,
Es la tierra entera y el sistema solar y la Vía Láctea y lo Indefinido.

(Come chocolates, muchacha,
¡Come chocolates!
Mira que no hay metafísica en el mundo como los chocolates,
Mira que todas las religiones enseñan menos que la confitería.
¡Come, sucia muchacha, come!
¡Si yo pudiese comer chocolates con la misma verdad con que tú los
    comes!
Pero yo pienso y al arrancar el papel de plata, que es de estaño,
Echo por tierra todo, mi vida misma.)

Queda al menos la amargura de lo que nunca seré,
La caligrafía rápida de estos versos,
Pórtico que mira hacia lo Imposible.
Al menos me otorgo a mí mismo un desprecio sin lágrimas,
Noble al menos por el gesto amplio con que arrojo,
Sin prenda, la ropa sucia que soy al tumulto del mundo
Y me quedo en casa sin camisa.

(Tú que consuelas y no existes, y por eso consuelas,
Diosa griega, estatua engendrada viva,
Patricia romana, imposible y nefasta,
Princesa de los trovadores, escotada marquesa del dieciocho,
Cocotte célebre del tiempo de nuestros abuelos,
O tú, estrella de ahora, ésta o aquélla,

Sea lo que sea y la que seas, ¡si puedes inspirar, inspírame!
Mi corazón es un balde vacío.
Como invocan espíritus los que invocan espíritus me invoco,
Me invoco a mí mismo y nada aparece.
Me acerco a la ventana y veo la calle con una nitidez absoluta.
Veo las tiendas, la acera, veo los coches que pasan,
Veo los entes vivos vestidos que pasan,
Veo los perros que también existen,
Y todo esto me parece una condena a la degradación
Y todo esto, como todo, me es ajeno.)

Viví, estudié, amé y hasta tuve fe.
Hoy no hay mendigo al que no envidie sólo por ser él y no yo.
En cada uno veo el andrajo, la llaga y la mentira.
Y pienso: tal vez nunca viviste, ni estudiaste, ni amaste, ni creíste
(Porque es posible dar realidad a todo esto sin hacer nada de todo esto),
Tal vez has existido apenas como la lagartija a la que le cortan el rabo
Y el rabo salta, separado del cuerpo.

Hice conmigo lo que no sabía hacer
Y no hice lo que podía.
El disfraz que me puse no era el mío.
Creyeron que yo era el que no era, no los desmentí y me perdí.
Cuando quise arrancarme la máscara,
La tenía pegada a la cara.
Cuando la arranqué y me vi en el espejo,
Estaba desfigurado.
Estaba borracho, no podía entrar en mi disfraz.
Lo acosté y me quedé afuera,
Dormí en el guardarropa
Como un perro tolerado por la gerencia
Por ser inofensivo.
Voy a escribir este cuento para probar que soy sublime.

Esencia musical de mis versos inútiles,
Quién pudiera encontrarte como cosa que yo hice
Y no encontrarme siempre enfrente de la Tabaquería de enfrente:
Pisan los pies la conciencia de estar existiendo

Como un tapete en el que tropieza un borracho
O la esterilla que se roban los gitanos y que no vale nada.

El Dueño de la Tabaquería aparece en la puerta y se instala contra la
    puerta.
Con la incomodidad del que tiene el cuello torcido,
Con la incomodidad de un alma torcida, lo veo.
Él morirá y yo moriré.
Él dejará su rótulo y yo dejaré mis versos.
En un momento dado morirá el rótulo y morirán mis versos.
Después morirá el planeta gigante en donde pasó todo esto.
En otros planetas de otros sistemas algo parecido a la gente
Continuará haciendo cosas parecidas a versos,
Parecidas a vivir bajo un rótulo de tienda,
Siempre una cosa frente a otra cosa,
Siempre una cosa tan inútil como la otra,
Siempre lo imposible tan estúpido como lo real,
Siempre el misterio del fondo tan cierto como el misterio de la superficie,
Siempre esta o aquella cosa o ni una cosa ni la otra.

Un hombre entra en la Tabaquería (¿para comprar tabaco?),
Y la realidad plausible cae de repente sobre mí.
Me enderezo a medias, enérgico, convencido, humano,
y se me ocurren estos versos en que diré lo contrario.

Enciendo un cigarro al pensar en escribirlos
Y saboreo en el cigarro la libertad de todos los pensamientos.
Fumo y sigo al humo como mi estela,
Y gozo, en un momento sensible y alerta,
La liberación de todas las especulaciones
Y la conciencia de que la metafísica es el resultado de una indisposición.

Y después de esto me reclino en mi silla
Y continúo fumando.
Seguiré fumando hasta que el destino lo quiera.

(Si me casase con la hija de mi lavandera
Quizá sería feliz.)
Visto esto, me levanto. Me acerco a la ventana.
El hombre sale de la Tabaquería (¿guarda el cambio en la bolsa del
    pantalón?),
Ah, lo conozco, es Esteva, que ignora la metafísica.
(El Dueño de la Tabaquería aparece en la puerta.)
Movido por un instinto adivinatorio, Esteva se vuelve y me reconoce;
Me saluda con la mano y yo le grito *¡Adiós, Esteva!* y el universo
Se reconstruye en mí sin ideal ni esperanza y el Dueño de la Tabaquería
    sonríe.

Apunte

Se partió mi alma como un vaso vacío.
Cayó por la escalera hasta abajo.
Cayó de las manos de una criada descuidada.
Cayó, hecha más pedazos que los que contenía el vidrio del vaso.

¿Absurdo? ¿Imposible? ¡Ahí está!
Tengo más sensaciones que las que tenía cuando me sentía yo.
Soy un montón de cascos desparramados sobre un tapete que van a
    sacudir.

Mi caída hizo un ruido de vaso que se estrella.
Los dioses reclinados en el pasamanos de la escalera
Miran fijamente los cascos en que su criada me convirtió.

No se enojen con ella.
Sean tolerantes.
¿Un vaso vacío era lo que yo fui?

Miran los cascos absurdamente conscientes,
Conscientes de sí mismos, no de ser conscientes.

Miran y sonríen.
Sonríen, tolerantes, a la criada que no lo hizo adrede.

Se despliega la gran escalera tapizada de estrellas.
Un casco brilla, tocado por el fulgor externo, entre los astros.
¿Es mi obra? ¿Mi alma principal? ¿Mi vida?
Un casco.
Y los dioses lo miran detenidamente pues no saben qué hace ahí.

Callos a la portuguesa

Un día, en un restaurante, fuera del espacio y del tiempo,
Me sirvieron el amor como callos fríos.
Dije delicadamente al jefe de la cocina
Que los prefería calientes,
Que los callos (y eran a la portuguesa) nunca se comen fríos.

Se impacientaron conmigo.
Nunca se puede tener razón, ni en el restaurante.
No comí, no pedí otra cosa, pagué la cuenta,
Y me fui a pasear por la calle.

¿Quién sabe lo que esto quiere decir?
Yo no lo sé y a mí me pasó...

(Sé muy bien que en la infancia toda la gente tuvo un jardín,
Particular o público o del vecino.
Sé muy bien que jugar era nuestro único mandamiento
Y que la tristeza es de hoy.)

Esto lo sé de sobra,
Pero, si pedí amor, ¿por qué me trajeron,
A la portuguesa, callos fríos?

No es un plato que se pueda comer frío

Y me lo trajeron frío.
No me quejé, pero estaba frío,
No se puede comer frío pero llegó frío.

***

Al volante del Chevrolet por la carretera de Sintra,
A la luz de la luna y del sueño en la carretera desierta,
Manejo solitario, manejo casi despacio y un poco,
Me parece, o me esfuerzo un poco para que me lo parezca,
Que sigo por otra carretera, por otro sueño, por otro mundo,
Que sigo sin haber dejado Lisboa o sin tener que llegar a Sintra,
Que sigo ¿y qué más haría sino seguir y no parar y seguir?

Voy a pasar la noche en Sintra para no pasarla en Lisboa,
Cuando llegue a Sintra sentiré pena por no haberme quedado en Lisboa.
Siempre esta inquietud sin propósito, inconexa, sin resultado,
Siempre, siempre, siempre,
Esta angustia desorbitada del espíritu por ninguna cosa,
En el camino de Sintra, en el camino del sueño, en la carretera de la
      vida...

Maleable a los movimientos subconscientes con que guío el volante,
Brinca debajo de mí y conmigo el auto que me prestaron.
Sonrío del símbolo, al virar hacia la derecha.
¡En cuántas cosas prestadas camino por el mundo!
¡Cuántas cosas que me prestaron manejo como mías!
¡Lo que me prestaron, ay de mí, eso soy!
A la izquierda la casucha, sí, la casucha, al borde del camino,
A la derecha el campo abierto, con la luna a lo lejos.
El automóvil que hace poco parecía darme libertad
Es ahora una cosa que me encierra,
Algo que sólo puedo manejar si me tiene encerrado,
Algo que sólo domino si en él me incluyo y él en mí se incluye.

Atrás, a la izquierda, la modesta casucha, menos que modesta,
Qué feliz debe de ser ahí la vida: sólo porque no es la mía.
Si alguien me vio desde la ventana, pensará: aquél sí que es feliz.
Tal vez para el niño que mira tras los vidrios de la ventana de arriba
He sido (con el auto prestado) como un sueño, como un hada real.
Tal vez para la muchacha que ha mirado, al oír el motor, por la ventana
      de la cocina, sobre el piso de tierra,

Soy algo de ese príncipe que duerme en todo corazón de muchacha,
Y ella quizá me ha mirado a hurtadillas, tras los vidrios, hasta que
    me perdí en la curva.
¿Dejo sueños tras de mí o es el auto el que los deja?

En la carretera de Sintra, al claro de luna, en la tristeza, entre los campos
    y la noche,
Manejando el automóvil prestado con desconsuelo,
Me pierdo en la carretera futura, me disuelvo en la distancia que
    alcanzo...
Y en un deseo terrible, súbito, violento, inconcebible, acelero.
Pero mi corazón se quedó en el montón de piedras, esquivado al verlo
    sin verlo,
En el montón de piedras a la puerta de la casucha,
Mi corazón vacío,
Mi corazón insatisfecho,
Mi corazón más humano que yo, más exacto que la vida.

En la carretera de Sintra, cerca de media noche, al claro de luna,
    al volante,
En la carretera de Sintra, qué cansancio de mi propia imaginación,
En la carretera de Sintra, cada vez más cerca de Sintra,
En la carretera de Sintra, cada vez menos cerca de mí.

Escrito en un libro abandonado en un tren

Vengo del rumbo de Beja.
Voy hacia el centro de Lisboa.
No traigo nada y no encontraré nada.
Cansancio anticipado de no encontrar nada,
Mi nostalgia no es por el pasado ni por el futuro.
Dejo escrita en este libro la imagen de mi muerto designio:
Fui como la hierba y no me arrancaron.

POEMAS DE FERNANDO PESSOA

Cancionero

I

Hojas, audible sonrisa,
Apenas rumor de viento.
Si yo te miro y me miras,
¿Quién primero se sonríe?
El primero luego ría.

Ríe y mira de repente,
Lo mira por no mirar,
Entre las hojas tupidas
El son del viento pasar.
Todo es disfraz, todo es viento.

El que mira está mirando
Adonde no ve: se vuelve:
Estamos los dos hablando
Lo que no se conversó.
¿Esto se acaba o empieza?

II

Pasa una nube por el sol.
Una pena para el que ve.
El alma es como girasol:
Sólo mira al que tiene al pie.

¿Cuál hora maligna te enrolla,
Bandera que revuelta ondeas?
Pasa la nube. El sol retorna.
La alegría girasolea.

III

Remolino el viento.
Gira el aire, gira.
A soñar conmigo,
Va mi pensamiento,

Hacia las alturas
De las arboledas,
A sentir sin miedo
Pasar alto el fresco,

A saber que soy
Aquello que quise
Cuando oí decir
Lo que el viento dice.

IV

A la orilla de este río
O en los bordes de aquel otro,
Pasan en fila mis días.
Nada me impide o me impele,
Ni me da calor o frío.

Miro al río y a lo que hace
Cuando no hace nada el río.
Miro los rastros que deja
En su tránsito al borrarse
Lo que se ha quedado atrás.

Miro y mirando medito,
No en la corriente que pasa
Sino en lo que estoy pensando,
Pues lo que miro en el agua
Es no ver que está pasando.

Voy por la orilla del río
Que pasa no sé por dónde
Y a su corriente me fío:
Visto o no visto este río,
Él pasa y yo me confío.

V

Otro, ser otro siempre,
Viajar, perder países,
Vivir un ver constante,
Alma ya sin raíces.

Ir al frente de mí,
Ansia de conseguir,
Ya sin pertenecerme,
La ausencia que es seguir.

¡Viajar así, qué viaje!
Sólo en sus pensamientos
Mi pensamiento viaja:
El resto es tierra y cielo.

VI

Si yo, aunque ninguno fuera,
Pudiese tener sobre la cara
Aquella claridad fugaz
Que aquellos árboles tienen,

Tendría aquella alegría
Que tienen por fuera las cosas,
Porque la alegría es de la hora
Y se va con el sol cuando enfría.

Más que la vida mía
Me valiese cualquier otra
¡Tener esa vida de extraño
Que sólo del sol viniera!

VII

Soy un evadido.
Luego que nací
En mí me encerraron
Pero yo me fui.

La gente se cansa
Del mismo lugar,
¿De estar en mí mismo
No me he de cansar?

Mi alma me busca
Por montes y valles.
Ojalá que nunca
Mi alma me halle.

Ser uno es cadena,
No ser es ser yo.
Huyéndome vivo
Y así vivo estoy.

VIII

Contemplo lo que no veo.
Es tarde. Avanza lo obscuro.

Todo lo que en mí es deseo
Se detiene frente a un muro.

El cielo es grande en la altura.
La arboleda es su sostén.
El viento por la espesura.
Hojas, presencia en vaivén.

Todo está del otro lado,
Donde no está ni lo pienso.
Y cada ramo agitado
Hace al cielo más inmenso.

Se confunde lo que existe
Con lo que dormido soy.
Nada siento, no estoy triste,
Triste es esto en donde estoy.

IX

Reposa, sobre el trigo
Que ondula, un sol parado.
No me entiendo conmigo,
Ando siempre engañado.

Si yo hubiese logrado
Nunca saber de mí,
Habríame olvidado
De este olvidarme así.

El trigo mece leve
Al sol ajeno, igual.
El alma aquí, ¡qué breve,
Con su bien y su mal!

Mensaje

EL INFANTE DON ENRIQUE

En su trono, entre el brillo de las esferas,
Con su manto de noche y soledad,
A sus pies el mar nuevo y las eras muertas,
—Único emperador que tiene en verdad
Al globo terráqueo en la mano.

DON JUAN SEGUNDO

Los brazos cruzados —linde del más allá del mar,
Parece un promontorio en alta sierra.
Confín de tierra que domina
Otro mar más allá de la tierra.

Su formidable bulto solitario
Con sólo estar presente llena mar y cielo.
Y parece temer el mundo vario
Que adelante los brazos y le rasgue el velo.

ALFONSO DE ALBUQUERQUE

De pie, sobre los países conquistados,
Baja los ojos cansados
De ver al mundo y la injusticia y el azar.
No piensa ni en la vida ni en la muerte.
Poderoso, no quiere tanto cuanto
Puede, que si tanto quisiese
Más sumisos mundos pisara
Que los que fundó a su paso.
Diole la suerte trece imperios recogidos del polvo.
Los creó como quien desdeña.

EPITAFIO DE BARTOLOMEU DÍAZ

Yace en esta playa extrema
El Capitán del Fin. Doblado el Asombro,
El mar es el mismo: nadie lo tema.
Atlas, muestra alto el mundo en su hombro.

Otros poemas

NATIVIDAD

Nace un dios. Otros mueren. La verdad
No viene ni se va. Cambia el error.
Tenemos otra eternidad ahora.
Era siempre mejor la que ha pasado.

Ciega, labra la ciencia estéril gleba.
Loca, la fe en su culto vive un sueño.
Un nuevo Dios es sólo una palabra.
No busques, no des fe. Todo está oculto.

***

Lejos de mí, en mí existo,
Aparte de quien soy y de la sombra
Y el movimiento en que consisto.

***

No haber dios es un dios también...

***

Nostalgia eterna: poco duras.

***

Duermo. ¿Regreso o espero?
No sé. Otro fluí
Entre lo que soy y quiero,
Entre lo que soy y fui.

***

Extensa y varia naturaleza —triste
Cuando por un vado de luz pasan las nubes.

***

En las pausas solemnes
De la naturaleza
Cantan gallos solemnes.

***

El sol te doraba la cabeza rubia.
Tú muerta. Yo vivo.
Aún hay mundo y aurora.

***

También mis emociones
Son cosas que me acontecen.

***

Quiero, tendré,
No aquí,
En otro lugar que yo no sé.
Nada perdí,
Todo seré.

***

Exigua lámpara tranquila
Que te ilumina y me da luz,
Entre quien eres y yo soy, oscila.

Dos sonetos de «La tumba de Cristián Rosencreutz»

I

Al despertar del sueño de la vida
Sabremos lo que somos, lo que fue
La caída en el cuerpo, el desplomarse
Hasta la noche que encerró nuestra alma.

¿Después sabremos toda la escondida
Verdad del todo ser, quietud que fluye?
No: ni el alma, ya libre y conocida,
Ni Dios, nuestro criador, en sí la incluyen.

Dios es un hombre de otro Dios más grande;
También tuvo caída, Adán supremo;
También aunque criador él fue criatura

Y la Verdad murió por él... Le veda
El más allá a su Espíritu, el abismo;
En este mundo encarna, aquí es su cuerpo.

III

Aquí, donde vagar irreal somos,
Soñamos la verdad y lo que somos.
Si dormidos la vemos, es un sueño —
No la verdad: su imagen— lo que vemos.

Sombras buscando cuerpo, ¿si lo hallamos,
Cómo sentir su ser, cómo palparlo?
Sombras manos de sombra ¿qué tocamos?
El vacío tocamos, una ausencia.

¿Quién de esta alma cerrada nos libera?
Oímos, mas no vemos, en la sala
Contigua, al ser: ¿quién abrirá la puerta?...

... Quieto en su falsa muerte ante nosotros,
Cerrado el libro sobre el pecho expuesto,
El padre Rosacruz sabe y se calla.

III

CUATRO POETAS SUECOS

(Traducción de
OCTAVIO PAZ Y PIERRE ZEKELI)

HARRY MARTINSON

Noche de creación

Nos encontramos en el puente de piedra.
Los abedules estaban de guardia.
Como una anguila el arroyo se deslizaba hacia el mar.
Nos enlazamos para hacer dios.
El susurro animó los granos de otoño
y el centeno fue una ola.

Después

Después de la batalla de Helgoland
y después de la batalla de Utshima
el mar dispersó los ya deshechos.
Dejó a los albatros devorar sus ojos.
Conduciéndoles con sales disolventes
lentamente hacia el mar—
hacia las aguas madres cambrianas,
hacia otro ensayo.

Cementerio

Sotos de hojas cercan
el cementerio.
Y con la voz suave del verano
dicen

lo que no puede volver.
Por la hierba algún viento busca algo
perdido.
Pero el tiempo ya se fue
por las puertas enrejadas.

Cuento popular sueco

La deseó a través de la montaña.
Mas las condiciones fueron un monte más.
Primero tenía que romper el hielo del invierno
hasta llegar a los sembrados de la primavera.
Después abrirse paso entre los jarales primaverales
hasta el bosque sumiso del verano.
Allí la encontraría.
Mas el encuentro fue tan tímido que se volvió dureza,
la ternura tan torpe que todo se extravió.
Las palabras suaves se enredaron
                    como madreselva.
Así empezó su vida.
Entraron en el granito de cada día de pena.
La montaña los encerró para siempre.
Adentro, muchos años, se oyeron
gritos y martillazos: querían salir.
Poco a poco se acallaron hasta los martillazos.
La montaña yace quieta y fuerte.
Y hay más nieve en invierno.

La mejor solución

La resignación se encarga de arreglar casi todo:
poco a poco se forma una suave costumbre del dolor.
Eso acontece sin protestas y sin vivas.

Uno se esfuerza hacia arriba
y se acostumbra hacia abajo.

No son las revoluciones, sino las resignaciones
las que han permitido al hombre que viva,
si es que en realidad ha vivido.
Nadie, sin embargo, ha sobrevivido.

Es posible arreglar las jubilaciones,
pero las resignaciones se arreglan sin nadie.
Alivian poco a poco y sin cesar todas las instituciones
de las obligaciones y de las opiniones.
Y el ocaso, sonríe.

Relato de la volatinera

Ante todo el arte de no
      cansarse,
cambiar de pie con gracia
      sobre el abismo,
tener un andar airoso.
Amigos y enemigos nivelados
      y repartidos
como pesos invisibles
al borde del quitasol.
Y la pena en medio del corazón.
La misma línea central para desear
      y para pensar:
Sonreír encima de abismos.

ARTUR LUNDKVIST

La ventana

La ventana,
geométricamente tallada
en agua y aire,
realidad interior y realidad exterior
mirándose como dos cuadros
que no cesan de anhelarse,
en invierno es la frontera
entre el clima del hombre
y el clima del mundo,
abierta en el verano es cómplice del viento,
llamea al sol, flexible
reluce de noche, inflexible
fuego graneado entre lo general y lo particular,
la ventana del enfermo como una fuente ascendente,
un rectángulo del espacio visto desde un pozo obscuro,
la ventana y su bosque helado
donde vagan ojos de niños,
las fuentes blancas de los helechos de los recuerdos familiares,
la escritura vacilante del vaho,
la ventana vacía y gastada
en la hora larga de la espera,
la esperanza falsa, de vidrios desiguales,
impía y sin imágenes,
membrana entre protección y prisión.

El álamo

Al álamo
le gusta su familia.
A solas pierde su identidad, su delgadez flexible;
danzante en el corro,
nunca está inmóvil,
siempre tiene unas hojas que quieren jugar con el viento,
es una fuente que reluce,
árbol lleno de peces,
árbol musical que sigue a arcos invisibles,
cuchicheo acuático, compañero de los ríos,
delata pozos y venas de agua
—hasta las escondidas bajo las baldosas—,
refresca las fachadas salpicando las piedras,
visitante y extranjero
nunca es un árbol común y corriente,
para el sacrificio del otoño
deja caer sus hojas como moneda ensangrentada,
es una escoba de ramas secas contra la porcelana del cielo,
a solas es siempre él mismo,
esbelto y hermético,
¡signo de exclamación!

El roble

Roble:
árbol macho, Él,
pensador y luchador,
dispuesto a envejecer y a permanecer,
aunque se quede solo,
árbol dios y árbol horca,
amado por los cuervos,
con hojas de verano retrasado
talladas en cuero verde,
jamás verdean bastante para esconder

sus miembros nudosos,
árbol con puños,
árbol que exige una escena,
árbol que busca los miradores, las colinas, las cumbres,
el cruce de caminos,
quiere dibujarse entre nubes y ocasos
contra un fondo libre,
luchador y tormenta de sobacos gastados,
a veces inválido de vuelta de la gran guerra,
tronco perdurable que invita a grabar inscripciones,
tiene algo de ataúd, de cañada
ennegrecida y rojiza,
lucha hasta el fin con unas pocas hojas,
y se muere de pie y se queda:
una ruina hermosa,
arrugada como la razón.

El ciprés

El ciprés:
fraile mendicante bajo su capuchón
sin rendija para los ojos,
camina con otros cuesta arriba,
pero siempre está solo, no habla con nadie,
no tiene hogar ni familia,
nadie lo vio niño,
mas tiene un alma que salvar
y congrega sombras negras al sol de las campanas,
da frutos duros como cascabeles quemados,
su copa es sensible como la cola de un animal,
crece sobre piedras, árbol seco
visitado por las lagartijas, amparo de los pajaritos,
esconde bajo su capa tibias y muslos duros de obrero,
viejo, se viste con trapos de yute,
como ciertos pueblos guerreros
nadie lo verá desnudo después de la muerte.

Madera buena para yugos y pértigos,
arde de mala gana, mas arde mucho tiempo.

La urraca

De humor airoso
remolinea como un helicóptero,
bola de alas en el viento.
La urraca, la viuda alegre, ríe
a pesar de sus niños desamparados, ríe
por los robos ya cometidos y por los robos que va a cometer.
Pájaro blanquinegro de los abedules,
a sus anchas hasta en los árboles negros durante la nevada.
Recolectora de servas en otoño, mas sin canasta,
su pecho de acero brilla como el cielo claro de invierno.
Prefiere las granjas a los bosques,
vuela en el humo de las chimeneas que huelen a tocino,
recoge el imperdible tirado con el agua del baño del recién nacido,
se sienta sobre la bomba de madera para oír
la desnatadora en la cocina.
La urraca, la niña mañosa de trasero travieso,
nunca es joven o inocente,
más bien una gitana con una monedita de plata en la oreja,
fácil, se entrega en el último heno del invierno que acaba,
cuando los pies están fríos por la lluvia.
Jamás es una vieja arisca como la corneja,
ni ronca como el cuervo, ese chalán ambulante
con una navaja en el saco y con tabaco en la boca.
No, es más pariente de la hija pobre del cura
que baila sobre el hielo
a pesar de sus guantes agujereados.
La urraca, con su haz y su lata de leche rechinante,
vestida de blanco de huevo, mojado en la brea de las goteras,
vive en un país de casas calientes de madera
donde afila su pico en la muela
y se burla de los chicos que trepan a los árboles.

La corneja

Viene del entierro.
Ya comió del muerto.
Apenas alcanza la colina,
crujiente y pesada como una puerta volante.
Descansa en los árboles más obscuros
y se queja con la uña embotada del pico.
Ennegrece el día a más no poder.
La corneja vive con la muerte y la huye,
lista y chistosa a pesar de su buche.
Para evitar las charcas del peligro,
sin gastar sus alas flojas,
salta con los pies juntos.
Desconfía de las cañas que la delatan
y huye graznando si se cierra de golpe una puerta.
Muchas veces se encuentran pájaros muertos
(tan muertos, tan inmóviles, tan caídos,
que tragan el polvo con el pico entreabierto,
repletos ya de los gusanos
que los cosen a la tierra),
¿pero quién encontró una corneja muerta?
Tiene que morir en secreto o no morir.
¿Quizá se esconde en una tierra
de sombra tan densa que no crece nada,
esa tierra como carne negra?
La corneja corta las flores blancas
y enturbia el agua antes de beberla.
Busca los cenegales donde el ganado se rompe las patas,
pero prefiere la fuente negra de las chimeneas.
Adora el humo sin fuego, la ceniza sin brasa.
En la lluvia es su propio paraguas.
Contra el disco del sol de la tarde es una amenaza.
Viene con la noche,
arrastrando sábanas negras en el pico.
La corneja
nos encuentra en todas partes con malas noticias de casa.

Vida como hierba

y la hierba en marcha por el mundo,
el más ancho verde río bajo el viento.
La hierba siempre de camino,
al asalto del flanco de las montañas,
entra en las ciudades dormidas,
atraviesa los llanos, las sabanas, las estepas
donde el centauro era invencible,
donde las distancias resuenan como un tambor
bajo los cascos
y la leche fermenta bajo toldos de fieltro,
la luna ojituerta arriba.
La hierba sin angustia enlaza dedos frágiles
alrededor de un cráneo.
La hierba
lleva al aguacero sobre miríadas de espaldas
y sostiene el suelo con pies innumerables.
La hierba trabaja infatigable y no vacila,
se abre un camino o lo escala
y a cada amenaza contesta creciendo.
La hierba quiere al mundo como a sí misma
y hasta en los tiempos duros es feliz.
La hierba corre echando raíces, viaja
de pie,
congregada, innumerable, profusa.
La hierba acompaña al hombre
y se inclina ante el recuerdo
que entra en el olvido.
La hierba se hace lecho para el cuerno del unicornio
y para el hacha del indio,
se vuelve cejas para proteger la fuente
y dibuja con altos ramilletes obscuros
las bestias que mató el rayo.
El ratoncito halla
la hierba con un estremecimiento;
la hierba ilimitada,
la hierba criada de la tierra

y criada de las bestias,
muere de frío o de fuego
y siempre resucita
y nunca se sueña diente o cuchillo:
vida parecida a la hierba.

GUNNAR EKELÖF

Absentia animi

En otoño
En otoño cuando uno se despide
Cuando se abren todas las barreras
      hacia prados absurdos
donde se pudren hongos irreales
y surcos anegados se encaminan
hacia la nada, y un caracol se encamina
una harapienta mariposa se encamina
hacia la nada, que es una rosa marchita,
la más pequeña y fea. Y los mosquitos, esos garabatos
de patas endebles, borrachos en torno a la lámpara nocturna,
y la lámpara que anhela susurrante
el vano océano de la luz, el mar
polar del pensar
de olas tercas y amplias,
hinchándose y vaciándose, espuma
de series divisibles en series
de nada en nada a nada
tesis antítesis síntesis Tiresias abraxas
(como el ruido de una máquina de coser)
Y los grillos liman la quietud de la noche
Y las arañas tejen telarañas
      Absurdo.
Irreal y Absurdo.
       En otoño
Esto cruje en mi poema
Llegan las palabras y se instalan
Las cubre el polvo, el rocío las rocía

el polvo o el rocío
hasta que el viento las hace girar (y) las deja allá
(o) las deja ir a otra parte
aquel que *everywhere* busca el fin el sino
ya lo sabe el fin del crujido es el crujido
el sinfín sin fin que al fin es otra cosa
que las botas húmedas pisando la hojarasca
pasos distraídos sobre la alfombra del parque
hojas pegadas a las botas húmedas
pasos distraídos
Yerras, tus pasos se extravían
No te apresures
Espera
En otoño cuando
En otoño cuando todas las barreras
sucede
que al último rayo oblicuo
     después de la lluvia
     vacilante tras largas pausas
     como sorprendido
un mirlo solitario canta sobre una cima
canta sin causa, por cantar. Tú miras
la cima dibujada contra el fondo del cielo pálido
cerca de una nube sola. Y la nube
nada como las otras nubes pero a la deriva, *hors saison,*
ensimismada (como el canto) y ya siendo otra cosa que
Reposo Eterno
Absurdo. Irreal.

       Absurdo. Yo
canto Yo estoy sentado
aquí el cielo una nube
No pido más
Quiero estar lejos quiero lejanía
Yo estoy aquí
Tesis antítesis abraxas
Tú también (como) yo
Lejos en otra parte

Nada en el cielo claro
una nube sobre la cima
¡inconciencia feliz!
Y dentro de mí
el ojo, perla negra, refleja
la imagen de una nube
¡feliz semiconciencia!
No es lo que está
Es otra cosa
Está en lo que es
No es en lo que está
Es otra cosa

Oh lejos lejos
en lo que está lejano
¡algo cercano está!
Dentro de mí
dentro de lo cercano
hay algo que está lejos
algo lejoscercano
en lo cercalejano
algo no esto
m siquiera eso:
ni nube ni imagen
ni ni ni ni
¡sino otra cosa!
Lo único que hay
¡es otra cosa!
Lo que es en lo que está
es otra cosa
 (Oh canción de cuna de mi alma
¡canción de otra cosa!)
O
non sens
non sentiens non
dissentiens
indesinenter
terque quaterque

pluries
vox
vel
abracadabra
Abraxas abraxas
tesis antítesis síntesis otra vez tesis
Absurdo.
Irreal. Absurdo.

Y los grillos liman la quietud de la noche
Y las arañas tejen telarañas
        En otoño.

Arrabal

En el arrabal infinito
hay un árbol mezquino.
Apenas tiene hojas.
Apenas resuenan en el viento.

Un álamo en el polvo
entre las casas uniformes.
Juegan niños a su alrededor
el juego de la vida mínima.

Compran arena por harina.
Venden piedras por pan.

Casi es verano.

Espejo de octubre

los nervios rechinan quedamente en la tarde
que lenta y parda se desliza por la ventana
las flores rojas en la tarde duelen quedo
en un rincón canta sola la lámpara

el silencio bebe la lluvia dulce del otoño
inútil ya para los campos
juntas las manos se calientan
fijas en la brasa las miradas se apagan.

Lo imposible

¿Qué le parece? ¿Sirvo? No.
Entonces, ¿cómo viviré?
No debe.
Entonces, ¿cómo seré?
No debe.
No entiendo.
¿Para qué me pregunta? Todos moriremos.
Eso no me ayuda.
No, realmente no.
Entonces, ¿no debo preocuparme?
Algo así.
Ya entiendo.
Pero no se exalte. Es una manera de hablar.
Tal vez, pero es duro.
Sí, es duro.

Monte Cronion

En otro tiempo
tuve fe en los cuentos:
En otro tiempo

En otro tiempo
no tuve fe en nada

En otro tiempo
tuve fe en los cuentos de la nada:
En otro tiempo

¿Cómo reunir vidas contradictorias?
¿Cómo mentir bellezas
y decir verdades?

¿Ves mis pequeñas piernas, caídas
del ánfora rota, esparcidas
en la cueva sulfúrica de Dédalo?
Los arqueólogos creen que se trata
de niños inmolados a Minos
en el laberinto del ser
Donde nadie respira.
No saben que el azufre los encogió:
Yo era un adolescente.

Sobre el otoño

Sobre el otoño, sobre lo otoñal
Sobre la campánula tardía y la manzanilla
Sobre ver y dejarse ver
no, sin intención
Sobre amar uno mismo
y ser uno mismo amado
no, sin amor
Sobre el no
el mirlo canta su canción tardía

Entre nenúfares

Escribí un prólogo a lo que iba a decir
pero lo perdí. — Sin embargo,
antes que la noche me cubra,
quisiera decir algo:
sea un puño cerrado entre nenúfares
la última imagen que de mí se vea,
la última palabra que de mí se oiga
las burbujas subiendo del fondo.

ERIK LINDEGREN

Arioso

Estamos siempre juntos,
en alguna parte dentro de nosotros nuestro amor nunca puede huir
En alguna parte
           en alguna parte
todos los trenes han partido y todos los relojes se han parado:
en alguna parte dentro de nosotros estamos siempre ahora y aquí,
somos siempre tú hasta confundirnos y fundirnos,
metamorfosis y la maravilla de maravillarnos,
ola que se quiebra, nieve y llama de la flor.

En alguna parte dentro de nosotros donde los huesos han blanqueado
después de la sed del buscar y la sed del dudar
hasta la huidiza negación
                  hasta el secreto ceder
                  ¡Nube de consuelo!
en alguna parte dentro de nosotros
donde estos huesos blanquean
y los espejismos se reconocen
brota la certeza en la lejanía como la ola en la oleada
reflejas nuestra lejanía como la estrella en la ola
y el sueño deja siempre la máscara y se vuelve tú
que te escapas
        para volver a volver
        para volver
        más y más dentro de nosotros
        más y más tú.

El prado

Amo al día en nuestros cuatro ojos
        lo invisible en estas flores
        el ombligo de las palabras

(una gota de un recuerdo)

(una vez quisieron ahogarme)
        al fin libre
la fe de la mariposa en el viento.

Ícaro

Ya se calman sus recuerdos del laberinto.
Sus recuerdos: el tumulto de gritos
al elevarse y dejar tierra.

Y los abismos, que pedían siempre
puentes en su pecho,
cerrándose despacio como párpados;
y los pájaros, piedras de honda o flechas;
y la última alondra que al rozar su mano
cayó como una canción.

Y otra vez los vientos y sus toros ciegos,
sus gritos de luz, sus precipicios,
y el girar del viento que con tanta pena
había aprendido a esquivar —y otra vez
hacia arriba: ver y huir.

Ya se alza a solas por un cielo sin nubes,
en un mundo sin aves ni ruidos de avión...
sube hacia un sol cada vez más claro,
más claro aún y más frío,
hacia su propia sangre y hacia la cascada fugitiva de las almas,

encerrado en un ascensor silbante,
burbuja que alcanza en el mar espejismos magnéticos,
estalla el amnios, cercanía transparente,
torbellino de signos del flujo, en azul rabioso,
muros que se abaten y un grito del otro lado:
¡Realidad quebrada!
     ¡Nacer sin realidad!

Pequeña música de noche

Y colgaban sus arpas en los sauces
y el viento murmuraba...
Durante el carnaval, cuando el sacrificio
de la primavera, los colgaban
o ellos mismos se colgaban en los sauces
y el viento murmuraba...
(Además, aquellos que se negaban a cantar,
eran despedazados.)

Después, el viento hinchaba sus vientres,
afinaba las cuerdas de sus tripas *con amore*,
cantaba en sus gargantas,
trompeteaba en sus pulmones,
tocaba la flauta en sus narices,
gorjeaba en sus vértebras,
la tempestad nocturna golpeaba
corazón y riñón como címbalos
y la noche parecía,
con el tambor ligero del cuervo
y el arpa del buitre,
una orquesta sonora y acordada.

Suite pastoral
[Dos fragmentos]

I

También esta mañana
huyendo sobre peldaños de nubes
en ríos de cristal susurrante
cantando al ciervo del alba
bajando el anzuelo centelleante del paisaje

tu reposo tu sueño tras el mudo abrazo del alba
      tu reposo mi más desnuda sombra
      (obscura contra tu más desnuda tierra)
tu reposo mi sueño sin reposo en la cuna de olas

también esta mañana la verde alfombra del sol
los pájaros que bajan a beber en tu cuerpo
donde el instante nace en el pecho del vidrio

también esta mañana las flautas del deseo
como fuentes vivas brillando ondeando
hacia el cenit en silencioso juego

también esta hora memoria de amarga dicha
      esparciendo en mi puño
      la honda sal del mar

II

Nuestro día nuestro andar en el campo de cielo
con la espiga blanca del sol y su lenteja
con un corazón quebrado vuelto pan
una gavilla vuelta fuego
sueltas y juntas nuestras sombras

Nuestro andar de día en un viento de plata
en el bosque sólo una hoja
sólo un vado para el torrente de la sangre
hacia el roble más viejo del mundo
con un follaje como un recién nacido

Nuestro día que desanuda los nudos del invierno
nuestra ala que mece al horizonte
nuestro mar de columnas blancas
nuestro mar de relámpagos de plata acuñada
y el diamante de lluvia de sol
nuestro mar con su cinto de eternidad
nuestra ola de piel de punta de los dedos

tú eres el anteojo con que miro lejanías
tú eres el vértigo de ver
y la fuente en el centro del mar
y la boca de sol de diamantes
la lejanía de pronto cercanía
el vestido blanco de la irrealidad
la resaca azul del sin fin
al llegar a mi puerto como una veleta

Abandono y momento.

IV

KAVYA
(Poesía sánscrita clásica)

Prefacio

En los últimos meses del año pasado escribí un libro, *Vislumbres de la India*. Pagué así, como en el caso de *La llama doble,* una deuda contraída conmigo mismo hace muchos años. Mientras escribía, recordaba mis viejas lecturas sobre el arte y la civilización de esa nación o, más bien, conglomerado de pueblos, culturas, lenguas y religiones. Entre esas lecturas estaba la de los libros, no son muchos, dedicados a la poesía sánscrita clásica *(Kavya).* Volví a leer algunos de ellos. Decidí entonces traducir unos cuantos de esos poemas. Lo hice en parte por gratitud y en parte por divertimento. Comunicar el placer que hemos experimentado al leer ciertos poemas es también, en sí mismo, otro placer. Además, fue una suerte de contraveneno de la lectura de nuestros diarios que, durante estos días desdichados para nuestro país, aparecen con noticias terribles y denuncias, unas justas, otras injustas. La indignación es sana pero el odio envenena.

La poesía sánscrita clásica es poco conocida en Occidente y aún más entre nosotros. La atención de los eruditos, los traductores y los exégetas se ha concentrado en los grandes libros filosóficos y religiosos, en los poemas épicos (el Mahabhárata y el Ramáyana) y en la gran mina de los cuentos y los apólogos. En cambio, la poesía clásica ha sido vista con cierta indiferencia, al contrario de lo que ha ocurrido con la china y la japonesa. Sin embargo, esa poesía, que va del siglo IV al XII, es contemporánea del mediodía de la civilización de la India antigua, es decir, de los templos, las esculturas y las pinturas que hoy suscitan la admiración universal. A principios del siglo pasado, Goethe y los románticos alemanes, especialmente Friedrich Schlegel, descubrieron a Kalidasa y a otros poetas pero su entusiasmo no se propagó y fueron la filosofía y la religión las que ejercieron en Occidente una duradera y profunda influencia. Apenas si debo recordar los casos de Schopenhauer, Nietzsche, Emerson,

Whitman e incluso Mallarmé. Desdén poco explicable y, sobre todo, injusto.

El sánscrito clásico, dice Louis Renou, es «un instrumento simple y preciso tanto por su morfología como por su sintaxis». Fijada por Panini (¿siglo V?), en el curso de los siglos esta lengua experimentó cambios notables, «no en su gramática sino en el estilo, sobre todo en la poesía: el orden de las oraciones se vuelve arbitrario» (como en la poesía de Góngora y su círculo), «las frases se alargan [...] el repertorio de metáforas y comparaciones se enriquece y abundan los juegos de palabras y las frases de doble sentido». La poesía clásica, a un tiempo sutil y compleja, fue escrita para una minoría de cortesanos, brahmanes y guerreros, esto es, para una aristocracia refinada y sensual, amiga de las especulaciones intelectuales y de los placeres de los sentidos, especialmente los eróticos. El sánscrito clásico fue una lengua hablada por una minoría culta, al lado de las hablas y dialectos populares (*prákriti*). Expresión y vehículo de esta realidad lingüística, la poesía de la India antigua posee las mismas virtudes y limitaciones: inmensa riqueza de vocabulario, sintaxis compleja, aptitud y flexibilidad para fusionar en uno solo varios vocablos e ideas, como en el alemán pero con mayor abundancia y complicación.

Se distinguen tres modos o géneros: el poema extenso, *maha-kavya*, que relata una historia real o, más frecuentemente, mitológica, el teatro y el poema corto, *kavya* propiamente dicho. La gran figura del *maha-kavya* es Kalidasa, el poeta que impresionó, entre otros, a Goethe (lo conoció en una traducción al alemán de la versión inglesa del orientalista William Jones). He leído buenas traducciones de Kalidasa en inglés y en francés, como la del *Nacimiento de Kumara*, que ha sido traducido con pericia al inglés por Barbara Stoler Miller y al francés por Bernardette Tubine. Naturalmente, Kalidasa no es un caso aislado pero sería ocioso citar a los otros poetas que, durante más de ocho siglos, escribieron estos poemas que la crítica llama «épica culta». La expresión hace pensar en los poemas épicos de Tasso y de Ariosto; sin embargo, tanto por sus asuntos mitológicos como por su extensión, a mí me parecen más cercanos a las «fábulas» de nuestros siglos XVI y XVII, como el Polifemo de Góngora y el Faetón de Villamediana. En cuanto al teatro: la figura central de nuevo es Kalidasa, autor de una obra capital: *Sakuntala*. El teatro cuenta también con comedias, algunas encantadoras, como *El carro de arcilla* que, si no me equivoco, inspiró a Nerval en una de sus tentativas teatrales y que después ha sido adaptada a la escena moderna por Claude Roy. Una pieza de teatro del poeta Vishakadatta, *El sello del anillo de Rakhasa,* convertida en leyenda y recogida por Richard Burton, le sirvió a Hawthorne para escribir un cuento, *La hija de Rappaccini,* y a mí para componer un poema dramático.

El tercer género, el poema corto *(kavya),* es muy abundante y variado. Sus temas son los de la vida misma: los dioses, la moral, la naturaleza, la juventud, la riqueza, la vejez, la pobreza, la muerte y, sobre todo, el amor y los juegos eróticos. Toda la humana comedia. La extensión de cada poema oscila entre dos y seis versos. Abundan los de cuatro líneas. Como la griega y la latina, la poesía sánscrita es cuantitativa (combinación de sílabas largas y cortas) y no usa sino excepcionalmente la rima pero es rica en aliteraciones, paranomasias y juegos de sonidos y de sentidos. Las figuras de lenguaje *(alamkara)* son numerosas y fueron estudiadas por los críticos indios minuciosamente y con gran sutileza. En los tratados de poética aparece una categoría estética difícil de definir en una lengua occidental: *rasa.* La palabra quiere decir «sabor» pero Ingalls, con buen juicio, prefiere traducirla por *mood.* ¿Y en español? ¿Talante, humor, estado de ánimo? *Rasa* es todo eso y más: «gusto». No nada más sabor ni sensación sino «sensibilidad para apreciar las cosas bellas y criterio para distinguirlas» (María Moliner, *Diccionario de uso del español*). Los europeos que han escrito con mejor gusto sobre el gusto son los franceses, sobre todo los prosistas del XVIII y algunos poetas del XIX, como Baudelaire.

Reveladora coincidencia: lo mismo los poetas de la India antigua que los autores franceses de la segunda mitad del siglo XVIII, pienso sobre todo en los novelistas libertinos, no usan palabras gruesas y evitan casi siempre la mención explícita de los órganos genitales. La excepción serían Restif de la Bretonne y Sade, aunque en este último aparecen, al lado de periodos de lenguaje brutal, nunca o casi nunca coloquiales, otros que son filosóficos e históricos. Una de las obras más célebres de la novela libertina del XVIII se llama, precisamente, *Thérèse philosophe.* En Laclos el erotismo es mental y el autor nos muestra no tanto lo que sienten los personajes como lo que piensan al sentir o al ver sentir a su pareja-víctima. En la pequeña obra maestra de Vivant Denon, *Pas de lendemain,* traducida con tanta felicidad por Aurelio Asiain (Editorial Vuelta, 1994) y sobre la que apenas si se ha detenido nuestra miope crítica, la limpidez clásica del lenguaje, recorrido por un secreto estremecimiento que anuncia al romanticismo, hace aún más equívoca y ambigua la relación erótica. Algo semejante puede decirse de muchos poemas breves en sánscrito clásico. Ni en una ni en otra tradición esta reserva se debía a una preocupación moral sino estética. Era una cuestión de gusto. Exactamente lo contrario de lo que ocurre en la literatura moderna.

Otra cualidad que destacan los críticos indios: la sugerencia. No hay que decirlo todo: el poema está en lo no dicho. En esto los poetas de la India clásica podrían parecerse a los simbolistas europeos o a los chinos y los japoneses. Pero el parecido con estos últimos es engañoso: el espíritu del sánscrito, como el del griego y el latín, es explícito y enfático. El encanto mayor de la poesía china y de la japonesa consiste, precisamente, en su admirable reticencia, algo muy difícil de lograr en una lengua indoeuropea. Una tercera característica: la impersonalidad. Se trata de un rasgo que comparten todos los clasicismos, sin excluir al europeo, y también la poesía barroca. Para el poeta clásico la poesía es arte, no confesión. El autor no expresa sus propios sentimientos sino los de los personajes de sus poemas: el amante, la muchacha abandonada, el héroe. Nada menos romántico que la poesía *kavya*: la originalidad del poema no está en la expresión de sus sentimientos y pensamientos sino en la perfección y la novedad de sus giros e imágenes. Hay excepciones, claro, como la de Bhartrihari, en la que la voz del poeta se filtra, por decirlo así, a través del cedazo del lenguaje. También en el irónico y sensual Dharmakirti, que al mismo tiempo fue un severo filósofo (¿o por eso mismo?), hay de pronto relámpagos de una intimidad pasional que rompe las convenciones del género. La regla general, sin embargo, es la impersonalidad. Vale la pena aclarar que impersonalidad no es sinónimo de inautenticidad. El arte verdadero trasciende, simultáneamente, al mero artificio y a la expansión subjetiva. Es objetivo como la naturaleza pero introduce en ella un elemento que no aparece en los procesos naturales y que es propiamente humano: la simpatía, la compasión.

Aunque las pérdidas han sido grandes —los rigores del clima, el monzón, los insectos, las guerras, las invasiones y el letargo de la civilización hindú desde el siglo XIII— han sobrevivido muchos poemas. Hay conjuntos de poemas breves, formados por cien o más composiciones (centurias) sobre un tema o varios. Estas centurias son a veces obra de un solo poeta pero con frecuencia, como en los casos de Amaru y Bhartrihari, se trata de atribuciones: no pocos de esos poemas son de otros autores. La centuria de Amaru (¿siglo VII?) es predominantemente erótica y es muy estimada. Fue traducida al español por Fernando Tola, al que debemos otras traducciones de textos budistas. También son justamente famosas las tres centurias de Bhartrihari. Contamos con la excelente versión al inglés de Barbara Stoler Miller. Cada una de estas tres colecciones está compuesta por más de cien poemas y, como ya dije, no todos son de Bhartrihari. La primera se refiere a un tema actual: el intelectual y el príncipe (pero el poeta no nos dice nada nuevo ni original); la segunda centuria —muy superior a la primera— al amor; y la tercera, asimismo notable, a la vida religiosa.

Por último, las antologías. La más famosa —y la fuente de este trabajo— es la del monje budista Vidyakara, un bengalí de fines del siglo XI. Según el erudito D. D. Kosambi, descubridor de la antología en una vieja biblioteca de Katmandú, Vidyakara fue un alto dignatario del monasterio budista de Jagaddala, que es hoy un montón de piedras. No sabemos nada o casi nada de Vidyakara pero su antología revela gusto poético y un espíritu abierto y tolerante. Aunque mostró preferencia, observa Ingalls, por los poetas de su región y de su época (700-1050), en su antología aparecen no sólo poemas dedicados al Buda y a los bodhisattvas sino a los dioses brahmánicos: Shiva, Vishnu, Párvati y otros. Los poemas de temas eróticos, un amor inseparable del cuerpo y de sus encuentros con otros cuerpos, componen la mayor parte de la antología.

No es extraño que un monje budista incluya en una antología poemas eróticos. La alianza entre el erotismo y la religión, particularmente intensa en el hinduismo, aparece también en el budismo, por ejemplo en los grandes santuarios de Sanchi y Karli. Ahora bien, subrayo que lo característico de la poesía kavya y de la antología de Vidyakara es la naturaleza totalmente profana de la mayoría de esos poemas. La veneración por los dioses, casi siempre implícita, no opera como una censura. No se trata de erotismo religioso o místico, como en los poemas de San Juan de la Cruz o en los que, en la India, cantan los amores del dios Krishna con la vaquera Radha. No hay nada religioso en todos esos poemas que exaltan al cuerpo y a sus poderes. Los temas eróticos no son los únicos; figuran asimismo la naturaleza y sus fenómenos, la vida diaria con sus alegrías y sus penas, sin olvidar a la muerte. La antología se llama *Subhasitaratnakosa*, que Ingalls traduce por *Treasury of Well Turned Verses* y nosotros, en español, por *Tesoro de poemas memorables*.[1]

---

[1] Los editores del texto sánscrito fueron D. D. Kosambi y V. V. Gokhala, Harvard Oriental Series 42, 1957. La traducción de Daniel H. H. Ingalls apareció, en la misma serie, núm. 44, bajo el título de *Anthology of Sanskrit Court Poetry*. Posteriormente, en 1965,

El *Tesoro de Vidyakara* está compuesto por mil setecientos veintiocho poemas, un número inferior al de la *Antología palatina*. Sin embargo, el parecido entre las dos obras es extraordinario: la brevedad y la concisión, la ironía y la sensualidad, la multiplicidad de temas y el cuidado por el detalle característico, la presencia de la muerte y la burla o la reflexión que provoca en nosotros, la familiaridad y el artificio, las repeticiones innumerables y las sorpresas súbitas. La forma plena y bien dibujada hace de cada poema una miniatura exquisita o un camafeo verbal. Poesía que se graba en la memoria y que, alternativamente, nos hace sonreír y reflexionar.

Los poemas breves en sánscrito clásico son, como los de los griegos y los latinos, *epigramas*. Esta palabra no quiere decir únicamente poema breve, satírico o ingenioso, sentido que le dan nuestros diccionarios. El significado es más amplio: composición que expresa en unos pocos versos las peripecias de los hombres, sus sensaciones, sus sentimientos y sus ideas. Por esto, a pesar de haber sido escritos hace más de mil años, estos poemas son *modernos*. La suya es una modernidad sin fechas. Las civilizaciones nacen, crecen y desaparecen; una filosofía sucede a otra; el ferrocarril desplaza a la diligencia y el avión al ferrocarril; el fusil sustituye al arco y la bomba al fusil... pero los hombres cambiamos poco. Las pasiones y los sentimientos apenas si se transforman. Aunque un ateniense del siglo v a.C. o un chino del IX se sorprenderían ante el teléfono y la televisión, comprenderían los celos de Swann, la flaqueza de Dimitri Karamázov ante las tentaciones o los éxtasis de Constanza y el guardabosque Mellors. La naturaleza humana es universal y perdurable, es de todos los climas y de todas las épocas. Éste es el secreto de la perennidad de ciertos poemas y de algunos libros.

Mi selección —mejor dicho: pobre muestra— se basa principalmente en la antología de Ingalls. Me hubiera gustado utilizar las traducciones de John Brough (*Poems from the Sanskrit*, Londres, 1969), notables por su perfección métrica pero el uso de la rima me habría alejado demasiado del texto original. Veintitrés poemas de los veinticinco que escogí vienen del libro de Ingalls; otro más, *Las dos vías* (número 1), de la traducción de Barbara Stoler Miller de los poemas de Bhartrihari (1967) y otro, *Arriba y abajo* (número 11), de la traducción al francés de Amina Okada del

---

Ingalls publicó en Harvard University Press una muy amplia selección de la antología: *Sanskrit Poetry*.

libro de Bilhana (¿siglo XI?), *Poèmes d'un voleur d'amour* (1988). Algunos de los poemas que he traducido son pasionales y otros ingeniosos, unos risueños y otros sarcásticos. Ejemplo de esto último es el número 18, *Paz*, pesimista negación tanto de la liberación *(moksha)* que nos ofrece el hinduismo como de la iluminación budista *(nirvana)*. Por cierto, en el número 6, *La lámpara ruborosa*, hay un juego levemente blasfemo: la palabra *nirvana* quiere decir «extinción» y asimismo la beatitud de aquel que ha roto la cadena de las transmigraciones. En el número 5, *La nueva ciudadela*, y en el número 10, *El tallo*, hay una palabra que necesita una explicación: *romavali* (hay que pronunciarla como se escribe), significa la delgada línea de vello que sube del pubis y llega a unas pulgadas antes del ombligo. Era una marca de belleza y el signo del tránsito de la adolescente a la madurez sexual.

Según ya indiqué, la crítica y la teoría estética son parte esencial de la tradición poética de la India clásica. Incluso puede decirse que poesía y crítica son inseparables, como puede verse en muchos poemas de la antología de Vidyakara. De ahí que haya agregado a mi selección inicial otros cinco epigramas que se refieren expresamente a la poesía y a los poetas. Los traduje un poco antes de los otros, en 1993, para leerlos en un recital de poetas jóvenes organizado por la revista *Vuelta*. Los cinco epigramas son los siguientes: *Los clásicos* (21), *Fama* (22), *Retórica* (23), *Posteridad* (24) y *La tradición* (25). Tres de ellos —los números 21, 23 y 25— fueron publicados en *Vuelta* (número 81, junio de 1994) bajo el título: *Avisos a los poetas jóvenes*. El epigrama número 22, *Fama*, requiere una breve explicación. Vidyakara no lo incluyó en la sección dedicada a los poetas sino en otra consagrada a la Fama. Está formada por breves poemas que son panegíricos de reyes y de héroes. El primer verso de este epigrama literalmente dice: «—¿ Quién eres? Soy la Fama de Kuntalamalla». El profesor Ingalls nos informa, puntualmente, que Kuntalamalla fue un rey. Así pues, el sentido del poema es claro: desaparecido el rey, no ha nacido aún nadie digno de conquistarla y hacerla suya. Por esto su fama vaga por el mundo para encontrar a alguien que sea como el heroico rey. Al suprimir el nombre de Kuntalamalla, que no significa nada para la inmensa mayoría de los lectores modernos del poema, di una connotación negativa a la Fama y transformé al panegírico en sátira. Al mismo tiempo, extendí su significado: ya no se refiere únicamente a los monarcas y a los guerreros sino a todo el género humano y, sobre todo, a los artistas y a los poetas. Fui infiel, lo confieso, al texto y al autor; al mismo tiempo, fui fiel al pensamiento y a la tradición indias, en sus dos ramas, la brahmánica y la budista, que ven en la impermanencia el defecto cardinal del hombre y de todos los entes. La Fama es la impermanencia en persona. Fui también fiel al espíritu de cierta tradición poética, representada en mi selección por el poema de Bhavabhuti: *Posteridad.*

Desconocemos los nombres de los autores de los poemas 2, 3, 6, 8, 10, 13, 17, 18, 19, 20 y 22; o sea más de la tercera parte del total. No es extraño. Sabemos poquísimo, salvo el nombre y, a veces, el siglo en que vivieron, de las vidas de los poetas que escribieron en sánscrito clásico. Ya me referí a las destrucciones de la naturaleza y a los actos no menos devastadores de los hombres: guerras, conquistas, incuria. Debe agregarse otra circunstancia: el genio metafísico de la India. Desdeñó siempre a la historia, en la que veía la imagen misma de la impermanencia: el contrario de los chinos, enamorados no de las esencias intemporales sino del pasado, que concebían como el arquetipo del presente y del futuro. La literatura china es rica en noticias acerca de los poetas. Abundan las biografías de Tu Fu, Li Po, Po Chü-i o Su Tung-P'o pero sería imposible escribir una vida de Kalidasa o de Bhartrihari. Termino: mis traducciones son traducciones de traducciones y no tienen valor filológico. Quise que tuviesen, por lo menos, algún valor literario y aun poético. El lector decidirá. En fin, los títulos son míos: flechas de indicación.

OCTAVIO PAZ
México, a 26 de enero de 1995

EPIGRAMAS

1
Las dos vías

¿Para qué toda esta hueca palabrería?
Sólo dos mundos valen la devoción de un hombre:
la juventud de una mujer de pechos generosos,
inflamada por el vino del ardiente deseo,
o la selva del anacoreta.

BHARTRIHARI

2
Amor

Admira el arte del arquero:
no toca el cuerpo y rompe corazones.

3
Aparición en el arroyo

Sacude la melena
y entre el desorden de sus rizos
brillan límpidas gotas.
Cruza los brazos y comprueba
la novedad creciente de sus senos.
A sus muslos se pega, translúcida, una tela.
Levemente se inclina, lanzando una mirada,
y sale de las aguas a la orilla.

4
Primera cita

El deseo la empuja hacia el encuentro,
la retiene el recelo; entre contrarios,
estandarte de seda, quieta, ondea
y se pliega y despliega contra el viento.

KALIDASA

5
La nueva ciudadela

Hacia arriba, apenas una línea,
asciende y brilla el *romavali*,
asta de la bandera que ha plantado
el amor en su nueva ciudadela.

LADAHACANDRA

6
La lámpara ruborosa

La lámpara de amor ya alcanzaba el *nirvana*
pero quiso mirar lo que esos dos harían
a la hora del acto: curiosa, estiró el cuello
y al ver lo que veía, exhaló un humo negro.

7
Confidencia: confusión

Al lado de la cama
el nudo se deshizo por sí solo
y apenas detenido por la faja
se deslizó el vestido hasta mis ancas.
Querida, no sé más: llegué a sus brazos
y no recuerdo ya quién era quién,
lo que hicimos ni cómo.

¿VIKATANITAMBA? ¿AMARU?

8
Ecuación

Si las ajorcas del tobillo callan,
aretes y collares tintinean;
si se fatiga el hombre
su pareja, briosa, lo releva.

9
Sus pechos

Dos monarcas hermanos, iguales en nobleza,
en la misma eminencia se miran, lado a lado,
soberanos de vastas provincias que han ganado,
en guerras fronterizas, desafiante dureza.

BHAVAKADEVI

10
El tallo

El *romavali*, tallo firme, sostiene
altos, dos lotos: sus senos apretados,
casa de dos abejas: sus pezones obscuros.
Estas flores delatan el tesoro
bajo el monte del pubis escondido.

11
Arriba y abajo

Todavía hoy recuerdo sus aretes de oro,
círculos de fulgores, rozando sus mejillas
—¡era tanto su ardor al cambiar posiciones!—
mientras que su meneo, rítmico en el comienzo,
al galope después, en perlas convertía
las gotas de sudor que su piel constelaban.

BILHANA

12
El sello

¿Cuándo veré de nuevo, firmes, plenos, tus muslos
que en defensa se cierran el uno contra el otro
para después abrirse, al deseo obedientes,
y al caer de las sedas súbito revelarme,
como sello de lacre sobre un secreto obscuro,
húmeda todavía, la marca de mis uñas?

KISHITISA

13
La invitación oblicua

Viajero, apresura tus pasos, sigue tu camino,
los bosques están infestados de fieras,
serpientes, elefantes, tigres y jabalíes,
el sol se oculta ya y tú, tan joven, andas solo.
Yo no puedo hospedarte:
soy una muchacha y no hay nadie en casa.

14
Otra invitación, menos oblicua

Aquí duerme mi anciana madre,
aquí mi padre, el viejo más viejo entre los viejos,
aquí, como una piedra, la esclava,
y aquí yo duermo, yo que por no sé qué pecado
merezco estos días de ausencia de mi esposo...
Le decía al viajero la joven casada.

RUDRATA

15
Edad

Mira este cano pilar de victoria.
Gané: tus flechas, amor, ya no me tocan.

DHARMAKIRTI

16
Campeona

Si se trata de zurcir vestidos rotos
yo no tengo rival en este mundo.
También soy maestra en el arte
de hacer rica comida con pobres condimentos.
Soy una esposa.

VIRA

17
El pedagogo

No llevo cadenas
doradas como la luna de otoño;
no conozco el sabor de los labios
de una muchacha tierna y tímida;
no gané, con la espada o la pluma,
fama en las galerías del tiempo:
gasté mi vida en ruinosos colegios
enseñando a muchachos díscolos y traviesos.

18
Paz

Atravesó los ríos del deseo
y ahora, inmune a pena y alegría,
al fin limpio de impuros pensamientos,
la beatitud alcanza, con los ojos cerrados.
—¿Quién y dónde?
            —¿No miras, viejo y fofo,
a ese fiambre tendido en su mortaja?

19
Sin fanfarria

No truena ni graniza,
no dispara relámpagos
ni desata huracanes:
esta gran nube simplemente llueve.

20
Sol y sombra

Bajo el sol impiadoso
a otros les da sombra
y para otros da sus frutos.
El hombre bueno es como un árbol.

21
Los clásicos

¿ Kalidasa y los otros poetas?
Nosotros también lo somos.
La galaxia y el átomo
son cuerpos: los dos existen.

KRISHNABHATTA

22
Fama

—¿Quién eres?
                —Soy la Fama.
—¿En dónde vives?
                —Vagabundeo.

—¿Y tus amigas,
Elocuencia, Riqueza y Hermosura?
—Elocuencia vive en la boca de Brahma,
Riqueza duerme en los brazos de Vishnu,
Hermosura brilla en la esfera de la luna.
Sólo a mí me dejaron sin casa en este mundo.

23
Retórica

La belleza no está
en lo que dicen las palabras
sino en lo que, sin decirlo, dicen:
no desnudos sino a través del velo
son deseables los senos.

VALLANA

24
Posteridad

Armados de sus reglas y preceptos
muchos condenan a mis versos.
No los escribo para ellos:
para esa alma gemela de la mía
que ha de nacer mañana, los escribo.
El tiempo es largo y ancho el mundo.

BHAVABHUTI

25
La tradición

Nadie atrás, nadie adelante.
Se ha cerrado el camino
que abrieron los antiguos.
Y el otro, ancho y fácil, de todos,
no va a ninguna parte.
Estoy solo y me abro paso.

DHARMAKIRTI

V

CHINA

Trazos
CHUANG-TSE Y OTROS

En 1957 hice algunas traducciones de breves textos de clásicos chinos. El formidable obstáculo de la lengua no me detuvo y, sin respeto por la filología, traduje del inglés y del francés. Me pareció que esos textos debían traducirse al español no sólo por su belleza —construcciones a un tiempo geométricas y aéreas, fantasías templadas siempre por una sonrisa irónica— sino también porque cada uno de ellos destila, por decirlo así, sabiduría. Me movió un impulso muy natural aunque, en México, mal pagado: compartir el placer que había experimentado al leerlos. Los publiqué, ese mismo año, en *México en la Cultura*, el suplemento literario de *Novedades* que dirigía Fernando Benítez. Más tarde reuní esos apólogos y cortos ensayos —algunos muy cerca de lo que llamamos «poema en prosa»— en *Versiones y diversiones* (1974), bajo un título adrede ambiguo: *Trazos*. Excluí únicamente los fragmentos de Chuang-tse. Ahora los recojo. Creo que Chuang-tse no sólo es un filósofo notable sino un gran poeta. Es el maestro de la paradoja y del humor, puentes colgantes entre el concepto y la iluminación sin palabras.

OCTAVIO PAZ
México, abril de 1996

Chuang-tse, un contraveneno

Poco o nada se sabe de Chuang-tse, salvo las anécdotas, discursos y ensayos que aparecen en su libro (que ostenta también el nombre de su autor). Chuang-tse vivió a mediados del siglo IV a.C., en una época de intensa actividad intelectual y de gran inestabilidad política. Como en el caso de las repúblicas italianas del Renacimiento o de las ciudades griegas de la época clásica, las querellas que dividían a los príncipes y a los pequeños Estados corrían parejas con la fecundidad de los espíritus y con la originalidad y valentía de la especulación. A grandes males, grandes remedios. Un poco más tarde los Ch'ing (212-206 a.C.) unificaron el país y fundaron el primer imperio histórico. Desde entonces, hasta la caída de la última dinastía en nuestro siglo, China vivió de las ideas inventadas en el periodo de los Reinos Combatientes. Durante dos milenios no hizo más que perfeccionarlas, podarlas, extenderlas o adaptarlas a las condiciones y circunstancias históricas. La filosofía, o mejor: la moral —y mejor aún: la política— de Confucio (Kung-Fu-tse) y su gran sucesor (Mo-tse o Mencio) fueron el fundamento de la vida social; sus principios regían lo mismo la vida de la ciudad que la de la familia. Pero la ortodoxia confuciana no dejó de tener rivales: los más poderosos fueron el taoísmo y, más tarde, el budismo. Ambas tendencias predican la pasividad, la indiferencia frente al mundo, el olvido de los deberes sociales y familiares, la búsqueda de un estado de perfecta beatitud, la disolución del yo en una realidad indecible. A diferencia del budismo —corriente de fuera— el taoísmo no niega al yo ni a la persona; al contrario, los afirma ante el Estado, la familia y la sociedad. El taoísmo es un disolvente. No es extraño que los confucionistas lo viesen como una tendencia antisocial, enemiga de la sociedad y del Estado. En el taoísmo hay una persistente tonalidad anarquista.

Los padres del taoísmo (Lao-tse y Chuang-tse) recuerdan a veces a los filósofos presocráticos; otras, a los cínicos, a los estoicos y a los escépticos. También, ya en la edad moderna, a Thoreau. Lejos de perderse en las especulaciones metafísicas del budismo, los taoístas no olvidan nunca al hombre concreto que, para ellos, es el *hombre natural*. Sus emblemas son el pedazo de madera sin tallar y el agua, que adquiere siempre la forma de la roca o del suelo que la contiene. El hombre natural es dúctil y blando como el agua; como ella, es transparente. Se le puede ver el fondo y en ese fondo todos pueden verse. El sabio es el rostro de todos los hombres.

He dividido mi brevísima selección en tres secciones. La primera se refiere a la lógica y a la dialéctica. La crítica de Chuang-tse a las especulaciones intelectuales de los lógicos aparece en una serie de apólogos y cuentos en los que el humor se alía al raciocinio. Muchos entre ellos asumen la forma de un diálogo entre Hui-tse, el intelectual, y Chuang-tse (o su maestro: Lao-tse). Ante las sutilezas del dialéctico el sabio verdadero recurre, sonriente, al conocido método de *reductio ad absurdum*. En nuestra época erizada de filosofías y razonamientos cortantes y tajantes (preludio necesario de las atroces operaciones de cirugía social que hoy ejecutan los políticos, discípulos de los filósofos), nada más saludable que divulgar unos cuantos de estos diálogos llenos de buen sentido y sabiduría. Estas anécdotas nos enseñan a desconfiar de las quimeras de la razón y, sobre todo, a tener piedad de los hombres.

La segunda sección está compuesta por fragmentos acerca de la moral. Con mayor encono aún que a los dialécticos y a los filósofos, Chuang-tse ataca a los moralistas. El arquetipo del moralista es Confucio. Su moral es la del equilibrio social; su fundamento es la autoridad de los seis libros clásicos, depositarios del saber de una mítica edad de oro en la que reinaban la virtud y la piedad filial. La virtud *(jen)* era concebida como un compuesto de benevolencia, rectitud y justicia, encarnación del culto al emperador y a los antepasados. La acción del sabio, esencialmente política, consistía en preservar la herencia del pasado y, así, mantener el equilibrio social. Éste, a su vez, no era sino el reflejo del orden cósmico. Cosmología política. Nosotros, en lengua española, tenemos una palabra que quizá dé cierta idea del término chino: *hidalguía*. La hidalguía está fundada en la lealtad a ciertos principios tradicionales: fidelidad al señor, dignidad personal (el hidalgo es el rey de su casa) y la honra. Todo esto hace de la hidalguía una virtud social. Pero el hidalgo es un caballero; venera al pasado pero no ve en él un principio cósmico ni un orden fundado en el movimiento de la naturaleza. El discípulo de Confucio es un mandarín: un letrado, un funcionario y un padre de familia.

El carácter utilitario y conservador de la filosofía de Confucio, su respeto supersticioso por los libros clásicos, su culto a la ley y, sobre todo, su moral hecha de premios y castigos, eran tendencias que no podían sino inspirar repugnancia a un filósofo-poeta como Chuang-tse. Su crítica a la moral fue también una crítica al Estado y a lo que comúnmente se llama bien y mal. Cuando los virtuosos —es decir: los filósofos, los que creen que saben lo que es bueno y lo que es malo— toman el poder, instauran la tiranía más insoportable: la de los justos. El reino de los filósofos, nos dice Chuang-tse, se transforma fatalmente en despotismo y terror. En nombre de la virtud se castiga; esos castigos son cada vez más crueles y abarcan a mayor número de personas, porque la naturaleza humana —rebelde a todo sistema— no puede nunca conformarse a la rigidez geométrica de los conceptos. Frente a esta sociedad de justos y criminales, de leyes y castigos, Chuang-tse postula una comunidad de ermitaños y de gente sencilla. La sociedad ideal de Chuang-tse es una sociedad de sabios rústicos. En ella no hay gobierno ni tribunales ni técnica; nadie ha leído un libro; nadie quiere ganar más de lo necesario; nadie teme a la muerte porque nadie le pide nada a la vida. La ley del cielo, la ley natural, rige a los hombres como rige la ronda de las estaciones. Así, el arquetipo de los taoístas es el mismo de los confucianos: el orden cósmico, la naturaleza y sus cambios recurrentes. Sin embargo, lo mismo en el dominio de la política y la moral que en el de las ideas, su oposición es irreductible. La sociedad de Confucio, imperfecta como todo lo humano, se realizó y se convirtió en el ideario y el patrón ideal de un imperio que duró dos mil años. La sociedad de Lao-tse y de Chuang-tse es irrealizable pero la crítica que los dos hacen a la civilización merece nuestra simpatía. Nuestra época ama el poder, adora el éxito, la fama, la eficacia, la utilidad y sacrifica todo a esos ídolos. Es consolador saber que, hace dos mil años, alguien predicaba lo contrario: la obscuridad, la inseguridad y la ignorancia, es decir, la sabiduría y no el conocimiento.

En la tercera sección he procurado agrupar algunos textos sobre lo que podría llamarse el hombre perfecto. El sabio, el santo, es aquel que está en relación —en contacto, en el sentido directo del término— con los poderes naturales. El sabio obra milagros porque es un ser en estado natural y sólo la naturaleza es hacedora de milagros. Pero mejor será cederle la palabra a Chuang-tse.

Octavio Paz

El dialéctico

UTILIDAD DE LA INUTILIDAD

Hui-tse dijo a Chuang-tse: «Tus enseñanzas no tienen ningún valor práctico». Chuang-tse respondió: «Sólo los que conocen el valor de lo inútil pueden hablar de lo que es útil. La tierra sobre la que marchamos es inmensa, pero esa inmensidad no tiene un valor práctico: lo único que necesitamos para caminar es el espacio que cubren nuestras plantas. Supongamos que alguien perfora el suelo que pisamos, hasta cavar un enorme abismo que llegase hasta la Fuente Amarilla:[1]* ¿tendrían alguna utilidad los dos pedazos de suelo sobre los que se apoyan nuestros pies?» Hui-tse repuso: «En efecto, serían inútiles». El maestro concluyó: «Luego, es evidente la utilidad de la inutilidad».

SOBRE EL LENGUAJE

«Veamos lo que ocurre con las palabras», dijo Chuang-tse, parodiando a los lógicos y dialécticos. «No sé cuáles entre ellas están en relación directa con la realidad que pretenden nombrar y cuáles no lo están. Si algunas lo estuviesen y otras no, y ambas estuviesen en relación unas con otras, puede concluirse que las primeras serían indistinguibles de las últimas. A título de prueba, diré algunas de esas palabras: si hubo un principio, hubo un tiempo anterior al principio del principio; en consecuencia, hubo un tiempo anterior al tiempo anterior al principio del principio, que a su vez... Si hay ser, hay no ser; si hubo un tiempo antes de que el ser empezara a no ser, también hubo un tiempo antes del tiempo antes de que el no ser empezara a ser... Podría continuar de este modo, cuando ni siquiera sé con certeza si el ser es lo que es y el no ser lo que no es. ¿Y si el ser

---

* Véanse las notas al final del volumen, pp. 702 y ss.

fuese lo que no es y lo que no es fuese lo que realmente es?... He hablado, pero no sé si lo que he dicho tiene algún significado o si carece por completo de sentido.

Nada de lo que existe bajo el suelo es más grande que el hilo de una telaraña; nada más chico que el monte Tai; nadie vive más tiempo que un niño muerto en pañales, nadie vive menos años que Peng-Tsé.[2] El cielo y la tierra nacieron cuando yo nací; las diez mil cosas que componen la realidad, y yo entre ellas, son una sola cosa. Todo esto lo han demostrado ya los dialécticos. Pero si sólo existiese una sola cosa, no habría lenguaje con qué decirlo, porque para que alguien afirme que todo lo que existe es una sola cosa es necesario un lenguaje para declararlo. Así, esa *única cosa* y las palabras que la declaran hacen dos cosas. Y las palabras que las declaran y mis palabras que las niegan, hacen ya tres cosas. De esta manera continuaríamos hasta llegar a un punto en el que un matemático —para no hablar de una persona común y corriente como yo— tendría dificultad en seguirnos.

VOLVER AL PUNTO DE PARTIDA

Cansados de buscar en vano, ¿no deberíamos moler nuestras sutilezas en el Mortero Celeste, olvidar nuestras disquisiciones sobre la eternidad y vivir en paz los días que nos quedan?¿Y qué quiere decir moler nuestras sutilezas en el Mortero Divino? Aniquilar las diferencias entre ser y no ser, entre esto y aquello. Olvido, olvido... ser y no ser, esto y aquello, son partículas desprendidas del infinito y volverán a fundirse en el infinito.

RETRATO DEL DIALÉCTICO

Hui-tse era sabio en muchas ciencias. Cuando viajaba, sus libros llenaban cinco carros. Sus doctrinas eran contradictorias y tortuosas; no siempre claras las razones en que las fundaba. Así, dio a lo infinitamente grande, que no puede contener nada más allá de sí mismo, el nombre de Gran Unidad; a lo infinitamente pequeño, que no puede contener nada dentro de sí, el nombre de Pequeña Unidad.

Intentó probar que el cielo es más bajo que la tierra; que las montañas están debajo de las playas; que el sol se pone al mediodía; que lo que está vivo al mismo tiempo está muerto; que uno puede salir hoy hacia Yueh y llegar ayer... Su defensa de estas ideas lo convirtió en blanco de la curiosidad general; sus palabras causaban gran agitación en el bando de los retóricos, que se veían entre sí con delicia cuando asistían a sus exhibiciones. Día tras día su sagacidad desafiaba el rápido ingenio de sus oponentes; día tras día llevaba a cabo prodigios dialécticos que asombraban a los polemistas más notables... Pobre en fuerza interior, vertido sobre la superficie de las cosas, ¡su método en verdad era estrecho! Ignoró su verdadera naturaleza espiritual y sus poderes; malgastó y fatigó su talento en una cosa y luego en otra y otra, todas ellas extrañas a sí mismo, para al final sólo ser conocido como un hábil polemista. Dilapidó sus dones naturales, que eran muy grandes, en muchas empresas quiméricas y no obtuvo nada a cambio. Corrió de aquí para allá, sin jamás poner término a su búsqueda. Fue como aquel que quiso detener el eco con un grito; o como el cuerpo que quiere adelantarse a su sombra.[3]

El moralista

VIRTUD Y BENEVOLENCIA

Cuando Confucio fue al oeste quiso obsequiar ejemplares de sus obras a la Casa Real de Chou. Un discípulo le aconsejó: «He oído que allí vive un antiguo bibliotecario ya retirado, llamado Lao-tse.[4] Si tu propósito es lograr que esos libros sean aceptados en la biblioteca, lo mejor será ir a verlo para obtener su recomendación». Confucio encontró buena la idea y al punto hizo una visita a Lao-tse. Éste recibió el proyecto con mucha frialdad. Semejante acogida no impidió a Confucio desenrollar sus libros. Lao-tse lo interrumpió: «Esto nos va a quitar mucho tiempo. Dime la substancia del asunto». A lo que respondió Confucio: «La substancia es virtud y benevolencia». «¿Podrías decirme —repuso Lao-tse— si esas cualidades son innatas en el hombre?» «Claro que lo son —afirmó Confucio—. Recuerda el proverbio acerca del caballero; sin benevolencia no prospera; sin virtud no puede vivir. Ambas forman parte de la verdadera naturaleza humana.»

«¿Y qué quieres decir con virtud y benevolencia?», preguntó Lao-tse. «Un corazón recto; un afecto general e imparcial a todos los hombres por igual», contestó Confucio. «Hum, lo segundo suena un poco peligroso. Postular un afecto igual a todos los hombres es una exageración; decidir de antemano que se les va a amar con imparcialidad, es ya tomar partido, ser parcial. Si de verdad quieres que los hombres no pierdan sus cualidades innatas, lo mejor que podrías hacer es estudiar cómo el cielo y la tierra prosiguen su eterna carrera, cómo el sol y la luna preservan su luz y las estrellas sus filas compactas, cómo viven los pájaros y los animales, cómo árboles y arbustos cambian de estación en estación. Así aprenderás a conducir tus pasos según el ritmo secreto del poder interior y podrás caminar el camino que camina la naturaleza. Pronto llegarás a un estado en el cual no tendrás necesidad de ir de aquí para allá, predicando virtud y benevolencia como los pregoneros de pueblo que nos aturden golpeando sus tambores y preguntando si alguien ha visto al niño perdido. ¡Lo que tú haces con tu prédica es partir en dos la naturaleza humana!»

TRADICIÓN Y MORAL

Confucio dijo a Lao-tse: «He publicado el Libro de los Cantos, el Libro de la Historia, el de los Ritos, el de la Música, el de los Cambios y la Crónica de Primavera y Otoño —en total: seis escrituras— y creo que he asimilado completamente su contenido. Armado con este saber, he conversado con setenta y dos gobernantes, a los que he explicado el Método de los Reyes Antiguos; sin embargo, ni uno solo entre ellos ha hecho el menor uso de mis enseñanzas. ¿Debo concluir que mis oyentes han sido singularmente insensibles a la razón o que el Método de los Antiguos Reyes es muy difícil de entender?»

«Fue una verdadera fortuna —repuso Lao-tse— que no te hayas encontrado con un príncipe deseoso de reformar al mundo. Esas seis escrituras son el borroso rostro de los reyes muertos. No nos dicen nada acerca de la fuerza que guiaba sus pasos. Todas tus enseñanzas son como las huellas de los zapatos en el polvo: son las hijas de los zapatos pero no son los zapatos.»

LAS LEYES Y LOS HOMBRES

Tse Kung, discípulo de Confucio, dijo a Lao-tse: «Dices que no debe haber gobierno. Pero si no hay gobierno, ¿cómo se purificará el corazón de los hombres?» El maestro contestó: «Lo único que no debemos hacer es entrometernos con el corazón de los hombres. El hombre es como una fuente; si la tocas, se enturbia; si pretendes inmovilizarla, su chorro será más alto... Puede ser tan ardiente como el fuego más ardiente; tan frío, como el hielo mismo. Tan rápido que, en un cerrar de ojos, puede darle la vuelta al mundo; en reposo, es como el lecho de un estanque; activo, es poderoso como el cielo. Un caballo salvaje que nadie doma: eso es el hombre».

El primer entrometido fue el Emperador Amarillos,[5] que enseñó la virtud y la benevolencia. Los sabios Yao y Shun lo siguieron; trabajaron hasta perder los pelos de las canillas y de las piernas; se rompieron el alma con incesantes actos de bondad y justicia; se exprimieron los sesos para redactar innumerables proclamas y leyes. Nada de esto mejoró a la gente. Yao tuvo que desterrar a Huan Tou al Monte Chung, arrojar a Sao Miao al desierto, expulsar a Kung Kung —actos que habrían sido innecesarios de haber logrado sus buenos propósitos. Desde entonces, las cosas han ido de mal en peor. El mundo soportó, al mismo tiempo, al tirano Chieh y al bandolero Chih; frente a ellos, en los mismos días, al virtuoso Tseng, discípulo de Confucio, y al incorruptible Shi Yu. Entonces surgieron las escuelas de Confucio y Mo-tse. De ahí en adelante, el satisfecho con su suerte desconfió del descontento y a la inversa; el inteligente menospreció al tonto y éste a aquél; los buenos castigaron a los malos y los malos se vengaron de los buenos; los charlatanes y los hombres honrados intercambiaron injurias y amenazas. La decadencia se hizo universal. Los poderes naturales del hombre se desviaron, sus facultades innatas se corrompieron. En todas partes se empezó a admirar el *conocimiento* y la gente del común se volvió lista y taimada. Nada permaneció en su estado natural. Todo tuvo que ser cortado y aserrado conforme a un modelo fijo, dividido justo en donde la línea de tinta lo señalaba, triturado a golpe de cincel y martillo, hasta que el mundo entero se convirtió en incontables fragmentos. Caos y confusión. ¡Y todo esto sucedió por inmiscuirnos en el alma de los hombres!

Aquellos que se dieron cuenta de la locura de estos métodos, huyeron a las montañas y se escondieron en cuevas inaccesibles; y los grandes señores se sentaron temblando en sus viejos palacios. Hoy, cuando los cuerpos de los ajusticiados se apilan uno sobre otro; cuando a los prisioneros, encorvados y en cadenas se les empuja en manadas; cuando los contrahechos y los mutilados tropiezan uno con otro, los seguidores de

Confucio y los de Mo-tse no encuentran otro remedio que, a horcajadas sobre los aherrojados, levantar las mangas de sus camisas y darse de pescozones. Semejante impudicia es increíble. Casi podría afirmar que santidad y sabiduría han sido el cerrojo y la llave de los grillos que aprisionan al hombre; virtud y benevolencia, las cadenas y cepos que lo inmovilizan. Sí, casi podría creerse que los virtuosos Tseng y Shi fueron las flechas silbantes que anunciaron la llegada del tirano Chieh y del bandido Chih.

Cuando Po-Chu visitó el país de Chi, vio el cuerpo de un malhechor descuartizado. Al punto se despojó de su manto de corte y cubrió los pobres miembros destrozados como si envolviese a un niño en pañales. Y mientras hacía esto, gritaba y se lamentaba: «No creas que tú sólo sufres esta desgracia. No sólo te pasa a ti esta terrible desdicha. Nos pasa a todos, aunque a ti te ha herido antes. Tus jueces dicen: no robarás, no matarás; y esas mismas almas virtuosas, al premiar y elevar a unos cuantos, hunden al resto en la ignominia. La desigualdad que crea sus leyes engendra la ira y el rencor. Ellos, que amontonan riquezas, honores y méritos, siembran la semilla de la envidia. El corazón turbio por odio y envidia, el cuerpo cansado por un trabajo sin tregua, el espíritu henchido de irrealizables deseos, ¿cómo escandalizarnos de que todos terminen como tú?»

LOS CERROJOS Y LOS LADRONES

Para protegernos de los malhechores que abren las arcas, escudriñan los cajones y hacen saltar las cerraduras de los cofres, la gente acostumbra reforzar con toda clase de nudos y cerrojos los muebles que guardan sus bienes. El mundo aprueba estas precauciones, que le parecen muestra de cordura. Pero de pronto se presentan unos ladrones. Si lo son realmente, en un abrir y cerrar de ojos desatarán los nudos, abrirán los cerrojos y, si es necesario, cargarán con las cajas sirviéndose para ello de las cuerdas, candados y nudos de que están provistas. En verdad, los propietarios ahorran a los ladrones el trabajo de empacar los objetos.

No es exagerado afirmar que todo lo que llamamos «cordura» no es sino «empacar para los ladrones»; y lo que llamamos «virtud», acumular botines para los malhechores. ¿Por qué digo esto? A lo largo y a lo ancho del país de Chi (un territorio tan poblado que el mero cacareo de los gallos y el ladrido de los perros en un pueblo se oye en el de junto), entre pescadores, campesinos, cazadores y artesanos, en santuarios, cementerios, prefecturas y palacios, en ciudades, poblados, distritos, barrios, calles y casas particulares... en fin, en todo el reino, veneradas por todos sus habitantes, imperaban las leyes de los Reyes Antiguos. Sin embargo, en menos de veinticuatro horas Tien-Ch'eng Tse asesinó al príncipe de Chi y se apoderó de su reino. Y no sólo de su reino, sino también de las leyes y artes de gobierno de los sabios de antaño, que habían inspirado a los soberanos legítimos de Chi. En verdad que la historia llama a Tien-Ch'eng Tse usurpador y asesino; pero mientras vivió fue respetado como el virtuoso Tseng y el benévolo Shun. Los pequeños reinos no se atrevieron a criticarlo, ni los grandes a castigarlo. Durante doce generaciones sus descendientes conservaron entre sus manos la tierra de Chi...

LA TORTUGA SAGRADA

Chuang-tse paseaba por las orillas del río Pu. El rey de Chou envió a dos altos funcionarios con la misión de proponerle el cargo de Primer Ministro. La caña entre las manos y los ojos fijos en el sedal, Chuang-tse respondió: «Me han dicho que en Chou veneran una tortuga sagrada, que murió hace tres mil años. Los reyes conservan sus restos en el altar familiar, en una caja cubierta con un paño. Si el día que pescaron a la tortuga le hubiesen dado la posibilidad de elegir entre morir y ver sus huesos adorados por siglos o seguir viviendo con la cola enterrada en el lodo, ¿qué habría escogido?» Los funcionarios repusieron: «Vivir con la cola en el lodo». «Pues ésa es mi respuesta: prefiero que me dejen aquí, con la cola en el lodo, pero vivo.»

El sabio

VIAJES

En su juventud Lao-tse amaba los viajes. El sabio Hu-Ch'eng Tse le dijo: «¿Por qué te gusta tanto viajar?» «Para mí —dijo Lao-tse—, el placer del viaje reside en la contemplación de la variedad. Algunas gentes viajan y sólo ven lo que tienen delante de los ojos; cuando yo viajo, contemplo el incesante fenómeno del cambio.» A lo que respondió el otro: «Me pregunto si tus viajes son de veras distintos a los de los otros. Siempre que vemos algo, contemplamos algo que está cambiando; y casi siempre, al ver eso que cambia, no nos damos cuenta de nuestros propios cambios. Los que se toman trabajos sin cuento para viajar, ni siquiera piensan que el arte de ver los cambios es también el arte de quedarse inmóvil. El viajero cuya mirada se dirige hacia su propio ser, puede encontrar en él mismo todo lo que busca. Ésta es la forma más perfecta del viaje; la otra es, en verdad, una manera muy limitada de cambiar y contemplar los cambios».

Convencido de que hasta entonces había ignorado el significado real del viaje, Lao-tse dejó de salir. Al cabo del tiempo Hu-Ch'eng Tse lo visitó: «¡Ahora sí puedes convertirte en un verdadero viajero! El gran viajero no sabe adónde va; el que de verdad contempla, ignora lo que ve. Sus viajes no lo llevan a una parte de la creación y luego a otra; sus ojos no miran un objeto y después otro; todo lo ve junto. A esto es a lo que llamo contemplación».

FORMAS DE VIDA

Tener ideas rígidas y una conducta rigurosa; vivir lejos del mundo y de manera distinta al común de los hombres; pronunciar virtuosos discursos, sarcásticos y llenos de reproches; no tener más designio que ser superior: tal es el deseo del ermitaño escondido en su cueva, la ambición del hombre que condena siempre a los otros y, en fin, de todos aquellos que tiritan en verano y se abanican en invierno.

Predicar virtud y benevolencia, lealtad y fidelidad, frugalidad y respeto; reconocer el mérito de los otros aun en perjuicio propio; no tener más fin que la perfección moral: tal es la ambición de los moralistas y filántropos, hombres de consejo e instrucción, pedagogos, viajeros instalados en la ciudad.

Hablar de hechos portentosos; alcanzar fama inmortal; enseñar al gobernante y a sus ministros los ritos que cada uno debe ejecutar; determinar las funciones y oficios de grandes y pequeños; no tener otro móvil que la cosa pública: tal es la ambición de los que frecuentan los tribunales y las cortes, el afán de esos que sólo desean engrandecer a sus amos, extender sus dominios y ver la vida como una serie de victorias y conquistas.

Instalarse en una floresta o al lado de un arroyo; pensar en un lugar escondido; vivir en el ocio; tal es el deseo de los que vagan por ríos y lagos, fugitivos del mundo. Inspiran, expiran, respiran, expelen el aire viejo y llenan su ser con el nuevo, suspenden el aliento, lo dejan escapar con un rumor de alas: son los amantes de la larga vida, artesanos de la perfección física, los duchos en el arte de inhalar y exhibir, los aspirantes a la longevidad de Peng Tse.

Pero hay otros: sus pensamientos son sublimes sin ser rígidos; nunca han aspirado a la virtud y son perfectos; no logran victorias para el Estado ni otorgan renombre a su patria y, no obstante, influyen secretamente en su pueblo; conquistan la quietud lejos de arroyos y lagos; viven muchos años y jamás practican el arte de respirar; se despojan de todo y no carecen de nada; pasivos, marchan sin objeto y sin deseo, pero todo lo que es deseable está al alcance de su mano. Tal es la ley del cielo y la tierra, tales los poderes del sabio. Quietud, pasividad, pobreza, la substancia del Método, el secreto de nuestros poderes. El sabio reposa; porque reposa, está en paz; su paz es serenidad. Al pacífico y sereno no lo asaltan ni dañan alegría o tristeza. Intacto, entero, unido a sí mismo y a su ser interior, es invencible.

EL RITMO VITAL

Para el sabio, la vida no es sino un acuerdo con los movimientos del cielo; la muerte, una faceta de la ley universal del cambio. Si descansa, comparte los ocultos poderes de *yin;* si trabaja, se mece en el oleaje de *yang.*[6] No busca ganancias y es invulnerable a las pérdidas; responde sólo si le preguntan; se mueve, si lo empujan. Olvida el saber de los libros y los artificios de los filósofos y obedece al ritmo de la naturaleza. Su vida es una barca que conducen aguas indiferentes; su muerte, un reposo sin orillas... El agua es límpida si nada extraño a ella la obscurece; inmóvil, si nada la agita; si algo la obstruye, deja de fluir, se encrespa y pierde su transparencia. Como el agua es el hombre y sus poderes naturales.

EL VALOR DE LA VIDA

Los Ch'in capturaron a una hija del gobernador de Ai. Los primeros días de cautiverio la muchacha empapó su vestido con lágrimas; más tarde, cuando la llevaron al palacio del príncipe y vivió en la riqueza, se arrepintió de su llanto. ¿Cómo saber si los muertos se arrepienten ahora de la codicia con que se aferraron a la vida?

Un hombre sueña que concurre a un banquete y se despierta para llorar y penar. Otro sueña en un entierro y se levanta para asistir a un convite. Mientras soñamos, no sabemos que soñamos. Sólo hasta que despertamos sabemos que estábamos soñando. Mientras el Gran Despertador no nos despierta, no sabremos si esta vida es o no un largo sueño. Pero los tontos creen que ya han despertado...

EN SU LECHO DE MUERTE

Chuang-tse agonizaba. Sus discípulos le dijeron que deseaban honrarlo con un funeral decoroso. Él repuso: «El cielo y la tierra por féretro y tumba; el sol, la luna y las estrellas por ofrendas funerarias; y la creación entera acompañándome al sepulcro. No necesito más». Los discípulos insistieron: «Tememos que los buitres devoren tu cadáver». Chuang-tse respondió: «Sobre la tierra me comerán los buitres; bajo ella, los gusanos y las hormigas. ¿Quieres despojar a los primeros sólo para alimentar a los últimos?»

BALLESTERÍA

Lien Yu-Ku deseaba adiestrar a Po-Hun Wu-jen en el arco. Colocó una copa de agua en su hombro, distendió la cuerda e, inmóvil como una estatua, empezó a disparar una tras otra las flechas, sin derramar una gota. Wu-jen exclamó: «Esto es tirar en circunstancias comunes y corrientes. Veremos si puedes disparar con la misma maestría en otras condiciones». Y lo llevó a la cumbre de una montaña. Frente a ellos se abría un precipicio de más de mil pies de profundidad. Caminando hacia atrás, hasta que sus talones casi no tocaban tierra, de espaldas al abismo, Wu-jen llamó a gritos a su maestro. Pero Yu-Ku —tendido en el suelo, agarrado a las piedras, cubierto el rostro de sudor— no pudo ni siquiera contestar.[7]

CAUSALIDAD

La Penumbra le dijo a la Sombra: «A ratos te mueves, otros te quedas quieta. Una vez te acuestas, otra te levantas. ¿Por qué eres tan cambiante?» «Dependo —dijo la Sombra— de algo que me lleva de aquí para allá.

Y ese algo a su vez depende de otro algo que lo obliga a moverse o a quedarse inmóvil. Como los anillos de la serpiente, o las alas del pájaro, que no se arrastran ni vuelan por voluntad propia, así yo. ¿Cómo quieres que responda a tu pregunta?»

SUEÑO Y REALIDAD

Soñé que era una mariposa. Volaba en el jardín de rama en rama. Sólo tenía conciencia de mi existencia de mariposa y no la tenía de mi personalidad de hombre. Desperté. Y ahora no sé si soñaba que era una mariposa o si soy una mariposa que sueña que es Chuang-tse.

Trazos

Los chinos sobresalen en el ensayo breve. Objetividad, ironía, mesura, desdén por el detalle concreto, amor por la abstracción, preferencia por las formas estáticas y por la simetría de las frases: tales son, según los entendidos, las virtudes de la prosa clásica (época T'ang). No obstante, la literatura china —que no sólo es, entre las vivas, la más antigua del mundo, sino también una de las más ricas— ofrece ejemplos de vivacidad, dinamismo y poesía espontánea y pintoresca, en los que la geometría cede el sitio a la gracia y la ciencia de la retórica a la inspiración. En las traducciones que siguen se ofrecen muestras de ambas tendencias. Pero antes es indispensable decir algo sobre los cuatro autores.

El poeta Hsi K'ang vivió en el siglo III d.C. Como Chuang-tse, fue un místico anarquista, crítico de la moral y la filosofía de Confucio. Sus ensayos —o más bien: apólogos— lo revelan como un adversario de las virtudes confucianas: piedad filial, fidelidad al trono, práctica constante de los ritos, erudición clásica, culto a los antepasados, preeminencia del hombre público sobre el hombre privado. La violencia de las críticas de Hsi K'ang le atrajeron persecuciones. Considerado como un enemigo del Estado y de la sociedad, fue decapitado. En el mismo siglo vivió Lieu Ling, poeta en el que no es difícil advertir —aunque en forma más amable e irónica— las mismas tendencias místicas de Hsi K'ang. Lieu Ling fue uno de los siete grandes poetas de su siglo (número convencional como el de los siete sabios griegos). A este título debe agregarse otro: fue miembro del grupo «El bosquecillo de bambúes», compuesto por los mismos siete poetas y otros insignes bebedores. Su *Elogio del vino* requiere una pequeña aclaración. El alcoholismo moderno es una enfermedad, un vicio innoble o una maldición sobrenatural; y de ahí las quejas de Poe, Lowry y otros. Para los antiguos chinos —como para los viejos mediterráneos— la embriaguez era un estado de dichoso acuerdo con el mundo, una momentánea reconciliación con el fluir de la vida. El borracho se balancea, por un instante mágico, en lo alto de la ola vital.

Han Yü (siglos VIII y IX) es uno de los clásicos del periodo T'ang. Reformador del lenguaje y de las costumbres, se batió con la misma impasible severidad contra los abusos de los poderosos y contra los excesos de los literatos. Seguidor de Confucio, combatió las tendencias de taoístas y budistas. Denunció con particular saña el budismo, al que juzgaba una herejía extranjera. Su severidad no excluye, sin embargo, el humor y la ironía, según se ve en su *Ofrenda a los cocodrilos* (publicada hace poco en la *Revista Mexicana de Literatura*). El pequeño ensayo *La nube y el dragón* es una muestra de su humor seco. Han Yü creía que el escritor es, ante todo, un hombre público cuyo deber más alto es preservar la pureza del lenguaje y vigilar que los poderosos no se aparten del camino recto. Un hermoso ejemplo de estas ideas es su ensayo sobre *La misión de la literatura*. Liu Tsung Yüan es otro de los prosistas clásicos de la época T'ang. Fue amigo íntimo de Han Yü. Más libre y desenfadado que su compañero, más poeta también, no oculta sus simpatías por el budismo, al que defendió en un ensayo famoso (escrito precisamente para rebatir las acusaciones de Han Yü). Como su amigo, ocupó altos puestos en la administración; como él, y por las mismas razones —su valiente crítica a los poderosos—, sufrió persecuciones y destierros. A su muerte (819) Han Yü le dedicó una oración fúnebre, que aparece en todas las antologías chinas.

OCTAVIO PAZ

HSI K'ANG

Chang-Yong

Cuando el viejo Chang-Yong estaba a punto de morir, Lao-tse se acercó a su lecho: «¿No tienes nada que revelarme?» Abriendo la boca, el moribundo preguntó: «¿Todavía tengo lengua?» Lao-tse asintió. «¿Y mis dientes?» «Todos los has perdido.» Chang-Yong volvió a preguntar: «¿Te das cuenta de lo que esto significa?» «Quizá quieres decirme —repuso Lao-tse— que los fuertes perecen y los débiles sobreviven.» «Así es —dijo el maestro—, y con esto hemos agotado todo lo que hay que decir sobre el mundo y sus criaturas.» Y murió.

El ermitaño y el sabio Hiu Yeou

En tiempos del emperador Yao había un viejecillo que, retirado del mundo, se había hecho un nido entre las ramas de un árbol y dormía entre sus hojas, como un pájaro. La gente lo llamaba «el ermitaño encaramado».

Hiu Yeou había sido el maestro de los emperadores Yao y Shun. El primero, fatigado de sus trabajos, lo llamó: «Maestro, si aceptas el trono, el imperio y el universo entero vivirán en armonía». Hiu Yeou respondió: «La gloria es la sombra de la realidad. ¿A qué buscar la sombra cuando tengo el cuerpo?» Y huyó hacia los pantanos. Ahí encontró al «ermitaño encaramado». El otro lo invitó a subir. Una vez arriba, Hiu Yeou le contó lo ocurrido. El ermitaño le respondió: «¿Por qué no te escondiste desde el principio, por qué dejaste que el mundo se deslumbrase con tus méritos? El verdadero sabio es invisible. Tú ya no eres mi amigo». Y empujándolo con fuerza, lo arrojó del nido. Confuso y trastornado, Hiu Yeou vagó por las soledades, hasta que encontró un arroyo. Allí se detuvo, para lavarse los ojos y las orejas, mientras decía para sí: «Las palabras que dije ofuscaron a mi amigo». Después, se perdió para siempre sin que nadie haya vuelto a saber de él. El ermitaño, por su parte, pensó que las palabras de Hiu Yeou habían manchado sus orejas. Descendió del árbol y fue a lavarse al mismo arroyo. Pero el genio del riachuelo, irritado, se nubló y le dijo: «¿Por qué quieres ensuciar mis aguas?»

LIEU LING

Elogio del vino

Un amigo mío,[8] hombre superior, considera que la eternidad es una mañana; y diez mil años, un simple parpadeo. El sol y la lluvia son las ventanas de su casa. Los ocho confines, sus avenidas. Marcha, ligero y sin destino, sin dejar huella: el cielo por techo, la tierra por jergón. Cuando se detiene, empuña una botella y una copa; cuando viaja, lleva al flanco una bota y una jarra. Su único pensamiento es el vino; nada más allá, o más acá, le preocupa.

Su manera de vivir llegó a oídos de dos respetables filántropos: uno, un joven noble; el otro, un letrado de fama. Fueron a verlo y con ojos furiosos y rechinar de dientes, agitando las mangas de sus trajes, le reprocharon vivamente su conducta. Le hablaron de los ritos y de las leyes, del método y del equilibrio; y sus palabras zumbaban como enjambre de abejas. Mientras tanto, su oyente llenó una jarra y la apuró de un trago. Después se sentó en el suelo cruzando las piernas, llenó de nuevo la jarra, apartó su barba, y empezó a beber a sorbos hasta que, la cabeza inclinada sobre el pecho, cayó en un estado de dichosa inconsciencia, interrumpido sólo por relámpagos de semilucidez. Sus oídos no habrían escuchado la voz del trueno; sus ojos no habrían reparado en una montaña. Cesaron frío y calor, alegría y tristeza. Abandonó sus pensamientos. Inclinado sobre el mundo, contemplaba el tumulto de los seres y de la naturaleza como algas flotando sobre un río. En cuanto a los dos hombres eminentes que hablaban a su lado, le parecieron avispas tratando de convertir a un gusano de seda.[9]

HAN YÜ

El dragón y la nube

El vapor que exhala el dragón se convierte en nube. Es evidente que ni la nube ni el dragón poseen virtud sobrenatural alguna. No obstante, el dragón cabalga en la nube, vaga por la inmensidad del cielo, distribuye la luz y la sombra, desata el trueno y el relámpago y preside así los cambios de la naturaleza. El agua que cae del cielo inunda valles y colinas. En consecuencia, la nube posee una virtud sobrenatural. Pero esta virtud no le es propia; le viene del dragón. Y la virtud del dragón ¿de dónde viene? No de la nube, por cierto. Y, sin embargo, sin la nube el dragón no puede ejercitar su virtud sobrenatural. Ella es su punto de apoyo y la única ocasión que tiene para manifestarse. Y esto resulta más extraño si se piensa que el dragón no es nada sin la nube, que a su vez no es nada.

Misión de la literatura[10]

Todo resuena, apenas se rompe el equilibrio de las cosas. Los árboles y las yerbas son silenciosas; el viento las agita y resuenan. El agua está callada: el aire la mueve, y resuena; las olas mugen: algo las oprime; la cascada se precipita: le falta suelo; el lago hierve: algo lo calienta. Son mudos los metales y las piedras, pero si algo los golpea, resuenan. Así el hombre. Si habla, es que no puede contenerse; si se emociona, canta; si sufre, se lamenta. Todo lo que sale de su boca en forma de sonido se debe a una ruptura de su equilibrio.

La música nos sirve para desplegar los sentimientos comprimidos en nuestro fuero interno. Escogemos los materiales que más fácilmente resuenen y con ellos fabricamos instrumentos sonoros: metal y piedra, bambú y seda, calabazas y arcilla, piel y madera. El cielo no procede de otro modo. También él escoge aquello que más fácilmente resuena: los pájaros en la primavera; el trueno en verano; los insectos en otoño; el viento en invierno. Una tras otra, las cuatro estaciones se persiguen en una cacería que no tiene fin. Y su continuo transcurrir, ¿no es también una prueba de que el equilibrio cósmico se ha roto?

Lo mismo sucede entre los hombres; el más perfecto de los sonidos humanos es la palabra; la literatura, a su vez, es la forma más perfecta de la palabra. Y así, cuando el equilibrio se rompe, el cielo escoge entre los hombres a aquellos que son más sensibles, y los hace resonar.

Exhortación a los cocodrilos

Han Yü, prefecto de Chao-cheu, envía un funcionario con un borrego y un puerco, para que los lance al fondo del río Wou, a manera de ofrenda a los cocodrilos, y les declara lo que sigue:

Cuando en los tiempos antiguos los soberanos fundaron el Imperio chino, abrieron pasajes a través de las montañas y por encima de las corrientes de agua. Instalaron redes y trampas para exterminar a las fieras, a los reptiles y a todos los animales nocivos que causaban la desgracia del pueblo. Por este medio los expulsaron de China.

Vino el tiempo en que la virtud de los soberanos comenzó a declinar. No pudieron conservar un territorio tan vasto; numerosas regiones fueron abandonadas a los bárbaros. Esto le sucedió con mayor razón a Chao, situada entre las montañas y el mar, a diez mil leguas de la capital. Los cocodrilos vivieron allí escondiéndose en el agua y cuidando a sus crías. Efectivamente, era el lugar apropiado para ellos.

Ahora, una nueva dinastía se ha establecido. Posee enteramente el patrimonio chino y lo gobierna pacíficamente. Chao forma parte de este patrimonio. Es una región administrada por prefectos y subprefectos; proporciona al gobierno aranceles e impuestos para subvenir a los sacrificios al cielo y a la tierra, al templo de los antepasados y a los cien genios.

Los cocodrilos no pueden permanecer en este territorio confiado al prefecto. El Hijo del Cielo le ha dado la orden de velar sobre este territorio y de administrar su población. Pero los cocodrilos, con ojos vigilantes, no quieren quedarse quietos en el fondo de su río; fortalecidos en su retiro, se comen a los hombres, a los animales domésticos, a los osos, a los jabalíes, a los ciervos y a los gamos, para engordar sus cuerpos y criar a su progenitura. Entran así en conflicto con el prefecto, luchando por ver cuál será el más fuerte y se impondrá al otro.

Yo, prefecto, por muy débil y sin fuerzas que esté, no puedo consentir en someterme ante los cocodrilos tragándome mi vergüenza, sin atreverme apenas a mirarlos en mi espanto. Portarme así, para conservar por este medio indigno mi existencia, me convertiría en el oprobio de los funcionarios y del pueblo. De cualquier manera, he recibido del emperador la orden de venir a administrar esta región; en estas circunstancias, me veo obligado a resolver la cuestión con los cocodrilos.

Si los cocodrilos tienen una inteligencia, que escuchen lo que les voy a decir: el gran mar se encuentra al sur de Chao-cheu. Seres grandes y pequeños, desde la ballena hasta el camarón, pueden vivir allí y encontrar su subsistencia. Si por la mañana los cocodrilos se ponen en marcha, habrán llegado allí por la noche.

Propongo ahora a los cocodrilos un acuerdo: les doy tres días para que lleven su malvada casta al Sur, hacia el mar, a fin de huir del funcionario enviado por el emperador. Si tres días son insuficientes, esperaré cinco días. Si cinco días son insuficientes, esperaré siete días. Si dentro de siete días no han partido, es que definitivamente no consienten en irse, no reconocen la autoridad del prefecto y no quieren escuchar y seguir sus órdenes. O bien, esto significa que son estúpidos, sin ninguna inteligencia: por más que el prefecto les hable, no pueden escucharle ni comprenderle.

Ahora bien, los que desprecian a los funcionarios enviados por el Hijo del Cielo no obedecen sus órdenes, rehúsan partir para abandonar los terrenos que él administra, así como aquellos que son estúpidos, sin ninguna inteligencia y nocivos al pueblo y a los seres vivos, deben ser ejecutados.

En este caso, voy a escoger entre los funcionarios y el pueblo unos arqueros hábiles, y les daré arcos poderosos y flechas envenenadas, para que se hagan cargo del conflicto con los cocodrilos. Os aseguro que no se detendrán antes de haber exterminado a los cocodrilos hasta el último; y entonces será demasiado tarde para quejarse.

LIEU TSANG-YEU

El ciervo

Un hombre capturó un cervatillo, durante una cacería. Con el propósito de domesticarlo, lo llevó a su casa. En el portón, moviendo la cola y ladrando, salieron a recibirlo sus perros. El cazador, con el cervatillo en brazos, ordenó a los criados que contuviesen a los perros. Al día siguiente fue a la perrera con el corzo, el látigo en la mano, y lo acercó a las bestias para que lo olieran. Y así todos los días hasta que se acostumbraron al recién llegado. Al cabo del tiempo, ignorante de su propia naturaleza, el ciervo jugaba con los perros. Los embestía con dulzura, corría, saltaba entre ellos, dormía sin miedo a su lado. Temerosos del látigo, los perros le devolvían caricia por caricia. A veces, sin embargo, se relamían los hocicos.

Un día el ciervo salió de casa. En el camino vio una jauría. Al punto corrió a unirse a ella, deseoso de jugar. Pronto se vio rodeado por ojos inyectados y dientes largos. Los perros lo mataron y devoraron, dejando sus huesos esparcidos en el polvo. El ciervo murió sin entender lo que pasaba.

Prólogo a 8 poemas

Al sur del río Kouan hay un arroyo que se desliza hacia el este y desemboca en las aguas del Siao. A consecuencia de mi estupidez, incurrí en un castigo, perdí mi rango de funcionario y me vi desterrado en los bordes del Siao. Me gustó el arroyo; a dos o tres leguas de su curso encontré un paraje que me pareció hermoso y decidí quedarme en la región. Instalado cerca del arroyo, pregunté por su nombre; los lugareños no lo sabían con precisión y discutieron entre ellos. Me vi obligado a darle yo mismo un nombre. Lo nombré: *Arroyo Estúpido*.

En las márgenes del *Arroyo Estúpido* compré una pequeña colina, que llamé *Colina Estúpida*. A sesenta pasos al noroeste de la *Colina estúpida*, se halla un manantial. También lo compré y le puse por nombre: Fuente *Estúpida*. La *Fuente Estúpida* tiene seis bocas; las seis dan a un terreno plano al pie del monte. Desde allí el agua desciende hacia el sur, formando, sinuoso y pacífico, el *Canal Estúpido*. Más adelante, piedras y tierra cierran el paso al agua, que se inmoviliza en el *Estanque Estúpido*. Al este del *Estanque Estúpido* se halla la *Sala Estúpida*; al sur de la *Sala*, el *Pabellón Estúpido*. En el centro del estanque se alza la *Isla Estúpida*. Hermosos árboles y rocas de forma extraña completan el paisaje. El paraje entero se llama *Estúpido*.

El agua es la alegría del sabio. Entonces, ¿por qué este arroyo ostenta el denigrante nombre de *Estúpido*? Su corriente es caprichosa y sus aguas escasas: no sirve para irrigar los campos. Su fondo es de arena y piedras, su curso rápido: las barcazas no podrían navegarlo. En fin, es solitario y escondido, poco profundo y estrecho. Los dragones del aire y del agua lo olvidan; y no tiene fuerzas para engendrar nubes o hacer caer la lluvia. Es inútil. Y en esto se me parece. Por eso es perfectamente lícito castigarlo con el nombre *Estúpido*.

A pesar de que el arroyo no tiene ninguna utilidad, sus aguas reflejan a todos los seres del mundo. Es puro y claro, límpido y tranquilo. Murmura y resuena como el metal y las piedras sonoras. El hombre estúpido, feliz y en paz, lo ama. Se mira en él y no desea abandonarlo.

En desacuerdo con el mundo que me rodea, consuelo mi pena con la literatura. Contemplo la naturaleza, observo sus humores, me abismo en sus minucias y en sus grandezas, cambio con sus cambios. Quieto en mi escondite, lejos del mundo, canto al *Arroyo Estúpido* en mis estúpidos cantos. Así, he grabado en las rocas del manantial, estos ocho poemas estúpidos.

Poetas

FOU HINAN

Mujer

Qué amargo haber encarnado en mujer.
Nada más bajo en esta tierra.
Como a dios que escoge ser hombre
Reciben al recién nacido:
¡Va a desafiar los cuatro Océanos,
Va a cabalgar mil millas contra las tempestades!
Nadie se alegra cuando nace una niña.
No ganará con *ella* fama la familia.
Crece escondida en su cuarto,
Tiene miedo de mirar y ser mirada.
Se casa y nadie llora ese día
—Nube negra que no revienta en lluvia.
Toda consentimiento, inclina la cabeza.
Sus dientes blancos muerden sus labios rojos.
Reverencias, genuflexiones,
Humilde con los criados, sonríe a la concubina.
Su marido la ama desde su lejanía de Vía Láctea.
Primero, él era sol y ella girasol.
Ahora son como el agua y el fuego.
Su rostro es la escritura de los años.
Anda con otras su marido.
Fueron un día como el cuerpo y su sombra,
Hoy son como los chinos y los hunos.
Pero chinos y hunos a veces se concilian.
Ellos, como Shen y Shang, al girar se separan.

WANG WEI

Despedida

Desmonto. Mientras bebemos vino:
¿Adónde irás? El mundo me ha engañado:
A mi colina del mediodía me vuelvo.
Ve, vete. No pregunto más:
Nubes blancas sin fin, nubes.

Panorama del río Han

Sus tres brazos abrazan la tierra de Ch'u,
Sus nueve afluentes mojan los muros de Ching.
Río tendido entre el cielo y la tierra,
El color de sus montes entre ser y no ser.
En el confín del cielo acuático
Flotan las casas y sus hombres.
Fluir de días hermosos en Hsiang-yang:
¡Ebrio con Shan Chien en pleno campo!

Al prefecto Chang

Mi otoño: entro en la calma,
Lejos el mundo y sus peleas.
No más afán que regresar,
Desaprender entre los árboles.
El viento del pinar abre mi capa,
Mi flauta saluda a la luna serrana.
Preguntas, ¿qué leyes rigen «éxito» y «fracaso»?
Cantos de pescadores flotan en la ensenada.

Montes de Chungnan

Cordillera de Chungnan: desde la capital,
Cerro tras cerro, hasta el borde del mar.
Las nubes: si me vuelvo, contra mí se cierran;
La niebla turquesa: si entro en ella, se disipa.
En el pico central cambian las direcciones:
Diferente la luz, diferente la sombra en cada valle.
Por no pasar la noche al raso, llamo a un leñador:
Salta mi grito a través del torrente.

En la ermita del Parque de los Venados

No se ve gente en este monte,
sólo se oyen, lejos, voces.
Bosque profundo. Luz poniente:
alumbra el musgo y, verde, asciende.

Ascensión

El caserío anidó en el acantilado.
Entre nubes y nieblas la posada:
Atalaya para ver la caída del sol.
Abajo el agua repite montes ocre.
Se encienden las casas de los pescadores.
Un bote solo, anclado. Los pájaros regresan.
Soledad grande. Se apagan cielo y tierra.
En calma, frente a frente, el ancho río y el hombre.

Adiós a Yüan, enviado a Ans-hsi[11]

En Wei. Lluvia ligera moja el polvo ligero.
En el mesón los sauces verdes aún más verdes.
—Oye, amigo, bebamos otra copa,
Pasado el Paso Yang no hay «oye, amigo».

LI PO

Amarre nocturno

Una cala en el río del Oeste.
El cielo azul aún. Ni el jirón de una nube.
La cubierta inundada por la luna.
Los tiempos de antes: Hsieh, gran general.
Yo le hubiera leído este poema.
Otros leyó, no míos. Hoy es sombra entre sombras.
Filo de luz: el alba. Leve viento: zarpamos.
Silenciosas caían las hojas de los arces.

Salida de Poi-ti

Al alba dejo Poi-ti, alto entre arreboles:
He de llegar abajo, hasta Kia-ling, antes de que pardee.
Entre los farallones chillar sin fin de monos.
Diez mil rabiones desciende mi chalupa.

Pregunta y respuesta

¿Por qué vivo en la colina verde-jade?
Río y no respondo. Mi corazón sereno:
Flor de durazno que arrastra la corriente.
No el mundo de los hombres,
Bajo otro cielo vivo, en otra tierra.

Unas ruinas en Yueh

Wu derrotado, el rey regresó en triunfo.
Se cubrieron de seda sus guerreros,
Las señoras en flor volvieron primavera
Patios que cruzan hoy perdices incoloras.

Ante el monte Ching-t'ing

Pájaros que se pierden en la altura.
Pasa una nube, quieta, a la deriva.
Solos y frente a frente, el monte y yo
No nos hemos cansado de mirarnos.

El santuario de la cumbre

La cumbre, el monasterio.
Ya es noche. Alzo la mano
y toco a las estrellas.
Hablo en voz baja: temo
que se despierte el cielo.

TU FU

Escrito en el muro de la ermita de Chang

Es primavera en las montañas.
Vine sólo en tu busca.
Entre las crestas silenciosas
El eco de las hachas: talan árboles.
Los arroyos helados todavía.
Hay nieve en el sendero.
Bajo un sol indeciso
Llego a tu choza, entre dos rocas
Colgada. Nada pides, nada esperas.
No ves siquiera el halo que te envuelve,
Vaga luz oro y plata. Manso
Como los ciervos que has domado.
¡Olvidar el camino de regreso,
Ser como tú, flotar,
Barca sin remo, a la deriva!

Alba de invierno

Hombres y bestias del zodiaco
Una vez más contra nosotros.
Verdes botellas de vino, rojas conchas de langosta,
Todas vacías, se apilan en la mesa.
«¿Cómo olvidar a un viejo conocido?»
Y cada uno, sentado, escucha sus propios pensamientos.
Fuera, chirrían las ruedas de los carros.
En el alero los pájaros despiertan.
En otra alba de invierno, pronto,
He de enfrentarme a mis cuarenta años.
Me empujan duros, tercos instantes,
Doblado hacia la sombra larga del crepúsculo.
La vida gira y pasa, borracho fuego fatuo.

En la tormenta

Viejos fantasmas, nuevos.
Zozobra, llanto, nadie.
Envejecido, roto,
Para mí solo canto.
Andrajos de neblina
Cubren la noche, a trechos.
Contra la nieve, el viento.
Mi copa derramada;
Mi botella, vacía;
Ceniza, el fuego. El hombre
Ya no habla: susurra:
¿A quién decir mi canto?

Primavera cautiva

El imperio se ha roto, quedan montes y ríos;
marzo, verde marea, cubre calles y plazas.

Dureza de estas horas: lágrimas en las flores,
los vuelos de los pájaros dibujan despedidas.

Hablan torres y almenas el lenguaje del fuego,
oro molido el precio de una carta a mi gente.

Me rasco la cabeza, cano y ralo mi pelo
ya no detiene el tenue alfiler del bonete.

Viajando hacia el norte

Entre el moral que amarillea
Una lechuza grita. Ratas escurridizas
Buscan sus madrigueras. Medianoche.
Un viejo campo de batalla.
La luna brilla, fría, sobre los huesos mondos.

Al letrado Wei Pa

A Jaime García Terrés

Arriba Shen y Shang giran sin encontrarse:
como las dos estrellas pasamos nuestras vidas.
Noche de noches, larga y nuestra, sea esta noche:
nos alumbra la mansa luz de la misma lámpara.
Miro tus sienes, miras las mías: ya cenizas.
Los años de los hombres son rápidos y pocos.
Brotan nombres amigos: la mitad son espectros.
La pena es alevosa: quema y hiela la entraña.
Veinte años anduve por el mundo inconstante;
ahora, sin pensarlo, subo tus escaleras.
Cuando nos separamos eras aún soltero;
hoy me rodea un vivo círculo risueño.
Todos, ante el antiguo amigo de su padre,
se aguzan en preguntas: ¿de dónde, cuándo, adónde?
Preguntas y respuestas brillan y se disipan:
tus hijos han traído los cántaros de vino,

arroz inmaculado, mijo color de sol
y cebollas cortadas en la lluvia nocturna.
Hay que regar, me dices, con vino nuestro encuentro.
Sin respirar bebemos las copas rebosantes
diez veces y otras diez y no nos dobla el vino.
Nuestra amistad lo vence: es un alcohol más fuerte.
Mañana, entre nosotros —altas, infranqueables—
se alzarán las montañas. Y el tráfago del mundo.

A la orilla del río

Pétalos en el aire,
Desvanecida primavera.
Diez mil átomos de pena también vuelan.
Miro marchitarse a las últimas flores.
Alivio mi tristeza con vino.
Copula una pareja de martín-pescadores
En el arroyo, al pie del pabellón en ruinas.
Unicornios de piedra, macho y hembra,
Guardan la tumba a la entrada del parque.
Todas las criaturas cumplen su propia ley,
Fieles a sus instintos: ¿por qué dejé
Que la ambición mundana me apartara de mí?

A Pi-Su-Yao

Tenemos talento.
La gente dice que somos los poetas más notables de estos días.
Nuestras casas son pobres, trivial nuestro renombre.
Mal comidos, mal vestidos, los criados nos miran desde arriba.
En el mediodía de nuestra edad tenemos arrugas.
¿A quién le importa, qué sabe nadie de lo que nos pasa?
Somos nuestra propia audiencia.
Sólo nosotros sabemos lo que somos.
Un día, junto a los poemas de los grandes muertos, alguien leerá los
    nuestros.
Al menos tendremos descendientes.

Paisaje

Otoño transparente.
Mis ojos vagan en el espacio sin fin.
Tiembla el horizonte, olas de claridad.
Lejos, el río desemboca en el cielo.
Sube el humo de la ciudad distante.
El viento se lleva las últimas hojas.
Una grulla perdida busca nido.
Los árboles están cargados de cuervos.

Después de la lluvia

Otoño, las nubes incendian el horizonte.
El viento del oeste lo gobierna todo.
Tras la larga noche de lluvia
Salen los campesinos al fino aire del alba.
Los árboles del desierto dejan caer sus pocas hojas.
Las peras silvestres son pequeñas mas jugosas.
Alguien toca una flauta tártara a la entrada del pueblo.
Un pato salvaje cruza el cielo vacío.

Luna llena

Solitaria, la luna llena
Suspendida sobre la casa al borde del río.
Bajo el puente corre el agua nocturna y reluce.
Está vivo el oro derramado en el río.
Mi cobertor brilla más que seda preciosa.
El círculo sin mácula.
Las montañas calladas, sin nadie.
La luna gira entre las constelaciones.
Un pino deja caer dos piñas en el viejo jardín.
Florece un árbol.
La misma gloria baña diez mil leguas.

YÜAN CHIEH

Civilización

Tres mil leguas contadas, rumbo hacia el sudoeste,
Se juntan Yuan y Hsiang, dos ríos poderosos.
Hondo el lago, los montes altos.
Gente de corazones inocentes:
Se ríen como niños, por los árboles trepan.
Con las manos atrapan pescados de agua dulce.
Los placeres de pájaros y bestias sus placeres.
No castigan sus cuerpos, no niegan sus deseos.
Fatigué en mis andanzas las cuatro direcciones,
Nadie en los Nueve Reinos vive como ellos viven.
Perplejo me detengo devanando mis dudas
¿Qué han hecho de nosotros los Sabios y los Santos?

HAN YÜ

Un árbol seco

Un árbol sin renuevos, sin follajes;
no lo injurian heladas ni ventiscas.
Su panza es cueva donde cabe un hombre,
es un manto de hormigas su corteza.
No lo visitan pájaros: su huésped
es el moho que dura una mañana.
Pero su leña es llama que habla en lenguas
y es santa vacuidad su tronco hueco.

La palangana

A Claude Roy

Ser viejo es regresar y yo he vuelto a ser niño.
Eché un poco de agua en una palangana
y oí toda la noche el croar de las ranas
como, cuando muchacho, pescaba yo en Fang-Kuo.

Palangana de barro, estanque verdadero:
el renuevo del loto es ya una flor completa.
No olvides visitarme una tarde de lluvia:
oirás, sobre las hojas, el chaschás de las gotas.

O ven una mañana: mirarás en las aguas
peces como burbujas que avanzan en escuadra,
bichos tan diminutos que carecen de nombre.
Un instante aparecen y otro desaparecen.

Un rumor en las sombras, círculo verdinegro,
inventa rocas, yerbas y unas aguas dormidas.
Una noche cualquiera ven a verlas conmigo,
vas a oír a las ranas, vas a oír al silencio.

Toda la paz del cielo cabe en mi palangana.
Pero, si lo deseo, provoco un oleaje.
Cuando la noche crece y se ha ido la luna
¡Cuántas estrellas bajan a nadar en sus aguas!

PO CHÜ-I

Tal cual

En la teosofía de la luz
la lógica universal ya no es
sino el cuerpo muerto de un ángel.

¿Qué es substancia?

                Aquello
que come y bebe el ángel nuestro.
El alcanfor es el incienso perfecto:
sus llamas no dejan cenizas.

                ***

Todas las substancias carecen de substancia:
demorarse en la vacuidad es salir de ella.
Para comprender a la Palabra, olvídala al decirla;
contar tu sueño mientras sueñas: vacuidad de vacuidad.
¿Cómo esperar que dé frutos la flor de aire?
¿Cómo pescar en el agua del miraje?
Dhyana: supresión del acto —pero *Dyhana* es un *acto*.
Lo que de veras *es* no es ni *Dhyana* ni *acto*.

                ***

Una flor —y no es flor.
Un vaho —y no es vaho.
A medianoche llega,
se va al romper el alba.
Viene como sueño de primavera
y como sueño se disipa.
Se va sin dejar huella
como el rocío por la mañana.

DEMONIO DE LA COLINA DEL TIGRE
[Siglo VIII, anónimo]

Inscripción

(En 778 aparecieron estos versos sobre el muro
de piedra del Templo de la Colina del Tigre.)

No soy sino un alma vagabunda:
No pude convertirme en espíritu inmortal.
Para mí no aparece el claro sol:
Los pinos verdes son mi pórtico.
Encerrado bajo un montón de tierra
No dejo de pensar en los míos.
¿Cómo matar mi pena, mis remordimientos?
Todo lo que ha nacido vuelve a su origen.
Anuncio a los vivos esta verdad:
No nos sacian las ofrendas de vino.
Que los que tienen cuerpo piensen en los huesos:
Honor y gozo son palabras huecas.

TCH'EN T'AO

Canción de Long-Si

Juraron acabar con los hunos, costase lo que costase.
Con sus abrigos de piel cinco mil cayeron en el llano.
Esos huesos anónimos que blanquean los bordes del río
Todavía tienen forma de hombres en los sueños de sus mujeres.

SU TUNG-P'O (SU SHIH)

Nevada

Nevó en Valle del Sur —una vista sin par.
Hinqué la espuela —nadie en la senda— breñas, broza
—Me adelanté a la madrugada —crucé el primero
El puente almagro —vi techumbres desfondadas,
Labriegos arruinados, su hambre desoída.
Lo que sentí lo sabe el cuervo crepuscular:
Hasta la punta vuela del árbol descarnado,
Se posa y una lluvia desata de carámbanos.

Tinta derramada

Nubes —tinta que borra a medias las colinas.
Lluvia blanca —el granizo rebota en la cubierta.
Un ventarrón terrestre barre con todo y se va.
Al pie de la torre el agua se ha vuelto cielo.

Paseo en el río

El claro viento —¿qué es?
Algo para amar, no para ser nombrado.
Pasa como un príncipe
Entre los elogios de los árboles.
Dejemos que la barca nos conduzca
¡Vamos a ninguna parte!
Tendido boca arriba, saludo
A la brisa que anda por ahí,
Bebo a la salud del espacio.
Ni ella ni él piensan en mí
—Qué bueno: yo tampoco. Anochece:
Nubes brillantes sobre aguas luminosas.

Noche en barco

Débil viento entre juncos y espadañas. ¿Llueve?
Abro la escotilla: la luna ha inundado al lago.
Marineros y pájaros acuáticos sueñan el mismo sueño.
Como un zorro sorprendido salta un gran pez.
Hombres y bestias: unos a otros se olvidan.
Ya es tarde. Yo juego a solas con mi sombra.
Olas negras contra los bordos: dibujos de gusanos.
Araña colgante —es la luna atrapada en un sauce.
Pasa la vida rápida —no la deja la pena.
Veo este instante que se desvanece.
Canta un gallo. Campanas y tambores en la orilla.
Un grito y otro y otro. Cien pájaros de pronto.

Begonias

Viento del este, suave.
Rayo de luz que flota
Entre perfumes densos:
Salta por el balcón,
En persona, la luna.
Se adormecen las flores.
Larga contemplación:
A la luz de la vela
Su belleza es más roja.

Flor pintada
(Otra lectura del mismo poema)

Viento del este, suave.
Rayo de luz que flota
Entre perfumes densos:
Salta por el balcón,
En persona, la luna.
La muchacha se duerme.

Contemplo largamente
A la luz de la vela
Su pintada belleza.

***12

No me avergüenza, a mis años, ponerme una flor en el pelo.
La avergonzada es la flor coronando la cabeza de un viejo.
La gente se ríe al verme regresar borracho apoyado en un amigo.
Miles de *li* de elegantes persianas alzadas a medias me miran pasar.

Pensando en su mujer muerta

Diez años: cada día más lejos,
Cada día más borrosos, la muerta y el vivo.
No es que quiera recordar: no puedo olvidar.
A miles de *li* su tumba sola.
Pensamientos de ella, hacia ella: sin ella.
Si volviésemos a encontrarnos,
No me reconocerías:
El pelo blanco,
La cara del polvo mi cara.

Anoche soñé que regresaba a casa.
Te veía a través de la ventana de tu cuarto.
Te peinabas y me veías pero no hablabas.
Nos mirábamos, llorando.
Yo sé el lugar donde se rompe mi corazón:
La cima de cipreses bajo la luna.

***

Más claro el vino, más fácil beber dos copas.
La capa más delgada, mejor para doblarla.

Belleza y fealdad se oponen, el vino las asemeja.
Esposa celosa y querida peleona, la vejez las iguala.
Escucha a la cordura: escóndete si quieres ser tú mismo,
Evita la Sala Imperial de las Audiencias, la Cámara del Este,
El polvo de los años, el viento del Paso del Norte.
Cien años son muchos años pero también se acaban:
¿Qué más da ser cadáver rico, cadáver pobre?
Joyas de perla y jade en la boca de los muertos ilustres:
Dentro de mil años serán más ricos los ladrones de tumbas.
La poesía, única recompensa del poeta,
Es la poesía que aburre al necio ávido de honores.
El justo es el peor enemigo de sí mismo.
El vino es la mejor recompensa del mérito.
Bien y Mal, Pena y Alegría: rostros de la vacuidad.

El miraje marino
[Refundición]

Hacia el este, nubes y mar: un vacío sobre otro vacío.
¿Y los inmortales van y vienen por esta vacuidad luminosa?
Aunque todas las formas nacen del oleaje de este mundo flotante,
En vano aguardo la aparición:
No hay puertas de cauri que se cierren sobre palacios de perla.
Lo sé: la visión es quimérica.
Pero mis ojos quieren ver esa invención de dioses.
Día frío, mar helado, aunque cielo y tierra reposan,
Concededme la gracia ¡y que despierten vuestros dragones!
No fue rechazada mi abrupta plegaria:
Torres sobre la orilla, colinas verdiazules en el alba de escarcha,
¡El miraje, la maravilla que pasmó a los viejos!

Ahora: sol tardío, un pájaro perdido en el espacio.
Frente a mí la masa verde: un bruñido espejo de bronce.
¿Para qué este nuevo poema de palabras entretejidas
Que también, como todo, disipa el soplo del este?

Cuatro poemas sobre la pintura

CUANDO YU-K'O PINTA...

Cuando Yu-k'o pinta bambúes
Todo es bambú, nadie es gente.
¿Dije que no ve a la gente?
Tampoco se ve a sí mismo:
Absorto, bambú se vuelve,
Un bambú que crece y crece.
Ido Chuang-tse, ¿quién otro tiene
Este poder de irse sin moverse?

SOBRE LA PINTURA DE UNA RAMA FLORIDA (PRIMAVERA PRECOZ) DEL SECRETARIO WANG

¿Quién dice que la pintura debe parecerse a la realidad?
El que lo dice la mira con ojos sin entendimiento.
¿Quién dice que el poema debe tener un tema?
El que lo dice pierde la poesía del poema.
Pintura y poesía tienen el mismo fin:
Frescura límpida, arte más allá del arte.
Los gorriones de Pien Luen pían en el papel,
Las flores de Chao Ch'ang palpitan y huelen,
¿Pero qué son al lado de estos rollos,
Pensamientos-líneas, manchas-espíritus?
¡Quién hubiera pensado que un puntito rojo
Provocaría el estallido de una primavera!

SOBRE UNA PINTURA DE LI SHIH-NAN

Serpea por el prado. En sus márgenes todavía
Estragos de la crecida. Claros en las arboledas:
Las raíces quemadas por la helada asoman, oblicuas.
Un botecito de un solo remo —¿adónde va?
Al sur del río, a un pueblo de hojas amarillas.

POEMA ESCRITO SOBRE UNA PINTURA
DE WANG CHIN-CH'ING

Flotan, grises y verdes, sobre el pecho del río:
¿son montes o son nubes? De lejos no se sabe.
Pero las nubes pasan, se dispersan las nieblas,
aparecen montañas, colinas, arboledas.
Por riscos verdinegros cien cascadas bullentes.
Se cuelan por los bosques, saltan entre las peñas,
son de jade y serpean, torrentes son espuma,
blancas se precipitan entre verdes abismos.
Al llegar a los llanos, los rápidos se juntan
en las aguas pacíficas del río poderoso.
Un puentecillo lleva a una posada rústica,
asida a un farallón. Ir y venir de gente
bajo los quietos árboles. Una motita allá,
donde el azul del río se ha vuelto azul del cielo:[13]
una barca en lo inmenso perdida...
                                    Tus pinceles
reviven estas vistas y al mirarlas deseo
un pedazo de tierra, un pedazo de cielo.

Pasé en Wang Cheng tres años: primaveras airosas,
las aguas encrespadas, sereno el firmamento;
del monte a la llanura bajan, de lluvia grávidas,
las tribus de las nubes, nómadas del verano;
en el otoño límpido, los vuelos de los cuervos
de los arces en llamas a las barcas dormidas;
mediodías de invierno: sobre el mundo en letargo
la sacudida nieve de los pinos enhiestos.
También son de este mundo, no sólo de inmortales
Wu-ling y la corriente con la flor de durazno.[14]
Valles, colinas, ríos: soledad que no pesa;
conozco sus senderos pero me quedo aquí.
Me llama la ciudad, polvo soy de su polvo.
Devuelvo tu pintura y suspiro tres veces.

Li Ch'ing-chao

Según la opinión general, Li Ch'ing-chao es uno de los grandes poetas de China; para encontrar a sus pares hay que pensar en los clásicos, es decir, en una media decena de nombres: T'ao Ch'ien, Wang Wei, Li Po, Tu Fu, Po Chü-i, Su Tung-p'o y dos o tres más. En cuanto a las otras poetisas: muchas son notables pero ninguna puede rivalizar con ella. Li nació en 1084 y murió en 1151. Su vida coincide con el fin del Imperio Sung, en el norte, y con su reconstrucción en el sur. Un periodo de guerras, ocupación extranjera, poblaciones enteras que huyen hacia el sur ante la embestida de los tártaros Chin y otros desastres; al mismo tiempo, un gran florecimiento de las artes, la pintura, la caligrafía y la poesía.

Li venía de una familia de letrados de modestos recursos pero distinguida por sus méritos intelectuales. Su padre fue amigo y partidario de Su Tung-p'o, poeta, pintor y estadista. Su madre alcanzó alguna notoriedad poética. Joven, a los dieciocho años, Li se casó con un joven e inteligente letrado: Chao Ming-ch'eng. Fue una pareja bien avenida y su vida transcurrió, durante más de veinte años, entre los placeres de la literatura, las excursiones, el arte, la música, el coleccionismo y la amistad con otros letrados y poetas. La única nubecilla: la rivalidad política entre el padre de Li y el de Chao. El segundo pertenecía a la facción enemiga de Su Tung-p'o, llamada de los «reformadores»; al tomar el poder, los «reformadores» destituyeron al padre de Li, que era prefecto en alguna provincia. En cambio, el padre de Chao llegó a ocupar el puesto de Primer Ministro. Ninguno de estos incidentes alteró gravemente el equilibrio de la vida de Li y de Chao. Amantes de las antigüedades, coleccionaron sellos, bronces, manuscritos, caligrafía y pinturas. Su colección de objetos y su biblioteca, según dicen sus biógrafos, llenaban diez salas. Se debe a Chao Ming-ch'eng el mejor estudio de epigrafía e historia de esas antigüedades. Pero en 1127 los Chin avanzaron y ocuparon con relativa celeridad el norte de China. Li y Chao, como miles de refugiados, huyeron y buscaron refugio en el sur. Su casa fue incendiada y destruida su colección.

En el sur, donde la dinastía Sung se defendía mal que bien de los Chin, la pareja encontró acomodo y Chao, en 1129, fue nombrado prefecto de una ciudad alejada. Nuevo infortunio: Chao murió antes de llegar a su punto de destino; Li lo había seguido y de pronto se encontró viuda, sin grandes recursos y ya no muy joven. Durante unos años vivió una vida errante de ciudad en ciudad, vendiendo las pocas antigüedades que había logrado salvar de la destrucción de su colección. Al fin, en 1134, llegó a la capital de los Sung del sur. Era una figura literaria muy conocida y estimada pero, tal vez debido a sus dificultades materiales, dejó la capital y se instaló con su hermano menor en una ciudad vecina. Se conoce mal este último periodo de su vida. Sabemos que se volvió a casar; el matrimonio fue infortunado y duró poco. También fue acusada de haber colaborado con los Chin; salió absuelta del proceso. Murió, probablemente, en 1151, ya de edad avanzada.

Li Ch'ing-chao es una gran poetisa del amor: uniones y separaciones, intensidad del placer, nostalgia, refinamientos de la coquetería, ausencias, el sentimiento de la naturaleza y, más poderoso aún, el del tiempo que pasa. La visión del amor está indisolublemente asociada a la de la muerte; el goce de la presencia a la desdicha de la ausencia. Su posición oficial obligaba a Chao a ausentarse con cierta frecuencia, de modo que en la poesía de Li las quejas por la lejanía de la persona querida no son un recurso retórico sino que expresan una realidad muchas veces vivida. Las ausencias, así sean cortas, son propicias a la nostalgia y a la aprehensión del fluir irrevocable del tiempo, dos notas constantes en sus poemas. La poetisa resuelve todos estos contrastes psicológicos de una manera sintética, oblicua, alusiva y siempre en una forma límpida y refinada. Doble fuente de la poesía de Li Ch'ing-chao: la intensidad de sus experiencias vitales y la presencia constante de la tradición poética de China. Un lenguaje apasionado sin ser jamás vulgarmente sentimental y en el que, admirablemente, se funden la confidencia y la reticencia. También es notable la manera en que describe los objetos y los incidentes de la vida cotidiana que rodeaban a una mujer de su clase: el ramo de flores de ciruelo, la luna penetrando en la habitación, el peine confidente de su desvelo o de su angustia, el recuerdo de un paseo en barco, el kiosco de los transportes eróticos... Y el vino. No es extraña su continua mención en los poemas de Li: el vino forma parte de la tradición literaria de China. No es la borrachera a lo occidental sino ese licor mágico que excita el entusiasmo o la tristeza, el abandono o la caída en nosotros mismos. Li no es una poetisa metafísica e intelectual, como Sor Juana. Tampoco una mística. Su experiencia de lo sagrado es la experiencia humana por excelencia: la del amor.

Poetisa del amor, Kenneth Rexroth la ha comparado con dos grandes poetisas eróticas de nuestra tradición: Gaspara Stampa y Louise Labée. Yo añadiría un tercer nombre: Safo. Sin embargo, dos notas separan a la poesía de Li de la de sus hermanas de Occidente. La primera es que en ningún momento aparece en sus poemas la división entre el cuerpo y el espíritu. La lírica de Occidente está impregnada de platonismo; Li ve como una totalidad al cuerpo y a la mente. La segunda: no hay celos ni recriminaciones. Fusión entre el amor carnal y el espiritual, fusión de la pasión erótica y la vida conyugal. Naturalmente, hay que leer sus poemas con cierta reserva. No son confesiones ni documentos sino creaciones poéticas que, por más personales que sean sus expansiones, se ajustan a un modelo y a una tradición. No obstante, en un punto crucial, la poesía de Li Ch'ing-chao se aparta radicalmente de la tradición poética china: la imagen de la mujer que aparece en sus poemas —ella misma— no es la estereotipada de una víctima pasiva abandonada por su infiel señor, sino la de una mujer con voluntad propia. Cierto, vive dolida por la ausencia *involuntaria* (lo subrayo) del ser querido; agrego que está unida a él en igualdad de circunstancias: el libre albedrío, la comunidad de gustos e inclinaciones. Amor intelectual, amor físico y ternura. Está enamorada, sí, pero sabe también que es una mujer amada.

Li dejó unos seis volúmenes de poesía; conocemos sólo una pequeña parte pues la mayoría de sus poemas fueron víctimas del tiempo y sus accidentes, entre ellos el mayor de todos: la barbarie y la incuria de los hombres. Con la excepción de un grupo reducido de poemas escritos en metros clásicos fijos, lo que tenemos de ella es un conjunto de composiciones, no llegan a sesenta, escritas en metros irregulares y destinadas a acompañar antiguas tonadas extranjeras *(Tzu)*. Fue un género muy popular en el periodo Sung y en el que sobresalieron algunos grandes poetas, como Su Tung-p'o. Mi selección es brevísima: cinco poemas y uno más de dudosa atribución. Suprimí los títulos, que son los de las canciones, porque no le dicen nada al lector moderno, incluso si es de lengua china. Una excepción: conservé el título del poema sexto, *Labios rojos pintados* por una razón que el lector comprenderá fácilmente. Es un poema de ocho líneas que describe con gracia y economía una escena de extraña ambigüedad. La protagonista es una mujer muy joven y por esto algunos piensan que su tema son las idas y venidas de una adolescente que descubre la sexualidad. Pero hay otra interpretación, tal vez más exacta: se trata de una joven prostituta. La mención del juego del columpio con sus subidas y bajadas alude al acto sexual; el visitante que se presenta de improviso es un cliente. En suma, es una escena de burdel pero escrita con tal maestría que provoca, simultáneamente, nuestra perplejidad y nuestra simpatía. Todo está dicho y nada se ha dicho. Por su asunto, muchos opinan que este poema no puede ser de Li; otros críticos, en cambio, encuentran que su perfección es una razón para pensar que sí es de ella. Es imposible para mí participar en este debate. Me limito a señalar la maestría, la rapidez del trazo y el amor por los detalles que, sin decir nada expresamente, construyen una situación de singular y ambiguo encanto.

Mis versiones están basadas en las de Eugene Eoyang, Liang Paitchin, Kenneth Rexroth y Li Ch'ung, K. Y. Hsü, C. H. Kwôck y Vicent McHugh.

OCTAVIO PAZ
México, a 22 de octubre de 1966

1

¿Quién plantaría, bajo mi ventana, este plátano?
Sus sombras cubren el patio.
Sus sombras cubren el patio.
Tercera vela; oigo, bajo mi almohada, el bisbiseo,
la incesante llovizna.
Cae, gota a gota, cae sin respiro.
Cae.
  No me levanto ni la escucho:
me acompaña mi pena.

2

El kiosco y el riachuelo.
El placer compartido. Corrió el vino.
Ebrios y ya saciados, extraviamos el rumbo.
Nuestra barca flotando en la corriente,
apresada de pronto por racimos de lotos.
Remamos y remamos.
Vasto rumor de alas: airones y gaviotas,
su sueño interrumpido, volaban en la orilla.

3

El viento cede.
Fragancia de pétalos caídos hace poco.
El vaho de la tierra.
Avanza la mañana y me cansa peinarme.
Todo está igual pero él se ha ido
y todo está vacío.
Las palabras traicionan: habla mejor el llanto.

Dicen que en Dos Arroyos todavía
la primavera es primavera.
¡Flotar allá, mecida por las aguas!
Pero con tanta pena
mi frágil barco se hundiría.

4

Se disipa el aroma del loto rojo.
La estera, fría, huele a otoño.
Abro mi vestido y, sola, salto en la barca.
¿Quién me envía un mensaje, allá entre las nubes?

Una escuadra de patos salvajes
traza en el cielo signos ilegibles.

La luna inunda la torre del oeste.
Han de caer los pétalos,
ha de correr el agua infatigable.

Dos soledades: un mismo sentimiento
nos une y nos separa.

Quisiera no pensar en todo esto y es inútil:
mi cabeza vacía, mi corazón henchido.

5

Anoche, por el vino, me despeiné ya tarde.
En el ramo, ya secos, pétalos de ciruelo.
Sueño de primavera, roto
por el sabor del vino: despierto a mi presente.

La luna, arriba, quieta.
Cierran las alas las cortinas... Y sin embargo
yo todavía rozo estos pétalos caídos,
todavía me envuelve este perfume
que no acaba de irse
y toco este momento todavía.

Labios rojos pintados

Lánguida, salta del columpio
y contempla sus manos delicadas.
Flor que envuelve el rocío, el sudor humedece
—una apenas neblina— su ligera camisa.

Un visitante llega y ella, azorada, corre
—las medias arrugadas, tres horquillas perdidas—,
vuelve y al entornar la puerta, curiosa,
mientras huele un membrillo verde, atisba.

FAN-KH'I

Al norte del Gobi

Si hielo y escarcha se juntan y son crueles
Se echan a andar en busca del agua y de la hierba.
Cazan con flechas, pescan, talan árboles.
Caballos, vino, té: como nosotros.
Diferentes: camellos, pellizas, brocados.
Son gente fornida y de ojos azules.
Leen las líneas de izquierda a derecha.

VI

JAPÓN

Tanka y haikú

Aunque la forma de la poesía clásica es el poema breve *(tanka* o *waka)*, compuesto de cinco líneas de cinco y siete sílabas (5-7-5/7-7), en la primera antología poética, *Manyoshu*, recopilada a fines del siglo VIII, aparecen poemas relativamente más largos, llamados *naga uta* o *choka*. La combinación métrica básica es la misma: versos de cinco y siete sílabas, no rimados pero ricos en paranomasias, onomatopeyas y juegos de palabras. Son justamente célebres los *naga uta* de Hitomaro, un gran poeta sin duda. Hitomaro es un *kasei,* un poeta deificado.

OCTAVIO PAZ

***

> Bahía de Iwami,
> por el cabo de Kara:
> entre las peñas sumergidas
> crece el alga *miru*
> y la brillante liana acuática
> a las rocas se enlaza.
> Mi mujer,
> como la liana a la piedra,
> dormía abrazada a mí.
> Dormía mi mujer
> y yo la amaba
> con un amor profundo
> de alga *miru.*
> Dormimos pocas noches:

como la viña al muro
nos arrancaron.
Me dolió el cuerpo,
me dolió el alma.
Al irme, volví los ojos:
el otoño de hojas quemadas
girando entre los valles
no me dejaba verla.
Como la luna
por una nube rota
se va a pique,
entre mis pensamientos
se iba mi mujer.
Y yo me iba
como se hunde el sol
entre los montes.
Creía que era valiente:
las mangas de mi traje
están mojadas por mi llanto.

KAKINOMOTO HITOMARO

***

¿A qué comparo
la vida en este mundo?
Barca de remos
que en la mañana blanca
se va sin dejar traza.

El monje MANZEI [*Manyoshu*]

***

Aquella luna
de aquella primavera

no es ésta ni es
la misma primavera.
Sólo yo soy el mismo.

—

Siempre lo supe:
el camino sin nadie
es el de todos.
Pero yo nunca supe
que hoy lo caminaría.[1]

ARIWARA NO NARIHIRA

***

Río Minano:
desde el monte Tsukuba
cae y se junta,
profundo. Así mi amor
se ha vuelto un agua honda.

Ex emperador YOZEI

***

Cresta de ola
inmóvil, congelada
en pleno viento:
la garza apareció
en la boca del río.[2]

Emperador UDA

***

Si hay agua quieta
en el corazón mismo
del remolino
¿por qué en ti, torbellino,
no puedo dormir nunca?

Anónimo [antología *Kokinshu*, siglo x]

***

Perdí mi rumbo,
los llanos del otoño
fueron mi casa.
Insecto de la espera
taladrando el espacio.

Anónimo [antología *Kokinshu*]

***

¿El mundo
siempre fue así
o ahora
se ha vuelto
sólo por mí tan triste?

Anónimo [antología *Kokinshu*]

***

Entre las nubes,
las alas enlazadas,
patos salvajes.

Es tan clara la luna
que podemos contarlos.

Anónimo [antología *Kokinshu*]

***

Ha de volver
este tiempo, lo sé.
Mas para mí,
que no he de volver,
es único este día.

—

Luna en el agua
recogida en la concha
de una mano:
¿es real, irreal?
Eso fui yo en el mundo.[3]

KI NO TSURAYUKI

***

Que todavía
se quede largo rato
yo no lo creo.
Breve noche de amantes:
siempre noche de otoño.

—

En la colina
el sol se clava, fiero.
Roncas cigarras.

Nadie me llama, sólo
el viento, él solo. Nadie.

—

¿Es sueño
o es real este mundo?
¿Puedo saber
qué es real, qué es sueño,
yo que ya no soy yo?

—

Hierba, me arranca
la desdicha. Yo floto
ya sin raíces.
¡Siguiera al remolino
si me hiciese una seña!

ONO NO KOMACHI

***

Su color cambian
los árboles, las yerbas.
Para las olas
—instantáneas flores
del mar— nunca hay otoño.

BUNIA YASUHIDE

***

De la negrura
por un camino negro
a la negrura.

Entre los montes, lejos,
¡brille la luna sola![4]

Izumi Shikibu

***

Del pino aquel
ahora, en Takekuma,
ni una traza.
¿Desde que vine habrán
pasado ya mil años?

El monje Noin

***

La carta, escrita
con una apenas tinta,
mírala allá.
En el cielo brumoso
ya las ocas regresan.

Tsumori Kunimoto

***

Toda la noche
amotina las olas
el viento en cólera.
Y los pinos chorrean
húmeda luz de luna.

—

El sauce tiembla
en el agua corriente.
Bajo su sombra
—rumores y reflejos—
un momento reposo.

—

Todas las cosas
cambian —todos los días,
todas las noches.
Pero la luna[5] arriba:
siempre la misma luz.

—

Si yo no creo
que lo real sea
real,
        ¿cómo creer
que son sueño los sueños?

El monje Saigyo

***

Tarde de plomo.
En la playa te espero
y tú no llegas.
Como el agua que hierve
bajo el sol —así ardo.

Fujiwara no Sadaie

***

A la luz poca
del convulso relámpago
cuento las gotas
de la lluvia cayendo
sobre las hojas negras.

REIZE TAMEHIDE

***

Luna de estío:
si le pones un mango,
¡un abanico!

YAMAZAKI SOKÁN

***

Noche de estío:
el sol alto despierto,
cierro los párpados.

ARAKIDA MORITAKE

***

Año del tigre:
niebla de primavera
¡también rayada!

MATSUNAGA TEITOKU

***

Lluvia de mayo:
es hoja de papel
el mundo entero.

NISHIYAMA SOIN

***

Carranca acerba:
su gaznate hidrópico
la rata engaña.

—

Narciso y biombo
uno al otro ilumina,
blanco en lo blanco.

—

Un viejo estanque
salta una rana ¡zas!
chapaleteo.

—

Tregua de vidrio:
el son de la cigarra
taladra rocas.

(OTRA VERSIÓN)

Quietud:
los cantos de la cigarra
penetran en las rocas.

—

El mar ya obscuro:
los gritos de los patos
apenas blancos.

—

Bajo las abiertas campánulas
comemos nuestra comida,
nosotros que sólo somos hombres

—

Es primavera:
la colina sin nombre
entre la niebla.

—

Cerezos: nubes
en flor —y las campanas
¿Uedo, Asakura?

—

A caballo en el campo,
y de pronto, detente:
¡el ruiseñor!

—

Quedó plantado
el arrozal cuando le dije
adiós al sauce.

—

Hierba de estío:
combates de los héroes,
menos que un sueño.

—

¡Qué cortesía!
Hasta la nieve es fragante
en Minamidani.

—

Picos de nubes
sobre el monte lunar:
hechos, deshechos.

(OTRA VERSIÓN)

Monte de nubes
negras de pronto rotas
¡luna en el monte!

—

Río Mogami:
tomas al sol y al mar
lo precipitas.

—

Tendido fluye
del mar bravo a la isla:
río de estrellas.

—

Bajo un mismo techo
durmieron las cortesanas,
la luna y el trébol.

(OTRA VERSIÓN)

Monje y rameras
alberga el mismo techo:
trébol y luna.

—

Óyelo, tumba:
el viento del otoño
habla —si hablo.

—

Arde el sol, arde
sin piedad —mas el viento
es del otoño.

—

El nombre es leve:
viento entre pinos, tréboles
viento entre juncos.

—

¡Qué irrisión!
Bajo el yelmo del héroe
un grillo canta.

—

Viento de otoño:
más blanco que tus piedras,
Monte de Rocas.

—

Antes de irme
¿barro el jardín hojoso,
sauces pelados?

—

Este camino
nadie ya lo recorre,
salvo el crepúsculo.

—

Un relámpago
y el grito de la garza,
hondo en lo obscuro.

—

Caído en el viaje:
mis sueños en el llano
dan vueltas y vueltas.

—

Admirable
—no dice, ante el relámpago,
la vida huye...

MATSUO BASHŌ

***

¡Ah, el mendigo!
El verano lo viste
de tierra y cielo.

—

El niño ciego,
guiado por su madre,
frente al cerezo en flor.

ENAMOTO KIKAKU

***

Cima de la peña:
allí también hay otro
huésped de la luna.

MUKAI KYORAI

***

Ando y ando.
Si he de caer, que sea
entre los tréboles.

KAWAI SORA

***

Contra la noche
la luna azules pinos
pinta de luna.

—

El Año Nuevo:
clarea y los gorriones
cuentan sus cuentos.

HATTORI RANSETSU

***

Llovizna: plática
de la capa de paja
y la sombrilla.

—

Ante este blanco
crisantemo, las mismas
tijeras dudan.

—

Árbol en flor.
Ella lee la carta
bajo la luna.

—

Dama de noche:
en su perfume esconde
su blancura.

—

Guardián de frutos
—pero sin arco y flechas:
¡espantapájaros!

YOSA BUSON

***

No hablan palabra
el anfitrión, el huésped
y el crisantemo.

—

Cae el carbón,
cae en el carbón:
anochecer.

—

Vuelvo irritado
—mas luego, en el jardín:
el joven sauce.

OSHIMA RYOTA

***

Para el mosquito
también la noche es larga,
larga y sola.

—

Mi pueblo: todo
lo que me sale al paso
se vuelve zarza.

—

En esa cara
hay algo, hay algo... ¿qué?
Ah, sí, la víbora.

—

Al Fuji subes
despacio —pero subes,
caracolito.

—

Miro en tus ojos,
caballito del diablo,
montes lejanos.

—

Maravilloso:
ver entre las rendijas
la Vía Láctea.

—

Luna montañesa:
también iluminas
al ladrón de flores.

KOBAYASHI ISSA

***

Se llevó todo
el ladrón —todo
menos la luna.

El monje RYOKAN

***

Ah, si me vuelvo
ese pasante ya
no es sino bruma.

—

Agonizante
la cigarra en otoño
canta más fuerte
                MASAOKA SHIKI

***

Viento de otoño:
todo lo que hoy veo
es haikú.

—

La serpiente:
sobre el césped, los ojos
que la miraron.
                TAKAHAMA KYOSHI

MATSUO BASHŌ

Sendas de Oku
*(Traducción de Octavio Paz
y Eikichi Hayashiya)*

Advertencia a la primera edición (1957)

A pesar de que los poemas de Bashō han sido traducidos a casi todos los idiomas europeos y han influido en varios movimientos poéticos modernos y en algunos poetas ingleses, norteamericanos y franceses (para no hablar del mexicano José Juan Tablada, introductor de haikú en América y España), la traducción que ahora publicamos es la primera que da a conocer, en una lengua occidental, el texto completo del célebre diario de viaje: *Oku no Hosomichi.* Los traductores se han acercado con respeto y amor al original, aunque sin hacerse excesivas ilusiones sobre la posibilidad de trasplantar al español un texto que es elusivo aun en japonés. Esperan, de todos modos, que su versión dé una idea de la sencillez y movilidad de Bashō, que procede por alusiones y cuyo lenguaje, poseído por un infinito respeto al *objeto,* no se detiene nunca sobre las cosas sino que se contenta con rozarlas. La traducción de los poemas —sacrificando la música a la comprensión— no se ajusta a la métrica tradicional del haikú pero en muchos casos se ha procurado encontrar equivalentes en español de la concentración poética del verso japonés y de sus medidas silábicas.

Acompañan al texto 70 notas, que lo aclaran y dan más de una noticia interesante o curiosa. Todas ellas son fruto del paciente trabajo del señor Eikichi Hayashiya. El profesor Eiji Matsuda, de la Universidad Nacional de México, amablemente identificó y tradujo los nombres de las plantas y flores japonesas que se citan en el libro.

El invierno pasado, en Nueva York, Donald Keene leyó nuestra traducción y me hizo algunas sugestiones que mejoraron nuestro texto. Doy aquí las más cumplidas gracias a tan generoso amigo.

OCTAVIO PAZ

VIDA DE MATSUO BASHŌ

Matsuo Bashō (o a la occidental: Bashō Matsuo) nació en 1644, en Ueno. Bashō fue su último nombre literario; Kinsaku fue su nombre de nacimiento. Su padre era un samurai de escasos recursos al servicio de la poderosa familia Todo. A los nueve años Bashō fue enviado a casa de sus señores, como paje de Yoshitada, el heredero de los Todo; el joven Yoshitada era apenas dos años mayor que Bashō, de modo que pronto los unió una estrecha amistad, originada y fortalecida por su común afición a la poesía. Los dos muchachos estudiaron el arte de la poesía con Kitamura Kigin (1624-1703), discípulo de Teitoku y él mismo poeta de distinción. Se conservan poemas de esa época firmados por Sengin y Sobo, nombres literarios del joven señor y de su paje y amigo. Sengin muere en 1666 y Bashō, apenado por esta muerte prematura, pide separarse del servicio de la familia; rechazan su petición y el poeta huye a Kioto. Nuevos estudios de poesía y caligrafía; lectura de los clásicos chinos y japoneses; amores con Juteini, aunque poco se sabe de este episodio y casi nada sobre ella. En 1672 Bashō se instala en Edo (Tokio). En 1675 conoce al poeta Soin y durante algún tiempo es miembro de su escuela poética (*Danrin*). Cambia su nombre literario por el de Tosei y su lenguaje poético por uno más fluido y menos literario. Publica varias antologías. Ya libre de influencias, crea poco a poco una nueva poesía y pronto lo rodean discípulos y admiradores. Pero la literatura es también y sobre todo experiencia interior; intensa búsqueda, años de meditación y aprendizaje bajo la dirección del maestro de Zen, el monje Buccho (1643-1715). Uno de sus admiradores, Sampu, hombre acomodado, le regala una pequeña casa cerca del río Sumida, en 1680. Ese mismo año otro de sus discípulos le ofrece, como presente, una planta de banano (Bashō). La planta da nombre a la ermita y luego al poeta mismo. Periodo de meditación y de lenta conquista, contra angustia psíquica y males del cuerpo, de una siempre precaria serenidad. Su influencia crece, lo mismo que el renombre de sus libros y de las antologías que publica con sus discípulos: Kikaku, Sora, Sampu, Boncho, Kyori, Joso, Ransetsu... Viajes, solo o acompañado; viajes a pie como un monje pero asimismo como un «extraño sembrador de poesía». En 1683 publica su primer diario de viaje; en 1687 escribe un relato de su excursión al santuario de Kashima y un poco después emprende una nueva y larga excursión de once meses, origen del tercer y cuarto diario. En 1689 se inicia la peregrinación que relata *Oku no Hosomichi*. Bashō tenía cuarenta y cinco años y el viaje duró dos años y medio, aunque el texto tiene por materia sólo los seis primeros meses. Para darse cuenta de lo que significó esa expedición debe señalarse que para los japoneses del siglo XX esa región es considerada todavía como un país remoto y abrupto. En 1691 Bashō regresa a Edo. Nuevas ermitas: *Choza de la Visión, Cabaña de la Anonimidad*... En 1694, otra excursión, ahora a Nara y Osaka. En esta última ciudad cae enfermo, en el curso de una comida en casa de Ono, su discípula; sus amigos lo transportan a casa de un florista, donde muere, el 12 de octubre. Está enterrado en Otsu, a la orilla del lago Biwa.

OCTAVIO PAZ

Sendas de Oku

Los meses y los días son viajeros de la eternidad. El año que se va y el que viene también son viajeros. Para aquellos que dejan flotar sus vidas a bordo de los barcos o envejecen conduciendo caballos, todos los días son viaje y su casa misma es viaje. Entre los antiguos, muchos murieron en plena ruta. A mí mismo, desde hace mucho, como jirón de nube arrastrado por el viento, me turbaban pensamientos de vagabundeo. Después de haber recorrido la costa durante el otoño pasado, volví a mi choza a orillas del río y barrí sus telarañas. Allí me sorprendió el término del año; entonces me nacieron las ganas de cruzar el paso de Shirakawa y llegar a Oku cuando la niebla cubre cielo y campos. Todo lo que veía me invitaba al viaje; tan poseído estaba por los dioses que no podía dominar mis pensamientos; los espíritus del camino me hacían señas y no podía fijar mi mente ni ocuparme en nada. Remendé mis pantalones rotos, cambié las cintas a mi sombrero de paja y unté moxa quemada en mis piernas, para fortalecerlas. La idea de la luna en la isla de Matsushima llenaba todas mis horas. Cedí mi cabaña y me fui a la casa de Sampu,[1] para esperar ahí el día de la salida. En uno de los pilares de mi choza colgué un poema de ocho estrofas.[2] La primera decía así:

> Otros ahora
> en mi choza — mañana:
> casa de muñecas.[3]

Salimos el veintisiete del Tercer Mes. El cielo del alba envuelto en vapores; la luna en menguante y ya sin brillo; se veía vagamente el monte Fuji. La imagen de los ramos de los cerezos en flor de Ueno y Yanaka me entristeció y me pregunté si alguna vez volvería a verlos. Desde la noche anterior mis amigos se habían reunido en casa de Sampu, para acompañarme el corto trecho del viaje que haría por agua. Cuando desembarcamos en el lugar llamado Senju, pensé en los tres mil *ri* de viaje que me aguardaban y se me encogió el corazón.[4] Mientras veía el camino que acaso iba a separarnos para siempre en esta existencia irreal, lloré lágrimas de adiós:

> Se va la primavera,
> quejas de pájaros, lágrimas
> en los ojos de los peces.

Este poema fue el primero de mi viaje. Me pareció que no avanzaba al caminar; tampoco la gente que había ido a despedirme se marchaba, como si no hubieran querido moverse hasta no verme desaparecer.

Sin muchas cavilaciones decidí, en el segundo año de la Era de Genroku (1689), emprender mi larga peregrinación por tierras de Oou. Me amedrentaba pensar que, por las penalidades del viaje, mis canas se multiplicarían en lugares tan lejanos y tan conocidos de oídas, aunque nunca vistos; pero la violencia misma del deseo de verlos disipaba esa idea y me decía ¡he de regresar vivo! Ese día llegué a la posada de Soka. Me dolían los huesos, molidos por el peso de la carga que soportaban. Para viajar debería bastarnos sólo con nuestro cuerpo; pero las noches reclaman un abrigo; la lluvia, una capa; el baño, un traje limpio; el pensamiento, tinta y pinceles. Y los regalos que no se puedan rehusar... Las dádivas estorban a los viajeros.

Visitamos el santuario de Muro-no-Yashima. Sora,[5] mi compañero, me dijo que la diosa de este santuario se llama Konohana Sakuyahime (Señora de los Árboles Floridos) y que es la misma del monte Fuji. Es la madre del príncipe Hohodemi-no-Mikoto.[6] Para dar a luz se encerró en una casa tapiada y se prendió fuego. Por eso el santuario se llama Muro-no-Yashima, que quiere decir «Horno de Yashima». Así se explica la costumbre de mencionar al humo en los poemas que tienen por tema este lugar. También se conserva una tradición que prohíbe comer los peces llamados konoshiro.[7]

El día treinta nos hospedamos en una posada situada en la falda del monte Nikko. El dueño de la posada me dijo que se llamaba Gozaemon y que, por su rectitud, la gente lo nombraba Gozaemon del Buda. «Reposen sosegados esta noche —nos dijo—, aunque su almohada sea un manojo de hierbas.» Preguntándome qué Buda había reencarnado en este mundo de polvo y pecado para ayudar a tan pobres peregrinos como nosotros, me dediqué a observar la conducta del posadero. Aunque ignorante y tosco, era de ánimo abierto. Uno de esos a los que se aplica el «Fuerte, resuelto, genuino: un hombre así, está cerca de la virtud».[8] En verdad, su hombría de bien era admirable.

El día primero del Cuarto Mes oramos en el templo de la montaña sagrada. Antiguamente la montaña se llamaba Futara, pero el gran maestro Kukai,[9] al fundar el templo, cambió su nombre por el de Nikko, que quiere decir «Luz del Sol». El gran sacerdote adivinó lo que ocurriría mil años después, pues ahora la luz de esta montaña resplandece en el cielo, sus beneficios descienden sobre todos los horizontes y los cuatro estados[10] viven pacíficamente bajo su esplendor. La discreción me hace dejar el tema.[11]

Mirar, admirar
hojas verdes, hojas nacientes
entre la luz solar.

La niebla envolvía al monte Cabellera Negra y la nieve no perdía aún su blancura. Sora escribió este poema:

Rapado llego
a ti, Cabellos Negros:
mudanza de hábito.[12]

Sora es de la familia Kawai y su nombre de nacimiento es Sogoro. Vive ahora cerca de mi casa, bajo las hojas de Bashō,[13] y me ayuda en los quehaceres diarios. Deseando ver los panoramas de Matsushima y Kisagata, decidió acompañarme y así prestarme auxilio en las dificultades del viaje. En la madrugada del día de la partida afeitó su cráneo, cambió su ropa por la negra de los peregrinos budistas y cambió la escritura de su nombre por otra de caracteres religiosos.[14] Estos detalles explican el significado de su poema. Las palabras con que alude a su mudanza de hábito dicen mucho sobre su temple.

En la montaña, a más de veinte *cho* de altura, hay una cascada. Desde el pico de una cueva se despeña y cae en un abismo verde de mil rocas. Penetré en la cueva y desde atrás la vi precipitarse en el vacío. Comprendí por qué la llaman «Cascada-vista-de-espaldas».

> Cascada — ermita:
> devociones de estío
> por un instante.[15]

Tengo un conocido en un sitio llamado Kurobane, en Nasu. Por buscarlo, atravesé en línea recta los campos en lugar de ir por los senderos. A lo lejos se veía un pueblo pero de pronto empezó a llover y se vino encima la noche; me detuve en casa de un campesino, que me dio alojamiento. Al día siguiente crucé de nuevo los campos. Encontré un caballo suelto y a un hombre que cortaba yerbas, a quien pedí auxilio. Aunque rústico, era persona de buen natural y me dijo: «Es difícil encontrar el camino porque los senderos se dividen con frecuencia; un forastero fácilmente se perdería. No quisiera que esto le ocurriese. Lo mejor que puede hacer es tomar este caballo y dejarse conducir por él hasta que se detenga; después, devuélvamelo». Monté el caballo y continué mi camino. Dos niños me siguieron corriendo durante todo el trayecto. Uno era una muchacha llamada Kasane: nombre extraño pero elegante.

> ¿Kasane, dices?
> El nombre debe ser
> del clavel doble.[16]
>
> SORA

A poco llegué al pueblo. En la silla de montar puse una gratificación y devolví el caballo.

Visitamos al administrador del Señorío de Kurobane, un tal Jyoboji. No nos esperaba y esto pareció redoblar la alegría con que nos recibió. Pegamos la hebra y pasamos charlando días y noches. Su hermano Tohsui también nos visitó con frecuencia, nos llevó a su casa y nos presentó a su familia. Todos nos hacían invitaciones. Al cabo de unos días de descanso, recorrimos los alrededores y visitamos el lugar en donde se ejercitaban en la cacería de perros.[17] En el llano de bambúes de Nasu visité la tumba de la Señora Tamamo[18] y el Santuario de Hachiman. Me enteré de que Yoichi,[19] cuando flechó el abanico, invocó especialmente a Hachiman, patrón de su país. El dios de este santuario es precisamente aquel al que pidió ayuda Yoichi. Todo esto me conmovió. Al ponerse el sol, regresé a casa de Tohsui.

Cerca hay un monasterio Shugen, llamado Komyo-ji. Nos llevaron allí y en la ermita de Gyojya, ante sus sandalias gigantescas, compuse lo siguiente:

Sandalias santas:
me inclino: a mí me aguardan
verano y montes.[20]

En esta región, atrás del Ungan-ji, Templo del Risco entre las Nubes, perdida en la montaña, se encuentra la ermita del Venerable Buccho.[21] Una vez él me dijo que había escrito sobre la roca, con carbón de pino, esto:

Mi choza de paja:
ancho y largo
menos de cinco *shaku*.[22]
¡Qué carga poseerla!
Pero la lluvia...

Para ver lo que quedase de la cabaña me dirigí al templo. Algunas gentes, la mayoría jóvenes, vinieron a ofrecerse como guías. Conversando animadamente y sin darnos cuenta llegamos a la falda de la montaña. La espesura era impenetrable y sólo se veían a lo lejos los distintos senderos del valle; pinos y cedros negros; el musgo goteaba agua y estaba frío aún el cielo del Cuarto Mes. Tras de contemplar los Diez Panoramas,[23] cruzamos el puente y pasamos el Pórtico... pero ¿dónde estaban las ruinas de la ermita de Buccho? Al fin, trepando la montaña por detrás del templo, descubrimos frente a una cueva una pequeña choza colgada sobre la roca. Sentí como si me encontrase en presencia de la Puerta de la Muerte del Gran Bonzo Myo o de la Celda de Piedra del Maestro Houn.[24]

Escribí estos versos allí mismo y los dejé pegados en uno de los pilares de la ermita:

> Ni tú la tocarás
> pájaro carpintero:
> oquedal en verano.

De ahí fuimos a la Piedra-que-mata.[25] Como decidiese ir a verla, el administrador del Señorío me prestó un caballo y un palafrenero. Durante el trayecto aquel hombre de ruda apariencia me rogó que compusiese un poema. Me sorprendió tanta finura y escribí lo siguiente:

> A caballo en el campo,
> y de pronto, detente:
> ¡el ruiseñor!

Detrás de la montaña, junto al manantial de aguas termales, se halla la Piedra-que-mata. El veneno que destila sigue siendo de tal modo activo que no se puede distinguir el color de las arenas en que se asienta, tan espesa es la capa formada por las abejas y mariposas que caen muertas apenas la rozan.

En el pueblo de Ashino están los «sauces temblando en el agua clara».[26] Se les ve entre los senderillos que dividen un arrozal de otro. Koho, el alcalde de este lugar, nos había prometido muchas veces que un día nos los mostraría. Ahora por fin podía contemplarlos. Pasé un largo rato frente a un sauce:

> Quedó plantado
> el arrozal cuando le dije
> adiós al sauce.

Había estado varios días inquieto pero mi ansiedad errante se apaciguó cuando llegamos al Paso de Shirakawa. Cuánta razón tenía aquel poeta que al llegar a este lugar dijo: «¡Si sólo pudiera darles un vislumbre de esto a los de la capital!»[27] El paso de Shirakawa es uno de los tres más famosos del Japón y es el más amado por los poetas. En mis oídos soplaba «el viento del otoño»,[28] en mi imaginación brillaban «sus hojas rojeantes»,[29] pero ante mis ojos, delicia de la vista, manchas reales de verdor se extendían aquí y allá. Blancas como lino las flores de U[30] y no menos blancos los espinos en flor —era como si caminásemos sobre un campo de nieve. Kiyosuke cuenta que hace muchos años, al atravesar este paraje, un viajero se vistió con su traje de corte y se colocó en la cabeza el sombrero de ceremonia.[31] Aludiendo a este episodio, Sora escribió estos versos:

> La flor U en mi sombrero.
> Para cruzar Shirakawa
> no hay mejor atavío.

Con ánimo indiferente pasamos el río Abukuma. A la izquierda, las cimas de Aizu; a la derecha, los caseríos de Iwaki, Soma y Miharu; a lo lejos, las cadenas de montañas que dividen Hitachi de Shimo-tsuke. Bordeamos la laguna de los Reflejos: como el día estaba nublado, nada se reflejaba en ella.[32] En la posada del río Suga visitamos a cierto Tokyu, que nos detuvo cuatro o cinco días. Lo primero que hizo al verme fue preguntarme: «¿Cómo atravesó el paso de Shirakawa?» En verdad, desasosegado por viaje tan largo y el cuerpo tan cansado como el espíritu; además, la riqueza del paisaje y tantos recuerdos del pasado me turbaron e impidieron la paz necesaria a la concentración. Y no obstante:

> Al plantar el arroz
> cantan: primer encuentro
> con la poesía.

Al decirle estos versos, agregué a guisa de comentario: «Imposible pasar por ahí sin que fuese tocada mi alma». Mi poema le gustó a Tokyu, quien escribió a continuación un segundo, Sora añadió otro y así compusimos una tríada.

Al lado de la posada había un gran castaño, a cuya sombra vivía un solitario. Recordé a aquel que había vivido de las bellotas que encontraba y anoté la siguiente reflexión:

«El ideograma de castaño está compuesto por el signo de Oeste y el signo de árbol, de modo que alude a la Región Pura de Occidente.[33] Por eso el cayado y los pilares de la ermita del bonzo Gyoki[34] eran de madera de castaño».

> Sobre el tejado:
> flores de castaño.
> El vulgo las ignora.

Aproximadamente a cinco *ri* de la casa de Tokyu está la posada de Hiwada y cerca de ella, bordeado por el camino, el monte Asaka. Abundan las lagunas. Se aproximaba la época de la cosecha de katsumi, por lo que pregunté a la gente: «¿cuál es la planta que llaman hanakatsumi?»[35] Nadie lo sabía. La busqué a la orilla de las lagunas, volví a preguntar a los nativos y así anduve indagando por katsumi y katsumi. Mientras tanto, el sol rozaba la cresta de la montaña. Torciendo a la derecha desde Nihonmatsu, fuimos a echar un vistazo a la cueva de Kurozuka.[36] Nos hospedamos en Fukushima.

Al amanecer salimos hacia el rumbo de Shinobu, para contemplar la piedra con que imprimen los dibujos en las telas.[37] La encontramos, medio cubierta de tierra, en un pueblo en la falda de la montaña. Los muchachos del lugar se acercaron y nos dijeron: «Antes estaba en la punta del cerro pero las gentes que pasaban por aquí cortaban las plantas de cebada, que luego machacaban con la piedra. Los campesinos se enojaron y la echaron al valle. Por eso la piedra está boca abajo».

> Manos que hoy plantan el arroz:
> ayer, diestras, dibujos
> imprimían con una piedra.

Después de haber atravesado el vado de Tsukinowa llegamos a la posada de Senoue. Cerca de la montaña, a *ri* y medio a la izquierda, se hallan las ruinas de la mansión de Sato Shoji.[38] Como nos dijeron que estaban en Sabano de Iizuka, nos echamos a andar y preguntando por los caminos llegamos hasta Maruyama: ahí está el antiguo castillo de Shoji. Nos enseñaron lo que quedaba de la Gran Puerta en la falda del monte y los ojos se me humedecieron. En un viejo monasterio cercano se conservan todavía las estelas de la familia entera. Me conmovieron sobre todo los epitafios de las dos nueras. El llanto mojaba mis mangas mientras pensaba cómo estas dos mujeres, no obstante su sexo, habían inscrito sus nombres en los anales del valor.[39] La estela que contemplaba merecía llamarse como aquella de la antigua China: «Lápida grabada con lágrimas».[40] Entré en el templo y pedí una taza de té. Ahí enseñan como tesoros la espada de Yoshitsune y el morral de Benkei.[41]

Espada y morral:
fiesta de muchachos,
banderas de papel...

Hoy es el primero del Quinto Mes.[42]

Esa noche nos hospedamos en Iizuka; allí nos bañamos en las aguas termales. La casa en donde nos dieron posada era miserable y su piso era de tierra. Como no había siquiera una lámpara, arreglé mis alforjas al resplandor del fuego del hogar y extendí sobre el suelo mi estera. Apenas cayó la noche se desató la tormenta y empezó a llover a cántaros. El agua se colaba por los agujeros del techo y me empapaba; además, las pulgas y los mosquitos me martirizaban sin que me dejasen cerrar los ojos. Entonces mi vieja enfermedad se despertó, volvió a atacarme y sufrí tales cólicos que creí morir. Pero las noches de esta época son cortas y poco a poco el cielo comenzó a aclararse. Partimos con la primera luz. No me sentía bien y el dolor no me dejaba. Alquilamos caballos y nos dirigimos hacia Koori. Con un viaje aún largo en perspectiva, mi estado me desosegaba aunque el andar de peregrino por lugares perdidos, me decía, es como haber dejado ya el mundo y resignarse a su impermanecencia: si muero en el camino, será por voluntad del cielo. Estos pensamientos me dieron ánimos y zigzagueando de aquí para allá por las veredas dejamos atrás la Gran-Puerta-de-Madera de Date.[43]

Pasamos por el pueblo de Abumizuri y el castillo de Shiraishi y llegamos al departamento de Kasajima. Preguntamos a la gente por la tumba de Toh-no-Chujyo Sanekata.[44] Nos indicaron que «allá lejos, a la derecha, al pie de la montaña, entre dos lugares llamados Minowa y Kasajima, existen aún el Santuario del dios de los Caminos y los Juncos del Recuerdo».[45] Las lluvias de mayo habían deshecho los senderos y estábamos muy fatigados, de modo que nos contentábamos con ver desde lejos aquellos sitios. Mientras caminaba se me ocurrió que Minowa (capa) y Kasajima (sombrero) eran nombres que tenían indudable relación con las lluvias del mes:

> El Quinto Mes,
> sus caminos de lluvia:
> ¿dónde estará Kasajima?

Nos hospedamos en Iwanuma.

Al ver el pino de Takekuma, de veras sentí como si despertara. Desde la raíz el árbol se divide en dos troncos; según nos dijeron, la forma de ahora es la misma que tenía hace siglos. Recordé al maestro Noin.[46] Hace mucho pasó por este lugar un señor que iba a tomar posesión de la gubernatura de Mutsu y cortó el árbol, para usarlo como pilar del puente del río Natori; y a esto alude la poesía de Noin: «no hay ya ni restos del famoso pino». Una generación lo corta y otra lo vuelve a plantar; ahora, crecido de nuevo, parece como si tuviese mil años de edad. Realmente es hermoso:

> Ya que no vuestras flores,
> mostradle, cerezos tardíos,
> el pino de Takekuma.

Un discípulo llamado Kyohaku me dedicó, al despedirme, este poema. Así le respondí:

> De los cerezos en flor
> al pino de dos troncos:
> tres meses ya.

Cruzamos el río Natori y llegamos a Sendai. Era el día en que adornan los tejados con hojas de lirios cárdenos.[47] Encontramos una posada y allí nos alojamos cuatro o cinco días. En esta villa vive un pintor llamado Kaemon. Nos habían dicho que era un hombre sensible; lo busqué y nos hicimos amigos. El pintor me dijo que se ocupaba en localizar los lugares famosos que mencionan los antiguos poetas y que, por el paso de los años, ya nadie sabe dónde se encuentran. Un día me llevó a visitar algunos: en Miyagino los campos estaban cubiertos de hagi[48] e imaginé su hermosura en otoño; en Tamada, Yokomo y Tsutsuji-ga-oka (colina de azaleas), florecía el asebi;[49] penetré en un bosque de pinos adonde no llegaba ni una brizna de sol, paraje que llaman «Penumbra de árboles», tan húmedo por el rocío de la arboleda que dio lugar a aquella poesía que comienza: «¡Ea, los guardias! ¡Su sombrero!»[50]

Después de orar en el templo de Yakushi-do y en el santuario de Tenjin, contemplamos la puesta del sol. El pintor me regaló pinturas de paisajes de Matsushima y también, como despedida, dos pares de sandalias de cordones azules. Su gusto era perfecto y en esto se reveló tal cual era:

Pétalos de lirios
atarán mis pies:
¡correas de mis sandalias!

Siguiendo el trazado del mapa que nos había hecho aquel pintor, llegamos al sendero de Oku. A un lado del sendero, cerca de la montaña, se hallan los juncos de Tofu. Nos contaron que los lugareños, todos los años, todavía tejen una estera y se la ofrecen como homenaje al Gobernador.[51]

La estela de Tsubo está en el castillo de Taga, en la villa de Ichikawa. Mide un poco más de seis *shaku* de largo y cerca de tres de ancho. A través del musgo que la cubre se distingue apenas una inscripción. Primero indica las distancias que hay desde este sitio hasta todas las fronteras y después dice: «Este castillo fue edificado en el primer año de Jinki (724) por el Inspector y Capitán General Ohno Azumahito y fue reconstruido en el sexto año de Tempyo-Hohji (762) por el Consejero de la Corte, Visitador y Capitán General Emi Asakari. Primer día de la decimosegunda luna».[52] Pertenece a la época del emperador Shomu.

Al visitar muchos lugares cantados en viejos poemas, casi siempre uno se encuentra con que las colinas se han achatado, los ríos han cambiado su curso, los caminos se desvían por otros parajes, las piedras están medio enterradas y se ven pimpollos en lugar de los árboles aquellos antiguos y venerables. El tiempo pasa y pasan las generaciones y nada, ni sus huellas, dura y es cierto. Pero aquí los ojos contemplaban con certeza recuerdos de mil años y llegaba hasta nosotros el pensamiento de los hombres de entonces. Premios de las peregrinaciones... El placer de vivir me hizo olvidar el cansancio del viaje y casi me hizo llorar.

Después visitamos el río Tama de Noda y la roca de Oki.[53] En Sue-no-Matsuyama hay un monasterio llamado Masshozan. Entre los pinos hay muchas tumbas. Ver que en esto terminan todos esos juramentos y promesas de vivir «como el pájaro de dos cabezas» o «los árboles de ramas unidas»[54] aumentó mi tristeza. Cuando llegamos a la bahía de Shiogama, tañían las campanas del crepúsculo repitiéndonos que nada permanece. El cielo lluvioso del Quinto Mes se aclaró levemente y la luna del atardecer se mostró pálida. La isla de Magaki parecía al alcance de la mano: tan cerca se veía. Los pescadores remaban en sus barquitas, todas formadas en hilera y se oían las voces de los que repartían los peces. Recordé el verso: «atados con sogas».[55] Comprendí al poeta y me conmoví.

Esa noche oí a un bonzo ciego cantar en el estilo del norte llamado Oku-Johruri, acompañado por el instrumento biwa.[56] Su estilo no era el usual del acompañamiento de las baladas guerreras o de los cantos para danzar. El son era rústico y como tocaban cerca de donde reposaba me pareció demasiado ruidoso. Pero era admirable que en tierras tan lejanas no se hubiese olvidado la tradición y se cantasen esos viejos romances.

En la madrugada fui al santuario de Shiogama. Reconstruido por el Gobernador, sus columnas son suntuosas y pesadas; las vigas de la techumbre relucen pintadas de colores brillantes y los peldaños de su escalera de piedra se repiten hasta perderse de vista. El sol temprano chisporroteaba sobre las balaustradas de laca roja. Me impresionó que en rincones tan apartados de este mundo manchado, la devoción a los dioses estuviese tan viva. Esto es algo muy de la tradición de mi país. Frente al santuario hay una antigua linterna con una pequeña puerta de hierro que dice: «Ofrenda de Izumi Saburo,[57] año tercero de Bunji» (1187). Cómo sería todo esto hace quinientos años... Este Izumi fue un guerrero valiente, fiel y leal; su nombre aún es venerado y todo el mundo lo recuerda con amor. La verdad de los clásicos resplandece: «Leal a tu ley y a tu palabra: la fama te seguirá». Cerca ya del mediodía, tomamos un barco que nos condujo a Matsushima, que está a unos dos *ri* de distancia, y desembarcamos en la playa de Ojima.

Ya es un lugar común decirlo: el paisaje de Matsushima es el más hermoso del Japón. No es inferior a los de Doteiko y Seiko,[58] en China. El mar, desde el sureste, entra en una bahía de aproximadamente tres *ri*, desbordante como el río Sekkoh[59] de China. Es imposible contar el número de las islas: una se levanta como un índice que señala al cielo; otra se tiende boca abajo sobre las olas; aquélla parece desdoblarse en otra; la de más allá se vuelve triple; algunas, vistas desde la derecha, semejan ser una sola y vistas del lado contrario, se multiplican. Hay unas que parecen llevar un niño a la espalda; otras como si lo llevaran en el pecho; algunas parecen mujeres acariciando a su hijo. El verde de los pinos es sombrío y el viento salado tuerce sin cesar sus ramas de modo que sus líneas curvas parecen obra de un jardinero. La escena tiene la fascinación distante de un rostro hermoso. Dicen que este paisaje fue creado en la época de los dioses impetuosos, la divinidad de las montañas.[60] Ni pincel de pintor ni pluma de poeta pueden copiar las maravillas del demiurgo.

Ojima es una estrecha lengua de tierra que penetra en el mar. Todavía hay vestigios de la ermita del bonzo Ungo y aún puede verse la roca sobre la cual meditaba. Se entrevén algunos devotos que viven a la sombra de los pinos, retirados de la vida mundana. Habitan apaciblemente en chozas de paja, de las que sale continuamente el humo de los conos de pino y hojas secas que queman. Aunque no sabía qué clase de gente realmente era aquélla, sentí unas extrañas ganas de conocerlos pero cuando me acercaba a una sus chozas me detuvo el reflejo de la luna sobre el mar:[61] el paisaje de Matsushima se bañaba ahora en una luz diferente a la del día anterior. Regresé a la playa y me hospedé en su parador. Mi cuarto estaba en el segundo piso y tenía grandes ventanas. Dormir viajando entre nubes, mecido por el viento. Extraña, deliciosa sensación.

> En Matsushima
> ¡sus alas plata pídele,
> tordo, a la grulla![62]
> SORA

Me acosté sin componer poesía pero no pude dormir. Recordé el poema sobre Matsushima que Sodo me regaló al abandonar mi choza. También Hara Anteki me había dedicado un *tanka* con el mismo tema. Abrí mi alforja e hice de esos dos poemas los compañeros de mi insomnio. Había también los haikú de Sampu y Jyokushi.[63]

El día once practicamos nuestras devociones en el templo Zuigan-ji. Heishiro de Makabe fundó este templo, a su regreso de China, en los ancianos años del trigésimo segundo patriarca. Después, gracias al maestro de *Zen*, el bonzo Ungo, se hermosearon los edificios principales, resplandecieron sus oros y azules y el templo se convirtió en una construcción que parece la réplica del Paraíso. ¿Cuál sería, entre todas estas construcciones, la de aquel santo Kembutsu?[64]

Día doce. Deseábamos ir a Hiraizumi y en el camino preguntamos por el pino de Aneha y el puente de Odae,[65] a los que tantos poemas se refieren. Como apenas si pasa gente por esos senderos, veredas para cazadores y leñadores, nos extraviamos, confundimos el camino y sin quererlo llegamos al puerto de Ishinomaki. Desde allí se ve, al otro lado del mar, el monte Kinkazan, del que un antiguo poeta dijo: «el monte donde florece el oro...»[66] Cientos de barcos se apiñan en la bahía; las casas se apeñuscan unas contra otras y el humo de sus chimeneas enturbia el cielo. Me dije: yo no quería venir a este lugar... Buscamos posada para pasar la noche pero nos rechazaron en todas partes. Al fin logramos albergue en una cabaña miserable y al día siguiente continuamos nuestro camino, sin saber a ciencia cierta qué dirección deberíamos tomar. Caminamos por los bordes del río y, sin detenernos, echamos un vistazo al vado de Sode, la dehesa de Obuchi y el cañaveral de Mano. Más tarde, con el corazón en un puño, recorrimos las orillas de un inmenso pantano. Pasamos una noche en Toima y llegamos al fin a Hiraizumi. Creo que caminamos más de veinte *ri*.

El esplendor de tres generaciones de Fujiwara duró el sueño de una noche. Los restos de la entrada principal de la mansión están a la distancia de un *ri* del conjunto de las ruinas. El palacio de Hidehira[67] es un erial y sólo queda en pie el monte Gallo de Oro. Subí a las ruinas del palacio Takadate. Desde allí se ve al Kitakami, gran río que viene del sur; el río Koromo, tras de ceñir al castillo de Izumi, se le une bajo el palacio Takadate; las ruinas del castillo de Yasuhira, con el paso de Koromo, que está más adelante, guardan la entrada del sur y constituyen una defensa contra toda invasión. Aquí se encerraron los fieles elegidos.[68] De sus hazañas nada queda sino estas yerbas. Recuerdo al antiguo poema: «Las patrias se derrumban, ríos y montañas permanecen; sobre las ruinas del castillo verdea la hierba, es primavera».[69] Me siento sobre mi sombrero y lloro, sin darme cuenta del paso del tiempo:

Hierba de estío:
combates de los héroes,
menos que un sueño.

Sora escribe otro poema:

Flores de U:
¡Ah, canas del héroe
Kanefusa![70]

Me habían encomiado mucho las dos famosas capillas. Ambas estaban
abiertas; en la de los Sutras están las estatuas de los tres capitanes y en la
de la Luz[71] yacen tres ataúdes, tres Budas velan. Los Siete Tesoros[72] se han
dispersado, el viento ha roto las puertas incrustadas de perlas y las columnas doradas se pudren bajo la escarcha y la niebla. Hace tiempo que
todo se habría derrumbado, agrietado por el abandono y comido por las
plantas salvajes, pero han levantado nuevos muros y han construido un
techo contra el agua y el viento. Estos monumentos, viejos de mil años,
todavía afrontarán al tiempo:

Terco esplendor:
frente a la lluvia, erguido
templo de luz.[73]

Mientras a lo lejos se veía el camino de Nambu, llegamos al pueblo de
Iwade, en donde pernoctamos. Recorrimos después Ogurosaki y las islas
de Mizu; tras pasar por las fuentes termales de Narugo, intentamos penetrar en la provincia de Dewa por el paso de Shitomae. Como por ese
camino son pocos los viajeros, los guardias nos observaron con desconfianza y nos detuvieron bastante tiempo. Ya había obscurecido cuando
nos acercamos al monte Ohyama, de modo que, pasando cerca de la casa
de un guardia, nos aproximamos y le pedimos albergue por la noche. Se
desató un temporal y durante tres días nos vimos obligados a quedarnos
en esas ariscas soledades.

Piojos y pulgas;
mean los caballos
cerca de mi almohada.

El dueño de la posada nos advirtió que el camino hacia la provincia de Dewa no era muy seguro, pues había que cruzar el monte Ohyama, y nos recomendó que contratásemos un guía. Como asintiésemos, él mismo se encargó de conseguirlo y al poco tiempo se presentó con un rollizo joven, daga curva al cinto y en la diestra un grueso bastón de roble. El mocetón marchaba delante de nosotros. Mientras trotaba a su zaga, me decía: «Ahora sí de seguro nos acecha un percance». Según lo había anunciado el posadero, la montaña era abrupta y hostil. Ni el grito de un pájaro atravesaba el silencio ominoso; al caminar bajo los árboles la espesura del follaje era tal que de veras andábamos entre tinieblas; a veces parecía caer tierra desde las nubes.[74] Hollamos matas de bambú enano, vadeamos riachuelos, tropezamos con peñascos y, con el sudor helado en el cuerpo, culebreamos sin parar hasta llegar a la villa de Mogami. Al despedirse, el guía nos dijo sonriendo: «En este camino siempre suceden cosas inesperadas y ha sido una fortuna traerlos hasta aquí sin contratiempos». Aún me dan frío sus palabras.

En Obanazawa visitamos a un tal Seifu.[75] Hombre nada vulgar, a pesar de su riqueza. Como de vez en cuando sus negocios lo llevaban hasta la capital, comprendía las necesidades de los viajeros y las penalidades que sufren en sus viajes. Nos dejó su casa por unos días y, no satisfecho con dar reposo a nuestros quebrantados cuerpos, nos ofreció muchos entretenimientos.

En la frescura
me tiendo y sesteo
como en mi lecho.

—

Sal, no te escondas
— bajo la Kaiya[76] en sombra
vocea el sapo.

—

Flor carmín,[77] cardo
que recuerda al pincel
para las cejas.

—

Crían gusanos de seda
pero en sus ropas:
aroma de antigua inocencia.[78]

SORA

En el señorío de Yamagata hay un templo en la montaña llamado Ryusha-ku-ji. Lo fundó el gran maestro Jikaku[79] y es un lugar famoso por su silencio. Como me recomendaron que fuésemos a verlo, tuvimos que regresar de Obanazawa y caminar cerca de siete *ri*. El sol no se ocultaba aún y pedimos hospitalidad en uno de los asilos para los peregrinos que se encuentran en las estribaciones del monte. Después subimos al santuario, que está en la cumbre. La montaña es un hacinamiento de rocas y peñas, entre las que crecen pinos y robles envejecidos; la tierra y las piedras estaban cubiertas por un musgo suave y todo parecía antiquísimo. El templo está construido sobre la roca; sus puertas estaban cerradas y no se oía ningún ruido. Di la vuelta por un risco, trepé por los peñascos y llegué al santuario. Frente a la hermosura tranquila del paisaje, mi corazón se aquietó:

Tregua de vidrio:
el son de la cigarra
taladra rocas.[80]

Habíamos planeado hacer la travesía en barca por el río Mogami y en el lugar llamado Ohishida hicimos alto en espera de que el tiempo mejorase. Allí me dijeron: «Las semillas de la vieja escuela de *haikai* cayeron hace mucho en esta tierra; los días de su florecimiento no han sido olvidados y todavía conmueve a la soledad en que viven los poetas de Ohishida el sonido de las flautas mongólicas... Queremos marchar juntos por el camino de la poesía; vacilamos entre el nuevo y el viejo estilo porque no tenemos a nadie que nos guíe: ¿quiere ayudarnos?» No pude rehusarme y me uní a ellos para componer juntos una serie de poemas. De todas las reuniones poéticas de mi viaje, ésta fue la que dio mejores frutos.[81]

El río Mogami sale del señorío de Michinoku, deja atrás Yamagata y bordeando el costado norte del monte Itajiki, desemboca en el mar de Sakata. En su trayecto fluye entre gargantas angostas y erizadas, como Goten y Hayabusa. A la izquierda y a la derecha las montañas parecían juntarse sobre nuestras cabezas, mientras el barco se deslizaba bajo la espesura de los árboles que crecen a sus flancos. A barcos como el nuestro parece que los llamaban «barcos de arroz», por su carga.[82] Vimos despeñarse a la cascada de Shiraito entre el verde follaje y a la orilla, colgado de un farallón, al oratorio del Ermitaño. Por la crecida, la navegación era ardua:

> Junta las lluvias
> del Quinto Mes el río —
> y al mar las lanza.[83]

El tercer día del Sexto Mes subimos al monte Haguro. Preguntamos por uno que se llama Zushi Sakichi, poeta en *haikai*. Él nos llevó ante el abad Egaku, prior suplente del monasterio, quien después de recibirnos ordenó que se nos hospedase en uno de los templos dependientes de Minamidani. Allí fuimos atendidos con exquisita cortesía. El día cuatro, en el templo principal, celebramos una reunión de *renga haikai*. Mi estrofa inicial:

> ¡Qué cortesía!
> Hasta la nieve es fragante
> en Minamidani.

El día cinco oramos en el gran Santuario. No se sabe en qué época vivió su fundador, el sacerdote Nohjyo. En los «Ritos de Engi»[84] aparece como el santuario de Ushu-satoyama; el nombre original debe haber sido Ushu-kuroyama y, abreviándolo, lo convirtieron en Haguro-yama (monte Haguro). La razón de que esta provincia se llame Dewa (rica en plumas) es que, según dice la crónica, fue aquí donde se hizo la ofrenda de las plumas de ave a la Casa Imperial.[85] El paraje se llama Tres Montes, aludiendo a Haguro, Gassan y Yudono. Actualmente el santuario está bajo la jurisdicción del templo Kan-ei-ji, en Edo.

En este monasterio la doctrina del budismo *Tendai* —«la negación conduce al conocimiento»— brilla como una luna límpida y su prédica de la conquista de la serenidad por medio de la identidad (de los contrarios) es como una lámpara que no se apaga nunca. Las celdas no están apartadas sino juntas y los monjes peregrinos que pasan por aquí rivalizan en rigor ascético con los que viven en permanencia. Todo lo que se ve es prueba del milagroso poder de este lugar santo y mueve a la piedad. La montaña, admirada y venerada por todos, difunde su poder sagrado en toda la región.

El día octavo escalé el monte Gassan. Llevaba una bufanda de algodón en los hombros y una capucha blanca en la cabeza; conducido por el guía caminé ocho *ri* sobre nieves, bajo nubes y entre nieblas. Era como andar por esos pasos de bruma en las rutas del sol y de la luna. Al llegar a la cumbre, el cuerpo helado y la respiración cortada, el sol se ponía y la luna se asomaba. Corté yerbas de bambú para usarlas como almohada, me tendí y esperé a que amaneciera. Cuando las sombras se abrieron y el sol apareció, me incorporé e inicié mi marcha hacia Yudono.

En un rincón del valle se encuentra la cabaña de los forjadores. En esta provincia los forjadores usan agua sagrada del valle para sus ritos de purificación y sólo después de cumplirlos baten sus espadas, a las que estampan la marca Gassan, de gran renombre en su tiempo. Seguramente siguen el ejemplo de aquellos chinos que cinglaban sus espadas en la fuente del Dragón; la devoción de estos herreros por su oficio los ha llevado a forjar sables dignos de los más famosos, como Kansyo y Bakuya.[86]

Me senté sobre una roca y mientras descansaba descubría un árbol de cerezo de tres *shaku* de altura, ¡sus capullos estaban entreabiertos! Maravillosa lección de ese cerezo tardío que no olvidaba a la primavera ni aun sepultado bajo la nieve. Flores y hielo me recordaron a aquellas flores de ciruelo bajo un cielo incandescente de que habla una poesía china; y también me hicieron pensar en el poema del maestro Gyoson —y aun con mayor intensidad.[87]

Según las leyes de los peregrinos budistas, esta prohibido dar pormenores de lo que ven los ojos en este monte; obedezco y me callo... Regresé al templo que nos servía de posada y a petición del prior escribí los siguientes poemas sobre nuestra peregrinación a los tres montes:

¡Ah, la frescura!
La luna, arco apenas
sobre el Ala Negra.[88]

—

Picos de nubes
sobre el monte lunar:
hechos, deshechos.[89]

—

Sobre Yudono
ni una palabra: mira
mis mangas mojadas.[90]

Sora escribió este poema:

Yudono: piso
la senda de monedas
corren mis lágrimas.[91]

Salimos de Haguro y llegamos al pueblo que está al pie del castillo de
Tsurugaoka. Paramos en casa de un samurai, Nagayama Shigeyuki. Allí
compusimos un *renga haikai*. Hasta aquí nos acompañó aquel Zushi Sakichi. En barco fuimos al puerto de Sakata y nos alojamos en casa de un
médico llamado Enan Fugyoku.

Rueda del monte
al mar, de Atsumi a Fuku,
la tarde fresca.[92]

—

Río Mogami:
tomas al sol y al mar
lo precipitas.

Ríos o montes, playas o valles: había visto muchos y admirables pero
ahora la idea de ver a Kisagata me atenaceaba. Desde el puerto de Sakata
caminamos y caminamos, subiendo y bajando colinas, hollando sableras,
bordeando litorales y no habíamos avanzado más de unos diez *ri* cuando,

el sol ya a ras del horizonte, el viento de alta mar amotinó las arenas y empezó a llover... así vimos esfumarse el perfil del monte Chokai. Me dije que si el paisaje con lluvia era hermoso —como ver algo en la penumbra— lo sería también sin ella. Con esta idea pernoctamos en la choza de un pescador, esperando que cesase de llover.

Al día siguiente por la mañana el cielo estaba despejado y la luz del sol matinal lucía radiante. Nos embarcamos en la bahía de Kisagata. Primero nos acercamos a la isla de Noin y visitamos el lugar en donde el Maestro estuvo recluido durante tres años.[93] Después desembarcamos en la orilla opuesta: allí todavía está un viejo árbol de cerezo, sobre el cual el maestro Saigyo escribió el poema «Reman sobre las flores».[94] Muy cerca, a la orilla del agua, se encuentra un mausoleo que dicen es de la emperatriz Jingu.[95] El monasterio vecino se llama Kanmanju-ji; nunca he oído que la emperatriz hubiese visitado ese lugar. ¿No es extraño?... En la celda del prior del templo me siento y corro la cortina de bambú: la bahía entra por mis ojos. Al sur, el monte Chokai sostiene al cielo y la imagen de su mole flota sobre las aguas; al oeste, la barrera de Muyamuya cierra el paso a la ruta; al este hay un dique y, más allá, se ve el camino hacia Akita, que se adelgaza hasta desvanecerse; la mar se tiende al norte y el paraje golpeado por las olas se llama Shiogoshi. La bahía tiene un *ri* aproximadamente de ancho y de largo. Se parece a Matsushima y es distinta. Matsushima se ríe y Kisagata frunce el entrecejo; a la serenidad une la melancolía y la quietud del paisaje pesa sobre el alma:

> Bahía, Kisa:
> Seishi duerme en la lluvia,
> mimosas húmedas.[96]
>
> —
>
> Mojan las olas
> Shiogoshi
> las patas de las grullas
> ¡qué fresco el mar![97]

Sobre el Festival, Sora escribió este poema:

> En esta Kisa
> ¿Qué guisos comerán,
> el día del Festival?[98]

Un comerciante de la provincia de Mino, Teiji, escribió este otro:

Frente a su choza,
sobre la tabla echado:
sobre el frescor.[99]

Sora halló un nido de pájaros misado y compuso lo siguiente:

Nido del águila:
amores que no alcanzan
los oleajes.[100]

Se nos hacía imposible irnos de Sakata y en ese embeleso se pasaron unos días. Al fin, me despertó la idea de los caminos del norte cubiertos de nubarrones y me oprimió el pecho calcular la distancia que aún nos faltaba por recorrer: había más de ciento treinta *ri*, nos dijeron, hasta la capital de la provincia de Kaga.

Traspuesto el paso de Nezu, entramos en tierras de Echigo; luego de nueve días llegamos al paso de Ichiburi, en la provincia de Etchu; el calor y la humedad me martirizaban y la enfermedad de siempre volvió a atacarme. No escribí nada, excepto estos poemas:

Séptima luna:
la noche del seis no es
como las otras.[101]

—

Tendido fluye
del mar bravo a la isla:
río de estrellas.[102]

Después de atravesar los lugares más abruptos del país del norte —esos con nombres como Hijo que reniega del Padre, Huérfano Abandonado, Vuelta del Perro, Regreso del Potro— me sentí agotado y me acosté en seguida. En la habitación contigua se oían voces que parecían ser de dos mujeres; después se les unió la de un anciano. Al escucharlas, adiviné que se trataba de cortesanas de Niigata; se dirigían al santuario de Ise y el viejo las había acompañado hasta Ichiburi; al día siguiente regresaría aquel hombre a su tierra y ellas escribían recados y le daban pequeños encargos. Casi dormido seguía oyendo sus conversaciones: somos hijas de pobres pescadores, esas que llaman «blancas olas que corren a su ruina al caer sobre la playa», cada noche una unión distinta y ninguna duradera, no hay promesas ciertas, malhaya sea nuestra suerte, ¿qué hicimos en nuestras vidas pasadas para merecer esto?... A la mañana del otro día, al salir de nuestro albergue, nos dijeron llorando: «No conocemos el camino y nos da miedo el largo viaje; quisiéramos seguirlos, aunque sea a distancia; sean benévolos, llevan ropas de monjes peregrinos, ayúdennos a encontrar la senda del Buda». Sentí piedad pero las dejamos diciéndoles: «Nos da mucha pena: tenemos que visitar muchos lugares y sería mejor que ustedes se uniesen a otros viajeros. Anden tranquilas, los dioses las protegen y las harán llegar sanas y salvas a su destino». Y al despedirlas con estas palabras apenas podía contener mi compasión. Dije a Sora este poema y él lo escribió en su libro:

> Bajo un mismo techo
> durmieron las cortesanas,
> la luna y el trébol.[103]

Dicen que el río Kurobe tiene cuarenta y ocho rabiones y yo creo que los cruzamos todos y otros más, hasta que al fin fuimos a dar a una rada que nombran Nago. Aunque había pasado la primavera, nos dijimos que las célebres glicinas de Tako bien merecían que las contemplásemos en el otoño temprano. Indagamos con la gente y nos contestaron: «Desde aquí son unos cinco *ri*. Hay que pasar por la playa y en la falda de la montaña las encontrarán; pero como no hay sino unas cuantas chozas de pescadores, será muy difícil que puedan hallar un lugar en donde pasar la noche». Me asusté y decidí seguir hasta la provincia de Kaga:

> Penetro en el aroma
> del arrozal temprano.
> El mar de Ariso late, a mi derecha.[104]

Cruzamos los montes de Uno-Hana y el valle de Kurikara y llegamos a Kanazawa el día quince del Séptimo Mes. Un comerciante que venía de

Osaka, de nombre Kasho, se alojó en la misma posada que nosotros. Era poeta también. Vivía en esta ciudad un señor llamado Isshoh; su afición a la poesía le había dado cierto renombre entre los entendidos pero había muerto el invierno pasado. Su hermano organizó una reunión para recordarlo. He aquí uno de mis poemas:

> Muévete, tumba,
> oye en mis quejas
> al viento de otoño.

Al visitar una ermita:

> Frescor de otoño.
> Melón y berenjena
> a cada huésped.

En el camino compuse otro:

> Arde el sol, arde
> sin piedad — mas el viento
> es del otoño.

En un lugar llamado Komatsu, que quiere decir pino enano:

> El nombre es leve:
> viento entre pinos, tréboles,
> viento entre juncos.

Visitamos el Santuario de Tada, que guarda el yelmo y parte de la armadura de Sanemori.[105] Dicen que fue un regalo de Minamoto Yoshitomo, cuando Sanemori pertenecía al clan de Minamoto. En efecto, no son armas de un simple samurai. En la visera y las partes laterales del yelmo está grabada una guirnalda de crisantemos de oro; el frente ostenta una cabeza de dragón, junto con dos cuernos salientes en forma de arado. Se cuenta que, muerto Sanemori, las dos reliquias fueron enviadas al santuario, con una carta suplicatoria, por el mismo que lo mató, Kiso Yoshinaka. Higuchi-no-Jiro fue el mensajero. Todo esto está vivamente escrito en la crónica del templo.[106]

¡Qué irrisión!
Bajo el yelmo
canta un grillo.

Mientras nos dirigíamos a la fuente termal de Yamanaka contemplamos el monte Shirane, que dejábamos atrás de nosotros. A la izquierda, a la orilla de la montaña, se levanta un templo dedicado a Kannon.[107] El emperador y monje Kazan,[108] después de hacer una peregrinación por los treinta y tres lugares santos,[109] colocó la estatua de la Misericordia en este templo y lo llamó Nata. Formó el nombre uniendo las sílabas iniciales de dos lugares: Nachi y Tanigumi. En estos parajes hay rocas de formas extrañas y viejos pinos. Una pequeña ermita con tejado de yerbas secas se yergue sobre una roca. Un sitio memorable:

Viento de otoño:
más blanco que tus piedras,
Monte de Rocas.

Me bañé en la fuente termal. Dicen que su eficacia sólo le cede a la de Arima:

Aroma de aguas.
Inútil ya cortar
un crisantemo.[110]

El dueño de la posada se llamaba Kumenosuke y aún era un muchacho. Su padre había sido un aficionado del estilo *haikai* y se cuenta que cuando Teishitsu de Kioto, aún joven, visitó este lugar, tuvo una disputa con él y el posadero-poeta le mostró cuán ignorante era.[111] Después de su regreso a Kioto, Teishitsu se afilió a la escuela de Teitoku y se hizo un nombre. Ya célebre, no quiso nunca aceptar los honorarios de la gente de este lugar, a quienes corregía los poemas. Todo esto ya se volvió anécdota...

A Sora se le ocurrió enfermarse del vientre. Tiene un pariente en Nagashima en la provincia de Ise, y decidió adelantarse. Al partir me dejó este poema:

> Ando y ando.
> Si he de caer, que sea
> entre los tréboles.

La pena del que se va y la tristeza del que se queda son como la pareja de gaviotas que, separadas, se pierden en la altura. Yo también escribí un poema:

> Hoy el rocío
> borrará lo escrito
> en mi sombrero.[112]

Me hospedé en el suburbio de Daishoji, en un templo llamado Zensho-ji. Este sitio pertenece todavía a la provincia de Kaga. Sora también se había hospedado en ese templo la noche anterior y había dejado este poema:

> Viento de otoño:
> lo oí toda la noche
> en la montaña.

Nos separaba la distancia de unas horas pero me pareció que entre nosotros había ya más de mil *ri*. Yo también, escuchando el viento otoñal, me acosté en el dormitorio destinado a los novicios. Al romper el alba se oyeron rezos, sonó la campana y me apresuré a entrar en el refectorio. ¡Ahora a Echizen!, me dije con brío y salí a toda prisa del templo, mientras unos jóvenes bonzos me perseguían con papel y pinceles hasta el pie de la escalera. En ese momento caían las hojas de los sauces en el jardín. Puestas las sandalias, y aparentando más prisa de la que tenía, tracé estas líneas:

> Antes de irme
> ¿barro el jardín hojoso,
> sauces pelados?

En la frontera de Echizen me embarqué para visitar la ensenada de Yoshizaki y ver los pinos de Shiogoshi.[113] El maestro Saigyo compuso un poema sobre este lugar:

Toda la noche
amotina las olas
el viento en cólera.
Y los pinos chorrean
húmeda luz de luna.

El poema dice todo sobre este paisaje. Si añado algo más sería como añadir otro dedo a la mano.

Visité al gran bonzo de Tenryu-ji de Maruoka, viejo amigo mío. Un tal Hokushi de Kanazawa quiso caminar conmigo un trecho y al fin me acompañó hasta allí. Durante el trayecto me enseñó lugares pintorescos, añadiendo de vez en cuando alguna ingeniosa improvisación en verso. Al decirle adiós improvisé, a mi vez, un poema:

Este abanico
hay que tirarlo — pero
mis garabatos...

Después de caminar cincuenta *cho* me interné en la colina y cumplí con mis devociones en Eihei-ji, en el monasterio fundado por el maestro de Zen, el monje Dohgen. Dicen que un día huyó a mil *ri* de la capital y se refugió en estas montañas, en busca de la serenidad anónima. No obstante, al fundar, por motivos venerables, este templo, dejó huellas de su paso en este mundo.[114]

La distancia que me separaba de Fukui era sólo de tres *ri*, de modo que después de la cena me puse en camino. La caminata en el crepúsculo fue lenta. En Fukui vive un anciano ermitaño llamado Tosai. Hace ya mucho, tal vez unos diez años, fue a Edo a visitarme. Aunque temía que estuviese muy viejo o que hubiese muerto ya, pregunté por él a la gente. Me enseñaron el lugar donde aún vivía. Su morada se hallaba situada en las afueras de la ciudad; era una casita extraña, cubierta de enredaderas de flores de yugao y hechima. Las ramas de keito y hahakigi[115] cubrían la puerta. «Aquí debe ser», pensé. Llamé y salió una mujer de modesta apariencia, que me dijo: «¿De dónde viene usted, reverendo? Mi dueño fue a casa de un señor que vive cerca. Si quiere verlo, búsquelo allá». Parecía una de esas figuras de los cuentos antiguos y presumí que era su esposa. Busqué a mi amigo, lo encontré y pasé dos noches en su casa. Al despedirme, le dije que deseaba ver la luna llena en el puerto de Tsuruga. Por toda respuesta Tosai dobló la falda de su kimono y, muy contento de ser mi guía, se fue conmigo.

Las nubes cubrieron al Monte Blanco pero del otro lado apareció el monte de Hina; cruzamos el puente de Asamutsu y llegamos a Tamae; las cañas de Tamae ya ostentaban henchidas espigas; atravesamos el puesto del Ruiseñor y el paso de Yunoo y llegamos al castillo de Hiuchi; en el monte Kaeru oímos los primeros gritos de los gansos salvajes y en el puerto de Tsuruga, la tarde del día catorce del Octavo Mes, encontramos alojamiento. Esa noche la luna lucía extraordinariamente clara. Le dije al dueño de la posada: «Ojalá aparezca tan clara la de mañana, que es luna llena». Me contestó: «En estas tierras del norte no se sabe nunca cómo será la luna de mañana», y nos sirvió sake. Más tarde fui a visitar el santuario de Keino-Myo-jin, que fue del emperador Chuai.[116] Es imponente. La luz de la luna atravesaba los pinos y caía sobre las blancas arenas, frente al santuario. Era como si hubiese caído una helada. El posadero me contó que el segundo bonzo caminante (*yugyo*), hace mucho, había hecho el voto de arreglar la senda y él mismo había cortado las yerbas y apisonado las piedras y la tierra secando los charcos. Desde entonces los bonzos de este templo siguen su ejemplo, llevan arena al santuario —esto se llama Porta arena de Yugyo— y hoy los visitantes encuentran un camino sin asperezas:

> Sobre la arena
> esparcida por Yugyo
> luna clarísima.

El día quince, como había anunciado el dueño de la posada, llovió.

> ¿Luna de otoño?
> Promesas y perjurios,
> Norte cambiante.

El día dieciséis se aclaró el cielo. Quise recoger conchitas rojas en la ribera y fui en barco hasta la playa de Iro.[117] Hay siete *ri* por mar. Un señor llamado Tenya preparó la comida y botellas de sake e hizo que nos acompañase mucha servidumbre. El barco llegó en un instante a la playa, gracias al viento favorable. Ahí no había más que unas cuantas chozas de pescadores; tomamos el té y calentamos el sake en un pobre monasterio de Hokke. El triste atardecer penetró en nuestros corazones:

> Melancolía
> más punzante que en Suma,
> playa de otoño.[118]
>
> —
>
> La ola se retira:
> tréboles en pedazos,
> conchas rojas, despojos.

Rogué a Tosai que escribiese los pormenores de esta tarde y dejamos en el libro del templo nuestras impresiones escritas.

Rotsu vino a buscarme hasta este puerto y me acompañó a la provincia de Mino. A caballo entramos en el pueblo de Ohgaki. Sora vino desde Ise; Etsujin, también a caballo, se reunió con nosotros y todos nos encontramos en la casa de Jokoh. Día y tarde me visitaban Zensenshi, Keiko, su hijo y los otros íntimos. Su regocijo al verme era como el de aquellos que se encuentran en presencia de un resucitado.[119] Llegó el seis del Noveno Mes y aunque todavía no me recuperaba del cansancio del viaje, como quería estar en Ise para presenciar el traslado del Gran Santuario,[120] me embarqué otra vez:

> De la almeja
> Se separan las valvas
> hacia Futami voy
> con el otoño.[121]

Notas

Advertencia

Las razones de los poetas modernos para justificar la ausencia de signos de puntuación son numerosas y contradictorias. En una carta a un amigo, Apollinaire sostiene que los signos de puntuación son innecesarios porque la verdadera puntuación está en el ritmo y en el corte de los versos. Esto sería cierto si, efectivamente, cada verso fuese simultáneamente una unidad sintáctica y una unidad rítmica. No siempre es así. Y aunque lo fuese: la puntuación seguiría siendo necesaria pues no sólo es un auxiliar de la lectura sino que es una parte constitutiva de la escritura, como las pausas y las entonaciones lo son del habla. Fourier, en cambio, lamentaba la pobreza de nuestro sistema —o como él decía, muy acertadamente: *gama* de puntuación— y sugería que el más simple de nuestros signos, la coma, se diferenciase en cuatro formas por lo menos. Valéry tenía la misma opinión: «nuestra puntuación es viciosa. Es a la vez fonética y semántica —e insuficiente en los dos órdenes. ¿Por qué no usar signos como en música? Signos de *vivace, solenne, staccato, scherzo...*» Creo que Fourier y Valéry tienen razón. Lo prueba la admiración de los extranjeros por el sistema del castellano, que al menos cuenta con dos signos de interrogación y dos de exclamación.

Antes de Apollinaire —y por razones probablemente opuestas a las suyas— Mallarmé decidió abolir la puntuación en algunos de sus poemas y en *Un lance de dados*. Veía en esta composición el comienzo de una nueva forma poética que uniría al verso tradicional con el verso libre y a los dos con el poema en prosa. Más que abolición de la puntuación habría que hablar de substitución. La disposición tipográfica —la diversidad de los caracteres, los espacios en blanco y las márgenes, la posición de las frases y las palabras en la página, el juego de mayúsculas y minúsculas, itálicas y redondas, negrillas y versales— desempeña en ese poema la función de los puntos y las comas. *Un lance de dados* realiza, en cierto modo, las ideas de Fourier y de Valéry: el texto se despliega ante nuestros ojos de tal modo que, al mismo tiempo, lo leemos, lo oímos y lo contemplamos. El elemento visual se convierte en un elemento consubstancial del poema, como el auditivo. Es el *otro* ritmo, el ritmo que oímos no con los oídos sino con los ojos. Yo he usado esta forma de composición visual —que no daña el ritmo oral sino que, a veces, lo acentúa— en muchos poemas de *Ladera este* y de *Vuelta*. Sin embargo, la composición tipográfica no es ni puede ser un substituto de la puntuación. No es un sistema universal de signos sino un arreglo estético subjetivo. Es una sensibilidad, no una gama. La composición tipográfica depende de cada poeta y su peligro es el de todos los estilos: el manierismo.

Para otros poetas la ausencia de puntuación es la marca de la espontaneidad. El poema sin puntuación reproduce el manar de la boca inspirada, cascada de sonidos y sentidos. Tampoco me parece exacta esta opinión. Al hablar, hacemos pausas y cambiamos ritmos y entonaciones, sobre todo en los momentos de exaltación, pero el poema sin puntuación no registra ninguno de esos matices. Un poeta francés me dijo hace años que la eliminación de los signos de puntuación borraba las fronteras entre las palabras y así favorecía las asociaciones inesperadas y acentuaba la ambigüedad —gran recurso de la poesía. También puede sostenerse lo contrario: la puntuación puede suscitar —y más: provocar— insólitas uniones verbales.

Hay una razón que explica, ya que no justifica, la boga de la ausencia de puntuación en la poesía moderna. Se trata de una reacción espontánea de los poetas: el sistema de puntuación pertenece a la escritura mientras que la poesía, en su origen y en su naturaleza, es ante todo habla. La poesía es anterior a la escritura. Esta anterioridad no es sólo histórica: antes (y después) de escribirse y leerse, la poesía se dice y se oye. Al leer un poema, si lo leemos como debe leerse, lo decimos silenciosamente. La ausencia de puntuación es un artificio de los poetas modernos para evocar el fantasma sonoro del habla sobre la página. Opera como la irrupción, espontánea o deliberada, de la glosolalia en el discurso religioso. El «hablar en lenguas» consiste en hablar un lenguaje más allá del lenguaje. Las onomatopeyas y la emisión de sonidos sin sentido tienen sentido por ser transgresiones del sentido. Están referidos a un texto sagrado: a una palabra santa y a una revelación. Son inseparables de una biblia o un evangelio: no son un no-lenguaje sino su reverso, la otra cara del lenguaje. Lo mismo ocurre con la ausencia de puntuación. Su eficacia —considerable aunque limitada: se gasta con la repetición— consiste en ser una negación del sistema de puntuación. O sea: es una negación de la escritura. Esa negación es, al mismo tiempo, como la glosolalia, una dependencia y una libertad. Transgresión: homenaje a aquello mismo que se niega.

Libertad bajo palabra

CREPÚSCULOS DE LA CIUDAD (II)

(Página 69.) Hasta hace unos pocos años las agencias funerarias de la ciudad de México tenían sus negocios en la avenida Hidalgo, al lado del parque de la Alameda, en el tramo que va del Correo a la iglesia y plazuela de San Juan de Dios. Frente a la iglesia había un pequeño mercado de flores, especializado en coronas y ofrendas fúnebres. El barrio era céntrico y aislado a un tiempo. Desde el anochecer las prostitutas recorrían la avenida Hidalgo y las callejas contiguas. Uno de sus lugares favoritos era el espacio ocupado por las funerarias, iluminado por la luz eléctrica de los escaparates donde se exhibían los ataúdes.

ENTRE LA PIEDRA Y LA FLOR

(Páginas 86-92.) En 1937 abandoné, al mismo tiempo, la casa familiar, los estudios universitarios y la ciudad de México. Fue mi primera salida. Viví durante algunos meses en Mérida (Yucatán) y allá escribí la primera versión de «Entre la piedra y la flor». Me impresionó mucho la miseria de los campesinos mayas, atados al cultivo del henequén y a las vicisitudes del comercio mundial del sisal. Cierto, el gobierno había repartido la tierra entre los trabajadores pero la condición de éstos no había mejorado: por una parte, eran (y son) las víctimas de la burocracia gremial y gubernamental que ha sustituido a los antiguos latifundistas; por la otra, seguían dependiendo de las oscilaciones del mercado internacional. Quise mostrar la relación que, como un verdadero nudo estrangulador, ataba la vida concreta de los campesinos a la estructura impersonal, abstracta, de la economía capitalista. Una comunidad de hombres y mujeres dedicada a la satisfacción de necesidades materiales básicas y al cumplimiento de ritos y preceptos tradicionales, sometida a un remoto mecanismo. Ese mecanismo los trituraba pero ellos ignoraban no sólo su funcionamiento sino su existencia misma. «Entre la piedra y la flor» se editó varias veces. En 1976, lo releí y percibí sus insuficiencias, ingenuidades y torpezas. Sentí la tentación de desecharlo; después de mucho pensarlo, más por fidelidad al tema que a mí mismo, decidí rehacer el texto enteramente. El resultado fue el poema que ahora presento —no sin dudas: tal vez habría sido mejor destruir un intento tantas veces fallido.

ELEGÍA A UN COMPAÑERO MUERTO
EN EL FRENTE DE ARAGÓN

(Páginas 93-95) Entre los poemas suprimidos en la edición corregida y disminuida de *Libertad bajo palabra* (1968), se encuentra la *Elegía a un compañero muerto en el frente de Aragón*. Lo recojo ahora no porque haya cambiado de opinión —me sigue pareciendo tributario de una retórica que repruebo— sino por ser el doble testimonio de una convicción y una amistad. La convicción se llamó España —la leal, la popular—; la amistad se llamó José Bosch.

Conocí a Bosch en 1929, en la Escuela Secundaria número 3, un colegio que se encontraba en las calles de Marsella, en la colonia Juárez. En aquella época ese barrio todavía conservaba su fisonomía afrancesada de principios de siglo: pequeños «hoteles particulares» con torrecillas y «mansardas», altas verjas de hierro y jardinillos geométricos. El colegio era una vieja casa que parecía salida de una novela de Henry James. El gobierno la había comprado hacía poco y, sin adaptarla, la había convertido en escuela pública. Los salones eran pequeños, las escaleras estrechas y nosotros nos amontonábamos en los pasillos y en una *cour* —en realidad: la antigua cochera— en la que habían instalado tableros y cestas de *basketball*. En la clase de Álgebra mi compañero de pupitre era un muchacho tres años mayor que yo, de pantalón largo de campana y un saco azul que le quedaba chico. No muy alto, frágil pero huesudo, las manos grandes y rojas, tenso siempre como a punto de saltar, el pelo rubio y lacio, pálido y ya con unos cuantos pelos en la barba, los ojos vivos y biliosos, la nariz grande, los labios delgados y despectivos, la mandíbula potente, la frente amplia. Era levemente prognato y él acentuaba ese defecto al hablar con la cabeza echada hacia atrás en perenne gesto de desafío. Tenía unos 17 años. Su edad, su aplomo y su acento catalán provocaban entre nosotros una reacción ligeramente defensiva, mezcla de asombro y de irritación.

Un día, al salir de la clase, mi compañero me puso entre las manos un folleto y se alejó de prisa. En la portada, con letras rojas, un nombre: Kropotkin. Lo leí esa misma mañana, en el tranvía, durante los cuarenta y cinco minutos del trayecto entre la estación de la calle de Nápoles y Mixcoac. Nos hicimos amigos. Me dio más folletos: Eliseo Reclus, Ferrer, Proudhon y otros. Yo le prestaba libros de literatura —novelas, poesía— y unas cuantas obras de autores socialistas que había encontrado entre los libros de mi padre. Unos meses después intentamos sublevar a nuestros compañeros y los incitamos a que se declarasen en huelga. El director llamó a la fuerza pública, cerraron la escuela por dos días y a nosotros nos llevaron a los separos de la Inspección de Policía.

Pasamos dos noches en una celda. Una mañana nos liberaron y un alto funcionario de la Secretaría de Educación Pública nos citó en su despacho. Acudimos con temor. El funcionario nos recibió con un regaño elocuente; nos amenazó con la expulsión de todos los colegios de la República e insinuó que la suerte de Bosch podía ser peor, ya que era extranjero. Después, paseándose a lo largo de su oficina, mientras nosotros lo contemplábamos muy quietos en nuestras sillas, varió de tono y nos dijo que comprendía nuestra rebelión: él también había sido joven. Se perdió entonces en una disquisición acerca de las enseñanzas de la vida y de cómo, sin renunciar a sus ideales, él había buscado una vía más razonable para realizarlos. El verdadero idealista es siempre realista y lo que nosotros necesitábamos era una mejor preparación. Acabó ofreciéndonos un viaje a Europa y unas becas... si cambiábamos de actitud. Bosch pasó de la palidez al rubor y del rubor a la ira violenta. Se levantó y le contestó; no recuerdo sus palabras, sí sus gestos y ademanes de molino de viento enloquecido. El alto funcionario llamó a un ujier y nos echó. En la calle nos esperaba un viejecito muy pequeño y arrugado. Era el padre de Bosch. Cuando le contamos lo que acababa de ocurrir, nos abrazó. Era un antiguo militante de la Federación Anarquista Ibérica.

Aquellos días eran los de la campaña electoral de José Vasconcelos, candidato a la presidencia de la República. Vasconcelos y sus amigos habían encendido a los jóvenes y Bosch dejó la escuela para participar en el movimiento. Yo era demasiado chico y continué mis estudios. En cambio, sí tomé parte en la gran huelga de estudiantes que paralizó durante varios meses los colegios y facultades de la ciudad de México. Bosch se convirtió en el centro de nuestro grupo. No fue nuestro jefe ni tampoco nuestro guía: fue nuestra conciencia. Nos enseñó a desconfiar de la autoridad y del poder; nos hizo ver que la libertad es el eje de la justicia. Su influencia fue perdurable: ahí comenzó la repugnancia que todavía siento por los jefes, las burocracias y las ideologías autoritarias. Desde entonces ni el Uno mismo de Plotino escapa a mi animadversión: siempre estoy con el *otro* y los otros.

Al año siguiente pasamos a la Escuela Nacional Preparatoria (San Ildefonso). Bosch no pudo ingresar porque la campaña política le hizo perder los cursos. Pero no nos dejó: se instaló en un cuartito que el director de la escuela —antiguo amigo y compañero de López Velarde— nos había cedido para que sirviese como local a una agrupación fundada por un amigo nuestro de origen inglés. La sociedad se llamaba Unión de Estudiantes Pro-Obreros y Campesinos. Había sido creada en memoria de tres víctimas del vasconcelismo —un estudiante, un obrero y un campesino— asesinados el año anterior por el gobierno «revolucionario». La UEPOC estableció por toda la ciudad escuelas nocturnas para trabajadores. Nosotros éramos los profesores y con frecuencia nuestras clases se transformaban en reuniones políticas. Trabajos perdidos: ¿cómo encender el ánimo poco belicoso de nuestros alumnos, la mayoría compuesta por artesanos, criadas, obreros sin trabajo y gente que acababa de llegar del campo para conseguir empleo? Nuestros oyentes no buscaban una doctrina para cambiar al mundo sino unos pocos conocimientos que les abriesen las puertas de la ciudad. Para consolarnos nos decíamos que la UEPOC era «una base de operaciones». Bosch discutía incansablemente con las dos corrientes que empezaban a surgir del derrotado vasconcelismo: la marxista y la que después se expresaría en Acción Nacional, el sinarquismo y otras tendencias más o menos influidas por Maurras y Primo de Rivera.

A mediados de 1930 la Escuela Nacional Preparatoria recibió la visita de una delegación de estudiantes de la Universidad de Oklahoma. Medio centenar de muchachas y muchachos norteamericanos. Las autoridades universitarias organizaron una ceremonia en su honor, en el paraninfo de San Ildefonso. Muy temprano ocupamos los asientos de ese salón, en cuyos muros Diego Rivera pintó sus primeras obras, que nosotros comparábamos con las de Giotto pero que son en realidad imitaciones de Puvis de Chavannes. El programa comprendía varios números de bailes folklóricos a cargo de las muchachas y muchachos de la Escuela de Danza, recitación de poemas de Díaz Mirón y López Velarde, canciones de Ponce y un discurso. El encargado de pronunciarlo, en español y en inglés, era un estudiante bilingüe más o menos al servicio del gobierno y que después hizo carrera como «intelectual progresista».

Aplaudimos los cantos, los bailes y los poemas pero, ante el asombro de nuestros visitantes, interrumpimos al orador a poco de comenzar. No nos habíamos puesto de acuerdo; nuestra cólera era espontánea y no obedecía a ninguna táctica ni consigna. La gritería creció y creció. Bosch, encaramado en una silla, se agitaba y pronunciaba un discurso que nadie oía. Al fin, en un momento de silencio, uno de nosotros, que también hablaba inglés, pudo hablar y explicar a los norteamericanos la razón del escándalo: los habían engañado, México vivía bajo una dictadura que se decía revolucionaria y democrática pero que había hipotecado y ensangrentado al país. (Más allá de su programa —o mejor dicho: de su ausencia de programa—, el vasconcelismo fue sano porque llamaba a las cosas por su nombre: los crímenes eran crímenes y los robos, robos. Después vino la era de las ideologías; los criminales y los tiranos se evaporaron, convertidos en conceptos: estructuras, superestructuras y otras entelequias.) El discurso de nuestro amigo calmó un poco los ánimos. Un poco más tarde la reunión se disolvió y la gente empezó a salir.

En la calle, confundidos entre la multitud para no despertar sospechas, nos esperaban muchos agentes secretos que seguían a los que suponían ser los cabecillas y discretamente los aprehendían. Así nos pescaron a una veintena. Nos llevaron de nuevo a las celdas de la Inspección de Policía pero a las veinticuatro horas, gracias a una gestión del rector de la universidad, nos soltaron a todos... menos a Bosch. No era estudiante universitario ni era mexicano. Unos días después, sin que pudiésemos siquiera verlo, con fundamento en el infame artículo 33 de la Constitución de México, que da poder al gobierno para expulsar sin juicio a los extranjeros, Bosch fue conducido al puerto de Veracruz y embarcado en un vapor español que regresaba a Europa.

De tiempo en tiempo nos llegaban noticias suyas. Uno de nosotros recibió una carta en la que contaba que había padecido penalidades en Barcelona y que no lograba ni proseguir sus estudios ni encontrar trabajo. Más tarde supimos que había hecho un viaje a París. Allá quiso ver a Vasconcelos, desterrado en aquellos años, sin conseguir que lo recibiera; desanimado y sin dinero, no había tenido más remedio que regresar a Barcelona. Después hubo un silencio de años. Estalló la guerra en España y todos sus amigos lo imaginamos combatiendo con los milicianos de la FAI. Uno de nosotros, al leer en un diario una lista de caídos en el frente de Aragón, encontró su nombre. La noticia de su muerte nos consternó y nos exaltó. Nació su leyenda: ya teníamos un héroe y un mártir. En 1937 escribí un poema: *Elegía a José Bosch, muerto en el frente de Aragón.*

Ese mismo año estuve en España: Barcelona, Valencia, Madrid, el frente del Sur, donde mandaba una brigada un pintoresco mexicano: Juan B. Gómez. Al final de mi estancia, en Barcelona, unos días antes de mi salida, la Sociedad de Amigos de México me invitó a participar en una reunión pública. En casi todas las ciudades dominadas por la República había una Sociedad de Amigos de México. La mayoría habían sido fundadas por los anarquistas para contrarrestar la influencia de las Sociedades de Amigos de la URSS, de inspiración comunista. Creo que la de Barcelona estaba manejada por republicanos catalanes. Pensé que nada podía ser más apropiado que leer en aquel acto el poema que había escrito en memoria de mi amigo.

El día indicado, a las seis de la tarde, me presenté en el lugar de la reunión. El auditorio estaba lleno. Música revolucionaria, banderas, himnos, discursos. Llegó mi turno; me levanté, saqué el poema de mi carpeta, avancé unos pasos hacia el proscenio y dirigí la vista hacia el público: allí, en primera fila, estaba José Bosch. No sé si la gente se dio cuenta de mi turbación. Durante unos segundos no pude hablar; después masacullé algo que nadie entendió, ni siquiera yo mismo; bebí un poco de agua pensando que el incidente era más bien grotesco y comencé a leer mi poema, aunque omitiendo, en el título, el nombre de José Bosch. Leí dos o tres poemas más y regresé a mi sitio. Confusión y abatimiento. A la salida, en la puerta del auditorio, en la calle totalmente a obscuras —no había alumbrado por los bombardeos aéreos— vi caminar hacia mí un bulto negro que me dejó un papel entre las manos y desapareció corriendo. Lo leí al llegar a mi hotel. Eran unas líneas garrapateadas por Bosch: quería verme para hablar a solas —subrayaba *a solas*— y me pedía que lo viese al día siguiente, en tal lugar y a tal hora. Me suplicaba reserva absoluta y me recomendaba que destruyese su mensaje.

A las cinco de la tarde del día siguiente lo encontré en una de las Ramblas. Había llegado antes y me esperaba caminando de un lado para otro. Era el fin del otoño y hacía ya frío. Estaba vestido con modestia; parecía un pequeño burgués, un oficinista. Como en sus años de estudiante el traje parecía quedarle chico. Su nerviosidad se había exacerbado. Sus ojos todavía despedían reflejos vivaces pero ahora también había angustia en su mirada. Esa mirada del que teme la mirada ajena. Al cabo de un rato de conversación me di cuenta de que, aunque seguía siendo colérico, había dejado de ser desdeñoso. Ya no tenía la seguridad de antes. Nos echamos a andar. Anduvimos durante más de dos horas, como en los tiempos de México, sólo que no hablamos ni del Anticristo nietzscheano, que él admiraba, ni de las novelas de Lawrence, que lo escandalizaban. Otro fue nuestro tema; mejor dicho: el suyo, pues él habló casi todo el tiempo.

Hablaba de prisa y de manera atropellada, se comía las palabras, saltaba de un tema a otro, se repetía, daba largos rodeos, sus frases se estrellaban contra muros invisibles, recomenzaba, se hundía en olvidos como pantanos. Un animal perseguido. Adiviné en la confusión de su relato que había participado en la sublevación de los anarquistas y del POUM (Partido Obrero de Unificación Marxista) del primero de mayo de 1937 y que por un milagro había escapado con vida. «Ya sé que tú y mis amigos mexicanos han creído en las mentiras de ellos. No somos agentes de Franco. Fuera de España no se sabe lo que ha pasado y sigue pasando aquí. Os han engañado, se burlan de vosotros. Nuestro levantamiento era justo... un acto de autodefensa. Era la revolución. Ellos han aplastado a la revolución y asesinan a los revolucionarios. Son como los otros. Los otros nos han vendido a Mussolini y ellos a Stalin. ¿Las democracias? Son las alcahuetas de Stalin. Ellos dicen que primero hay que ganar la guerra y después hacer la revolución. Pero estamos perdiendo la guerra porque hemos perdido la revolución. Ellos le están abriendo las puertas a Franco... que los matará y nos matará a nosotros.»

Atacó al gobierno del Centro con saña. Me sorprendió la viveza de su catalanismo. En su mente el nacionalismo catalán no se oponía al internacionalismo anarquista. Me dijo que lo buscaba el SIM, el temido Servicio de Información Militar. «Si me encuentran, me matarán como a los otros. ¿Sabes dónde estoy escondido? En la casa del presidente de la Generalidad, Lluís Companys.» No pude saber si estaba ahí con el conocimiento y el consentimiento de Companys o por la intercesión de algún camarada con relaciones entre los ayudantes y servidores del político catalán. «Vivo con los criados. Ellos no saben quién soy. Debo cuidarme. No se te ocurra buscarme allí. Sería peligroso. Estoy con otro nombre. Tengo miedo. Hay una criada que me odia. Podría denunciarme... o envenenarme. Sí, han querido envenenarme.» Ante mi gesto de asombro continuó con vehemencia: «Digo la verdad. Hay una criada que no me puede ver. Hay agentes de ellos en todas partes. Pueden envenenarme. No sería el primer caso... Debo buscar otro escondite». Volvió a contarme cómo, después del primero de mayo, había estado escondido, sin salir a la calle, no en la residencia de Companys sino en otro lugar. Insistió en los detalles triviales de su vida con los criados del presidente de la Generalidad. A ratos era lúcido y otros se perdía en delirios sombríos. Quise hablarle de México pero el tema no le interesó. Pasaba de la cólera al terror y regresaba continuamente a la historia de sus persecuciones. Su insistencia en lo del envenenamiento y en el odio de aquella criada me turbaba y acongojaba. Intenté que me aclarase algunos puntos que me parecían confusos. Imposible: su conversación era espasmódica y errabunda. Sentí que no hablaba conmigo sino con sus fantasmas.

Nos detuvimos en una esquina, no muy lejos de mi hotel. Le dije que esa misma semana me iría de España. Me contestó: «Dame el número de tu teléfono. Te llamaré mañana por la mañana. No con mi nombre. Diré que soy

R. D.» (uno de nuestros amigos mexicanos). Se quedó callado, viéndome fijamente, otra vez con angustia. Caminamos unos pasos y volvimos a detenernos. Dijo: «Tengo que irme. Ya es tarde. Si me retraso, no me darán de comer. Esa criada me odia. Debe sospechar algo...» Se golpeó el flanco derecho con el puño. Volvió a decir: «Tengo que irme. Me voy, me voy...» Nos dimos un abrazo y se fue caminando a saltos. De pronto se detuvo, se volvió y me gritó: «Te llamaré sin falta, por la mañana». Me saludó con la mano derecha y se echó a correr. No me llamó. Nunca más volví a verlo.

MUTRA

(Páginas 207-211) La ciudad de Mutra (Mathura) fue un gran centro de civilización de la India antigua y todavía hoy tiene una función cardinal en su vida religiosa por el" culto al dios Krishna. Fue poblada desde el siglo VI a.C. y conoció un periodo de esplendor artístico, político y comercial durante la dominación de los kushanes, entre los siglos I y IV. Los kushanes eran un pueblo indoeuropeo del Asia central, que irrumpió en la historia del subcontinente después de la disgregación del Imperio maurya, en una época de luchas civiles y dinásticas. La primera noticia acerca de los kushanes figura en las crónicas chinas de la dinastía Han, que los llaman los yueh-chih. Las mismas crónicas llaman a los jefes de esas tribus kuei-shuang: kushanes. Empujados por otros pueblos nómadas que amenazaban las fronteras del Imperio Han, los yueh-chih aparecieron en las orillas del Oxus hacia el siglo II a.C. Pronto atravesaron el caudaloso río y se apoderaron de Bactriana, la rica tierra dominada durante un corto y brillante periodo por los sucesores de Alejandro y que había caído bajo el dominio de los sakas (escitas). Los kushanes se extendieron rápidamente por lo que hoy es Afganistán y ocuparon sucesivamente Taxila —célebre en los anales del budismo y también en la historia de los griegos de Bactriana—, el Punjab y, en fin, llegaron a la cuenca del Ganges. En unos cuantos años lograron formar un vasto y poderoso imperio que duró más de tres siglos. Los kushanes abandonaron su pasado bárbaro y asimilaron con fortuna las culturas que encontraron en su expansión: la persa y la indogriega. Sus grandes centros fueron Surkh Kotal, en Afganistán, del que quedan sólo ruinas; la célebre Taxila, en Pakistán, que nos ha dejado obras y restos memorables; Mathura, que fue la capital de invierno de los soberanos kushanes. Desde entonces Mathura fue famosa y figura con frecuencia en los anales, poemas y cuentos de la India clásica. Por ejemplo, una de las narraciones más divertidas del *Océano donde desembocan los ríos de los cuentos* de Somadeva, la historia picaresca de los amores de la hermosa cortesana Rupanika con un joven brahmán, sucede precisamente en Mathura.

Situada en la orilla derecha del río Yamuna, afluente del Ganges, Mathura ha sido víctima de sucesivas invasiones y depredaciones. La más poderosa de todas ha sido la del tiempo, el gran nivelador. Por desgracia, ni la ciudad ni sus alrededores han sido objeto de una exploración arqueológica moderna; bajo los cimientos de las construcciones actuales y en los montículos de los alrededores seguramente yacen enterrados templos, palacios y *stupas* (monumentos budistas en forma de domos y que guardan reliquias). Entre las invasiones que ha sufrido Mathura en el curso de su larga historia, más de dos mil años de existencia, la más cruel y terrible fue la de Mahamud de Gazni, en 1017, que incendió la ciudad no sin antes saquearla: se llevó, entre otros objetos, varios ídolos de oro y plata.

A pesar de todas esas catástrofes, Mathura cuenta hoy con un pequeño pero notable museo edificado durante los últimos años del virreinato inglés. De ahí que ostente el nombre de Curzon Museum of Archeology, en memoria del estadista británico. Visitar ese museo es gratificante; se puede recorrer en un poco más de una hora; aunque las piezas que guarda no son muchas, casi todas son excepcionales. Sobresalen varias estatuas de Buda y de divinidades arbóreas, los *yakshas* y sus consortes y acompañantes, las *yakshis*, las ninfas graciosas y sensuales de la mitología hindú. Casi todas esas esculturas, salvo algunas piezas que pertenecen al estilo grecorromano-budista de Gandhara, están hechas de piedra roja, característica de la región. En ellas ya están presentes los rasgos que distinguen a la escultura clásica de la India (gupta): la plenitud de las formas, la sensualidad, la majestad de las proporciones, la energía corporal nunca exenta de una suerte de suavidad y aun de languidez en las líneas. Predominio de las curvas y las ondulaciones. Irradiación carnal pero habitada, por decirlo así, por una indefinible espiritualidad. Estatuas que son de este mundo y del otro.

Con el arte de Mathura del periodo kushán, contemporáneo de las esculturas helenísticas de Gandhara y reacción frente a ellas, comienza el gran arte de la India clásica. El Museo Curzon contiene también piezas en un estilo casi geométrico, a un tiempo sintético y rígido, probablemente escita. La más impresionante es la colosal estatua del rey Kanishka, gran conquistador y soberano de un imperio inmenso. Su atuendo es guerrero: pesadas botas, túnica, capa, una descomunal espada y una maza sobre la que apoya su mano izquierda. Imagen viva del poderío. No obstante, como una terrible advertencia del tiempo a la desmesura de los hombres, la estatua no tiene cabeza. Aunque su decapitación fue un accidente —obra de la mano del tiempo o de los ladrones de tumbas—, puede verse como una extraña confirmación de una de las leyendas que rodean a su memoria. Vale la pena detenerse en ella.

Kanishka reinó en el siglo I de nuestra era (las fechas son inciertas) y, según parece, fue un gran protector del budismo. En las crónicas y leyendas budistas figura como un soberano comparable al gran Ashoka, el piadoso emperador maurya. La tradición dice que Kanishka convocó a un gran concilio en Cachemira, que edificó la gran *stupa* de Peshawar, todavía inexplorada, y que fue amigo, admirador y patrono del poeta Ashavaghosa. La figura de Ashavaghosa, autor entre otras obras del poema *Buddhacarita*, que relata la vida legendaria de Sakyamuni, es venerada por todos los budistas. Ahora bien, cuenta la leyenda, como Kanishka fue un conquistador y un guerrero, un hombre de espada, sangre y violencia, a su muerte merecía ir al infierno; la intervención del piadoso Ashavaghosa lo salvó y logró que el rey renaciese como un pez de mil cabezas. Para castigarlo por su violencia, un cuchillo gigantesco cortaba una a una las cabezas del inmenso pez en que se había convertido el soberano. La cruel operación cesó un día en que resonó, sobre las aguas, el tañido de la campana de un monasterio budista. Para aliviar los sufrimientos del monarca —otra acción misericordiosa de Ashavaghosa— la campana no cesó de tañer sino hasta el siguiente nacimiento de Kanishka. ¿Cuántas veces y bajo qué formas y sexos habrá renacido? Hoy es, tal vez, un físico atómico o una estrella de Hollywood.

Aparte de su irradiación estética y literaria, Mathura es una ciudad santa. Ahí nació Krishna y el poblado cercano de Vrindaban fue el teatro de sus amores con la vaquera Radha, tema de incontables poemas, canciones y miniaturas. La región estaba poblada de bosques, como puede verse en las miniaturas, pero hoy se ha transformado en un llano árido. Miles de peregrinos acuden a Mathura y a Vrindaban y en los *ghats* del Yamuna practican sus abluciones rituales. (Un *ghat* es una escalera de piedra o de mampostería que baja de la orilla a las aguas.) En el río abundan las tortugas. En uno de los templos, cada noche, se celebra una hermosa ceremonia: los sacerdotes encienden velitas que lanzan al río sobre frágiles y diminutas embarcaciones hechas de hojas, mientras que, al son de los címbalos, los brahmanes cantan himnos y alimentan a las tortugas.

Visité Mathura en el verano de 1952, a poco de mi llegada a la India. Allí contemplé, seducido, las estatuas de las *yakshis*, representadas en graciosas y lascivas posturas; ante la decapitada escultura roja de Kanishka me estremecí; desde una barca presencié la ceremonia: los cantos de los sacerdotes, las velitas navegando por unos minutos en las aguas antes de ser tragadas por la noche, las tortugas subiendo, lentas, a los bordes del Yamuna.

Sobre mi poema poco puedo decir (me siento lejos de su lenguaje) excepto que, como le confié a Alfonso Reyes en una carta, lo escribí para defenderme de la tentación metafísica de la India. En esos días había leído algunos fragmentos de su traducción de la *Ilíada;* las alusiones a Grecia, en la estrofa final de mi poema, son un eco de mi lectura de esa traducción. «El tema del poema —dije en una nota escrita años después— es la llegada del verano a la ciudad y los delirios que engendra en la tierra y en la mente. Es un tema que se asocia a la religión hindú y a su búsqueda de la unidad a través de la pluralidad de formas en que la vida se despliega. El final del poema opone a la tentación de un absoluto metahistórico, la idea de la vida como acción y heroísmo, legada por Grecia.» En 1963 visité Vrindaban, otro lugar santo del hinduismo. Experimenté una reacción semejante y escribí otro poema. Ambos poemas son la expresión instintiva y defensiva del moderno activismo occidental. Una posición un poco más equilibrada y justa puede encontrarse en la parte final de *Vislumbres de la India.* Si algo nos hace falta a los modernos es emprender, como lo hizo hace siglos el pensamiento indio, una crítica del tiempo y de su insensata y al final ilusoria aceleración. Pero debemos hacer esa crítica por nuestra cuenta y desde nuestros supuestos. Necesitamos reaprender el antiguo y olvidado arte de la contemplación.

México, a 10 de julio de 1995

PIEDRA DE SOL

(Páginas 221-237.) En la primera edición de *Piedra de Sol* (1957) se incluía la siguiente nota: «En la portada de este libro aparece la cifra 584 escrita con el sistema maya de numeración; asimismo, los signos mexicanos correspondientes al día 4 Olín (Movimiento) y al día 4 Ehécatl (Viento) figuran al principio y al fin del poema. Quizá no es inútil señalar que *Piedra de Sol* está compuesto por 584 endecasílabos (los seis últimos no cuentan porque son idénticos a los seis primeros). Este número de versos es igual al de la revolución sinódica del planeta Venus, que es de 584 días. Los antiguos mexicanos llevaban la cuenta del ciclo venusino a partir del día 4 Olín; el día

4 Ehécatl, 584 días después, señalaba la conjunción de Venus y el Sol, fin de un ciclo y comienzo de otro.

El planeta Venus aparece como Estrella de la Mañana *(Phosphorus)* y como Estrella de la Tarde *(Vesperus).* Esta dualidad, Lucifer y Vésper, no ha dejado de impresionar a los hombres de todas las civilizaciones, que han visto en ella un símbolo, una cifra o una manifestación de la ambigüedad esencial del universo. Así, Ehécatl, divinidad del viento, era una de las manifestaciones de Quetzalcóatl, la serpiente emplumada, que concentra las dos vertientes de la vida. Asociada a la luna, a la humedad, al agua, a la vegetación naciente, a la muerte y resurrección de la naturaleza, para los antiguos mediterráneos el planeta Venus era un nudo de imágenes y fuerzas ambivalentes: Ishtar, la Dama del Sol, la Piedra Cónica, la Piedra sin Labrar (que recuerda el "pedazo de madera sin pulir" del taoísmo), Afrodita, la cuádruple Venus de Cicerón, la doble diosa de Pausanias...»

La hija de rappaccini

La hija de Rappaccini fue representada por primera vez el 30 de julio de 1956, en el Teatro del Caballito, en la ciudad de México. Director de escena: Héctor Mendoza; escenografía y vestuario: Leonora Carrington; música incidental: Joaquín Gutiérrez Heras. Adaptación de un cuento de Nathaniel Hawthorne, mi pieza sigue la anécdota, no el texto ni su sentido: son otras mis palabras y otra mi noción del mal y del cuerpo. La fuente de Hawthorne —o la fuente de sus fuentes— está en la India. *Mudra Rakshasa (El sello del anillo de Rakshasa)*, del poeta Vishakadatta, que vivió en el siglo IX, es un drama político que tiene por tema la rivalidad de dos ministros. Entre las estratagemas de que se vale uno de ellos para vencer a su rival se encuentra el regalo de una deseable muchacha alimentada con venenos. El tema de la doncella convertida en viviente frasco de ponzoña es popular en la literatura india y aparece en los *Puranas.* De la India pasó a Occidente y, cristianizado, figura en la *Gesta Romanorum* y en otros textos. En el siglo XVII Burton recoge el cuento en *The Anatomy of Melancholy* y le da un carácter histórico: Porus envía a Alejandro una muchacha repleta de veneno. Thomas Browne repite la historia: «Un rey indio envió a Alejandro una hermosa muchacha alimentada con acónito y otros venenos, con la intención de destruirlo, fuese por medio de la copulación o por otro contacto físico». Browne fue la fuente de Hawthorne.

Días hábiles

EL MISMO TIEMPO

(Páginas 285-290.) En los primeros meses de 1943 visité en tres o cuatro ocasiones a José Vasconcelos en su despacho de la Biblioteca Nacional de México. En aquella época yo escribía para una agencia distribuidora de artículos que dirigía el historiador José C. Valadés. Mis colaboraciones eran semanarias y aparecían en *Novedades* y en otros diarios de provincia. Uno de aquellos artículos era un pequeño comentario sobre la definición platónica de la filosofía como «preparación para la muerte», una idea muy del gusto de Montaigne, al que yo frecuentaba con fervor en esos años. Vasconcelos era lo contrario de un escéptico pero me habló con benevolencia de mi articulito. Después me dijo: «La filosofía no puede darnos la vida. Dios da la vida y a Él hay que pedirle la vida eterna, que es la única vida verdadera. Pero es cierto que la filosofía nos ayuda a bien morir: nos desengaña de la vida terrestre y así nos defiende de la muerte. A usted, que no es creyente, no le queda sino dedicarse a la filosofía. En mi juventud yo también perdí la fe y de ahí viene quizá mi vocación filosófica. Sí, ¡dedíquese a la filosofía! Lo hará más fuerte...» Diez años más tarde, en Ginebra, José Ortega y Gasset me dio el mismo consejo aunque en términos más imperiosos: «Estamos al final de un periodo. La literatura ha muerto. Sólo queda el pensamiento: es la tarea de hoy. Deje la poesía ¡y póngase a pensar! Como ya es un poco tarde para que comience con el griego, aprenda la otra lengua filosófica: el alemán. Y olvide lo demás...» En un ensayo sobre Ortega y Gasset, recogido en *Hombres en su siglo* (r984) y en la segunda parte del segundo volumen —*Fundación y disidencia*— de estas *Obras completas,* he referido mi conversación con el filósofo español. Apenas si necesito repetir que poesía y pensamiento forman, para mí, un invisible pero muy real sistema de vasos comunicantes.

Homenaje y profanaciones

Un amigo tuvo la idea de escribir un pequeño estudio de poética comparada sobre el soneto de Quevedo *(Amor constante más allá de la muerte)* y el que figura en «Aspiración», primera parte de *Homenaje y profanaciones.* El estudio al fin no fue escrito pero yo reproduzco las notas que, a su pedido, envié a mi amigo:

Homenaje y profanaciones en el sentido en que Picasso ha pintado las *Meninas*: transfiguración y desfiguración.

El soneto de Quevedo es un momento de la tradición de la poesía erótica de Occidente y está impregnado de petrarquismo y neoplatonismo: la eternidad del amor. Es un soneto escrito desde y sobre la creencia en el alma separada del cuerpo y en su supervivencia. *Homenaje y profanaciones* es un poema escrito desde creencias distintas.

Homenaje y profanaciones es un soneto de sonetos. Los 14 versos de un soneto se asocian y dividen de distintas maneras: 8/6; 4/4/6; 4/4/3/3; 4/4/4/2; etc. *Homenaje y profanaciones* tiene la forma tripartita, que es la más común: 4/4/6. El primer cuarteto es «Aspiración», el segundo es «Espiración» y los tercetos son «Lauda». A su vez, en los dos cuartetos y en los dos tercetos se reproduce la división tripartita.

El soneto es una estructura poética que se despliega conforme a una lógica estricta: el primer cuarteto es la exposición, el segundo es el nudo o conflicto y el desenlace los tercetos. Afirmación, negación, solución. *Homenaje y profanaciones* sigue este esquema: «Aspiración» = inhalación = afirmación = homenaje; «Espiración» = exhalación = negación = profanación; «Lauda» = ni fechas (biografía, historia) ni no-fechas (inmortalidad biológica o espiritual), sino el instante = la muerte no es negada y ella misma exalta a la vida = homenaje y profanación.

Homenaje y profanaciones es un soneto «amplificado» ocho veces y media. 14 × 8.5 = 119 versos, divididos en dos cuartetos y dos tercetos: «Aspiración» (34 versos), «Espiración» (34 versos), «Lauda» 1 (25 versos) y «Lauda» 2 (25 versos). El poema tiene 118 versos en lugar de 119; «Lauda» debería haber tenido 51 líneas, un número impar que habría dificultado la división en dos partes iguales.

«Aspiración»: primer «cuarteto». 34 líneas = cuatro líneas × 8.5. Está dividido en tres partes: 1, 2 y 3. «Aspiración» también es un soneto de sonetos: «Aspiración» 1 (diez líneas) es el primer «cuarteto»; «Aspiración» 2 (diez líneas) es el segundo, y «Aspiración» 3, los tercetos. A su vez «Aspiración» 3 es un soneto por sí solo: 14 líneas.

«Espiración»: segundo «cuarteto». Repite el número de versos, la división tripartita y la estructura de «Aspiración». Es otro soneto de sonetos terminado por un soneto.

«Lauda»: está dividida en dos partes, los dos «tercetos». A su vez, cada «terceto» está dividido en tres partes. «Lauda» 1 y «Lauda» 2 son igualmente sonetos de sonetos. Cada parte está compuesta de 25 versos. «Lauda» 1:

5/10/10. «Lauda» 2 repite la estructura de «Lauda» 1 sólo que en sentido inverso: 10/10/5.

«Aspiración» recoge y exalta los temas petrarquistas de Quevedo: la memoria, el amor y la inmortalidad del alma. Afirmación.

«Espiración» 1 inicia la negación que adopta, al principio, la forma de la interrogación; en «Espiración» 2 la negación se vuelve absoluta: ni el cuerpo ni la naturaleza tienen memoria; en «Espiración» 3 la negación se vuelve burla. Negación.

«Lauda» 1: la primera estrofa son cinco versos sin puntuación que repiten los temas negativos de Quevedo con sus mismas palabras. Es una prolongación de «Espiración» 3. En la segunda estrofa (diez líneas, como las partes 1 y 2 de los dos «cuartetos») la negación se transforma en afirmación erótica. En la tercera estrofa (diez líneas) el erotismo triunfa de la historia y de la muerte («Itálica famosa madriguera de ratas»). Reintegración al mundo natural («volvió a ser árbol la columna Dafne»). Afirmación.

«Lauda» 2: la primera estrofa (diez líneas) continúa el tema de la tercera parte de «Lauda» 1: entre la historia y sus fechas (la historia como productora de ruinas) y la inmortalidad anónima de la naturaleza (que mata a los individuos para que sobreviva la especie) están el hombre y la mujer: el erotismo se separa de la historia y de la biología (es sexo individualizado y sacralizado). En la segunda estrofa de «Lauda» 2 (diez líneas) los temas platónicos y cristianos de Quevedo se transforman en temas eróticos profanos: el dios es un dios instantáneo creado por la unión de los cuerpos y deshecho por su desunión. La tercera estrofa (cinco líneas) repite los temas del poema, apuntando hacia un estado más allá de la negación y la afirmación. El amor no es la eternidad, pero tampoco es el tiempo del reloj ni el tiempo de la naturaleza. No la inmortalidad sino la vivacidad.

Solo a dos voces

Un lector me pidió ciertos esclarecimientos acerca de *Solo a dos voces*. Transcribo los apuntes que me sirvieron para contestarle:

En el mundo moderno: ¿qué quiere decir: *hoy es solsticio de invierno en el mundo?* ¿Qué quiere decir *mundo, hoy, solsticio de invierno?* ¿Qué quiere decir —hoy, en este mundo— *decir?*

Dice Coromines: «Del latín *munda*, plural de *mundum*, cesta llena de tortas y pasteles que se ofrendaban a Ceres en abril [...] procede el castellano *monda*, pan grande o manga de cera que llevan en ofrenda a Nuestra Señora del Prado, en la Pascua de Resurrección, las parroquias vecinas a Talavera de la Reina». Y más adelante: «*Móndidas*: doncellas de San Pedro Manrique (Soria) que el día de San Juan llevan a la Virgen de la Peña una ofrenda consistente en un canasto adornado y lleno de pan y de *arbujuelo*, rama de árbol cubierta de masa de pan, probable alteración de *móndigas* (*Virgines mundicas*: las que llevan el *mundum*)». Véase Julio Caro Baraja: *Los pueblos de España* (1946).

Ceres/Deméter fue «tres veces arada» —o poseída en un campo tres veces arado— por Yasón. Uno de los epítetos de Deméter era *Melaina*: la negra. En sus peregrinaciones en busca de Perséfona y para escapar del asiduo Poseidón, la diosa se transformó en yegua; inmediatamente el dios se convirtió en caballo semental y la unión se realizó en esta forma animal. En Arcadia había un santuario en el que se veneraba a Deméter en la forma de una piedra negra. En otros se la representaba con figura humana, como una mujer revestida de un manto negro y cabeza de yegua.

Cántaros penantes: en el siglo XVI, los de cuello estrecho y en los que era difícil beber.

El hijo de la piedra: en las afueras de los pueblos, en España, había una piedra grande con una cavidad para poner los niños expósitos, llamados por tal razón los «niños de la piedra».

El mundo ya no es la fábula de «tortas y pan pintado» de las vírgenes móndigas. Hay que ir en dirección contraria a la del reloj, el calendario y el diccionario, en busca de la piedra negra. No para volver —tiempo circular del mito— sino para hallar el punto de intersección: la convergencia, el presente de la poesía.

Hoy por hoy sólo puedo decir *hoy es solsticio de invierno en el mundo.* La escisión es nuestra condición.

Ladera este

Con la excepción de *Cuento de dos jardines*, compuesto durante una travesía marítima entre Bombay y Las Palmas, en noviembre de 1968, todos los poemas de *Ladera este, Hacia el comienzo* y *Blanco* fueron escritos en India, Afganistán y Ceilán. Como en algunos pasajes aparecen palabras y alusiones a personas, ideas y cosas que podrían extrañar al lector no familiarizado con esa región del mundo, varios amigos me aconsejaron incluir unas cuantas notas que aclarasen esas oscuridades.

EL BALCÓN

(Páginas 347-351.) El poeta chino es Lin-Yu (937-978), último emperador de la dinastía Tang del sur. Las líneas que cito pertenecen a un poema escrito en el destierro. *Pasos de un peregrino son errante*: primer verso de la dedicatoria de las *Soledades*.

TUMBA DE AMIR KHUSRÚ

(Página 351.) El santuario de Nizam ud-din se encuentra en Delhi: una mezquita, un estanque y varias tumbas. Las más notables son la del santo y la del poeta. Nizam ud-din fue un teólogo y místico sufí del siglo XIV. Es célebre su disputa con el sultán Ghiryas-un-in Tughluq. (Sobre este soberano: véanse los relatos de Ibn Battuta.) Amir Khusrú, amigo y discípulo de Nizam ud-din, fue poeta y músico. Aunque de origen afgano, se le considera el fundador de la poesía en lengua urdu. En su tumba hay una inscripción en persa, con el elogio de rigor: «Poeta de dulce habla de loro...»

LA HIGUERA RELIGIOSA

(Páginas 352-353.) Es el *pipal (Ficus religiosa)*, primo hermano del *baniano (Ficus benghalensis)*. El pipal y el baniano son plantas epífitas: viven en otras pero no son parásitos. El viento, los pájaros, las ardillas, los monos y los murciélagos frugívoros transportan y depositan las semillas de los pipales y banianos en las copas de las palmas y otros árboles nativos. Las raíces aéreas desdenden y rodean al árbol huésped enteramente, hasta formar poco a poco un pseudotronco hueco. Al cabo de los años el pipal estrangula al árbol en que crece. Sus raíces también penetran entre las grietas y hendeduras de los muros y causan derrumbes y otros deterioros en los edificios. Las propiedades de estos árboles, así como su longevidad —duran cientos de años y algunos, se dice, son contemporáneos del Buda o de sus discípulos inmediatos— hace más turbador aún su nombre científico: higuera religiosa. El pipal es un árbol santo para los budistas y aparece en esculturas, pinturas, poemas y relatos devotos. A su sombra Gautama percibió la verdad y se convirtió en el Buda, el Iluminado; por esto se le llama el «árbol de la Iluminación» *(boh, bohdi)*. El pipal también es santo entre los hindúes. Está asociado al culto de Krishna y en sus ramas colgó el dios las ropas de las vaquerillas que se bañaban en el Yamuna, tema constante de pinturas y poemas eróticos. El pipal y el baniano son elementos centrales del paisaje indio; no hay villorrio que no tenga uno de estos árboles, centro de reunión y de juego, santuario de Hanuman, lugar de cita de los enamorados y testigo de la visión del místico. Estos breves poemas religiosos son del Punjab:

> El canto del pipal
> me ilumina por dentro.

*

> El pipal canta, canta el baniano
> y el moral verde también canta.
> Detente, viajero, óyelos,
> pon en paz tu alma.

*

> Bajo el árbol baniano
> algo me pasó: vi a Dios.

*

> Dime, pipal, dime
> el camino del cielo.

*

> Pipal, árbol sereno,
> desata el nudo de mi alma.

EL MAUSOLEO DE HUMAYÚN

(Página 353.) Hijo de Babur, el conquistador de la India, el emperador Humayún fue el padre del gran Akbar. La familia descendía de Timur o Tamerlán, el Tamburlaine de Marlowe, el Tamurbeque de Clavijo. En las cercanías del mausoleo de Humayún se encuentra, o se encontraba, uno de esos centros de estudio de lo que llaman los economistas y los sociólogos el «desarrollo», muy concurrido por funcionarios indios y «expertos» extranjeros.

AL PINTOR SWAMINATHAN

(Página 354-355.) Kali: la gran diosa, en su manifestación de destrucción creadora. Es negra y entre sus ornamentos figura un collar o guirnalda de cráneos.

EN LOS JARDINES DE LOS LODI

(Página 355.) Los mausoleos de la dinastía Lodi (1451-1526), en Delhi.

EL DÍA EN UDAIPUR

(Páginas 355-357.) Los palacios de Udaipur (Rajastán) pertenecen a la última fase del arte indo-sarraceno y son de los siglos XVII y XVIII.

Lingam: símbolo fálico de Shiva. *Yoni:* símbolo sexual de la gran diosa.

Con un traje alquilado / el niño va a su boda... En el bazar de Udaipur hay una tienda donde los novios —casi todos niños de las castas campesinas— alquilan los suntuosos trajes que exige la tradición para la ceremonia de las bodas.

En el patio de Kali / trisca un cabrito... En los santuarios de Kali se practica el sacrificio de cabritos. Los restos del animal decapitado se venden a los devotos y las sobras se dan a los mendigos.

Sobre el dios pálido / la diosa negra baila... Sobre el cuerpo tendido y cubierto de cenizas, aletargado o muerto, del dios asceta Shiva, baila la negra Kali y en su frenesí se decapita a sí misma. (*Cf.* la interpretación del mito de Heinrich Zimmer, *Myths and Symbols in Indian Art and Civilization*, Nueva York, 1946.)

WHITE HUNTRESS

(Página 358.) *Dak bungalow:* antigua casa de postas, hoy albergue de viajeros en lugares apartados.

Holland and Holland: fusil de caza mayor.

GOLDEN LOTUSES (1, 2 y 3)

(Páginas 358-360.) *Cf.* la novela *King Ping Mei.*

GOLDEN LOTUSES (2)

(Páginas 359-360.) *Parsi:* persa. Fugitivos de la invasión árabe, los parsis llegaron a la costa occidental de la India entre los siglos VII y VIII. Veneran al fuego.

PERPETUA ENCARNADA

(Páginas 361-363.) Planta herbácea cuyas flores persisten meses enteros sin padecer alteración. En el poema: la poesía.

Baniano: la higuera de Bengala *(Ficus benghalensis).* Sobre los *mœurs* de este árbol, véase, más arriba, la nota relativa a la higuera religiosa. Los banianos alcanzan una altura media de tres a cuatro metros y, debido a la profusión de sus raíces aéreas, su diámetro es enorme. Un baniano parece ser no uno sino muchos árboles. Origen del nombre: unos viajeros europeos llamaron baniano a un árbol de esta familia a cuya sombra había levantado una pagoda un grupo de comerciantes *(banianos).* En los diccionarios de la lengua castellana sólo figura, inexplicablemente, esta última acepción.

POR LOS CAMINOS DE MYSORE

(Páginas 363-364.) *Tipú Sultán, el Tigre de Mysore:* príncipe musulmán que acaudilló, a fines del siglo XVIII, la lucha contra los ingleses en el sur de la India. Entre sus consejeros políticos y militares figuraban varios oficiales franceses. Fundó el Club de los Jacobinos de Mysore y fue su primer (y único) presidente.

Antonio Losada, el *Tigre de Alica:* guerrillero mexicano del siglo XIX.

UTACAMUD

(Páginas 364-365.) Hay una extensa literatura antropológica sobre los Toda, sus ritos asociados a la ordeña de búfalos sagrados, su sistema de parentesco, su poesía oral y los sacrificios de niños, reales o supuestos, que practicaban. Se ignora el origen de este grupo. Algunos ven en ellos a los descendientes de una colonia de comerciantes sumerio-babilonios que no pudo regresar a Mesopotamia por las invasiones arias del segundo milenario antes de Cristo. Los partidarios de esta hipótesis, hoy vista con desconfianza por muchos antropólogos, citan en su abono las plegarias que recitan los sacerdotes al ordeñar los búfalos sagrados y en las que aparecen, más o menos deformados, los nombres de varias divinidades sumerio-babilonias, entre ellos el de la diosa Ishtar. Los sacerdotes confiesan que esos nombres son incomprensibles para ellos.

Nim (Azadirachta indica): árbol corpulento de sombra. Las raíces y la corteza son medicinales, las hojas son usadas como dentífricos. Como el pipal y el baniano, el *nim* aparece en la poesía popular, pero no está asociado a la vida religiosa sino a la erótica, según puede verse en esta canción de Uttar Pradesh:

> Padre, no cortes nunca este *nim:*
> el *nim* es amparo de gorriones.
> Padre, no regañes nunca a tus hijas:
> las hijas son como los gorriones.
> Si los gorriones vuelan lejos
> el *nim* se entristece.

COCHIN

(Páginas 367-368.) El origen de la comunidad cristiana de Cochin se remonta quizá al siglo VII. Los cristianos de Cochin son nestorianos. A la llegada de los portugueses, establecieron vínculos con la Iglesia de Roma.

Shivaíta: perteneciente al culto del dios Shiva.

APOTEOSIS DE DUPLEIX

(Páginas 368-369.) Hasta hace poco la estatua del conde de Dupleix se encontraba en una plaza de Pondichery, la antigua colonia francesa. A raíz de la

Independencia el pueblo empezó a embadurnarla con alquitrán, como si se tratase de una imagen de Hanuman, el dios mono, o de alguna otra divinidad popular. Las autoridades municipales decidieron retirar la estatua.

MADURAI

(Página 369.) *Minakshi:* una de las formas de la gran diosa, venerada en el país tamul.

FELICIDAD EN HERAT

(Páginas 369-371.) Herat fue el foco principal del llamado «renacimiento timúrida», que renovó la civilización islámica en Persia y en la India. Shah Rakh, hijo y sucesor de Timur, era gobernador de Herat cuando Clavijo, el embajador español, visitó Samarcanda. (Sobre la atmósfera de Herat: véanse las *Memorias* de Babur.)

El viento de los cien días: sopla en el verano.

Memorias de un poeta santo: el místico y teólogo sufí Hazrat Khwaja Abdullah Ansar. Un espíritu libre, enemigo de la ortodoxia y también de las supersticiones. Pero ahora, en el jardín que rodea a su tumba, hay un árbol casi seco: los devotos clavan en su tronco clavos de hierro, como un remedio que sirve para prevenir el mal de ojo y curar el dolor de muelas.

La cúpula turquesa: corona el mausoleo de Gahar Shad, la mujer de Shah Rakh. Está en un parque muy visitado cada viernes por las mujeres de Herat.

Bodisatva: un Buda futuro, antes de alcanzar el *nirvana*. Para el budismo *hinayana* el ideal de la perfección es el *arhat*, el sabio que ha conquistado, por la meditación solitaria y el ejemplo del Buda, la beatitud; para los adeptos del budismo *mahayana*, el ideal es el bodisatva que, movido por una infinita sabiduría *(prajña)* y una compasión no menos infinita *(karuna)*, ha renunciado al *nirvana* para ayudar a todos los seres vivos en el camino hacia la iluminación *(bodhi)*. Pero los bodisatvas no son dioses ni tampoco santos, en el sentido cristiano y musulmán de la palabra: son no-entidades, su esencia es la vacuidad *(śunyata)*.

Las treinta y dos señales: según los Sutra *mahayana*, en el cuerpo de los bodisatvas hay ciertos signos y marcas, generalmente treinta y dos. No obstante, los mismos textos insisten en el carácter ilusorio de esas marcas: lo que distingue al bodisatva de los otros seres es la ausencia de signos...

Cuerpo de diamante: la esencia del Buda es incorruptible como el diamante. El budismo tántrico es la «vía del rayo y del diamante» *(vajrayana).*

PASO DE TANGHI-GARU

(Páginas 371-372.) Está en el antiguo camino de Kabul a Peshawar, hoy transitado apenas por los nómadas y uno que otro viajero curioso.

SHARJ TEPÉ

(Página 372.) La Misión Arqueológica Francesa, a la que debemos tantos descubrimientos en Afganistán —el último: una ciudad helenística del siglo III a.C. en las márgenes del Oxus—, localizó en Sharj Tepé, colina situada en el camino entre Pul-I-Khumari y Kunduz, un cementerio de hunos blancos, los nómadas que en los siglos IV y V destruyeron la civilización greco-iranio-budista de Bactriana y Gandhara y que, en el norte de la India, contribuyeron al desmoronamiento del Imperio gupta.

VRINDABAN

(Páginas 373-377.) Una de las ciudades santas del hinduismo, en las cercanías de Mathura, célebre desde la Antigüedad por el culto a Krishna. Según la leyenda, en Vrindaban pasó el dios parte de su infancia y de su juventud; en los bosques de Vrindaban, hoy llanos pelados, obró prodigios, fascinó a las vaquerillas y enamoró a Radha.

Sadhu: asceta vagabundo, religioso sin domicilio fijo.

Árbol azul: Krishna es azul y negro, como Mixcóatl.

En una piedra hendida / palpó la forma, femenina: ciertas piedras son signos de la gran diosa, sobre todo si su forma alude a la hendidura sexual *(yoni).*

Ido ido: en los Sutra Prajñaparamita figura con frecuencia la fórmula: *Ido ido a la Otra Orilla.* O sea: traspasó (el sabio) el mundo fenomenal, vive ya en la otra orilla (la Perfecta Sabiduría).

INTERMITENCIAS DEL OESTE (1)

(Página 378.) Poema escrito mientras leía el libro de Robert Conquest sobre las purgas de la época de Stalin.

HIMACHAL PRADESH (1, 2 y 3)

(Página 378.) Estado en los Himalayas occidentales. Algunos piensan que los himnos védicos fueron compuestos en esta región.

INTERMITENCIAS DEL OESTE (2)

(Página 379.) *Plateados*: guerrilleros mexicanos que, bajo el mando de Antonio Rojas, combatieron a la intervención francesa en México.

HIMACHAL PRADESH (2)

(Páginas 379-380.) *Los Himalayas / las montañas más jóvenes del planeta*: son del periodo terciario.

INTERMITENCIAS DEL OESTE (3)

(Página 380.) El Comité Organizador del Programa Cultural de la Olimpiada en México me invitó a escribir un poema que celebrase el «espíritu olímpico». Decliné la invitación pero el giro de los acontecimientos me llevó a escribir este pequeño poema, en conmemoración de la matanza de Tlatelolco.

HIMACHAL PRADESH (3)

(Páginas 381-382.) Poema escrito en mayo de 1968, durante el movimiento estudiantil de París.

LECTURA DE JOHN CAGE

(Páginas 386-389.) Los libros de Cage son *Silence* (1961) y *A Year from Monday* (1967). Las frases en inglés y subrayadas pertenecen al segundo. En la literatura budista *mahayana*, especialmente en la tántrica, se repite una y otra vez la fórmula «*samsara* es *nirvana*, *nirvana* es *samsara*». Es una expresión que condensa una de las ideas cardinales de la tendencia *madhyamika*: la identidad última entre la realidad fenomenal (*samsara*: el ciclo del deseo ignorante de sí y de sus reencarnaciones) y la trascendental (*nirvana*: un estado de beatitud indefinible excepto por la negación: no es ni esto ni aquello). *Samsara* y *nirvana* son equivalentes porque ambos son modos de la vacuidad y el verdadero sabio trasciende su aparente dualidad. Pero el poema dice algo ligeramente distinto... (*Cf. Les Chants mystiques de Kanha et Saraha*, traducción de M. Shabidullah, París, 1921. El poema de Saraha también ha sido traducido al inglés por David Snellgrove: *Buddhist Texts Through the Ages*, Londres, 1954.)

CONCIERTO EN EL JARDÍN

(Página 389.) *Vina* y *mridangam*: instrumentos musicales del sur de la India (escuela carnática).

CARTA A LEÓN FELIPE

(Páginas 391-395.) Este poema contiene una alusión al Che Guevara que, como en el caso de la *Elegía a un compañero muerto en el frente de Aragón*, requiere una explicación. En los días en que escribí este poema se supo la muerte de Guevara en Bolivia. La noticia me conmovió y perturbó. Lo mismo deben haber sentido la mayoría de los latinoamericanos. Mis ideas no coincidían con las de Guevara ni nunca aprobé sus métodos militares y políticos. En otros escritos he dicho lo que pienso sobre esto. (*Cf. Postdata*, 1970, y mis artículos en *Plural* entre 1971 y 1976.) Pero él murió no solamente por la implantación de una ideología que no comparto sino por la independencia y la unión de nuestras naciones. Veo en él no tanto al teórico y al practicante de un marxismo más bien primario y, en el fondo, muy poco marxista, sino a un heredero de Bolívar y de todos aquellos que, desde nuestra frustrada Independencia, han peleado por la unión de nuestros pueblos. Dispersos, nos hemos hundido y degradado; juntos, podríamos rehacernos —hacernos...

Yamuna: afluente del Ganges.

Fijar vértigos: Rimbaud, en *Alquimia del verbo.*

La frase de Bataille pertenece a *L'Expérience intérieure.*

ŚUNYATA

(Página 396.) *Śunyata* es un término que designa el concepto central del budismo *madhyamika:* la vacuidad absoluta. Un relativismo radical: todo es relativo e impermanente, sin excluir a la afirmación sobre la relatividad e impermanencia del mundo. La proposición que niega la realidad también se disuelve y así la negación del mundo por la crítica es asimismo su recuperación: «*samsara* es *nirvana*» porque todo es *śunyata*. (*Cf.* T. Stcherbatsky, *Buddhist Logic,* y el comentario de Chandrakirti a Nagarjuna, *Prasanapada,* en la excelente traducción al francés de Jacques May.)

Hacia el comienzo

VIENTO ENTERO

(Páginas 399-404.) La primera estrofa se refiere al bazar de Kabul y al río que atraviesa esa ciudad; la segunda alude a un barrio de París; las otras, a distintos lugares y parajes en el norte de India, Pakistán y Afganistán.

Un gran vuelo de cuervos: Rubén Darío, en «Canto de esperanza», núm. 10 de *Cantos de vida y esperanza* (1905).

Santo Domingo: este poema fue escrito durante la intervención armada norteamericana en la República Dominicana.

Si hubiera parque [municiones, pertrechos] *no estarían ustedes aquí:* frase que los libros escolares de historia de México atribuyen al general Anaya, al entregar la plaza de Churubusco al general Scott, jefe de las tropas norteamericanas que invadieron México en 1847.

Tipú Sultán plantó el árbol de los jacobinos: el hecho es histórico. No aseguro lo mismo del sucedido a que se alude inmediatamente después, aunque figura en algunos relatos y memorias de la época.

Datia: en la ciudad amurallada de ese nombre, en el estado de Madhya Pradesh, se encuentra el palacio-castillo de Datia. Construido sobre un promontorio de peñascos negros, domina a la ciudad y a la llanura. Según

Fergusson, es el ejemplo más perfecto de la arquitectura civil del siglo XVII. Fue edificado por el rajá Bir Singh Deo, hombre de armas al servicio del emperador Jahangir. El conjunto, visto desde la llanura, parece un gigantesco iceberg de piedra; la mitad de su estructura está oculta entre las rocas, en cuyo interior se excavaron salas y galerías (*cf.* Percy Brown, *Indian Architecture, Islam Period*). Datia jamas fue habitado, excepto por los murciélagos, las víboras y los escorpiones: su propietario fue asesinado antes de que pudiese ocuparlo. La perfecta geometría de sus patios, salas y galerías evoca no tanto los castillos de Sade como el rigor delirante y circular de su pensamiento. Un solipsismo de piedra responde (corresponde) al solipsismo verbal. El amor es inseparable del erotismo pero lo traspasa —lo atraviesa—, indemne.

Garganta de Salang: paso en las montañas del Hindukush, entre Kabul y Kunduz.

Uzbek: la nación uzbeka, de origen turco, se encuentra repartida entre la URSS y Afganistán. El grupo afgano es nómada.

Bactriana: el pasaje alude a esta antigua provincia, uno de los grandes centros del helenismo no-mediterráneo, víctima de los kushanes, los hunos blancos y otras invasiones de nómadas del Asia Central.

En el pico del mundo: el gran dios Shiva (*Mahadeva*) y Parvati, su consorte, viven en el monte Kalaisa, en los Himalayas.

En una hoja de higuera tú navegas: alusión al cuento infantil *Almendrita.*

CON LOS OJOS CERRADOS

(Página 405.) *Piedra ciega:* la preciosa que no tiene transparencia; *piedra franca:* la fácil de labrar.

MAITHUNA

(Páginas 407-412.) *Maithuna:* las parejas eróticas que cubren los muros de ciertos templos budistas e hindúes; la unión sexual; el camino de la iluminación, en el budismo y el hinduismo tántricos, por la conjunción de *karuna* (la Pasión) y *prajña* (la Sabiduría). *Karuna* es el lado masculino de la realidad y *prajña* el femenino. Su unión es *śunyata:* la vacuidad... vacía de su vacuidad. El fragmento séptimo de este poema es una imitación de Li Po.

DOMINGO EN LA ISLA DE ELEFANTA

(Páginas 415-416.) Las esculturas de las cuevas shivaítas de Elefanta (siglo VII) cuentan entre las más hermosas del arte indio. Los relieves representan escenas de la leyenda de Shiva y Parvati. El celo religioso de los portugueses afrentó pero no destruyó la belleza de las esculturas.

CUENTO DE DOS JARDINES

(Páginas 416-424.) *Un jardín no es un lugar, / es un tránsito, / una pasión...*: Guiado por la homofonía y no por la etimología, en ese pasaje y en otro poema, asocio *pasar* (passare) con *pasión* (padecer, pati). En la *Vita nuova* Dante dice que el amor no es una sustancia sino un accidente: algo que nos *pasa*.

Almendrita: cf. el cuento infantil de ese nombre.

Yakshi: divinidad femenina de los árboles y las plantas.

Prajñaparamita: prajña es sabiduría y *paramita* es perfección; la Perfecta Sabiduría; la otra orilla; divinidad femenina en el budismo *mahayana,* como nuestra Sofía; la mujer y, en el budismo tántrico *(vajrayana),* su vulva; la plenitud en el vacío.

Nagarjuna: filósofo budista del siglo II; *Dharmakirti:* lógico y poeta budista del siglo VII.

Blanco

Escalera de escapulario: la de mano que cuelga pegada a la pared de los pozos en las minas.

Patience, patience. River rising a little: cf. el diario de Livingstone.

Agua y brasa: el «agua quemada» de los aztecas. (*Cf. Pensamiento y religión en el México antiguo,* de Laurette Séjourné.)

Las altas fieras de la piel luciente: cf. el soneto de Quevedo «Traigo todas las Indias en la mano...».

Zitar: instrumento musical del norte de la India.

Topoemas

En las dos ediciones de *Topoemas* (1968 y 1971) figuraban los siguientes «Comentarios»:

I

Topoema = topos + poemas. Poesía espacial, por oposición a la poesía temporal, discursiva. Recurso contra el discurso.

II

Los seis topoemas son signos (sinos) hacia: Marie José, *Palma del viajero;* Julio y Aurora, *Parábola del movimiento;* Ramón y Ana, *Nagarjuna;* Charles y Brenda, *Ideograma de libertad;* Antonio y Margarita, *Monumento reversible;* Carlos y Rita, *Cifra.*

III

Además, en su conjunto, estos topoemas son un homenaje implícito (ahora explícito) a antiguos y nuevos maestros de poesía: a José Juan Tablada; a Matsuo Bashō y a sus discípulos y sucesores (y a R. H. Blyth, por los cuatro volúmenes de su *Haikú* y a Donald Keene, que me abrió las puertas de la poesía japonesa); a los poetas y calígrafos chinos (y a Arthur Waley, por sus *Chinese Poems, The Book of Songs, The Life and Times of Po-Chü-I, The Poetry and Career of Li-Po,* y tantas otras traducciones); a Apollinaire, Arp y cummings; y a Haroldo de Campos y el grupo de jóvenes poetas brasileños de *Noigandres e Invenção.*

IV

1. *Palma del viajero* (Ravenala madagascariensis): *A tree whose leaves are arranged in a peculiar fanlike shape. The sheathing leaf-bases form receptacles in which considerable quantities of water are stored and hence the name.* (Guía de los *Royal Botanical Gardens* de Paradeniya, Kandy.)

2. *Parábola del movimiento: cf.* el capítulo 56 de *Rayuela.*

3. *Nagarjuna:* el «niego» cae, se parte en dos y así niega al ego, se niega.

Es el método de reducción al absurdo: *prasanga,* el arte de extraer la «consecuencia necesaria» de nuestras imprudentes afirmaciones y negaciones. El resultado no es la nada, ya que la nada también es negación del ser, sino la suspensión, *śunya:* un cero pleno, «la vacuidad vacía de su vacuidad». Nagarjuna vivió probablemente a mediados del siglo II de nuestra era.

4. *Ideograma de libertad:* una constelación semántica, en el sentido figurado y en el literal: «*sino* es el duplicado semiculto de *signo:* señal celeste, constelación *(signum)*... La distinción gráfica entre sino y signo no se estableció hasta muy tarde». (Joan Coromines: *Diccionario crítico-etimológico de la lengua castellana.)*

5. *Monumento reversible:* la forma de este topoema alude a la de las pirámides escalonadas de Mesoamérica y a la de ciertos templos de India y el sudeste de Asia.

6. *Cifra:* al principio esta palabra significó, en nuestra lengua, cero y no únicamente guarismo. El inglés *cipher* guarda todavía el significado original. Cifra viene del árabe *sifr* (cero, vacío) que no es sino *the sanskrit word* sunya, *derived from the root,* svi, *to swell. Our ancestors, with a fine instinct for the dialectical nature of reality, frequently used the same verbal root to denote the two opposite aspects of a situation.* (Edward Conze, *Buddhism.)* Cifra (vacío-lleno) → Calma.

El mono gramático

El mono gramático fue escrito para Les Sentiers de la Création, colección de Albert Skira y Gaëtan Picon. A pedido de los editores escribí la siguiente *prière d'insérer:*

Al escribir estas páginas decidí seguir literalmente la metáfora del título de la colección a que estaban destinadas, Los Caminos de la Creación, y escribir (trazar) un texto que fuese efectivamente un camino y que pudiese ser leído (recorrido) como tal. El camino que escogí fue el de Galta, un poblado en ruinas en las cercanías de Jaipur, en Rajastán. A medida que escribía, el camino de Galta se borraba o yo me perdía en sus vericuetos. Una y otra vez tenía que volver al punto del comienzo. En lugar de avanzar, el texto giraba sobre sí mismo. A cada vuelta el texto se desdoblaba en otro, a un tiempo su traducción y su transposición: una espiral de repeticiones y de reiteraciones que se han resuelto en una negación de la escritura como camino. Me di cuenta de que mi texto no iba a ninguna parte, salvo al encuentro de sí mismo.

Vuelta

3 ANOTACIONES/ROTACIONES

(Páginas 536-537.) Estos tres textos acompañan a tres diseños movibles y en color de Toshihiro Katayama. Es un juego que continúa la experiencia de *Discos visuales*, hechos en 1968, en colaboración con Vicente Rojo. *3 notations/rotations* fue publicado en 1974 (Carpenter Center for the Visual Arts, Harvard University).

VUELTA

(Página 539, líneas 24-25.) Masaoka Shiki (1867-1902). Véase aquí *Versiones y diversiones*, p. 1143.

(Página 541, líneas 5-6.) «Crepúsculos de la Ciudad» (soneto II), en *Libertad bajo palabra*, p. 69.

(Página 541, línea 27.) La expresión náhuatl *atl tlachinolli* significa «agua/(algo) quemado». Alfonso Caso indica que *agua* designa también sangre y que *(algo) quemado* alude a incendio. (*El teocalli de la guerra sagrada*, México, 1927.) La oposición entre *agua* y *fuego*, sus combates y sus abrazos, era una metáfora de la guerra cósmica, modelo a su vez de la guerra entre los hombres. El jeroglífico *atl tlachinolli* figura una y otra vez en los monumentos aztecas, sobre todo en los bajorrelieves del *teocalli* de la guerra sagrada. Las ciudades y las civilizaciones se fundan sobre una imagen; la unión de los contrarios, agua y fuego, fue la metáfora de fundación de la ciudad de México. La imagen aparece en otras civilizaciones —apenas si es necesario recordar a Novalis y su «llama mojada»— pero en ninguna otra ha inspirado tan entera y totalmente a una sociedad como en el caso de los aztecas. Aunque el sentido de *atl tlachinolli* fue religioso y guerrero, la visión que la metáfora despliega ante nuestros ojos va más allá de la idea imperialista a la que se le ha querido reducir. Es una imagen del cosmos y los hombres como una vasta unidad contradictoria. Visión trágica: el cosmos es movimiento y el eje de sangre de ese movimiento es el hombre. Después de una peregrinación de varios siglos, los mexicas fundaron México-Tenochtitlan precisamente en el lugar señalado por el augurio de su dios Huitzilopochtli: la peña en la laguna; sobre la peña, el nopal, planta cuyos frutos simbolizan corazones humanos; sobre el nopal, el águila, el ave solar que devora los frutos rojos; la serpiente; las aguas blancas; los árboles y los yerbales también blancos... *Atl tlachinolli:* «la fuente muy clara y linda aquel día manaba muy bermeja, casi como sangre, la cual se dividía en dos arroyos y en la división del segundo arroyo salía el agua tan azul que era caso de espanto [...]». *(Códice Ramírez: Relación del origen de los indios que habitan esta Nueva España, según sus historias,* siglo XVI, México, 1944.)

(Página 542, líneas 4-7.) Wang Wei (701-761), poema dedicado al sub-prefecto Chang. Véase *Versiones y diversiones,* p. 1098.

A LA MITAD DE ESTA FRASE...

(Página 544, línea 23.) Fray Luis de León: «A Francisco de Salinas».

PETRIFICADA PETRIFICANTE

(Página 548, líneas 1-2.) Xólotl, el doble de Quetzalcóatl, dios penitente que se arranca un ojo y que desciende al infierno en forma de perro.

(Página 548, línea 4.) México es una palabra compuesta de *metztli* «luna», *xictli* «ombligo» y *co* «lugar»: lugar en el ombligo de la luna, es decir, en el ombligo del lago de la luna, como se llamaba al lago de México. (*Cf.* Alfonso Caso, *El Ombligo de la Luna,* 1952, y Gutierre Tibón, *Historia del nombre y la fundación de México,* 1975.)

(Página 550, línea 24.) Cervantes, *El retablo de las maravillas.*

POEMA CIRCULATORIO

(Páginas 558-561.) Poema escrito para la exposición *El arte del surrealismo,* organizada por el Museo de Arte Moderno de Nueva York en la ciudad de México (1973). El poema fue pintado en el muro de una galería espiral que conducía a la exposición.

(Página 559, líneas 19-23.) Guillaume Apollinaire: *Lettre-Océan.* Fue el primer caligrama publicado por Apollinaire (1914). Dedicado a su hermano, Albert Kostrowitzky, que vivía en México desde 1913, está escrito sobre una «tarjeta postal de la República Mexicana». En *Lettre-Océan* se encuentra la frase que tanto intrigaba a André Breton (*tu ne connaîtras jamais bien les*

Mayas) y varias expresiones mexicanas, como «hijo de la chingada» (escrito curiosamente a la italiana).

(Página 559, línea 24.) Arthur Cravan, poeta y boxeador. Huyendo de la guerra, se refugio en Barcelona, en 1916 (en Madrid el campeón Jack Johnson lo puso fuera de combate, por K.O., en el primer round), y después, en 1917, en Nueva York, donde la policía lo detuvo cuando intentaba desnudarse en el curso de una conferencia sobre el arte moderno (Marcel Duchamp: «Quelle belle conférence!»). A la entrada de los Estados Unidos en la guerra, Cravan se fugó y se estableció en México. Parece que fue profesor de cultura física y que en 1919 dio unas conferencias sobre el arte egipcio nada menos que en el Colegio Militar. El mismo año quiso cruzar, a bordo de una ligera embarcación el golfo de México y desapareció en sus aguas para siempre, como el dios Quetzalcóatl. Tenía 33 años.

(Página 560, líneas 11-15.) Poetas y artistas surrealistas que vivieron (o viven aún) en México.

PIEDRA BLANCA Y NEGRA

(Páginas 563-564.) No fui amigo de Josef Šíma, pero en 1969 y 1970 tuve la ocasión de verlo varias veces, siempre fugazmente, en la Galería Le Point Cardinal, en París. Su presencia y su conversación me causaron una impresión no menos viva que su pintura. Dos días antes de escribir el poema y soñar el sueño que son el objeto de esta nota, había recibido una carta de Claude Esteban en la que, a nombre de nuestro amigo Jean Hugues, me pedía un texto —tal vez insinuaba Claude, un poema— en homenaje a Šíma. No recuerdo apenas mi sueño, salvo esa imagen de la piedra casi esférica —¿planeta, calabaza gigantesca, bombilla eléctrica, fruto?— flotando en el aire, cambiando lentamente de color —¿pero cuáles eran los colores que alternativamente la encendían y la ensombrecían?—, girando en torno a sí misma y sobre un paisaje de arena fina cubierto de ojos —los ojos de Marie José que dormía a mi lado. El paisaje ondulado y amarillo se había vuelto unos ojos que miraban a la piedra respirar, dilatarse y contraerse, suspendida en el aire. Entonces me despertó una voz que decía: Šíma siembra. Me levante y escribí casi de corrido el poema que me había pedido Esteban. Tres días más tarde leímos en *Le Monde* que Šíma había muerto. Como ese periódico llega a México tres días después de su aparición en París, yo había soñado el sueño y escrito el poema cuando Šíma moría.

OBJETOS Y APARICIONES

(Página 564, línea 15.) Joseph Cornell había reunido una documentación notable sobre la cantante sueca Jenny Lind (1820-1887), Jenny Colon (1808-1842), el amor de Gérard de Nerval, Fanny Cerrito (1817-1909), Marie Taglioni (1804-1884), Carlota Grissi (1819-1899) y otras estrellas del siglo XIX.

NOCTURNO DE SAN ILDEFONSO

(Páginas 567-576.) La Escuela Nacional Preparatoria ocupa el antiguo Colegio de San Ildefonso, construido por los jesuitas a mediados del siglo XVII y expropiada por el gobierno liberal en el siglo XIX. Es uno de los edificios más hermosos de la ciudad de México pero, como dice el historiador Manuel Toussaint, ha sido «mal adaptado a su función actual y ha sufrido graves daños» (*Arte colonial de México*, 1962).

(Página 569, líneas 14-15.) Ramón López Velarde: «Día 13».

(Página 569, línea 16.) Gérard de Nerval: «Artémis».

Pasado en claro

(Página 586, líneas 2-4.) La *Ilíada*, libro XXIV, funerales de Héctor.

(Página 586, líneas 5-8.) Garcilaso, *Égloga I*.

(Página 586, líneas 9-13) La *Odisea*, libro XI, el espectro de Aquiles.

(Página 586, línea 14.) En algún libro de viajes que no puedo identificar ahora leí que el desierto de Gobi estaba poblado por demonios.

(Página 586, líneas 15-16 y 18.) Gérard de Nerval, *El desdichado*, y la *Divina Comedia* (Purgatorio, canto XIX).

(Página 586, líneas 20-24.) *Antología palatina* (libro VII, anónimo).

(Página 586, líneas 25-26.) Benito Pérez Galdós, *Episodios Nacionales* (segunda serie).

(Página 586, línea 29.) Apuleyo, *Las metamorfosis* (libro XI), y Julio Verne, *20000 leguas de viaje submarino*.

(Página 588.) *Epístola moral a Fabio*.

(Página 592, líneas 1-2.) *Oh madness of discourse, that cause sets up with and against its self!*, Shakespeare, *Troilus and Cressida*.

(Página 594, última línea.) Los pedregales *color ferrigno* de estos tiempos:

Divina Comedia, Infierno, XVIII: *Luego é in inferno detto Malebolge, / tutto di pietra di color ferrigno [...]*

Árbol adentro

Estas notas, escritas al margen, son prescindibles. No son ni un comentario ni una explicación. En general, los poemas no requieren interpretaciones o, más bien, la interpretación de un poema debe ser hecha no por el poeta sino por el lector. Pero me pareció útil publicar estas anotaciones. Útil y, en algunos casos, divertido. Siempre he creído en la máxima de Goethe: todos los poemas son poemas de circunstancias. Cada poema es una respuesta a un estímulo exterior o interior. La circunstancia es aquello que nos rodea y que, ya como obstáculo o ya como acicate, es el origen del poema, el accidente que provoca su aparición. Pero las circunstancias no explican ni sustituyen a los poemas, que son realidades autónomas. Los poemas nacen de una circunstancia y, apenas nacidos, se liberan de ella y viven una vida independiente. En la poesía se despliega el misterio de la libertad humana: el accidente, la circunstancia, se convierte en obra. Por esto, las notas son prescindibles.

Algunos poetas han preferido insertar sus poemas dentro de un relato; en esas obras la prosa sostiene al verso con la naturalidad con que la tierra sustenta al árbol. La circunstancia real se transforma así en el contexto literario en el que se engasta el poema. Esas circunstancias pueden ser alegóricas, como las que refiere Dante Alighieri en la *Vita nuova*, o episódicas, como la sucesión de incidentes y paisajes de *Sendas de Oku* y los otros libros de viaje de Matsuo Bashō. Son dos libros muy distintos pero ambos responden a una idea que me parece verdadera: todo libro de poemas es, en el fondo, un diario... Mi propósito fue menos ambicioso: acercar el texto al lector.

PROEMA. *HABLO DE LA CIUDAD.*
ESTO Y ESTO Y ESTO

(Páginas 601, 617-621 y 623-624.) La fuente de la poesía es el habla, la misma de la prosa. El habla es temporal y sucesiva: cada frase se desarrolla en el tiempo y en cada frase las palabras van una detrás de otra. Por ser tiempo, el habla es rítmica o, más bien, tiende espontáneamente a ser ritmo. De ahí que las fronteras entre la prosa y el metro sean cambiantes, imprecisas: el ritmo, que las dibuja, a veces también las borra. Si el verso en ocasiones se desmorona y regresa a la prosa, en otras la prosa se levanta y baila como si fuese verso. Tres textos de este libro fueron escritos originalmente como prosa; al releerlos, advertí que no sólo se separaban de sus contextos sino que aspiraban a ser poemas con vida propia: *Proema, Hablo de la ciudad* y *Esto y esto y esto.*

DECIR: HACER

(Páginas 602-603.) Reproduzco las palabras que pronuncié el 12 de noviembre de 1982 en el Instituto Tecnológico de Massachusetts, en memoria de Roman Jakobson (1896-1982): «Nos hemos reunido aquí para recordar a Roman Jakobson, al lingüista y al científico, al enamorado del arte y de la poesía pero, asimismo, al maestro y al amigo. Sus contribuciones a la ciencia del lenguaje han sido, todos lo sabemos, fundamentales; también ha sido decisiva la influencia de sus estudios lingüísticos en otras disciplinas, como la antropología. No menos profunda y fecunda ha sido la huella de su pensamiento en la esfera de la Poética y de la crítica literaria. Su ensayo sobre "la función poética", para citar uno de sus trabajos más conocidos, mostró de manera inequívoca que la poesía es un lenguaje dentro del lenguaje; mejor dicho, mostró que la poesía no sólo está sometida a convenciones diversas de las que rigen a las otras funciones lingüísticas sino que todos los poemas, cualquiera que sea su tema, hablen de la guerra de Troya o de la transformación de Dafne en árbol, hablan de la poesía. El verdadero tema de la poesía, aunque siempre secreto y nunca explícito, es la poesía misma.

»El papel de la imaginación ha sido determinante lo mismo en las ciencias que en las artes. Unos y otros, el matemático y el poeta, el físico y el músico, el biólogo y el pintor, con métodos distintos y lenguajes diferentes, buscan restablecer la unidad del mundo o, al menos, su coherencia. Baudelaire definía la imaginación como la facultad que descubre las relaciones escondidas entre las cosas, es decir, su oculta unidad. En uno de sus ensayos sobre fonología, Jakobson recuerda que en Praga, cuando estudiaba las propiedades de los fonemas, encontró como modelos de inspiración, por una parte, los descubrimientos de la física atómica y, por otra, las experiencias pictóricas de los cubistas. Percibió así que había una suerte de correspondencia entre el sistema fonológico, la estructura atómica y la estética cubista. La palabra clave, en los tres casos, la palabra que al definirlos los une, es *relación.*

»En el otoño de 1971, mi mujer y yo conocimos, en Cambridge, a Roman Jakobson. Debemos a su amistad muchos momentos excepcionales.

Roman leyó con simpatía e indulgencia mis poemas y mis ensayos; sus consejos me iluminaron más de una vez. En una de sus visitas a nuestro apartamento vio unos *collages* de Marie José Paz —una forma artística de su predilección, ya que el *collage* es sobre todo una relación visual entre elementos diferentes— y al día siguiente le envió el libro de Aragon sobre el tema. Roman era cálido y lúcido, erudito y simple, generoso e irónico. Extraña pero muy humana alianza de inteligencia y pasión, humor y fantasía. Hablaba como un maestro, callaba como un sabio, sonreía como un amigo».

BASHŌ AN

(Páginas 603-604.) Hacia 1670 Matsuo Bashō recorrió a pie los valles y montañas de los alrededores de Kioto, componiendo poemas. Pasó una corta temporada en una de las colinas, en una pequeñísima choza contigua al templo Kompukuji. En memoria del poeta llamaron a la cabaña Bashō An. En 1760 otro poeta y pintor, Yosa Buson, visitó esos parajes y encontró en ruinas la cabaña de Bashō. Ayudado por tres discípulos, reconstruyó la choza y se instaló en las inmediaciones. En 1783 murió Buson y sus discípulos erigieron su tumba en las cercanías. Allí están también las tumbas de otros poetas de la escuela de Buson. En 1984 mi mujer y yo visitamos Bashō An, un lugar hoy tan solitario como hace trescientos años.

CUARTETO

(Páginas 606-609.) La línea última de la segunda parte es una cita de la admirable sátira de Alexander Pope (*Epistle* III, *to lord Allen Bathurst*) contra los ricos y los dos vicios gemelos, avaricia y prodigalidad:

> *Yet, to be just to these poor men of pelf,*
> *Each does but hate his Neighbour as himself...*

PRUEBA

(Página 611.) En la antología de poesía sánscrita del monje budista Vydyakara (vivió a fines del siglo XI, en Bengala), traducida hace algún tiempo al inglés por el profesor David H. Ingalls (*An Anthology of Sanskrit Court Poetry*, Harvard Oriental Series, vol. 44, Cambridge, Mass., 1965) aparecen muchos versos de un poeta llamado Dharmakirti, a veces precedido por esta mención: El Venerable. Al leer este nombre me froté los ojos: ¿sería posible que el autor de esos poemas eróticos fuese el severo lógico budista del mismo nombre? El profesor Ingalls disipó mis dudas: casi seguramente son una y la misma persona el poeta apasionado, sensual e irónico y el filósofo de mente afilada y razones estrictas. Ingalls señala que el estilo del poeta Dharmakirti —agudo, tajante, económico, ingenioso— presenta más de una afinidad con el estilo del lógico Dharmakirti. Pensar que el autor de tratados sobre la percepción y la dialéctica no pudo escribir poemas de amor sensual, dice Ingalls, es como negar que el teólogo John Donne fue también el poeta que escribió *I can love both faire and browne*. Añado que en la India casi todos los filósofos de importancia también fueron poetas. Comparten la opinión de Ingalls sobre la identidad de Dharmakirti, otros eruditos como S. N. Dasgupta y S. K. De (*History of Sanskrit Literature*, Calcuta, 1947). La lectura del poema, por lo demás, desvanece las dudas: el filósofo Dharmakirti reduce al absurdo todos los razonamientos; el poeta Dharmakirti, ante un cuerpo de mujer, reduce al absurdo la dialéctica. El cuerpo que exalta el poeta es otra prueba, lógica viviente, de la negación universal... Conozco dos traducciones del poema, ambas al inglés. Una es la del profesor Ingalls y otra, preciosa y en metro, de John Brough (*Poems from the Sanskrit*, Londres, 1968).

Dharmakirti vivió a fines del siglo VII. Nació en Trimalaya, en el sur de la India, y estudió probablemente en el célebre monasterio y universidad de Nalanda. Dejó siete tratados de lógica, varios comentarios sobre los Sutras y un puñado de poemas, casi todos eróticos. Dharmakirti negó la autoridad de las escrituras budistas, no la del Buda; sostuvo que el hombre percibe la realidad pero que esa percepción es instantánea e inefable; con los restos de esas percepciones la mente construye entidades fantasmales que llamamos pasado y futuro, yo y tú.

EN DEFENSA DE PIRRÓN

(Página 611.) El autor del epigrama contra Pirrón es Juliano de Egipto. La *Antología palatina* conserva setenta poemas de este ingenioso poeta. Vivió durante la primera mitad del siglo V. Repetidas veces se le menciona en la *Antología* como Prefecto de Egipto y un escriba lo llama «personaje consular».

CONSTELACIÓN DE VIRGO

(Página 612.) En la *Respuesta a Sor Filotea de la Cruz* hay un largo pasaje en el que Sor Juana, para defenderse de aquellos que reprobaban su dedicación a las letras profanas y a las ciencias, enumera a muchas «doctas mujeres, celebradas y veneradas en la Antigüedad como tales». Unas son cristianas, como «aquella egipciaca Catarina», y otras gentiles. Entre la «gran turba» de estas últimas cita a una paisana de Santa Catarina: «una Hipasia que enseñó astrología y leyó mucho tiempo en Alejandría». En mi libro sobre Sor Juana señalo que el caso de la monja mexicana ofrece ciertas semejanzas con el de Hipatía (Hipasia): «las dos fueron hermosas, castas y sabias y las dos fueron perseguidas por prelados intolerantes, aunque los de la alejandrina fueron más bárbaros y crueles».

Hija del matemático Tehón, la joven Hipatía enseñó filosofía en la Academia alejandrina, rival de la de Atenas, y escribió varias obras de matemáticas y astronomía, todas perdidas. El patriarca de la ciudad, San Cirilo, era un teólogo revoltoso cuya voz, dice Gibbon, «inflamaba las pasiones de la multitud: sus órdenes eran ciegamente obedecidas por sus numerosos y fanáticos *parabolani*, acostumbrados en sus diarias funciones a escenas de muerte». Según ocurre con frecuencia en la historia de las persecuciones ideológicas, las otras sectas cristianas, sobre todo la de los nestorianos, fueron las primeras víctimas de Cirilo y sus bandas de monjes fanáticos. Por supuesto, también los judíos y los paganos fueron objeto de su detestación. Logró expulsar a los primeros de la ciudad, no sin antes allanar y saquear las sinagogas; los paganos, más numerosos, resistieron más tiempo pero al fin fueron aniquilados. En uno de los tumultos de esos días, en marzo de 415, una banda de monjes cristianos, dirigida por un tal Pedro el Lector, atacó el carro de Hipatía, mató a su cochero y desunció los caballos. Los monjes vejaron a la joven, la desnudaron y la llevaron a la iglesia, en donde fue descuartizada. Detalle atroz: los asesinos usaron afiladas conchas de ostiones para desgarrar el cuerpo de Hipatía. Este crimen precipitó el fin de la cultura alejandrina. La muerte de la hija de Tehón conmovió a la Antigüedad, como lo muestran las cartas de su discípulo, Sinesio de Cirene, y un poema de Páladas (*Antología palatina*, IX, 400). En la edad moderna Gibbon le dedicó una emocionada y elocuente página, Charles Kingsley escribió una novela sentimental con su vida, Leconte de Lisle exaltó su memoria en dos poemas y Charles Péguy la celebró en unas páginas entusiastas.

Al final de la nota de mi *Sor Juana Inés de la Cruz o Las trampas de la fe,* que trata del caso de la desdichada Hipatía, me atreví a publicar una adaptación del poema de Páladas. Esa adaptación ha sido el punto de partida de un nuevo texto, un pequeño poema de cuatro versos que es más que una traducción y menos que una composición original. No conozco traducciones al español de Páladas, salvo unas (excelentes) de José Emilio Pacheco. Por desgracia, Pacheco no incluye el poema dedicado a Hipatía. Tal vez le parece poco representativo del genio amargo del poeta alejandrino. También por esto no es extraño que algunos críticos modernos duden de que el poema sea realmente de Páladas. G. Luck asegura que el poema debe leerse y entenderse dentro de un contexto cristiano y cita en su apoyo el verso que habla de «la mansión estrellada de la Virgen». Sin embargo, Alphonse Dain, a cuyos cuidados se debe la edición de los dos volúmenes que componen el libro IX de la *Antología griega* de Les Belles Lettres (París, 1974), sostiene el punto de vista tradicional: todo en el poema se aplica más a la hija de Tehón, la sabia y hermosa Hipatía, que a la madre de Dios.

Bowra apoya la opinión de Luck con un nuevo argumento: las fechas de nacimiento y muerte de Páladas (369-430) deben cambiarse: probablemente nació en 319 y murió a fines del siglo. Si es así, no pudo componer el poema a la memoria de Hipatía, asesinada en 415. Pero Tony Harrison, en un reciente libro de traducciones del poeta alejandrino (*Palladas: Poems, A Selection,* traducción de Thomas Harrison, Anvil Press Poetry, Londres, 1975) incluye el dedicado a Hipatía con una buena razón: «los dos nombres, el de la mártir de la cultura helenística y el del poeta de su último y desesperado estertor, han sido tradicionalmente asociados en el drama de su extinción». Por mi parte, observo que aun si el poema no fuese de Páladas —la inspiración de éste era más negra— no hay razón para dudar de la identidad histórica de la Hipatía del epigrama. Los cinco versos del poema dicen así, en versión literal y en prosa: «Cuando te veo y escucho tus palabras, te venero pues contemplo a la Virgen en su casa estrellada. Tú eres, augusta Hipatía, honor de la palabra y estrella inmaculada de sabiduría». Mi versión, debo repetirlo, no es una traducción sino, en el sentido musical de la palabra, una pequeña variación.

POR EL ARROYO

(Página 613.) Hsieh Ling-yün (385-433) vivió en la época llamada por la cronología oficial las Seis Dinastías (220-589). Fue un periodo desdichado y fecundo: guerras civiles, ocupaciones extranjeras, generales brillantes y despiadados, tiranías, revueltas populares, asesinatos palaciegos, intrigas, discusiones filosóficas y morales, apogeo de la doctrina mística del nihilismo (la no-acción taoísta: *wuwei*), ascetas, libertinos y grandes poetas como T'ao Ch'ien (T'ao Yüan-ming, 365-427). La poesía del paisaje (poemas de «montes y ríos») nace entonces. Su iniciador fue Hsieh Ling-yün, a ratos potentado y otras ermitaño, político revoltoso y calígrafo notable, devoto budista y notorio sibarita, pintor por afición y poeta por destino. En su persona se encuentran y chocan esos años terribles en lo que, dice un poema popular,

> el hombre, pobre insecto,
> respira apenas por miedo a morir
> y muere en los desfiladeros
> y nadie junta sus huesos...

pero en los que, asimismo, abundan los poemas eróticos y se exalta al placer sensual. Poesía de negación del mundo y poesía de las sensaciones y los sentimientos, doble expresión de una aristocracia inteligente, refinada e impotente, condenada a ceder su lugar a los poderosos militares. Entre las familias que componían esta clase decadente se encontraba el clan Hsieh, al que pertenecía, como su nombre lo indica, Hsieh Ling-yün. Las mujeres de ese grupo social, dice Burton Watson (*The Columbia Book of Chinese Poetry*, vol I, Nueva York, 1984), eran más libres y cultas de lo que habían sido y serían las mujeres de otros periodos de la historia de China. El poema de Hsieh Ling-yün que aparece en este libro es un diálogo entre dos amantes y, nueva transgresión de la moral confuciana, ambos casados. El poema esta compuesto por ocho versos de cinco caracteres dividido en dos estrofas de cuatro líneas.

HERMANDAD

(Página 616.) En la *Antología palatina* aparecen dos poemas atribuidos a Ptolomeo (VII, 314, y IX, 577). W. R. Paton declara que no es posible determinar la identidad real de ese Ptolomeo (*The Greek Anthology*, The Loeb Classical Library, Londres y Cambridge, Mass., 1960). En cambio, para Pierre Waltz y Guy Saury es más que probable que el segundo epigrama sea realmente del gran astrónomo Claudio Ptolomeo (*Anthologie Grecque*, Les Belles Lettres, París, 1974). Hay en el poema de Claudio Ptolomeo una afirmación de la divinidad e inmortalidad del alma que es de estirpe platónica pero que revela también al astrónomo familiarizado con las cosas del cielo. Dice así: «Sé que soy mortal pero cuando observo la moción circular de la muchedumbre de estrellas, no toco la tierra con los pies: pero me siento cerca del mismo Zeus y bebo hasta saciarme el licor de los dioses —la ambrosía». Es hermoso que para Ptolomeo la contemplación consista en *beber con los ojos* la inmortalidad.

HABLO DE LA CIUDAD

(Páginas 617-621.) La contaminación de la atmósfera de la ciudad de México es el resultado de la mezcla de polvo, por la desecación de los lagos donde se asentaba la antigua ciudad, y el humo de los automóviles y las fábricas. *Polumo:* polvo + humo.

AUNQUE ES DE NOCHE

(Páginas 627-629.) El título viene de un conocido cantar de San Juan de la Cruz. Cuando escribí estos cuatro sonetos yo también estaba rodeado de noche, no la noche espiritual de la teología negativa, sino la noche espesa y ruidosa de nuestro siglo. Noche pública, la misma para todos. En esos días había aparecido el primer volumen del *Archipiélago Gulag* y su lectura me había impresionado y perturbado. Cierto, ya todos sabíamos que en la Unión Soviética existían campos de concentración no muy distintos a los de Hitler y que las víctimas de esa institución —la más notable contribución de nuestro siglo a la historia de la maldad humana— ascendían a millones. El testimonio de Solzhenitsyn me conmovió porque ese saber más bien abstracto se volvió tangible, palpable. Su voz es la de la víctima. Apenas si necesito agregar que por su voz habla también un hombre religioso y un hombre político con ideas y creencias que no comparto. Solzhenitsyn provoca en mí, como en el otro extremo Trotski y Guevara, reacciones contradictorias. Sobre su caso he publicado dos artículos, en los que he procurado expresar, simultáneamente, mi admiración y mis reservas. (Han sido recogidos en *El ogro filantrópico*, 1979.) Tal vez no habría escrito esos artículos si muchos intelectuales, tanto en México como en España y America Latina, no hubiesen recibido el libro de Solzhenitsyn con groseros y calumniosos ataques. Las injurias no sólo provenían de antiguos y nuevos estalinistas sino de algunos liberales «progresistas» y de no pocos «católicos de izquierda». Entre estos últimos no podían faltar, claro, varios jesuitas y ex jesuitas. A los hombres de mi generación nos ha tocado oír y ver a los soldados de la Compañía, primero, exaltar y defender a Franco; treinta años después, a los herederos de Stalin.

PARÍS: BACTRA: SKÍROS*

(Páginas 634-637.) El 18 de noviembre de 1982 murió Kostas Papaioanou. Si un hombre ha merecido, entre los que he tratado, el nombre de amigo, en el sentido que daban los filósofos antiguos a esta palabra, ese hombre fue Kostas. Lo conocí en 1946 en un París con frío y sin automóviles, sin comida y con mercado negro. Desde entonces hasta el día de su muerte fuimos amigos. Jamás encontré en él una sombra de interés, egoísmo, envidia u otro sentimiento mezquino. Su generosidad era inmensa. Kostas era pobre pero rico en ideas y en saber; unas y otros, las ideas y los conocimientos, los regalaba a sus amigos y oyentes con una magnífica naturalidad. Su cultura era extensa y profunda: el neoplatónico Proclo y Hegel, Marx y Marlowe, el arte grecobudista y la poesía de John Donne, la religión griega arcaica y Buster Keaton, el *cool-jazz* y Montaigne. Como todos los que fuimos sus amigos, le debo mucho. Pero mi deuda intelectual, con ser grande, es poca cosa comparada con todo lo demás: la alegría, la lealtad, la rectitud, la claridad en el juicio, la benevolencia, la sonrisa y la risa, la camaradería y, en fin, esa mirada vivaz e irónica con que acogía cada mañana la salida del sol y que era su manera de decir *Sí* a la vida aún en los momentos peores. Incorruptible, no buscó honores, dinero, puestos o poder. Vivió al día y a la intemperie. Buscó la amistad, el amor y el saber. No fue ávido pero no desdeñó los dones de la vida: el placer, decía citando a Aristóteles, no es enemigo ni de la sabiduría ni de la bondad.

Padeció cárcel, destierro y estrecheces. Nacido en 1925, su primera juventud —tuvo varias— coincidió con la ocupación alemana, la Resistencia y las luchas que siguieron a la liberación. Kostas tuvo que huir y se refugió en Francia. El gobierno reaccionario de Grecia le negó el pasaporte y tuvo que vivir durante algunos años sin poder cruzar las fronteras de la nación que le había dado asilo. Como era grande su sed de viaje, recorrió todo el país, a ve-

* Esta nota se publicó con el título «Kostas Papaioannou» en *Hombres en su siglo*, Seix Barral, Barcelona, 1984, y se incluye también en la primera parte, *Excursiones Incursiones*, del volumen II de estas *OC*. Esta nota contiene pequeñas variantes respecto al texto publicado en ese volumen. Respetamos dichas variantes. [E.]

ces a pie, con Nitsa, su mujer; así lograron conocer como pocos los monumentos, el arte y los paisajes franceses. Se había formado, intelectual y políticamente, en la tradición marxista y, justamente, su conocimiento profundo de esa doctrina lo llevó a la crítica del «socialismo» totalitario. Por muchos años colaboró en la revista de Boris Souvarine: *Le Contrat Social*. Más tarde fue amigo de Raymond Aron y colaboró con él en la universidad y en la revista *Commentaire*. Sus ensayos y sus artículos le valieron el reconocimiento de los entendidos, que es el que de veras cuenta. Recuerdo que en una ocasión, al final de su vida y de regreso de algunas de sus ilusiones intelectuales y políticas, Lucien Goldmann me dijo: «Kostas ha sido el vigía. Vio más claro y antes que casi todos nosotros». Tenía razón.

Daré un ejemplo de la acción esclarecedora de Kostas. En el París de la posguerra, sacudido por las polémicas entre Camus, Breton, Sartre, David Rousset y los comunistas, se discutió mucho el libro de Merleau-Ponty, *Humanismo y terror*, defensa inteligente, aunque equivocada, del estalinismo disfrazado de razón histórica. Kostas desmontó el argumento del filósofo francés y así nos ayudó a ver claro. Merleau-Ponty incurría, como Sartre, en ese vicio lógico que se llama petición de principio: para ellos el régimen soviético, *per se* y a pesar de su palmaria injusticia social y sus crímenes, era revolucionario y socialista. Los dos filósofos franceses no habían hecho con la URSS lo que había hecho Marx con el capitalismo: comparar los principios con la realidad y así examinar la verdadera naturaleza, social e histórica, de la dictadura burocrática. Años más tarde Kostas publicó un pequeño libro, *L'Idéologie froide*. Escrito con violencia, humor y saber, es uno de los textos más brillantes y contundentes de la polémica contemporánea contra el oscurantismo que ha usurpado el nombre y la tradición socialista.

Amaba el teatro isabelino y la pintura de Matisse, la música de la India y los poemas de Bonnefoy. Son memorables sus estudios sobre la antigua cultura griega y la pintura de Bizancio y de Rusia. Lo son también sus reflexiones acerca del nacimiento del espíritu moderno. La editorial Gallimard, gracias al empeño de Pierre Nora, ha reunido sus ensayos en torno al marxismo en un volumen importante; otros ensayos sobre el nacimiento de la conciencia histórica y sus aventuras y desventuras en la edad moderna han sido publicados bajo el título de *La Consécration de l'histoire*.

En la primavera de 1981 mi mujer y yo pasamos quince días en París. Kostas acababa de internarse en un hospital. Fuimos a verlo varias veces y nos sorprendió su entereza y su alegría. Lo visitaban sus amigos y su cuarto de enfermo se convirtió en una tertulia. Incluso logró, no sé con qué artimañas, como en sus tiempos de estudiante, burlar la vigilancia del hospital y reunirse con sus amigos en el bar de la esquina... Regresamos a México y nos enteramos de que había salido con bien de la operación. A los pocos meses tuvo una recaída y empeoró. El verano lo pasó en Grecia: no quería morir sin ver otra vez su isla, Skíros. El regreso fue terrible, según me lo refrió en una carta Cornelio Castoriadis, su compañero en el barco: «Kostas está muy disminuido pero conserva intacto el ánimo y clara la mente». Mas tarde, en otra carta, Carmen Figueroa Meyer me hizo el relato de las semanas finales y la desintegración física. Pero nunca lo abandonó la tenaz voluntad de *comprender*. Un telegrama de Claude Roy me anunció el fin. Kostas murió como los buenos.

CONVERSAR

(Páginas 638-639.) La frase «conversar es divino» figura en un poema del poeta portugués Alberto Lacerda dedicado a Jorge Guillén.

PEQUEÑA VARIACIÓN

(Páginas 640-641.) Después de la muerte de su amigo Enkidu, el héroe Gilgamesh decide buscarlo en el otro mundo y llega hasta donde vive Utnapishtim, salvado por los dioses del diluvio como el Noe bíblico por Jehová. El héroe habla con el antepasado inmortal pero fracasa en su intento. Si no logró siquiera vencer al sueño durante siete noches: ¿cómo hubiera podido vencer a la muerte? Gilgamesh regresa para morir:

> El rey se ha tendido ya para no levantarse,
> el señor de Kullaba no se levantará,
> el vencedor del mal no se levantará,
> el fuerte de brazos no se levantará,
> el sabio y hermoso no se levantará,
> el que penetró en la montaña no se levantará.
> Yace en el lecho del destino, no se levantará,
> duerme en la cama multicolor, no se levantará.

Me parece que «la cama multicolor» no puede ser sino la tierra.

Visto y dicho

Los poemas reunidos en la sección *Visto y dicho* fueron escritos para celebrar esta o aquella exposición de un pintor amigo y han sido recogidos en los catálogos respectivos. Las excepciones son el poema inspirado por una tela de Monet y *Diez líneas para Antoni Tàpies*. Este último fue escrito en un ejemplar de *Petrificada petrificante*, un poema mío editado por la Galería Maeght (París, 1978), que contiene ocho admirables grabados originales del artista catalán y la versión al francés del poema por Claude Esteban.

LA DULCINEA DE MARCEL DUCHAMP

(Página 653.) En 1911 Marcel Duchamp vio a una joven en una calle de Neuilly. No le dirigió la palabra pero su imagen fue el modelo de un cuadro que llamó *Retrato o Dulcinea*. La joven está representada cinco veces, desde ángulos diferentes; en cada una de ellas aparece más desvestida, hasta la total desnudez. Un surtidor que se divide en cinco chorros. Ni exactamente cubista ni futurista —aunque Duchamp se propuso, como los pintores de esas tendencias, expresar simultáneamente distintos aspectos y momentos de un objeto— este cuadro prefigura a *La novia puesta al desnudo por sus solteros, aún...* El retrato de esa Dulcinea, imaginaria como la de don Quijote, es el momento inicial de la larga *anamorfosis* que es toda la obra de Duchamp: de una muchacha desnuda (la Aparición) a la Idea (la Apariencia: la forma) a la muchacha otra vez (la Presencia).

CENTRAL PARK

(Páginas 657-658.) Este poema abría el catálogo de la exposición retrospectiva de Pierre Alechinsky (Museo Guggenheim, Nueva York, febrero de 1987). Está precedido por este *Argumento:*

«Unos dicen que, puesto que el mundo exterior existe, hay que negarlo, otros que, puesto que no existe, hay que inventarlo; otros que sólo existe el modelo interior. Pierre Alechinsky mueve la cabeza y, sin decir nada, pinta un rectángulo en el que encierra al Central Park de Nueva York, visto desde su ventana, al caer la tarde, con los ojos cerrados. El rectángulo rodea al parque; está dividido en espacios irregulares, todos también de forma rectangular, como los palcos de un teatro, las celdas de un convento, las jaulas de un zoológico. Adentro, en cada palco, pululan bizarras criaturas que, sin embargo, parecen vagamente familiares: ¿son *ellos* o *nosotros*, nos ven o los vemos? En el interior del rectángulo, Central Park se ha convertido en una Cobra verde, negra y dorada. ¿Es una anamorfosis de Alicia, dama de diamantes de nuestra baraja sonámbula? La pintura no es visión sino conjuro».

LA CASA DE LA MIRADA

(Páginas 661-664.) Con este título escribí un pequeño texto como preámbulo al poema *La casa de la mirada,* compuesto para la exposición retrospectiva de Roberto Matta en el Centro Georges Pompidou (París, 1985). Lo reproduzco en su integridad:

«Las relaciones entre la cultura francesa y los escritores y artistas de América Latina han sido, desde fines del siglo XVIII, continuas y privilegiadas aunque, casi siempre, se han desarrollado en una sola dirección. Los latinoamericanos han recogido, adoptado y transformado muchas influencias francesas; en cambio, sus respuestas, interpretaciones y recreaciones pocas veces han sido escuchadas en Francia, salvo en nuestros días. Uno de los grandes poetas de nuestra lengua, introductor de la poesía simbolista francesa en español, Rubén Darío, vivió largas temporadas en París pero su presencia fue advertida únicamente por unos pocos, como Henry J. M. Levet, que le dedicó una de sus *Cartes Postales.* Sin embargo, en algunos casos aislados los latinoamericanos han participado como protagonistas en la vida literaria y artística de París. Entre los ejemplos más notables están los dos chilenos, un poeta y un pintor: Vicente Huidobro y Roberto Sebastián Matta. La figura de Huidobro ha sido olvidada en Francia, a pesar de que parte de su obra poética fue escrita en francés y de que su participación en la iniciación del movimiento poético moderno en Francia fue destacada, primero en *Nord-Sud,* al lado de Reverdy, su amigo-enemigo, y después de una manera independiente. Olvido injusto: Huidobro fue una personalidad brillante y polémica, aparte de ser un excelente poeta (aunque lo mejor de su poesía está en español). El caso de Matta es distinto: no sólo su influencia ha sido más prolongada y profunda sino que su persona y su obra son presencias vivas en el arte contemporáneo.

»Matta hizo estudios de arquitectura y en 1934 trabajó en el estudio de Le Corbusier, en París. Muy pronto conoció a Breton, Duchamp, Dalí, Magritte, Penrose, Tanguy, Miró y otros surrealistas. En 1938 participó, ya como miembro del grupo, en la exposición Internacional del Surrealismo. Simetría inversa: Huidobro llega a París en 1916, durante la primera Guerra; Matta abandona París en 1938, al comenzar la segunda Guerra. A instancias de Duchamp se instala en Nueva York, como Breton, Ernst, Tanguy y Masson. Allá conoce a los jóvenes pintores norteamericanos y se convierte inmediatamente en su guía y su inspirador. En 1940 viaja a México con Robert Motherwell. Reencuentro con el sol, los volcanes y los temblores de tierra. Huidobro había escrito un libro de poemas llamado *Temblor de cielo*; para Matta la pintura también es temblor, *arquitectura de tiempo*: un edificio hecho de líneas, formas y colores en movimiento. El espacio se echa a andar. Durante esos pocos años, entre 1939 y 1945, poseído por una salvaje y poderosa energía creadora, a un tiempo brillante y profunda, Matta pinta algunos cuadros extraordinarios. ¿Así se encuentra a sí mismo? Más exacto será decir: así parte de sí mismo al encuentro de un mundo que acaba de descubrir y que desde entonces no ha cesado de explorar —y de inventar.

»La primera gran exposición de Matta en Nueva York (1942: *La tierra es un hombre*) fue saludada por Breton como uno de los grandes momentos de la visión surrealista del hombre y del mundo. La noción de *modelo interior* se modifica sustancialmente; en realidad, ante esos cuadros hay que hablar más bien de explosión interior. Sólo que el mundo interior que revela Matta también es el exterior. Nupcias de la pasión y la cosmogonía, de la física moderna y el erotismo. Un mundo espiritualmente más cerca de Giordano Bruno que de Freud. Naturalmente un Bruno del siglo XX que tuviese noticias de Einstein y Poincaré. No es extraño que Duchamp se sintiese atraído por el joven Matta, al que llama "el pintor más profundo de su generación". Hay, además, otro elemento en esos cuadros de Matta y que no ha dejado de manifestarse en su obra subsecuente: la historia. Con razón nunca ha querido separar el mundo íntimo del social y ambos de las fuerzas naturales y físicas. Para Matta la revolución y el amor, los cataclismos sociales y las explosiones de la galaxia, son parte de la misma realidad y, en un sentido profundo, *riman*. Las vastas y violentas composiciones de esos años, en las que un espacio dinámico y nunca pintado antes se viste con unos colores paradisiacos, acabados de nacer, no podían sino fascinar a los jóvenes y ávidos pintores norteamericanos: Gorky, Pollock, Rotkho, De Kooning, Motherwell, Baziote y los otros.

»En esos años Nueva York fue el lugar de un encuentro. No de dos civilizaciones sino de dos tradiciones estéticas o, más bien, de la tradición moderna europea y de la sensibilidad norteamericana. En esa época no había realmente una tradición pictórica moderna de los Estados Unidos, salvo como un reflejo provinciano del arte europeo. En este encuentro el grupo surrealista de Nueva York (Ernst, Matta, Masson, Tanguy) desempeñó una función preponderante aunque, claro está, no única. Sobre esto es necesario señalar un hecho que no siempre se ha visto con claridad: dos fenómenos distintos confluyen en ese momento. El primero: en la pintura surrealista se opera una metamorfosis radical, preparada por Duchamp y realizada por Matta: fusión del erotismo, el humor y la nueva física. Matta introduce una visión no-figurativa: sus cuadros no son transcripciones de realidades vistas o soñadas sino recreaciones de estados anímicos y espirituales. Lo no visto se hace visible o, más exactamente, *encarna*. Fue un atrevido viraje que hizo cambiar de rumbo a la pintura surrealista y que abrió vistas desconocidas a los jóvenes artistas de los Estados Unidos. El segundo: nace la nueva pintura norteamericana, como un eco y una respuesta a la pintura europea.

»La figura central de ese momento, el cruce de caminos, el enlace y el inspirador, es Matta. Por él, la pintura surrealista penetra en una región inexplorada y, simultáneamente, fertiliza el arte de los jóvenes norteamericanos. Ignorar o minimizar su influencia, como se ha pretendido en ocasiones, además de ser una necedad, es un escándalo. Por fortuna, muchos artistas y críticos norteamericanos no padecen esta miopía moral y estética. Para definir la posición única de Matta en esa década nada mejor que imaginar un triángulo geográfico, histórico y espiritual: América del Sur (Chile), Europa (París), América del Norte (Nueva York y México). Más que los tres tiempos, los tres lados o caras de nuestra civilización. Triángulo que encarna una persona y un año: Matta, 1942. Un hombre y una fecha axiales para el arte de la segunda mitad del siglo XX. Cuarenta años después podemos preguntarnos: ¿aurora o crepúsculo del arte moderno? Qué importa: ¿no es el alba el crepúsculo de la mañana y no es el crepúsculo el alba de la tarde?

»La contradicción puede ser un método de vida. Es fecunda cuando no sólo niega a los otros sino a nosotros mismos pues así nos da la posibilidad de cambiar. Pero la negación no se convierte en afirmación como pretende la quimérica dialéctica (Kant la llamó "la lógica de las ilusiones"). La negación es un ascetismo, una higiene superior: no nos cambia pero nos entrena y nos lanza al vacío. Es el trampolín del salto... ¿hacia dónde? No lo sabemos sino hasta que nos vemos en el aire y aprendemos instantáneamente el arte que nadie enseña: el de caer de nuevo en tierra, sanos y salvos. Lo más difícil: caer con gracia. Es el arte supremo. Nietzsche llamaba a Séneca "el toreador de la virtud"; Matta es "el bailarín de la imaginación"; sabe saltar y sabe caer. Al final de su periodo neoyorquino, a través de una negación que es un salto, re-introduce en su pintura la figuración: unos seres grotescos y terribles que evocan tanto a los personajes de la *science-fiction* como a las figuras de los códices precolombinos de México. Matta: istmo, no entre continentes sino entre siglos. Así, al mismo tiempo que, después de haberlo profetizado, se aleja del expresionismo abstracto, descubre otro territorio de la imaginación. Es un mundo que no cesará de explorar durante los cuarenta años siguientes, hasta hoy: la pintura narrativa, la pintura que cuenta. Pintura que es mito, leyenda, historia, historieta, adivinanza. Pero lo que cuenta su pintura no es lo que pasa en la actualidad sino abajo y arriba de ella, el juego de las fuerzas e impulsos que nos hacen, deshacen y rehacen. Sus instrumentos: el ojo que hace, la mano que mira, la risa que perfora y, en fin, la fantasía que combina a la mano y al ojo, al humor y a la imagen.

»Después de la segunda Guerra Matta regresa a Europa. Vive en Roma y en Londres, se instala en París, viaja a Chile y Perú, visita varias veces La Habana, vuelve a México y recorre los cinco continentes. Durante estos cuarenta años no ha cesado de pintar, pensar, amar, combatir, irritar, discutir, conmover, indignar, iluminar. Juglar, ingeniero, ilusionista, confuso, inspirado, tartamudo, elocuente, mago, prestidigitador, *clown*, clarividente, poeta, insurrecto, generoso. El sol lo acompaña siempre. No es extraño; una de sus divisas es: "el sol para el que sabe congregar". Pero hay otro sol, secreto, para el que sabe quedarse solo y decir *no*. A Matta lo iluminan, alternativamente, los dos soles, el de la plaza y el de la celda. El surrealismo fue un gran viento cálido de rebeldía sobre este siglo helado y cruel. Matta ha sido fiel a ese impulso subversivo y generoso. Con una de esas expresiones suyas que revelan su inmenso don verbal, ha dicho que pinta "para que la libertad no se convierta en estatua". Gran decir. Por desgracia, como otros artistas de nuestro tiempo —y no de los menores, de Picasso y Pound a Neruda y Éluard— a veces ha confundido a las estatuas en el poder con los revolucionarios vivos en la cárcel o en el destierro, a los tiranos con los libertadores. No es una queja: tenía que decir mi desacuerdo.

»Matta es uno de los grandes artistas contemporáneos. Lo fue desde sus comienzos y lo sigue siendo. En 1946 Marcel Duchamp escribió unas líneas que, en su brevedad, son todavía lo mejor que se ha dicho sobre él: "Su primera contribución a la pintura surrealista, y la más importante, fue el descubrimiento de regiones del espacio, desconocidas hasta entonces en el campo del arte". Una vez más Duchamp dio en el blanco: el espacio de Matta es un espacio en movimiento, en continua bifurcación y recomposición. Espacio que fluye, plural. Espacio que posee las propiedades del tiempo: transcurrir y dividirse en unidades discretas sin jamás interrumpirse. La crítica ha señalado el carácter dinámico del espacio de Matta pero me parece que no ha advertido su profunda afinidad con el espacio de ciertos poetas modernos. Pienso, ante todo, en Apollinaire y en algunos de sus grandes poemas *(Zone* y *Le Musicien de Saint-Merry),* en donde distintos espacios confluyen y se entretejen como una trama viva hecha de tiempo. Espacio temporalizado. La visión de Apollinaire ha sido recogida y transformada por varios poetas de lengua inglesa y un hispanoamericano. Algunos nos hemos aventurado por ese nuevo espacio que, vuelto tiempo, camina, gira, se disgrega y se reúne consigo mismo. Ésta es, sin duda, una de las razones que me atraen, afectiva y espiritualmente, a la aventura pictórica de Matta. Una afinidad que me ha hecho escribir, en lugar de un insuficiente estudio crítico sobre su obra, un poema: *La casa de la mirada.* Es una exploración (¿una peregrinación?) por esa geología, geografía y astronomía anímicas que son el espacio imantado de su pintura».

Figuras y figuraciones

Todos los poemas, con la excepción de *Calma y Aquí,* publicados en *Árbol adentro* y *Días hábiles,* respectivamente, tienen una datación precisa:

> *Tu rostro,* Houston, 23 de julio de 1994.
> *Los pinceles despiertan,* México, 23 de septiembre de 1994.
> *La chimenea imperio,* México, 27 de septiembre de 1994.
> *Cifra,* México, 7 de octubre de 1994.
> *India,* México, 9 de octubre de 1994.
> *Enigma,* Nueva York, 14 de julio de 1994.
> *Puerta,* México, 26 de septiembre de 1994.
> *Las armas del oficio,* México, 27 de septiembre de 1994.
> *Constelación corporal,* México, 14 de octubre de 1994.
> *Sueño de plumas,* París, mayo de 1991.

Las fechas correspondientes a las obras de Marie José Paz son:

> *Calma,* 1994; *La paleta,* 1992; *La Boîte aux nuages*,* 1991; *La Cheminée empire,* 1989; *Le Sceau,* 1991; *India,** 1991; *La Forêt s'interroge,* 1992; *Puerta,* 1994; *Les Armes du métier,* 1990; *Les Yeux de la nuit,** 1992; *La Plume bleue,** 1991; *Aquí,* 1994.

* Obras pertenecientes a colecciones particulares.

Poemas 1989-1996

Se publican aquí todos los poemas escritos después de *Árbol adentro* y que Paz publicó en la revista *Vuelta*, pero nunca recogió en libro. *Verde noticia* se publicó en mayo de 1991, *Soliloquio* en noviembre de 1991, *Respiro* en abril de 1993, *Instantáneas* en diciembre de 1993, *Lo mismo* en septiembre de 1995, *Ejercicio de tiro* en abril de 1996 y *Respuesta y reconciliación. Diálogo con Francisco de Quevedo* en noviembre de 1996.

(Páginas 719-720.) *Estrofas para un jardín imaginario* se publicó en la revista *Vuelta* en agosto de 1989. Las estrofas iban después de una extensa carta de Octavio Paz, fechada el 9 de mayo de 1989, dirigida a Alejandra Moreno Toscano. En la carta hace un recuento de su vida en Mixcoac, para poner de manifiesto que ya no reconoce ni se reconoce en el lugar que ellos proponen para hacer un jardín que llevaría su nombre. De haberse hecho el jardín se hubiesen puesto las estrofas que Paz escribió antes de visitar el lugar. El cierre con *Epitafio sobre ninguna piedra*, poema publicado antes en *Árbol adentro*, demuestra su decepción.

Renga

La edición original se publicó en Éditions Gallimard, 1971, y la primera edición en español en la Editorial Joaquín Mortiz, en abril de 1972.

La versión española de *La tradición del renga*, de Jacques Roubaud, ha sido hecha por Salvador Elizondo. La de *Al unísono: retrospectiva*, de Charles Tomlinson, por Joaquín Xirau Icaza. La versión del *Renga*, por Octavio Paz.

«El centro móvil» de Octavio Paz se recoge también en la primera parte del segundo volumen, *Excursiones/Incursiones*, de estas *Obras completas*.

El poema I[7] fue escrito íntegramente por Paz, quien lo rehízo años más tarde. Por tanto, en la página par damos la primera versión y en la impar la que para Paz sería la versión definitiva.

Festín lunar

Festín lunar se publicó en *Vuelta*, núm. 45, p. 36, agosto de 1980.

Poema de la amistad

Verma y Agyeya escribieron sus versos en hindi e hicieron ellos mismos la traducción al inglés.

Hijos del aire

Air Born/ Hijos del aire se publicó en México, Juan Pascoe, 1979, y en Londres, Anvil Press, 1981.

Versiones y diversiones

Estas notas incluyen los comentarios o las anotaciones de Octavio Paz sobre el poeta o el poema en cuestión y van encabezadas por la referencia bibliográfica del poema original en los casos de los poetas occidentales. Las notas se presentan siguiendo el orden del libro. Solo las de las secciones V. China, y VI. Japón, atienden a la llamada con número volado del texto (numeración correlativa por sección).

I. Versiones y diversiones

THÉOPHILE DE VIAU
(1590-1626)

Soneto (Sonnet), en Théophile de Viau, *Œuvres poétiques,* Minard, París, 1958, p. 202.

Baudelaire cita en *Mon cœur mise à nu* este soneto de Théophile de Viau pero lo atribuye a Mayard o a Rancan. El error no disminuye la penetración crítica de Baudelaire: la punzante sensualidad de ese poema es la de los fuegos fatuos. Como señala Jean-Pierre Chauveau en el prefacio a su antología de la poesía francesa del siglo XVII (Gallimard, 1992), Théophile de Viau (o Théophile a secas, como era conocido por sus contemporáneos) es uno de los grandes poetas del llamado «Gran Siglo», una época esterilizada por Richelieu, Luis XIV y la Academia y que anuncia la gran sequía poética del siglo XVIII. Gracias a Théophile y a dos o tres poetas más, la gran tradición del siglo XVI se perpetúa por unos años, antes de extinguirse hasta su resurrección en el periodo romántico. Heredero de Ronsard, el joven poeta fue muy leído en los comienzos del siglo XVII. Fue el caudillo del clan de los «libertinos», un grupo de poetas y escritores que fascinó y escandalizó a la corte del joven Luis XIII por sus escritos, sus ideas y sus actitudes. Entre otros textos curiosos de Théophile está una oda en homenaje a Georges Villiers, duque de Buckingham, un nombre que evoca, para mí y para cientos de miles de lectores, el libro de Dumas: *Los tres mosqueteros*. Viau también escribió parte del ballet *Les Princes de Chipre*, representado ante Luis XIII y su joven esposa, Ana de Austria, en 1617. Su favor en la corte duró poco. Atacado por el «partido devoto», acusado de ateísmo y perseguido por dos jesuitas, sufrió encierro en una mazmorra y fue condenado a muerte. Sólo pudo salvarse por la protección de un poderoso señor, el duque de Montmorency, que logró cambiar la sentencia por la de destierro. Quebrantado por los dos años de cárcel, murió al poco tiempo en la residencia de los Montmorency, el castillo y el parque de Chantilly, que él había cantado en uno de sus poemas más alabados, *La Maison de Sylvie*. ¿Cómo no pensar en Nerval y en su *Sylvie*, ese relato al que es perfectamente aplicable una frase del mismo Nerval: «tu imaginación está en tus recuerdos»? También para Théophile los recuerdos nutrieron a su imaginación: escribió *La Maison de Sylvie* en la cárcel, rememorando los días felices pasados en Chantilly y sus boscajes. El soneto que he traducido se inscribe en la tradición del «fantasma» y del regreso que ilustran, entre otros, Propercio, Quevedo y el mismo Baudelaire. He tocado el tema en la parte final del capítulo «Óyeme con los ojos» de mi libro sobre Sor Juana de la Cruz y en *La llama doble*, en el capítulo «Prehistoria del amor».

GÉRARD DE NERVAL
(Pseudónimo de Gérard Labrunie, 1808-1855)

El desdichado, Myrtho, Delfica y *Artémis,* en Gérard de Nerval, *Œuvres complètes,* Gallimard, Bibliothèque de la Pléiade, París, 1993 (vol. III), pp. 648, 647, 645, 646.

ARTEMISA. (Páginas 839-840.) El primer título de este soneto fue *Ballet de las horas.*

STÉPHANE MALLARMÉ
(1842-1898)

[*El de sus puras uñas ónix, alto en ofrenda*] (*[Ses purs ongles très haut dédiant leur onyx]*), en París, *Œuvres complètes*, Gallimard, Bibliothèque de la Pléiade, París, 1996, pp. 68-69.

Véase el comentario «El *soneto en ix* de Mallarmé» en *El signo y el garabato* y en la primera parte del segundo volumen, *Excursiones/Incursiones*, de mis *Obras completas*.

GUILLAUME APOLLINAIRE
(1880-1918)

Todos los poemas en *Œuvres poétiques*, Gallimard, Bibliothèque de la Pléiade, París, 1965, pp. 45, 73, 99, 140-145, 85, 148, 250, 253, 252, 297, 248, 22, 25, 746, 360, 505, 188-191, 313-314.

Véanse los ensayos «El músico de Saint-Merry», en *Puertas al campo* y «Melancólico vigía», en *Sombras de obras,* recogidos en la primera parte del segundo volumen, *Excursiones/Incursiones*, de mis *Obras completas*.

EN LA PRISIÓN. (Páginas 844-845.) Eliminé el fragmento IV, que no me gusta.
    CARPAS. SEGUNDA VERSIÓN. (Página 849.) Me atreví a transformar este pequeño poema de cuatro versos en una suerte de haikú aunque sin respetar la métrica del poema japonés. Creo que le habría divertido a Apollinaire esta travesura.

UN POEMA. (Página 849.) En los mostradores de los cafés y bares de la época había unos aparatos *(pirogènes)* para encender puros y cigarrillos.

JULES SUPERVIELLE
(1884-1960)

Asir (*Saisir*) y *Los gérmenes* (*Les Germes),* en *Œuvres poétiques complètes*, Gallimard, Bibliothèque de la Pléiade, París, 1996, pp. 245, 184-185.

Véase «Gérmenes vagabundos» en «Inteligencias extraterrestres y demiurgos», en *Sombras de obras* y en la primera parte del segundo volumen, *Excursiones/ Incursiones*, de mis *Obras completas*.

JEAN COCTEAU
(1889-1963)

[Lecho de amor: detente. Bajo tus altas sombras] (*[Lit d'amour, faites halte. Et, sous cette ombre haute]*) y *[Nada me da más miedo que la calma engañosa]* (*[Rien ne m'effraye plus que la fausse accalmie]*), en *Plain-Chant*, Gallimard, París, 1925, p. 114.

PIERRE REVERDY
(1889-1960)

[Sobre cada pizarra] (*[Sur chaque ardoise]*), *Sol* (*Soleil*), *Mañana* (*Matin*), *Salida* (*Départ*), *Secreto* (*Secret*), *Pasillo* (*Couloir*), *Jugadores* (*Joueurs*), *Una escampada* (*Une Éclaircie*) y *Minuto* (*Minute*) son poemas de su libro *Les Ardoises du toit* (1918) y recogidos en *Plupart du temps*, Gallimard, París, 1969, pp. 163, 200, 166, 179, 191, 222, 204, 180, 192. El poema *Una presencia* (*Une Présence*) pertenece al libro *Pierres blanches*, Éditions d'art Jordy, Carcassonne, 1930, y *Sorpresa de lo alto* (*Surprise d'en haut*) pertenece a *La Lucarne ovale* (1916) y aparece en *Plupart du temps*, Gallimard, París, 1969. Los poemas *Luz* (*Lumière*) y *Tal vez nadie* (*Peut-être personne*) pertenecen a *Sources du vent*, Gallimard, París, 1971, pp. 204, 182. El poema *[Rostro desleído en el agua]* (*[Figure délayée dans l'eau]*) pertenece a *Le Chant des morts*, Tériade Éditeur, París, 1948.

Véase el comentario sobre los poemas traducidos en «Sobre y de Pierre Reverdy» en *El signo y el garabato*, recogido en *Excursiones/Incursiones*, primera parte del segundo volumen de mis *Obras completas*.

PAUL ÉLUARD
(Pseudónimo de Eugène Grindel, 1895-1952)

El espejo de un instante (*Le Miroir d'un moment*), *El amor la poesía* (*L'Amour la Poésie*), *La semejanza* (*[Tu te lèves l'eau se déplie]*), en *Œuvres complètes*, vol. II, Gallimard, Bibliothèque de la Pléiade, París, 1968, pp. 236, 234, 242, 459, y *Bella y parecida* (*Belle et ressemblante*) y *[De todo lo que he dicho de mí, ¿qué queda?]* (*[De tout ce que j'ai dit de moi que reste-t-il]*), en *La Vie immédiate*, Gallimard, París, 1962, pp. 22, 123.

LA SEMEJANZA. (Páginas 866-867.) Hay dos versos del original que Paz no traduce: *Femme tu mets au monde un corps toujours pareil / Le tien*, que irían antes del último verso.

ANDRÉ BRETON
(1896-1966)

Girasol (*Tournesol*), en *Clair de terre*, Gallimard, París, 1966, p. 85, y *En la ruta de San Romano* (*Sur la route de San Romano*), *Mujer y pájaro* (*Femme et oiseau*), en *Signe ascendant*, Gallimard, París, 1949, pp. 122-124, 143.

Véase el ensayo «André Breton o la búsqueda del comienzo», en *Corriente alterna* y en *Excursiones/Incursiones*, primera parte del segundo volumen de mis *Obras completas*.

HENRI MICHAUX
(1899-1984)

La carta (*La Lettre*) y *Laberinto* (*Labyrinthe*), en *Épreuves, exorcismes. 1940-1944*, Gallimard, París, 1973; *La muchacha de Budapest* (*La Jeune fille de Budapest*), en *Lointain interieur*, Gallimard, París, 1963, y *Clown* (*Clown*), *Que repose en revuelta* (*Qu'il repose en révolte*) y *Paisajes* (*Paysages*), en *L'Espace du dedans* —pages choisies— (*1927-1959*), Gallimard, París, 1966.

Véase «Henri Michaux» y «El príncipe y el clown» en *Excursiones/Incursiones*, primera parte del segundo volumen de mis *Obras completas*.

RENÉ CHAR
(1907-1988)

La alondra (*L'Alouette*) se publicó en *La Paroi et la prairie* y *La libertad* (*La Liberté*) en *Seuls demeurent*; *Oeuvres complètes*, Gallimard, Bibliotèque de la Pléiade, París, 1983, pp. 354, 148.

GEORGES SCHEHADÉ
(1910-1989)

Todos los poemas de Schehadé provienen de *Les Poésies*, Gallimard, París, 1952, pp. 17, 57, 59, 60, 61, 64, 67, 71, 80, 83.

Véase el comentario sobre estos poemas en «La hora *otra* de Georges Schehadé», en *Excursiones/Incursiones*, primera parte del segundo volumen de mis *Obras completas*.

[POEMA 9]. (Página 880.) Hay dos versos del original que Paz no traduce: *Un bâton ne lui fait pas peur / Car l'esprit ne l'a point quitté.* En la versión original son los versos tres y cuatro.

ALAIN BOSQUET
(Pseudónimo de Anatole Bisk, 1919-1998)

Escrito al margen del poema (*Écrit en marge du poème*) pertenece a *Poèmes, un (1945-1967)*, Gallimard, París, 1979.

YESÉ AMORY
(Pseudónimo de Marie José Paz)

Todos estos textos se publicaron por primera vez, en español, en la revista *Plural*, en marzo y diciembre de 1974. Los tres primeros textos en prosa (pp. 887-888) fueron escritos en Kasauli (India), en 1968; *Tal cual* (*Tel quel*) en Niza, 1969; *Enigma* (*Enigme*), *[En Shadyside]* (*[À Shady-side]*), *[Llamada a tus ojos]* (*[Appel a tes yeux]*) y *[Más vale no terminar nada]* (*[Mieux vaut ne rien finir]*) en Pittsburgh (Estados Unidos), 1969.

PERE GIMFERRER
(1948)

Los tres poemas pertenecen al libro *El vendaval*, Edicions 62, Barcelona, 1988. El primer poema fue traducido por Paz y los dos siguientes en colaboración con Ramón Xirau.

JOHN DONNE
(1572-1631)

Elegía: antes de acostarse (Elegy 19. Going to Bed), en Helen Gardner, ed., John Donne, *The Elegies and the Songs and Sonnets*, Clarendon Press, Oxford, 1965, p. 46, y *El aniversario (The Anniversarie)*, en *The Poems of John Donne*, Oxford University Press, Londres, 1953, pp. 24-25.

Véase el ensayo «Un poema de John Donne» en *Puertas al campo* y en la primera parte del segundo volumen, *Excursiones/Incursiones*, de mis *Obras completas*.

ANDREW MARVELL
(1621-1678)

A su esquiva amante (To His Coy Mistress), en *The Poems of Andrew Marvell*, Everyman's Library, Nueva York, 1993, p. 38.

WILLIAM BUTLER YEATS
(1865-1939)

Vacilación IV (Vacillation IV), en *The Winding Stair and Other Poems*, recogidos en *The Variorum Edition of the Poems of William Butler Yeats*, MacMillan Publishing, Nueva York, 1977, p. 501.

VACILACIÓN IV. (Página 902.) *Vacillation* es una serie de ocho poemas unidos por un hilo tenue: la oscilación entre los extremos. O como dice el primer poema: «Entre extremos / El hombre pasa...» Traduje únicamente el cuarto. Véase el comentario a este poema, «Privación y plenitud», en *Excursiones/Incursiones*, primera parte del segundo volumen de mis *Obras completas*.

EZRA POUND
(1885-1972)

El *Canto* CXVI está publicado en *Drafts and Fragments of Cantos* CX-CXVII, Faber and Faber, Londres, 1970, pp. 25-27.

Véase en *Excursiones/Incursiones*, primera parte del egundo volumen de mis *Obras completas*, el ensayo «Ezra, galimatías y esplendor».

WALLACE STEVENS
(1879-1955)

Esthétique du mal, en *The Collected Poems of W. Stevens*, Faber and Faber, Londres, 1971, pp. 313-314.

ESTHÉTIQUE DU MAL I. (Página 906.) Sólo traduje la primera parte de este largo poema compuesto de quince partes y más de trescientos versos. En una meditación sobre lo que podría llamarse la inocencia del mal en la naturaleza y la culpabilidad del espíritu: «La falta es de un dios demasiado humano / Un dios que por simpatía se volvió humano...» Y más adelante: «La muerte de Satán fue una tragedia para la imaginación». La razón no le parece a Stevens menos culpable, sobre todo cuando la lógica se vuelve política: «La revolución es obra de lógicos lunáticos...» El revolucionario es «el lunático de una sola idea / En un mundo de ideas, que deja a toda la gente / vivir, trabajar, sufrir y morir por una idea / en un mundo de ideas» El lunático no mira ni al árbol ni a la nube: mira abstracciones. ¿Qué nos queda? Ante todo, renunciar al más allá y a la vida anémica del cielo: «La pobreza más grande es no vivir en un mundo físico...» Recobrar la vista, el tacto, el oído, la vida que se deja tocar y pensar, «como si el aire, el aire del mediodía, hirviese / con los cambios metafísicos que ocurren, / vivir nada más como y donde vivimos». *Esthétique du mal*, poema que da sentido a la pena insensata:

> Nativos de la pobreza, hijos de la desdicha:
> La alegría del lenguaje es nuestro señor.

e(dward) e(stilin) cummings
(1894-1962)

Todos los poemas están recogidos en *Complete Poems 1913-1962*, Harcourt Brace Jovanovich Publisher, Nueva York, 1972

Véase en *Excursiones/Incursiones*, primera parte del segundo volumen de mis *Obras completas*, en memoria de cummings: «Recuerdo».

WILLIAM CARLOS WILLIAMS
(1883-1963)

Todos los poemas están recogidos en *Selected Poems*, New Directions Publishing Corporation, Nueva York, 1971.

Véase en *Excursiones/Incursiones*, primera parte del segundo volumen de mis *Obras completas*, el ensayo «La flor saxífraga: W. C. Williams».

ARTHUR WALEY
(1889-1966)

«Tráfico de sueños» es un fragmento de *Some Far Eastern Dreams* (1955), publicado en *Madly Singing in the Mountains*, 1980.

DOROTHY PARKER
(1893-1967)

Esta traducción se publicó en *Plural*, febrero, 1976.

HART CRANE
(1899-1932)

Labrador (North Labrador) y *La torre rota (The Broken Tower)* en *The Complete Poems and Selected Letters and Prose of H. Crane*, Oxford University Press, Londres, 1968.

ELIZABETH BISHOP
(1911-1979)

El monumento (The Monument) y *Visitas a St. Elizabeth (Visits to St. Elizabeths)*, en *The Contemporary American Poets*, y *Sueño de verano (A Summer's Dream)* y *El fin de marzo, Duxbury (The End of March)*, en *The Complete Poems (1927-1979)*, Londres, Chatto & Windus, 1983.

Véase «Elizabeth Bishop o el poder de la reticencia» en *Excursiones/Incursiones*, primera parte del segundo volumen de mis *Obras completas*.

CHARLES TOMLINSON
(1927)

Todos los poemas aparecen recogidos en *Collected Poems*, Oxford University Press, Nueva York, 1987, pp. 36, 31, 76, 92, 120, 135, 165, 199, 224, 231, 37.

Véase el ensayo «En blanco y negro: Charles Tomlinson» en *Excursiones/Incursiones*, primera parte del segundo volumen de mis *Obras completas*.

IVAR IVASK
(1927-1992)

La veranda (Verandaraamat 5) en *Verandaraamat Ja Teisi Luuletusi 1953-1987*, «Eesti Raamat», Tallinn, 1990, p. 29.

El propio Ivar Ivask tradujo el poema del estonio al inglés. De esta versión hizo unas cuantas copias para sus amigos; una de ellas fue la que utilizó Octavio Paz.

A. R. AMMONS
(1926-2001)

Reflejo (Reflective) en *The Really Short Poems of A. R. Ammons*, W. W. Norton and Company, Nueva York-Londres, 1990, p. 16.

MARK STRAND
(1934)

Las cosas enteras (Keeping Things Whole) en *Reasons for Moving,* Atheneum, Nueva York, 1968. *Aliento (Breath), Los restos (The Remains)* y *Siete poemas (Seven Poems)* en *Darker,* Atheneum, Nueva York, 1970. *En celebración (In Celebration)* en *The Story of our Lives,* Nueva York, 1973.

CZESLAW MILOSZ
(1911-1999)

Véase «Saludo a Czeslaw Milosz» en *Excursiones/Incursiones,* primera parte del segundo volumen de mis *Obras completas.*

CARTA A RAJA RAO Y EL PREMIO. (Páginas 968-970.) Mis traducciones son del inglés. El poema dedicado a Raja Rao fue escrito en esa lengua y mi traducción del segundo es de una versión inglesa hecha por el mismo Milosz.

GYÖRGY SOMLYÓ
(1920)

Todos los poemas en *Contrefables,* Gallimard, París, 1974, pp. 45-46, 82, 53-54.
   Las traducciones de Paz son versiones con el autor a partir de las versiones del húngaro al francés de Guillevic.

LYSANDER KEMP
(1920)

La conquista (The Conquest), en *The Conquest & Other Poems from Spanish America,* The University of Texas at Austin, Austin, 1970.

VASKO POPA
(1922-1991)

Traducción directa del serbocroata hecha en colaboración con Juan Octavio Prenz. Además de las fieles versiones de Prenz, se tuvo en cuenta las traducciones al francés y al inglés de Alain Bosquet (hechas en colaboración con Vasko Popa), Anne Pennington y Charles Simic.

II. Poemas de Fernando Pessoa
(1888-1935)

Todos los poemas están recogidos en *Obras de Fernando Pessoa*, vol. I, Lello & Irmão editores, Oporto, 1986.

Véase en *Excursiones/Incursiones* —primera parte del segundo volumen de mis *Obras completas*— los ensayos sobre Fernando Pessoa: «El desconocido de sí mismo» e «Intersecciones y bifurcaciones: A. O. Barnabooth, Álvaro de Campos, Alberto Caeiro».

III. Cuatro poetas suecos
(Traducción de Octavio Paz y Pierre Zekeli)

Véase el ensayo: «La línea central: cuatro poetas suecos», en *Excursiones/Incursiones*, primera parte del segundo volumen de mis *Obras completas*.

HARRY MARTINSON
(1904-1978)

ARTUR LUNDKVIST
(1906-1991)

GUNNAR EKELÖF
(1907-1968)

ERIK LINDEGREN
(1910-1968)

IV. Kavya
(Poesía sánscrita clásica)

Con el objeto de completar un poco las páginas que dedico a la poesía de la India antigua en *Vislumbres de la India,* he agregado una brevísima muestra de poemas cortos. Seis de los poemas incluidos aparecen también, comentados, en «La *ápsara* y la *yakshi*». Los he repetido para no dañar la unidad del conjunto. Reproduzco la selección publicada en la revista *Vuelta,* núm, 220, marzo de 1995, pero he añadido cinco epigramas más cuyos temas son la vida literaria y la poesía misma. La muestra comienza con una Erótica y termina con una Poética.

V. China

Trazos. Chuang-Tse y Otros

CHUANG-TSE
(369-286 a.C.)

EL DIALÉCTICO. UTILIDAD DE LA INUTILIDAD. (Página 1077, nota 1.) *Fuente Amarilla:* El mundo de los muertos.

EL DIALÉCTICO. SOBRE EL LENGUAJE. (Página 1078, nota 2.) *Peng-Tse:* El Matusalén chino.

EL DIALÉCTICO. RETRATO DEL DIALÉCTICO. (Página 1079, nota 3.) A pesar de todo, Chuang-tse amaba a Hui-tse. En otro pasaje de su libro, al contemplar la tumba de su enemigo íntimo, exclamó: «Era el único hombre, en todo el imperio, con el que podía conversar».

EL MORALISTA. VIRTUD Y BENEVOLENCIA. (Página 1079, nota 4.) Lao-tse: maestro de Chuang-tse, fundador del taoísmo y autor del *Libro del Tao* (Tao Te King).

EL MORALISTA. LAS LEYES Y LOS HOMBRES. (Página 1081, nota 5.) *Emperador Amarillo:* héroe mítico.

EL SABIO. EL RITMO VITAL. (Página 1085, nota 6.) *Yin* y *yang:* las dos fuerzas o elementos, lo activo y lo pasivo, lo masculino y lo femenino, la luz y la sombra, el trabajo y el reposo, la danza y la quietud, los dos opuestos complementarios de que está hecho el Gran Todo.

EL SABIO. BALLESTERÍA. (Página 1086, nota 7.) En su introducción al tratado de Averroes *La incoherencia de la incoherencia*, Simon van der Bergh cita un ejemplo parecido: un hombre camina con facilidad sobre una tabla si ésta se apoya en el suelo, pero vacila apenas se encuentra suspendida en un abismo. El ejemplo aparece primero en Avicena; más tarde lo citan Santo Tomás de Aquino, Robert Burton y Montaigne. También lo utilizó Pascal.

HSI K'ANG
(223-262)

LIEU LING
(225-280?)

ELOGIO DEL VINO. (Página 1091, notas 8 y 9.) Línea 1: *Un amigo mío:* El mismo Lieu Ling. Última línea: alusión a la creencia de que el gusano de seda puede convertirse en avispa.

HAN YÜ
(768-824)

MISIÓN DE LA LITERATURA. (Página 1092, nota 10.) Título de Octavio Paz.

LIEU TSANG-YEU
(773-819)

Poetas

FOU HINAN
(217-278)

WANG WEI
(701-761)

ADIÓS A YÜAN, ENVIADO A ANS-HSI (Página 1099, nota 11.) El paso de Yang, más allá de la ciudad de Wei, era el ultimo puesto militar, en la frontera con los bárbaros (Hsieng-nu).

LI PO
(701-762)

Traducir una traducción, sobre todo en el dominio de la poesía, puede parecer una tarea vana. Casi siempre lo es. Sin embargo, uno de los libros con los que comienza la poesía moderna en lengua inglesa es *Cathay* (1915), compuesto por poemas chinos admirablemente recreados por Ezra Pound. En aquellos años Pound no conocía el chino y, para colmo, no tenía a la mano sino un puñado de borradores y notas que le presentó la viuda del orientalista Fenollosa. Este último, a su vez, se había servido de traducciones del chino al japonés. Los sinólogos han mostrado, aquí y allá, errores de traducción pero ninguno de ellos ha podido negar el inmenso valor poético de esas versiones. Aunque Claudel tampoco conocía el idioma, fue diplomático en Pekín y tradujo (¡al inglés!) varios poemas chinos. Válery tradujo *Las bucólicas* de Virgilio un año antes de morir, cuando tenía setenta y dos años y, según confesión propia, «Su poco latín de estudiante se había convertido en el recuerdo de un recuerdo...» Estos ejemplos (y otros que no cito) me han impulsado a traducir poemas de la India antigua y del Extremo Oriente. Ante un poema escrito en lengua extraña, la afición a la poesía fácilmente se transforma en un reto y en una invitación: construir, con las palabras de nuestra lengua, un poema no idéntico sino *equivalente* (cito a Válery) del original. La fascinación aumenta si leemos al poema a través del vidrio de una traducción.

En mis tentativas me he servido de amigos chinos (el poeta Wai-lim Yip) y japoneses (el erudito Eikichi Hayashiya). También de traducciones literales, como la de David Hawkes de Tu Fu. En otras ocasiones he tenido a la vista varias traducciones al inglés, al francés y al italiano; por medio de la comparación y guiado no por la filología sino por el gusto, me arriesgué a componer poemas en español. Aunque los resultados han sido variables, el esfuerzo, invariablemente, ha valido la pena. Son ejercicios que afinan la sensibilidad y estimulan la mente. Éste es el caso de los dos breves poemas de Li Po que ahora ofrezco a los lectores de *Vuelta*. He utilizado las versiones de

Yrving Yucheng Lo, François Cheng, Paul Jacob y Vilma Constantine. Una razón adicional para atreverme a traducir esos dos poemas es que son muy cortos —*chüe chu* cuatro líneas, cada una de cinco caracteres—, de modo que es posible reproducir, a partir de unos cuantos elementos básicos, ya que no las particularidades sintácticas y rítmicas, sí lo que es, a mi juicio, la esencia del poema breve: condensar, en unas cuantas líneas, una emoción fugitiva. Copla, haikú, epigrama: frasco de intenso perfume que, al abrirlo, al leerlo, se disipa pero no sin antes producir en el lector una suerte de iluminación momentánea. El poema breve desaparece con rapidez y, no obstante, es persistente y regresa siempre. Sus dos alas son la sorpresa y la memoria.

México, a 16 de marzo de 1995

ANTE EL MONTE CHING-T'ING. (Página 1101.) François Cheng traduce el último verso así: *Il ne reste que le mont Révérencieux (Ching-T'ing)...* El poeta parece decir que, a fuerza de contemplar al monte, ha terminado por fundirse a él. O sea: fusión mística y panteísta. Disiento de esta interpretación. Es demasiado occidental y cristiana, busca la unión con lo divino, no la comunión entre los elementos. Para Li Po, profundamente impregnado de taoísmo, el monte y él conservan, cada uno, su individualidad y conversan en el lenguaje sin palabras de la contemplación. Son dos expresiones del Gran Todo.

EL SANTUARIO DE LA CUMBRE. (Página 1101.) Arthur Waley no menciona este poema en su pequeño libro (no fue uno de los mejores entre los que escribió), *The Poetry and Career of Li Po*. Por su parte, Paul Jacob indica que el poema fue grabado en la piedra de un muro de un monasterio budista, edificado en la cumbre de un monte.

TU FU
(713-770)

PRIMAVERA CAUTIVA. (Páginas 1102-1103.) Véase, sobre este poema y sobre Tu Fu, el ensayo «Imperios y bonetes», de *Excursiones/Incursiones*, primera parte del segundo volumen de mis *Obras completas*.

Chung wang. La mayoría traduce *Escena* o *Vista de primavera* pero yo adopto el título que François Cheng, más fiel al espíritu que a la letra, da al poema: *Primavera cautiva*. Mi versión se basa en las traducciones literales y las transcripciones fonéticas (sistema pin-yin) de David Hawkes, Paul Demiéville, Wai-lim Yip y François Cheng.

AL LETRADO WEI PA. (Páginas 1103-1104.) Véase el comentario «Un poema de Tu Fu» de *Excursiones/Incursiones*, primera parte del segundo volumen de mis *Obras completas*.

YÜAN CHIEH
(719-772)

HAN YÜ
(768-824)

UN ÁRBOL SECO. (Página 1106.)) Véase sobre este poema el comentario «Ermitaño de palo», de *Excursiones/Incursiones*, primera parte del segundo volumen de mis *Obras completas*.

LA PALANGANA. (Página 1107.) El título es mío. El poema de Han Yü está dividido en cinco poemas sobre el mismo tema. Yo los transformé en un solo poema compuesto por cinco estrofas de cuatro versos cada una. Mi versión es muy libre. No es una verdadera traducción sin un poema escrito a partir de otro poema. Una recreación, en el doble sentido de la palabra. Véase «Un poema es muchos poemas: Claude Roy» en *Excursiones/Incursiones*, primera parte del segundo volumen de mis *Obras completas*.

PO CHÜ-I
(772-846)

TAL CUAL. (Páginas 1107-1108.)) Véase el comentario a este poema en «Tathata: ¿tal cual, mismidad.)»*, de *Excursiones/Incursiones*, primera parte del segundo volumen de mis *Obras completas*.

[TODAS LAS SUBSTANCIAS CARECEN DE SUBSTANCIA.] [UNA FLOR —Y NO ES FLOR.] (Página 1108.) Los dos poemas de Po Chü-i que presento no tienen título y no son característicos de su genio, pero muestran su fascinación, tal vez intermitente, por el pensamiento budista y la vida interior.

[UNA FLOR —Y NO ES FLOR.] (Página 1108.] Este poema alude probablemente a una experiencia interior: ¿poética, mística, filosófica? Po Chü-i no fue un poeta místico y ni siquiera religioso. A veces alude con ironía al taoísmo y al budismo pero, al mismo tiempo, como se ve en el poema anterior, le interesó profundamente la experiencia del estado estático, central en el taoísmo y en el budismo Chan *(Zen)*. Lo que me parece característico en él —y en muchos otros poetas de Oriente y Occidente— es que esas experiencias, así sean religiosas, son siempre instantáneas: no nos dan la certeza del más allá o de la inmortalidad sino que son como ventanas abiertas hacia el otro lado de la realidad.

TCH'EN T'AO
(768-831)

SU TUNG-P'O (SU SHIH)
(1037-1101)

[NO ME AVERGÜENZA...] (Página 1112, nota 12.) Este poema fue escrito en 1072, cuando Su Shih tenía 35 años. Embriaguez y vejez son temas poéticos más que realidades vividas.

CUATRO POEMAS SOBRE LA PINTURA. POEMA ESCRITO SOBRE UNA PINTURA DE WANG CHIN-CH'ING. (Páginas 1114-1115.) Hace más de veinte años traduje algunos poemas de Su Shih (Su Tung-p'o), gran poeta, político y enamorado de la pintura. Entre esos poemas, recogidos en la primera edición de *Versiones y diversiones* (1974), hay uno que tiene por tema una pintura de Wang Chin-ch'ing: *Neblina sobre el río Yang-tse y las colinas circundantes.* El pintor Wang Chin-ch'ing fue amigo cercano de Su Tung p'o y sufrió la misma pena del poeta cuando éste, caído en desgracia, fue desterrado en 1080. El cuadro —o más bien, rollo pintado con tinta negra— ha desaparecido pero, gracias al poema célebre de Su Tung-p'o, su memoria perdura. El otro día, hojeando el precioso libro ilustrado que han publicado el Museo Metropolitano de Nueva York y la Universidad de Princeton *(Words and Images: Chinese Poetry, Calligraphy and Painting*)* me encontré con una doble sorpresa: una hermosa versión caligráfica del poema y dos paisajes de dos notables pintores, ambos inspirados no en la obra perdida sino en el poema. La caligrafía es de Chao Meng-fu, que vivió dos siglos después de la muerte del poeta (1254-1322); uno de los paisajes es de Weng Cheng-ming (1470-1539) y el otro, que a mí me gusta más, de Shen Chou (1427-1509).

Su Tung-p'o fue el primer poeta que en China, como Horacio en nuestra tradición, subrayó las afinidades entre la poesía y la pintura. Es verdad que

---

* Editado por Alfred Munch y Wen C. Fong, Nueva York, 1991.

otros poetas, además de practicar la caligrafía, fueron también pintores. Entre ellos el más famoso fue Wang Wei. Sin embargo, con Su Tung p'o aparece algo nuevo: una teoría de las relaciones entre la poesía y la pintura. Para que la pintura sea realmente un arte, dijo varias veces, tiene que ser también poesía. En un poema dice: «Poesía y pintura tienen el mismo fin... arte más allá del arte». Quiso decir: más allá de la habilidad técnica, sea el instrumento la palabra o el pincel. Para ilustrar sus ideas se me ocurrió ofrecer a los lectores de *Vuelta* la caligrafía de Chao y los dos paisajes de Weng y de Shen, así como una nueva versión al español del poema. Esta traducción difiere considerablemente de la primera. Como en otros casos, ofrezco más bien una paráfrasis del poema o, como se decía antes, una *imitación*. Pero una imitación en la que he procurado conservar todos los elementos del original. Me he servido de varias traducciones, entre ellas, especialmente, las de Burton Watson y Yu Min-chuan. Añadí otra pintura de Shen Chou, también en tinta negra como las anteriores: *Poeta en una colina*. No tiene relación directa con el poema pero sí con su tema. Caligrafía, pintura y poesía: las tres perfecciones, según la crítica tradicional china.

Verso 14 (página 1115, nota 13): El Yang-tse Kiang se llama también el río Azul. Al confundirse, en la lejanía, con el cielo, las aguas del río se vuelven realmente azules.

Versos 26 y 27 (página 1115, nota 14): Respuesta de Su Tung-p'o al poema de Li Po, *Pregunta y respuesta*:

¿Por qué vivo en la colina verde-jade?
Sonrío y no respondo. Mi corazón sereno,
Flor de durazno que arrastra la corriente.
No el mundo de los hombres,
Bajo otro cielo vivo, en otra tierra.

La «flor de durazno» de los poemas de Li Po y Su Tung-p'o alude a la alegoría *Noticia de la Fuente de la Flor de Durazno* del poeta T'ao Yüanmin. (T'ao Ch'ien, 365-427.) Un pescador descubre accidentalmente, en las cercanías de Wu-ling, una floresta de árboles de durazno, un sitio encantado que alimenta una fuente. Hay una montaña, una caverna y, al otro lado, una comunidad de campesinos libres y felices, que viven aislados del mundo e ignorantes de los asuntos públicos. Una sociedad antes de la historia. El pescador regresa a la civilización y, aunque después intenta volver al rústico paraíso, no encuentra jamás el camino. El poema de Su Tung-p'o también es una respuesta a T'ao Ch'ien: él *sí* conoce el camino de regreso pero *no puede* volver. Conflicto de ideas y deberes: el hombre público (Confucio) frente al poeta (taoísmo).

El paisaje de Wang Chin-ch'ing, así como los de Weng y Chou, nos muestran un momento de la naturaleza: los cambios en la atmósfera y en los montes, el furor de las cascadas y la paz del río, la gente que atraviesa el puente y la barca lejana. Todo aparece en un momento de inmovilidad. El arte de los pintores —sobre todo el de los paisajistas chinos— consiste en hacernos ver que esa inmovilidad es ilusoria: la naturaleza está en perpetuo movimiento. Pero el poema de Su Tung-p'o vuelve explícitos esos cambios que la pintura sólo insinúa: el horizonte se aclara, aparecen las colinas y los bosques, las cascadas saltan de los peñascos y mezclan sus aguas a las del gran río. Más adelante, en ocho versos, el poeta evoca el tránsito de las cuatro estaciones. El poema, al terminar, rompe bruscamente con la manera descriptiva y nos presenta un conflicto ético y filosófico: el ideal confuciano del hombre público frente al del sabio que renuncia al mundo y escoge la vía solitaria de unión con la naturaleza. Las pinturas no reflejan los cambios del mundo natural y menos aún el conflicto ético y psicológico. Y en esto reside la gran diferencia entre la literatura (la poesía) y las artes no verbales.

México, a 19 de marzo de 1995

LI CH'ING-CHAO
(1084-1151)

FAN-KH'I
(Siglo XIV)

VI. Japón

TANKA Y HAIKÚ

Véase, sobre la literatura japonesa, los ensayos: «Tres momentos de la literatura japonesa», «La tradición del haikú» y «El sentimiento de las cosas: *Mon no Aware*», recogidos en *Excursiones/Incursiones*, primera parte del segundo volumen de mis *Obras completas*.

KAKINOMOTO HITOMARO
(c. 700)

EL MONJE MANZEI
(Fines del siglo VIII)

ARIWARA NO NARIHIRA
(825-880)

[SIEMPRE LO SUPE.] (Página 1127, nota 1.) Pensamiento de un moribundo —¿el poeta mismo?

EX EMPERADOR YOZEI
(870-?)

EMPERADOR UDA
(867-931)

[CRESTA DE OLA.] (Página 1127, nota 2.) También se atribuye este poema a Ki no Tsurayuki.

KI NO TSURAYUKI
(882-946)

[LUNA EN EL AGUA.] (Página 1129, nota 3.) Último poema de Ki no Tsu-rayuki.

ONO NO KOMACHI
(Mediados del siglo X)

BUNIA YASUHIDE
(Siglo X)

IZUMI SHIKIBU
(Siglos x-xi)

[DE LA NEGRURA.] (Páginas 1130-1131, nota 4.) Último poema de Izumi Shikibu. Verso 5: Luna = Buda.

EL MONJE NOIN
(988-?)

TSUMORI KUNIMOTO
(1023-1103)

EL MONJE SAIGYO
(1118-1190)

[TODAS LAS COSAS.] (Página 1132, nota 5.) Verso 4: Luna = Buda.

FUJIWARA NO SADAIE
(1162-1242)

REIZE TAMEHIDE
(?-1372)

YAMAZAKI SOKÁN
(1465-1553)

ARAKIDA MORITAKE
(1473-1549)

MATSUNAGA TEITOKU
(1571-1653)

NISHIYAMA SOIN
(1605-1682)

MATSUO BASHŌ
(1644-1694)

ENAMOTO KIKAKU
(1661-1707)

MUKAI KYORAI
(1651-1704)

KAWAI SORA
(1649-1710)

HATTORI RANSETSU
(1654-1707)

YOSA BUSON
(1716-1783)

[DAMA DE NOCHE.] (Página 1140.) *Dama de noche* es el nombre de la flor que se llama en España *dondiego* y en México *hueledenoche*.

OSHIMA RYOTA
(1718-1787)

KOBAYASHI ISSA
(1763-1827)

EL MONJE RYOKAN
(1757-1831)

MASAOKA SHIKI
(1867-1902)

TAKAHAMA KYOSHI
(1874-1959)

Sendas de Oku
de Matsuo Bashō

Véase «La tradición del haikú», recogido en *Excursiones/Incursiones*, primera parte del segundo volumen de mis *Obras completas*.

NOTAS *(A las setenta notas de Eikichi Hayashiya que figuraban en la primera edición de 1957, se añadieron cincuenta y una notas en la edición de 1992, publicada en Tokio):*

1   Sugiyama Sampu (1648-1733). Comerciante acomodado de Edo (Tokio), protector de Bashō y discípulo suyo. Fue poeta de cierta distinción.

2   Más exactamente: una serie de ocho poemas *(renga haikai)*. Bashō cita solamente el poema inicial *(hokku)*. Era costumbre colgar en un pilar de la casa el *renga*.

3   Las familias con niñas celebran la Fiesta de las Muñecas el día tercero del Tercer Mes de cada año. En esa fecha se colocan las muñecas tradicionales, que se conservan de generación en generación, en el salón principal de la casa, adornado con flores. Bashō piensa en la metamorfosis de su choza, hasta entonces habitada por un poeta que hacía vida de ermitaño.

4   Senju era la primera posada en el camino del norte. *Ri*: medida antigua de longitud; cada *ri* estaba compuesto de 36 *cho*; un *cho* equivale a 109 metros y un *ri* a 3.92 km. Tanto en la poesía china como en la japonesa, la expresión «tres mil *ri*» equivale a «gran distancia».

5   Iwanami (después: Kawai) Sora (1649-1710), discípulo de Bashō. Lo acompañó en este viaje y en otro anterior *(Una visita al santuario de Kashima)*.

6   Hohodemi-no-Mikoto es el nombre del Primer Emperador (Jinmu), antes de su ascensión al trono. Según el relato mitológico (Nihon-Shoki, primera cronología de Japón), la gran diosa-sol, Amaterasu, envía a su nieto, el príncipe Ninigi, a gobernar las islas japonesas. Ninigi contrae matrimonio con la princesa Konohana-Sakuya y ésta concibe la misma noche de la boda. El príncipe duda de la legitimidad de su hijo: la princesa se encierra en una cueva tapiada y se prende fuego; si el ser que va a nacer no es hijo de Ninigi, se incendiará; si lo es, ni el fuego podrá hacerle daño. Así nació el príncipe Hohodemi (Nacido del Fuego o Visible por el Fuego).

7   En el siglo VII, al ser descubierta una conspiración contra el emperador, se destierra al príncipe Arima a Shimotsuke. Allí se enamora de la hija de un rico, prometida ya al gobernador del lugar; el príncipe visita con frecuencia a la joven, hasta el día en que se descubre que la muchacha está encinta. Mientras tanto, el gobernador apremia al padre para que se lleve a cabo el matrimonio. El rico no encuentra otra excusa que decir al prometido que la joven ha muerto repentinamente. Para consumar el engaño colocan en el ataúd, en lugar del cuerpo de la muchacha, un pescado que al quemarse despide un olor parecido al que se desprende del cuerpo humano al ser incinerado. Desde entonces a esta clase de pescados se les llama *konoshiro*, que quiere decir «en lugar del niño».

8   Cita de las *Analectas* de Confucio.

9   Kukai (774-835), más conocido por su nombre póstumo: Kobo Daishi. Fue el fundador de la secta Shingon y es uno de los grandes santos del budismo japonés.

10   Los cuatro estados o clases del Japón en la época medieval: los samurai o guerreros, campesinos, artesanos y comerciantes.

11   En este monte, hoy santuario Toshogu, se venera al primer Shogún de la familia Tokugawa, Ieyasu. Dice el poeta que «la discreción le hace dejar el tema» por tratarse de un antepasado de la familia del Shogún reinante.

12   Antes del viaje Sora se afeita el cráneo, a la manera de los bonzos budistas. Los dos viajeros llegan al monte Kuro Kami, que quiere decir Cabello Negro, justamente en la época de cambiar el hábito de primavera por el de verano.

13   Juego de palabras: Sora vive cerca de la casa del poeta y bajo su protección; Bashō, pseudónimo del poeta, también es el nombre de un árbol parecido al banano.

14   Transformado en peregrino, Sora escribe su nombre con signos

distintos y que poseen una significación religiosa aunque la pronunciación sea la misma.

15   La segunda línea alude a la época en que dan comienzo los ejercicios espirituales de verano de los bonzos, periodo de encierro total.

16   *Kasane:* quiere decir «doblar» o «doble».

17   Era un deporte marcial en que los guerreros competían en equitación y en habilidad del manejo de arcos, durante los siglos XII al XIV.

18   Tamamo-no-mae era la amante del emperador Konoe (1142-1155). Una noche la tierra tembló y se apagaron todas las luces del palacio; en la oscuridad se vio brotar un relámpago del cuerpo de la muchacha y desde esa noche enfermó gravemente el emperador. El adivinador imperial declaró que la culpable era Tamamo-no-mae: descubierta, la joven se convirtió en una zorra de pelo color de oro con nueve rabos y huyó a Nasu. Miura-nosuke-Yoshiaki fue nombrado Capitán de Cacerías y logró matar a la zorra color de oro, pero el espíritu de la hechicera se convirtió en una piedra dotada de una extraña propiedad: los insectos que la rozaban, morían.

19   Nasu-no-Yoichi fue un guerrero oriundo de ese lugar, contemporáneo de las luchas entre los clanes Taira y Minamoto (1156-1192). Yoichi pertenecía al ejercito mandado por el famoso Minamoto-no-Yoshitsune. En la batalla naval de Yashima se destacó de la escuadra de los Taira un barco en cuyo mástil se había atado un abanico, decorado con un dibujo del sol. En el barco iban sólo un remero y una mujer, lujosamente ataviada, en señal de burla y menosprecio. Yoshitsune ordenó a Yoichi tirar contra el abanico y derribarlo. Yoichi lo consiguió con un tiro, obteniendo la fama de ser un gran arquero. Los Taira fueron derrotados y así se inició una nueva época de la historia japonesa.

20   El fundador de la secta Shugen, el asceta En-no-Gyoya, recorrió el país a pie, predicando la doctrina y calzado con sandalias de madera *(guetas)*. La estatua de Gyoya, objeto del haikú de Bashō y de su plegaria, está calzada de inmensas guetas.

21   Buccho-Osho (1643-1715), monje y maestro *Zen*. Fue director espiritual de Bashō durante algunos años.

22   Un *shaku* equivale a 30.3 cm.

23   Diez Panoramas famosos del templo Ungan-ji.

24   La *Puerta de la Muerte del Gran Bonzo Myo* es la cueva donde meditó durante quince años Yuen-Miau (Myo en japonés), monje budista chino de la época Sung; la *Celda de Piedra* del maestro Houn es la celda de Fa-yun (Houn en japonés), monje chino del periodo Liang.

25 Véase la nota 18.

26 En la colección *Shinkokin* (antología de poemas *waka*, recopilada por orden imperial en el año de 1205), hay un poema del bonzo Saigyo (1118-1190) que dice:

> El sauce tiembla
> en el agua corriente.
> Bajo su sombra
> —rumores y reflejos—
> un momento reposo.

27 Alude al poema de Taira no Kanemori (?-990), poeta del periodo Heian, quien quedó muy impresionado al llegar a este paso de Shirakawa.

28 Alude al poema del maestro Noin:

> Dejé la capital
> con niebla de primavera;
> el viento del otoño
> sopla ahora aquí,
> en el paso de Shirakawa.

29 Alude al poema de Minamoto Yorimasa (1104-1180):

> En la capital
> vi los arces verdes;
> hoy veo caer
> rojeantes sus hojas:
> paso de Shirakawa.

30 Flor U: *Deutzia Scabra Thumb*. Se da también en México y es una planta parecida a la hortensia blanca.

31 Fujiwara no Kiyosuke (1100-1177), poeta y erudito. El viajero se viste de gala en homenaje al maestro Noim y a su poema sobre este lugar (véase nota 27).

32 La Laguna de los Reflejos está a 25 kilómetros del paso de Shirakawa. A principios del siglo XIII destierran a este lugar a un cortesano. Su mujer emprende el viaje desde la capital para unirse a él pero al llegar encuentra que lo han ejecutado y entonces se arroja al agua. Los reflejos de la laguna son los del espejo que llevaba en el pecho la suicida.

33   El paraíso de Buda, que se creía existía en dirección oeste.

34   Gyoki, gran bonzo de la época de Nara (668-749), famoso por las diversas obras civiles que emprendió con sus fieles. Fue encargado por el emperador Shomu de la colecta para la erección del gran Buda de Nara.

35   *Zizania Latifolia*, especie de avena local. Bashō confunde, según René Sieffert, esta planta con una variedad de iris que también se llama Katsumi. Es palabra que aparece con frecuencia en los poemas clásicos.

36   En la cueva de Kurozuka vivía un demonio llamado Adachigahara, famoso en la leyenda.

37   En Shinobu se fabricaban ciertos tejidos; para teñirlos se colocaban yerbas silvestres sobre una piedra y sobre ellas la tela; después, con otra piedra, se hacía presión hasta machacar las yerbas y lograr que los relieves quedasen impresos en la tela, formando desordenados y extraños dibujos. El método no es distinto al *frottage* de los pintores surrealistas, especialmente de Max Ernst. En la antigua poesía japonesa con frecuencia se compara el sentimiento del amor perdido —corazón destrozado— con el dibujo obtenido por las piedras impresoras, hecho de líneas rotas.

38   Consumada la derrota de los Taira, renace la discordia entre los dos hermanos Minamoto: Yoritomo y Yoshitsune. Yoritomo duda de la lealtad de su hermano menor; Yoshitsune huye y se hace fuerte en la tierra de Sato Shoji, su partidario y amigo, cuyos dos hijos habían dado la vida combatiendo por su señor. Sato Shoji también muere trágicamente, mostrando su lealtad.

39   Para consolar a su suegra —que se lamentaba de haber perdido a sus dos hijos y de no poder así contribuir a la causa de Yoshitsune— las viudas de Tsugunobu y Tadanobu se ponen los cascos y los yelmos de sus maridos, ya fallecidos, y le muestran que ellas pueden sustituirlos en los combates.

40   En China había una estela de piedra que conmemoraba las virtudes de Yang Mu (221-278), conocida como el Monumento de las Lágrimas.

41   Bonzo legendario famoso por su gran valor y su fidelidad a Yoshitsune, a quien desde joven siguió hasta morir. Ha sido protagonista en varias obras musicales y teatrales.

42   El día cinco del Quinto Mes es la Fiesta de los Varones. Las familias con niños tienen la costumbre de colocar muñecos vestidos de guerreros, yelmos y otros arreos bélicos en el salón principal de la casa, adornado con astas de banderas y grandes carpas de tela. La carpa, que nada contra la corriente, es símbolo del valor.

43   En japonés Ohkido, puertas de control construidas en las entradas de ciudades o señoríos en la época de Edo. Ésta es la entrada del Señorío

de Date, cuya gente tenía fama de ser extravagante o teatral en su atavío y modales.

44   Toh-no-Chujyo Sanekata (?-998), poeta de la época del emperador Ichijyo y comandante de la Guardia Imperial. Un día, encontrándose en el palacio, Sanekata discute sobre temas de poesía con el famoso poeta Fujiwara Kohsei; la discusión llega a mayores y Sanekata comete actos de violencia. El emperador lo destituye y lo destierra en Mutsu, la tierra de que tanto hablaban los poetas. La leyenda quiere que el poeta pase sin detenerse ante el templo del Dios de los Caminos; la divinidad, en castigo, lo fulmina.

45   El bonzo Saigyo (?-1190), a quien tantas veces alude Bashō y por el que sentía veneración, al pasar por estas tierras había visitado también la tumba de Toh-no-Chujyo Sanekata. Al ver unos juncos secos junto a la tumba, compuso este poema:

> Todavía erguidos,
> aunque de juncos
> sólo guarden el nombre,
> guardan el suyo:
> juncos del recuerdo.

46   Noin-Hoshi (988-?), religioso y poeta del periodo Heian. Su poesía ejerció influencia sobre la de Saigyo que, a su vez, influyó en Bashō. En dos ocasiones Noin visitó Takekuma y en su segunda visita, al no ver el célebre pino (pasaba por vivir mil años), escribió este poema:

> Del pino aquel
> ahora, en Takekuma,
> ni una traza.
> ¿Desde que vine habrán
> pasado ya mil años?

47   El día cinco de mayo, en la fiesta a que se alude en la nota 42, también se acostumbra adornar con hojas de lirio los tejados. Sus hojas tienen la virtud de alejar a los demonios. Por la noche la gente se baña en el agua en que se sumergen las hojas. La costumbre perdura todavía.

48   Hagi: *Lespedeza bicolor Turez.* Es una planta con flores purpúreas; florece en el otoño.

49   Asebi: *Pieris Japonica D., Don.* Arbusto que da flores blancas y es parecido al madroño del valle de México.

50   Poema anónimo de la antología *Kokinshu:*

> ¡Ea, los guardias!
> Decidle al amo
> que se ponga el sombrero:
> rocío en Miyagino,
> ¡chubasco y no rocío!

51   En una laguna que está en Tofu crecen unos juncos especiales. Los habitantes de este lugar tenían por costumbre tejer una estera que obsequiaban todos los años al señor de la región.

52   Buson, además de dibujar la estela, transcribe una explicación sobre ella, que no existe en el original de Bashō Los datos pueden haberse sacado de una antología de la época.

53   Ambos lugares son renombrados en poesía. La roca de Oki surgía de una charca cercana a las ruinas del castillo de Taga.

54   Alude a un poema del famoso poeta chino Po-Chü-i (772-846) que habla del amor entre el emperador Hsuan-Tsung y Yang Kuei-fei:

> Desearon ser, en el cielo,
> como el pájaro de dos cabezas;
> y en la tierra,
> como dos árboles que juntan sus ramas.

55   Alude a un viejo poema de autor desconocido:

> En Michino Oku
> todos los paisajes son hermosos,
> pero ninguno como el de Shiogama:
> en filas los barcos
> atados con sogas.

56   *Biwa:* instrumento musical de cuatro cuerdas, parecido a la guitarra. *Oku-Johruri:* suerte de cantar de juglares que cantan los bonzos en el norte.

57   Izumi Saburo, tercer hijo de Fujiwara Hidehira, murió a los 23 años en batalla contra su hermano Yasuhira, cuando éste atacaba Minamoto Yoshitsune.

58   Doteiko, en chino Dong-Ting-Hu, está en Hunan-Sheng. Seiko, en

chino Xihu, esta en Zhejiang-Sheng. Ambos son lagos mencionados con frecuencia en poesías chinas.

59 Sekkoh, en chino Zhejiang, actual Qiantang-Jiang, río famoso por
la marea en su desembocadura.

60 *Dios de Oyamazumi*: hijo de los dioses Izanami e Izanagi, y mitológico creador de las montañas.

61 Versión de la primera edición:

Aunque no sabía qué clase de gente realmente era aquélla, sentí afecto por
ellos y entre en una de las chozas. Mientras tanto, la luna se reflejaba en el
mar y el paisaje cambió.

62 Versión de la primera edición:

En Matsushima
pídele su plumaje a la grulla,
¡oh ruiseñor!

Los nombres japoneses de los pájaros referidos son tsuru y hototogisu.
Tsuru corresponde a grulla. El hototogisu (*Cuculus poliocephalus*) es muy
popular en el Oriente y lo mencionan con frecuencia los poetas. Por su parecido al ruiseñor *Luscinia megarhynchos*, puede llamarse «ruiseñor japonés».

63 Yamaguchi Sodo (1647-1716) poeta en *haikai*; Hara Anteki (se ignoran las fechas de su nacimiento y muerte), poeta en tanka; Sampu (véase
nota 1); Nakagawa Jyokushi (tampoco se saben las fechas de su nacimiento y
muerte), poeta y discípulo de Bashō.

64 *Kembutsu*: asceta de la época del emperador Toba (1107-1158) que
vivió mucho tiempo en Ojima.

65 El pino de Aneha es muy famoso por su hermosura y desde la
Antigüedad muchos poetas lo celebraron. Estaba cerca de la carretera de
Oou. El pequeño puente de Odae era de madera, arqueado y también fue
tema poético.

66 Ohtomo Yakamochi (718-745) que felicita en su poema al emperador Shomu (720-749), con motivo del primer hallazgo de oro en ese lugar:

Para honrar
la Era Imperial,
en el Este,

en un monte de Michinoku,
florece el oro.

Kinkazan quiere decir «Monte de las Flores de Oro».

67   Hidehira, penúltimo de los cuatro patriarcas de la familia Fujiwara que reinó sobre esa parte del Japón (Michino Oku) a mediados del siglo XII. La sede de los Fujiwara estaba en Hiraizumi, ciudad que pudo mantener su prosperidad —muchas veces comparada con la de Kioto— por haber guardado cierta neutralidad durante la lucha entre los Taira y los Minamoto. Cuando triunfan los últimos y estalla la pelea entre los dos hermanos, Yoshitsune, el menor, se refugia cerca de Yasuhira (1155-1189), el cuarto de la familia Fujiwara, que se había mostrado su amigo y partidario. Yasuhira, al ver que la suerte se inclinaba a favor de Yoritomo, traiciona a Yoshitsune y le da muerte en el castillo de Koromogawa, esperando así obtener la protección del vencedor. Yoritomo se limitó a comentar la traición con esta frase: «Demasiado tarde». Sus hombres arrasaron Hiraizumi, dando término a una grandeza que había durado siglos. «El esplendor de tres generaciones» se refiere a los tres primeros señores de la familia Fujiwara: Kiyohira, Motohira e Hidehira.

68   Alude a los que lucharon con Yoshitsune contra las fuerzas de Yasuhira.

69   Bashō parafrasea un conocido poema del poeta chino Tu Fu (712-770).

70   Kanefusa era un fiel servidor de Yoshitsune que, a pesar de su avanzada edad y de su cabello cano, luchó hasta el último momento. Al ver el fin de Yoshitsune, Kanefusa y su hermano se lanzan contra el enemigo y mueren.

71   Hikarido es el edificio principal del templo Chuson-ji y quiere decir «Templo de la Luz». Se le dio este nombre por sus muros decorados con oro.

72   Los libros budistas hablan de siete tesoros: oro, plata, nácar, ágata, esmeralda, perla y lapislázuli.

73   Versión de la primera edición:

Las lluvias de mayo
no te atacan ya,
Templo de Oro.

74   Alusión a un poema de Tu Fu.

75   Mercader de flores de carmín, cuyo nombre era Shimodaya Haciemon. Poeta.

76   *Kaiya:* criadero de gusanos de seda.

77   Flor carmín *(Beni):* planta de cuya flor se sacaba el colorete para las mujeres.

78   Las mujeres que se dedican a la crianza de los gusanos de seda no se arreglan el cabello ni se pintan los labios y visten ropas ordinarias. Al poeta le parece que esta sencillez o acaso el estilo de su ropa es semejante a la de los antiguos.

79   Jikaku, patriarca de la secta Tendai (?-864).

80   Mi traducción es tal vez demasiado libre. Antes había traducido así:

> Quietud:
> los cantos de la cigarra
> penetran en las rocas.

La de Donald Keene:

> Such stillness
> The cries of the cicadas
> Sink into the rocks.

La de Geoffrey Bownas y Anthony Thwaite:

> Silent and still: then
> Even sinking into the rocks,
> The cicada's screech.

La de René Sieffert:

> Ah le silence
> et vrillant le roc
> le cri des cigales

La de Earl Miner:

> In seclusion, silence.
> Shrilling into the mountain boulder
> The cicada's rasp.

La de Yuasa Nobuyuki:

> In the utter silence
> of a temple,
> a cicada's voice alone
> penetrates the rocks.

Procuraré justificar ahora mi versión. Bashō opone, sin oponerlos expresamente, lo material y lo inmaterial, lo silencioso y lo sonoro, lo visible y lo invisible, la quietud del campo frente a la agitación humana, la extrema dureza de la piedra y la fragilidad del canto de las cigarras. Doble movimiento: la conciencia intranquila del poeta se sosiega y aligera al fundirse en la inmovilidad del paisaje; el berbiquí sonoro de la cigarra penetra en la roca muda; lo agitado se calma y lo pétreo se abre; lo sonoro invisible (el chirriar del insecto) atraviesa lo visible silencioso (la roca). Todas estas oposiciones se resuelven, se funden, en una suerte de fijeza instantánea que dura lo que duran las diecisiete sílabas del poema y que se disipa como se disipan la cigarra, la roca, el paisaje y el poeta que escribe... Se me ocurrió que la palabra *tregua* —en lugar de quietud, sosiego, calma— acentúa el carácter instantáneo de la experiencia que evoca Bashō: momento de suspensión y armisticio lo mismo en el mundo natural que en la conciencia del poeta. Ese momento es silencioso y ese silencio es transparente: el chirrido de la cigarra se vuelve visible y traspasa a la roca. Así, la tregua es *de vidrio,* una materia que es el homólogo visual del silencio: las imágenes atraviesan la transparencia del vidrio como el sonido atraviesa al silencio. Creo que las dos otras líneas de mi versión se defienden solas...

81 He aquí la serie de poemas *(renga)* a que se refiere Bashō, traducidos de la versión inglesa de Donald Keene:

> Apacentado
> aguas del quinto mes
> hacia el mar, el Mogami.
>
> BASHŌ

> Los botecitos de los pescadores anudan
> sus luces de luciérnaga a la ribera.
>
> ICHIEI

Los campos de melones
aguardan a la luna
titubeante en el cielo.

SORA

A la salida del pueblo:
un sendero entre las zarzamoras.

SENSUI

82   Alude a un viejo poema anónimo que figura en la antología clásica *Kokinshu*:

Por el río Mogami
suben y bajan
las barcas de arroz:
no lo tomes por desdén,
sólo que este mes...

El poema gira sobre un juego de palabras, *arroz* y *desdén,* intraducible.

83   Versión de la primera edición:

Junta todas las lluvias de mayo
y se lanza rápido
el río Mogami.

84   *Los Ritos de Engi* es una obra en cincuenta volúmenes —escrita o fechada el año 967, época del emperador Daigo— en la que se consignan las ceremonias de la corte y se mencionan los santuarios del país.

85   El nombre de *Dewa* se escribe con dos caracteres: uno significa «salir» y el otro, «pluma». En el santuario del Monte Haguro se venera desde antiquísimos tiempos a una divinidad *(gongen)* de la religión *shinto*. Los budistas la han transformado en una encarnación de un bodhisattva.

86   En todo este párrafo, loa de la habilidad de los herreros japoneses tanto como de su piedad religiosa, Bashō los compara con los chinos. *La Fuente del Dragón*: Lung Sh'üan (en japonés Ryusen). Kansyo y Bakuya (Kan Chiang y Mo Yeh) pareja de forjadores chinos de la dinastía Wu.

87   La poesía de Gyoson (1057-1135) a que se refiere figura en la colección *Kinyoh* (1127). Cuando el bonzo Gyoson se entregaba a sus ejercicios religiosos, en las profundidades del monte Yoshino, escribió este poema:

> Haz como yo
> y compréndeme,
> cerezo silvestre:
> nadie me conozca,
> salvo tus flores.

88   *Ala Negra:* el monte Haguro.

89   *Monte Gassan:* Monte de la Luna. Una versión anterior:

> Entre los derrumbados
> picos de las nubes:
> el Monte de la Luna.

90   *Mangas mojadas:* se sobreentiende «con mis lágrimas».

91   En el camino al monte Yudono los peregrinos dejan caer monedas como ofrendas, y nadie las recoge. El poeta las pisa y se emociona.

92   Hay un juego de palabras entre *atsu*, «calor», y *fuku*, «sopla» (el viento).

93   Se dice que el bonzo Noin estuvo encerrado en esta isla durante tres años, entregado a la práctica de ejercicios espirituales.

94   El poema:

> Bahía Kisa:
> los cerezos en flor
> cubren las olas.
> Sobre las flores reman
> los barquitos pesqueros.

95   Emperatriz legendaria. Según las crónicas, esposa del emperador Chuai del siglo III y madre del emperador Oojin. Dominó con su esposo la rebelión de Kumaso; y, muerto su esposo, dirigió ella misma la expedición japonesa a Corea.

96   El poeta Su Tung-p'o (1036-1101) comparaba el paisaje del lago Si Hu con la belleza de una mujer de la época, Hsi-tzé (Seishi). Bashō, al contemplar la bahía de Kisagata, imagina el paisaje del lago Si Hu y recuerda el poema chino y a Seishi.

97   El nombre de Shiogoshi se escribe con dos caracteres: uno quiere decir «pasar»; el otro, «olas».

98   Sora se pregunta qué podrán comer las gentes el día del festival, en lugar tan pobre y aislado.

99   En las casas de los pueblos se usan tablas corredizas en lugar de puertas. Los pescadores toman el fresco sentados o tendidos sobre esas tablas, que quitan de su lugar y colocan en el suelo.

100   Se refiere a las águilas de mar. Otra versión:

> Nido del águila:
> juraron no mojarlo
> los oleajes.

101   El día siete del Séptimo Mes es la Fiesta de las Estrellas. Según la leyenda, en este día se juntan dos estrellas enamoradas que se sitúan en ambas orillas del Río del Cielo (Vía Láctea).

102   La isla es la de Sado. Versión de la primera edición:

> Mar brava
> Hacia la isla de Sado
> se tiende la Vía Láctea.

103   La luna simboliza al poeta-monje y el ramo de tréboles a las cortesanas. Otra versión:

> Monje y rameras
> alberga el mismo techo:
> trébol y luna.

104   *Ariso Umi*: el mar furioso. Ofrezco otras tres versiones, otras tres aproximaciones:

> Entro en el aroma
> precoz del arrozal.
> Ariso al lado.
>
> —
>
> Ando entre el precoz
> aroma del arrozal
> y el mar colérico.
>
> —
>
> Entre el aroma
> precoz del arrozal
> y el mar colérico...

105 Saito Sanemori fue un guerrero del clan Minamoto. Al ser derrotado Minamoto Yoshitomo por Taira Munemori, pasó al clan Taira. Al comenzar la lucha contra Minamoto Yoshinaka, Sanemori, que entonces contaba setenta y tres años de edad, luchó bajo las órdenes de Taira Koremori. Para él este combate, librado en las cercanías de Kanazawa, sería el último. Los guerreros de Minamoto vieron, extrañados, que el cadáver tenía cabello negro y no las canas que lucía en vida. Para asegurarse de que realmente era el cadáver de Sanemori, lavaron la cabeza y descubrieron que se había teñido el pelo: el viejo soldado encontraba indecoroso morir tardíamente y con el cabello blanco. Los guerreros de esa época frecuentemente perfumaban su yelmo, para impedir o atenuar el hedor que despedirían sus cadáveres. Mostraban así que no pensaban regresar con vida.

106 Higuchi Jiro, uno de los cuatro generales de Minamoto Yoshinaka, fue el que mató a Sanemori.

107 Bodhisattva de la misericordia —concebido popular y generalmente en forma femenina. En chino: Kuan Ying.

108 Emperador Kazan (968-1008). A los dos años de reinado, se hizo monje budista. Hombre de letras y poeta. Hizo varias peregrinaciones.

109 Peregrinación a los treinta y tres templos del Oeste dedicados a Kannon. Es aun hoy día popular junto con la peregrinación a los ochenta y ocho templos de Shikoku. Se cree que comenzó en la época de Heian (siglo XII).

110 En Oriente el crisantemo ha sido siempre símbolo de larga vida y en China se bebía un licor de crisantemos el día 9 de septiembre.

111 Teishitsu de Kioto (1571-1653). Discípulo de Matsunaga Teitaku y poeta de nombradía.

112 Los peregrinos budistas llevaban ropas blancas y sombreros de paja. En el sombrero, una inscripción decía: «Somos dos», alusión al acompañante imaginario que es el Santo Kobo Daishi (véase nota 9).

Versión de la primera edición:

Desde hoy el rocío
borrará tu nombre
de mi sombrero.

113 En el cabo de Hamasaki, orilla opuesta de Yoshizaki, había unas decenas de pinos. Por su hermosura ha servido varias veces de tema poético.

114 El bonzo Dohgen (1200-1253), hijo de un gran noble, tomó las

órdenes a los catorce años: a los veinticuatro salió para China y a su regreso fundó ese templo. Dicen que escogió un lugar parecido a aquel en donde hizo sus estudios y por eso el santuario se encuentra tan alejado de la capital.

115 *Yugao: Lagenaria Vulgaris Ser;* tiene una flor parecida a la que en México llaman «campanera». *Hechima: Lugga Cylindrica Roem;* en México: «estropajo». *Keito: Celosía Cristata L.;* en México: «manto». *Hahakigi: Kochia Seoparia Schrad;* sus tallos se usaban como escobas.

116 Según las crónicas, decimocuarto emperador (192-200), esposo de la emperatriz Jingu.

117 La playa se llamaba, por sus famosas conchas de color, Iro no hama («playa de los colores»). Hay un poema de Saigyo sobre ellas.

118 Suma es un paisaje marítimo cercano a Kobe, citado en la literatura antigua como un lugar triste.

119 Todos los nombres que aparecen en este párrafo son de discípulos de Bashō.

120 Desde el siglo IX ha existido la costumbre de reconstruir cada veinte años los cuatro santuarios más importantes del Japón, siendo Ise el principal de ellos.

121 El original del poema es como sigue:

> *Hamagurino*
> *Futamini wakare*
> *Yuku akizo.*

Hamagurino quiere decir «de la almeja». *Futamini:* «dos partes» o sea «dos valvas». Pero Futami es asimismo el nombre de la bahía a que Bashō se dirige.

Créditos de las imágenes

EL MONO GRAMÁTICO

Palacio de Galta, siglo XVIII. Foto de Eusebio Rojas. Archivo de Marie José Paz.

La nayika, encarnación del amor en todas las criaturas, *ca.* 1780, Rajastán. Archivo del autor.

Observatorio de Jain Singh II, Jaipur, siglo XVIII. Foto de Octavio Paz. Archivo de Marie José Paz.

Un sadhu en Galta. Foto de Eusebio Rojas. Archivo de Marie José Paz.

Hanuman, siglo XVIII, Rajastán, Archivo del autor.

The Fairy Feller's Master-Stroke, Richard Dadd, óleo sobre tela, 1855-1864, 54.0 x 39.4 cm. Tate Gallery, Londres. Foto:Tate, London / Art Resource, NY.

Studies in Perception I [Desnudo], Leon Harmon (artista) y Ken Knowlton Ken (ingeniero), impresión láser, 1997. V&A Museum, Londres. Proporcionada por American Friends of the V&A, cortesía de Patric Prince.

Palacio de Galta, siglo XVIII. Foto de Eusebio Rojas. Archivo de Marie José Paz.

FIGURAS Y FIGURACIONES

Imágenes de las cajas-collage de Marie José Paz, cortesía de Círculo de Lectores, Barcelona.

Índice de títulos de poemas y primeros versos

A caballo en el campo (Matsuo Bashō).......................... 1135

A Elsie (W. C. Williams) 914

A la cajita le nace el primer diente (Popa) 980

A la dolorosa luz de las grandes lámparas eléctricas de la fábrica
(Pessoa) 1001

A la española el día entra pisando fuerte 124

A la luz cenicienta del recuerdo 80

A la luz poca (Reize Tamehide)................................ 1133

A la mitad de esta frase 543

A la orilla... 119

A la orilla (Strand)... 966

A la orilla de este río (Pessoa)................................. 1018

A la orilla, de mí ya desprendido 69

A la orilla del río (Tu Fu).................................... 1104

A las diez de la noche en el Café de Inglaterra 303

A las tres en punto don Pedro llegaba [...].................... 167

A las tres y veinte como a las nueve y cuarenta y cuatro [...] 145

A manera de canción (W. C. Williams)........................ 924

A mi izquierda el verano despliega [...]....................... 194

A pesar de mi torpor [...] 174

A pesar de todo (cummings)................................. 908

A Pi-Su-Yao (Tu Fu) 1104

¿A qué comparo (Manzei) 1126

¿A qué hablar de mí? (Bosquet) 883

A qué se pareció (Tomlinson)............................... 954

A su esquiva amante (Marvell) 900

A tientas, me adentro [...] 180

A través... 322

A través de la noche urbana de piedra y sequía 119

A un retrato 99

A veces la poesía es el vértigo de los cuerpos y el vértigo de la
    dicha y el vértigo de la muerte 601

A vista de pájaro 527

Abre simas en todo lo creado 67

Abro la ventana 529

Absentia animi (Ekelöf) 1039

Acertijo 610

Acontecimiento (Tomlinson) 959

Acribillada por la luz 406

Acróstico 565

Adelantas la pierna 307

Adelante de Rishikesh 413

Adiós a la casa 75

Adiós a Van Gogh (Tomlinson) 953

Adiós a Yüan, enviado a Ans-Hsi (Wang Wei) 1099

Adivinanza en forma de octágono 537

Admira el arte del arquero (anónimo) 1061

Admirable (Matsuo Bashō) 1138

Agonizante (Masaoka Shiki) 1143

Agua extendida centelleas 320

Agua nocturna 117

Agua y tierra en ti combatían 277

Agua y viento 320

Aguas petrificadas 139

¿Águila o sol? 145

¡Ah de la vida! ¿Nadie me responde? 731

Ah Dios qué linda la guerra (Apollinaire) 847

¡Ah, el mendigo! (Enamoto Kikaku) 1139

Ah, si me vuelvo (Masaoka Shiki) 1143

Ahora, después de los años [...] 148

Aislada en su esplendor 134

Al álamo (Lundkvist) 1033

Al alba busca su nombre lo naciente 122

Al alba dejo Poi-ti, alto entre arreboles (Li Po) 1100

Al cabo de tanta vigilia [...] 182

Al comenzar la mañana 727

Al confín 306

Al debate de las avispas 353

Al despertar del sueño de la vida (Pessoa) 1025

Al encontrar de nuevo, con otro ánimo (Tomlinson) 958

Al fin del camino [...] 512

al fondo (W. C. Williams)................................. 923

Al Fuji subes (Kobayashi Issa) 1142

Al lado de la cama (¿Vikatanitamba? ¿Amaru?)............. 1063

Al letrado Wei Pa (Tu Fu) [...] 1103

Al llegar a mi casa [...]................................. 175

Al mirarme... 536

Al muelle aquel derrengado (Bishop) 946

Al natural, en cápsulas, abiertas 273

Al norte del Gobi (Fan Kh'i) 1121

Al pie de las sublimes esculturas........................ 415

Al pintor Swaminathan 354

Al prefecto Chang (Wang Wei)........................... 1098

Al sur del río Kouan [...] (Lieu Tsang-Yeu).............. 1095

Al volante del Chevrolet por la carretera de Sintra (Pessoa) 1015

Al vuelo (1) 605

Al vuelo (2) 611

Alameda 24

Alba 605

Alba de invierno (Tu Fu) 1102

Alba última 327

Alcé la cara al cielo.................................... 144

Alfonso de Albuquerque (Pessoa) 1022

Alguien acaba de irse (Reverdy) 858

Aliento (Strand) 964

Allá... 558

Allá, donde terminan las fronteras, los caminos se borran [...] .. 21

Allá, ¿ves allá el monumento? Es de madera (Bishop)........... 944

Alquimia sobre la página................................. 565

Alta columna de latidos 315

Alta grande joven (W. C. Williams)....................... 922

Altos muros del agua, torres altas 66

Amanece. El reloj canta................................. 54

Amanecemos piedras...................................... 86

Amarillo y espliego (W. C. Williams) 920

Amarre nocturno (Li Po) 1100

Amistad 283

Amo al día en nuestros cuatro ojos (Lindegren) 1047

Amor (anónimo) 1061

Amor constante más allá de la muerte (Francisco de Quevedo) .. 293

Amor es más espeso que olvidar (cummings) 908

Amor mío no hay nada de lo que amamos (Schehadé)............. 879

Analfabeto 144

Andando por la luz... 307

Ando y ando (Kawai Sora)..................................... 1139

Animación.. 139

Anoche, por el vino, me despeiné ya tarde (Li Ch'ing-Chao) 1121

Anoche un fresno... 385

Ante el monte Ching-t'ing (Li Po).......................... 1101

Ante este blanco (Yosa Buson) 1140

Ante la puerta 144

Ante todo el arte de no (Martinson) 1031

Ante todos me planto un hombre en sus cabales *(Apollinaire)*.. 853

Antes de dormir 158

Antes de entrar en mi celda (Apollinaire) 844

Antes de irme (Matsuo Bashō)................................. 1138

Antes del comienzo... 667

Año del tigre (Matsunaga Teitoku)............................ 1133

Aparece.. 131

Aparece, reaparece [...] 500

Aparecen, desaparecen, vuelven [...] 726

Aparición 190

Aparición en el arroyo (anónimo)........................... 1061

Apenas entramos me sentí asfixiada [...] 176

Apoteosis de Dupleix 368

Apremio.. 308

Apunte (Pessoa) 1013

Apuntes del insomnio 54

Apuro del taxidermista...................................... 360

Aquel año (Bosquet) 883

Aquel que piensa y no habla (Schehadé) 880

Aquella luna (Ariwara no Narihira) 1126

Aquí 273

Aquí 714

Aquí duerme mi anciana madre (Rudrata) 1065

Aquí, frente al mar latino 612

Aquí los antiguos recibían al fuego 124

Árbol adentro 665

Árbol en flor (Yosa Buson) 1140

Árboles cargados de pájaros 351

Arcos 42

Ardan todas las voces 29

Arde el sol, arde (Matsuo Bashō) 1137

Ardua pero plausible, la pintura 653

Arioso (Lindegren) 1046

Armados de sus reglas y preceptos (Bavabhuti) 1068

Arquitecturas instantáneas 614

Arrabal (*Ekelöf*) 1042

Arriba al silencio el verde (cummings) 907

Arriba el agua 395

Arriba Shen y Shang giran sin encontrarse (Tu Fu) 1103

Arriba y abajo (Bilhana) 1064

Artemisa (Nerval) 839

Ascensión (Wang Wei) 1099

Asfódelo (W. C. Williams) 930

Así como del fondo de la música 50

Asir (Supervielle) 855

Asir, asir la noche, la manzana y la estatua (Supervielle) 855

Aspiración 295

Atrás de la memoria 72

Atrás de la memoria, en ese limbo 72

Atrás el cielo 64

Atravesó los ríos del deseo (anónimo) 1066

Augurios 273

Aunque es de noche 627

Aunque la nieve caiga en racimos maduros 130

Ayer en la tarde un hombre de ciudades (Pessoa) 986

Bahía de Iwami (Kakinomoto Hitomaro) 1125

Baja 536

Bajo del cielo fiel Junio corría 26

Bajo el puente pasa el Sena (Apollinaire) 842
Bajo el sol impiadoso (anónimo) 1067
Bajo el techo alto y claro (Ivask)........................... 962
Bajo la lluvia de los tambores............................... 389
Bajo la nieve todavía (Sogi Shohaku y Socho)................ 752
Bajo las abiertas campánulas (Matsuo Bashō)................ 1135
Bajo las rotas columnas.................................... 23
Bajo leve tutela (Pessoa) 1000
Bajo mis ojos te extendías................................. 672
Bajo tu clara sombra 31
Bajo tu clara sombra....................................... 31
Bajo un mismo techo (Matsuo Bashō) 1137
Bajo un sol inflexible 648
Ballestería (Chuang-tse) 1086
Bashō An 603
Bastante metafísica hay en no pensar en nada (Pessoa) 683
Begonias (Su Tung-P'o) 1111
Bella y parecida (Éluard) 865
Biografía... 143
Blanco 425
Blanco el palacio 355
Blanda invasión de alas es la noche 37
Blasón: dos agujas de gancho............................... 708
Bramar de motores 267
Brindis 630
Bronce (Amory)... 890
Bueno, dijo el joven (Parker).............................. 941
Cabeza de ángel.. 176
Cabeza de bacalao (W. C. Williams) 920
Cabeza tajada con un hacha (Tomlinson) 955
Cada vez que lo lanza...................................... 141
Cae el carbón (Oshima Ryota).............................. 1141
Caída (Gimferrer).. 896
Caído en el viaje (Matsuo Bashō) 1138
Calendario.. 140
Callos a la portuguesa (Pessoa) 1014
Calma.. 606
Calma.. 692

Caminas adentro de ti mismo y el tenue reflejo serpeante que
 te conduce 661
Campana vacía (Reverdy) 860
Campanas en la noche 143
Campeona (Vira)... 1066
Canción de Long-Si (Tch'en T'ao) 1109
Canción desentonada 668
Cansados de buscar en vano [...] (Chuang-tse) 1078
Canta en la punta del pino 57
Cantan las hojas 58
Cantan los pájaros, cantan 56
Canto CXVI (Pound) 903
Cara al mar se despliega 368
Cara al tiempo... 556
Carne abierta, en mí se leía (Bosquet)........................ 883
Carpas (Apollinaire) 849
Carpas en el quieto estanque (Apollinaire) 849
Carranca acerba (Matsuo Bashō) 1134
Carta a dos desconocidas 166
Carta a León Felipe 391
Carta a Raja Rao (Milosz)................................... 968
Carta de creencia 679
Castillo en el aire 189
Causalidad (Chuang-tse)...................................... 1086
Caza real... 360
Cementerio (Martinson)....................................... 1029
Cenagoso noviembre 328
Centinela (Apollinaire) 850
Central Park... 657
Cerca del cabo Comorín 366
Cerezos: nubes (Matsuo Bashō) 1135
Cerrar podrá mis ojos la postrera (Francisco de Quevedo) 293
Cerro de la Estrella... 124
Certeza 283
Cézanne en Aix (Tomlinson) 961
Chang-Yong (Hsi K'ang)....................................... 1090
Chorro de luz: un pájaro....................................... 677
Chuang-tse agonizaba [...] (Chuang-tse) 1086

Chuang-tse paseaba por las orillas del río Pu [...] (Chuang-tse) 1083

Cielo 70

Cielo que gira y nube no asentada 26

Cielos de fin de mundo. Son las cinco 296

Cierra los ojos y a obscuras piérdete 120

Ciertas tardes me salen al paso presencias insólitas [...] 189

Cifra 700

Cima de la peña (Mukai Kyorai) 1139

Cima y gravedad 413

5 pequeñas abominaciones 381

Cincuenta años cumplidos y pasados (Yeats) 902

Civilización (Yüan Chieh) 1106

Clavados en la pared, el signo Ruiseñor (Gimferrer) 896

Clotilde (Apollinaire) 843

Clown (Michaux) 872

Cochin 367

Comienzo y recomienzo [...] 145

Como el aire 527

Como el clavel sobre su vara 58

Como el día que madura de hora en hora hasta no ser sino un
    instante inmenso 132

Como estos lagos que dan tanta pena (Schehadé) 878

Como juega el tiempo con nosotros 629

Como la enredadera de mil manos 127

Como la marejada verde de marzo en el campo 137

Como las piedras del Principio 129

Como quien oye llover 675

Como surge del mar, entre las olas 40

Como tras de sí misma va esta línea 659

Como un dolor que avanza y se abre paso [...] 154

Como una leona echada 372

Como una madre demasiado amorosa, una madre terrible que
    ahoga 207

Como una música resucitada 640

Complementarios 320

Con la lengua cortada 311

Con la niebla en los tilos llega el olor de manzanas (Gimferrer) 895

Con los ojos cerrados 405

Con los ojos cerrados 405

con su manojo de maravillas (W. C. Williams)................. 938

Con un trapo y un cuchillo 354

Con un trozo de carbón 312

Con una sola caricia (Éluard) 866

Concierto en el jardín. Vina y mridangam 389

Concorde 395

Confidencia: confusión (¿Vikatanitamba? ¿Amaru?) 1063

Confucio dijo a Lao-tse [...] (Chuang-tse) 1080

Consagración de un pedazo de tierra (W. C. Williams) 911

Conscriptos USA 73

Constelación corporal 710

Constelación de virgo 612

Construimos el canal 378

Contemplo lo que no veo (Pessoa) 1020

Contigo 406

Contra el agua, días de fuego................................... 140

Contra la noche (Hattori Ransetsu) 1139

Contra la noche sin cuerpo 311

Conversación en un bar... 73

Conversar.. 638

Cordillera de Chungnan: desde la capital (Wang Wei).......... 1099

Coronado de sí el día extiende sus plumas...................... 198

Corre y se demora en mi frente 308

Corté una brizna de brezo (Apollinaire)......................... 846

Cosante 311

Creció en mi frente un árbol.................................... 665

Crepúsculos de la ciudad....................................... 68

Cresta de ola (Emperador Uda) 1127

Criatura de viento, remolino de espuma......................... 696

Cruz con sol y luna pintados................................... 140

Cuando Confucio fue al oeste [...] (Chuang-tse) 1079

Cuando dejé aquel mar, una ola [...]............................ 161

Cuando el viejo Chang-Yong estaba a punto de morir [...]
   (Hsi K'ang) 1090

Cuando los veas (Strand) 964

Cuando sobre el papel la pluma escribe......................... 71

¿Cuándo veré de nuevo, firmes, plenos, tus muslos (Kishitisa).. 1064

Cuando Yu-k'o pinta (Su Tung-P'o)........................ 1114

Cuando Yu-k'o pinta bambúes (Su Tung-P'o) 1114

cuánto (W. C. Williams)................................... 917

Cuarteto 606

Cuarto de hotel 80

Cuatro chopos 659

Cuchillo (Bosquet) 886

Cuento de dos jardines 416

Cuento de un cuento (Popa) 977

Cuento popular sueco (Martinson) 1030

Cuernos de caza (Apollinaire) 846

Cuerpo a la vista....................................... 116

Custodia 415

Dafne, ¿tú la conoces, esa antigua romanza (Nerval) 838

Dafne, ¿tú la recuerdas, la canción repetida (Nerval) 838

Dales la vuelta 65

Dama 143

Dama de noche (Yosa Buson) 1140

Dama huasteca 191

Dans l'une des banlieues de l'absolu 382

De esta manera o de la otra (Pessoa) 988

De humor airoso (Lundkvist) 1035

De la más alta ventana de mi casa (Pessoa) 989

De la negrura (Izumi Shikibu) 1130

De pie, sobre los países conquistados (Pessoa)............ 1022

¿De qué cielo caído....................................... 39

De todo lo que he dicho de *mí* ¿qué queda? (Éluard)...... 867

Débil viento entre juncos y espadañas. ¿Llueve? (Su Tung-P'o).. 1111

Debo hacer un esfuerzo [...] 476

Decir: hacer 602

Deja que una vez más te nombre, tierra 34

Déjeme, sí, déjame, dios o ángel, demonio 63

Del asfódelo, flor aún verde (W. C. Williams)............. 930

Del pino aquel (el monje Noin) 1131

Del verdecido júbilo del cielo............................ 25

Délfica (Nerval) 838

Delgada y sinuosa... 359

Delicia... 40

Dentro de un sueño estaba emparedado 639

Desarzonados, caen los huesos de las águilas (Gimferrer)....... 896

Desde el principio la gitana (Apollinaire) 843

Desde la baja maleza que me ahoga [...] 194

Desde la ventana de un dudoso edificio oscilando sobre arenas
    movedizas... 566

Desmonto. Mientras bebemos vino (Wang Wei).............. 1098

Despedida (Wang Wei).. 1098

Desperté, cubierto de sudor [...] 156

Despliegan sus mantos [...] 191

Después (Martinson)... 1029

Después de J.C. (Somlyó) 971

Después de la batalla de Helgoland (Martinson) 1029

Después de la lluvia (Tu Fu) 1105

Después que me haya ido (Tomlinson) 955

Destino de poeta 49

Devora el sol final restos ya inciertos 68

Día... 39

Dices: tú eres algo más (Pessoa) 991

Dichas o escritas, las palabras avanzan [...] 520

Diez años: cada día más lejos (Su Tung-P'o) 1112

Diez líneas para Antoni Tàpies 653

Difícilmente, avanzando milímetros por año [...] 154

Diluvio de soles... 309

Dios insaciable que mi insomnio alimenta 101

Dios que surge de una orquídea de barro.................... 140

Diosa azteca... 140

Discor 326

Disipa el día (Éluard) 865

Disonancia... 144

Disparo 275

Dístico y variaciones 609

Doblo la página del día 322

Domingo en la isla de Elefanta............................. 415

Don Juan Segundo (Pessoa) 1022

Dónde sin quién.. 390

Dormía, en mí pequeño cuarto de roedor civilizado............ 105

Dos cuerpos 51

Dos cuerpos frente a frente 51

Dos en uno 536

Dos monarcas hermanos, iguales en nobleza (Bhavakadevi)..... 1063

Dos sonetos de «La Tumba de Cristián Rosencreutz» (Pessoa)... 1025

Duermevela 54

Duermo. ¿Regreso o espero? (Pessoa)......................... 1024

Duración 314

Echado en la cama [...] 147

Ecuación (anónimo) 1063

Edad (Dharmakirti)... 1065

Edades de fuego y de aire 123

Efectos del bautismo 367

Eje 414

Ejemplo 604

Ejercicio de tiro 728

Ejercicio preparatorio 641

El adiós (Apollinaire) 846

El adiós del jinete (Apollinaire) 847

El agua horada la piedra 613

El álamo (Lundkvist) 1033

El amor la poesía (Éluard) 866

El aniversario (Donne)..................................... 898

El Año Nuevo (Hattori Ransetsu)............................. 1140

El ausente 101

El azul estaba inmovilizado entre el rojo y el negro......... 650

El balcón 347

El caballo aplaude (Bosquet) 885

El camino es escritura [...]................................. 516

El camino sin nombre 658

El cántaro roto 217

El caracol estrellado (Popa) 978

El caserío anidó en el acantilado (Wang Wei)................. 1099

El ciervo (Lieu Tsang-Yeu) 1094

El ciprés (Lundkvist) 1034

El ciprés (Lundkvist) 1034

El claro viento —¿qué es? (Su Tung-P'o) 1110

El corazón y su redoble iracundo 271

El cristal hendido: abierto (Tomlinson) 955

El cuchillo 52

El cuchillo es un pájaro de yelo 52

El cuerpo de Esplendor [...] 522

El de sus puras uñas ónix, alto en ofrenda (Mallarmé).......... 841

El descenso (W. C. Williams) 924

El descenso nos llama (W C. Williams) 924

El desconocido 103

El desdichado (Nerval) 836

El deseo la empuja hacia el encuentro (Kalidasa) 1062

El día abre la mano 122

El día despliega su cuerpo transparente [...] 193

El día en Udaipur 355

El día es corto 668

El *dragón y la nube* (Han Yü)............................... 1092

El enorme perro abrió los ojos 669

El ermitaño y el sabio Hiu Yeou (Hsi K'ang) 1090

El espejo de un instante (Éluard) 865

El fin de marzo, Duxbury (Bishop).......................... 950

El fuego de cada día 527

El fuego móvil del campamento (Apollinaire) 846

El gato (W. C. Williams)..................................... 922

El gato sueña y ronronea en la penumbra [...] (Breton) 870

El gorrión (W. C. Williams) 926

El grito, el pico, el diente, los aullidos 143

El horizonte se inclina (Reverdy)............................ 859

El hormiguero hace erupción [...] 183

El imperio se ha roto, quedan montes y ríos (Tu Fu) 1102

El infante Don Enrique (Pessoa) 1022

El invierno desciende (W. C. Williams) 917

El joven Hassan 367

El kiosco y el riachuelo (Li Ch'ing-Chao) 1119

El libro.. 382

El mar, el mar y tú, plural espejo 25

El mar ya obscuro (Matsuo Bashō) 1135

El mausoleo de Humayún 353

El mediodía alza en vilo al mundo 203

El miraje marino (Su Tung-P'o) 1113

El mismo tiempo 285

El misterio de las cosas, ¿dónde está? (Pessoa)   987
El mono gramático   461
El monumento (Bishop)   944
¿El mundo (anónimo)   1128
El mundo cabe   603
El muro al sol respira, vibra, ondula.   142
El muro tenía una longitud [...]   502
El músico de Saint-Merry (Apollinaire)   850
El niño ciego (Enamoto Kikaku)   1139
El nombre   415
El nombre es leve (Matsuo Bashō)   1137
El otro   359
El otro mundo (Popa)   979
El pájaro   49
El pedagogo (anónimo)   1066
El pico del ave solar abre el corazón del espacio   308
El prado (Lindegren)   1047
El premio (Milosz)   970
El presente es perpetuo   399
El prisionero (D. A. F. de Sade)   112
El puente   317
El puente de Mirabeau (Apollinaire)   842
El ramo azul   156
El río   214
El río me trajo su carta [...] (Amory)   887
El ritmo vital (Chuang-tse)   1085
El rizo (Apollinaire).   848
El roble (Lundkvist).   1033
El *romavali*, tallo firme, sostiene (anónimo)   1064
El salto de la ola.   396
El santuario de la cumbre (Li Po)   1101
El sauce tiembla (El monje Saigyo)   1132
El sediento   53
El sello (Kishitisa)   1064
El sitiado   194
El sol dentro del día   534
El sol entre los follajes   24
El sol es tiempo   141

El sol marcha sobre huesos ateridos (Paz, Roubaud, Sanguineti y Tomlinson). 760

El sol reposa sobre las copas de los castaños 110

El sol te doraba la cabeza rubia (Pessoa) 1024

El surrealismo ha sido la manzana de fuego en el árbol de la sintaxis 623

El Tajo es más bello que el río que corre por mi pueblo (Pessoa) 985

El tallo (anónimo) 1064

El término (W. C. Williams) 923

El tordo (W. C. Williams) 939

El trueno anda por el llano 405

El último baile (Popa) 978

El valor de la vida (Chuang-tse) 1085

El vapor que exhala el dragón [...] (Han Yü) 1092

El viento 352

El viento cede (Li Ch'ing-Chao) 1120

El viento despierta 61

Elegía a un compañero muerto en el frente de Aragón 93

Elegía: antes de acostarse (Donne) 897

Elegía interrumpida 81

Ella cierra los ojos y en su adentro 108

Ella no sabe armar lazos (Éluard) 866

Elogio 132

Elogio del vino (Lieu Ling) 1091

En celebración (Strand) 967

En defensa de Pirrón 611

En duermevela oigo correr entre bultos adormilados y ceñudos un incesante río 212

En el árbol del día. 140

En el arrabal infinito (Ekelöf) 1042

En el azul idéntico 55

En el azul unánime 355

En el bar del British Club 369

En el espacio 274

En el fin del mundo, frente a un paisaje [...] 193

En el jardín donde crecen (Apollinaire) 843

En el muro cuarteado [...] 513

En el muro de la terraza [...] 493

En el patio un pájaro pía 284
En el silencio transparente 49
En esa cara (Kobayashi Issa) 1141
En filas ordenadas regresamos 78
En hojas sueltas 552
En la bruma tibia de un aliento de muchacha encontré mi lugar
    (Michaux) 873
En la calzada 110
En la colina (Ono no Komachi) 1129
En la ermita del Parque de los Venados (Wang Wei) 1099
En la montaña negra 316
En la prisión (Apollinaire) 844
En la ruta de San Romano (Breton) 869
En la teosofía de la luz (Po Chü-i) 1107
En la tormenta (Tu Fu) 1102
En las montañas Nilgiri 364
En las pausas solemnes (Pessoa) 1024
En lo negro, en la noche estará su memoria (Michaux) 874
En los jardines de los Lodi 355
En los vericuetos del camino [...] 511
En Mallorca 612
En mi cuerpo tú buscas al monte 320
En Mixcoac, pueblo de labios quemados [...] 187
En otoño (Ekelöf) 1039
En otro tiempo (Ekelöf) 1043
En San Juan de los Lagos 630
En Shadyside (Amory) 889
En su juventud Lao-Tse amaba los viajes [...] (Chuang-tse) 1083
En su lecho de muerte (Chuang-tse) 1086
En su tallo de calor se balancea 130
En su trono, entre el brillo de las esferas (Pessoa) 1022
En tiempos del emperador Yao [...] (Hsi K'ang) 1090
En un campo (Strand) 964
En un cementerio de corbatas 612
En un Land-Rover averiado 366
En un poema leo 638
En un rincón del salón crepuscular 132
En Uxmal 141

En viveros y en estanques (Apollinaire) 849
En Wei. Lluvia ligera moja el polvo ligero (Wang Wei) 1099
Encontré (Ammons) 963
Encuentro 175
Engendros ataviados me sonríen [...] 181
Enigma 704
Enigma (Amory) 889
Enorme y sólida 530
Entierro a mi madre (Popa) 978
Entrada en materia 267
Entre (Tomlinson) 960
Entre ahora y ahora 317
Entre el moral que amarillea (Tu Fu) 1103
Entre irse y quedarse 615
Entre irse y quedarse duda el día 615
Entre la nieve y el terrón fusco 561
Entre la noche y el día 679
Entre la piedra y la flor 86
Entre la tarde que se obstina 285
Entre las nubes (anónimo) 1128
Entre lo que veo y digo 602
Entre los brazos de esta cruz 140
Entre los pétalos de arcilla 140
Entre montañas áridas 43
Entre muros (W. C. Williams) 923
Entre nenúfares (Ekelöf) 1045
Entro y cierro la ventana (Pessoa) 900
Epitafio de Bartolomeu Díaz (Pessoa) 1023
Epitafio de un dandy 612
Epitafio de una vieja 361
Epitafio para un poeta 59
Epitafio sobre ninguna piedra 641
Eralabán 181
Es el secreto mediodía 46
Es en la madrugada 75
Es grande el cielo 606
Es la hora esperada 283
Es placer la roca (Strand) 966

Es primavera (Matsuo Bashō) 1135

Es primavera en las montañas (Tu Fu) 1101

¿Es sueño (Ono no Komachi)............................... 1130

Es una calle larga y silenciosa 79

Escoltado por memorias tercas [...]......................... 189

Escribí un prólogo a lo que iba a decir (Ekelöf) 1045

Escribo sobre la mesa crepuscular [...] 149

Escrito al margen del poema (Bosquet)...................... 881

Escrito con tinta verde.................................... 118

Escrito en el muro de la ermita de Chang (Tu Fu) 1101

Escrito en un libro abandonado en un tren (Pessoa)............ 1016

Escritura 395

Esos niños que cantan en piedra un (cummings) 909

Espacios... 390

Espacioso cielo de verano................................. 127

Espejo... 62

Espejo de octubre (Ekelöf) 1043

Espesura indescifrable de líneas [...] 480

Espiración... 296

Espiral 58

Ésta es la casa de los locos (Bishop) 947

Ésta es tu sangre.. 30

Esta noche he invocado a todas las potencias [...] 184

Estaba en Nápoles y escribía a su gente (Stevens) 906

Estamos siempre juntos (Lindegren) 1046

Estas letras y líneas sinuosas 702

Estás sentado en una silla, nada te toca, sientes (Strand)........ 967

Este camino (Matsuo Bashō) 1138

Este gorrión (W. C. Williams) 926

Este lado 614

Este pedazo de tierra (W. C. Williams) 911

Esthétique du mal (Stevens) 906

Esto y esto y esto 623

Estrella interior... 133

Estrellas y grillo.. 606

Estrofas para un jardín imaginario 719

Execración 184

Exhortación a los cocodrilos (Han Yü) 1093

Exigua lámpara tranquila (Pessoa) 1025
Exilio (Gimferrer) 896
Extensa y varia naturaleza-triste (Pessoa) 1024
Extrema brasa del cielo y primer ardor del día (Michaux) 876
Fábula 123
Fábula de Joan Miró 650
Fábula del acto de escribir (Somlyó) 972
Fábula del nombre (Somlyó) 972
Fábula del 28 de noviembre de 1968 (Somlyó) 971
Fama (anónimo) 1067
Felicidad en Herat 369
Festín lunar (Paz, el-Etr) 795
Flamea el desgañicresterío del alba [...] 184
Flor 143
Flor pintada (Su Tung-P'o) 1111
Flores que corto o dejo (Pessoa) 999
Flotan, grises y verdes, sobre el pecho del río (Su Tung-P'o) 1115
Fluye el tiempo inmortal y en su latido 71
fluye tenaz entre sombras caídas 722
Formas de vida (Chuang-tse) 1084
Fotos 556
Frases que son lianas [...] 484
Frente al mar 55
Frío metal, cuchillo indiferente 70
Frío y ventoso, no el mejor día (Bishop) 950
Fue como el acercamiento de la llama (Tomlinson) 954
Fuegos lúdricos 629
Fuente 203
Furiosamente 527
Garabato 312
Girasol (Breton) 868
Golden Lotuses (1) 358
Golden Lotuses (2) 359
Golden Lotuses (3) 360
Golpean martillos allá arriba 529
Gran Mundo 188
Guardián de frutos (Yosa Buson) 1140
Ha de volver (Ki no Tsurayuki) 1129

Ha entrado (Apollinaire) 849
Había trabado amistad con una criatura extraña [...] (Amory) . . 887
Había una vez un cuento (Popa) 977
Habitas un bosque de vidrio [...] 188
Habla deja caer una palabra. 125
Hablo de la ciudad 617
Hace años, con piedrecitas [...] 153
Hacia arriba, apenas una línea (Ladahacandra) 1062
Hacia el este, nubes y mar: un vacío sobre otro vacío (Su Tung-P'o). 1113
Hacia el poema (Puntos de partida) 196
Hacía falta que un rostro (Éluard) 866
Han Yü, prefecto de Chao-cheu [...] (Han Yü) 1093
Hanuman: mono/grama del lenguaje [...] 512
Has muerto, camarada. 93
Hay jardines que ya no tienen país (Schehadé) 878
Hay luz. No la tocamos ni la vemos. 614
Hay un árbol inmóvil. 413
Hay una casa de madera 630
Hay una noche. 62
He dicho que en general se presentan de negro [...] 146
Hermandad. 616
Hermosura que vuelve 132
Hexaedros de madera y de vidrio 564
Hierba de estío (Matsuo Bashō) 1136
Hierba, me arranca (Ono no Komachi) 1130
Hijos del aire (Paz, Tomlinson) 803
Himachal Pradesh (1) 378
Himachal Pradesh (2) 379
Himachal Pradesh (3) 381
Himno de invierno (Gimferrer). 895
Himno entre ruinas. 198
Himno futuro. 194
Hipatía, si miro luces puras 612
Hojas, audible sonrisa (Pessoa) 1017
hombre afortunado: no es (W. C. Williams) 939
Hombre no, si los hombres son dioses; mas si los dioses
        (cummings). 910
Hombres y bestias del zodiaco (Tu Fu) 1102

Hora de viento 604

Hora nula, cisterna 606

Hoy recuerdo a los muertos de mi casa 81

Hui-tse dijo a Chuang-tse [...] (Chuang-tse), ... 1077

Hui-tse era sabio en muchas ciencias [...] (Chuang-tse) 1078

Iba entre el gentío 276

Ícaro (Lindegren) 1047

Ida y vuelta 328

Identidad 284

Imprecación 415

Imprólogo 631

India 702

Infrecuentes (pero también inmerecidas) 137

Inmóvil en la luz, pero danzante 24

Inscripción (Demonio de la Colina del Tigre) 1109

Inscripción bordada en un cojín (Apollinaire) 849

Insomne 610

Insomnio 61

Instantáneas 726

Interior 321

Intermitencias del oeste (1). Canción rusa 378

Intermitencias del oeste (2). Canción mexicana 379

Intermitencias del oeste (3). México: Olimpiada de 1968 380

Intermitencias del oeste (4). París: Les aveugles lucides 382

Intervalo 614

Inventa la noche en mi ventana 567

Invocación 416

Islas del cielo, soplo en un soplo suspendido 59

Jadeo, viscoso aleteo [...] 148

Jardín 39

Jardín con niño 180

Jardines despeinados 360

Jardines errantes 561

Jorge Guillén 562

José Juan Tablada 277

Joven sicomoro (W. C. Williams) 919

Joven, vacías las manos (Bosquet) 881

Jugadores (Reverdy) 861

Juliano, me curaste 611

Junio.. 45

Juraron acabar con los hunos, costase lo que costase (Tch'en T'ao) 1109

Juventud 396

¿Kalidasa y los otros poetas? (Krishnabhatta) 1067

La alegría madura como un fruto............................... 129

La alondra (Char).. 876

La amistad es un río y un anillo (Paz, Agyeya y Verma) 801

La arboleda.. 530

La arboleda se ha ennegrecido [...] 505

La belleza no está (Vallana) 1068

La caída 67

La cajita (Popa)... 980

La calle. 79

La campana que al alba a Dios convoca, me arroja (Crane) 942

La cara y el viento.. 648

La carretilla roja (W. C. Williams) 917

La carta (Michaux) 871

La carta, escrita (Tsumori Kunimoto) 1131

La casa de la mirada... 661

La casa giratoria.. 630

La casa se construye con lo que ahí encontramos (Paz, Tomlinson) 811

La caverna (Tomlinson)....................................... 956

La chimenea imperio 698

La cicatriz se acuerda de la herida (Strand) 966

La ciudad desvelada circula por mi sangre como una abeja 214

La conquista (Kemp) 974

La copa se redondea (Reverdy) 863

La corneja (Lundkvist) 1036

La cumbre, el monasterio (Li Po) 1101

La deseó a través de la montaña (Martinson) 1030

La Dulcinea de Marcel Duchamp 653

La enterraron en la tumba familiar............................. 361

La estación está abierta todos los días (Amory)............... 888

La exclamación 385

La fijeza es siempre momentánea [...].......................... 470

La fuente fluye en la plaza del puerto de verano (Reverdy) 858

La función fática (Parker)................................... 941

La gitana (Apollinaire) 843
La guerra de la dríada o *Vuelve a ser eucalipto*. 669
La higuera. 187
La higuera religiosa 352
La hija de Rappacini 239
La hora es transparente. 142
La hora se vacía 641
La invitación oblicua (anónimo) 1065
La lámpara de amor ya alcanzaba el *nirvana* (anónimo) 1062
La lámpara ruborosa (anónimo) 1062
La lengua y sus sagradas conjunciones 609
La libertad (Char) 876
La limpidez. 380
La linda pelirroja (Apollinaire). 853
La llave de agua. 413
La lluvia, pie danzante y largo pelo 142
La luz devasta las alturas 128
La luz no parpadea 141
La luz sostiene —fngrávidos, reales— 654
La manera de un mundo (Tomlinson) 958
La mano azul 712
La marea se cubre, se descubre, se recubre y siempre anda
    desnuda. 728
La mariposa volaba entre los autos 604
La mejor solución (Martinson) 1030
La mirada 285
La mirada interior se despliega y un mundo de vértigo y llama
    nace bajo la frente del que sueña 217
La muchacha de Budapest (Michaux) 873
La noche, a un tiempo sólida y vacía 627
La noche borra noches en tu rostro. 50
La noche de ojos de caballo que tiemblan en la noche 117
La noche extrae de su cuerpo una hora y otra [...]. 181
La noche nace en espejos de luto 103
La noche se abre 133
La noche yo no canto porque en noche (Pessoa) 996
La nuestra 379
La nueva ciudadela (Ladahacandra). 1062

La palabra dicha 281

La palabra escrita 280

La palabra se levanta 281

La palangana (Han Yü)..................................... 1107

La Penumbra le dijo a la Sombra [...] (Chuang-tse) 1086

La piedra de los días....................................... 141

La piel es azafrán al sol tostado............................. 611

La plaza es diminuta 673

La poesía 97

La poesía se hace en el lecho como el amor (Breton) 869

La próxima vez que te desmandes, te inoculo un virus [...] (Amory)... 887

La rama 57

La resignación se encarga de arreglar casi todo (Martinson) 1030

La roca.. 53

La semejanza (Éluard)...................................... 866

La serpiente (Takahama Kyoshi) 1143

La sombra 77

La suerte, menos verla (Pessoa) 999

La tinta verde crea jardines, selvas, prados 118

La torre rota (Crane)....................................... 942

La tortuga sagrada (Chuang-tse)............................ 1083

La tradición (Dharmakirti) 1069

La transfiguración de sus juegos [...] 489

La urraca (Lundkvist) 1035

La vejez (W. C. Williams).................................... 913

La ventana (Lundkvist)..................................... 1032

La ventana (Lundkvist) 1032

La veranda (Ivask)... 962

La viajera que atravesó los Halles a la caída del verano (Breton) 868

La vida sencilla.. 84

La vista, el tacto 654

Laberinto (Michaux) 875

Laberinto la vida, laberinto la muerte (Michaux) 875

Labios rojos pintados (Li Ch'ing-Chao) 1121

Labrador (Crane).. 942

Lago 43

Lámpara 311

Lánguida, salta del columpio (Li Ch'ing-Chao) 1121

Lanza su tinta contra el cielo (Apollinaire) 848

Las armas del oficio 708

Las armas del verano 412

Las cosas enteras (Strand) 964

Las dos vías (Bhartrihari) 1061

Las horas, su intangible pesadumbre 70

Las leyes y los hombres (Chuang-tse) 1080

Las llamas se volvieron piedras 698

Las olas se retiran 55

Las palabras 65

Las piedras son tiempo 373

Las puertas del año se abren 665

Las rosas amo del jardín de Adonis (Pessoa) 996

Lates entre la sombra 35

Lauda 298

Lección 405

Lección de cosas 139

Lecho de amor: detente. Bajo tus altas sombras (Cocteau) 857

Lecho de helechos 193

Lectura de John Cage 386

Leído 386

Lejos de mí, en mí existo (Pessoa) 1023

León 391

Les escribo de un país en otro tiempo claro [...] (Michaux) 871

Libertad bajo palabra 21

Lidia: ignoramos. Somos extranjeros (Pessoa) 998

Lien Yu-Ku deseaba adiestrar [...] (Chuang-tse) 1086

Llamada a tus ojos (Amory) 890

Llamar al pan el pan y que aparezca 84

Llano 183

Llegada (W. C. Williams) 912

Llegan 277

Llegaron catorce estrellas (Bosquet) 882

Llegas de nuevo, río transparente 45

Llegas, silenciosa, secreta 97

Llorabas y reías 135

Llovió 389

Llovizna: plática (Yosa Buson) 1140

Llueve en el mar 55

Lluvia de mayo (Nishiyama Soin) 1134

Lo idéntico.. 390

Lo imposible (Ekelöf) 1043

Lo más fácil es quebrar una palabra en dos [...] 150

Lo mejor será escoger el camino [...]....................... 467

Lo mismo.. 139

Lo mismo 727

Lodo del charco quieto 612

Los árboles que no viajan sino con su murmullo (Schehadé).... 878

Los brazos cruzados —linde del más allá del mar (Pessoa) 1022

Los cerrojos y los ladrones (Chuang-tse) 1082

Los Ch'in capturaron a una hija [...] (Chuang-tse) 1085

Los clásicos (Krishnabhatta) 1067

Los cuatro puntos cardinales............................... 140

Los fuegos del vivac (Apollinaire).......................... 846

Los gérmenes (Supervielle) 855

Los insectos atareados 144

Los labios fríos de la noche 282

Los labios y las manos del viento 384

los nervios rechinan quedamente en la tarde (Ekelöf) 1043

Los novios.. 51

Los ojos nacidos de la noche 710

Los pinceles despiertan 696

Los puros productos de América (W. C. Williams) 914

Los restos (Strand)...................................... 965

Los ríos y las rosas de las batallas (Schehadé) 879

Los sucesivos soles del verano............................. 324

Los sueños pueden comprarse, venderse, robarse [...] (Waley) .. 940

Los viejos.. 95

Luego de haber cortado todos los brazos [...] 153

Luis Cernuda.. 278

Luna de estío (Yamazaki Sokán) 1133

Luna en el agua (Ki no Tsurayuki) 1129

Luna llena (Tu Fu)...................................... 1105

Luna montañesa (Kobayashi Issa) 1142

Luna, reloj de arena....................................... 606

Luz (Reverdy) 859
Madrigal 404
Madrugada 271
Madrugada al raso 384
Madurai 369
Maithuna 407
Maleza de líneas [...] 495
Manantial 125
Manchas: malezas: borrones [...] 479
Manchas: malezas [...] 481
Mañana (Reverdy) 858
Mar de día 27
Mar por la tarde 66
Maravillas de la voluntad 167
Maravilloso (Kobayashi Issa) 1142
Mariposa de Obsidiana 185
Más acá de la música y la danza 29
Más allá del amor 121
Más ciudades extranjeras (Tomlinson) 453
Más claro el vino, más fácil beber dos copas (Su Tung-P'o) 1112
Más que aire 405
Más tarde 142
Más tiempo el tiempo, más el mundo, ¡y nuestros! (Marvell) 900
Más transparente 404
Más vale no terminar nada (Amory) 890
Máscara de Tláloc grabada en cuarzo transparente 139
Máscaras del alba 200
Mataron a mis hermanos, a mis hijos [...] 185
Mayúscula 184
Me detuve ante una fuente [...] 496
Me han pedido un prólogo 631
Me tiendo en la cama pero no puedo dormir [...] 149
Me vacío de los nombres de los otros. Vacío mis bolsillos (Strand) . 965
Me vi al cerrar los ojos 144
Medianoche 46
Mediodía 41
Mediodía (Reverdy) 859
Mi abuela coloca sobre unas tablitas (Popa) 979

Mi abuelo, al tomar el café 379
Mi amor maravilloso como la piedra insensata (Schehadé) 877
Mi cuerpo se ha tendido (Strand) 966
Mi nombre no importa. Ni mi origen [...] 245
Mi otoño: entro en la calma (Wang Wei) 1098
Mi pueblo: todo (Kobayashi Issa) 1141
Mi vida con la ola 161
Mientras creaba a los seres [...] 499
Mientras escribo 71
Mientras llueve (Tomlinson) 960
1930: Vistas fijas 624
Minase Sangin (Sogi, Shohaku y Socho) 752
Minuto (Reverdy) 864
Mira el poder del mundo 32
Mira este cano pilar de victoria (Dharmakirti) 1065
Miro en tus ojos (Kobayashi Issa) 1142
Mirto (Nerval) 837
Mirto, yo pienso en ti, divina encantadora (Nerval) 837
Mital del día 141
Mis manos 314
Mis ojos te descubren 407
Mis pasos en esta calle 714
Misión de la literatura (Han Yü) 1092
Misterio 57
Mixcoac fue mi pueblo: tres sílabas nocturnas 641
Monje y rameras (Matsuo Bashō) 1137
Monólogo 23
Montaña de Ute (Tomlinson) 955
Monte Cronion (Ekelöf 1043
Monte de nubes (Matsuo Bashō) 1136
Montes de Chungnan (Wang Wei) 1099
Movimiento 313
Mudo, tal un peñasco silencioso 69
Mujer (Fou Hinan) 1097
Mujer y pájaro (Breton) 870
Muro tatuado de signos 700
—Música y pan, leche y vino, amor y sueño [...] 190
Mutra 207

Nace de mí, de mi sombra 23

Nace un dios. Otros mueren. La verdad (Pessoa) 1023

Nacida al borde de un ladrillo 721

Nacimos de una pregunta................................ 704

Nada (Tomlinson) 959

Nada me da más miedo que la calma engañosa (Cocteau) 857

Nadie atrás, nadie adelante *(Dharmakirti)*................ 1069

Nantucket (W. C. Williams).......................... 920

Naranja... 605

Narciso y biombo (Matsuo Bashō) 1134

Natividad (Pessoa) 1023

Negro el cielo 314

Negro sobre blanco 554

Nevada (Su Tung-P'o) 1110

Nevó en Valle del Sur —una vista sin par (Su Tung-P'o) 1110

Ni *cisne andaluz* 278

Ni el cielo ni la tierra............................... 64

Ninguna pintura puede contar [...] 511

Niña... 44

Niño y trompo 141

No bastan los sapos y culebras [...] 152

No brasa 358

No es el viento..................................... 285

No estoy en la cresta del mundo 543

No ha regresado todavía (Reverdy) 864

No haber dios es un dios también... (Pessoa) 1023

No hablan palabra (Oshima Ryota) 1141

No hay... 390

No hay olas perfectas (W. C. Williams) 917

¿No hay salida? 212

No lejos del *dak bungalow* 358

No llevo cadenas (anónimo) 1066

No lo que pudo ser.................................. 143

No me avergüenza, a mis años, ponerme una flor en el pelo

(Su Tung-P'o) 1112

No quería pensar más en Galta [...] 470

No quiero recordar ni conocerme (Pessoa) 997

No sé de quién recuerdo mi pasado (Pessoa) 999

No se ve gente en este monte (Wang Wei) 1099
No soy nada (Pessoa) 1008
No soy sino un alma vagabunda (Demonio de la Colina del tigre) 1109
No suena el viento 99
No te has desvanecido 112
No tiene cuerpo todavía 725
No truena ni graniza (anónimo) 1067
Noche condenada a la ceguera (Supervielle) 855
Noche de creación (Martinson) 1029
Noche de estío (Arakida Moritake) 1133
Noche de resurrecciones 35
Noche de verano 45
Noche, día, noche 677
Noche en barco (Su Tung-P'o) 1111
Noche en claro 303
Nocturno 60
Nocturno de San Ildefonso 567
Nombras el árbol, niña 44
Nos encontramos en el puente de piedra (Martinson) 1029
Nostalgia eterna: poco duras (Pessoa) 1024
Nota arriesgada 188
novedad de hoy y ruina de pasado mañana, enterrada y resucitada
    cada día 617
No-visión 606
Nubes 59
Nubes a la deriva, continentes 39
Nubes —tinta que borra a medias las colinas (Su Tung-P'o) 1110
Nuestra historia es noble y es trágica (Apollinaire) 846
Nuevo rostro 50
Nunca nos vimos, yo le enviaba mis libros y él los suyos, nos
    escribíamos a veces, nos tratamos siempre de usted 621
Objetos 141
Objetos y apariciones 564
Obscurece (Reverdy) 862
Oda triunfal (Pessoa) 1001
Oídos con el alma 579
Ojos medulas sombras blanco día 298
Olas de sombra 143

Olvida (Tomlinson).. 956

Olvido 120

ondulación rosa y verde [...] 508

ondulación rosa y verde, amarilla [...] 516

Oráculo... 282

Os llamo María (Schehadé) 880

Otoño 61

Otoño, las nubes incendian el horizonte (Tu Fu) 1105

Otoño transparente (Tu Fu) 1105

Otra invitación, menos oblicua (Rudrata).................... 1065

Otra vez (Somlyó) 972

Otro, ser otro siempre (Pessoa) 1019

Oye la palpitación del espacio 412

Óyelo, tumba (Matsuo Bashō) 1137

Óyeme como quien oye llover................................... 675

País de inclinado hielo (Crane) 942

Paisaje... 284

Paisaie (Tu Fu)... 1105

Paisaje antiguo... 612

Paisaje caído de Saturno 655

Paisaje familiar mas siempre extraño 606

Paisaje inmemorial 532

Paisaje pasional.. 308

Paisajes (Michaux).. 873

Paisajes apacibles o desolados (Michaux) 873

Pájaros que se pierden en la altura (Li Po) 1101

Palabra... 38

Palabra, voz exacta 38

Palabras en forma de tolvanera 529

Palabras, ganancias de un cuarto de hora [...] 196

¿Palabras? Sí, de aire....................................... 49

Palpar.. 314

Panorama del río Han (Wang Wei) 1098

Para despertar a una anciana (W. C. Williams) 913

Para el mosquito (Kobayashi Issa) 1141

Para el sabio, la vida no es [...] (Chuang-tse) 1085

Para honrar a la aurora (Bosquet)............................. 881

Para poder escribir expulso de mí a la desesperación (Somlyó) .. 972

Para protegernos de los malhechores [...] (Chuang-tse) 1882
¿Para qué toda esta hueca palabrería? (Bhartrihari) 1061
Para vernos pasar.. 367
Paraje.. 658
Pares y nones 323
París: Bactra: Skíros... 634
Pasa una nube por el sol (Pessoa)............................. 1017
Pasado en claro 577
Pasaje.. 405
Pasan dioses, Mesías que son dioses (Pessoa)................. 997
Paseo en el río (Su Tung P'o)................................... 1110
Paseo nocturno... 181
Pasillo (Reverdy) 860
Paso de Tanghi-Garu 371
Pausa 277
Paz (anónimo) 1066
Peatón 276
Pensamientos en guerra 321
Pensando en su mujer muerta (Su Tung P'o) 1112
Peña y precipicio.. 284
Pequeña música de noche (Lindegren)........................ 1048
Pequeña variación... 640
Pequeño monumento 71
Pequeño sol 605
Perdí mi rumbo (anónimo) 1128
pero (Amory) 889
Perpetua encarnada 361
Pétalos en el aire (Tu Fu) 1104
Petrificada petrificante 547
Picos de nubes (Matsuo Bashō) 1136
Piedra blanca y negra 563
Piedra de Sol 221
Piedra de toque 131
Piedra nativa 128
Piedras sueltas 143
Piel/sonido del mundo 554
Pilares 673
Pleno sol 142

¿Podemos acariciar? (Bosquet) 884

Poema (W. C. Williams) 922

Poema circulatorio 558

Poema de la amistad (Paz, Agyeya, Verma) 799

Poema escrito sobre una pintura de Wang Chin-Ch'ing
    (Su Tung-P'o) 1115

Por buscarme, poesía 53

Por el arcaduz de sangre 414

Por el arroyo 613

Por el camino (W. C. Williams) 913

Por el camino del hospital de infecciosos (W. C. Williams) 913

Por fin tengo el derecho de saludar a seres que no conozco
    (Apollinaire) 850

Por la calle de Galeana 529

Por los caminos de Mysore 363

¿Por qué (Bosquet) 885

¿Por qué vivo en la colina verde-jade? (Li Po) 1100

Por un cabello solo 27

Posteridad (Bhavabhuti) 1068

Pregunta 63

Pregunta y respuesta (Li Po) 1100

Primavera a la vista 48

Primavera cautiva (Tu Fu) 1102

Primavera y muchacha 130

Primera cita (Kalidasa) 1062

Primero de enero 665

Prisa 174

Proema 601

Prófugo de mi ser, que me despuebla 67

Prójimo lejano 385

Prólogo a 8 poemas (Lieu Tsang-Yeu) 1095

Proverbio 612

Prueba 372

Prueba 611

Pueblo 373

¡Pueblo mío, pueblo que mis magros pensamientos [...] 154

Puerta 706

Pulida claridad de piedra diáfana 48

Pulpo (Apollinaire)... 848

Pulsas, palpas el cuerpo de la noche......................... 45

Qué amargo haber encarnado en mujer (Fou Hinan)........... 1097

¡Qué cortesía! (Matsuo Bashō) 1136

Qué día feliz (Milosz)....................................... 970

¿Qué hay detrás de esa puerta? 706

¡Qué irrisión! (Matsuo Bashō) 1137

Que la culebra aguarde (W. C. Williams) 924

¿Qué la sostiene, entreabierta 384

¿Qué le parece? ¿Sirvo? No (Ekelöf) 1043

¿Qué o quién me guiaba? No buscaba nada ni a nadie, buscaba
    todo y a todos 624

—¡Qué raro, qué lindo! 613

Que repose en revuelta (Michaux) 874

Que todavía (Ono no Komachi) 1129

Quedo distante de los sueños 61

Quedó plantado (Matsuo Bashō) 1135

¿Quién canta en las orillas del papel?....................... 42

¿Quién dice que la pintura debe parecerse a la realidad?
    (Su Tung-P'o) 1114

¿Quién eres? (anónimo)...................................... 1067

¿Quién plantaría, bajo mi ventana, este plátano? (Li Ch'ing-Chao) 1119

Quiero, tendré (Pessoa) 1025

Quieta.. 347

Quieto.. 385

Quietud (Matsuo Bashō) 1134

Quiso cantar, cantar.. 59

Ráfagas turquesa.. 406

Raíz del hombre.. 29

Raja Rao, cómo quisiera saber (Milosz) 968

Rápidas manos frías 271

Razones para morir 74

Reflejo (Ammons) 963

Refranes 136

Refutación de los espejos 621

Regreso 672

Relámpago en reposo 118

Relámpagos o peces 52

Relato de la volatinera (Martinson) 1031
Relieves 142
Relumbra el aire, relumbra 57
Remolino el viento (Pessoa) 1018
Renga (Paz, Roubaud, Sanguineti y Tomlinson) 739
Repaso nocturno 205
Repeticiones 271
Reposa, sobre el trigo (Pessoa) 1021
Respiro 725
Respuesta y reconciliación 731
Retórica 56
Retórica (Vallana) 1068
Retrato 536
Retrato del dialéctico (Chuang-tse) 1078
Retrato proletario (W. C. Williams) 922
Reversible 274
Río Minano (ex emperador Yozei) 1127
Río Mogami (Matsuo Bashō) 1136
Rizo de pelo castaño (Apollinaire) 848
Roble (Lundkvist) 1033
Rocas azules, llanos colorados 363
Rodeado de noche 373
Roe el reloj 54
Ronda por las orillas, desnuda, saludable [...] 191
Ronda, se insinúa, se acerca [...] 152
Rostro desleído en el agua (Reverdy) 863
Rotación 315
Ruidos confusos, claridad incierta 667
s (u (cummings) 907
—Sábado por la tarde, sin permiso 73
Sacude la melena (anónimo) 1061
Salamandra 329
Salamandra 329
Salida 182
Salida (Reverdy) 859
Salida de Poi-Ti (Li Po) 1100
Saliste después de la lluvia (Popa) 978
Salta la palabra 275

Salvas 115

Se abrirán las puertas al fondo del corredor (Reverdy) 862

Se agrava la quietud. Ni una de las hojas (Tomlinson) 953

Se despeña la luz 142

Se disipa el aroma del loto rojo (Li Ch'ing-Chao) 1120

Se inventó una cara 359

Se llevó todo (el monje Ryokan) 1142

Se mece aérea 532

Se partió mi alma como un vaso vacío (Pessoa) 1013

Secreto (Reverdy) 860

Semillas para un himno 137

Sendas de Oku (Matsuo Bashō) 1147

Señor del vértigo 610

Ser grande es ser entero: no exageres (Pessoa) 997

Ser natural 191

Ser viejo es regresar y yo he vuelto a ser niño (Han Yü) 1107

Serpea por el prado. En sus márgenes todavía (Su Tung-P'o) 1114

Serpiente labrada sobre un muro 142

Seven PM 78

Sharj Tepé 372

Si caminamos bajo el sol (Strand) 966

Si decir No 339

Si, después de muerto, quieren escribir mi biografía (Pessoa) ... 994

Si el hombre es polvo 372

Si es real la luz blanca 283

Si hablo con la ventana (Strand) 966

Si hay agua quieta (anónimo) 1128

Si hielo y escarcha se juntan y son crueles (Fan-Kh'i) 1121

Si las ajorcas del tobillo callan (anónimo) 1063

Si muero pronto (Pessoa) 993

Si nada pasa al caminar más allá (Reverdy) 861

Si se trata de zurcir vestidos rotos (Vira) 1066

Si tú eres bella como los Magos de mi país (Schehadé) 879

Si tú eres la yegua de ámbar 313

Si yo, aunque ninguno fuera (Pessoa) 1019

Si yo no creo (el monje Saigyo) 1132

Siempre lo supe (Ariwara no Narihira) 1127

Silencio 50

Šíma 563

Sin embargo, no era la primera vez que atravesaba el Common
    [...] (Amory) 890

Sin fanfarria (anónimo) 1067

Sin olvidar Ko-jen, esa (Tomlinson) 953

Sobre agua (Tomlinson) 958

Sobre cada pizarra (Reverdy) 858

Sobre el estante 139

Sobre el lenguaje (Chuang-tse) 1077

Sobre el otoño (Ekelöf) 1044

Sobre el otoño, sobre lo otoñal (Ekelöf) 1044

Sobre el tablero de la plaza 200

Sobre la arena 605

Sobre la pared de enfrente [...] 509

Sobre la pintura de una rama florida (primavera precoz)
    del secretario Wang (Su Tung-P'o) 1114

Sobre las aguas 95

Sobre las superficies ciudadanas 653

Sobre una montaña (Schehadé) 877

Sobre una pintura de Li Shih-Nan (Su Tung-P'o) 1114

Sol (Reverdy) 858

Sol alto. Duerme el llano 612

Sol sobre una manta 406

Sol y sombra (anónimo) 1067

Soliloquio 722

Soliloquio de medianoche 105

Solitaria, la luna llena (Tu Fu) 1105

Solo a dos voces 339

Sólo pido a los dioses me concedan (Pessoa) 998

Soltura 389

Sombra, trémula sombra de las voces 60

Sombras del día blanco 295

Somos dos (Reverdy) 860

Soneto (De Viau) 835

Sonetos 24

Soñando vivía 53

Soñé anoche que Filis, de regreso (De Viau) 835

Soñé que era una mariposa [...] (Chuang-tse) 1087

Sorpresa de lo alto (Reverdy) 862

Sotos de hojas cercan (Martinson) 1029

Soy hombre: duro poco 616

Soy la balanza discreta (Apollinaire) 849

Soy un evadido (Pessoa) 1020

Su color cambian (Bunia Yasuhide) 1130

Su mano tendida es una concha donde llueve (Reverdy) 861

Súbdito inútil de astros dominantes (Pessoa) 999

Sueño de plumas 712

Sueño de verano (Bishop) 946

Sueño y realidad (Chuang-tse) 1087

Suite pastoral (Lindegren) 1049

Śunyata 396

Surco es inexacto (Tomlinson) 958

Sus pechos (Bhavakadevi) 1063

Sus tres brazos abrazan la tierra de Ch'u (Wang Wei) 1098

Susurros y pisadas rápidas 326

Tabaquería (Pessoa) 1008

Tal cual (Amory) 888

Tal cual (Po Chü-i) 1107

Tal vez nadie (Reverdy) 863

También esta mañana (Lindegren) 1049

También mis emociones (Pessoa) 1025

También yo sé hacer conjeturas (Pessoa) 995

Tanto ser diverso (tantos dioses y demonios (cummings) 910

Tarde de plomo (Fujiwara no Sadaie) 1132

Tarjeta postal (Apollinaire) 848

Te escribo bajo esta tienda (Apollinaire) 848

Te levantas el agua se despliega (Éluard) 866

Te llevo como un objeto perteneciente a otra edad [...] 158

Templada nota que avanzas [...] 188

Temporal 316

Tendida 118

Tendido fluye (Matsuo Bashō) 1136

Tendidos en la yerba 51

Tenemos talento (Tu Fu) 1104

Tener ideas rígidas [...] (Chuang-tse) 1084

Tengo miedo y la luna 797

Tengo que decírtelo (W. C. Williams)   919
Tengo que hablaros de ella   31
Tengo una llave (Strand)   967
Terramuerta   547
Tiemblan los intrincados jardines   361
Tierra tasajeada   371
Tinta derramada (Su Tung-P'o)   1110
Tintas y calcomanías   566
Tocado por la luz   139
Toda la noche (el monje Saigyo)   1131
Toda la noche batalló con la noche   205
Todas las cosas (el monje Saigyo)   1132
Todas las noches baja al pozo   143
Todas las substancias carecen de substancia (Po Chü-i)   1108
Todavía hoy recuerdo sus aretes de oro (Bilhana)   1064
Todavía no sé cuál es tu nombre [...]   166
Todo lo que brilla en la noche   119
Todo nos amenaza   121
Todo resuena [...] (Han Yü)   1092
Todos habían salido de casa [...]   147
Todos los días descubro (Pessoa)   992
Todos los reyes, todos sus privados (Donne)   898
Torbellino de moscas (Apollinaire)   847
Torre de muros de ámbar   115
Totalidad y fragmento   552
Trabajos del poeta   145
Tradición y moral (Chuang-tse)   1080
Tráfico de sueños (Waley)   940
Tras mi ventana [...]   468
Tregua de vidrio (Matsuo Bashō)   1134
3 anotaciones/rotaciones   536
Tres mil leguas contadas, rumbo hacia el sudoeste (Yüan Chieh)   1106
Trowbridge street   534
Tse Kung, discípulo de Confucio [...] (Chuang-tse)   1080
Tú corazón ¿por qué lates? (Apollinaire)   850
Tu nombre   23
Tú que has gastado todo (Bosquet)   883
Tu rostro   694

Tumba de Amir Khusrú 351
Tumba del poeta 382
Tus cabellos se pierden en el bosque 327
Tus ojos 115
Tus ojos son la patria del relámpago y de la lágrima 115
Un amigo mío [...] (Lieu Ling) 1091
Un anochecer 384
Un aprendizaje difícil 171
Un árbol seco (Han Yü) 1106
Un árbol sin renuevos, sin follajes (Han Yü) 1106
Un chafado (W. C. Williams) 923
Un cuerpo, un cuerpo solo, sólo un cuerpo 33
Un despertar 639
Un día (Michaux) 872
Un día de tantos 309
Un día, en un restaurante, fuera del espacio y del tiempo (Pessoa) 1014
Un día se pierde 126
Un hombre capturó un cervatillo [...] (Lieu Tsang-Yeu) 1094
Un jinete por el llano (Apollinaire) 847
Un medioloro (Bosquet) 882
Un poeta 190
Un poema (Apollinaire) 849
Un quieto resplandor me inunda y ciega 41
Un relámpago (Matsuo Bashō) 1138
Un rostro a la caída del día (Éluard) 865
un sauce de cristal, un chopo de agua 221
Un viejo estanque (Matsuo Bashō) 1134
Un viento llamado Bob Rauschenberg 655
Una cala en el río del Oeste (Li Po) 1100
Una casa, un jardín 416
Una escampada (Reverdy) 862
Una espiga es todo el trigo 136
Una flor —y no es flor (Po Chü-i) 1108
Una mano —¿de quién?— 694
Una mujer de movimientos de río 123
Una negra (W. C. Williams) 938
Una palabra de poco peso 323
Una presencia (Reverdy) 861

Unas ruinas en Yueh (Li Po) 1100
Unos me hablaban de la patria 74
Ustica 324
Utacamud 364
Utilidad de la inutilidad (Chuang-tse) 1077
Vacilación (Yeats) 902
Vaivén 318
Valle de México 193
«Veamos lo que ocurre con las palabras» […] (Chuang-tse) 1077
Ven, ven, todo reposo mi fuerza desafía (Donne) 897
Vengo del rumbo de Beja (Pessoa) 1016
Verde noticia 721
Verdes y negras espesuras, parajes pelados 657
Vi 378
Viajando hacia el norte (Tu Fu) 1103
Viajero, apresura tus pasos, sigue tu camino (anónimo) 1065
Viajes (Chuang-tse) 1083
Vida como hierba (Lundkvist) 1037
Vida entrevista 52
Viejo poema 189
Viejos fantasmas, nuevos (Tu Fu) 1102
Viene del entierro (Lundkvist) 1036
Viento 58
Viento, agua, piedra 613
Viento de otoño (Matsuo Bashō) 1138
Viento de otoño (Takahama Kyoshi) 1143
Viento del este, suave (Su Tung-P'o) 1111
Viento del este, suave (Su Tung-P'o) 1111
Viento entero 399
Viento y noche 604
Vigilia del espejo 610
Vine aquí 369
Vino Neptunus (Pound) 903
Vino por esta línea blanca […] (Michaux) 876
Vio a muchas mujeres tendidas […] 488
Virgen 108
Virtud y benevolencia (Chuang-tse) 1079
Visión 144

Visión del escribiente 169

Visitas 119

Visitas a St. Elizabeth (Bishop) 947

Vive sin horas. Cuanto mide pesa (Pessoa) 998

Viven a nuestro lado 141

Vivía entre impulsos y arrepentimientos [...] 171

Vivimos sepultados en tus aguas desnudas. 36

Vivo para adorar (Bosquet) 884

Voces al doblar la esquina 538

Voces, palabras, risas 144

Volver al punto de partida (Chuang-tse) 1078

Vrindaban 373

Vuelan aves radiantes de estas letras [...] 190

Vuelta 538

Vuelve a la noche 318

Vuelve otra vez la Trece —¡y es aún la Primera! (Nerval) 839

Vuelve otra vez la Trece —¡y es aún la Primera! (Nerval) 839

Vuelvo irritado (Oshima Ryota) 1141

White Huntress 358

Wu derrotado, el rey regresó en triunfo (Li Po) 1100

Xochipilli 140

Y colgaban sus arpas en los sauces (Lindegren) 1048

Y el monte: cada día (Tomlinson) 961

y la hierba en marcha por el mundo (Lundkvist) 1037

Y las sombras se abrieron otra vez y mostraron un cuerpo 116

Y llenar todas estas hojas en blanco [...] 169

... y para juntar leña, Señor, hicimos alto (L. Kemp) 974

Y uno llega no se sabe cómo (W C. Williams) 912

Ya escrita la primera 280

Ya por cambiar de piel o por tenerla. 77

Ya se calman sus recuerdos del laberinto (Lindegren) 1047

Yace en esta playa extrema (Pessoa) 1023

Yerbas y yerbajos (W C. Williams) 920

Yo dibujo estas letras 395

Yo soy el tenebroso —el viudo— el desolado (Nerval) 836

Yo soy el tenebroso —el viudo— el sin consuelo (Nerval) 836

Yo tenía treinta años, venía de América y buscaba entre
las pavesas de 1946 el huevo del Fénix 634

Índice general

Nota del editor 5
Advertencia del editor 9
Preliminar 13

LIBERTAD BAJO PALABRA
[1935-1957]

LIBERTAD BAJO PALABRA 21
I. Bajo tu clara sombra (1935-1944) 23
 Primer día (1935) 23
 Tu nombre 23
 Monólogo 23
 Alameda 24
 Sonetos 24
   I. [Inmóvil en la luz, pero danzante] 24
   II. [El mar, el mar y tú, plural espejo] 25
   III. [Del verdecido júbilo del cielo] 25
   IV. [Bajo del cielo fiel Junio corría] 26
   V. [Cielo que gira y nube no asentada] 26
 Mar de día 27
 Raíz del hombre (1935-1936) 29
   I. [Más acá de la música y la danza]...................... 29
   II. [Ardan todas las voces] 29
   III. [Ésta es tu sangre].................................. 30
 Bajo tu clara sombra (1935-1938) 31
   I. [Bajo tu clara sombra]................................. 31
   II. [Tengo que hablaros de ella] 31

III. [Mira al poder del mundo] 32

IV. [Un cuerpo, un cuerpo solo, sólo un cuerpo] 33

V. [Deja que una vez más te nombre, tierra] 34

Noche de resurrecciones (1939) 35

I. [Lates entre la sombra] 35

II. [Vivimos sepultados en tus aguas desnudas] 36

III. [Blanda invasión de alas es la noche] 37

Asueto (1939-1944) 38

Palabra 38

Día 39

Jardín 39

Delicia 40

Mediodía 41

Arcos 42

Lago 43

Niña 44

Junio 45

Noche de verano 45

Medianoche 46

Primavera a la vista 48

Condición de nube (1944) 49

Destino de poeta 49

El pájaro 49

Silencio 50

Nuevo rostro 50

Los novios 51

Dos cuerpos 51

Vida entrevista 52

El cuchillo 52

El sediento 53

La roca 53

Duermevela 54

Apuntes del insomnio 54

1. [Roe el reloj] 54

2. [Es la cima del instante] 54

3. [Me encontré frente a un muro] 55

4. Nostalgia patria 55

Frente al mar 55
1. [Llueve en el mar] 55
2. [¿La ola no tiene forma?] 55
3. [Las olas se retiran] 55
4. [Muere de red el mar] 56
Retórica 56
1. [Cantan los pájaros, cantan] 56
2. [La forma que se ajusta] 56
3. [La claridad del cristal transparente] 56
Misterio 57
La rama 57
Viento 58
Espiral 58
Nubes 59
Epitafio para un poeta 59
II. Calamidades y milagros (1937-1947) 60
Puerta condenada (1938-1946) 60
Nocturno 60
Otoño 61
Insomnio 61
Espejo 62
Pregunta 63
Ni el cielo ni la tierra 64
Las palabras 65
Mar por la tarde 66
La caída 67
   i. [Abre simas en todo lo creado] 67
   ii. [Prófugo de mi ser, que me despuebla] 69
Crepúsculos de la ciudad 68
   i. [Devora el sol final restos ya inciertos] 68
   ii. [Mudo, tal un peñasco silencioso] 69
   iii. [A la orilla, de mí ya desprendido] 69
   iv. (Cielo) 70
   v. [Las horas, en su tangible pesadumbre] 70
Pequeño monumento 71
Mientras escribo 71
Atrás de la memoria 72
Conscriptos USA 73

I. Conversación en un bar 73

II. Razones para morir 74

Adiós a la casa 75

La sombra 77

Seven PM 78

La calle 79

Cuarto de hotel 80

   I. [A la luz cenicienta del recuerdo] 80

   II. [Roza mi frente con sus manos frías] 80

   III. [No hay antes ni después. ¿Lo que viví]. 81

Elegía interrumpida 81

La vida sencilla 84

Envío 85

Calamidades y milagros (1937-1947) 86

Entre la piedra y la flor 86

   I. [Amanecemos piedras] 86

   II. [¿Qué tierra es ésta?] 87

   III. [Entre la piedra y la flor, el hombre]. 88

   IV. [El dinero y su rueda]. 90

Elegía a un compañero muerto en el frente de Aragón 93

   I. [Has muerto, camarada] 93

   II. [Yo recuerdo tu voz. La luz del valle] 93

   III. [Has muerto, camarada] 94

Los viejos 95

La poesía 97

A un retrato 99

El ausente 101

   I. [Dios insaciable que mi insomnio alimenta]. 101

   II. [Por ti asciendo, desciendo] 102

   III. [Viva palabra obscura] 103

El desconocido 103

Soliloquio de medianoche 105

Virgen 108

   I. [Ella cierra los ojos y en su adentro] 108

   II. [Por los espacios gira la doncella]. 108

   III. [Rocas y mar. El sol envejecido] 109

   IV. [Al pie del árbol otra vez. No hay nada] 109

En la calzada 110

El prisionero. (D. A. F. de Sade) 112
III. Semillas para un himno (1943-1955) 115
El girasol (1943-1948) 115
Salvas 115
Tus ojos 115
Cuerpo a la vista 116
Agua nocturna 117
Relámpago en reposo 118
Escrito con tinta verde 118
Visitas 119
A la orilla 119
Olvido 120
Más allá del amor 121
Semillas para un himno (1950- 1954) 122
[El día abre la mano] 122
[Al alba busca su nombre lo naciente] 122
Fábula 123
[Una mujer de movimientos de río] 123
Cerro de la Estrella 124
[A la española el día entra pisando fuerte] 124
Manantial 125
[Un día se pierde] 126
[Espacioso cielo de verano] 127
[Como la enredadera de mil manos] 127
Piedra nativa 128
[Como las piedras del Principio] 129
[La alegría madura como un fruto] 129
Primavera y muchacha 130
[Aunque la nieve caiga en racimos maduros] 130
Piedra de toque 131
Hermosura que vuelve 132
Elogio 132
Estrella interior 133
[Aislada en su esplendor] 134
[Llorabas y reías] 135
Refranes 136
[Como la marejada verde de marzo en el campo] 137
Semillas para un himno 137

Piedras sueltas (1955) 139
Lección de cosas 139
  1. Animación....................................... 139
  2. Máscara de Tláloc grabada en cuarzo transparente 139
  3. Lo mismo 139
  4. Dios que surge de una orquídea de barro 140
  5. Diosa azteca 140
  6. Calendario 140
  7. Xochipilli 140
  8. Cruz con sol y luna pintados 140
  9. Niño y trompo 141
  10. Objetos 141
En Uxmal 141
  1. La piedra de los días 141
  2. Mitad del día 141
  3. Más tarde 142
  4. Pleno sol 142
  5. Relieves 142
  6. Serpiente labrada sobre un muro 142
Piedras sueltas 143
  1. Flor 143
  2. Dama 143
  3. Biografía 143
  4. Campanas en la noche 143
  5. Ante la puerta 144
  6. Visión 144
  7. Disonancia 144
  8. Analfabeto 144
IV. ¿Águila o sol? (1949-1950) 145
  ¿Águila o sol? 145
Trabajos del poeta (1949) 145
  I. [A las tres y veinte] 145
  II. [He dicho que en general] 146
  III. [Todos habían salido de casa] 147
  IV. [Echado en la cama] 147
  V. [Jacobo, viscoso aleteo] 148
  VI. [Ahora, después de los años] 148
  VII. [Escribo sobre la mesa crepuscular] 149

VIII. [Me tiendo en la cama] 149
IX. [Lo más fácil] 150
X. [No bastan los sapos] 152
XI. [Ronda, se insinúa] 152
XII. [Luego de haber cortado] 153
XIII. [Hace años] 153
XIV. [Difícilmente, avanzando milímetros] 154
XV. [¡Pueblo mío] 154
XVI. [Como un dolor que avanza] 154
Arenas movedizas (1949) 156
El ramo azul 156
Antes de dormir 158
Mi vida con la ola 161
Carta a dos desconocidas 166
Maravillas de la voluntad 167
Visión del escribiente 169
Un aprendizaje difícil 171
Prisa 174
Encuentro 175
Cabeza de ángel 176
¿Águila o sol? (1949-1950) 180
Jardín con niño 180
Paseo nocturno 181
Eralabán 181
Salida 182
Llano 183
Execración 184
Mayúscula 184
Mariposa de Obsidiana 185
La higuera 187
Nota arriesgada 188
Gran Mundo 188
Castillo en el aire 189
Viejo poema¡ 189
Un poeta 190
Aparición 190
Dama huasteca 191
Ser natural 191

I. [Despliegan sus mantos] 191
II. [Arrasan las alturas] 192
III. [Entre tanta materia dormida] 192
Valle de México 193
Lecho de helechos 193
El sitiado 194
Himno futuro 194
Hacia el poema (Puntos de partida) 196
I. [Palabras, ganancias de un cuarto de hora] 196
III. [Palabras, frases, sílabas] 197
V. La estación violenta (1948-1957) 198
Himno entre ruinas 198
Máscaras del alba 200
Fuente 203
Repaso nocturno 205
Mutra 207
¿No hay salida? 212
El río 214
El cántaro roto 217
Piedra de Sol 221

LA HIJA DE RAPPACCINI (1956)

Prólogo 245
Escena primera 246
Escena II 248
Escena III 248
Escena IV 251
Escena V 252
Escena VI 255
Escena VII 258
Escena VIII 259
Escena IX 260
Epílogo 264

Días hábiles (1958-1961)

Entrada en materia 267

Madrugada 271

Repeticiones 271

Aquí 273

Augurios 273

Reversible 274

Disparo 275

Peatón 276

Pausa 277

José Juan Tablada (1871-1945) 277

Luis Cernuda (1902-1963) 278

La palabra escrita 280

La palabra dicha 281

Oráculo 282

Amistad 283

Certeza 283

Paisaje 284

Identidad 284

La mirada 285

El mismo tiempo 285

Homenaje y profanaciones (1960)

Aspiración 295

1. [Sombras del día blanco] 295

2. [Desatado del cuerpo, desatado] 295

3. [Sombra del sol Solombra segadora] 296

Espiración 276

1. [Cielos de fin de mundo. Son las cinco] 296

2. [Vana conversación del esqueleto] 297

3. [Sol de sombra Solombra cegadora] 297

Lauda 298

1. [Ojos médulas sombras blanco día] 298

2. [Entre la vida inmortal de la vida] 298

Salamandra (1958-1961)

Noche en claro 303
Andando por la luz 307
Paisaje pasional 308
Apremio 308
Un día de tantos 309
Cosante 311
Lámpara 311
Garabato 312
Movimiento 313
Palpar 314
Duración 314
   I. [Negro el cielo] 314
   II. [Como el bosque en su lecho de hojas] 314
   III. [Olor vehemencia numerosa] 314
   IV. [Habla escucha respóndeme] 315
   V. [Entro por tus ojos] 315
   VI. [Te hablaré un lenguaje de piedra] 315
Rotación 315
Temporal 316
El puente 317
Vaivén 318
   1. [Vuelve a la noche] 318
   2. [Con orgullo de árbol] 318
   3. [Cargo en ti con la ciega caída de la ola] 318
   4. [Desierto inmenso y fuente secreta] 319
   5. [(Hago lo que dicen)] 319
   6. [(Hoy, siempre hoy)] 319
Complementarios 320
Agua y viento 320
Interior 321
A través 322
Pares y nones 323
Ustica 324
Discor 326
Alba última 327
Ida y vuelta 328
Salamandra 329

SOLO A DOS VOCES (1961)

Solo a dos voces   339

LADERA ESTE (1962-1968)

El balcón   347
Tumba de Amir Khusrú   351
La higuera religiosa   352
El mausoleo de Humayún   353
Al pintor Swaminathan   354
En los jardines de los Lodi   355
El día en Udaipur   355
White Huntress   358
Golden Lotuses (1)   358
1. [No brasa]   358
2. [En su tocador]   358
3. [A mitad de la noche]   358
4. [Se desliza, amarilla y eléctrica]   359
El otro   359
Golden Lotuses (2)   359
Caza real   360
Golden Lotuses (3)   360
Epitafio de una vieja   361
Perpetua encarnada   361
Por los caminos de Mysore   363
Utacamud   364
1. [En las montañas Nilgiri]   364
2. [En la veranda del Ceci Hotel]   364
3. [Altas yerbas y árboles bajos]   365
4. [Más ojoso y brillante]   365
5. [Visión en el desfiladero]   365
6. [Crece en la noche el cielo]   365
Cerca del cabo Comorín   366
Efectos del bautismo   367
Cochin   367
1. [Para vernos pasar]   367

2. [Velas color canela] 367
3. [Con mantilla de espuma] 367
4. [Ante el patriarca nestoriano] 368
5. [En el cementerio cristiano] 368
6. [Los mismos ojos, ven la misma tarde] 368
Apoteosis de Dupleix 368
Madurai 369
Felicidad en Herat 369
Paso de Tanghi-Garu 371
Sharj Tepé 372
Prueba 372
Pueblo 373
Vrindaban 373
Intermitencias del oeste (1) (Canción rusa) 378
Himachal Pradesh (1) 378
Intermitencias del oeste (2) (Canción mexicana) 379
Himachal Pradesh (2) 379
Intermitencias del oeste (3) (México: Olimpiada de 1968) 380
Himachal Pradesh (3) 381
Intermitencias del oeste (4) (París: Les aveugles lucides) 382
Tumba del poeta 382
Madrugada al raso 384
Un anochecer 384
La exclamación 385
Prójimo lejano 385
Lectura de John Cage 386
Soltura 389
Concierto en el jardín (Vina y Mridangam) 389
Lo idéntico (Anton Webern, 1883-1945) 390
Dónde sin quién 390
Carta a León Felipe (En respuesta a su poema-saludo y a su
   carta sobre nuestro desencuentro en México el verano
   pasado [1967]) 391
Escritura 395
Concorde 395
Śunyata 396
Juventud 396

Hacia el comienzo
(1964-1968)

Viento entero 399

Madrigal 404

Lección 405

Con los ojos cerrados 405

Pasaje 405

Contigo 406

Sol sobre una manta 406

Maithuna 407

Las armas del verano 412

La llave de agua 413

Cima y gravedad 413

Eje 414

Custodia 415

Domingo en la isla de Elefanta 415

   Imprecación 415

   Invocación 416

Cuento de dos jardines 416

Blanco (1966)

Advertencia 426

Topoemas (1968)

Palma del viajero 454

Parábola del movimiento 455

Nagarjuna 456

Ideograma de libertad 457

Monumento reversible 458

Cifra 459

EL MONO GRAMÁTICO (1970)

1. [lo mejor será escoger] 467
2. [Tras mi ventana] 468
3. [No quería pensar más] 470
4. [La fijeza es siempre momentánea] 473
5. [Debo hacer un esfuerzo] 476
6. [Manchas: malezas: borrones] 479
7. [Espesura indescifrable de líneas] 480
8. [Manchas: malezas] 481
9. [Frases que son lianas] 484
10. [Vio a muchas mujeres] 488
11. [La transfiguración de sus juegos] 489
12. [En el muro de la terraza] 493
13. [Maleza de líneas] 495
14. [Me detuve ante una fuente] 496
15. [Mientras creaba a los seres] 499
16. [Aparece, reaparece la palabra *reconcialiación*] 500
17. [En el muro tenía una longitud] 502
18. [La arboleda se ha ennegrecido] 505
19. [Ondulación rosa y verde] 508
20. [Sobre la pared de enfrente] 509
21. [En los vericuetos del camino] 511
22. [Ninguna pintura puede cantar] 511
23. [Hanuman: mono/grama del lenguaje] 512
24. [Al fin del camino] 512
25. [En el muro cuarteado] 513
26. [El camino es escritura] 516
27. [ondulación rosa y verde] 516
28. [Dichas o escritas] 520
29. [El cuerpo de Esplendor] 522

VUELTA (1969-1975)

Configuraciones 527
   A vista de pájaro 527
   El fuego de cada día 527

Por la calle de Galeana 529

Palabras en forma de tolvanera 529

La arboleda 530

Paisaje inmemorial 532

Trowbridge Street 534

    1. [El sol dentro del día] 534

    2. [Estoy en un cuarto abandonado del lenguaje] 534

    3. [Las puertas se abren y cierran solas]. 534

    4. [Esta hora tiene la forma de una pausa] 535

    5. [Ahora tienes la forma de un puente] 535

    6. [El frío ha inmovilizado al mundo] 536

    3 anotaciones/rotaciones 536

    1. Dos en uno 536

    2. Retrato 536

    3. Adivinanza en forma de octágono 537

Ciudad de México 538

    Vuelta 538

    A la mitad de esta frase... 543

    Petrificada petrificante 547

Confluencias 552

    Totalidad y fragmento 552

    Piel/Sonido del mundo 554

    Cara al tiempo 556

    Poema circulatorio (Para la desorientación general) 558

    Jardines errantes 561

    Jorge Guillén en forma de pájaro 562

    Piedra blanca y negra 563

    Objetos y apariciones 564

    Acróstico 565

    Tintas y calcomanías 566

Nocturno de San Ildefonso 567

    1. [Inventa la noche en mi ventana] 567

    2. [Calles vacías, luces fuertes] 568

    3. [El muchacho que camina por este poema] 571

    4. [Las ideas se disipan] 574

PASADO EN CLARO (1974)

Pasado en claro 577

ÁRBOL ADENTRO
(1976-1988)

Árbol que habla 599
Proema 601
Gavilla 602
  Decir: hacer 602
    1. [Entre lo que veo y digo] 602
    2. [Idea palpable] 603
  Bashō An 603
  Ejemplo 604
  Viento y noche 604
  Al vuelo (1) 605
    Naranja 605
    Alba 605
    Estrellas y grillo 606
    No-visión 606
    Calma 606
  Cuarteto 606
    I. [Paisaje familiar mas siempre extraño] 606
    II. [Hay turistas también en esta playa] 607
    III. [Se suelta el viento y junta la arboleda] 608
    IV. [Para esperar la noche me he tendido] 608
  Dístico y variaciones 609
  Insomne 610
  Acertijo 610
  Prueba 611
  Al vuelo (2) 611
    En defensa de Pirrón 611
    Epitafio de un dandy 612
    Constelación de Virgo 612
    Paisaje antiguo 612
    Proverbio 612

En Mallorca 612

Por el arroyo 613

Viento, agua, piedra 613

Estelado 614

Intervalo 614

Entre irse y quedarse 615

Hermandad 616

La mano abierta 617

Hablo de la ciudad 617

Refutación de los espejos 621

Esto y esto y esto 623

1930: Vistas fijas 624

Aunque es de noche 627

    I. [La noche, a un tiempo sólida y vacía] 627

    II. [Mientras yo leo en México, ¿qué hora] 627

    III. [Alma no tuvo Stalin: tuvo historia] 628

    IV. [Donde con voz de cañas en el viento] 628

Fuegos lúdricos 629

Brindis 630

La casa giratoria 630

Imprólogo 631

París: Bactra: Skíros 634

Un sol más vivo 638

Conversar 638

Un despertar 639

Pequeña variación 640

Epitafio sobre ninguna piedra 641

Ejercicio preparatorio (Díptico con tablilla votiva) 641

    Meditación (Primer tablero) 641

    Rememoración (Segundo tablero) 644

    Deprecación (Tablilla) 647

La cara y el viento 648

Visto y dicho 650

Fábula de Joan Miró 650

La Dulcinea de Marcel Duchamp 653

Diez líneas para Antoni Tàpies 653

La vista, el tacto 654

Un viento llamado Bob Rauschenberg 655

Central Park 657
Paraje 658
Cuatro chopos 659
La casa de la mirada 661
Árbol adentro 665
Árbol adentro 665
Primero de enero 665
Antes del comienzo 667
Canción desentonada 668
La guerra de la dríada o Vuelve a ser eucalipto 669
Regreso 672
Pilares 673
Como quien oye llover 675
Noche, día, noche 677
1. [Chorro de luz: un pájaro] 677
2. [Fuego dormido en la noche] 677
3. [Bajo la mata de tu pelo] 677
4. [A los pies de la palma] 677
5. [Una veta de sol, oro animado] 678
6. [El día, flor extrema] 678
7. [Llanuras de la sábana...] 679
8. [Duerme bajo tus párpados] 679
Carta de creencia. Cantata 679
1. [Entre la noche y el día] 679
2. [Las palabras son inciertas] 682
3. [Amor, isla sin horas] 685
Coda 687

FIGURAS Y FIGURACIONES (1991-1994)
(Octavio Paz y Marie José Paz)

Calma 692
Calma 693
Tu rostro 694
La paleta 695
Los pinceles despiertan 696
La Boîte aux nuages 697

La chimenea imperio 698
La Cheminée empire 699
Cifra 700
Le Sceau. 701
India 702
India... 703
Enigma 704
La Forêt s'interroge 705
Puerta 706
Puerta 707
Las armas del oficio 708
Les Armes du métier 709
Constelación corporal 710
Les Yeux de la nuit 711
Sueño de plumas 712
La Plume bleue 713
Aquí 714
Aquí.. 715

POEMAS 1989-1996

Estrofas para un jardín imaginario 719
   Colofón 720
Verde noticia 721
Soliloquio 722
Respiro 725
Instantáneas 726
Lo mismo 727
Ejercicio de tiro 728
Respuesta y reconciliación. Diálogo con Francisco de Quevedo 731
  i. [¡Ah de la vida! ¿Nadie me responde?] 731
  ii. [Violenta primavera, muchacha que despierta] 732
  iii. [Del nacer al morir el tiempo nos encierra] 733

Poemas colectivos

Renga (1971) Octavio Paz, Jacques Roubaud, Edoardo Sanguineti
y Charles Tomlinson 739
Centro móvil, *por Octavio Paz* 743
La tradición del *renga, por Jacques Roubaud* 752
   El minase sangin 752
   Multiplicación 753
   Limitaciones 754
   Las colecciones de Reglas 754
   Continuidad y ruptura 755
   Vida de Shinkei 755
   El *renga* según Shinkei.................................. 755
Al unísono: retrospectiva, *por Charles Tomlinson* 757
Advertencia 759
Renga 760
Festín lunar (1980) Octavio Paz y Fouad el-Etr 795
Poema de la amistad (1985) Octavio Paz, Agyeya y Shikrant
Verma 799
Hijos del aire (1989) Octavio Paz y Charles Tomlinson 803
Noticia 805
   1. [Estos poemas] 805
   2. [En la primavera de 1969] 805
   3. [Los poemas aparecen] 807
House 810
   I. *[One builds a house of what is there]* 810
   II. *[House that memory mates out of itself]* 810
   III. *[A self awakened in the press of things]* 812
   IV. *[Houses that come and go within my head]* 814
Casa 811
   I. [La casa se construye con lo que ahí encontramos] 811
   II. [Casa por la memoria edificada] 811
   III. [En las cosas impreso, un ser despierta] 813
   IV. [Casas que van y vienen por mi frente] 815
Day 816
   I. *[Copious tree each day. This one]* 816
   II. *[Scholasts of dreams, we are the heirs]* 818
   III. *[The city wakens to a din of chains]* 818

IV. *[Days that haunt the poem's single day]* 820
Día 817
  I. [Árbol copioso cada día. Éste] 817
  II. [Escoliastas de sueños, somo los herederos] 819
  III. [La ciudad amanece con ruido de cadenas] 819
  IV. [Días en torno al poema y a su día único] 821

VERSIONES Y DIVERSIONES

Nota del editor 825
Nota preliminar [1973] 826
Nota a la segunda edición [1978] 828
Nota final [1995] 831
I. VERSIONES Y DIVERSIONES 833
Théophile de Viau 835
  Soneto 835
Gérard de Nerval 836
  El desdichado 836
    Primera versión 836
    Segunda versión 836
  Mirto 837
  Délfica 838
    Primera versión 838
    Segunda versión 838
  Artemisa 839
    Primera versión 839
    Segunda versión 839
Stéphane Mallarmé 841
  [El de sus puras uñas ónix, alto en ofrenda] 841
Guillaume Apollinaire 842
  El puente de Mirabeau 842
  Clotilde 843
  La gitana 843
  En la prisión 844
  El adiós 846
  Cuernos de caza 846
  Los fuegos del vivac 846

El adiós del jinete 847
Torbellino de moscas 847
Tarjeta postal 848
El rizo 848
Pulpo 848
Carpas 849
    Primera versión 849
    Segunda versión 849
Inscripción bordada en un cojín 849
Un poema 849
Centinela 850
El músico de Saint-Merry 850
La linda pelirroja 853
Jules Supervielle 855
    Asir 855
    Los gérmenes 855
Jean Cocteau 857
    Dos poemas de *Canto llano* 857
        [Lecho de amor: detente. Bajo tus altas sombras] 857
        [Nada me da más miedo que la calma engañosa] 857
Pierre Reverdy 858
    [Sobre cada pizarra] 858
    Sol.. 858
    Mañana 858
    Luz 859
    Salida 859
    Secreto 860
    Pasillo 860
    Una presencia 861
    Jugadores 861
    Sorpresa de lo alto 862
    Una escampada 862
    [Rostro desleído en el agua] 863
    Tal vez nadie 863
    Minuto 864
Paul Éluard.. 865
    El espejo de un instante 865
    Bella y parecida 865

El amor la poesía. [Tres fragmentos] 866

    [XVII. Con una sola caricia] 866

    [XI. Ella no sabe armar lazos] 866

    [XIX. Hacía falta que un rostro] 866

La semejanza 866

[De todo lo que he dicho de mí, ¿qué queda?] 867

André Breton 868

    Girasol 868

En la ruta de San Romano 869

Mujer y pájaro 870

Henri Michaux 871

    La carta 871

Clown 872

Paisajes 873

La muchacha de Budapest 873

Que repose en revuelta 874

Laberinto 875

René Char 876

    La alondra 876

La libertad 876

Georges Schehadé 877

    1. [Mi amor maravilloso como la piedra insensata] 877

    2. [Sobre una montaña] 877

    3. [Hay jardines que ya no tienen país] 878

    4. [Como estos lagos que dan tanta pena] 878

    5. [Los árboles que no viajan sino con su murmullo] 878

    6. [Amor mío no hay nada de lo que amamos] 879

    7. [Los ríos y las rosas de las batallas] 879

    8. [Si tú eres bella como los Magos de mi país] 879

    9. [Aquel que piensa y no habla] 880

    10. [Os llamo María] 880

Alain Bosquet 881

    Escrito al margen del poema 881

    1. [Joven, vacías las manos] 881

    2. [Para honrar a la aurora] 881

    3. [Un medioloro] 882

    4. [Llegaron catorce estrellas] 882

    5. [¿A qué hablar de mí?] 883

6. [Aquel año...] 883
7. [Came abierta, en mí se leía] 883
8. [Tú que has gastado todo] 883
9. [Vivo para adorar] 884
10. [¿Podemos acariciar] 884
11. [El caballo aplaude] 885
12. [¿Por qué?] 885
13. [Cuchillo] 886
Yesé Amory 887
  Estrías 887
    [El río me trajo su carta...] 887
    [La próxima vez que te desmandes...] 887
    [Había trabado amistad...] 887
    Tal cual 888
    Enigma 889
    [En Shadyside] 889
    [Llamada a tus ojos] 890
    [Más vale no terminar nada] 890
  Bronce 890
Pere Gimferrer 895
  Himno de invierno 895
  Exilio (Versión de Octavio Paz y Ramon Xirau) 896
  Caída (Versión de Octavio Paz y Ramon Xirau) 896
John Donne 897
  Elegía: antes de acostarse 897
  El aniversario 898
Andrew Marvell 900
  A su esquiva amante 900
Williarn Butler Yeats 902
  Vacilación [IV] 902
Ezra Pound 903
  Canto CXVI 903
Wallace Stevens 906
  Esthétique du mal [I] 906
e.e. cummings 907
  1. [s (u] 907
  2. [Arriba al silencio el verde] 907
  3. [A pesar de todo] 908

4. [Amor es más espeso que olvidar] 908

5. [Esos niños que cantan en piedra un] 909

6. [Hombre no, si los hombres son dioses; mas si los

dioses] 910

7. [Tanto ser diverso (tantos dioses y demonios] 910

William Carlos Williams 911

Consagración de un pedazo de tierra 911

Llegada 912

Para despertar a una anciana 913

Por el camino 913

A Elsie 914

La carretilla roja 917

El invierno desciende 917

Joven sicomoro 919

Nantucket 920

Cabeza de bacalao 920

Poema 922

Retrato proletario 922

Entre muros 923

El término 923

A manera de canción 924

El descenso 924

El gorrión 926

Asfódelo 930

Una negra 938

El tordo 939

Arthur Waley 940

Tráfico de sueños 940

Dorothy Parker 941

La función fática 941

Hart Crane 942

Labrador 942

La torre rota 942

Elizabeth Bishop 944

El monumento 944

Sueño de verano 946

Visitas a St. Elizabeth 947

El fin de marzo, Duxbury 950

Charles Tomlinson 953

    Adiós a Van Gogh 953

    Más ciudades extranjeras 953

    A qué se pareció 954

    Cabeza tajada con un hacha 955

    Montaña de Ute 955

    La caverna 956

    La manera de un mundo 958

    Sobre agua 958

    Acontecimiento 959

    Mientras llueve 960

    Cézanne en Aix 961

Ivar Ivask 962

    La veranda 962

A. R. Ammons 963

    Reflejo 963

Mark Strand 964

    Las cosas enteras 964

    Aliento 964

    Los restos 965

    Siete poemas 966

        1. [A la orilla] 966

        2. [La cicatriz se acuerda de la herida] 966

        3. [Si caminamos bajo el sol] 966

        4. [Mi cuerpo se ha tendido] 966

        5. [Es placer la roca] 966

        6. [Si hablo con la ventana]............................ 966

        7. [Tengo una llave]................................... 967

    En celebración 967

Czeslaw Milosz 968

    Carta a Raja Rao 968

    El premio 970

György Somlyó 971

    Fábula del 28 de noviembre de 1968 971

    Fábula del acto de escribir 972

    Fábula del nombre 972

Lysander Kemp 974

    La conquista 974

XXIII. [Al amanecer bajamos hacia la costa].   974

XXIV. [Un caminar de cinco días nos llevó a un lago].   975

XXV. [Tornamos hacia el sur, por los cerros del lago]   976

XXVI. [En el noveno día llegamos a una playa deslumbrante]   976

Vasko Popa (Versión de Octavio Paz y Juan Octavio Prenz).   977

Cuento de un cuento   977

El caracol estrellado   978

El último baile   978

El otro mundo   979

La cajita   980

II. POEMAS DE FERNANDO PESSOA.   981

Poemas de Alberto Caeiro   983

I. [Bastante metafísica hay en no pensar en nada]   983

II. [El Tajo es más bello que el río que corre por mi pueblo]   985

III. [Ayer en la tarde un hombre de ciudades]   986

IV. [El misterio de las cosas, ¿dónde está?]   987

V. [De esta manera o de la otra]   988

VI. [De la más alta ventana de mi casa]   989

VII. [Entro y cierro la ventana]   990

VIII. [Dices: tú eres algo más]   991

IX. [Todos los días descubro]   992

X. [Si muero pronto]   993

XI. [Si, después de muerto, quieren escribir mi biografía]   994

XII. [También yo sé hacer conjeturas]   995

Odas de Ricardo Reis   996

I. [Las rosas amo del jardín de Adonis]   996

II. [La noche yo no canto porque en noche]   996

III. [No quiero recordar ni conocerme]   997

IV. [Pasan dioses, Mesías que son dioses]   997

V. [Ser grande es ser entero: no exageres]   997

VI. [Sólo pido a los dioses me concedan]   998

VII. [Lidia: ignoramos. Somos extranjeros]   998

VIII. [Vive sin horas. Cuanto mide pesa]   998

IX. [Flores que corto o dejo]   999

X. [La suerte, menos verla]   999

XI. [No sé de quién recuerdo mi pasado]   999

XII. [Súbdito inútil de astros dominantes]   999

XIII. [Bajo leve tutela]   1000

Poemas de Álvaro de Campos 1001

  Oda triunfal 1001

  Tabaquería 1008

  Apunte 1013

  Callos a la portuguesa 1014

  [Al volante del Chevrolet por la carretera de Sintra] 1015

  Escrito en un libro abandonado en un tren 1016

Poemas de Fernando Pessoa 1017

  Cancionero 1017

    I. [Hojas, audible sonrisa] 1017

    II. [Pasa una nube por el sol] 1017

    III. [Remolino el viento] 1018

    IV. [A la orilla de este río] 1018

    V. [Otro, ser otro siempre] 1019

    VI. [Si yo, aunque ninguno fuera] 1019

    VII. [Soy un evadido] 1020

    VIII. [Contemplo lo que no veo] 1020

    IX. [Reposa, sobre el trigo] 1021

  Mensaje 1022

    El infante Don Enrique 1022

    Don Juan Segundo 1022

    Alfonso de Albuquerque 1022

    Epitafio de Bartolomeu Díaz 1023

  Otros poemas 1023

    Natividad 1023

    [Lejos de mí, en mí existo] 1023

    [No haber dios es un dios también...] 1023

    [Nostalgia eterna: poco duras] 1024

    [Duermo. ¿Regreso o espero?] 1024

    [Extensa y varia naturaleza —triste] 1024

    [En las pausas solemnes] 1024

    [El sol te doraba la cabeza rubia] 1024

    [También mis emociones] 1025

    [Quiero, tendré] 1025

    [Exigua lámpara tranquila 1025

    Dos sonetos de «La tumba de Cristián Rosencreutz» 1025

      I. [Al despertar del sueño de la vida].................. 1025

      III. [Aquí, donde vagar irreal somos...] 1026

III. Cuatro poetas suecos (traducción de Octavio Paz
y Pierre Zekeli) 1027
Harry Martinson 1029
  Noche de creación 1029
  Después 1029
  Cementerio 1029
  Cuento popular sueco 1030
  La mejor solución 1030
  Relato de la volatinera 1031
Artur Lundkvist 1032
  La ventana 1032
  El álamo 1033
  El roble 1033
  El ciprés 1034
  La urraca 1035
  La corneja 1036
  Vida como hierba 1037
Gunnar Ekelöf 1039
  Absentia animi 1039
  Arrabal 1042
  Espejo de octubre 1043
  Lo imposible 1043
  Monte Cronion 1043
  Sobre el otoño 1044
  Entre nenúfares 1045
Erik Lindegren 1046
  Arioso 1046
  El prado 1047
  Ícaro 1047
  Pequeña música de noche 1048
  Suite pastoral. [Dos fragmentos] 1049
    I. [También esta mañana] 1049
    II. [Nuestro día, nuestro andar en el campo de cielo] ... 1049
IV. Kavya (Poesía sánscrita clásica) 1051
  Prefacio 1053
  Epigramas 1061
    1. Las dos vías 1061
    2. Amor 1061

3. Aparición en el arroyo 1061

4. Primera cita 1062

5. La nueva ciudadela 1062

6. La lámpara ruborosa 1062

7. Confidencia: confusión 1063

8. Ecuación 1063

9. Sus pechos 1063

10. El tallo 1064

11. Arriba y abajo 1064

12. El sello 1064

13. La invitación oblicua 1065

14· Otra invitación, menos oblicua 1065

15. Edad 1065

16. Campeona 1066

17. El pedagogo 1066

18. Paz 1066

19· Sin fanfarria 1067

20. Sol y sombra 1067

21. Los clásicos 1067

22. Fama 1067

23. Retórica 1068

24. Posteridad 1068

25. La tradición 1069

V. China 1071

Trazos. Chuang-tse y otros 1073

Chuang-tse, un contraveneno 1074

El dialéctico 1077

Utilidad de la inutilidad 1077

Sobre el lenguaje 1077

Volver al punto de partida 1078

Retrato del dialéctico 1078

El moralista 1079

Virtud y benevolencia 1079

Tradición y moral 1080

Las leyes y los hombres 1080

Los cerrojos y los ladrones 1082

La tortuga sagrada 1083

El sabio 1083

Viajes 1083

Formas de vida 1084

El ritmo vital...................................... 1085

El valor de la vida 1085

En su lecho de muerte 1086

Ballestería 1086

Causalidad 1086

Sueño y realidad 1087

Trazos 1088

Hsi K'ang 1090

Chang-Yong 1090

El ermitaño y el sabio Hiu Yeou 1090

Lieu Ling 1091

Elogio del vino 1091

Han Yü 1092

El dragón y la nube 1092

Misión de la literatura 1092

Exhortación a los cocodrilos 1093

Lieu Tsang-Yeu 1094

El ciervo 1094

Prólogo a 8 poemas 1095

Poetas 1097

Fou Hinan 1097

Mujer 1097

Wang Wei 1098

Despedida 1098

Panorama del río Han 1098

Al prefecto Chang 1098

Montes de Chungnan 1099

En la ermita del Parque de los Venados 1099

Ascensión 1099

Adiós a Yüan, enviado a Ans-hsi 1099

Li Po 1100

Amarre nocturno 1100

Salida de Poi-ti 1100

Pregunta y respuesta 1100

Unas ruinas en Yueh 1100

Ante el monte Ching-t'ing 1101

El santuario de la cumbre 1101
Tu Fu 1101
    Escrito en el muro de la ermita de Chang 1101
    Alba de invierno 1102
    En la tormenta 1102
    Primavera cautiva 1102
    Viajando hacia el norte 1103
    Al letrado Wei Pa 1103
    A la orilla del río 1104
    A Pi-Su-Yao 1104
    Paisaje 1105
    Después de la lluvia 1105
    Luna llena 1105
Yüan Chieh 1106
    Civilización 1106
Han Yü 1106
    Un árbol seco 1106
    La palangana 1107
Po Chü-i 1107
    Tal cual 1107
    [Todas las substancias carecen de substancia] 1108
    [Una flor —y no es flor] 1108
Demonio de la Colina del Tigre 1109
    Inscripción 1109
Tch'en T'ao 1109
    Canción de Long-Si 1109
Su Tung-p'o (Su Shih] 1110
    Nevada 1110
    Tinta derramada 1110
    Paseo en el río 1110
    Noche en barco 1111
    Begonias 1111
    Flor pintada (Otra lectura del mismo poema) 1111
    [No me avergüenza, a mis años, ponerme una flor en
        el pelo] 1112
    Pensando en su mujer muerta 1112
    [Más claro el vino, más fácil beber dos copas] 1112
    El miraje marino. [Refundición] 1113

Cuatro poemas sobre la pintura 1114

    Cuando Yu-k'o pinta... 1114

    Sobre la pintura de una rama florida (primavera-
       precoz) del secretario Wang 1114

    Sobre una pintura de Li Shih-Nan 1114

    Poema escrito sobre una pintura de Wang Chin-ch'ing   1115

Li Ch'ing-Chao 1116

    1. [¿Quién plantaría, bajo mi ventana, este plátano?] 1119

    2. [El kiosco y el riachuelo] 1119

    3. [El viento cede] 1120

    4. [Se disipa el aroma del loto rojo] 1120

    5. [Anoche, por el vino, me despeiné ya tarde] 1121

    Labios rojos pintados 1121

Fan-Kh'i 1121

    Al norte del Gobi 1121

VI. JAPÓN 1123

Tanka y haikú 1125

Kakinomoto Hitomaro 1125

El monje Manzei 1126

Ariwara no Narihira 1126

Ex emperador Yozei 1127

Emperador Uda 1127

Anónimo [antología *Kokinshu*] 1128

Anónimo [antología *Kokinshu*] 1128

Anónimo [antología *Kokinshu*] 1128

Anónimo [antología *Kokinshu*] 1128

Ki no Tsurayuki 1129

Ono no Komachi 1129

Bunia Yasuhide 1130

Izumi Shikibu 1130

El monje Noin... 1131

Tsumori Kunimoto 1131

El monje Saigyo....................................... 1131

Fujiwara no Sadaie 1132

Reize Tamehide 1133

Yamazaki Sokán 1133

Arakida Moritake 1133

Matsunaga Teitoku 1133

Nishiyama Soin 1134
Matsuo Bashō 1134
Enamoto Kikaku 1139
Mukai Kyorai 1139
Kawai Sora 1139
Hattori Ransetsu 1139
Yosa Buson 1140
Oshima Ryota 1141
Kobayashi Issa 1141
El monje Ryokan 1142
Masaoka Shiki 1143
Takahama Kyoshi 1143
Sendas de Oku (de Matsuo Bashō) 1144
Advertencia a la primera edición (1957) 1144
Vida de Matsuo Bashō 1145
Sendas de Oku 1147

Notas 1177
Créditos de las imágenes 1273
Índice de títulos de poemas y primeros versos 1275

Obras completas VII. Obra poética, de Octavio Paz,
se terminó de imprimir y encuadernar en septiembre de 2014
en Impresora y Encuadernadora Progreso, S. A. de C. V. (IEPSA),
Calz. San Lorenzo, 244; 09830 México, D. F.
La edición, al cuidado de Alejandra García,
consta de 6 000 ejemplares.